独角兽法考应试宝典

民法

独角兽网校◎组编　　周洪江◎编著

中国政法大学出版社

2022·北京

图书在版编目（CIP）数据

独角兽法考应试宝典：全八册/独角兽网校组编. —北京：中国政法大学出版社，2022.3
ISBN 978-7-5764-0381-7

Ⅰ.①独… Ⅱ.①独… Ⅲ.①法律－中国－资格考试－自学参考资料 Ⅳ.①D920.4

中国版本图书馆 CIP 数据核字(2022)第 042734 号

出　版　者	中国政法大学出版社
地　　　址	北京市海淀区西土城路 25 号
邮寄地址	北京 100088 信箱 8034 分箱　邮编 100088
网　　　址	http://www.cuplpress.com (网络实名：中国政法大学出版社)
电　　　话	010－58908285(总编室) 58908433（编辑部）58908334(邮购部)
承　　　印	保定市中画美凯印刷有限公司
开　　　本	787mm×1092mm　1/16
印　　　张	185
字　　　数	3840 千字
版　　　次	2022 年 3 月第 1 版
印　　　次	2022 年 3 月第 1 次印刷
定　　　价	485.00 元（全八册）

一、民法在法律职业资格考试中的重要性

民法作为一门基础学科，与我们的生活息息相关，很多案例貌似常识，但是近年来，想在民法科目取得高分似乎越来越难。在法考中，民法所占分值一直居高不下（90 分左右），其中物权编和合同编占据一半甚至更多的分值，同时民法试题也呈现出了新特点：总体要求更高，对重点知识的考查开始向纵深发展；题目的复合性强，信息量大，一个题目包含数个知识点；出现了"民商合一"类型的题目等。此外，学好民法对学习其他部门法也有很大的促进作用：法理学中的法律关系、法律行为等理论，直接借鉴民法的有关理论；至于经济法和民法的关系更是密不可分，经济法中的横向法律关系基本都是民事法律关系；而商法原本就是民法在商事领域的特别规定，属于特殊的民事关系；行政法和刑法等部门法中，也同样可以找到民法的概念、术语。在整个法考中对民法理论的反复理解和记忆，有利于考生对其他部门法的复习与掌握。因此，学好民法对于通过法律职业资格考试至关重要。

二、学习方法

民法自身的特殊性决定着民法这门课的复习方法也应该与其他科目相区别，即民法具有源远流长、理论性强、体系完整、逻辑性强等特点，决定着考生不能仅关注重点知识与法条，断章取义、孤立片面地复习，应该以大纲为导向，精读细研民法基础教材，吃透理论；细读并适当记忆法条；加强大量习题尤其是真题的演练。

1. 紧扣大纲。大纲是确定民法考试范围的唯一准绳，因此，复习过程中不可置大纲于不顾。建议在研读民法相关教材前先泛读大纲，大致了解大纲要考查的范围；以大纲的要求指导对教材的阅读。紧扣大纲，可以做到方向明确、范围清楚、重点明白突出，从而达到事半功倍的效果。

2. 应试指南是大纲的具体化，是民法复习的基础和重点。①掌握民法理论，既知其然，又知其所以然，才能触类旁通，举一反三。②关注民法理论在解决民法所未定问题中的适用。③在学习中运用系统归纳的方法，总结出知识体系。

3. 弄通重点法条。①选准所考的民事法律法规，锁定其中的重点法条。②解读关键性、疑难性的法律条文，弄懂法条背后所隐藏的民法理论。③注意法条间的适用关系，尤其是

冲突法条间的法律适用。

4. 习题演练与自我检测。通过练习题尤其是真题，可以巩固复习中已经掌握的知识点，加深对知识的理解和记忆；可以熟悉和掌握司法考试（现法考）的命题特点和规律，逐步培养出自己的做题方法和思路；可以查漏补缺、及时发现错误，认清自己的复习水平。

三、本书特点

本书结合法考的命题范围与特点，以现行立法为对象，以民法重点知识点为平台，努力阐释民法体系下的各项具体制度的具体内容，并高度重视各制度间的内在关联，使读者置身于某一具体制度的精微之处，又不致迷失了自我，而是时刻能从体系上把握民法之命脉。

（一）三位一体

对民法知识点的完整把握，往往需要在法理、法条、案例三个方面融会贯通，三位一体，才可收到事半功倍的效果。法理是法条得以出台的基础，案例则是法条的具体应用；如果法条不能适用于具体案例，法理可能就会以法的渊源的形式出现，用来解决具体案件。因此本书在阐释民法重要法条的时候，会通过案例分析等手段，帮助读者对法条背后的法理予以尽可能地了解。

（二）详略得当

民法制度博大精深，民法具体知识繁冗庞杂。不必说准备参加法律职业资格考试的考生，即便是游走于法律江湖的法官、律师，也不敢言称对民法的任何知识、任何制度完全把握。因此作为一本面向准备参加法律职业资格考试的考生的学习用书，本书力求详略得当，以求在尽可能短的时间内对应试重点、难点有一个全面理解，以期能够帮助考生在学习中提高效率，将时间用到"刀刃"上。

（三）编写思路

本书遵循学习规律和认知规律，既注重从理性方面强化对民法体系、结构的讲解和分析；同时也从感性方面尽力使考生发现民法如何作用于社会与生活。既通过知识结构图、知识点详解等环节提升考生对民法考点的深入理解，还通过经典真题等手段增强考生的应试能力和应试技巧。

周洪江

CONTENTS 目　录

第三编　合　同

第四编　人　格　权

第五编　婚姻家庭

第六编 继 承

第七编 侵权责任

第八编 知识产权法

第一编 总 则

知识体系结构图

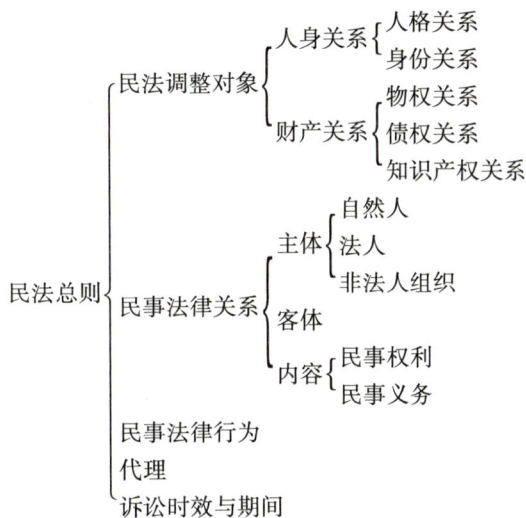

民法总则
- 民法调整对象
  - 人身关系
    - 人格关系
    - 身份关系
  - 财产关系
    - 物权关系
    - 债权关系
    - 知识产权关系
- 民事法律关系
  - 主体
    - 自然人
    - 法人
    - 非法人组织
  - 客体
  - 内容
    - 民事权利
    - 民事义务
- 民事法律行为
- 代理
- 诉讼时效与期间

第一章
民法概述

民事法律关系相关知识结构图

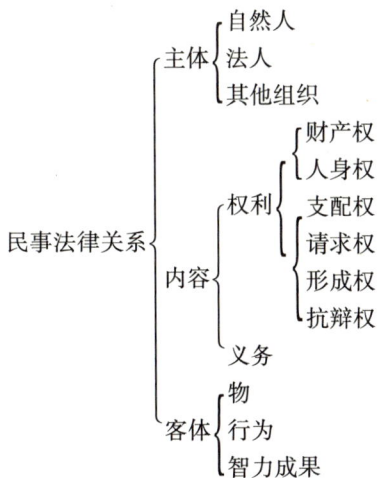

民事法律关系
- 主体
  - 自然人
  - 法人
  - 其他组织
- 内容
  - 权利
    - 财产权
    - 人身权
    - 支配权
    - 请求权
    - 形成权
    - 抗辩权
  - 义务
- 客体
  - 物
  - 行为
  - 智力成果

该部分主要涉及民法的概念、调整对象、民事法律关系以及基本原则等内容。本章核心知识点是民法调整对象和民事法律关系。民法调整对象是构成民法概念的基础，民法概念就是从界定民法调整对象入手，将民法与其他部门法区分开来。民法调整对象也决定了民事法律关系的主体和内容。本部分近年来考试分值在3分左右，集中于单项选择题和多项选择题，且难度呈现逐年加大的趋势。本部分常考考点包括民事法律关系（是否构成民事法律关系、构成何种民事法律关系）、民事权利分类、民事责任等。

✎ 重点知识详解

考点1　民事法律关系

一、民事法律关系的含义、发生、变更★★★★★

人类社会生活中普遍存在着各类社会关系，而某种社会关系一旦被民法所调整，就演变为民事法律关系。因此可以把民事法律关系理解为经民法所调整的社会关系；又由于民法调整社会关系的手段是对特定主体以权利义务的方式加以规范，因此民事法律关系是基于民事法律事实并由民事法律规范调整形成的民事权利义务关系，是民法所调整的平等主体之间的财产关系和人身关系在法律上的体现，是民事主体在民法上的联系。此外，某种社会关系上升为民事法律关系，不仅需要有民法规范，也需要有导致这种关系发生的具体的事实。能够引起民事法律关系发生、变更、消灭的客观事实，被称作法律事实。法律事实包含了行为与事件两大类别。行为是指与人的意志有关的法律事实。事件是指与人的意志无关的法律事实。如婴儿的出生，本身为一客观事实，该种客观事实为民法所选取，成为法律事实。该种法律事实的发生，基于民法上的父母子女权利义务的规范，也就形成了包括监护关系在内的父母子女之间的民事法律关系。如图所示，对此问题应把握以下几个方面：

1. 民事法律关系发生的根据是民法规范（如果民法尚未规范，则只能属于其他社会关系）。

2. 民事法律关系发生、变更、消灭的原因是法律事实（如果没有法律事实，则仅是纸面上的法律关系）。

3. 民法规范调整平等主体之间的财产关系和人身关系的结果是民事法律关系。

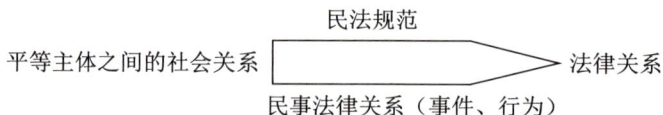

$$民法规范$$

平等主体之间的社会关系 ⟶ 法律关系

民事法律关系（事件、行为）

针对民事法律关系的考查重点：区分某种关系是否为民事关系、法律关系、民事法律关系；法律关系是否发生、变更、消灭等。

【经典真题】

下列哪一情形下，乙的请求依法应得到支持？[1]（2010－3－1）

A. 甲应允乙同看演出，但迟到半小时。乙要求甲赔偿损失

B. 甲听说某公司股票可能大涨，便告诉乙，乙信以为真大量购进，事后该只股票大跌。乙要求甲赔偿损失

C. 甲与其妻乙约定，如因甲出轨导致离婚，甲应补偿乙50万元，后二人果然因此离婚。乙要求甲依约赔偿

D. 甲对乙承诺，如乙比赛夺冠，乙出国旅游时甲将陪同，后乙果然夺冠，甲失约。乙要求甲承担赔偿责任

【解析】（1）四个选项均是乙要求甲承担赔偿责任。那么乙的请求是否依法应得到支持，在于乙是否对甲拥有法律上的请求权。

（2）乙是否具备对甲的请求权，要看乙和甲之间是否存在民事法律关系。如果存在民事法律关系，乙可能具备请求权，如果不存在民事法律关系，则乙肯定不具有请求权。

（3）乙和甲是否存在民事法律关系，需要运用民事法律关系的基本理论来判断。民事法律关系是指民法所调整的以民事权利和民事义务为内容的社会关系。民事法律关系的发生，有两个前提：一是存在着民法规范，民法规范是民事法律关系发生的依据；二是发生了民事法律事实。民事法律事实可以导致民事法律关系的发生、变更和消灭，其可以分为行为和事件，行为可以分为表意行为和非表意行为。就民事法律关系的发生而言，表意行为是指行为人通过意思表示，旨在设立某种民事法律关系；非表意行为是指行为人主观上没有产生民事法律关系的意思表示，但是根据法律规定也会导致发生民事法律关系的行为（如侵权行为）。

（4）本题选项A中，甲应允乙同看演出，但是迟到半小时，这一行为不属于表意行为，因为甲没有与乙设立民事法律关系的意思表示；这一行为也不是非表意行为，因为法律对此种应允而未做到的情况未规定会发生什么法律后果。因此乙对甲没有请求权。选项B中，甲将自己知道的消息告诉乙，不是表意行为，其没有想和乙设立民事法律关系的意思表示；鉴于法律对甲的这一行为并未规定任何后果，因此其行为也不是非表意行为。选项C中，甲乙之间存在一个约定，该约定是甲乙双方意思表示一致的产物，即是甲乙通过表意行为为意图建立民事法律关系。甲乙之间的协议并不违反任何法律法规，且在当事人之间明确了权利和义务、责任，因此乙对甲的请求应得到支持。选项D中，虽然甲存在承诺行为，但是这一行为并不存在在甲乙之间构建民事权利义务关系的意思表示，因此不是表意行为，现行法律法规也未规定这种行为在法律上会发生何种后果，因此也不是非表意行为，乙无法要求甲承担赔偿责任。

二、民事法律关系的要素 ★★

民事法律关系的要素是指构成民事法律关系必须具备的因素。民事法律关系由主体、内容、客体三要素构成。其中主体是指民事权利和民事义务（民事责任）的享有者和承担者；内容则是指民事主体享有的民事权利和承担的民事义务；客体则是指主体之权利和义

---

[1]【答案】C

务所指向的对象（标的）。民事法律关系的主体要素和内容要素构成了民法体系的主要线索。鉴于民事法律关系中主体要素和内容要素的重要性，本书将单独为其开辟章节或者列为独立知识点，在此就不赘述。

【经典真题】

根据法律规定，下列哪一种社会关系应由民法调整？[1]（2016－3－1）

A. 甲请求税务机关退还其多缴的个人所得税

B. 乙手机丢失后发布寻物启事称："拾得者送还手机，本人当面酬谢"

C. 丙对女友书面承诺："如我在上海找到工作，则陪你去欧洲旅游"

D. 丁作为青年志愿者，定期去福利院做帮工

【解析】《民法典》第2条规定，民法调整平等主体的自然人、法人和非法人组织之间的人身关系和财产关系。甲请求税务机关退还其多缴的个人所得税，甲和税务机关之间的关系并不是平等主体之间的法律关系，不由民法调整，故A选项错误。

悬赏广告属于单方允诺之债，由民法调整，故B选项正确，当选。

情谊行为（又称为好意施惠）指当事人之间无意设定法律上的权利义务关系，而由当事人一方基于良好的道德风尚实施的使另一方受恩的关系。其旨在增进情谊的行为。情谊行为，不属于民事法律事实，不能引起民事法律关系的产生、变更和消灭，民法不予调整，故C选项错误。

根据《中华人民共和国慈善法》第2条的规定，自然人、法人和其他组织开展慈善活动以及与慈善有关的活动，适用本法。其他法律有特别规定的，依照其规定。第3条规定，本法所称慈善活动，是指自然人、法人和其他组织以捐赠财产或者提供服务等方式，自愿开展的下列公益活动：（一）扶贫、济困；（二）扶老、救孤、恤病、助残、优抚；（三）救助自然灾害、事故灾难和公共卫生事件等突发事件造成的损害；（四）促进教育、科学、文化、卫生、体育等事业的发展；（五）防治污染和其他公害，保护和改善生态环境；（六）符合本法规定的其他公益活动。丁作为青年志愿者，没有法律上的义务去福利院服务，不能引起民事法律关系的产生、变更和消灭，由《慈善法》调整，不由民法调整。《慈善法》在法的分类中，属于社会法的范畴，故D错误，不当选。

考点2　民事权利

一、民事权利分类★★★★

民事权利从不同角度可以分成不同类别，法考历来偏好考查民事权利的分类。具体的考查方式分为两种，一种为直接考查，一种为间接考查，即通过买卖合同等其他知识点考查权利的分类。

（一）从民事权利的客体界定民事权利的类别

根据民事权利客体的不同，可以把民事权利分为两大类，一为财产权，二为人身权。

1. 财产权

财产权以财产为权利客体。财产本身存在多种形式，因此财产权又可继续区分为物权、

---

[1]【答案】B

债权、知识产权、继承权。

2. 人身权

人身权以人身利益为权利客体。人身利益包括人格利益和身份利益，因此人身权又可继续区分为人格权和身份权。

（二）从民事权利的效力界定民事权利的类别

根据民事权利的效力不同，可以把民事权利界定为支配权、请求权、形成权、抗辩权。

1. 支配权： 支配权是指权利人对权利客体进行直接的排他性支配并享受其利益的权利。如物权、人身权、股权、知识产权中的财产权等。支配权的特点是：

（1）他人只负有不作为的消极义务；

（2）权利主体确定，义务主体不确定；

（3）具有支配性、排他性、优先性、公示性，且权利实现具有直接性；

（4）客体为特定的利益（人格利益、身份利益、财产利益等）；

（5）支配权不适用诉讼时效（抵押权除外），人格权、身份权、所有权无存续期间的限制（建筑物区分所有权除外），用益物权、知识产权均有存续期间的限制，地役权、担保物权均具有消灭上的从属性。

支配权的范围：物权、人格权、身份权、知识产权均属于支配权。值得指出的是，人们谈到支配权，大多联想到物权，因而也就将支配权与物权视作同一事物，实则物权仅是支配权的一种。

2. 请求权： 请求权是指权利人请求他人为一定行为或者不为一定行为的权利。如债权、物权请求权等。请求权的特点是权利的实现需他人协助，且无排他效力。因为债权内容最为重要的一项也为请求权，因此最容易发生的错误即是将债权与请求权作为同一概念把握。

作为基础权利的请求权主要是指债权，作为救济权利的请求权则因为基础权利的不同而有所区别。根据基础权利的不同，请求权可以分为：

（1）基于物的请求权。如果作为基础权利的物权被侵害，则相应产生作为救济权利的物权请求权，包括返还原物请求权和排除妨害、消除危险请求权，以及修理、重作、更换、恢复原状请求权。

（2）基于债的请求权。债权如被侵害，同样会产生作为救济权利的请求权。如当事人一方不履行合同义务或者履行合同义务不符合约定的，应当承担继续履行、采取补救措施或者赔偿损失等违约责任。

（3）基于占有的保护请求权。占有虽然不是一种物权，但是如占有人的占有被侵害，其享有基于占有而产生的返还原物、排除妨害和消除危险请求权。

（4）基于人身权的请求权。人身权是一种支配权，如果人身权被侵害，则会产生作为救济权利的请求权。

（5）基于知识产权的请求权。知识产权也是一种支配权，如知识产权被侵犯，也会产生作为救济权利的请求权。

3. 形成权： 形成权是指依权利人单方意思表示就能使双方法律关系发生、变更或者消灭的权利。如撤销、追认、解除、抵销。形成权与请求权的最大区别就是其权利的实现不以相对人同意为条件，同时也不需对方从事某种行为。关于形成权，一般在以下几个方面被法考命题人关注。

第一，形成权的行使方式。形成权的行使方式包括明示和默示两种。值得注意的是，如果以默示的方式行使形成权，必须要有法律上或者合同上的明确依据，否则不得依当事人的单方意思表示发生其希冀的法律后果。

第二，形成权的行使期限。形成权的权利人仅凭单方意思表示即可导致法律关系的变动，因此对其他民事主体的利害关系甚大，容易对其他民事主体有所侵犯，因此应对该种权利加以期限限制。形成权的此种期限，在民法上一般称为除斥期间。除斥期间届满后，形成权终局性、实体性消灭。

第三，形成权的具体分类。形成权在理论上可以分为法定形成权和意定形成权、简单形成权和形成诉权。因形成权行使的依据不同，于是有了法定形成权和意定形成权之分。如果形成权的行使依据源于法律的直接规定，则为法定形成权；如果形成权的行使依据源于当事人的约定，则为意定形成权。因形成权行使的程序差别，产生了简单形成权和形成诉权。前者是指无需公权力介入，凭借权利人之单方意思表示的通知，即可实现权利变动。后者则是指权利人行使形成权需要通过法院或者仲裁机构，即采取诉讼的方式完成形成权的行使。形成诉权貌似与形成权的基本概念存在矛盾，但是从相对人角度出发，形成权的权利人通过法院或者仲裁机构行使形成权，并不需要相对人的同意，即相对人的意见并不干扰形成权的权利人行使权利。

4. 抗辩权：是指针对请求权人的请求，得拒绝给付的权利，是一种阻止请求权效力的权利。抗辩权乃相对于请求权而产生。一方当事人行使请求权，对方当事人针对该请求权则可以行使抗辩权。就抗辩权的考点而言，需要注意两个问题。

第一，永久性抗辩权与延期性抗辩权。永久性抗辩权是指抗辩事由一直持续存在进而权利人一直享有的抗辩权，如对方之请求超过诉讼时效的抗辩事由；标的物毁损灭失的抗辩事由等。延期性抗辩权是指权利人只能在特定时间和特定阶段内主张的抗辩权，该种权利可能会随着时间流逝或者事态进展而消灭，如双务合同中的同时履行抗辩权、不安抗辩权、顺序履行抗辩权等均为此种延期性抗辩权。

第二，需要注意抗辩权与否认权的区分。抗辩权的实质在于寻找权利人不必履行对方之请求的事由，而并非彻底否定对方的请求权。而否认权则是从根本上否定对方的请求权。

【经典真题】

1. 甲被乙家的狗咬伤，要求乙赔偿医药费，乙认为甲被狗咬与自己无关拒绝赔偿。下列哪一选项是正确的？[1]（2009-3-1）

A. 甲乙之间的赔偿关系属于民法所调整的人身关系

B. 甲请求乙赔偿的权利属于绝对权

C. 甲请求乙赔偿的权利适用诉讼时效

D. 乙拒绝赔偿是行使抗辩权

【解析】（1）民法调整平等主体之间的财产关系和人身关系，财产关系是人们基于财产的支配和流转而形成的社会关系；人身关系是指一般与人身不可分离的没有财产内容的社会关系。这里容易发生混淆的是赔偿关系到底是人身关系还是财产关系。赔偿关系的确是因为人身权利被侵害而产生，但是其内容是财产的流转关系，即损害赔偿之债的关系。因此，选项A是错误的。

---

[1]【答案】C

（2）关于民事权利的分类，基于相对人的范围不同，可以分为绝对权和相对权，也称对世权和对人权。一般来讲，支配权为绝对权，请求权为相对权。题中甲向乙请求赔偿的权利为相对权（对人权）。因此，选项B错误。

（3）关于诉讼时效的适用范围（包括债权请求权、物上请求权、人身权请求权）。债权请求权适用诉讼时效，而本题中甲的损害赔偿请求权即为债权请求权，应适用诉讼时效。因此，选项C正确。

（4）关于民事权利的分类，还可以基于功能和作用，分为请求权和抗辩权。抗辩权是对抗对方请求权或者否认对方请求权的权利。如果只是简单拒绝，不能认为是行使抗辩权。因此选项D错误。

2. 张某因出售公民个人信息被判刑，孙某的姓名、身份证号码、家庭住址等信息也在其中，买方是某公司。下列哪一选项是正确的？[1]（2017－3－20）

　　A. 张某侵害了孙某的身份权

　　B. 张某侵害了孙某的名誉权

　　C. 张某侵害了孙某对其个人信息享有的民事权益

　　D. 某公司无须对孙某承担民事责任

【解析】 根据《民法典》第111条之规定："自然人的个人信息受法律保护。任何组织或者个人需要获取他人个人信息的，应当依法取得并确保信息安全，不得非法收集、使用、加工、传输他人个人信息，不得非法买卖、提供或者公开他人个人信息。"张某、某公司侵害了孙某对其个人信息享有的民事权益，所以A、B、D选项错误，C选项正确，当选。

二、民事权利的救济★★

民事权利的救济分为公力救济和自力救济。公力救济是指权利人可以通过国家公权力机关（不仅包括审判机关，也包括其他负有法定职责的国家机关）的干预进而维护自身权利的途径。自力救济则是指凭借权利人自身的力量和行为维护自身权利的途径。自力救济又分为自卫行为和自助行为，其实施前提为公力救济面临一定障碍无法实现。

▶ ★**特别提示** 关于民事权利的救济，考生应着重关注自助行为。

考点3　民法基本原则

一、自愿原则（意思自治原则）★

这一原则规定，其基本内容包含以下两个方面。

1. 自己行为：自己决定是否参与民事活动；自己决定参与民事活动的内容；自己决定参与民事活动的形式；自己决定是否处分自己的权利和选择权利救济方式。

2. 自己责任：民事主体对自己的行为导致的后果承担责任。

针对自愿原则，要注意该原则与法律行为制度的关系。即法律行为制度是为了实现自愿原则而产生的具体制度，法律行为是实现民事主体意思自治的工具。

二、公平原则★

公平原则规定在《民法典》第6条，当事人应当遵循公平原则确定各方的权利和义务。

---

〔1〕【答案】C

法考主要考查其如何在法律适用和司法裁判中发挥作用（如合同法领域显失公平行为的可撤销性）。

三、诚实信用原则 ★

诚实信用原则规定在《民法典》第7条，当事人行使权利、履行义务应当遵循诚实信用原则。当事人应当按照约定全面履行自己的义务。对该原则的把握应从以下几个方面入手。

1. 条款位阶的最高性。
2. 为法院主动干预民事活动提供了依据。
3. 具有填补法律和合同漏洞的功能。

四、禁止权利滥用原则 ★

禁止权利滥用原则，是指民事主体不得以不正当的方式行使权利加害于他人的原则。这一原则要求民事主体行使民事权利不得损害他人的合法利益和社会公共利益。

《宪法》第51条规定，中华人民共和国公民在行使自由和权利的时候，不得损害国家的、社会的、集体的利益和其他公民的合法的自由和权利。当事人订立、履行合同，应当遵守法律、行政法规，尊重社会公德，不得扰乱社会经济秩序，损害社会公共利益。所有权人有权在自己的不动产或者动产上设立用益物权和担保物权。用益物权人、担保物权人行使权利，不得损害所有权人的权益。上述规定均体现了禁止权利滥用原则。

【经典真题】

甲、乙二人同村，宅基地毗邻。甲的宅基地倚山、地势较低，乙的宅基地在上将其环绕。乙因琐事与甲多次争吵而郁闷难解，便沿二人宅基地的边界线靠己方一侧，建起高5米围墙，使甲在自家院内却有身处监牢之感。乙的行为违背民法的下列哪一基本原则？[1]（2017－3－1）

A. 自愿原则　　　B. 公平原则　　　C. 平等原则　　　D. 诚信原则

【解析】民法中的平等原则是指权利能力一视同仁，公平原则指双方利益的均衡。经过审题可得，乙是为一己私欲采取的泄愤行为，与自愿、公平原则无关，也与平等原则不相符。当事人行使权利、履行义务应当遵循诚实信用原则。诚信原则的含义之一是指，以善意的方式行使权利。在此题中乙滥用权利侵害了他人的权利，违背了诚实信用的原则。

考点4：关于《民法典》的溯及力问题

民法溯及既往的效力，即民法对于其公布实施以前发生的民事关系有无溯及既往的效力。通常情况下，新的民事法律只适用于该法生效后所发生的民事关系，也就是说民法原则上没有溯及既往的效力。但在例外的情形下，民法也可以具有溯及力。

注意：《最高人民法院关于适用〈中华人民共和国民法典〉时间效力的若干规定》

第1条　民法典施行后的法律事实引起的民事纠纷案件，适用民法典的规定。

民法典施行前的法律事实引起的民事纠纷案件，适用当时的法律、司法解释的规定，

---

〔1〕【答案】D

但是法律、司法解释另有规定的除外。

民法典施行前的法律事实持续至民法典施行后，该法律事实引起的民事纠纷案件，适用民法典的规定，但是法律、司法解释另有规定的除外。

解读：《民法典》原则上无溯及力。

例外：（一）法律、司法解释另有规定的

（二）民法典施行前的法律事实持续至民法典施行后，该法律事实引起的民事纠纷案件。

（三）适用民法典的规定更有利于保护民事主体合法权益，更有利于维护社会和经济秩序，更有利于弘扬社会主义核心价值观的。

第2条 民法典施行前的法律事实引起的民事纠纷案件，当时的法律、司法解释有规定，适用当时的法律、司法解释的规定，但是适用民法典的规定更有利于保护民事主体合法权益，更有利于维护社会和经济秩序，更有利于弘扬社会主义核心价值观的除外。

1. 损害社会公共利益民事案件

第6条 《中华人民共和国民法总则》施行前（注：《民法总则》于2017年10月1日开始实施），侵害英雄烈士等的姓名、肖像、名誉、荣誉，损害社会公共利益引起的民事纠纷案件，适用民法典第185条的规定。

附：《民法典》第185条：侵害英雄烈士等的姓名、肖像、名誉、荣誉，损害社会公共利益的，应当承担民事责任。

2. 流押、流质条款的效力

第7条 民法典施行前，当事人在债务履行期限届满前约定债务人不履行到期债务时抵押财产或者质押财产归债权人所有的，适用民法典第401条和第428条的规定。

附：《民法典》第401条【流押】抵押权人在债务履行期限届满前，与抵押人约定债务人不履行到期债务时抵押财产归债权人所有的，只能依法就抵押财产优先受偿。

《民法典》第428条【流质】质权人在债务履行期限届满前，与出质人约定债务人不履行到期债务时质押财产归债权人所有的，只能依法就质押财产优先受偿。

注意比对：

《物权法》（已经废止）**第186条** 抵押权人在债务履行期届满前，不得与抵押人约定债务人不履行到期债务时抵押财产归债权人所有。

第211条 质权人在债务履行期届满前，不得与出质人约定债务人不履行到期债务时质押财产归债权人所有。

3. 无效合同的补正

第8条 民法典施行前成立的合同，适用当时的法律、司法解释的规定合同无效而适用民法典的规定合同有效的，适用民法典的相关规定。

4. 提供格式条款未提示说明的合同效力认定

第9条 民法典施行前订立的合同，提供格式条款一方未履行提示或者说明义务，涉及格式条款效力认定的，适用民法典第496条的规定。

附：《民法典》第496条：格式条款是当事人为了重复使用而预先拟定，并在订立合同时未与对方协商的条款。

采用格式条款订立合同的，提供格式条款的一方应当遵循公平原则确定当事人之间的权利和义务，并采取合理的方式提示对方注意免除或者减轻其责任等与对方有重大利害关系的条款，按照对方的要求，对该条款予以说明。提供格式条款的一方未履行提示或者说明义务，致使对方没有注意或者理解与其有重大利害关系的条款的，对方可以主张该条款不成为合同的内容。

5. 起诉方式解除合同

第 10 条　民法典施行前，当事人一方未通知对方而直接以提起诉讼方式依法主张解除合同的，适用民法典第 565 条第 2 款的规定。

6. 被继承人宽恕

第 13 条　民法典施行前，继承人有民法典第 1125 条第 1 款第 4 项和第 5 项规定行为之一，对该继承人是否丧失继承权发生争议的，适用民法典第 1125 条第 1 款和第 2 款的规定。

民法典施行前，受遗赠人有民法典第 1125 条第 1 款规定行为之一，对受遗赠人是否丧失受遗赠权发生争议的，适用民法典第 1125 条第 1 款和第 3 款的规定。

附：《民法典》第 1125 条【继承权的丧失和恢复】继承人有下列行为之一的，丧失继承权：（一）故意杀害被继承人；（二）为争夺遗产而杀害其他继承人；（三）遗弃被继承人，或者虐待被继承人情节严重；（四）伪造、篡改、隐匿或者销毁遗嘱，情节严重；（五）以欺诈、胁迫手段迫使或者妨碍被继承人设立、变更或者撤回遗嘱，情节严重。

继承人有前款第 3 项至第 5 项行为，确有悔改表现，被继承人表示宽恕或者事后在遗嘱中将其列为继承人的，该继承人不丧失继承权。

受遗赠人有本条第 1 款规定行为的，丧失受遗赠权。

（四）当时的法律、司法解释没有规定而民法典有规定的，可以适用民法典的规定。

第 3 条　民法典施行前的法律事实引起的民事纠纷案件，当时的法律、司法解释没有规定而民法典有规定的，可以适用民法典的规定，但是明显减损当事人合法权益、增加当事人法定义务或者背离当事人合理预期的除外。

1. 自甘风险

第 16 条　民法典施行前，受害人自愿参加具有一定风险的文体活动受到损害引起的民事纠纷案件，适用民法典第 1176 条的规定。

2. 自助行为

第 17 条　民法典施行前，受害人为保护自己合法权益采取扣留侵权人的财物等措施引起的民事纠纷案件，适用民法典第 1177 条的规定。

3. 好意同乘

第 18 条　民法典施行前，因非营运机动车发生交通事故造成无偿搭乘人损害引起的民事纠纷案件，适用民法典第 1217 条的规定。

4. 高空抛物

第 19 条　民法典施行前，从建筑物中抛掷物品或者从建筑物上坠落的物品造成他人损害引起的民事纠纷案件，适用民法典第 1254 条的规定。

5. 违约方终止合同

第 11 条　民法典施行前成立的合同，当事人一方不履行非金钱债务或者履行非金钱债务不符合约定，对方可以请求履行，但是有民法典第 580 条第 1 款第 1 项、第 2 项、第 3 项除外情形之一，致使不能实现合同目的，当事人请求终止合同权利义务关系的，适用民法典第 580 条第 2 款的规定。

6. 保理合同

第12条 民法典施行前订立的保理合同发生争议的，适用民法典第三编第十六章的规定。

7. 第二顺序继承人的代位继承

第14条 被继承人在民法典施行前死亡，遗产无人继承又无人受遗赠，其兄弟姐妹的子女请求代位继承的，适用民法典第1128条第2款和第3款的规定，但是遗产已经在民法典施行前处理完毕的除外。

8. 打印遗嘱的效力

第15条 民法典施行前，遗嘱人以打印方式立的遗嘱，当事人对该遗嘱效力发生争议的，适用民法典第1136条的规定，但是遗产已经在民法典施行前处理完毕的除外。

【小结/重点整理】

本章最重要的内容是民事权利，该考点须掌握以下内容：①民事权利的分类；②以效力为标准，将民事权利分为支配权、请求权、形成权与抗辩权；③自力救济中的自助行为与紧急避险。

第二章
自然人

自然人相关知识结构图

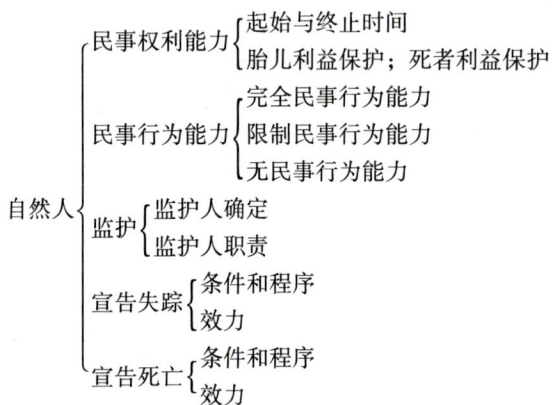

```
        ┌ 民事权利能力 ┤ 起始与终止时间
        │              └ 胎儿利益保护；死者利益保护
        │              ┌ 完全民事行为能力
        │ 民事行为能力 ┤ 限制民事行为能力
        │              └ 无民事行为能力
自然人 ┤ 监护 ┤ 监护人确定
        │      └ 监护人职责
        │ 宣告失踪 ┤ 条件和程序
        │          └ 效力
        └ 宣告死亡 ┤ 条件和程序
                    └ 效力
```

> **导学**
>
> 　　本部分主要包括作为民事主体之一的自然人的民事权利能力和民事行为能力、监护制度、住所制度、宣告失踪和宣告死亡制度等。对民事行为能力的考查往往结合法律行为之效力一并考查；监护制度与宣告失踪、宣告死亡制度每年考查大概1分到2分。考生对这一部分知识点的把握，应当始终站在法律关系的角度，将自然人相关知识点融入具体法律关系中，唯此，方可体会民法关于自然人相关制度的用意所在。

重点知识详解

考点1　自然人的民事权利能力和民事行为能力

一、自然人的民事权利能力★

　　自然人的民事权利能力是指自然人依法享有民事权利和承担民事义务的资格。自然人只有具有民事权利能力才可以成为民法上的主体，因此民事权利能力与民事主体之人格应属同一事物的不同侧面。自然人的民事权利能力始于自然人的出生，终于自然人的死亡。

民事权利能力的起始时间以及胎儿利益保护

自然人的民事权利能力始于出生。法律上界定出生需要坚持两个要件：第一，需要与母体脱离，成为独立的个体；第二，需要存活，具有生命。在此有以下两个问题需要作出说明：一为出生时间的推定，二为自然人出生之前的"胎儿"状态之利益保护。

1. 出生时间属于客观事实，但是在法律上如何确定出生时间，则属于一种技术上的推定，根据《民法典》第 15 条之规定，依次以下列证据作为出生的推定时间：（1）出生证明；（2）没有出生证明的，户籍登记或者其他有效身份登记记载的时间；（3）有其他证据足以推翻以上记载时间的，以该证据证明的时间为准。

2. 关于胎儿利益保护。我国立法有限度地承认胎儿之主体资格，涉及遗产继承、接受赠与等胎儿利益保护的，胎儿视为具有民事权利能力。但是胎儿娩出时为死体的，其民事权利能力自始不存在。除此之外，继承编也对胎儿的利益有着一定保护：

（1）遗产分割时，应当保留胎儿的继承份额。

（2）胎儿娩出时是死体的：保留的份额由被继承人的继承人继承。

（3）胎儿娩出为活体，但是随后立即死去：该胎儿转成的婴儿为被继承人，由其继承人继承该份额。

（4）胎儿娩出为活体且持续生存：该胎儿成为婴儿，取得其继承份额的财产权。

二、自然人的行为能力 ★★

（一）含义

自然人能够独立实施一个有效的民事行为，即民事主体以自己的行为享有民事权利、承担民事义务的资格。其与民事权利能力的区别在于：自然人的民事权利能力一律平等，但是自然人的民事行为能力则因为年龄和智力因素存在差异，影响着自然人可否从事民事行为以及所从事的民事行为的效力。以下即为民事行为能力类型以及对应限制情况的分析。

（二）类型

自然人的民事行为能力类型，以年龄作为基本区分标志，同时辅以精神状况作为区分条件。

1. 完全民事行为能力——可独立进行民事活动。

（1）无精神病 18 周岁以上的自然人。

（2）有固定劳动收入的未成年人，年满 16 周岁以上不满 18 周岁，但以自己的劳动收入为主要生活来源的自然人。

2. 限制民事行为能力。

（1）8 周岁以上的未成年人——实施民事法律行为由其法定代理人代理或者经其法定代理人同意、追认，但是可以独立实施纯获利益的民事法律行为或者与其年龄、智力相适应的民事法律行为。

（2）不能完全辨认自己行为的成年人——实施民事法律行为由其法定代理人代理或者经其法定代理人同意、追认，但是可以独立实施纯获利益的民事法律行为或者与其智力、精神健康状况相适应的民事法律行为。

3. 无民事行为能力。

（1）不满 8 周岁的未成年人——由其法定代理人代理实施民事法律行为。

（2）不能辨认自己行为的成年人和 8 周岁以上的未成年人——由其法定代理人代理实

施民事法律行为。

考查方式：一般不单纯考查行为能力问题，而是结合有关民事行为的效力一并考查。

假设影响民事行为的效力的其他因素均没有问题，则

有效情形（以下情形均是指民事行为之其他生效要件均已经具备）：

①完全民事行为能力人从事的民事行为；

②限制民事行为能力人从事的纯获利益的行为和与其年龄、智力、精神健康状况相适应的民事行为；

③限制民事行为能力人接受奖励、赠与、报酬的行为。

效力待定情形：

限制行为能力人从事的与其年龄、智力、精神状况不相适应的合同行为。

无效情形：

①不满8周岁的未成年人实施的未被法定代理人追认的民事行为；不能辨认自己行为的成年人和8周岁以上的未成年人，未由其法定代理人代理实施的民事行为。

②限制行为能力人从事的与其年龄、智力、精神状况不相适应的合同行为以外的其他民事行为。

【经典真题】

肖特有音乐天赋，16岁便不再上学，以演出收入为主要生活来源。肖特成长过程中，多有长辈馈赠：7岁时受赠口琴1个，9岁时受赠钢琴1架，15岁时受赠名贵小提琴1把。对肖特行为能力及其受赠行为效力的判断，根据《民法典》相关规定，下列哪一选项是正确的？[1]（2017-3-2）

　　A. 肖特尚不具备完全的民事行为能力

　　B. 受赠口琴的行为无效，应由其法定代理人代理实施

　　C. 受赠钢琴的行为无效，因与其当时的年龄智力不相当

　　D. 受赠小提琴的行为无效，因与其当时的年龄智力不相当

【解析】 16周岁以上的未成年人，以自己的劳动收入为主要生活来源的，视为完全民事行为能力人。肖特已满16岁，且以自己收入为主要生活来源，所以肖特具有完全民事行为能力，A错误。不满8周岁的未成年人为无民事行为能力人，由其法定代理人代理实施民事法律行为，包括纯获利益的行为，此处与以前规定不同，考生需要注意。所以肖特7岁时受赠口琴的行为无效，应由其法定代理人代理实施，B选项正确。8周岁以上的未成年人为限制民事行为能力人，实施民事法律行为由其法定代理人代理或者经其法定代理人同意、追认，但是可以独立实施纯获利益的民事法律行为或者与其年龄、智力相适应的民事法律行为。此处肖特9岁受赠钢琴和15岁受赠小提琴的纯获利益的行为是有效的。所以C、D项错误。

_____

〔1〕【答案】B

考点 2　监护

一、监护人的确定 ★ ★

（一）未成年人监护人的确定

1. 法定监护人

（1）当然法定监护人：父母。

要点：不因父母离婚而丧失监护权。

（2）其他法定监护人

祖父母、外祖父母；

兄、姐；

其他愿意担任监护人的个人或者组织，但是须经未成年人住所地的居民委员会、村民委员会或者民政部门同意。

（3）有关组织

适用情形：没有前述监护人；

哪些组织：监护人由民政部门担任，也可以由具备履行监护职责条件的被监护人住所地的居民委员会、村民委员会担任。

2. 指定监护人

（1）指定原因：对担任监护人有争议。

（2）何人进行指定：有关组织（未成年人住所地的居民委员会、村民委员会、民政部门或法院）。

（3）指定何人：依法具有监护资格的人或组织。

3. 协议确定监护人

依法具有监护资格的人之间可以协议确定监护人。协议确定监护人应当尊重被监护人的真实意愿。

4. 遗嘱指定监护人

被监护人的父母担任监护人的，可以通过遗嘱指定监护人。

（二）精神病人的监护人确定

1. 法定监护人

（1）配偶；父母；成年子女；其他近亲属。

（2）其他愿意担任监护人的个人或者组织，但是须经被监护人住所地的居民委员会、村民委员会或者民政部门同意。

（3）没有依法具有监护资格的人的，监护人由民政部门担任，也可以由具备履行监护职责条件的被监护人住所地的居民委员会、村民委员会担任。

2. 指定监护人：同未成年人指定监护。

3. 协议确定监护人：同未成年人协议确定监护。

4. 遗嘱指定监护人：同未成年人遗嘱指定监护。

（三）既是未成年人又是精神病人的自然人的监护人确定

按未成年人监护人确定规则执行。

（四）成年人的意定监护制度

具有完全民事行为能力的成年人，可以与其近亲属、其他愿意担任监护人的个人或者组织事先协商，以书面形式确定自己的监护人。协商确定的监护人在该成年人丧失或者部分丧失民事行为能力时，履行监护职责。

【经典真题】

余某与其妻婚后不育，依法收养了孤儿小翠。不久后余某与妻子离婚，小翠由余某抚养。现余某身患重病，为自己和幼女小翠的未来担忧，欲作相应安排。下列哪些选项是正确的？[1]（2017－3－51）

　　A. 余某可通过遗嘱指定其父亲在其身故后担任小翠的监护人

　　B. 余某可与前妻协议确定由前妻担任小翠的监护人

　　C. 余某可与其堂兄事先协商以书面形式确定堂兄为自己的监护人

　　D. 如余某病故，应由余某父母担任小翠的监护人

【解析】 未成年人的父母已经死亡或没有监护能力的，由有监护能力的人按顺序担任监护人。故如余某病故应由小翠的养母担任其监护人，所以选项 D 说法错误。被监护人的父母担任监护人的，可以通过遗嘱指定监护人，所以 A 选项正确。依法具有监护资格的人之间可以协议确定监护人，所以 B 选项正确。具有完全民事行为能力的成年人，可以与其近亲属、其他愿意担任监护人的个人或者组织事先协商，以书面形式确定自己的监护人，所以 C 选项正确。

二、监护人的职责★

监护人应当按照最有利于被监护人的原则履行监护职责。监护人除为维护被监护人利益外，不得处分被监护人的财产。

未成年人的监护人履行监护职责，在作出与被监护人利益有关的决定时，应当根据被监护人的年龄和智力状况，尊重被监护人的真实意愿。

成年人的监护人履行监护职责，应当最大程度地尊重被监护人的真实意愿，保障并协助被监护人实施与其智力、精神健康状况相适应的民事法律行为。对被监护人有能力独立处理的事务，监护人不得干涉。

三、监护人的责任★

（一）对被监护人的责任

监护人不履行监护职责或者侵害被监护人的合法权益的，应当承担责任：

1. 财产方面：给被监护人造成财产损失的，应当赔偿损失。

2. 人身方面：人民法院可以根据有关人员或者有关单位的申请，撤销监护人的资格，安排必要的临时监护措施，并按照最有利于被监护人的原则依法指定监护人。

3. 临时生活照料

因发生突发事件等紧急情况，监护人暂时无法履行监护职责，被监护人的生活处于无人照料状态的，被监护人住所地的居民委员会、村民委员会或者民政部门应当为被监护人安排必要的临时生活照料措施。

────────────────

〔1〕**【答案】** ABC

（二）被监护人造成他人损害情形下，监护人的责任

1. 一般原则。

（1）监护人承担民事责任。监护人尽了监护责任的，可以适当减轻他的民事责任。

（2）有财产的无民事行为能力人、限制民事行为能力人造成他人损害的，从本人财产中支付赔偿费用。不足部分，由监护人赔偿。

2. 夫妻离婚后未成年子女侵害他人权益的责任承担。

同该子女共同生活的一方应当承担民事责任；

如果独立承担民事责任确有困难的，可以责令未与该子女共同生活的一方共同承担民事责任。

3. 被监护人造成他人损害、监护人不明确情形下的责任承担。

由顺序在前的有监护能力的人承担民事责任。

4. 被监护人被人教唆、帮助实施侵权行为情形下监护人的责任。

教唆人、帮助人承担侵权责任；监护人未尽到监护责任的，应当承担相应的责任。

5. 被监护人年龄在 18 岁左右发生的侵权行为。

（1）侵权行为发生时行为人不满 18 周岁，在诉讼时已满 18 周岁，并有经济能力的，应当承担民事责任；行为人没有经济能力的，应当由原监护人承担民事责任。

（2）行为人致人损害时年满 18 周岁的，应当由本人承担民事责任；没有经济收入的，由扶养人垫付，垫付有困难的，也可以判决或者调解延期给付。

（三）监护人资格的撤销与恢复

1. 监护人资格的撤销。

监护人有下列情形之一的，人民法院根据有关个人或者组织的申请，撤销其监护人资格，安排必要的临时监护措施，并按照最有利于被监护人的原则依法指定监护人：实施严重损害被监护人身心健康行为的；怠于履行监护职责，或者无法履行监护职责并且拒绝将监护职责部分或者全部委托给他人，导致被监护人处于危困状态的；实施严重侵害被监护人合法权益的其他行为的。

依法负担被监护人抚养费、赡养费、扶养费的父母、子女、配偶等，被人民法院撤销监护人资格后，应当继续履行负担的义务。

2. 监护人资格的恢复。

被监护人的父母或者子女被人民法院撤销监护人资格后，除对被监护人实施故意犯罪的外，确有悔改表现的，经其申请，人民法院可以在尊重被监护人真实意愿的前提下，视情况恢复其监护人资格，人民法院指定的监护人与被监护人的监护关系同时终止。

考点3　宣告失踪

一、宣告失踪的条件和程序

（一）自然人下落不明满法定期限（2 年）

要点：

1. 下落不明的判断：公民离开最后居所地后没有音讯的状况。

2. 该期限的起算点：

一般情形下：从其失去音讯之日起计算。

战争期间下落不明的：战争结束之日或者有关机关确定的下落不明之日起计算。

（二）利害关系人向人民法院提出申请

1. 申请人的范围：申请宣告失踪的利害关系人，包括被申请宣告失踪人的配偶、父母、子女、兄弟姐妹、祖父母、外祖父母、孙子女、外孙子女以及其他与被申请人有民事权利义务关系的人。

2. 申请人无先后顺序。

（三）法院受理与宣告

1. 受理法院：失踪人住所地基层人民法院。

2. 公告期：3 个月。

二、宣告失踪的法律效力：为被宣告失踪的人指定财产代管人

（一）财产代管人的范围

1. 基本范围：由其配偶、成年子女、父母或者其他愿意担任财产代管人的人代管。

2. 代管有争议，没有前述的人，或者前述的人无代管能力的，由人民法院指定的人代管。

3. 无民事行为能力人、限制民事行为能力人失踪的，其监护人即为财产代管人。

（二）财产代管人的法律地位

1. 实体权利和义务

代为支付；代为请求。

失踪人所欠税款、债务和应付的其他费用，由财产代管人从失踪人的财产中支付。

"其他费用"的说明：包括赡养费、扶养费、抚育费和因代管财产所需的管理费等必要费用。

财产代管人因故意或者重大过失造成失踪人财产损失的，应当承担赔偿责任。

2. 诉讼地位

涉及失踪人的民事诉讼，代管人可以以自己的名义作为被告或者原告参加诉讼。

被告：失踪人的财产代管人拒绝支付失踪人所欠的税款、债务和其他费用，债权人提起诉讼的，人民法院应当将代管人列为被告。

原告：失踪人的财产代管人向失踪人的债务人要求偿还债务的，可以作为原告提起诉讼。

3. 财产代管人的变更

财产代管人不履行代管职责、侵害失踪人财产权益或者丧失代管能力的，失踪人的利害关系人可以向人民法院申请变更财产代管人。财产代管人有正当理由的，可以向人民法院申请变更财产代管人。人民法院变更财产代管人的，变更后的财产代管人有权要求原财产代管人及时移交有关财产并报告财产代管情况。

4. 失踪宣告的撤销

失踪人重新出现，经本人或者利害关系人申请，人民法院应当撤销失踪宣告。失踪人重新出现，有权要求财产代管人及时移交有关财产并报告财产代管情况。

【经典真题】

甲与乙离婚，甲乙的子女均已成年，与乙一起生活。甲与丙再婚后购买了一套房屋，登记在甲的名下。后甲因中风不能自理，常年卧床。丙见状离家出走达 3 年之久。甲乙的

子女和乙想要回房屋，进行法律咨询。下列哪些意见是错误的？[1] (2011 - 3 - 52)

A. 因房屋登记在甲的名下，故属于甲个人房产

B. 丙在甲中风后未尽妻子责任和义务，不能主张房产份额

C. 甲乙的子女可以申请宣告丙失踪

D. 甲本人向法院提交书面意见后，甲乙的子女可代理甲参与甲与丙的离婚诉讼

【解析】（1）甲与丙再婚后购买的房产，在没有约定的情形下，虽然登记在甲的名下，也属于甲和丙的共同财产，故 A 错误，当选。

（2）作为甲丙二人的婚姻共同财产，在婚姻关系存续期间，不能主张份额，但是不能主张的原因在于二人的婚姻关系，而并非是因为丙未尽妻子的责任和义务。即使丙尽了妻子的责任和义务，在婚姻关系解除之前，也不能主张份额，故 B 错误，当选。

（3）宣告失踪的申请人存在法定限制，即失踪人的利害关系人，对此，《最高人民法院关于印发〈全国法院贯彻实施民法典工作会议纪要〉的通知》第 1 条规定，申请宣告失踪的利害关系人，包括被申请宣告失踪人的配偶、父母、子女、兄弟姐妹、祖父母、外祖父母、孙子女、外孙子女以及其他与被申请人有民事权利义务关系的民事主体。而甲乙的子女不是上述利害关系人范畴，不得申请宣告丙失踪，故选项 C 错误，当选。

（4）按《民事诉讼法》的规定，离婚案件有诉讼代理人的，本人除不能表达意志的以外，仍应出庭；确因特殊情况无法出庭的，必须向人民法院提交书面意见。因此选项 D 中，甲本人提交书面意见后，甲乙之子女可以代理甲参加与丙的离婚诉讼，故 D 正确，不当选。

考点4　宣告死亡

一、条件和程序

（一）下落不明满一定期限

1. 原则上，自下落不明满 4 年的。

2. 因意外事件下落不明满 2 年的。

3. 因意外事件下落不明，经有关机关证明该自然人不可能生存的，申请宣告死亡不受 2 年时间的限制，可以直接申请宣告死亡。

（二）有关当事人向法院提出申请

1. 申请人范围与前述宣告失踪申请人相同。

2. 利害关系人申请不一致的处理。

对同一自然人，有的利害关系人申请宣告死亡，有的利害关系人申请宣告失踪，符合本法规定的宣告死亡条件的，人民法院应当宣告死亡。

（三）法院受理和公告

1. 受理法院同前述规定。

2. 公告期：

（1）下落不明满 4 年的和意外事件下落不明满 2 年的，公告期为 1 年。

（2）因意外事件下落不明，经有关机关证明不可能生存的，公告期为 3 个月。

---

[1]【答案】ABC

3. 宣告死亡日期的确定。

被宣告死亡的人，人民法院宣告死亡的判决作出之日视为其死亡的日期；因意外事件下落不明宣告死亡的，意外事件发生之日视为其死亡的日期。

二、宣告死亡的效力★

（一）一般效力

1. 被宣告死亡的人丧失民事主体资格，但是不影响该自然人在被宣告死亡期间实施的民事法律行为的效力。

2. 个人合法财产开始依法发生继承。

3. 婚姻关系消灭。

4. 亲权关系消灭，夫妻的另一方可以自己决定将子女送养。

（二）被宣告死亡的时间与自然死亡的时间不一致情形下的效力问题

1. 原则上被宣告死亡所引起的法律后果仍然有效。

2. 自然死亡前实施的民事法律行为与被宣告死亡引起的法律后果相抵触的，则以其实施的民事法律行为为准。

三、死亡宣告被撤销的效力

（一）婚姻关系方面

1. 配偶尚未再婚的，夫妻关系自撤销死亡宣告之日起"自行恢复"。

2. 但是其配偶再婚或者向婚姻登记机关书面声明不愿意恢复的除外。

（二）收养关系方面

被宣告死亡的人在被宣告死亡期间，其子女被他人依法收养的，在死亡宣告被撤销后，不得以未经本人同意为由主张收养关系无效。

（三）财产关系方面

1. 依照《民法典》继承编取得其财产的公民或者组织，应当返还原物；无法返还的，给予适当补偿。

2. 原物已为第三人合法取得的，第三人可不予返还；但依继承编取得原物的公民或者组织，应当返还原物或者给予适当补偿。

3. 利害关系人隐瞒真实情况，致使他人被宣告死亡取得其财产的，除应当返还财产外，还应当对由此造成的损失承担赔偿责任。

【经典真题】

甲出境经商下落不明，2015 年 9 月经其妻乙请求被 K 县法院宣告死亡，其后乙未再婚，乙是甲唯一的继承人。2016 年 3 月，乙将家里的一辆轿车赠送给了弟弟丙，交付并办理了过户登记。2016 年 10 月，经商失败的甲返回 K 县，为还债将登记于自己名下的一套夫妻共有住房私自卖给知情的丁；同年 12 月，甲的死亡宣告被撤销。下列哪些选项是正确的？[1]（2017－3－52）

A. 甲、乙的婚姻关系自撤销死亡宣告之日起自行恢复

---

[1] 【答案】ABC

B. 乙有权赠与该轿车

C. 丙可不返还该轿车

D. 甲出卖房屋的行为无效

【解析】死亡宣告被撤销的，婚姻关系自撤销死亡宣告之日起自行恢复，但是其配偶再婚或者向婚姻登记机关书面声明不愿意恢复的除外，所以 A 选项正确。被宣告死亡的财产成为遗产，按继承处理，所以 B 选项正确。被撤销死亡宣告的人有权请求依照《民法典》继承编取得其财产的民事主体返还财产。丙不是按继承取得的财产，属合法取得，无需返还，所以 C 选项正确。自然人被宣告死亡但是并未死亡的，不影响该自然人在被宣告死亡期间实施的民事法律行为的效力，所以 D 选项错误。

考点5　个体工商户与农村承包户

一、产生

1. 个体工商户经依法核准登记而成立。
2. 农村承包经营户依照承包合同而产生。

二、字号问题

1. 个体工商户可以起字号。
2. 农村承包经营户无此规定。

三、债务承担

1. 个体工商户的债务，个人经营的，以个人财产承担；家庭经营的，以家庭财产承担；无法区分的，以家庭财产承担。

2. 农村承包经营户的债务，以从事农村土地承包经营的农户财产承担；事实上由农户部分成员经营的，以该部分成员的财产承担。

考点6　自然人之变化形态之二：个人合伙

一、个人合伙关系的认定（合伙人身份的确定）

两个以上自然人按照协议，各自提供资金、实物、技术等，合伙经营、共同劳动。

1. 公民按照协议提供资金或者实物，并约定参与合伙盈余分配，但不参与合伙经营、劳动的，或者提供技术性劳务而不提供资金、实物，但约定参与盈余分配的，视为合伙人。

2. 当事人之间没有书面合伙协议，又未经工商行政管理部门核准登记，但具备合伙的其他条件，又有两个以上无利害关系人证明有口头合伙协议的，人民法院可以认定为合伙关系。

二、合伙财产的归属

1. 合伙人投入的财产，由合伙人统一管理和使用。
2. 合伙经营积累的财产，归合伙人共有。

三、合伙的内部关系

（一）合伙事务的执行

1. 共同决定权。

2. 执行权。

3. 监督权。

（二）入伙

在合伙经营过程中增加合伙人，书面协议有约定的，按照协议处理；书面协议未约定的，须经全体合伙人同意，未经全体合伙人同意的，应当认定入伙无效。

（三）退伙

合伙人退伙，书面协议有约定的，按书面协议处理；书面协议未约定的，原则上应予准许。但因其退伙给其他合伙人造成损失的，应当考虑退伙的原因、理由以及双方当事人的过错等情况，确定其应当承担的赔偿责任。

四、合伙债务的承担 ★

1. 合伙人对外承担连带责任。（普通合伙人承担无限连带责任，有限合伙人承担有限责任）

2. 合伙人之间按照协议约定的债务承担比例或者出资比例分担；协议未约定债务承担比例或者出资比例的，按照约定的或者实际的盈余比例分担。

3. 对技术性劳务出资的合伙人的特别规定。

（1）对外也应当承担连带责任。

（2）对内则应当按照协议约定的债务承担比例或者技术性劳务折抵的出资比例承担；协议未规定债务承担比例或者出资比例的，可以按照约定的或者合伙人实际的盈余分配比例承担；没有盈余分配比例的，按照其余合伙人平均投资比例承担。

4. 退伙后的债务承担。

合伙经营期间发生亏损，合伙人退出合伙时未按约定分担或者未合理分担合伙债务的，退伙人对原合伙的债务，应当承担清偿责任；退伙人已分担合伙债务的，对其参加合伙期间的全部债务仍负连带责任。

【小结/重点整理】

本章知识点在法律职业资格考试中的考查分为两个层面：第一，是对监护人的确定规则以及监护人不履行监护职责情形下的责任承担、宣告失踪以及宣告死亡之条件和法律后果等知识点的考查，一般对这一层面的知识点的考查只是在客观题中体现。这些知识点的基本特点是：该规则仅仅适用于自然人自身。第二，是对自然人民事行为能力的考查。这一层面的考查往往超越了本章内容，考查方式不仅局限于客观题中，也可能在主观题中予以考查，其基本考查思路如前所述，一定会与民事法律行为结合考查。

第三章
法 人

法人相关知识结构图

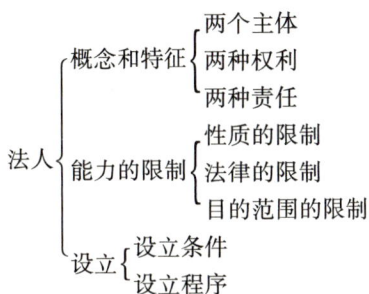

```
        ┌ 概念和特征 ┌ 两个主体
        │           │ 两种权利
        │           └ 两种责任
        │           ┌ 性质的限制
法人 ───┤ 能力的限制 ┤ 法律的限制
        │           └ 目的范围的限制
        │           ┌ 设立条件
        └ 设立       └ 设立程序
```

导学　本部分内容主要涵盖法人的概念和特征、法人的能力、法人的分类、法人的设立、法人的组织机构、法人的变更、消灭和联营等问题。本部分的学习要与商法中的公司法结合把握。

📘 重点知识详解

考点1　法人的概念与特征

一、法人的含义

法人是指具有民事权利能力和民事行为能力，依法独立享有民事权利和承担民事义务的组织。

我国民法从权利能力和行为能力角度界定了法人的含义。这种直接规范法人含义的立法体例，好处在于法律适用的便捷，弊端在于可能缩小了法人的范围。

二、法人的特征★

1. 两个主体。所谓两个主体是指法人与法人的设立人是两个相互独立的民事主体。如公司法人与设立公司法人的股东，是相互独立的民事主体。公司虽然由股东出资设立，但是公司一旦成立，其与股东不仅平等，而且相互独立。

2. 两种权利。所谓两种权利是指法人享有的民事权利与法人设立者对法人的权利是两种相互独立的权利。如在公司法人中，公司依法享有独立的法人财产权；公司设立人即股东，则享有因出资而取得的股权。公司之财产权与股东之股权相互独立。

3. 两种责任。所谓两种责任是指法人的设立者对法人的责任，以及法人对外承担的责任是两种独立的责任。

前述两个主体、两种权利、两种责任存在逻辑上的依存关系。即只有坚持了两个主体、两种权利之规则，才会引发两种责任之后果。两种权利是核心所在。只有法人设立者和法人各自恪守权利的边界，才可保障二者的独立地位以及独立责任。

考点 2　法人的民事权利能力、民事行为能力、民事责任能力

一、法人民事权利能力和民事行为能力的起始和终止时间

自然人的民事权利能力和民事行为能力之间存在起始和终止时间上的差异，而法人的民事权利能力和民事行为能力具有一致性。二者均始于法人成立，终于法人消灭。

二、法人民事权利能力和民事行为能力的限制 ★

（一）性质的限制

所谓性质的限制，是指法人不享有自然人所具有的特定权利。如法人无生命权、身体权、健康权、隐私权、继承权等；法人也不能向侵权人主张精神损害赔偿。

（二）法律的限制

所谓法律上的限制，是指关于法人的法律中，对法人的民事权利能力和民事行为能力作出一定的实体上和程序上的限制，如《公司法》上对公司法人的转投资能力和对外担保能力的限制等。

（三）经营范围的限制

这一限制主要针对企业法人而言。《公司法》第 12 条规定，公司的经营范围由公司章程规定，并依法登记。公司可以修改公司章程，改变经营范围，但是应当办理变更登记。对于超越经营范围而对外订立的合同之效力，《民法典》第 505 条规定，当事人超越经营范围订立的合同的效力，应当依照本法第一编第六章第三节和本编的有关规定确定，不得仅以超越经营范围确认合同无效。

（四）法人的责任能力

法人需要对法定代表人和工作人员的职务行为承担责任（包含侵权责任）。

考点 3　法人的分类

一、我国《民法典》法人的分类

我国《民法典》将法人分为以下类别：

1. 营利法人。

（1）定义及范围：以取得利润并分配给股东等出资人为目的成立的法人，为营利法人。营利法人包括有限责任公司、股份有限公司和其他企业法人等。

（2）营利法人的成立：营利法人经依法登记成立。

依法设立的营利法人，由登记机关发给营利法人营业执照。营业执照签发日期为营利

法人的成立日期。

（3）设立营利法人应当依法制定法人章程。

（4）营利法人的机构：①营利法人应当设权力机构。权力机构行使修改法人章程、选举或者更换执行机构、监督机构成员，以及法人章程规定的其他职权。

②营利法人应当设执行机构。执行机构行使召集权力机构会议，决定法人的经营计划和投资方案，决定法人内部管理机构的设置，以及法人章程规定的其他职权。执行机构为董事会或者执行董事的，董事长、执行董事或者经理按照法人章程的规定担任法定代表人；未设董事会或者执行董事的，法人章程规定的主要负责人为其执行机构和法定代表人。

③营利法人设监事会或者监事等监督机构的，监督机构依法行使检查法人财务，监督执行机构成员、高级管理人员执行法人职务的行为，以及法人章程规定的其他职权。

④营利法人的权力机构、执行机构作出决议的会议召集程序、表决方式违反法律、行政法规、法人章程，或者决议内容违反法人章程的，营利法人的出资人可以请求人民法院撤销该决议，但是营利法人依据该决议与善意相对人形成的民事法律关系不受影响。

2. 非营利法人。

（1）定义及范围：为公益目的或者其他非营利目的成立，不向出资人、设立人或者会员分配所取得利润的法人，为非营利法人。非营利法人包括事业单位、社会团体、基金会、社会服务机构等。

（2）事业单位法人。具备法人条件，为适应经济社会发展需要，提供公益服务设立的事业单位，经依法登记成立，取得事业单位法人资格；依法不需要办理法人登记的，从成立之日起，具有事业单位法人资格。

事业单位法人设理事会的，除法律另有规定外，理事会为其决策机构。事业单位法人的法定代表人依照法律、行政法规或者法人章程的规定产生。

（3）社会团体法人。具备法人条件，基于会员共同意愿，为公益目的或者会员共同利益等非营利目的设立的社会团体，经依法登记成立，取得社会团体法人资格；依法不需要办理法人登记的，从成立之日起，具有社会团体法人资格。

设立社会团体法人应当依法制定法人章程。社会团体法人应当设会员大会或者会员代表大会等权力机构。社会团体法人应当设理事会等执行机构。理事长或者会长等负责人按照法人章程的规定担任法定代表人。

（4）捐助法人。

①具备法人条件，为公益目的以捐助财产设立的基金会、社会服务机构等，经依法登记成立，取得捐助法人资格。依法设立的宗教活动场所，具备法人条件的，可以申请法人登记，取得捐助法人资格。法律、行政法规对宗教活动场所有规定的，依照其规定。

②设立捐助法人应当依法制定法人章程。捐助法人应当设理事会、民主管理组织等决策机构，并设执行机构。理事长等负责人按照法人章程的规定担任法定代表人。捐助法人应当设监事会等监督机构。

③捐助人有权向捐助法人查询捐助财产的使用、管理情况，并提出意见和建议，捐助法人应当及时、如实答复。捐助法人的决策机构、执行机构或者法定代表人作出决定的程序违反法律、行政法规、法人章程，或者决定内容违反法人章程的，捐助人等利害关系人或者主管机关可以请求人民法院撤销该决定，但是捐助法人依据该决定与善意相对人形成的民事法律关系不受影响。

④为公益目的成立的非营利法人终止时，不得向出资人、设立人或者会员分配剩余财产。剩余财产应当按照法人章程的规定或者权力机构的决议用于公益目的；无法按照法人章程的规定或者权力机构的决议处理的，由主管机关主持转给宗旨相同或者相近的法人，并向社会公告。

3. 特别法人。

（1）定义及范围：本节规定的机关法人、农村集体经济组织法人、城镇农村的合作经济组织法人、基层群众性自治组织法人，为特别法人。

（2）机关法人：有独立经费的机关和承担行政职能的法定机构从成立之日起，具有机关法人资格，可以从事为履行职能所需要的民事活动。

机关法人被撤销的，法人终止，其民事权利和义务由继任的机关法人享有和承担；没有继任的机关法人的，由作出撤销决定的机关法人享有和承担。

二、非法人组织

1. 定义：非法人组织是不具有法人资格，但是能够依法以自己的名义从事民事活动的组织。非法人组织包括个人独资企业、合伙企业、不具有法人资格的专业服务机构等。

2. 设立：非法人组织应当依照法律的规定登记。设立非法人组织，法律、行政法规规定须经有关机关批准的，依照其规定。

3. 责任承担：非法人组织的财产不足以清偿债务的，其出资人或者设立人承担无限责任。法律另有规定的，依照其规定。

三、国外的分类★

（一）以法人成立之基础区分

1. 社团法人：社团法人是指由社员联合作为法人的基础而设立的法人。这种法人中，存在着法人的成员即社员。成员形成法人的意思机关，进而对外完成意思表示，实施法律行为。社团法人大多以营利为目的，公司是一种典型的社团法人。但是也存在不以营利为目的的社团法人，我国民法上的一些社会团体法人，如果其成立基础是各类成员，也可归入这种类别。

2. 财团法人：财团法人是指以财产作为成立基础的法人。财团法人大多以公益为自己存续之目的，无自己的成员，因此也就没有意思机关。

（二）以存在之目的区分

1. 公益法人：以公益为目的的法人，即为公益法人。公益法人可能也存在经营行为，但是该种经营行为的收益并未分配给投资者，而是继续投入和用于公益目的。

2. 营利法人：以营利为目的的法人，即为营利法人。营利是指谋求超出投资的利益，并将这种利益分配给投资者的活动。因此前述虽有经营活动，但是未将利益分配给投资者的法人，不属于营利法人。

【经典真题】

1. 甲企业是由自然人安琚与乙企业（个人独资）各出资 50% 设立的普通合伙企业，欠丙企业货款 50 万元，由于经营不善，甲企业全部资产仅剩 20 万元。现所欠货款到期，相

关各方因货款清偿发生纠纷。对此，下列哪一表述是正确的?[1]（2016 - 3 - 2）

　　A. 丙企业只能要求安琚与乙企业各自承担 15 万元的清偿责任

　　B. 丙企业只能要求甲企业承担清偿责任

　　C. 欠款应先以甲企业的财产偿还，不足部分由安琚与乙企业承担无限连带责任

　　D. 就乙企业对丙企业的应偿债务，乙企业投资人不承担责任

　　【解析】根据《合伙企业法》第 38 条的规定，合伙企业对其债务，应先以其全部财产进行清偿。第 39 条规定，合伙企业不能清偿到期债务的，合伙人承担无限连带责任，故 C 选项正确，当选。A 选项、B 选项错误。

　　根据《个人独资企业法》第 31 条的规定，个人独资企业财产不足以清偿债务的，投资人应当以其个人的其他财产予以清偿。乙企业是个人独资企业，个人独资企业的投资人对企业债务承担连带清偿责任，故 D 选项错误。

　　2. 黄逄、黄现和金耘共同出资，拟设立名为"黄金黄研究会"的社会团体法人。设立过程中，黄逄等 3 人以黄金黄研究会名义与某科技园签署了为期 3 年的商铺租赁协议，月租金 5 万元，押 3 付 1。此外，金耘为设立黄金黄研究会，以个人名义向某印刷厂租赁了一台高级印刷机。关于某科技园和某印刷厂的债权，下列哪些选项是正确的?[2]（2017 - 3 - 53）

　　A. 如黄金黄研究会未成立，则某科技园的租赁债权消灭

　　B. 即便黄金黄研究会未成立，某科技园就租赁债权，仍可向黄逄等 3 人主张

　　C. 如黄金黄研究会未成立，则就某科技园的租赁债务，由黄逄等 3 人承担连带责任

　　D. 黄金黄研究会成立后，某印刷厂就租赁债权，既可向黄金黄研究会主张，也可向金耘主张

　　【解析】设立人为设立法人从事的民事活动，其法律后果由法人承受；法人未成立的，其法律后果由设立人承受，设立人为二人以上的，享有连带债权，承担连带债务。

　　设立人为设立法人以自己的名义从事民事活动产生的民事责任，第三人有权选择请求法人或设立人承担。所以 A 选项错误。

考点 4　法人的设立与成立

一、设立的一般条件

1. 依法成立。
2. 有必要的财产或者经费。
3. 有自己的名称、组织机构和场所。
4. 能够独立承担民事责任。

二、法人成立与资格取得

1. 企业法人经主管机关或者工商行政管理机关核准登记，取得法人资格。
2. 机关法人和捐助法人从成立时取得法人资格，无需登记。

---

〔1〕【答案】C
〔2〕【答案】BCD

3. 事业单位法人和社会团体法人依法不需要办理登记的，从成立之日起取得法人资格；依法需要办理法人登记的，经核准登记，取得法人资格。

考点5　法人组织机构问题

一、法人机关

法人机关是指依法或者依章程产生的，于法人成立时产生对内形成法人意思、对外代表法人为民事法律行为且无须特别委托授权就能够形成、表示和实现法人意志的自然人或者自然人团体。

1. 法人机关是法人的组成部分，不具有独立人格。
2. 社团法人的意思机关为社员大会；财团法人没有自己的意思机关。
3. 监督机关不是必设机关。

二、法定代表人

法定代表人是指依法或者依章程规定代表法人行使民事权利、履行民事义务的主要负责人（如：工厂的厂长、公司的董事长等）。

法定代表人与法人的关系：代表关系，法定代表人对外的职务行为视作法人行为，后果由法人承担。

三、法定代表人职务侵权责任的承担

法定代表人因执行职务造成他人损害的，由法人承担民事责任。法人承担民事责任后，依照法律或者法人章程的规定，可以向有过错的法定代表人追偿。

考点6　法人的合并、分立、终止

一、法人的合并与分立

（一）合并与分立的方式

法人的合并可以分为新设合并与吸收合并两种方式。新设合并是指合并各方的法人资格消灭，形成一个新的法人。如甲公司与乙公司合并，甲公司、乙公司之法人资格均告消灭，合并之后形成丙公司。吸收合并是指合并各方中，一方吸收其他方。吸收方的法人资格继续存续，其他方的法人资格消灭。如甲公司通过购买乙公司股东所持有的股权，收购了乙公司，进而消灭了乙公司的法人资格。法人的分立可分为派生分立和新设分立。

（二）程序

合并：法人合并时，应有法人意思机关的合并决定和合并各方缔结的合并合同。为保障各合并法人的债权人的利益，法人应在合并前将合并决定通知债权人，债权人如要求清偿债务或提供担保的，作为债务人的法人应照办。否则，法人不得合并。

分立：法人分立的程序与法人合并程序基本相同，需要有分立的决定、债务分配合同，对债权人发出分立通知并根据债权人请求清偿债务或提供担保。

（三）法律效力

1. 法人合并的，其权利和义务由合并后的法人享有和承担。法人分立的，其权利和义务由分立后的法人享有连带债权、承担连带债务，但是债权人和债务人另有约定的除外

（《民法典》第67条；《公司法》第174条、第176条主文）

即：合并情形下，由合并之后存续或者新设的主体承继。

分立情形下，分立后的法人承担连带责任。

2. 分立情形下，分立之前与债权人另有约定的，从其约定。（《公司法》第176条但书）

3. 分立情形下，分立各方的协议在分立各方之间有效，不得对抗第三人。

二、法人的终止

（一）终止情形

企业法人由于下列原因之一终止：①解散；②依法宣告破产；③其他原因（如资不抵债）。

（二）清算问题

1. 清算组组成。

（1）企业法人解散，应当成立清算组织，进行清算。

（2）企业法人被撤销、被宣告破产的，应当由主管机关或者人民法院组织有关机关和有关人员成立清算组织，进行清算。

2. 职责、地位。

法人的清算程序和清算组职权，依照有关法律的规定；没有规定的，参照适用《公司法》的有关规定。

3. 注销登记并公告。

清算结束并完成法人注销登记时，法人终止；依法不需要办理法人登记的，清算结束时，法人终止。

【经典真题】

根据我国法律规定，关于法人，下列哪一表述是正确的？[1]（2010－3－4）

A. 成立社团法人均须登记　　　　　B. 银行均是企业法人

C. 法人之间可形成合伙型联营　　　D. 一人公司均不是法人

【解析】（1）选项A涉及法人分类问题。大陆法系把法人分为社团法人和财团法人，社团法人是基于人的联合而成立的法人，财团法人是基于某一特定财产而成立的法人。我国民法是根据法人的资金来源、目的、设立方法等进行划分，分为企业法人、机关法人、事业单位法人、社会团体法人。此两种分类存在一定的交叉。大陆法系的社团法人可以继续分为营利法人与公益法人，营利法人与我国的企业法人基本一致，而公益法人与我国的事业单位法人和社会团体法人基本一致，即我国民法上的事业单位法人和社会团体法人也属于大陆法系社团法人。但是我国的事业单位法人和社会团体法人并非均需登记才能设立。具备法人条件，基于会员共同意愿，为公益目的或者会员共同利益等非营利目的的设立的社会团体，经依法登记成立，取得社会团体法人资格；依法不需要办理法人登记的，从成立之日起，具有社团法人资格。因此，选项A错误。

（2）选项B涉及银行法人的性质问题。在我国，商业银行的确为企业法人，但是中国

---

[1] 【答案】C

人民银行则并非企业法人，而是国务院组成部门。因此选项 B 错误。

（3）选项 C 考查法人之间联营的问题。法人之间的联营可以分为三种形式：一为法人型联营，即法人与法人通过设立新的法人的方式联营；二为合伙型联营，即联营各方按照出资比例或者协议约定，各自承担责任或者承担连带责任；三为合同型联营，即联营各方按照合同的约定各自独立经营，权利和义务由合同约定，各自承担民事责任。选项 C 认为法人之间可以形成合伙型联营是正确的。

（4）选项 D 考查一人公司的性质。一人公司为我国《公司法》上规定的一种特殊的有限责任公司，而有限责任公司是公司的一种类型，《公司法》规范的公司均为企业法人，所以一人公司均为法人。因此选项 D 认为一人公司均不是企业法人的观点是错误的。

【小结/重点整理】

本章内容为民事主体之第二大类型——法人的相关知识。关于法人的基本知识，法律职业资格考试的分值在 1 分到 2 分左右。备考者应特别关注法人的民事权利能力和民事行为能力，以及法人的机关、围绕法人产生的相关责任内容和责任承担者问题。同时，法律职业资格考试开始注重诸如法人的理论分类等相关理论问题的考查。考生应熟悉法人根据不同标准而区分的不同类型，同时应把握不同类型之间所存在的交叉情形。此外，还应适度关注法人合并与分立的民事责任承担之基本规则。

第四章
民事法律行为和代理

民事行为知识点结构图

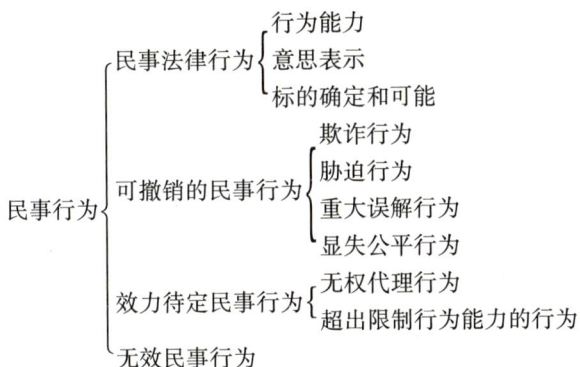

民事行为 ┬ 民事法律行为 ┬ 行为能力
         │   ├ 意思表示
         │   └ 标的确定和可能
         ├ 可撤销的民事行为 ┬ 欺诈行为
         │   ├ 胁迫行为
         │   ├ 重大误解行为
         │   └ 显失公平行为
         ├ 效力待定民事行为 ┬ 无权代理行为
         │   └ 超出限制行为能力的行为
         └ 无效民事行为

> **导学**
>
> 本章内容包含意思表示的含义与要件、民事行为的效力、代理制度相关问题。本章内容承上启下，民事法律行为和代理行为的实施主体是民事主体，此为承上；民事主体实施民事法律行为之目的在于实现民事权利，即总则篇以下物权篇、合同篇等内容，此为启下。

重点知识详解

考点1　与民事法律行为有关的概念

一、民事法律事实

民事法律事实是指民法规范所规定的能够引起民事法律关系发生、变更、消灭的客观事实或客观现象。该种客观事实根据是否与人的意志有关可以区分为行为和事件。前者与人的意志有关并由人的意志决定；后者则是与人的意志无关的自然和社会现象。民事法律行为作为一种法律事实，属于前者。

二、表意行为与非表意行为★

行为作为引起民事法律关系发生、变更、消灭的一类法律事实，又可根据行为人是否具有使民事法律关系发生、变更、消灭的意思，而区分为表意行为和非表意行为。前者指行为人具有希冀民事法律关系发生、变更、消灭的意思，且客观上实施了的行为；后者是指虽然该行为是由行为人意志决定，但是行为人并没有使民事法律关系发生、变更、消灭的意思，因此该行为导致法律关系发生、变更、消灭系法律直接规定的后果。

考点2　意思表示的类型与民事法律行为的形式

一、关于意思表示的基本理论

（一）含义

行为人把发生民事权利义务效果的内心意思以一定的方式表达于外部的行为。

（二）要素

1. 目的意思。
2. 效果意思。
3. 表示行为。

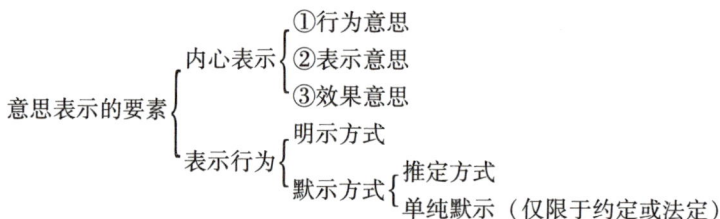

$$意思表示的要素 \begin{cases} 内心表示 \begin{cases} ①行为意思 \\ ②表示意思 \\ ③效果意思 \end{cases} \\ 表示行为 \begin{cases} 明示方式 \\ 默示方式 \begin{cases} 推定方式 \\ 单纯默示（仅限于约定或法定） \end{cases} \end{cases} \end{cases}$$

二、意思表示类型与民事法律行为形式之一——明示

使用直接语汇实施的表示行为（如口头语言、文字、表情语汇、依习惯使用的特定形体语汇等）。

（一）口头形式

（二）书面形式

1. 一般书面形式。
2. 特别书面形式。

三、意思表示类型与民事法律行为形式之二——默示

默示是含蓄或者间接表达意思的方式。只有在法律规定或者交易习惯允许时才被使用。

1. 推定：行为人用语言以外的可推知含义的作为间接表达内心意思的默示行为。

一方当事人向对方当事人提出民事权利的要求，对方未用语言或者文字明确表示意见，但其行为表明已接受的，可以认定为默示。

2. 沉默：行为人依法或者依约以不作为间接表达内心意思的默示行为。不作为的默示只有在法律有规定或者当事人双方有约定的情况下，才可以视为意思表示。

（1）行为人可以明示或者默示作出意思表示。沉默只有在有法律规定、当事人约定或者符合当事人之间的交易习惯时，才可以视为意思表示。

（2）（对于限制行为能力人订立的合同）相对人可以催告法定代理人在30日内予以追认。法定代理人未作表示的，视为拒绝追认。

（3）（对于无权代理人订立的合同）相对人可以催告被代理人在30日内予以追认。被

代理人未作表示的，视为拒绝追认。

（4）受遗赠人应当在知道受遗赠后 60 日内，作出接受或者放弃受遗赠的表示。到期没有表示的，视为放弃受遗赠。

考点3　民事法律行为的生效要件

一、行为人应具备相应的民事行为能力

二、意思表示真实

三、不违反法律、行政法规的强制性规定，不违背公序良俗

考点4　可撤销的民事法律行为（意思表示瑕疵的民事法律行为）

一、类型

1. 一方以欺诈、胁迫的手段，使对方在违背真实意思情况下所为的行为：受损害方有权请求撤销。

（1）对欺诈的界定：

双方：一方以欺诈手段，使对方在违背真实意思的情况下实施的民事法律行为。

第三方：第三人实施欺诈行为，使一方在违背真实意思的情况下实施的民事法律行为。

（2）对胁迫的界定：

一方或者第三人以胁迫手段，使对方在违背真实意思的情况下实施的民事法律行为。

【经典真题】

下列哪一情形下，甲对乙不构成胁迫？[1]（2013－3－3）

A. 甲说，如不出借 1 万元，则举报乙犯罪。乙照办，后查实乙构成犯罪

B. 甲说，如不将藏獒卖给甲，则举报乙犯罪。乙照办，后查实乙不构成犯罪

C. 甲说，如不购甲即将报废的汽车，将公开乙的个人隐私。乙照办

D. 甲说，如不赔偿乙撞伤甲的医疗费，则举报乙醉酒驾车。乙照办，甲取得医疗费和慰问金

【解析】（1）胁迫的构成要件可以从胁迫人和被胁迫人两个方面考查。就胁迫人而言：第一，须有胁迫行为的存在；第二，须有胁迫的故意；第三，须预告危害属于不正当。就被胁迫人而言：第一，须因受到胁迫而产生恐惧；第二，须因恐惧作出意思表示。选项 A、B、C 中，甲的行为构成胁迫；尤其是甲的三个预告危害行为均属于不正当（A、B 中的行为属于一般的不正当，C 中的行为则因违法而不正当），干涉了乙的意思自由。

（2）选项 D 中，甲的预告危害行为具有正当性（目的、手段的内在关联），无论甲是否举报乙醉酒驾车，乙均需承担赔偿责任。

---

〔1〕【答案】D

2. 行为人有重大误解的：双方均可以请求撤销。

对重大误解的界定：行为人因对行为的性质、对方当事人、标的物的品种、质量、规格和数量等的错误认识，使行为的后果与自己的意思相悖，并造成较大损失的，可以认定为重大误解。

3. 显失公平情形：双方均可请求撤销。

界定：一方当事人利用优势或者利用对方没有经验，致使双方的权利义务明显违反公平、等价有偿原则的，可以认定为显失公平。

【经典真题】

潘某去某地旅游，当地玉石资源丰富，且盛行"赌石"活动，买者购买原石后自行剖切，损益自负。潘某花 5000 元向某商家买了两块原石，切开后发现其中一块为极品玉石，市场估价上百万元。商家深觉不公，要求潘某退还该玉石或补交价款。对此，下列哪一选项是正确的？[1]（2016 - 3 - 3）

A. 商家无权要求潘某退货

B. 商家可基于公平原则要求潘某适当补偿

C. 商家可基于重大误解而主张撤销交易

D. 商家可基于显失公平而主张撤销交易

【解析】下列情形，不违反法律、行政法规强制性规定的，人民法院可以认定为民法典合同编所称"交易习惯"：（一）在交易行为当地或者某一领域、某一行业通常采用并为交易对方订立合同时所知道或者应当知道的做法；（二）当事人双方经常使用的习惯做法。对于交易习惯，由提出主张的一方当事人承担举证责任。合同生效后，当事人就质量、价款或者报酬、履行地点等内容没有约定或者约定不明确的，可以协议补充；不能达成补充协议的，按照合同有关条款或者交易习惯确定。当地盛行"赌石"活动，买者购买原石后自行剖切，损益自负，属于双方知道的交易习惯，因此买卖合同有效，商家无权要求潘某退货，A 选项正确，当选。

在法律没有明文规定时，司法机关依据公平原则获得自由裁量权，本着公平、正义的理念进行裁判，解决民事争议。本案可以适用具体的规定，无须诉诸公平原则，故 B 选项错误。

行为人因对行为的性质、对方当事人、标的物的品种、质量、规格和数量等的错误认识，使行为的后果与自己的意思相悖，并造成较大损失的，可以认定为重大误解。本案中双方对赌石的习惯均知悉，不构成重大误解，故 C 选项错误。

一方当事人利用优势或者利用对方没有经验，致使双方的权利义务明显违反公平、等价有偿原则的，可以认定为显失公平。本案中，双方并无利用优势或利用对方没有经验的情形存在，不构成显失公平，故 D 选项错误。

二、撤销权消灭

1.《民法典》第 152 条规定，有下列情形之一的，撤销权消灭：当事人自知道或者应当知道撤销事由之日起 1 年内、重大误解的当事人自知道或者应当知道撤销事由之日起 90

---

[1]【答案】A

日内没有行使撤销权；当事人受胁迫，自胁迫行为终止之日起 1 年内没有行使撤销权；当事人知道撤销事由后明确表示或者以自己的行为表明放弃撤销权。

当事人自民事法律行为发生之日起 5 年内没有行使撤销权的，撤销权消灭。

2. 有下列情形之一的，撤销权消灭：①具有撤销权的当事人自知道或者应当知道撤销事由之日起 1 年内没有行使撤销权；②具有撤销权的当事人知道撤销事由后明确表示或者以自己的行为放弃撤销权。

考点 5　效力未定的民事法律行为

一、欠缺代理权的行为

1. 转为有效的条件：被代理人追认。
2. 归于无效：被代理人不予追认。（未作表示的视为拒绝追认）
3. 相对人的催告权，即相对人可以催告被代理人在 30 日内予以追认。
4. 善意相对人的撤销权，即合同被追认之前，善意相对人有撤销的权利，且撤销应当以通知的方式作出。

二、限制行为能力人实施的纯获利益和与其行为能力相适应的以外的行为

1. 转为有效的条件：法定代理人的追认。
2. 归于无效：法定代理人不予追认。（未作表示的视为拒绝追认）
3. 相对人的催告权。
4. 善意相对人的撤销权。（合同被追认之前，善意相对人有撤销的权利。撤销应当以通知的方式作出。）

考点 6　无效的民事法律行为

一、行为人不具有行为能力实施的民事法律行为 ★

1. 无民事行为能力人实施的民事法律行为无效。
2. 限制民事行为能力人实施的纯获利益的民事法律行为或者与其年龄、智力、精神健康状况相适应的民事法律行为有效；实施的其他民事法律行为经法定代理人同意或者追认后有效。

相对人可以催告法定代理人自收到通知之日起 30 日内予以追认。法定代理人未作表示的，视为拒绝追认。民事法律行为被追认前，善意相对人有撤销的权利。撤销应当以通知的方式作出。

3. 法人实施的违反国家限制经营、特许经营、禁止经营的民事行为。

二、通谋虚伪表示

《民法典》第一百四十六条第一款：行为人与相对人以虚假的意思表示实施的民事法律行为无效。

三、《民法典》第一百五十三条

违反法律、行政法规的强制性规定的民事法律行为无效。但是，该强制性规定不导致

该民事法律行为无效的除外。

违背公序良俗的民事法律行为无效。

四、第一百五十四条

行为人与相对人恶意串通，损害他人合法权益的民事法律行为无效。

考点7　民事法律行为无效或者被撤销后的法律后果

一、追溯力问题

追溯到行为开始。

二、部分无效问题

民事行为部分无效，不影响其他部分的效力的，其他部分仍然有效。

三、返还财产与赔偿损失问题

1. 财产的返还：当事人因该行为取得的财产，应当返还给受损失的一方。
2. 赔偿损失：
（1）有过错的一方应当赔偿对方因此所受的损失。
（2）双方都有过错的，应当各自承担相应的责任。
（3）法律另有规定的，依照其规定。
3. 关于将财产收归国有或者返还集体、第三人问题：
（1）仅适用于恶意串通、损害国家、集体或者第三人利益的情形。
（2）对象为双方取得的财产，包括双方当事人已经取得和约定取得的财产。

考点8　附条件、附期限的民事行为

一、关于条件和期限的界定 ★

（一）应为将来发生的事实
（二）是否必然发生，决定着其为条件或者期限
1. 如果确定发生，则为期限。
2. 如果不确定发生，则为条件。
3. 如果确定不发生，则行为无效。
4. 应为合法的事实。如果不合法，则行为无效。

二、条件和期限的各自种类 ★

（一）条件的种类
1. 生效条件：条件成就，则法律行为发生效力。
2. 解除条件：条件成就，则法律行为失效。

【经典真题】

甲公司员工魏某在公司年会抽奖活动中中奖，依据活动规则，公司资助中奖员工子女次年的教育费用，如员工离职，则资助失效。下列哪些表述是正确的？[1]（2014 - 3 - 61）

A. 甲公司与魏某成立附条件赠与

B. 甲公司与魏某成立附义务赠与

C. 如魏某次年离职，甲公司无给付义务

D. 如魏某次年未离职，甲公司在给付前可撤销资助

[解析]（1）当事人对合同的效力可以约定附条件。附生效条件的合同，自条件成就时生效。附解除条件的合同，自条件成就时失效。本题系附解除条件的赠与合同，故选项A表述正确，当选。如果该解除条件成就即魏某离职，则赠与合同失效，甲公司不再具有给付义务，故选项C表述正确，当选。如果次年魏某未辞职，则解除条件未成就，合同效力持续，甲公司应当履行赠与义务，鉴于甲公司之赠与义务为资助员工子女次年的教育费用，具有道德义务性质，因此不享有任意撤销权，故选项D表述错误，不当选。

（2）赠与可以附义务。赠与附义务的，受赠人应当按照约定履行义务。附义务的赠与合同，其效力是确定的。而本题中魏某在职或者离职的行为左右着赠与合同的效力，在职则合同有效，离职则合同失效。因此，甲公司与魏某之间的合同不是附义务的赠与合同，选项B表述错误，不当选。

（二）期限的种类

1. 生效期限：期限届满之前，法律行为不具有效力，期限届满，法律行为开始产生效力。

2. 终止期限：期限届满之前，法律行为具有效力，期限届满，法律行为失去法律效力。

三、条件成就规则

当事人为自己的利益不正当地阻止条件成就的，视为条件已成就；不正当地促成条件成就的，视为条件不成就。

考点9　代理

一、代理原理和基本特点：注意与其他制度的区别

1. 三方当事人。

代理人、被代理人本人、相对人第三人。

（1）代理人以本人名义在代理权限内从事民事活动。（区别于行纪关系）

（2）代理人与本人是独立的主体。（区别于代表关系）

2. 代理的标的一般是民事法律行为，至少应是合法行为。

身份行为不得代理。

违法行为不得代理。

3. 须依代理权：在代理权限内进行民事活动，否则构成无权代理。

4. 代理人进行民事活动时须独立作出意思表示。

---

[1]【答案】AC

（1）需注意与传达的区别。

（2）传达人进行传达时无需自己的意思表示。

5. 须为本人计算，否则构成滥用代理权。

6. 本人承担民事责任。

二、几种重要的代理类型 ★★

（一）委托代理（基本类型）

1. 代理权依被代理人的授权行为产生；授权形式可为书面形式，也可为口头形式。

2. 授权不明的责任：连带责任。

委托书授权不明的，被代理人应当向第三人承担民事责任，代理人负连带责任。

（二）复代理（《民法典》第 169 条）

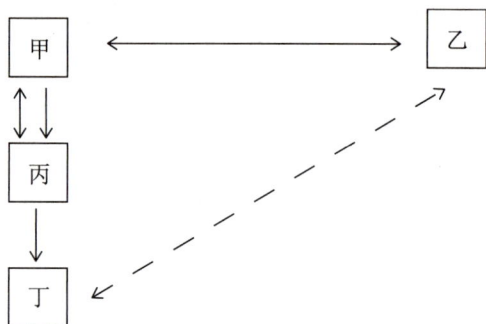

1. 特征。

（1）代理人以自己的名义选定他人担任被代理人的代理人。

（2）复代理人是本人的代理人而不是代理人的代理人。

（3）复代理人的权限以代理人的权限为限。

2. 复代理产生的情形。

（1）事前本人同意的。

（2）事后告知本人，本人同意的。

（3）紧急情况下，为被代理人利益的。

何谓紧急情况：由于急病、通讯联络中断等特殊原因，委托代理人自己不能办理代理事项，又不能与被代理人及时取得联系，如不及时转托他人代理，会给被代理人的利益造成损失或者扩大损失的，属于《民法典》第 169 条中的"紧急情况"。

【经典真题】

甲委托乙销售一批首饰并交付，乙经甲同意转委托给丙。丙以其名义与丁签订买卖合同，约定将这批首饰以高于市场价 10% 的价格卖给丁，并赠其一批箱包。丙因此与戊签订箱包买卖合同。丙依约向丁交付首饰，但因戊不能向丙交付箱包，导致丙无法向丁交付箱包。丁拒绝向丙支付首饰款。下列哪一表述是正确的？[1]（2011 – 3 – 4）

――――――――――

〔1〕【答案】C

A. 乙的转委托行为无效

B. 丙与丁签订的买卖合同直接约束甲和丁

C. 丙应向甲披露丁，甲可以行使丙对丁的权利

D. 丙应向丁披露戊，丁可以行使丙对戊的权利

【考点】转委托（复代理）委托合同中的披露与介入问题

【解析】（1）转委托产生的主要情形有：事前本人同意；事后本人追认；紧急情况下为了本人利益的。本题中乙为受托人，甲为委托人，乙经甲同意而转委托，当然属于法律允许的情形，转委托有效，故 A 错误。

（2）转委托的法律后果问题。转委托后，复代理人也成为受托人，其与第三人发生的行为的后果如何确定，需要分别处理。受托人以自己的名义，在委托人的授权范围内与第三人订立的合同，第三人在订立合同时知道受托人与委托人之间的代理关系的，该合同直接约束委托人和第三人，但有确切证据证明该合同只约束受托人和第三人的除外。

因此该行为的效力可能在第三人与委托人之间发生，也可能在第三人与受托人之间发生，关键在于：第一，受托人是否在授权范围内与第三人订立合同；第二，第三人是否知道受托人与委托人之间的关系。本题中，受托人超越权限，擅自决定赠送第三人一批箱包，且不能根据题中要件推论第三人在订立合同时知道受托人与委托人的代理关系，因此该合同不能直接约束委托人甲和第三人丁，故 B 错误。

（3）受托人的披露义务和委托人的介入权。受托人以自己的名义与第三人订立合同时，第三人不知道受托人与委托人之间的代理关系的，受托人因第三人的原因对委托人不履行义务，受托人应当向委托人披露第三人，委托人因此可以行使受托人对第三人的权利，但第三人与受托人订立合同时如果知道该委托人就不会订立合同的除外。据此，第三人丁拒绝向丙支付首饰款，受托人丙应当向委托人甲披露丁，甲因此可以行使丙对丁的权利，故C 正确。

（4）受托人的披露义务和第三人的选择权。受托人因委托人的原因对第三人不履行义务，受托人应当向第三人披露委托人，第三人因此可以选择受托人或者委托人作为相对人主张其权利，但第三人不得变更选定的相对人。本题中丙和戊之间的合同，与丙和丁之间的合同，完全是独立的两个合同，戊并非是丙的委托人，丙无需披露戊，且披露后丁也不能行使丙对戊的权利，故 D 错误。

3. 复代理的民事责任承担

（1）本人同意情形以及法定复代理成立情形，本人（被代理人）承担责任。

（2）转委托授权不明情形下委托代理人和转托代理人的责任：委托代理人转委托不明情形下，第三人的损失由被代理人承担；被代理人承担后，可以要求委托代理人赔偿损失，转托代理人有过错的，承担连带责任。（《民法典》第 169 条第 2 款，第 3 款）

（三）共同代理

1. 含义：代理权授予二人以上，代理人共同行使代理权的代理。

2. 责任问题。

（1）一般情形下，共同代理人对委托人承担连带责任。

（2）特殊情形下，即共同代理人中一人或者数人未与其他代理人协商所实施的行为侵害被代理人权益的，由实施行为的委托代理人承担责任。

三、滥用代理权的禁止

（一）类型

1. 双方代理（同时代理）。
2. 自己代理（对己代理）。（有时例外允许）
3. 利己代理。

（二）后果

如代理人与第三人串通损害被代理人利益的，代理人和第三人承担连带责任。

四、无权代理（狭义）

（一）界定

1. 符合代理的外在特征，即行为人以自己为代理人，以被代理人的名义与第三人从事民事法律行为，后果由被代理人承受。
2. 行为人本身不具有代理权，也没有使相对人相信其具有代理权的客观事实。

（二）类型

1. 没有代理权。
2. 超越代理权。
3. 代理权消灭后的代理。

（三）法律后果

1. 本人的追认权和拒绝权。

（1）追认权和拒绝权为形成权，被代理人单方意思表示即可发生效力。

（2）关于《民法典》总则编与合同编规定的不同。在代理人代理本人订立合同情形下，适用合同编，即在法定期限内未作表示的视为拒绝追认；订立合同以外的情形，适用《民法典》总则编，即不作否认表示的视为追认。

2. 相对人的催告权和撤销权。

（1）相对人可以催告被代理人在 30 日内予以追认。

（2）合同被追认之前，善意相对人有撤销的权利。撤销应当以通知的方式作出。

五、表见代理

（一）界定

1. 符合代理的外在特征。
2. 代理人没有代理权。
3. 相对人有理由认为代理人有代理权。（区别于狭义无权代理）
4. 相对人为善意。（由相对人与代理人对被代理人负连带赔偿责任）

【经典真题】

1. 吴某是甲公司员工，持有甲公司授权委托书。吴某与温某签订了借款合同，该合同由温某签字、吴某用甲公司合同专用章盖章。后温某要求甲公司还款。下列哪些情形有助

于甲公司否定吴某的行为构成表见代理? [1] (2014－3－52)

    A. 温某明知借款合同上的盖章是甲公司合同专用章而非甲公司公章，未表示反对

    B. 温某未与甲公司核实，即将借款交给吴某

    C. 吴某出示的甲公司授权委托书载明甲公司仅授权吴某参加投标活动

    D. 吴某出示的甲公司空白授权委托书已届期

【解析】行为人没有代理权、超越代理权或者代理权终止后以被代理人名义订立合同，相对人有理由相信行为人有代理权的，该代理行为有效。选项A、B所列情形并非属于相对人必为事项，无助于甲公司否定吴某行为的表见代理性质。C、D所列内容则可证明吴某的代理属于无权代理，相对人应当查知。故选项CD符合题意，当选。

2. 甲公司中标了某地块的开发权，与乙公司签订合同，由乙公司负责建筑施工，但甲公司未支付工程款项，于是甲公司和乙公司协商又重新达成协议，将甲公司之前的欠款本金8500万元作为对乙公司的借款，乙公司同意以未完成的工程做抵押向银行贷款2亿元，甲公司偿还借款5000万元后剩余的1.5亿元作为资本继续开发。但甲公司的公章要交由乙公司保管，甲公司对外签订合同要经过乙公司同意。甲乙两公司约定若发生争议，由A省B市仲裁委管辖。乙公司私自用甲公司公章重新制作补充协议，并且将仲裁委改成C省D市仲裁委。后来乙公司以甲公司的名义与丁公司签订购货合同，并加盖了甲公司公章。

请问：乙公司擅自盖甲公司公章改变合同，构不构成表见代理? 说明理由。(2018－主观题－四回忆版)

【答案】不属于表见代理。乙公司用甲公司的公章向第三方作出民事法律行为，可能构成表见代理，但是本案中，乙公司以甲公司的名义与自己订立合同，为自己代理，为代理权滥用的行为，需要被代理人同意或者追认。所以乙公司签订补充协议的行为不属于表见代理。

（二）后果

代理行为有效。

【小结/重点整理】

本章内容以民事法律行为的效力分类为考查重点，尤其要注意民法总论与合同编之内容的有机结合。可撤销民事行为，几乎为每年必考知识点，且分值比例较高，有时可达10分左右。

---

  [1]【答案】CD

第五章
诉讼时效

诉讼时效知识点结构图

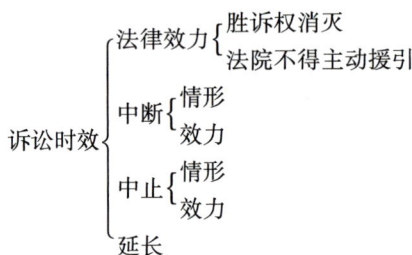

诉讼时效
- 法律效力
  - 胜诉权消灭
  - 法院不得主动援引
- 中断
  - 情形
  - 效力
- 中止
  - 情形
  - 效力
- 延长

> **导学**　本章系民法总论之最后一章，涵盖诉讼时效的含义与法律适用、诉讼时效的中止、中断、延长等基本原理和法律制度。本章内容属于法律职业资格考试必考内容，每年考查1分到3分左右。

📐 重点知识详解

考点1　诉讼时效基本原理

一、时效、取得时效、消灭时效

时效是指一定的事实状态持续达到一定期间而发生一定的法律后果的法律事实。

（1）取得时效是指无权占有人在符合一定条件下经过一定期间即取得占有物的相应物权。我国法律未规定，但是社会生活中予以认可。

（2）消灭时效是指权利人在一定期间息于行使权利的状态持续到法定期间，其公力救济权归于消灭的时效制度。

二、我国诉讼时效适用的有关问题

（一）诉讼时效具有法定性，属于强制期间

因此当事人约定延长或者缩短诉讼时效期间、预先放弃诉讼时效利益属于无效行为。

(二) 诉讼时效仅适用于请求权

诉讼时效不适用于支配权、形成权、抗辩权，仅适用于请求权，包括债权请求权、基于未登记的动产物权所产生的返还原物请求权等。

但是，还应注意：虽然诉讼时效适用于债权请求权，但并非适用于所有的债权请求权。当事人对下列债权请求权提出诉讼时效抗辩的，人民法院不予支持：①支付存款本金及利息请求权；②兑付国债、金融债券以及向不特定对象发行的企业债券本息请求权；③基于投资关系产生的缴付出资请求权；④其他依法不适用诉讼时效规定的债权请求权。

指导案例 65 号

裁判要点：专项维修资金是专门用于物业共用部位、共用设施设备保修期满后的维修和更新、改造的资金，属于全体业主共有。缴纳专项维修资金是业主为维护建筑物的长期安全使用而应承担的一项法定义务。业主拒绝缴纳专项维修资金，并以诉讼时效提出抗辩的，人民法院不予支持。

【经典真题】

下列哪些请求不适用诉讼时效？[1]（2014 – 3 – 53）

A. 当事人请求撤销合同　　　　　B. 当事人请求确认合同无效

C. 业主大会请求业主缴付公共维修基金　　D. 按份共有人请求分割共有物

【解析】（1）诉讼时效只适用于请求权，不适用于支配权、形成权、抗辩权；只适用于请求权中的债权请求权（包括合同债权请求权、侵权请求权、不当得利请求权、无因管理请求权、缔约过失请求权等），而并不适用于物权请求权（排除妨害、消除危险、返还原物等）与占有保护请求权。享有撤销权的当事人一方请求撤销合同的，应适用《民法典》总则编关于撤销权除斥期间的规定。对方当事人对撤销合同请求权提出诉讼时效抗辩的，人民法院不予支持。因撤销权系一种形成权，撤销合同适用的期间为除斥期间，而非诉讼时效，故选项 A 正确。

（2）请求确认合同无效的权利，属于形成权，合同无效为自始无效，故请求确认合同无效不适用诉讼时效，选项 B 当选。

（3）维修基金系业主共有，业主大会与业主之间并非债权债务关系；此外缴纳维修基金是业主的法定义务，业主不得以不行使权利为由不履行义务；同时，业主大会与业主的关系具有永续性，共同管理权是一种永续性权利。故业主欠缴维修基金损害的是全体业主的权利，其欠缴行为构成了对业主共有权的侵犯，且一直持续，故请求业主缴付维修基金不适用诉讼时效，选项 C 当选。

（4）共有物分割请求权系一种形成权，不适用诉讼时效制度，选项 D 当选。

三、诉讼时效的法律效力

(一) 抗辩权发生

即债务人可以提出不履行义务的抗辩。

(二) 实体权利不消灭

诉讼时效期间届满的，义务人可以提出不履行义务的抗辩。诉讼时效期间届满后，义

---

[1]　【答案】ABCD

务人同意履行的，不得以诉讼时效期间届满为由抗辩；义务人已自愿履行的，不得请求返还。

诉讼时效期间届满，当事人一方向对方当事人作出同意履行义务的意思表示或者自愿履行义务后，又以诉讼时效期间届满为由进行抗辩的，人民法院不予支持。

【经典真题】

甲公司向乙公司催讨一笔已过诉讼时效期限的 10 万元货款。乙公司书面答复称："该笔债务已过时效期限，本公司本无义务偿还，但鉴于双方的长期合作关系，可偿还 3 万元。"甲公司遂向法院起诉，要求偿还 10 万元。乙公司接到应诉通知后书面回函甲公司称："既然你公司起诉，则不再偿还任何货款。"下列哪一选项是正确的？[1]（2014－3－5）

A. 乙公司的书面答复意味着乙公司需偿还甲公司 3 万元

B. 乙公司的书面答复构成要约

C. 乙公司的书面回函对甲公司有效

D. 乙公司的书面答复表明其丧失了 10 万元的时效利益

【解析】 本题考点为诉讼时效。

（1）选项 A 正确，选项 D 错误。超过诉讼时效期间，当事人自愿履行的，不受诉讼时效限制。诉讼时效期间届满，当事人一方向对方当事人作出同意履行义务的意思表示或者自愿履行义务后，又以诉讼时效期间届满为由进行抗辩的，人民法院不予支持。本题中，在诉讼时效期间届满后，乙公司向甲公司以书面形式作出"愿意偿还 3 万元"的意思表示，则意味着这"3 万元"不再受上述时效的限制，乙公司需要向甲公司偿还 3 万元。

（2）选项 B 错误。要约是希望和他人订立合同的意思表示，该意思表示应当符合下列规定：①内容具体确定；②表明经受要约人承诺，要约人即受该意思表示约束。本题中，乙的书面答复并没有订立合同的意图，不构成要约。

（3）选项 C 错误。乙公司已经通过书面答复同意清偿 3 万元的债务，这 3 万元的时效利益已经放弃，因此，书面回函称不再偿还任何货款对甲公司不发生效力。

（三）法院不得主动援用

当事人未提出诉讼时效抗辩，人民法院不应对诉讼时效问题进行释明及主动适用诉讼时效的规定进行裁判。

当事人在一审期间未提出诉讼时效抗辩，在二审期间提出的，人民法院不予支持，但其基于新的证据能够证明对方当事人的请求权已过诉讼时效期间的情形除外。

（四）涉及债的担保情形下

主债务诉讼时效期间届满，保证人享有主债务人的诉讼时效抗辩权。保证人未主张前述诉讼时效抗辩权，承担保证责任后向主债务人行使追偿权的，人民法院不予支持，但主债务人同意给付的情形除外。

考点 2 诉讼时效的期间与起算

一、一般诉讼时效期间

3 年；自权利人知道或者应当知道权利受到损害以及义务人之日起计算。

---

[1] **【答案】** A

几个具体的起算问题：

1. 当事人约定同一债务分期履行的，诉讼时效期间从最后一期履行期限届满之日起计算。

2. 未约定履行期限的合同，可以确定履行期限的，诉讼时效期间从履行期限届满之日起计算；不能确定履行期限的，诉讼时效期间从债权人要求债务人履行义务的宽限期届满之日起计算，但债务人在债权人第一次向其主张权利之时明确表示不履行义务的，诉讼时效期间从债务人明确表示不履行义务之日起计算。

3. 合同被撤销，返还财产、赔偿损失请求权的诉讼时效期间从合同被撤销之日起计算。

4. 返还不当得利请求权的诉讼时效期间，从当事人一方知道或者应当知道不当得利事实及对方当事人之日起计算。

5. 管理人因无因管理行为产生的给付必要管理费用、赔偿损失请求权的诉讼时效期间，从无因管理行为结束并且管理人知道或者应当知道本人之日起计算；本人因不当无因管理行为产生的赔偿损失请求权的诉讼时效期间，从其知道或者应当知道管理人及损害事实之日起计算。

二、长期诉讼时效期间

国际货物买卖合同和技术进出口合同诉讼时效期间为 4 年。

因国际货物买卖合同和技术进出口合同争议提起诉讼或者申请仲裁的期限为 4 年，自当事人知道或者应当知道其权利受到侵害之日起计算。因其他合同争议提起诉讼或者申请仲裁的期限，依照有关法律的规定。

三、最长诉讼时效期间

20 年；从权利被侵害之日起计算。

考点 3　诉讼时效的中止

一、含义

1. 普通或特殊诉讼时效期间的最后 6 个月内，因下列障碍，不能行使请求权的，诉讼时效中止：不可抗力；无民事行为能力人或者限制民事行为能力人没有法定代理人，或者法定代理人死亡、丧失民事行为能力、丧失代理权；继承开始后未确定继承人或者遗产管理人；权利人被义务人或者其他人控制；其他导致权利人不能行使请求权的障碍。自中止时效的原因消除之日起满 6 个月，诉讼时效期间届满。

2. 其他障碍：

（1）继承开始后未确定继承人或者遗产管理人。

（2）权利人被义务人或者其他人控制无法主张权利。

（3）其他导致权利人不能主张权利的客观情形。

二、适用类型

法律规定或者当事人约定的撤销权、解除权等权利的存续期间，除法律另有规定外，自权利人知道或者应当知道权利产生之日起计算，不适用有关诉讼时效中止、中断和延长的规定。存续期间届满，撤销权、解除权等权利消灭。

考点4　诉讼时效的中断

一、含义

普通或特殊诉讼时效期间内，因为具备与权利人怠于行使权利相反的事实，使已经过的时效期间失去效力，而须重新起算时效期间的制度。

二、效力

（一）事由发生后，已经过的时效归于无效
（二）中断事由存续期间，时效不进行计算
（三）中断事由终止，时效重新计算
（四）几种特殊情况的效力

1. 权利人对同一债权中的部分债权主张权利，诉讼时效中断的效力及于剩余债权，但权利人明确表示放弃剩余债权的情形除外。

2. 对于连带债权人中的一人发生诉讼时效中断效力的事由，应当认定对其他连带债权人也发生诉讼时效中断的效力。对于连带债务人中的一人发生诉讼时效中断效力的事由，应当认定对其他连带债务人也发生诉讼时效中断的效力。

3. 债权人提起代位权诉讼的，应当认定对债权人的债权和债务人的债权均发生诉讼时效中断的效力。

4. 债权转让的，应当认定诉讼时效从债权转让通知到达债务人之日起中断。债务承担情形下，构成原债务人对债务承认的，应当认定诉讼时效从债务承担意思表示到达债权人之日起中断。

三、事由

（一）权利人向义务人提出履行请求；

1. 当事人一方直接向对方当事人送交主张权利文书，对方当事人在文书上签字、盖章或者虽未签字、盖章但能够以其他方式证明该文书到达对方当事人的；对方当事人为法人或者其他组织的，签收人可以是其法定代表人、主要负责人、负责收发信件的部门或者被授权主体；对方当事人为自然人的，签收人可以是自然人本人、同住的具有完全行为能力的亲属或者被授权主体。

2. 当事人一方以发送信件或者数据电文方式主张权利，信件或者数据电文到达或者应当到达对方当事人的。

3. 当事人一方为金融机构，依照法律规定或者当事人约定从对方当事人账户中扣收欠款本息的。

4. 当事人一方下落不明，对方当事人在国家级或者下落不明的当事人一方住所地的省级有影响的媒体上刊登具有主张权利内容的公告的，但法律和司法解释另有特别规定的，适用其规定。

（二） 权利人提起诉讼或者申请仲裁

1. 申请仲裁。

2. 申请支付令。

3. 申请破产、申报破产债权。

4. 为主张权利而申请宣告义务人失踪或者死亡。

5. 申请诉前财产保全、诉前临时禁令等诉前措施。

6. 申请强制执行。

7. 申请追加当事人或者被通知参加诉讼。

8. 在诉讼中主张抵销。

9. 其他与提起诉讼具有同等诉讼时效中断效力的事项。

10. 权利人向人民调解委员会以及其他依法有权解决相关民事纠纷的国家机关、事业单位、社会团体等社会组织提出保护相应民事权利的请求，诉讼时效从提出请求之日起中断。

11. 权利人向公安机关、人民检察院、人民法院报案或者控告，请求保护其民事权利的，诉讼时效从其报案或者控告之日起中断。上述机关决定不立案、撤销案件、不起诉的，诉讼时效期间从权利人知道或者应当知道不立案、撤销案件或者不起诉之日起重新计算；刑事案件进入审理阶段，诉讼时效期间从刑事裁判文书生效之日起重新计算。

（三） 义务人同意履行义务

义务人作出分期履行、部分履行、提供担保、请求延期履行、制定清偿债务计划等承诺或者行为的，应当认定为当事人一方"同意履行义务"。

（四） 与提起诉讼或者申请仲裁具有同等效力的其他情形。

四、适用范围

不适用于 20 年的最长诉讼时效。

考点 5　诉讼时效期间的延长

一、含义

有特殊情况的，人民法院可以根据权利人的申请延长诉讼时效期间。

该特殊情况是指：权利人由于客观的障碍在法定诉讼时效期间内不能行使请求权的。

二、适用范围

一般诉讼时效；最长诉讼时效。

【小结/重点整理】

本章的考查重点是诉讼时效的法律适用，以及诉讼时效的中止和中断等问题。考生的复习必须紧紧抓住《诉讼时效解释》中关于诉讼时效基本原理和法律适用的相关规定。

高人民法院关于适用
《中华人民共和国民法典》总则编若干问题的解释

（2021年12月30日最高人民法院审判委员会第1861次会议通过，自2022年3月1日起施行）

为正确审理民事案件，依法保护民事主体的合法权益，维护社会和经济秩序，根据《中华人民共和国民法典》《中华人民共和国民事诉讼法》等相关法律规定，结合审判实践，制定本解释。

一、一般规定

第一条　民法典第二编至第七编对民事关系有规定的，人民法院直接适用该规定；民法典第二编至第七编没有规定的，适用民法典第一编的规定，但是根据其性质不能适用的除外。

就同一民事关系，其他民事法律的规定属于对民法典相应规定的细化的，应当适用该民事法律的规定。民法典规定适用其他法律的，适用该法律的规定。

民法典及其他法律对民事关系没有具体规定的，可以遵循民法典关于基本原则的规定。

【法条解读】明确了民法典与单行法的适用关系

在法律适用方面，民法典与民事单行法之间是普通法与特别法的关系，但如何理解该规定，是民法典适用中首先需要解决的重大疑难问题。

《总则编解释》第1条针对该问题确立了如下规则：第一，单行法中对同一民事关系有细化规定的，应当适用单行法的规定。民法典第11条规定："其他法律对民事关系有特别规定的，依照其规定。"这就明确确认了特别法优先于普通法的原则。

但应当注意，在民法典未明确规定适用其他法律的情况下，适用单行法的前提是单行法的规定属于对民法典相应规定细化的规定，且不能违反民法典的规定，如此才能体现出民法典基础性法律的地位。

第二，民法典分则中对民事关系有具体规定的，应当适用该具体规定；如果民法典分则没有具体规定的，应当适用总则的规定，但是根据其性质不能适用的除外。

第三，民法典和单行法对同一民事关系都有具体规定的，应当共同适用。

第四，如果民法典和单行法对同一民事关系都没有具体规定的，可以遵循民法典关于基本原则的规定。这些规定与民法典的立法目的和相关规则保持高度一致，妥善地处理了民法典与单行法的适用关系，维护了民法典作为基础性法律的地位。

第二条　在一定地域、行业范围内长期为一般人从事民事活动时普遍遵守的民间习俗、惯常做法等，可以认定为民法典第十条规定的习惯。

当事人主张适用习惯的，应当就习惯及其具体内容提供相应证据；必要时，人民法院可以依职权查明。

适用习惯，不得违背社会主义核心价值观，不得违背公序良俗。

第三条　对于民法典第一百三十二条所称的滥用民事权利，人民法院可以根据权利行使的对象、目的、时间、方式、造成当事人之间利益失衡的程度等因素作出认定。

行为人以损害国家利益、社会公共利益、他人合法权益为主要目的行使民事权利的，人民法院应当认定构成滥用民事权利。

构成滥用民事权利的，人民法院应当认定该滥用行为不发生相应的法律效力。滥用民事权利造成损害的，依照民法典第七编等有关规定处理。

【法条解读】　明确了滥用民事权利的认定与法律后果

民法典第132条规定了禁止滥用权利规则。从体系位置上来看，禁止滥用权利规则是对各项民事权利行使的限制性规定，为规范权利行使行为提供了法律依据。然而，如何判断滥用权利，尤其是如何区分滥用权利与侵权，在理论中的区分仍然不清晰。

《总则编解释》第3条第2款明确了滥用权利的构成要件，结合民法典第132条的规定，具体包括以下三项：一是权利人必须是行使自身的权利。滥用权利发生在权利行使过程中，如果并不存在相关权利行使，则不可能构成权利滥用。二是权利人选择一种以损害他人为主要目的的方式行使权利。这意味着滥用权利人具有损害他人的恶意。因此，该权利行使的行为虽然表面上看似合法，但却以损害国家利益、社会公共利益、他人合法权益为主要目的，且实际损害了这些权益，超出了正当的权利行使界限，故实际上是不法的滥用行为。三是行为人的行为侵害了他人的合法权益。

由于权利的类型繁多，滥用权利的形态多种多样，简单运用上述标准可能无法准确判断权利滥用。为此，《总则编解释》第3条第1款在判断权利滥用时，首先应当具体权衡权利人利益和相对人利益或公共利益，从行为的外观的形态、结果，权利行使的时间、方式、对象、目的、造成当事人之间利益失衡的程度等，进行综合考量。

依据《总则编解释》第3条第3款，滥用权利将产生如下两方面的法律后果：

一是不发生相应的法律效力。换言之，滥用权利不应当产生行为人追求的后果。例如，在请求权的行使中，滥用请求权不能导致请求权的行使效果，其可以表现为提出请求不发生时效中断的效力，或者相对人不构成迟延履行等。

二是，如果滥用权利造成他人损害，已经构成侵权的，应承担侵权责任。滥用权利可能产生损害后果，也可能并未产生损害后果，即便造成了损害，是否构成侵权，还需要依据民法典侵权责任编的规定予以判断。如果权利人滥用权利的行为也满足了侵权责任的成立要件，受害人有权请求滥用权利人承担侵权责任。《总则编解释》第3条对滥用民事权利的认定与法律后果作出了规定，弥补了民法典第132条的不足，从而构建了较为完整的禁止滥用权利制度。

二、民事权利能力和民事行为能力

第四条　涉及遗产继承、接受赠与等胎儿利益保护，父母在胎儿娩出前作为法定代理人主张相应权利的，人民法院依法予以支持。

第五条　限制民事行为能力人实施的民事法律行为是否与其年龄、智力、精神健康状况相适应，人民法院可以从行为与本人生活相关联的程度，本人的智力、精神健康状况能否理解其行为并预见相应的后果，以及标的、数量、价款或者报酬等方面认定。

三、监护

第六条　人民法院认定自然人的监护能力，应当根据其年龄、身心健康状况、经济条件等因素确定；认定有关组织的监护能力，应当根据其资质、信用、财产状况等因素确定。

【法条解读】 明确了监护能力的认定标准

该解释第6条明确了认定自然人的监护能力，应根据自然人的年龄、身心健康状况、经济条件等因素确定；认定有关组织的监护能力，应当根据其资质、信用、财产状况等因素确定。

第七条 担任监护人的被监护人父母通过遗嘱指定监护人，遗嘱生效时被指定的人不同意担任监护人的，人民法院应当适用民法典第二十七条、第二十八条的规定确定监护人。

未成年人由父母担任监护人，父母中的一方通过遗嘱指定监护人，另一方在遗嘱生效时有监护能力，有关当事人对监护人的确定有争议的，人民法院应当适用民法典第二十七条第一款的规定确定监护人。

▽ **关联法条**

《民法典》第27条 父母是未成年子女的监护人。

未成年人的父母已经死亡或者没有监护能力的，由下列有监护能力的人按顺序担任监护人：

（一）祖父母、外祖父母；

（二）兄、姐；

（三）其他愿意担任监护人的个人或者组织，但是须经未成年人住所地的居民委员会、村民委员会或者民政部门同意。

第28条 无民事行为能力或者限制民事行为能力的成年人，由下列有监护能力的人按顺序担任监护人：

（一）配偶；

（二）父母、子女；

（三）其他近亲属；

（四）其他愿意担任监护人的个人或者组织，但是须经被监护人住所地的居民委员会、村民委员会或者民政部门同意。

第八条 未成年人的父母与其他依法具有监护资格的人订立协议，约定免除具有监护能力的父母的监护职责的，人民法院不予支持。协议约定在未成年人的父母丧失监护能力时由该具有监护资格的人担任监护人的，人民法院依法予以支持。

依法具有监护资格的人之间依据民法典第三十条的规定，约定由民法典第二十七条第二款、第二十八条规定的不同顺序的人共同担任监护人，或者由顺序在后的人担任监护人的，人民法院依法予以支持。

▽ **关联法条**

《民法典》第30条 依法具有监护资格的人之间可以协议确定监护人。协议确定监护人应当尊重被监护人的真实意愿。

第九条 人民法院依据民法典第三十一条第二款、第三十六条第一款的规定指定监护人时，应当尊重被监护人的真实意愿，按照最有利于被监护人的原则指定，具体参考以下因素：

（一）与被监护人生活、情感联系的密切程度；

（二）依法具有监护资格的人的监护顺序；

（三）是否有不利于履行监护职责的违法犯罪等情形；

（四）依法具有监护资格的人的监护能力、意愿、品行等。

人民法院依法指定的监护人一般应当是一人，由数人共同担任监护人更有利于保护被监护人利益的，也可以是数人。

第十条　有关当事人不服居民委员会、村民委员会或者民政部门的指定，在接到指定通知之日起三十日内向人民法院申请指定监护人的，人民法院经审理认为指定并无不当，依法裁定驳回申请；认为指定不当，依法判决撤销指定并另行指定监护人。

有关当事人在接到指定通知之日起三十日后提出申请的，人民法院应当按照变更监护关系处理。

第十一条　具有完全民事行为能力的成年人与他人依据民法典第三十三条的规定订立书面协议事先确定自己的监护人后，协议的任何一方在该成年人丧失或者部分丧失民事行为能力前请求解除协议的，人民法院依法予以支持。该成年人丧失或者部分丧失民事行为能力后，协议确定的监护人无正当理由请求解除协议的，人民法院不予支持。

该成年人丧失或者部分丧失民事行为能力后，协议确定的监护人有民法典第三十六条第一款规定的情形之一，该条第二款规定的有关个人、组织申请撤销其监护人资格的，人民法院依法予以支持。

▽ **关联法条**

《民法典》第33条　具有完全民事行为能力的成年人，可以与其近亲属、其他愿意担任监护人的个人或者组织事先协商，以书面形式确定自己的监护人，在自己丧失或者部分丧失民事行为能力时，由该监护人履行监护职责。

第三十六条　监护人有下列情形之一的，人民法院根据有关个人或者组织的申请，撤销其监护人资格，安排必要的临时监护措施，并按照最有利于被监护人的原则依法指定监护人：

（一）实施严重损害被监护人身心健康的行为；

（二）怠于履行监护职责，或者无法履行监护职责且拒绝将监护职责部分或者全部委托给他人，导致被监护人处于危困状态；

（三）实施严重侵害被监护人合法权益的其他行为。

本条规定的有关个人、组织包括：其他依法具有监护资格的人，居民委员会、村民委员会、学校、医疗机构、妇女联合会、残疾人联合会、未成年人保护组织、依法设立的老年人组织、民政部门等。

前款规定的个人和民政部门以外的组织未及时向人民法院申请撤销监护人资格的，民政部门应当向人民法院申请。

第十二条　监护人、其他依法具有监护资格的人之间就监护人是否有民法典第三十九条第一款第二项、第四项规定的应当终止监护关系的情形发生争议，申请变更监护人的，人民法院应当依法受理。经审理认为理由成立的，人民法院依法予以支持。

被依法指定的监护人与其他具有监护资格的人之间协议变更监护人的，人民法院应当尊重被监护人的真实意愿，按照最有利于被监护人的原则作出裁判。

▽ **关联法条**

第39条　有下列情形之一的，监护关系终止：

（一）被监护人取得或者恢复完全民事行为能力；

（二）监护人丧失监护能力；

（三）被监护人或者监护人死亡；

（四）人民法院认定监护关系终止的其他情形。

监护关系终止后，被监护人仍然需要监护的，应当依法另行确定监护人。

第十三条 监护人因患病、外出务工等原因在一定期限内不能完全履行监护职责，将全部或者部分监护职责委托给他人，当事人主张受托人因此成为监护人的，人民法院不予支持。

四、宣告失踪和宣告死亡

第十四条 人民法院审理宣告失踪案件时，下列人员应当认定为民法典第四十条规定的利害关系人：

（一）被申请人的近亲属；

（二）依据民法典第一千一百二十八条、第一千一百二十九条规定对被申请人有继承权的亲属；

（三）债权人、债务人、合伙人等与被申请人有民事权利义务关系的民事主体，但是不申请宣告失踪不影响其权利行使、义务履行的除外。

> **关联法条**

第40条 自然人下落不明满二年的，利害关系人可以向人民法院申请宣告该自然人为失踪人。

第1128条 被继承人的子女先于被继承人死亡的，由被继承人的子女的直系晚辈血亲代位继承。

被继承人的兄弟姐妹先于被继承人死亡的，由被继承人的兄弟姐妹的子女代位继承。

代位继承人一般只能继承被代位继承人有权继承的遗产份额。

第1129条 丧偶儿媳对公婆，丧偶女婿对岳父母，尽了主要赡养义务的，作为第一顺序继承人。

第十五条 失踪人的财产代管人向失踪人的债务人请求偿还债务的，人民法院应当将财产代管人列为原告。

债权人提起诉讼，请求失踪人的财产代管人支付失踪人所欠的债务和其他费用的，人民法院应当将财产代管人列为被告。经审理认为债权人的诉讼请求成立的，人民法院应当判决财产代管人从失踪人的财产中支付失踪人所欠的债务和其他费用。

第十六条 人民法院审理宣告死亡案件时，被申请人的配偶、父母、子女，以及依据民法典第一千一百二十九条规定对被申请人有继承权的亲属应当认定为民法典第四十六条规定的利害关系人。

符合下列情形之一的，被申请人的其他近亲属，以及依据民法典第一千一百二十八条规定对被申请人有继承权的亲属应当认定为民法典第四十六条规定的利害关系人：

（一）被申请人的配偶、父母、子女均已死亡或者下落不明的；

（二）不申请宣告死亡不能保护其相应合法权益的。

被申请人的债权人、债务人、合伙人等民事主体不能认定为民法典第四十六条规定的利害关系人，但是不申请宣告死亡不能保护其相应合法权益的除外。

【法条解读】 明确了宣告死亡利害关系人的范围和顺序

关联法条

《民法典》第 46 条　自然人有下列情形之一的，利害关系人可以向人民法院申请宣告该自然人死亡：

（一）下落不明满四年；

（二）因意外事件，下落不明满二年。

因意外事件下落不明，经有关机关证明该自然人不可能生存的，申请宣告死亡不受二年时间的限制。

第 1128 条　被继承人的子女先于被继承人死亡的，由被继承人的子女的直系晚辈血亲代位继承。

被继承人的兄弟姐妹先于被继承人死亡的，由被继承人的兄弟姐妹的子女代位继承。

代位继承人一般只能继承被代位继承人有权继承的遗产份额。

第 1129 条　丧偶儿媳对公婆，丧偶女婿对岳父母，尽了主要赡养义务的，作为第一顺序继承人。

第十七条　自然人在战争期间下落不明的，利害关系人申请宣告死亡的期间适用民法典第四十六条第一款第一项的规定，自战争结束之日或者有关机关确定的下落不明之日起计算。

【法条解读】 明确了宣告死亡的时间要件

关联法条

《民法典》第 46 条　自然人有下列情形之一的，利害关系人可以向人民法院申请宣告该自然人死亡：

（一）下落不明满四年；

（二）因意外事件，下落不明满二年。

因意外事件下落不明，经有关机关证明该自然人不可能生存的，申请宣告死亡不受二年时间的限制。

五、民事法律行为

第十八条　当事人未采用书面形式或者口头形式，但是实施的行为本身表明已经作出相应意思表示，并符合民事法律行为成立条件的，人民法院可以认定为民法典第一百三十五条规定的采用其他形式实施的民事法律行为。

【法条解读】 民法典第 135 条没有明确列举民事法律行为的其他形式，该解释对此进行了细化规定。

关联法条

《民法典》第 135 条　民事法律行为可以采用书面形式、口头形式或者其他形式；法律、行政法规规定或者当事人约定采用特定形式的，应当采用特定形式。

第十九条　行为人对行为的性质、对方当事人或者标的物的品种、质量、规格、价格、数量等产生错误认识，按照通常理解如果不发生该错误认识行为人就不会作出相应意思表示的，人民法院可以认定为民法典第一百四十七条规定的重大误解。

行为人能够证明自己实施民事法律行为时存在重大误解，并请求撤销该民事法律行为的，人民法院依法予以支持；但是，根据交易习惯等认定行为人无权请求撤销的除外。

▽ **关联法条**

《民法典》**第 147 条** 基于重大误解实施的民事法律行为，行为人有权请求人民法院或者仲裁机构予以撤销。

第二十条 行为人以其意思表示存在第三人转达错误为由请求撤销民事法律行为的，适用本解释第十九条的规定。

【法条解读】对民法典总则编的法律行为制度没有作出规定的：意思表示误传等问题，该解释作出了补充规定。

第二十一条 故意告知虚假情况，或者负有告知义务的人故意隐瞒真实情况，致使当事人基于错误认识作出意思表示的，人民法院可以认定为民法典第一百四十八条、第一百四十九条规定的欺诈。

▽ **关联法条**

《民法典》**第 148 条** 一方以欺诈手段，使对方在违背真实意思的情况下实施的民事法律行为，受欺诈方有权请求人民法院或者仲裁机构予以撤销。

第 149 条 第三人实施欺诈行为，使一方在违背真实意思的情况下实施的民事法律行为，对方知道或者应当知道该欺诈行为的，受欺诈方有权请求人民法院或者仲裁机构予以撤销。

第二十二条 以给自然人及其近亲属等的人身权利、财产权利以及其他合法权益造成损害或者以给法人、非法人组织的名誉、荣誉、财产权益等造成损害为要挟，迫使其基于恐惧心理作出意思表示的，人民法院可以认定为民法典第一百五十条规定的胁迫。

▽ **关联法条**

《民法典》**第 150 条** 一方或者第三人以胁迫手段，使对方在违背真实意思的情况下实施的民事法律行为，受胁迫方有权请求人民法院或者仲裁机构予以撤销。

第二十三条 民事法律行为不成立，当事人请求返还财产、折价补偿或者赔偿损失的，参照适用民法典第一百五十七条的规定。

▽ **关联法条**

《民法典》**第 157 条** 民事法律行为无效、被撤销或者确定不发生效力后，行为人因该行为取得的财产，应当予以返还；不能返还或者没有必要返还的，应当折价补偿。有过错的一方应当赔偿对方由此所受到的损失；各方都有过错的，应当各自承担相应的责任。法律另有规定的，依照其规定。

第二十四条 民事法律行为所附条件不可能发生，当事人约定为生效条件的，人民法院应当认定民事法律行为不发生效力；当事人约定为解除条件的，应当认定未附条件，民事法律行为是否失效，依照民法典和相关法律、行政法规的规定认定。

【法条解读】对民事法律行为所附条件不可能发生的情形作出了明确规定

就生效条件不可能而言，该民事法律行为不发生效力；就解除条件不可能而言，该民事法律行为未附条件，其是否失效取决于相关法律法规的规定。

六、代理

第二十五条 数个委托代理人共同行使代理权，其中一人或者数人未与其他委托代理人协商，擅自行使代理权的，依据民法典第一百七十一条、第一百七十二条等规定处理。

【法条解读】明确了共同代理情形下一人行使或数人行使代理权产生何种效力的问题在共同代理的情形下，擅自行使代理权应认定为无权代理。

▽ **关联法条**

《民法典》**第171条**　行为人没有代理权、超越代理权或者代理权终止后，仍然实施代理行为，未经被代理人追认的，对被代理人不发生效力。

相对人可以催告被代理人自收到通知之日起三十日内予以追认。被代理人未作表示的，视为拒绝追认。行为人实施的行为被追认前，善意相对人有撤销的权利。撤销应当以通知的方式作出。

行为人实施的行为未被追认的，善意相对人有权请求行为人履行债务或者就其受到的损害请求行为人赔偿。但是，赔偿的范围不得超过被代理人追认时相对人所能获得的利益。

相对人知道或者应当知道行为人无权代理的，相对人和行为人按照各自的过错承担责任。

第172条　行为人没有代理权、超越代理权或者代理权终止后，仍然实施代理行为，相对人有理由相信行为人有代理权的，代理行为有效。

第二十六条　由于急病、通讯联络中断、疫情防控等特殊原因，委托代理人自己不能办理代理事项，又不能与被代理人及时取得联系，如不及时转委托第三人代理，会给被代理人的利益造成损失或者扩大损失的，人民法院应当认定为民法典第一百六十九条规定的紧急情况。

▽ **关联法条**

《民法典》**第169条**　代理人需要转委托第三人代理的，应当取得被代理人的同意或者追认。

转委托代理经被代理人同意或者追认的，被代理人可以就代理事务直接指示转委托的第三人，代理人仅就第三人的选任以及对第三人的指示承担责任。

转委托代理未经被代理人同意或者追认的，代理人应当对转委托的第三人的行为承担责任；但是，在紧急情况下代理人为了维护被代理人的利益需要转委托第三人代理的除外。

第二十七条　无权代理行为未被追认，相对人请求行为人履行债务或者赔偿损失的，由行为人就相对人知道或者应当知道行为人无权代理承担举证责任。行为人不能证明的，人民法院依法支持相对人的相应诉讼请求；行为人能够证明的，人民法院应当按照各自的过错认定行为人与相对人的责任。

第二十八条　同时符合下列条件的，人民法院可以认定为民法典第一百七十二条规定的相对人有理由相信行为人有代理权：

（一）存在代理权的外观；

（二）相对人不知道行为人行为时没有代理权，且无过失。

因是否构成表见代理发生争议的，相对人应当就无权代理符合前款第一项规定的条件承担举证责任；被代理人应当就相对人不符合前款第二项规定的条件承担举证责任。

【法条解读】民法典中"相对人有理由相信代理权"的规定比较抽象，该解释对这一要件的认定标准作出了细化，规定在存在代理权的外观，相对人不知道行为人无代理权且无过失时，可以认定为相对人有理由相信行为人有代理权。

此外，该解释还对表见代理的举证证明责任的分配作了详细规定。

▽ **关联法条**

《民法典》第172条 行为人没有代理权、超越代理权或者代理权终止后，仍然实施代理行为，相对人有理由相信行为人有代理权的，代理行为有效。

第二十九条 法定代理人、被代理人依据民法典第一百四十五条、第一百七十一条的规定向相对人作出追认的意思表示的，人民法院应当依据民法典第一百三十七条的规定确认其追认意思表示的生效时间。

【法条解读】民法典没有对追认这类准法律行为的生效时间作出规定。该解释第29条规定，应当直接依据民法典第137条的规定来确定生效时间，即追认、撤销以对话方式作出表示的，相对人知道其内容时生效；以非对话方式作出的，到达相对人时生效。

▽ **关联法条**

《民法典》第137条 以对话方式作出的意思表示，相对人知道其内容时生效。

以非对话方式作出的意思表示，到达相对人时生效。以非对话方式作出的采用数据电文形式的意思表示，相对人指定特定系统接收数据电文的，该数据电文进入该特定系统时生效；未指定特定系统的，相对人知道或者应当知道该数据电文进入其系统时生效。当事人对采用数据电文形式的意思表示的生效时间另有约定的，按照其约定。

第145条 限制民事行为能力人实施的纯获利益的民事法律行为或者与其年龄、智力、精神健康状况相适应的民事法律行为有效；实施的其他民事法律行为经法定代理人同意或者追认后有效。

相对人可以催告法定代理人自收到通知之日起三十日内予以追认。法定代理人未作表示的，视为拒绝追认。民事法律行为被追认前，善意相对人有撤销的权利。撤销应当以通知的方式作出。

第171条 行为人没有代理权、超越代理权或者代理权终止后，仍然实施代理行为，未经被代理人追认的，对被代理人不发生效力。

相对人可以催告被代理人自收到通知之日起三十日内予以追认。被代理人未作表示的，视为拒绝追认。行为人实施的行为被追认前，善意相对人有撤销的权利。撤销应当以通知的方式作出。

行为人实施的行为未被追认的，善意相对人有权请求行为人履行债务或者就其受到的损害请求行为人赔偿。但是，赔偿的范围不得超过被代理人追认时相对人所能获得的利益。

相对人知道或者应当知道行为人无权代理的，相对人和行为人按照各自的过错承担责任。

七、民事责任

第三十条 为了使国家利益、社会公共利益、本人或者他人的人身权利、财产权利以及其他合法权益免受正在进行的不法侵害，而针对实施侵害行为的人采取的制止不法侵害的行为，应当认定为民法典第一百八十一条规定的正当防卫。

第三十一条 对于正当防卫是否超过必要的限度，人民法院应当综合不法侵害的性质、手段、强度、危害程度和防卫的时机、手段、强度、损害后果等因素判断。

经审理，正当防卫没有超过必要限度的，人民法院应当认定正当防卫人不承担责任。正当防卫超过必要限度的，人民法院应当认定正当防卫人在造成不应有的损害范围内承担部分责任；实施侵害行为的人请求正当防卫人承担全部责任的，人民法院不予支持。

实施侵害行为的人不能证明防卫行为造成不应有的损害，仅以正当防卫人采取的反击方式和强度与不法侵害不相当为由主张防卫过当的，人民法院不予支持。

【法条解读】明确了正当防卫的定义，有助于法官在具体个案中认定正当防卫是否成立。

关联法条

《民法典》第181条　因正当防卫造成损害的，不承担民事责任。

正当防卫超过必要的限度，造成不应有的损害的，正当防卫人应当承担适当的民事责任。

第三十二条　为了使国家利益、社会公共利益、本人或者他人的人身权利、财产权利以及其他合法权益免受正在发生的急迫危险，不得已而采取紧急措施的，应当认定为民法典第一百八十二条规定的紧急避险。

第三十三条　对于紧急避险是否采取措施不当或者超过必要的限度，人民法院应当综合危险的性质、急迫程度、避险行为所保护的权益以及造成的损害后果等因素判断。

经审理，紧急避险采取措施并无不当且没有超过必要限度的，人民法院应当认定紧急避险人不承担责任。紧急避险采取措施不当或者超过必要限度的，人民法院应当根据紧急避险人的过错程度、避险措施造成不应有的损害的原因力大小、紧急避险人是否为受益人等因素认定紧急避险人在造成的不应有的损害范围内承担相应的责任。

【法条解读】明确了紧急避险的定义，有助于法官在具体个案中认定紧急避险是否成立。

关联法条

《民法典》第182条　因紧急避险造成损害的，由引起险情发生的人承担民事责任。

危险由自然原因引起的，紧急避险人不承担民事责任，可以给予适当补偿。

紧急避险采取措施不当或者超过必要的限度，造成不应有的损害的，紧急避险人应当承担适当的民事责任。

第三十四条　因保护他人民事权益使自己受到损害，受害人依据民法典第一百八十三条的规定请求受益人适当补偿的，人民法院可以根据受害人所受损失和已获赔偿的情况、受益人受益的多少及其经济条件等因素确定受益人承担的补偿数额。

关联法条

《民法典》第183条　因保护他人民事权益使自己受到损害的，由侵权人承担民事责任，受益人可以给予适当补偿。没有侵权人、侵权人逃逸或者无力承担民事责任，受害人请求补偿的，受益人应当给予适当补偿。

八、诉讼时效

第三十五条　民法典第一百八十八条第一款规定的三年诉讼时效期间，可以适用民法典有关诉讼时效中止、中断的规定，不适用延长的规定。该条第二款规定的二十年期间不适用中止、中断的规定。

【法条解读】明确规定了三年诉讼时效期间可以中止、中断，但不得延长；二十年诉讼时效期间不得中止、中断。

第三十六条　无民事行为能力人或者限制民事行为能力人的权利受到损害的，诉讼时效期间自其法定代理人知道或者应当知道权利受到损害以及义务人之日起计算，但是法律另有规定的除外。

【法条解读】 对无民事行为能力人、限制民事行为能力人遭受法定代理人以外的人侵害的，诉讼时效期间的起算点作了规定，明确以法定代理人知道或应当知道损害事实以及义务人之日起计算。

第三十七条 无民事行为能力人、限制民事行为能力人的权利受到原法定代理人损害，且在取得、恢复完全民事行为能力或者在原法定代理终止并确定新的法定代理人后，相应民事主体才知道或者应当知道权利受到损害的，有关请求权诉讼时效期间的计算适用民法典第一百八十八条第二款、本解释第三十六条的规定。

【法条解读】 补充了民法典第 190 条关于对法定代理人请求权的诉讼时效期间的起算规则。根据该条款，对法定代理人的请求权的诉讼时效期间自该法定代理终止之日起计算，但是在实践中可能存在一种情况，即在该法定代理终止时，遭受侵害的无民事行为能力人、限制民事行为能力人及其新的法定代理人均不知道损害事实和义务人。该解释第 37 条对此作出规定，即使原法定代理已经终止，诉讼时效期间也不当然自此起算，前述特殊情况应适用民法典第 188 条第 2 款的规定，自知道或者应当知道权利受到损害以及义务人之日起计算。

关联法条

《民法典》第 188 条 向人民法院请求保护民事权利的诉讼时效期间为三年。法律另有规定的，依照其规定。

诉讼时效期间自权利人知道或者应当知道权利受到损害以及义务人之日起计算。法律另有规定的，依照其规定。但是，自权利受到损害之日起超过二十年的，人民法院不予保护，有特殊情况的，人民法院可以根据权利人的申请决定延长。

第 190 条 无民事行为能力人或者限制民事行为能力人对其法定代理人的请求权的诉讼时效期间，自该法定代理终止之日起计算。

第三十八条 诉讼时效依据民法典第一百九十五条的规定中断后，在新的诉讼时效期间内，再次出现第一百九十五条规定的中断事由，可以认定为诉讼时效再次中断。

权利人向义务人的代理人、财产代管人或者遗产管理人等提出履行请求的，可以认定为民法典第一百九十五条规定的诉讼时效中断。

关联法条

《民法典》第 195 条 有下列情形之一的，诉讼时效中断，从中断、有关程序终结时起，诉讼时效期间重新计算：

（一）权利人向义务人提出履行请求；

（二）义务人同意履行义务；

（三）权利人提起诉讼或者申请仲裁；

（四）与提起诉讼或者申请仲裁具有同等效力的其他情形。

九、附则

第三十九条 本解释自 2022 年 3 月 1 日起施行。

民法典施行后的法律事实引起的民事案件，本解释施行后尚未终审的，适用本解释；本解释施行前已经终审，当事人申请再审或者按照审判监督程序决定再审的，不适用本解释。

第二编 物权

知识体系结构图

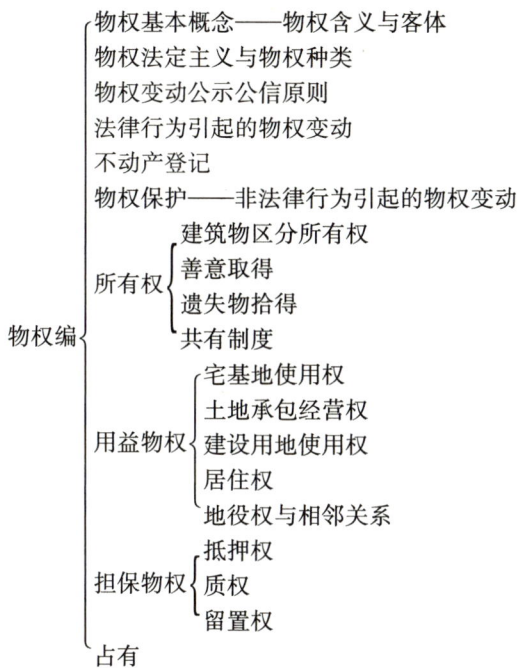

物权编
- 物权基本概念——物权含义与客体
- 物权法定主义与物权种类
- 物权变动公示公信原则
- 法律行为引起的物权变动
- 不动产登记
- 物权保护——非法律行为引起的物权变动
- 所有权
  - 建筑物区分所有权
  - 善意取得
  - 遗失物拾得
  - 共有制度
- 用益物权
  - 宅基地使用权
  - 土地承包经营权
  - 建设用地使用权
  - 居住权
  - 地役权与相邻关系
- 担保物权
  - 抵押权
  - 质权
  - 留置权
- 占有

第六章
物权基本概念

导学　该部分主要涉及物的含义、物权的客体等基本概念，物权是一类极其重要的民事权利。物权，是权利人对特定的物直接支配和排他的权利。与债权不同，物权具有直接对抗一般人的效力，所以权利的享有、变动往往对不特定第三人影响甚大。因此掌握物权一般原理显得格外重要，那么学习物权编首先必须掌握物权的含义以及其客体相关的问题。

重点知识详解

考点1　物权含义与特征

一、物权含义

物权是指权利人依法对特定的物享有直接支配和排他的权利。既具有人对物直接支配的内容（这明确了对物的支配方法及范围），又具有对抗权利主体以外的第三人的效力。物权与债权一起，构成了财产权中最为重要的两种类型。但是物权与债权也存在着重要差别。

二、物权的特征

1. 物权是一种支配权。权利人行使物权，表现为对物的一种支配，此时无需他人的积极行为加以配合，只需消极地不去破坏他人物权即可。

2. 物权是一种绝对权。权利人以外的其他主体，均不得侵犯权利人的物权。（与债权的相对性形成明显对比）

3. 物权具有排他性。这主要体现于一物一权原则上。即在同一个物上，不存在两个或者两个以上内容发生冲突的物权。

考点2　物权客体——物

一、界定

1. 客观存在且独立于主体之外，一般为有体物——独立性。
2. 为特定化的物——特定性。
3. 应为人力所能支配和为人类带来效用的物——效用性。

★特别提示　有生命的自然人及其肢体器官不能成为物，至于自然人的尸体以及与自然人分离的器官、毛发、血液，若不违背公序良俗，可以成为物。

二、动产与不动产

（一）分类标准

物是否可以移动，以及移动后是否导致价值减损。民法上区分不动产和动产的方法，是首先界定不动产，然后界定动产，即不动产之外的物皆为动产。

1. 不动产：土地以及房屋、林木等地上定着物。据此可知不动产可以分为土地跟土地上的定着物。

2. 动产：不动产以外的物为动产。

（二）分类意义

1. 所有权人的限制：某些特定不动产只能归属于国家和集体，如土地、河流、森林等。

2. 物权变动的公示方法不同。不动产物权的变动一般以登记为公示方法；动产物权变动以交付为公示方法。

三、主物与从物

（一）分类标准

根据两个独立的物之间的关系而划分，即根据物与物之间是否具有从属关系为标准所作的分类。从物是指从属于主物的物，从物之外即为主物。

（二）分类意义

确定主物与从物的归属。

★特别提示　认定主物与从物关系成立，须具备的条件：（1）二者在物理上互相独立，否则会构成整体与部分的关系，如房屋与窗户。（2）二者在交易观念上视为有主从关系。（3）二者在经济用途上存在主、从关系。

四、原物与孳息

（一）含义

原物是指依自然属性或者法律规定能够产生收益的物；孳息是指原物所产生的收益。

（二）孳息的分类

1. 天然孳息：原物因自然属性或者按照物的用法而产生的出产物。需注意：未与原物分离之前，只是原物的构成部分，不能称为孳息。如树上成熟的果子，因未与果树分离，则不属于孳息，只有摘下来的果子才算是孳息。

2. 法定孳息：因法律关系所得收益。比如利息、租金、射幸孳息等。

★特别提示　天然孳息具有独立性、自然性、非加工性。

（三）分类的意义

如何确定孳息的归属。

1. 如无相反约定，天然孳息所有权属于用益物权人；无用益物权人的，属于原物所有人。

2. 法定孳息，有约定的从约定，无约定的，依交易习惯取得。

【小结/重点整理】

本章重点掌握物权的核心含义，注意把握物权客体中关于原物与孳息、主物与从物的区分，此是法律职业资格考试考查的重点之处。

第七章
物权法定主义与物权种类

物权种类结构图

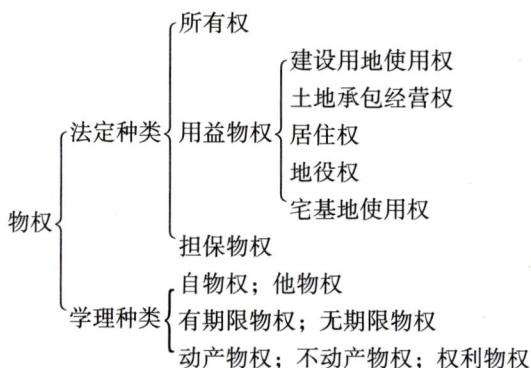

物权
- 法定种类
  - 所有权
  - 用益物权
    - 建设用地使用权
    - 土地承包经营权
    - 居住权
    - 地役权
    - 宅基地使用权
  - 担保物权
- 学理种类
  - 自物权；他物权
  - 有期限物权；无期限物权
  - 动产物权；不动产物权；权利物权

> **导学**　物权的类型是法定的，在我国民法上物权的种类有三类，包括所有权、用益物权、担保物权。掌握物权法定主义的基本含义对掌握物权法基本原理有着至关重要的作用。

✎ 重点知识详解

考点1　物权法定主义与物权种类

一、物权法定主义

（一）含义

物权的种类和内容（即权能），应由法律规定，不得由当事人基于自由意志而协商创设或者确定。

1. 物权种类不得由当事人自由创设。物权法定主义要求在物权的种类方面，必须由法律加以规定。当事人不得单方或者以合同方式为自己或者为他人设定法律上未认可的物权类型。

2. 物权的内容不得由当事人自由创设。每一法定种类的物权，其内容也应当由法律加以规定。当事人不得单方或者以合同方式增加或者减少物权的内容。

（二）违反物权法定主义原则的后果

1. 不发生物权效力。当事人在法定物权种类以外，或者物权的法定内容以外，设定新的物权或者某一物权新的内容（减少某一物权内容），不发生物权效力。即法律不承认该种权利为物权；不承认该种物权包含自设内容。

2. 如符合其他法律规定，可能发生其他法律后果。如果当事人创设的所谓"物权"或者"物权内容"除未被物权编承认外，并不违反其他法律的规定，则可以发生其他法律上的后果。

▶ ★特别提示 物权的种类和内容法定，在这一点上与债权不同。债权依意思自治原则，当事人在不违反法律和社会公共利益的范围内，可以创设任何种类的债权。法律也往往不限制合同的种类和内容，允许当事人协商确定合同的内容，并承认其效力。

当事人如果违反物权法定主义原则的要求，其行为一般不发生物权效力。

【经典真题】

甲将其父去世时留下的毕业纪念册赠与其父之母校，赠与合同中约定该纪念册只能用于收藏和陈列，不得转让。但该大学在接受乙的捐款时，将该纪念册馈赠给乙。下列哪一选项是正确的？[1]（2007 - 3 - 11）

A. 该大学对乙的赠与无效，乙不能取得纪念册的所有权

B. 该大学对乙的赠与无效，但乙已取得纪念册的所有权

C. 只有经甲同意后，乙才能取得纪念册的所有权

D. 该大学对乙的赠与有效，乙已取得纪念册的所有权

【考点】物权法定主义

【解析】所有权人对自己的不动产或者动产，依法享有占有、使用、收益和处分的权利。物权的种类和内容，由法律规定。本题中，甲在赠与合同中约定学校不得处分（转让）该纪念册违反了物权法定原则，仅具有债的效力，不具有物权效力。因此 D 项正确，A、B、C 三项错误。

二、物权的种类

（一）物权的法定分类

所有权、用益物权、担保物权

（二）物权的学理分类

1. 自物权与他物权。

（1）概念：自物权是权利人对于自己的财产所享有的权利。因其与他人之物无关，故称为自物权。所有权是典型的自物权。他物权是在他人所有的物之上设定的物权，他物权是对他人财产享有的权利，其内容是在占有、使用、收益或者处分某一方面对他人之物的支配。

（2）分类的标准：物权人与标的物的关系。

（3）分类的意义：他物权的内容一般少于自物权；但是优先适用。

---

〔1〕【答案】D

2. 动产物权、不动产物权、权利物权。

（1）动产所有权、动产质权、留置权是动产物权。不动产所有权、地上权、永佃权、不动产抵押权等是不动产物权；权利抵押权、权利质权等是权利物权。

（2）分类的标准：依据物权客体不同而分类，需掌握法定种类的物权所对应的类型。

（3）分类的意义：取得方法、成立要件各不相同。一般来说，动产物权的公示方法为交付，而不动产物权的公示方法为登记。

▶ ★特别提示　关于物权的种类，考生应着重关注物权的法定分类有哪些以及用益物权与担保物权各包括哪些权利。

【小结/重点整理】

本章最重要的内容是物权法定主义的含义，需对历年真题中关于此处的考查加以练习，方能掌握。

物权变动结构图

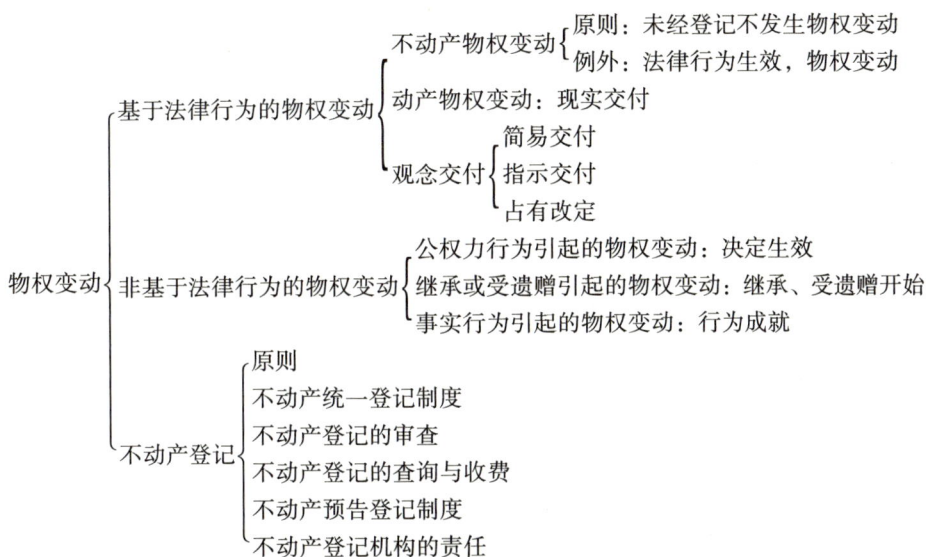

物权变动
- 基于法律行为的物权变动
  - 不动产物权变动
    - 原则：未经登记不发生物权变动
    - 例外：法律行为生效，物权变动
  - 动产物权变动：现实交付
  - 观念交付
    - 简易交付
    - 指示交付
    - 占有改定
- 非基于法律行为的物权变动
  - 公权力行为引起的物权变动：决定生效
  - 继承或受遗赠引起的物权变动：继承、受遗赠开始
  - 事实行为引起的物权变动：行为成就
- 不动产登记
  - 原则
  - 不动产统一登记制度
  - 不动产登记的审查
  - 不动产登记的查询与收费
  - 不动产预告登记制度
  - 不动产登记机构的责任

导学　　该部分主要涉及物权变动、公示公信原则、因法律行为引起的物权变动规则、非依法律行为引起的物权变动。本部分近年来考试分值在8分左右，集中于单项选择题和多项选择题，主观题中大多有涉及，且难度呈现逐年加大的趋势，本部分常考考点包括物权变动的规则，拟制交付的各项含义、非依法律行为引起的物权变动的各项内容。

■ 重点知识详解

考点1　物权变动的含义与公示公信原则

一、含义

物权变动是指物权的设立、变更、转让和消灭。从权利主体方面观察，即权利主体取得、变更和丧失物权；就权利的内容而言，指权利的内容发生变化。由于物权法律关系的特性，不特定的义务人仅负有不非法干涉物权之行使的不作为义务。所以义务的适当履行表现为尊重物权的现状，即在物权人取得权利时，尊重其权利，在其权利变更后，尊重其变更后的权利；物权如果消灭，义务人的义务也就不存在了。

1. 物权的取得（设立）：是指在特定的权利主体与不特定的义务主体之间形成了物权法律关系，并使特定的物与物权人相结合。分为原始取得和继受取得。

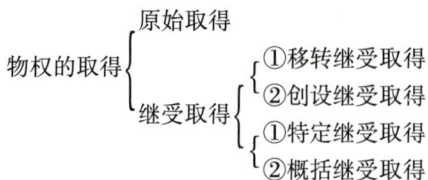

$$
物权的取得
\begin{cases}
原始取得 \\
继受取得
\begin{cases}
①移转继受取得 \\
②创设继受取得 \\
①特定继受取得 \\
②概括继受取得
\end{cases}
\end{cases}
$$

▶ ★特别提示　物权的取得有原始取得与继受取得之分，前者是指不以他人的权利以及意思为依据，而是依据法律直接取得物权（如因先占、取得时效取得一物的所有权）；后者是指以他人的权利以及意思为依据取得物权，如买卖、赠与取得物的所有权。继受取得又可分为创设与移转两种方式。创设的继受取得，即所有人在自己的所有物上为他人设定他物权，而由他人取得一定的他物权。移转的继受取得，即物权人将自己享有的物权以一定民事行为移转给他人，由他人取得该物权。

2. 物权的变更：有广义与狭义之分，广义的物权变更，是指物权的主体、内容或者客体的变更。但是严格来讲，物权主体的变更是权利人的更迭，应属物权的取得与丧失的问题。狭义的物权的变更是指物权的内容或者客体方面的变更。物权内容的变更，是指在不影响物权整体属性的情况下物权的范围、方式等方面的变化，如典权期限的延长、缩短，地役权行使方法的改变，抵押权所担保的主债权的部分履行。物权客体的变更则是指物权标的物所发生的变化，如所有权的客体因附合而有所增加，抵押权的客体因部分灭失而有所减少。

3. 物权的消灭：从权利人方面观察，即物权的丧失，可以分为绝对的消灭和相对的消灭。绝对的消灭是指物权本身不存在了，即物权的标的物不仅与其主体相分离，而且他人也未取得其权利，如所有权、抵押权因标的物灭失而消灭。相对的消灭则是指原主体权利的丧失和新主体权利的取得，如因出卖、赠与等行为，使一方丧失所有权而另一方取得所有权。严格来说，物权的相对消灭并非物权消灭的问题，而应当属于物权的继受取得或者主体变更的问题。

二、物权变动的公示与公信原则

物权是对于物进行直接支配的权利，具有优先权和物上请求权的效力。基于物权这样的性质，如果不以一定的可以从外部察知的方式表现物权的产生、变更、消灭，必然产生纠纷，难以保证交易的安全；因此民法上对于物权的变动，有公示原则和公信原则。

（一）公示原则

公示原则要求物权的产生、变更、消灭，必须以一定的可以从外部察知的方式向外界公示。因为物权具有排他的性质，所以，如果没有通过公示方式将物权的变动表现出来，就会给第三人带来不可预测的损害，影响交易的安全。因此，民法上关于物权的变动，以"登记"为不动产物权的公示方法，以"交付"为动产物权的公示方法。

【基于不同法律事实发生的物权变动，公示原则具有不同的意义】

对于基于民事行为发生的物权变动，非经公示不发生物权变动的效果。而对于基于民事行为以外的原因发生的物权变动，不经公示虽然可以发生物权变动的效果，但是在公示完成之前，当事人不得处分之（如因继承、法院判决、事实行为等发生的物权变动）。

1. 登记为不动产物权变动的公示方式。
2. 交付为动产物权变动的公示方式。

（二）公信原则

物权的变动以登记或交付为公示方法，当事人如果信赖这种公示而为一定的行为（如买卖、赠与），那么，即使登记或交付所表现的物权状态与真实的物权状态不相符合，也不能影响物权变动的效力。

【公信原则包括两方面的内容】

1. 记载于不动产登记簿的人推定为该不动产的所有权人；动产的占有人推定为该动产的所有权人。除非有相反的证据推翻。
2. 凡善意信赖公示的表象而为一定的行为，在法律上应当保护，保护的方式就是承认发生物权变动的效力。

考点2　因法律行为引起的物权变动规则

一、基于法律行为导致的物权变动立法模式

1. 意思主义：该立法例以《法国民法典》为代表。该种立法例强调物权的变动是债权合同的效果。如对于一个买卖合同而言，出卖人与买受人的意思表示一致，该合同发生效力。而合同发生法律效力的同时，出卖人对于标的物的物权也转移给买受人，即发生了物权变动。故该种立法例认为在债权合同之外，不存在直接引起物权变动的其他合同，而交付和登记不过是对抗第三人的要件而已。

2. 形式主义：该立法例以《德国民法典》为代表，该种立法例强调债权合同仅在当事人之间产生对应的请求权，不直接发生物权的变动。如果要发生物权变动，需在该债权合同之外，当事人之间另有物权变动的意思表示，即必须有物权行为，方能导致物权变动。

3. 折中主义：该立法例以《瑞士民法典》为代表，该种立法例强调物权变动，一方面需要债权合同，另一方面需要登记或者交付。不需要当事人之间另有一个导致物权发生变动的意思表示。

二、我国不动产物权变动规则

（一）总原则：非经登记，不生效力

1. 不动产抵押权的设立。
2. 建设用地使用权的设立。

（二）但书所指的例外

1. 国家所有的自然资源，可以不登记。
2. 土地承包经营权的设立。
3. 地役权的设立。

【经典真题】

1. 季大与季小兄弟二人，成年后各自立户，季大一直未婚。季大从所在村集体经济组织承包耕地若干。关于季大的土地承包经营权，下列哪些表述是正确的？[1]（2014 – 3 – 56）

A. 自土地承包经营权合同生效时设立

B. 如季大转让其土地承包经营权，则未经变更登记不发生转让的效力

C. 如季大死亡，则季小可以继承该土地承包经营权

D. 如季大死亡，则季小可以继承该耕地上未收割的农作物

【考点】 土地承包经营权

【解析】（1）土地承包经营权自土地承包经营权合同生效时设立。故选项A表述正确，当选。（2）土地承包经营权人将土地承包经营权互换、转让，当事人要求登记的，应当向县级以上地方人民政府申请土地承包经营权变更登记；未经登记，不得对抗善意第三人。可知选项B表述错误，不当选。（3）《农村土地承包法》就家庭承包经营权在第32条第1款规定如下：承包人应得的承包收益，依照继承法的规定继承。可知，家庭承包方式取得的承包经营权以户为单位设立，承包收益可以继承，但是承包权不得继承。故选项C错误，不当选。D正确，当选。

2. 村民胡某承包了一块农民集体所有的耕地，订立了土地承包经营权合同，未办理确权登记。胡某因常年在外，便与同村村民周某订立土地承包经营权转让合同，将地交周某耕种，未办理变更登记。关于该土地承包经营权，下列哪一说法是正确的？[2]（2017 – 3 – 7）

A. 未经登记不得处分

B. 自土地承包经营权合同生效时设立

C. 其转让合同自完成变更登记时起生效

D. 其转让未经登记不发生效力

【解析】 土地承包经营权的设立无须设立登记。所以胡某在土地承包经营权合同成立时即享有土地承包经营权。所以A选项错误，B选项正确。土地承包经营权的转让无须移转登记。所以胡某与周某的转让合同自合同生效时即发生效力，未经登记只是不可对抗善意第三人。所以C、D选项错误。

（三）区分原则

将不动产物权变动的原因和不动产物权变动的结果予以区分。未经登记，不发生物权变动，但其原因（合同）依然有效。

【经典真题】

1. 某房屋登记簿上所有权人为甲，但乙认为该房屋应当归己所有，遂申请仲裁。仲裁裁决争议房屋归乙所有，但裁决书生效后甲、乙未办理变更登记手续。一月后，乙将该房屋抵押给丙银行，签订了书面合同，但未办理抵押登记。对此，下列哪些说法是正确

的?[1] （2010 - 3 - 53）

A. 房屋应归甲所有　　　　　　B. 房屋应归乙所有

C. 抵押合同有效　　　　　　　D. 抵押权未成立

【考点】所有权，抵押权

【解析】（1）选项 AB 涉及该房屋所有权归属。物权变动从原因角度可以分为因法律行为导致的物权变动和法律行为以外的原因导致的物权变动。后者包括因人民法院、仲裁委员会的法律文书或者人民政府的征收决定等导致的物权变动。此类物权变动自法律文书或者征收决定等生效时发生效力，不与登记与否发生联系。本题仲裁裁决确认争议房屋归乙所有，属于确认判决，不能发生物权变动。无论判决是否生效，无论是否办理过户登记，房屋始终为乙所有。故 A 错误，B 正确。

（2）选项 CD 涉及抵押合同效力和抵押权设定问题。建筑物和其他土地附着物或者正在建造的建筑物抵押的，应当办理抵押登记。抵押权自登记时设立。享有不动产物权的，处分该物权时，依照法律规定需要办理登记的，未经登记，不发生物权效力。题中提示虽然签订了书面合同，但是未办理抵押登记，因此抵押权还未成立，因此 D 正确。而抵押合同效力，当事人之间订立有关设立、变更、转让和消灭不动产物权的合同，除法律另有规定或者合同另有约定外，自合同成立时生效；未办理物权登记的，不影响合同效力。因此题中的抵押合同是有效的，故 C 正确。

2. 甲继承了一套房屋，在办理产权登记前将房屋出卖并交付给乙，办理产权登记后又将该房屋出卖给丙并办理了所有权移转登记。丙受丁胁迫将房屋出卖给丁，并完成了移转登记。丁旋即将房屋出卖并移转登记于戊。[2]（2008 - 3 - 95）

关于甲、乙、丙三方的关系，下列选项正确的是？

A. 甲与乙之间的房屋买卖合同因未办理登记而无效

B. 乙对房屋的占有是合法占有

C. 乙可以诉请法院宣告甲与丙之间的房屋买卖合同无效

D. 丙已取得该房屋的所有权

【考点】合同效力与所有权取得、占有分类

【解析】（1）当事人之间订立有关设立、变更、转让和消灭不动产物权的合同，除法律另有规定或者合同另有约定外，自合同成立时生效；未办理物权登记的，不影响合同效力。甲与乙的买卖合同中，虽然未办理过户登记，但是买卖合同本身是生效的。因此 A 的说法错误。

（2）关于乙对房屋的占有，涉及我国物权法对占有的分类。基于合同关系等产生的占有，有关不动产或者动产的使用、收益、违约责任等，按照合同约定；合同没有约定或者约定不明确的，依照有关法律规定。因此乙的占有属于合法占有。B 的说法正确。

（3）关于甲与丙之间的买卖合同效力问题，涉及一房二卖情形下第二个买卖合同的效力。由于房屋所有权尚未转移，甲仍具备对房屋的处分权；再者，作为买受人的丙对甲与乙之间的买卖合同并不知情。甲与丙之间的买卖合同意思表示真实，标的合法，也没有违

---

[1]【答案】BCD

[2]【答案】BD

反法律法规的强制性规定，因此是有效的。因此，C 的说法错误。选项 AC 的错误在于未注意物权变动的区分原则。

（4）甲是房的所有权人，其和丙签订合同出卖自己的房屋并办理了过户登记手续，丙因此取得房屋的所有权，D 的说法正确。

（四）关于登记的几个其他问题

1. 登记机构的确定

不动产登记，由不动产所在地的登记机构办理。

2. 更正登记与异议登记

更正登记：权利人、利害关系人认为不动产登记簿记载的事项错误的，可以申请更正登记。不动产登记簿记载的权利人书面同意更正或者有证据证明登记确有错误的，登记机构应当予以更正。

异议登记：不动产登记簿记载的权利人不同意更正的，利害关系人可以申请异议登记。登记机构予以异议登记的，申请人在异议登记之日起 15 日内不起诉，异议登记失效。异议登记不当，造成权利人损害的，权利人可以向申请人请求损害赔偿。

3. 预告登记。（《民法典》第 221 条）

（1）当事人签订买卖房屋的协议或者签订其他不动产物权的协议，为保障将来实现物权，按照约定可以向登记机构申请预告登记。预告登记后，未经预告登记的权利人同意，处分该不动产的，不发生物权效力。

预告登记后，债权消灭或者自能够进行不动产登记之日起 90 日内未申请登记的，预告登记失效。

（2）目的：为保障将来实现物权。

（3）效力：办理了买卖（赠与）等旨在移转所有权的合同的预告登记后，未经预告登记权利人同意，处分（出售、赠与、抵押等）该不动产的，不发生物权效力（但不影响合同的效力）。

（4）失效情形：预告登记后，买卖合同被认定无效、被撤销，或者预告登记的权利人放弃债权，或者自能够进行不动产登记之日起 90 日内未申请登记的，预告登记失效。

预抵押登记的特殊规则

《担保制度司法解释》第 52 条　当事人办理抵押预告登记后，预告登记权利人请求就抵押财产优先受偿，经审查存在尚未办理建筑物所有权首次登记、预告登记的财产与办理建筑物所有权首次登记时的财产不一致、抵押预告登记已经失效等情形，导致不具备办理抵押登记条件的，人民法院不予支持；经审查已经办理建筑物所有权首次登记，且不存在预告登记失效等情形的，人民法院应予支持，并应当认定抵押权自预告登记之日起设立。

当事人办理了抵押预告登记，抵押人破产，经审查抵押财产属于破产财产，预告登记权利人主张就抵押财产优先受偿的，人民法院应当在受理破产申请时抵押财产的价值范围内予以支持，但是在人民法院受理破产申请前 1 年内，债务人对没有财产担保的债务设立抵押预告登记的除外。

三、我国动产物权变动规则

（一）总原则

未经交付，不生效力。

（二）交付的特殊形式

1. 简易交付（在手交付）。

即如受让人已经通过寄托、租赁、借用等方式实际占有了动产，则于物权变动的合意成立时，视为交付。因此我国物权编规定，动产物权设立和转让前，权利人已经占有该动产的，物权自民事行为生效时发生效力。

2. 指示交付。

即动产由第三人占有时，出让人将其对于第三人的返还请求权让与受让人，以代替交付。我国物权编规定，动产物权设立和转让前，第三人依法占有该动产的，负有交付义务的人可以通过转让请求第三人返还原物的权利代替交付。

3. 占有改定。

即动产物权的让与人与受让人之间特别约定，标的物仍然由出让人继续占有，这样，在物权让与的合意成立时，视为交付，受让人取得间接占有。所以我国物权编规定，动产物权转让时，双方又约定由出让人继续占有该动产的，物权自该约定生效时发生效力。

【经典真题】

1. 庞某有 1 辆名牌自行车，在借给黄某使用期间，达成转让协议，黄某以 8000 元的价格购买该自行车。次日，黄某又将该自行车以 9000 元的价格转卖给了洪某，但约定由黄某继续使用 1 个月。关于该自行车的归属，下列哪一选项是正确的？[1]（2017 - 3 - 5）

A. 庞某未完成交付，该自行车仍归庞某所有

B. 黄某构成无权处分，洪某不能取得自行车所有权

C. 洪某在黄某继续使用 1 个月后，取得该自行车所有权

D. 庞某既不能向黄某，也不能向洪某主张原物返还请求权

【解析】庞某借给黄某期间，黄某购买自行车的行为属于简易交付，在让与人与受让人就移转动产所有权的合同生效时，即视为已经完成交付，以代替现实交付。所以合同生效时，黄某已成为新的所有权人，所以黄某处分自行车的行为合法有效。黄某与洪某的交易方式是占有改定，双方构成合同的合意即代为现实交付，形成合意时洪某即获得了自行车的所有权。以上，所以 A、B、C 选项错误，D 选项正确。

2. 2016 年 8 月 8 日，玄武公司向朱雀公司订购了一辆小型客用汽车。2016 年 8 月 28 日，玄武公司按照当地政策取得本市小客车更新指标，有效期至 2017 年 2 月 28 日。2016 年底，朱雀公司依约向玄武公司交付了该小客车，但未同时交付机动车销售统一发票、合格证等有关单证资料，致使玄武公司无法办理车辆所有权登记和牌照。关于上述购车行为，下列哪些说法是正确的？[2]（2017 - 3 - 57）

A. 玄武公司已取得该小客车的所有权

B. 玄武公司有权要求朱雀公司交付有关单证资料

C. 如朱雀公司一直拒绝交付有关单证资料，玄武公司可主张购车合同解除

D. 朱雀公司未交付有关单证资料，属于从给付义务的违反，玄武公司可主张违约责任，但不得主张合同解除

---

〔1〕【答案】D

〔2〕【答案】ABC

【解析】动产物权的设立和转让，自交付时发生效力，但法律另有规定的除外。汽车已交付玄武公司，所以 A 选项正确。出卖人应当按照约定或者交易习惯向买受人交付提取标的物单证以外的有关单证和资料。所以 B 选项正确。一方当事人不履行从给付义务致使合同目的不能实现的，既可以主张违约责任也可以解除合同。所以 C 选项正确，D 选项错误。

考点 3　非因法律行为导致的物权变动

一、情形及变动时间

1. 因法院、仲裁机构的法律文书或者政府的征收决定导致的物权变动：自法律文书或者征收决定生效时，发生变动效力。（《民法典》第 229 条）

2. 因继承取得物权：自继承开始时发生物权变动效力。（《民法典》第 230 条）

【经典真题】

张某李某系夫妻，生有一子张甲和一女张乙。张甲于 2007 年意外去世，有一女丙。张某在 2010 年死亡，生前拥有个人房产一套，遗嘱将该房产处分给李某。关于该房产的继承，下列哪些表述是正确的？[1]（2011 - 3 - 65）

　　A. 李某可以通过张某的遗嘱继承该房产

　　B. 丙可以通过代位继承要求对该房产进行遗产分割

　　C. 继承人自张某死亡时取得该房产所有权

　　D. 继承人自该房产变更登记后取得所有权

【考点】遗嘱继承；代位继承；物权变动特殊规则

【解析】（1）张某所立遗嘱合法有效。李某作为遗嘱继承人可以取得该房产。故 A 正确。由于遗嘱继承优先于法定继承，因此张某的其他继承人不能再继承这套房屋，故张甲的女儿丙也无法通过代位继承分割该房产。故 B 错误。

（2）张某取得该房产的所有权并非因法律行为，而是基于继承原因。自继承开始时取得所有权。（因继承或者受遗赠取得物权的，自继承或者受遗赠开始时发生效力）故 C 正确，D 错误。

3. 因合法建造、拆除房屋等事实行为导致物权变动：自行为成就时发生物权变动效力。

【经典真题】

中州公司依法取得某块土地建设用地使用权并办理报建审批手续后，开始了房屋建设并已经完成了外装修。对此，下列哪一选项是正确的？[2]（2008 - 3 - 8）

　　A. 中州公司因为享有建设用地使用权而取得了房屋所有权

　　B. 中州公司因为事实行为而取得了房屋所有权

　　C. 中州公司因为法律行为而取得了房屋所有权

　　D. 中州公司尚未进行房屋登记，因此未取得房屋所有权

---

〔1〕【答案】AC
〔2〕【答案】B

【考点】事实行为引起的物权变动

【解析】因合法建造、拆除房屋等事实行为设立或者消灭物权的，自事实行为成就时发生效力。本题中，中州公司进行了房屋的建设，其因事实行为取得了房屋所有权，本题正确答案是 B。

二、有关非法律行为导致的不动产物权变动中的宣示登记问题

1. 不经登记，即可发生物权变动效力。
2. 权利人处分物权时，需要进行登记，否则不发生物权效力。

【经典真题】

甲、乙和丙于 2012 年 3 月签订了散伙协议，约定登记在丙名下的合伙房屋归甲、乙共有。后丙未履行协议。同年 8 月，法院判决丙办理该房屋过户手续，丙仍未办理。9 月，丙死亡，丁为其唯一继承人。12 月，丁将房屋赠给女友戊，并对赠与合同作了公证。下列哪一表述是正确的?[1]（2013 - 3 - 6）

A. 2012 年 3 月，甲、乙按份共有房屋
B. 2012 年 8 月，甲、乙按份共有房屋
C. 2012 年 9 月，丁为房屋所有人
D. 2012 年 12 月，戊为房屋所有人

【考点】物权变动，共有制度

【解析】（1）因法律行为导致不动产物权变动的，除法律另有规定外，须经登记始发生物权效力。故 2012 年 3 月甲乙丙三人之约定，因并未进行不动产变更登记，所以不能认定该房屋归甲乙共有，故选项 A 表述错误。2012 年法院判决丙办理过户手续，但是并未作出确权判决，在丙未办理过户情况下，房屋物权仍未变动。因法院判决导致物权变动的，自判决生效之日起发生变动效力，选项 B 表述错误。

（2）因继承导致物权变动的，自继承开始时物权发生变动。故，2012 年 9 月丙死亡，丁继承开始时，丁成为房屋所有人。故选项 C 正确。

（3）丁戊之间的赠与行为虽经公证，但因未进行过户登记，戊并未拥有房屋所有权，故选项 D 错误。

考点4　不动产登记

一、不动产登记的原则

不动产物权的设立、变更、转让和消灭，经依法登记，发生法律效力，未经登记，不发生法律效力，但法律另有规定的除外。这就是说，设立、变更或消灭不动产物权，原则上都要登记，不登记不承认其物权，也不承认物权的任何变动。法律另有规定的情形主要有 4 种：

一是依法属于国家所有的自然资源，所有权可以不登记。这里所讲的是国家所有的自然资源，是所有权可以不登记，但使用权仍然要登记。

---

〔1〕【答案】C

二是三种特殊情况，不登记也可以产生物权。（1）因人民法院、仲裁委员会的法律文书或者人民政府的征收决定等，导致物权设立、变更、转让或者消灭的，自法律文书或者人民政府的征收决定等生效时发生效力。（2）因继承取得物权的，自继承开始时发生效力。（3）因合法建造、拆除房屋等事实行为设立或者消灭物权的，自事实行为成就时发生效力。

三是土地承包经营权，自合同签订之日起，承认其物权，不用办理登记。

四是对地役权的规定。地役权是为了自己的便利，利用他人土地享有的权利。虽然地役权是双方合同生效时设立，但未经登记，不得对抗善意第三人。

【经典真题】

甲与乙签订《协议》，由乙以自己名义代甲购房，甲全权使用房屋并获取收益。乙与开发商和银行分别签订了房屋买卖合同和贷款合同。甲把首付款和月供款给乙，乙再给开发商和银行，房屋登记在乙名下。后甲要求乙过户，乙主张是自己借款购房。下列哪一选项是正确的?[1]（2015 - 3 - 5）

　　A. 甲有权提出更正登记

　　B. 房屋登记在乙名下，甲不得请求乙过户

　　C. 《协议》名为代购房关系，实为借款购房关系

　　D. 如乙将房屋过户给不知《协议》的丙，丙支付合理房款则构成善意取得

【解析】 权利人、利害关系人认为不动产登记簿记载的事项错误的，可以申请更正登记。不动产登记簿记载的权利人书面同意更正或者有证据证明登记确有错误的，登记机构应当予以更正。

无处分权人将不动产或者动产转让给受让人的，所有权人有权追回；除法律另有规定外，符合下列情形的，受让人取得该不动产或者动产的所有权：（一）受让人受让该不动产或者动产时是善意的；（二）以合理的价格转让；（三）转让的不动产或者动产依照法律规定应当登记的已经登记，不需要登记的已经交付给受让人。

二、条款解读

《不动产登记暂行条例》（以下简称《条例》）主要遵循以下原则：统一规范，明确一个部门负责登记，并对机构设置、簿册管理、基本程序、信息共享与保护提出统一要求。

该四项原则分别体现在：

（一）统一部门

第六条　国务院国土资源主管部门负责指导、监督全国不动产登记工作。

县级以上地方人民政府应当确定一个部门为本行政区域的不动产登记机构，负责不动产登记工作，并接受上级人民政府不动产登记主管部门的指导、监督。

（二）统一簿册

第八条第一、二款　不动产以不动产单元为基本单位进行登记。不动产单元具有唯一编码。

不动产登记机构应当按照国务院国土资源主管部门的规定设立统一的不动产登记簿。

---

[1]【答案】A

（三）统一基本程序

第十四条 因买卖、设定抵押权等申请不动产登记的，应当由当事人双方共同申请。

属于下列情形之一的，可以由当事人单方申请：

（一）尚未登记的不动产首次申请登记的；

（二）继承、接受遗赠取得不动产权利的；

（三）人民法院、仲裁委员会生效的法律文书或者人民政府生效的决定等设立、变更、转让、消灭不动产权利的；

（四）权利人姓名、名称或者自然状况发生变化，申请变更登记的；

（五）不动产灭失或者权利人放弃不动产权利，申请注销登记的；

（六）申请更正登记或者异议登记的；

（七）法律、行政法规规定可以由当事人单方申请的其他情形。

第十五条 当事人或者其代理人应当到不动产登记机构申请不动产登记。

不动产登记机构将申请登记事项记载于不动产登记簿前，申请人可以撤回登记申请。

第十六条 申请人应当提交下列材料，并对申请材料的真实性负责：

（一）登记申请书；

（二）申请人、代理人身份证明材料、授权委托书；

（三）相关的不动产权属来源证明材料、登记原因证明文件、不动产权属证书；

（四）不动产界址、空间界限、面积等材料；

（五）与他人利害关系的说明材料；

（六）法律、行政法规以及本条例实施细则规定的其他材料。

不动产登记机构应当在办公场所和门户网站公开申请登记所需材料目录和示范文本等信息。

第十七条 不动产登记机构收到不动产登记申请材料，应当分别按照下列情况办理：

（一）属于登记职责范围，申请材料齐全、符合法定形式，或者申请人按照要求提交全部补正申请材料的，应当受理并书面告知申请人；

（二）申请材料存在可以当场更正的错误的，应当告知申请人当场更正，申请人当场更正后，应当受理并书面告知申请人；

（三）申请材料不齐全或者不符合法定形式的，应当当场书面告知申请人不予受理并一次性告知需要补正的全部内容；

（四）申请登记的不动产不属于本机构登记范围的，应当当场书面告知申请人不予受理并告知申请人向有登记权的机构申请。

不动产登记机构未当场书面告知申请人不予受理的，视为受理。

（四）统一信息共享

第二十四条 不动产登记有关信息与住房城乡建设、农业、林业、海洋等部门审批信息、交易信息等应当实时互通共享。

不动产登记机构能够通过实时互通共享取得的信息，不得要求不动产登记申请人重复提交。

第二十五条 国土资源、公安、民政、财政、税务、工商、金融、审计、统计等部门应当加强不动产登记有关信息互通共享。

三、具体效果

《条例》共 35 条，基本是原则性规定。根据国土部公布的具体实施时间表：2014 年主要是各部门的职责整合，2015 年健全配套，2016 年形成制度，有效运行，2017 年实现信息共享，依法公开查询。《条例》施行为征收房地产税创造了技术条件。

【小结/重点整理】

本章主要讲到了物权变动的相关内容，其中物权变动的公示公信原则、依法律行为进行的物权变动、非依法律行为进行的物权变动都是整个物权法中的重中之重，此处是奠定大家是否掌握物权法精髓的核心关键所在，请大家着重掌握。

第九章
物权的保护

物权保护结构图

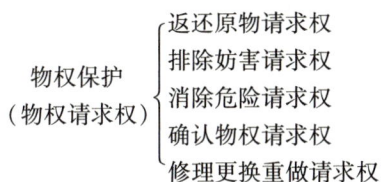

物权保护
（物权请求权）
- 返还原物请求权
- 排除妨害请求权
- 消除危险请求权
- 确认物权请求权
- 修理更换重做请求权

导学　　本章主要把握物权的保护方法和保护物权的请求权规范。对于前者，需要了解物权保护并非一定采取诉讼方式，对于后者则需重点了解物上请求权的相关内容。此处在法律职业资格考试中经常以单选或者多选出现，分值在 2 分左右。

重点知识详解

考点1　物权的保护方法

一、和解

和解方式是指受害人与侵犯物权的人之间无需第三方介入，自行就有关物权的保护达成和解协议，以维护当事人的物权。

二、调解

调解方式是指在侵权人与受害人之外，另有第三方针对该纠纷调和当事人之间的意见，以达成调解协议。其不同于民事诉讼与民事仲裁中的调解，而是在民事诉讼和民事仲裁之外的一种独立解决物权纠纷的方法。

三、仲裁

仲裁方式是指当事人就物权纠纷的解决方式达成一致意见，共同交给仲裁委员会针对纠纷予以裁决。

四、诉讼

诉讼方式是指受害人选择通过向法院起诉的方式维护自己的物权。

考点2　物上请求权和债权请求权

一、物上请求权

（一）性质

物上请求权是以物权为基础的一种独立的请求权。

1. 物上请求权是请求权。所谓请求权是指权利人请求他人（特定的人）为一定行为（作为或者不作为）的权利。物上请求权在物权受到妨害时发生，它是物权人请求特定的人（妨害物权的人）为特定行为（除去妨害）的权利，属于行为请求权。

【物上请求权与债权的联系】作为请求权，物上请求权与债权有类似的性质，因而在不与物上请求权性质相抵触的范围内，可以适用债权的有关规定，如过失相抵、给付迟延、债的履行以及转让等。

2. 物上请求权是物权的效用。物权作为一种法律上的权利，受到法律的保护，于受到妨害时，物权人即有排除妨害的请求权。因此，物上请求权是物权的效用，它以恢复物权的支配状态为目的，在物权存续期间不断地发生。

3. 物上请求权附属于物权。这是物上请求权作为物权的效用的必然结果。物上请求权源自于物权，其命运与物权相同，即其发生、移转与消灭均从属于物权，不能与物权分离而单独存在。

【经典真题】

物权人在其权利的实现上遇有某种妨害时，有权请求造成妨害事由发生的人排除此等妨害，称为物权请求权。关于物权请求权，下列哪一表述是错误的？[1]（2011 - 3 - 8）

A. 是独立于物权的一种行为请求权　　　B. 可以适用债权的有关规定

C. 不能与物权分离而单独存在　　　　　D. 须依诉讼的方式进行

【考点】物权请求权

【解析】（1）物权请求权是基于物权而产生的请求权，但是其本身并不是物权，是一种独立存在的请求权，但是，同时该请求权又不能与物权分离而单独存在，故AC正确。（2）物权请求权不是债权，但是因债权也为一种请求权，因此在实现方面，可以适用有关债权的规定。故B正确。（3）物权请求权的实行方式，可以自力救济，也可以公力救济，因此并非必须以诉讼方式进行，故D错误。

综上，本题为选非题，故应选D。

（二）类型

1. 确认物权请求权。

因物权的归属、内容发生争议的，利害关系人可以请求确认权利。

2. 返还原物请求权。

---

［1］【答案】D

无权占有不动产或者动产的，权利人可以请求返还原物。

3. 排除妨碍和消除危险请求权。

妨害物权或者可能妨害物权的，权利人可以请求排除妨害或者消除危险。

4. 修理、更换、重做和恢复原状请求权。

造成不动产或者动产毁损的，权利人可以请求修理、重作、更换或者恢复原状。

二、债权请求权

权利人可以请求损害赔偿。

三、请求权的聚合（《民法典》第 239 条）

本章规定的物权保护方式，可以单独适用，也可以根据权利被侵害的情形合并适用。

【经典真题】

1. 小贝购得一只世界杯指定用球后兴奋不已，一脚踢出，恰好落入邻居老马家门前的水井中，正在井边清洗花瓶的老马受到惊吓，手中花瓶落地摔碎。老马从井中捞出足球后，小贝央求老马归还，老马则要求小贝赔偿花瓶损失。对此，下列哪些选项是正确的？[1] (2010－3－54)

　　A. 小贝对老马享有物权请求权

　　B. 老马对小贝享有物权请求权

　　C. 老马对小贝享有债权请求权

　　D. 如小贝拒绝赔偿，老马可对足球行使留置权

【考点】物权的保护

【解析】（1）前三个选项均涉及请求权，请求权根据其基础权利的不同，至少可以分为物权请求权和债权请求权（还包括人身权请求权等），物权请求权是基于物权被侵害而直接基于物权产生的请求权，包括返还原物请求权、排除妨害请求权和消除危险请求权。题中小贝对足球具有所有权（物权），而在老马控制足球后，小贝请求老马归还即是行使返还原物请求权这一物权请求权，因此 A 正确。而老马要求小贝赔偿花瓶损失这一请求权，鉴于花瓶已经摔碎，物权已经消灭，因此不是物权请求权，而是损害赔偿请求权，即为债权请求权，因此 B 错误，C 正确。

（2）D 选项涉及留置权。留置权成立要件之一为债权人合法占有债务人的动产，以及留置物与债权系同一法律关系。显然题中老马占有足球不具备这两个要件，故老马对足球没有留置权，故 D 错误。

2. 蔡永父母在共同遗嘱中表示，二人共有的某处房产由蔡永继承。蔡永父母去世前，该房由蔡永之姐蔡花借用，借用期未明确。2012 年上半年，蔡永父母先后去世，蔡永一直未办理该房屋所有权变更登记，也未要求蔡花腾退。2015 年下半年，蔡永因结婚要求蔡花腾退，蔡花拒绝搬出。对此，下列哪一选项是正确的？[2] (2016－3－5)

　　A. 因未办理房屋所有权变更登记，蔡永无权要求蔡花搬出

───────────────

〔1〕【答案】AC
〔2〕【答案】D

B. 因诉讼时效期间届满，蔡永的房屋腾退请求不受法律保护

C. 蔡花系合法占有，蔡永无权要求其搬出

D. 蔡永对该房屋享有物权请求权

【解析】因继承取得物权的，自继承开始时发生效力。蔡永父母去世，蔡永已经取得房产的所有权，该房屋的所有权人是蔡永。物权请求权不适用诉讼时效，故 B 选项错误。

因为蔡永父母去世前，该房由蔡永之姐蔡花借用，借用期未明确。履行期限不明确的，债务人可以随时履行，债权人也可以随时要求履行，但应当给对方必要的准备时间。蔡永继承房屋的所有权，也同时继承了该房屋上的义务，成为借用合同的当事人。借用期限不明确，债权人蔡永可以随时要求返还，但应当给对方必要的准备时间。故 A 选项错误，C 选项错误。

无权占有不动产或者动产的，权利人可以请求返还原物。故 D 选项正确，当选。

【小结/重点整理】

本章重点内容为物上请求权的性质问题以及物上请求权与债权的联系问题，请大家着重进行掌握。

第十章
所有权

所有权知识体系结构图

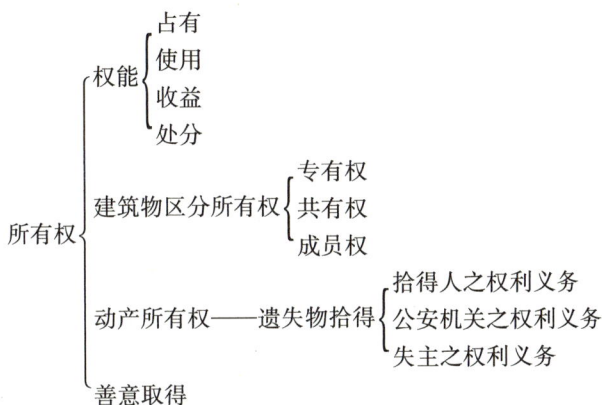

所有权
- 权能
  - 占有
  - 使用
  - 收益
  - 处分
- 建筑物区分所有权
  - 专有权
  - 共有权
  - 成员权
- 动产所有权——遗失物拾得
  - 拾得人之权利义务
  - 公安机关之权利义务
  - 失主之权利义务
- 善意取得

导学　　本章的主要内容包括业主的建筑物区分所有权、相邻关系、遗失物的拾得问题、共有制度。本部分是物权编中的重点部分，考查分值有 5 分左右，出题形式包括单选、多选、不定项、案例分析题，出题类型多样化，考查角度多从各知识点之间的连接出发，综合考查。

重点知识详解

考点1　建筑物区分所有权

一、建筑物区分所有权的界定

建筑物区分所有权名为所有权，实则是一种综合权利，其以专有部分的所有权为核心，还包括共有部分的共有权和对建筑物的管理权。

1. 专有部分的单独所有权：业主对建筑物内的住宅、经营性用房等专有部分享有所有权。专有部分是在一栋建筑物内区分出的独立的住宅或者经营性用房等单元。该单元须具备构造上的独立性或者使用上的独立性。

2. 共有部分的共有权：业主基于专有部分的所有权，依照法律或管理约定的规定享有对建筑物和建筑区域内共有部分的共有权。

3. 成员权（管理权）：业主基于对区分所有建筑物的专有部分的所有权，享有共同管理的权利。

二、关于业主的界定

1. 经依法登记取得专有部分的所有权人。

2. 通过合法建造、继承、法院判决取得专有部分所有权，尚未办理宣示登记的人。

3. 与建设单位签订买卖、赠与等合同，已经交付房屋，尚未办理过户登记的人。

三、专有所有权

1. 界定：业主对于建筑物专有部分享有的占有、使用、收益、处分的权利。

2. 客体：

符合下列条件的房屋（包含整栋建筑物）以及车位、摊位等特定空间：

（1）具有构造上的独立性，能够明确区分；

（2）具有利用上的独立性，可以排他使用；

（3）能够登记成为特定业主所有权的客体；

（4）规划上专属于特定房屋，且建设单位销售时已经根据规划列入该特定房屋买卖合同中归业主的露台及业主单独所有的绿地。

3. 义务：业主行使权利不得危及建筑物的安全，不得损害其他业主的合法权益。

四、共有所有权

（一）含义

业主依照法律和规约的规定，对共有部分享有的占有、使用、收益的权利。

（二）内容

1. 权利

（1）共有部分的使用权，业主有权共同使用和轮流使用共有部分。

（2）共有部分的收益权，业主有权依照其持有份取得因共有部分产生的收益。

（3）共有部分的单纯的修缮改良权。

（4）建筑物及其附属设施的维修资金，属于业主共有。经业主共同决定，可以用于电梯、屋顶、外墙、无障碍设施等共有部分的维修、更新和改造。维修资金的筹集、使用情况应当公布。紧急情况下需要维修建筑物及其附属设施的，业主大会或者业主委员会可以依法申请使用维修资金。

2. 义务

（1）依照共有物的本来用途使用共有部分。

（2）按持份比例分担共同费用与负担。

（3）不得以放弃权利为由不履行义务。

五、成员权（共同管理权）

（一）管理组织

全体业主组成业主大会，业主大会选举业主委员会。

（二）管理规则

1. 下列事项由业主共同决定：

（1）制定和修改业主大会议事规则；

（2）制定和修改管理规约；

（3）选举业主委员会或者更换业主委员会成员；

（4）选聘和解聘物业服务企业或者其他管理人；

（5）使用建筑物及其附属设施的维修资金；

（6）筹集建筑物及其附属设施的维修资金；

（7）改建、重建建筑物及其附属设施；

（8）改变共有部分的用途或者利用共有部分从事经营活动；

（9）有关共有和共同管理权利的其他重大事项。

2. 业主共同决定事项，应当由专有部分面积占比三分之二以上的业主且人数占比三分之二以上的业主参与表决。决定前款第六项至第八项规定的事项，应当经参与表决专有部分面积四分之三以上的业主且参与表决人数四分之三以上的业主同意。决定前款其他事项，应当经参与表决专有部分面积过半数的业主且参与表决人数过半数的业主同意。

3. 关于专有部分面积、业主人数和业主总人数的判断。

（1）专有部分面积，按照不动产登记簿记载的面积计算；尚未进行物权登记的，暂按测绘机构的实测面积计算；尚未进行实测的，暂按房屋买卖合同记载的面积计算；

（2）业主人数，按照专有部分的数量计算，一个专有部分按一人计算。但建设单位尚未出售和虽已出售但尚未交付的部分，以及同一买受人拥有一个以上专有部分的，按一人计算；

（3）总人数，按照前项的统计总和计算。

【经典真题】

蒋某是 C 市某住宅小区 6 栋 3 单元 502 号房业主，入住后面临下列法律问题，请根据相关事实予以解答。

（1）小区地下停车场设有车位 500 个，开发商销售了 300 个，另 200 个用于出租。蒋某购房时未买车位，现因购车需使用车位。下列选项正确的是：[1]（2017-3-86）

A. 蒋某等业主对地下停车场享有业主共有权

B. 如小区其他业主出售车位，蒋某等无车业主在同等条件下享有优先购买权

C. 开发商出租车位，应优先满足蒋某等无车位业主的需要

D. 小区业主如出售房屋，其所购车位应一同转让

【解析】建筑区划内，规划用于停放汽车的车位、车库应当首先满足业主的需要。所以 C 选项正确。占用业主共有的道路或者其他场地用于停放汽车的车位，属于业主共有。

---

〔1〕【答案】C

本题中并没有占用业主的场所，所以 A 选项错误。

业主的房屋和车位不属于主物从物的给付关系，业主出售房屋时无义务将车位一并转让。所以 D 选项错误。B 选项无法律依据，错误。

（2）该小区业主田某将其位于一楼的住宅用于开办茶馆，蒋某认为此举不妥，交涉无果后向法院起诉，要求田某停止开办。下列选项正确的是：[1]（2017 - 3 - 87）

A. 如蒋某是同一栋住宅楼的业主，法院应支持其请求

B. 如蒋某能证明因田某开办茶馆而影响其房屋价值，法院应支持其请求

C. 如蒋某能证明因田某开办茶馆而影响其生活质量，法院应支持其请求

D. 如田某能证明其开办茶馆得到多数有利害关系业主的同意，法院应驳回蒋某的请求

【解析】业主不得违反法律、法规以及管理规约，将住宅改变为经营性用房。业主将住宅改变为经营性用房的，除遵守法律、法规以及管理规约外，应当经有利害关系的业主同意。所以 ABC 选项正确。田某应经所有业主一致同意而不是多数人同意。所以 D 选项错误。

（3）对小区其他业主的下列行为，蒋某有权提起诉讼的是：[2]（2017 - 3 - 88）

A. 5 栋某业主任意弃置垃圾

B. 7 栋某业主违反规定饲养动物

C. 8 栋顶楼某业主违章搭建楼顶花房

D. 楼上邻居因不当装修损坏蒋某家天花板

【解析】业主应当遵守法律、法规以及管理规约。业主大会和业主委员会，对任意弃置垃圾、排放污染物或者噪声、违反规定饲养动物、违章搭建、侵占通道、拒付物业费等损害他人合法权益的行为，有权依照法律、法规以及管理规约，要求行为人停止侵害、消除危险、排除妨害、赔偿损失。业主对侵害自己合法权益的行为，可以依法向人民法院提起诉讼。所以 ABC 三项错误，应是业主大会或业主委员会提起诉讼不是蒋某个人。

（三）业主诉权

1. 业主对侵害自己合法权益的行为，可以依法向人民法院提起诉讼。

2. 撤销之诉。

业主大会或者业主委员会作出的决定侵害业主合法权益的，受侵害的业主可以请求人民法院予以撤销；应当在知道或者应当知道业主大会或者业主委员会作出决定之日起一年内行使。

3. 给付之诉和确认之诉。

建设单位或者其他行为人擅自占用、处分业主共有部分、改变其使用功能或者进行经营性活动，权利人有权请求法院排除妨害、恢复原状、确认处分行为无效或者赔偿损失。

考点2 善意取得

一、内涵

善意取得，又称即时取得，指无处分权人将其占有的动产或者错误登记在其名下的不

---

[1]【答案】ABC
[2]【答案】D

动产转让给善意第三人或者为善意第三人设定他物权，在符合一定条件的前提下，善意第三人依据法律的规定取得动产或者不动产所有权或者他物权的制度。

所有权人或者其他权利人有权追回遗失物。该遗失物通过转让被他人占有的，权利人有权向无处分权人请求损害赔偿，或者自知道或者应当知道受让人之日起 2 年内向受让人请求返还原物，但受让人通过拍卖或者向具有经营资格的经营者购得该遗失物的，权利人请求返还原物时应当支付受让人所付的费用。权利人向受让人支付所付费用后，有权向无处分权人追偿。

善意受让人取得动产后，该动产上的原有权利消灭，但善意受让人在受让时知道或者应当知道该权利的除外。

二、构成要件

构成要件	1. **转让人须为无权处分人**
	2. 第三人受让标的物时须为**善意，且无重大过失**
	3. 第三人以**合理价格**受让
	4. 转让的财产已经完成交付或登记（即**完成物权的公示**）
法律效果	**1. 物权**：第三人取得标的物所有权，原所有权人丧失所有权
	2. 债权：原所有权人可依侵权或违约等请求转让人进行赔偿

三、"善意取得"之命题方向

命题方向 1：善意取得构成要件的准确记忆

略。

命题方向 2：善意取得中善意的认定

1. 善意的内涵及其举证

受让人受让不动产或者动产时，不知道转让人无处分权，且无重大过失的，应当认定受让人为善意。

真实权利人主张受让人不构成善意的，应当承担举证证明责任。

2. 动产权利转让中的善意认定

动产权利转让中，受让人受让动产时，交易的对象、场所或者时机等不符合交易习惯的，应当认定受让人具有重大过失，即其不构成善意。

3. 善意认定的时间点

注意：善意取得中善意认定的时间点，为受让人受让该不动产或者动产时，具体是指**当事人依法完成不动产物权转移登记或者动产交付之时**。

4. 受让人无重大过失的判断

具有下列情形之一的，应当认定不动产受让人知道转让人无处分权：

（1）登记簿上存在有效的异议登记；

（2）预告登记有效期内，未经预告登记的权利人同意；

（3）登记簿上已经记载司法机关或者行政机关依法裁定、决定查封或者以其他形式限制不动产权利的有关事项；

（4）受让人知道登记簿上记载的权利主体错误；

（5）受让人知道他人已经依法享有不动产物权。

真实权利人有证据证明不动产受让人应当知道转让人无处分权的，应当认定受让人具有重大过失。

命题方向3：特殊动产所有权善意取得的特殊规则

特殊动产所有权的善意取得，转让人必须将特殊动产交付给受让人，如未完成交付而仅登记于受让人名下，则受让人仍不符合善意取得的条件。

命题方向4：因合同效力瑕疵而不适用善意取得的情形

转让合同具有下列情形之一的，受让人不得主张善意取得：

最高人民法院关于适用《中华人民共和国民法典》物权编的解释（一）第20条　具有下列情形之一，受让人主张依据民法典第三百一十一条规定取得所有权的，不予支持：

（一）转让合同被认定无效；

（二）转让合同被撤销。

命题方向5：所有权保留中的善意取得问题

总结：①出卖人在所有权保留期间出卖标的物的，为有权处分，不会引发善意取得，但可能会考查指示交付。

②买受人在所有权保留期间出卖标的物的，为无权处分，可能引发善意取得。

四、例外规定：占有脱离物原则上不能善意取得

①占有脱离物原则上不发生善意取得。占有脱离物，指非基于占有人的意思而丧失占有的动产，包括盗赃、遗失物、漂流物、埋藏物、隐藏物、失散的动物等。②占有人对占有脱离物实施无权处分的，原则上善意的第三人不能善意取得，权利人有权自知道或者应当知道善意第三人之日起2年内请求善意的占有人返还。③若善意第三人是通过拍卖或者从具有经营资格的经营者处购买，善意第三人有权请求权利人支付自己（向无权处分人）支付的价款（有偿回复），权利人拒绝支付的，无权请求善意占有人返还。善意第三人无权请求权利人支付自己（向无权处分人）支付的价款，无偿回复。④2年期间届满，权利人未请求善意占有人返还的，善意第三人于此时善意取得动产物权。⑤只要在前述2年期间内，占有脱离物恒为占有脱离物，不论辗转多少手，均不发生善意取得的效果。

【经典真题】

1. 甲将其1辆汽车出卖给乙，约定价款30万元。乙先付了20万元，余款在6个月内分期支付。在分期付款期间，甲先将汽车交付给乙，但明确约定付清全款后甲才将汽车的所有权移转给乙。嗣后，甲又将该汽车以20万元的价格卖给不知情的丙，并以指示交付的方式完成交付。下列哪一表述是正确的？[1]（2012－3－9）

A. 在乙分期付款期间，汽车已经交付给乙，乙即取得汽车的所有权

B. 在乙分期付款期间，汽车虽然已经交付给乙，但甲保留了汽车的所有权，故乙不能取得汽车的所有权

C. 丙对甲、乙之间的交易不知情，可以依据善意取得制度取得汽车所有权

---

[1]【答案】B

D. 丙不能依甲的指示交付取得汽车所有权

【考点】善意取得

【解析】（1）"动产物权的设立和转让，自交付时发生效力，但法律另有规定的除外。""当事人可以在买卖合同中约定买受人未履行支付价款或者其他义务的，标的物的所有权属于出卖人。"据此，甲乙之间关于汽车所有权转移的约定是有效的，在乙分期付款期间，汽车所有权保留在甲方，乙不能取得汽车所有权。因此选项A错误，不当选；B正确，当选。

（2）善意取得制度，其中转让人无处分权是要件之一，本题中转让人甲仍然是汽车所有权人，其具有处分权。丙取得汽车所有权并非源于善意取得制度。"动产物权设立和转让前，第三人占有该动产的，负有交付义务的人可以通过转让请求第三人返还原物的权利代替交付"（即指示交付制度取得所有权）。因此选项C、D均错误，不当选。

2. 甲被法院宣告失踪，其妻乙被指定为甲的财产代管人。3个月后，乙将登记在自己名下的夫妻共有房屋出售给丙，交付并办理了过户登记。在此过程中，乙向丙出示了甲被宣告失踪的判决书，并将房屋属于夫妻二人共有的事实告知丙。1年后，甲重新出现，并经法院撤销了失踪宣告。现甲要求丙返还房屋。对此，下列哪一说法是正确的?[1]（2016－3－6）

A. 丙善意取得房屋所有权，甲无权请求返还

B. 丙不能善意取得房屋所有权，甲有权请求返还

C. 乙出售夫妻共有房屋构成家事代理，丙继受取得房屋所有权

D. 乙出售夫妻共有房屋属于有权处分，丙继受取得房屋所有权

【解析】善意取得不动产的构成要件有四：不动产权属登记与真实权利状况不一致；不动产登记名义人以自己名义实施无权处分；第三人受让时为善意，且以合理的价格受让；办理了过户登记。乙是甲的财产代管人，非为甲的利益不得处分甲的财产。该房屋属于夫妻共同财产。

处分共有的不动产或者动产以及对共有的不动产或者动产作重大修缮的，应当经占份额三分之二以上的按份共有人或者全体共同共有人同意，但共有人之间另有约定的除外。乙将房屋出卖给丙，未经全体共同共有人同意，属于无权处分。而D选项认为乙是有权处分，错误。

但乙向丙出示了甲被宣告失踪的判决书，并将房屋属于夫妻二人共有的事实告知丙，故丙是恶意，不能善意取得房屋的所有权。甲仍然是所有权人，可以要求丙返还房屋。A选项错误，B选项正确。

夫或妻在处理夫妻共同财产上的权利是平等的。因日常生活需要而处理夫妻共同财产的，任何一方均有权决定。但夫或妻非因日常生活需要对夫妻共同财产作重要处理决定，夫妻双方应当平等协商，取得一致意见。他人有理由相信其为夫妻双方共同意思表示的，另一方不得以不同意或不知道为由对抗善意第三人。故C选项错误。

---

〔1〕【答案】B

五、法律后果

（一）物权效力

1. 受让人取得标的物所有权。

2. 善意取得为原始取得，善意受让人取得所有权后，该所有权上的原有权利消灭（善意受让人在受让时知道或者应当知道该权利的除外）。

> ★特别提示　善意取得的可以是所有权，同样可以是质权、留置权等其他物权。

（二）债权效力

原所有权人有权向无处分权人请求损害赔偿。该损害赔偿的具体请求理由：违约之诉；侵权之诉；不当得利之诉。

考点3　遗失物拾得

一、界定

1. 关于遗失物：是权利人遗忘于某处，不为任何人占有的物。

（1）须为动产：不动产不存在遗失的问题。

（2）须为有主物：不为无主财产，只是所有人丧失了占有、不为任何人占有的物。

（3）遗失人对物的占有丧失并非本意。

2. 遗失物拾得的法律性质：法律事实中的事实行为。

二、权利归属

1. 一般情况归属于失主，该失主可能是所有权人，也可能是其他权利人。

2. 发布招领公告之日起1年内无人认领的，归国家所有。

三、拾得人的义务和权利

（一）义务

1. 返还义务：拾得遗失物及孳息应当返还失主。

2. 通知义务：拾得人应当及时通知失主领取，或送交公安等有关部门。

3. 保管义务：保管期间因故意或者重大过失致使遗失物毁损、灭失的，应当承担民事责任。

> ★特别提示　注意此时拾得人轻过失免责。

4. 送交义务：送交公安等有关部门。有关部门收到遗失物，知道失主的，应当及时通知其领取，不知道的，应当及时发布招领公告。

（二）权利

1. 必要费用偿还请求权：权利人领取遗失物时，应当向拾得人或者有关部门支付保管遗失物等支出的必要费用。

2. 报酬请求权：限于权利人悬赏的情形。

3. 行使留置权。

（三）拾得人擅自处分遗失物的法律后果

1. 自己侵占的：失去报酬请求权和费用偿还请求权。

2. 已经处分的：注意保护善意受让人的权利。

（1）不知受让人信息的：权利人有权向无处分权人请求损害赔偿。

（2）知道受让人信息的：可以自知道或者应当知道受让人之日起二年内向受让人请求返还原物，但受让人通过拍卖或者向具有经营资格的经营者购得该遗失物的，权利人请求返还原物时应当支付受让人所付的费用。权利人向受让人支付所付费用后，有权向无处分权人追偿。

四、有关机关的义务和权利

（一）义务

1. 通知义务。

2. 公告义务。

3. 保管义务：因故意或者重大过失致使遗失物毁损、灭失的，应当承担民事责任。

（二）权利

同拾得人第一项权利。

【经典真题】

1. 一日清晨，甲发现一头牛趴在自家门前，便将其拴在自家院内，打探失主未果。时值春耕，甲用该牛耕种自家田地。期间该牛因劳累过度得病，甲花费300元将其治好。两年后，牛的主人乙寻牛来到甲处，要求甲返还，甲拒绝返还。下列哪一说法是正确的？[1]（2009－3－13）

　　A. 甲应返还牛，但有权要求乙支付300元

　　B. 甲应返还牛，但无权要求乙支付300元

　　C. 甲不应返还牛，但乙有权要求甲赔偿损失

　　D. 甲不应返还牛，无权要求乙支付300元

【考点】拾得遗失物相关规则

【解析】（1）"所有权人或者其他权利人有权追回遗失物"，"拾得遗失物，应当返还权利人。拾得人应当及时通知权利人领取，或者送交公安等有关部门"。因此，拾得遗失物不会发生物权变动，遗失物所有权一般情况下属于失主。故本题中，作为遗失物所有权人的乙有权向拾得人甲主张返还遗失物。选项CD错误。

（2）"拾得人在遗失物送交有关部门前，有关部门在遗失物被领取前，应当妥善保管遗失物。因故意或者重大过失致使遗失物毁损、灭失的，应当承担民事责任。"据此规定，甲因用牛过度导致牛劳累过度生病而花费的钱，应自己承担，不应让失主承担。此外，虽然"权利人领取遗失物时，应当向拾得人或者有关部门支付保管遗失物等支出的必要费用。"但本题中甲的花费是因为将牛使用过度而产生的费用，并非必要费用，因此甲无权要求返还。再有，"拾得人侵占遗失物的，无权请求保管遗失物等支出的费用，也无权请求权利人按照承诺履行义务。"因此即便300元属于合理的保管遗失物的费用，甲最后拒绝返还的行为说明甲有侵占遗失物的意思，根据物权编的规定也无权请求乙支付300元。因此，A项错误，B项正确。

---

[1]【答案】B

2. 甲遗失手链 1 条,被乙拾得。为找回手链,甲张贴了悬赏 500 元的寻物告示。后经人指证手链为乙拾得,甲要求乙返还,乙索要 500 元报酬,甲不同意,双方数次交涉无果。后乙在桥边玩耍时手链掉入河中被冲走。下列哪一选项是正确的?[1] (2017 - 3 - 6)

A. 乙应承担赔偿责任,但有权要求甲支付 500 元

B. 乙应承担赔偿责任,无权要求甲支付 500 元

C. 乙不应承担赔偿责任,也无权要求甲支付 500 元

D. 乙不应承担赔偿责任,有权要求甲支付 500 元

【解析】乙明知手链为甲所有,是恶意的无权占有人,无论对占有物的损毁、灭失是否具有过错,均应承担损害赔偿责任。悬赏寻物告示有效,如乙完成指定的行为,即有权要求甲支付 500 元,但是乙已将物品毁损灭失,无法履行寻物启事内容,所以其亦无权要求甲支付 500 元。所以,B 选项正确。

【小结/重点整理】

本章选取所有权制度中较为重要的、易为法律职业资格考试关注的三大制度作为分析重点。关于建筑物区分所有权,须把握专有所有权为其他权利的核心,同时应注意最高人民法院相关司法解释。关于善意取得,须把握其条件和法律后果。关于遗失物拾得,须关注围绕遗失物拾得中相关当事人的权利和义务。

考点 4　添附

基本含义	→不同所有人的物或劳动相结合形成价值更大的新物的状态 添附制度旨在确定基于侵权行为、无因管理、不当得利、不可抗力或其他自然力因素导致不同所有人的财产结合在一起,或不能分离、或无法识别、或分离致损严重情形下物之归属,添附主要解决添附物所有权之归属和关系人之间利益之调和与维护的问题。从设置添附制度的国家和地区的立法上看,鲜有将当事人的合意情形适用于添附的;尽管理论上对添附的性质存在不同的认识,但添附为非民事法律行为则是定论。因此,基于添附导致的物权变动,就只能依基于非法律行为的物权变动规则处理。
类型	→附合:不同所有人的物结合形成新物而无法分离或分离会大大降低其价值 →混合:不同所有人的动产结合形成新物而无法识别或识别所需费用过巨 →加工:对他人的动产进行改造从而形成新物的状态(动产＋劳动)
法律后果	→有约定的,按照约定;没有约定或者约定不明确的,依照法律规定;法律没有规定的,按照充分发挥物的效用以及保护无过错当事人的原则确定。 →→一般认为,动产附合于不动产,如建材附合于房屋的,由不动产所有人即房屋所有权人取得附合物的所有权,动产所有权因此而消灭。加工后其所有权的确定规则是:加工物的所有权原则上归原材料的所有人,如果加工后增加的价值明显超过了原材料的价值,则归加工人,但加工人具有恶意的除外。 →因一方当事人的过错或者确定物的归属造成另一方当事人损害的,应当给予赔偿或者补偿。

---

[1] 【答案】B

【小结/重点整理】

添附的类型、法律后果要重点掌握。

考点5 共有制度

一、按份共有

（一）界定

按份共有，亦称分别共有，是指两个或两个以上的人对同一项财产按照份额享有所有权。 按份共有是最常见的共有关系，它可以发生在公民之间、法人之间，也可以发生在公民和法人之间。

【按份共有的法律特征】第一，各个共有人对于共有物按照份额享有所有权。各个共有人的份额，称为应有份。其数额在共有关系产生时，共有人就应当将之明确。如果各个共有人的份额不明确，则推定其为均等。第二，各个共有人按照各自的份额对共有物分享权利、分担义务。各个共有人的应有份是多少，就依该份额享有相应的权利和分担相应的义务。由此可见，按份共有并不是把共有物分为若干份，各共有人各享有一个所有权；而是共有人对共有物按各自的份额享有权利和承担义务。第三，各个共有人虽然拥有一定的份额，但共有人的权利并不仅限于共有物的某一部分上，而是及于共有物的全部。

【份额的确定】

1. 有约定从约定。

2. 没有约定或者约定不明确的，按照出资额确定。

3. 不能确定出资额的，视为等额享有。

（二）内部关系

1. 对共有物的占有、使用、收益——按份行使，及于全部。各共有人依其份额对共有物进行占有、使用、收益，这种权利的行使及于共有物的全部。

各共有人应当在其份额的范围内行使权利和承担义务；否则，就是对其他共有人合法权益的侵害，其他共有人可要求侵害人承担民事责任。

2. 对共有物的处分：在按份共有中，共有人对共有物的处分包括两种：一是对其享有的份额的处分；二是对整个共有物的处分。

（1）对份额的处分：法律处分——转让。

按份共有人可以转让其享有的共有的不动产或者动产份额。其他共有人在同等条件下享有优先购买的权利。

按份共有人有权处分其份额。由于共有人的份额都是抽象的，而不是具体的，因此，共有人对其份额只能进行法律上的处分，即将其份额分出或转让。由于各共有人的份额是所有权量的一部分，具有所有权的效力，所以共有人对其份额可以转让，不需征得其他共有人的同意。但是，如果共有人之间在合同中对共有份额的分出和转让进行了限制，这时应认为共有人自愿接受了对于分出和转让其份额的权利的限制。如果共有人无合同约定的或法律规定的正当理由要求分出或转让其份额时，会构成对其他共有人的违约行为，要承担一定的责任。

（2）对共有物的处分：事实处分和法律处分。

处分共有的不动产或者动产以及对共有的不动产或者动产作重大修缮的变更性质或者用途，应当经占份额 2/3 以上的按份共有人同意，但共有人之间另有约定的除外。

注意：该条中的"重大修缮"实际为管理行为的一种。

3. 对共有物的管理和费用承担。

（1）对共有物的管理，有约定从约定，无约定情形下，每个共有人都有管理的权利和义务；

（2）保存行为可以单独进行；（虽无明文规定，但依常识和法理可有此结论）

（3）改良行为：即前述的重大修缮规定；

（4）对管理费用的承担：有约定从约定；无约定按份额负担。

（三）按份共有的外部关系

连带债权和连带债务：

1. 对外享有连带债权，承担连带债务，但法律另有规定或者第三人知道共有人不具有连带债权债务关系的除外。

2. 对内除另有约定外，按照份额享有债权，承担债务。偿还债务超过自己应当承担份额的按份共有人，有权向其他共有人追偿。

（四）共有物的分割

1. 分割原因：

（1）有约定不得分割情形中，共有人如有重大理由需要分割，可以请求分割；

（2）没有约定或者约定不明确的，按份共有人可以随时请求分割。

2. 分割方式：实物分割；变价分割；作价分割。

3. 担保问题。

共有人分割所得的不动产或者动产有瑕疵的，其他共有人应当分担损失。

【经典真题】

1. 红光、金辉、绿叶和彩虹公司分别出资 50 万、20 万、20 万、10 万元建造一栋楼房，约定建成后按投资比例使用，但对楼房管理和所有权归属未作约定。对此，下列哪一说法是错误的？[1]（2010-3-7）

A. 该楼发生的管理费用应按投资比例承担

B. 该楼所有权为按份共有

C. 红光公司投资占 50%，有权决定该楼的重大修缮事宜

D. 彩虹公司对其享有的份额有权转让

【考点】 共有制度

【解析】（1）根据题中内容提示，应明确四公司对楼房共有类型。共有分为按份共有和共同共有，当事人对采何种共有类型有选择权。但是当未约定为哪种共有或者约定不明确情形下，应属按份共有。共有人对共有的不动产或者动产没有约定为按份共有或者共同共有，或者约定不明确的，除共有人具有家庭关系等外，视为按份共有。据此，选项 B 正确，不当选。

（2）在按份共有中，本题其余选项考查了共有物管理费用问题、对共有物的重大修缮

---

〔1〕【答案】C

行为、份额转让问题。关于管理费用，对共有物的管理费用以及其他负担，有约定的，按照约定；没有约定或者约定不明确的，按份共有人按照其份额负担，共同共有人共同负担。据此，四公司应按照份额负担管理费用，但是题中未明确四公司的具体份额，因此还应确定其份额。按份共有人对共有的不动产或者动产享有的份额，没有约定或者约定不明确的，按照出资额确定；不能确定出资额的，视为等额享有。由于本题中明确了四公司的出资比例，因此该出资比例是确定份额的依据。故选项 A 正确，不当选。关于重大处分问题，处分共有的不动产或者动产以及对共有的不动产或者动产作重大修缮的变更性质或用途，应当经占份额 2/3 以上的按份共有人或者全体共同共有人同意，但共有人之间另有约定的除外。据此，对该楼的重大修缮事宜，应当经占份额 2/3 以上的按份共有人同意，而红光公司投资只有 50%，达不到决定重大修缮事宜的比例，因此选项 C 错误，当选。关于份额处分问题，按份共有人可以转让其享有的共有的不动产或者动产份额。其他共有人在同等条件下享有优先购买的权利。据此，选项 D 正确，不当选。

2. 甲、乙二人按照 3∶7 的份额共有一辆货车，为担保丙的债务，甲、乙将货车抵押给债权人丁，但未办理抵押登记。后该货车在运输过程中将戊撞伤。对此，下列哪一选项是正确的？[1]（2016 - 3 - 8）

    A. 如戊免除了甲的损害赔偿责任，则应由乙承担损害赔偿责任

    B. 因抵押权未登记，戊应优先于丁受偿

    C. 如丁对丙的债权超过诉讼时效，仍可在 2 年内要求甲、乙承担担保责任

    D. 如甲对丁承担了全部担保责任，则有权向乙追偿

【解析】因共有的不动产或者动产产生的债权债务，在对外关系上，共有人享有连带债权、承担连带债务，但法律另有规定或者第三人知道共有人不具有连带债权债务关系的除外；在共有人内部关系上，除共有人另有约定外，按份共有人按照份额享有债权、承担债务，共同共有人共同享有债权、承担债务。偿还债务超过自己应当承担份额的按份共有人，有权向其他共有人追偿。故对戊的损害赔偿，由甲、乙承担连带责任。

赔偿权利人起诉部分共同侵权人的，人民法院应当追加其他共同侵权人作为共同被告。赔偿权利人在诉讼中放弃对部分共同侵权人的诉讼请求的，其他共同侵权人对被放弃诉讼请求的被告应当承担的赔偿份额不承担连带责任。责任范围难以确定的，推定各共同侵权人承担同等责任。故，如戊免除了甲的损害赔偿责任，则乙对免除范围内的赔偿份额不承担连带责任，A 选项错误。

动产抵押权，合同生效时设立，未经登记，不得对抗善意第三人。丁享有抵押权，戊是一般债权人，物权优先于债权，B 选项错误。

抵押权人应当在主债权诉讼时效期间行使抵押权；未行使的，人民法院不予保护。故 C 选项错误。

同一债权有两个以上抵押人的，债权人放弃债务人提供的抵押担保的，其他抵押人可以请求人民法院减轻或者免除其应当承担的担保责任。同一债权有两个以上抵押人的，当事人对其提供的抵押财产所担保的债权份额或者顺序没有约定或者约定不明的，抵押权人可以就其中任一或者各个财产行使抵押权。抵押人承担担保责任后，可以向债务人追偿，也可以要求其他抵押人清偿其应当承担的份额。故 D 选项正确。

---

[1] 【答案】D

3. 甲、乙、丙、丁按份共有一艘货船，份额分别为 10%、20%、30%、40%。甲欲将其共有份额转让，戊愿意以 50 万元的价格购买，价款一次付清。关于甲的共有份额转让，下列哪些选项是错误的？[1]（2016 - 3 - 53）

A. 甲向戊转让其共有份额，须经乙、丙、丁同意

B. 如乙、丙、丁均以同等条件主张优先购买权，则丁的主张应得到支持

C. 如丙在法定期限内以 50 万元分期付款的方式要求购买该共有份额，应予支持

D. 如甲改由向乙转让其共有份额，丙、丁在同等条件下享有优先购买权

【解析】按份共有人可以转让其享有的共有的不动产或者动产份额。其他共有人在同等条件下享有优先购买的权利。甲转让自己的份额无须他人同意，故 A 选项错误，当选。

两个以上按份共有人主张优先购买且协商不成时，请求按照转让时各自份额比例行使优先购买权的，应予支持。故 B 选项错误，当选。

《民法典》物权编所称的"同等条件"，应当综合共有份额的转让价格、价款履行方式及期限等因素确定。丙以分期付款的方式支付，不属于同等条件，故 C 选项错误，当选。

按份共有人之间转让共有份额，其他按份共有人主张根据《民法典》第 305 条规定优先购买的，不予支持，但按份共有人之间另有约定的除外。对内转让，无优先购买权适用之余地，故 D 选项错误，当选。

⏩ ★特别提示 共有制度的其他问题，如共有人的权利和义务等。

4. 甲、乙、丙、丁按份共有某商铺，各自份额均为 25%。因经营理念发生分歧，甲与丙商定将其份额以 100 万元转让给丙，通知了乙、丁；乙与第三人戊约定将其份额以 120 万元转让给戊，未通知甲、丙、丁。下列哪些选项是正确的？[2]（2017 - 3 - 54）

A. 乙、丁对甲的份额享有优先购买权

B. 甲、丙、丁对乙的份额享有优先购买权

C. 如甲、丙均对乙的份额主张优先购买权，双方可协商确定各自购买的份额

D. 丙、丁可仅请求认定乙与戊之间的份额转让合同无效

【解析】按份共有人对内转让份额，不存在优先购买权的问题。所以 A 选项错误。按份共有人可以转让其享有的共有的不动产或者动产份额。其他共有人在同等条件下享有优先购买的权利。所以 B 选项正确，D 选项错误。两个以上按份共有人主张优先购买且协商不成时，请求按照转让时各自份额比例行使优先购买权的，应予支持。所以 C 选项正确。

二、共同共有

（一）含义

共同共有是指两个或两个以上的共有人基于共同关系，共同享有一物的所有权，对共有财产不分份额地享有权利、承担义务。

【法律特征】第一，共同共有根据共同关系产生，必须以共同关系的存在为前提。第二，共同共有是不分份额的共有。共同共有是不确定份额的共有，只要共同共有关系存在，共有人就不能划分自己对财产的份额。只有在共同共有关系消灭而对共有财产进行分割时，才能确定各个共有人应得的份额。所以，在共同共有中，各个共有人的份额是一种潜在的

---

[1]【答案】ABCD

[2]【答案】BC

份额。第三，共同共有的共有人平等地享有权利和承担义务。各个共有人对于共有物，平等地享有占有、使用、收益、处分权，并平等地承担义务。

（二）类型

夫妻共有；家庭共有；继承开始后遗产分割前的共有。

（三）有关规定

1. 共有物的处分和重大修缮：有约定从约定；无约定或者约定不明确，须由全体共有人同意。但是如果根据法律的规定或合同的约定，某个或某些共有人有权代表全体共有人管理共有财产时，则该共有人可以依法或依合同对共有财产进行管理。

2. 对共有物的管理费用承担：有约定从约定；无约定或者约定不明确的共有人共同承担。

3. 对共有性质不明的认定：共有人对共有的不动产或者动产没有约定为按份共有或者共同共有，或者约定不明确的，除共有人具有家庭关系等外，视为按份共有。

【小结/重点整理】

本章是物权编的重点内容，其中的难点内容在于善意取得制度的适用范围和构成要件。善意取得制度可适用于动产和不动产，且准用于其他物权，其构成要件包括出让人无权处分、受让人善意、合理价格转让以及符合物权变动生效要件。善意取得制度往往与无权处分的买卖合同的效力问题相结合考查。复习过程中，需注意把握宏观知识点之间的连接与对比。

第十一章
用益物权

用益物权体系结构图

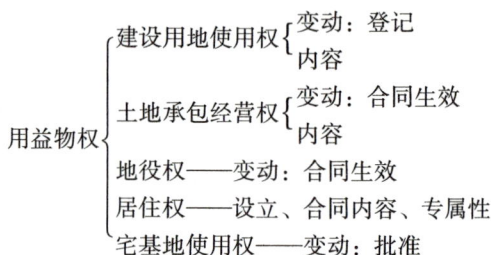

$$
用益物权
\begin{cases}
建设用地使用权 \begin{cases} 变动：登记 \\ 内容 \end{cases} \\
土地承包经营权 \begin{cases} 变动：合同生效 \\ 内容 \end{cases} \\
地役权——变动：合同生效 \\
居住权——设立、合同内容、专属性 \\
宅基地使用权——变动：批准
\end{cases}
$$

导学

　　本章主要内容为土地承包经营权、建设用地使用权、宅基地使用权和地役权。土地承包经营权可分为基于民事行为取得土地承包经营权和非基于民事行为取得土地承包经营权。建设用地使用权的产生方式包括划拨和出让。宅基地使用权的主体只能是农村集体经济组织的成员，其用途仅限于村民建造个人住宅，实行严格的"一户一宅"制度。地役权具有从属性和不可分性。本部分内容在法考中所占分值大约为 3 分，学习时需注意各种用益物权设立的时间及其公示方式，把握重点即可。

重点知识详解

　　用益物权是对他人所有的物，在一定范围内进行占有、使用、收益、处分的他物权。基于不同的历史文化传统与经济制度，各国民法上用益物权类型多有不同，体现了较为突出的固有法特征。在我国现行民法与民法理论中，主要有土地承包经营权、建设用地使用权、宅基地使用权、地役权、居住权。

考点1　土地承包经营权

一、含义

　　土地承包经营权人依法享有的对其承包经营的耕地、林地、草地等享有占有、使用和收益的权利。

二、权利的取得

1. 承包合同生效时取得承包权。
2. 权利证书具有确认土地承包经营权的效力。
3. 通过流转方式取得承包权的，变更登记的效力为对抗善意第三人。

三、期限

1. 耕地为 30 年。
2. 草地为 30 年到 50 年。
3. 林地为 30 年到 70 年。
4. 承包期限届满后，可以继续承包。

四、权利内容

1. 有权从事农业生产。
2. 流转权。
3. 被征收后的请求补偿的权利。
4. 发包人不得非法调整土地和收回土地。
5. 土地承包经营权人可以自主决定依法采取出租、入股或者其他方式向他人流转土地经营权。
6. 土地经营权人有权在合同约定的期限内占有农村土地，自主开展农业生产经营并取得收益。
7. 流转期限为五年以上的土地经营权，自流转合同生效时设立。当事人可以向登记机构申请土地经营权登记；未经登记，不得对抗善意第三人。

【经典真题】

1. 关于土地承包经营权的设立，下列哪些表述是正确的？[1]（2010 - 3 - 55）

A. 自土地承包经营合同成立时设立

B. 自土地承包经营权合同生效时设立

C. 县级以上地方政府在土地承包经营权设立时应当发放土地承包经营权证

D. 县级以上地方政府应当对土地承包经营权登记造册，未经登记造册的，不得对抗善意第三人

【考点】农村土地承包经营权

【解析】（1）土地承包经营权自土地承包经营权合同生效时设立。故选项 A 和 B 中，A 错误，B 正确。

（2）县级以上地方人民政府应当向土地承包经营权人发放土地承包经营权证、林权证、草原使用权证，并登记造册，确认土地承包经营权。因此 C 正确。

（3）土地承包经营权人将土地承包经营权互换、转让，当事人要求登记的，应当向县级以上地方人民政府申请土地承包经营权变更登记；未经登记，不得对抗善意第三人。因

---

〔1〕【答案】BC

此，土地承包经营权只有在流转时才适用登记对抗主义，在设立时不适用登记对抗主义。故 D 错误。

2. 河西村在第二轮承包过程中将本村耕地全部发包，但仍留有部分荒山，此时本村集体经济组织以外的 Z 企业欲承包该荒山。对此，下列哪些说法是正确的？[1]（2016 – 3 – 54）

　　A. 集体土地只能以家庭承包的方式进行承包

　　B. 河西村集体之外的人只能通过招标、拍卖、公开协商等方式承包

　　C. 河西村将荒山发包给 Z 企业，经 2/3 以上村民代表同意即可

　　D. 如河西村村民黄某也要承包该荒山，则黄某享有优先承包权

【解析】《农村土地承包法》第 3 条规定，国家实行农村土地承包经营制度。农村土地承包采取农村集体经济组织内部的家庭承包方式，不宜采取家庭承包方式的荒山、荒沟、荒丘、荒滩等农村土地，可以采取招标、拍卖、公开协商等方式承包。A 选项集体土地只能以家庭承包的方式进行承包，错误。《农村土地承包法》第 48 条规定，不宜采取家庭承包方式的荒山、荒沟、荒丘、荒滩等农村土地，通过招标、拍卖、公开协商等方式承包的，适用本章规定。本题针对荒山，村集体之外的人只能通过招标、拍卖、公开协商等方式承包，B 选项正确。《农村土地承包法》第 52 条第 1 款规定，发包方将农村土地发包给本集体经济组织以外的单位或者个人承包，应当事先经本集体经济组织成员的村民会议 2/3 以上成员或者 2/3 以上村民代表的同意，并报乡（镇）人民政府批准。C 选项认为经 2/3 以上村民代表同意即可，错误，还须报乡（镇）人民政府批准。故 C 选项错误。《农村土地承包法》第 51 条规定，以其他方式承包农村土地，在同等条件下，本集体经济组织成员享有优先承包权。故 D 选项正确。

考点 2　建设用地使用权

一、含义

建设用地使用权人依法对国家所有的土地享有占有、使用和收益，并利用该土地建造建筑物、构筑物及其附属设施的权利。

二、建设用地使用权的取得

（一）取得方式

1. 划拨。

2. 出让。

3. 转让等流转方式。

（二）登记

1. 建设用地使用权自登记时设立。

2. 通过流转方式使建设用地使用权变动的，变更登记导致权利变动。

3. 建设用地使用权消灭的，出让人应当及时办理注销登记。登记机构应当收回建设用地使用权证书。

──────────

〔1〕【答案】BD

4. 注意区分原则的适用。

三、建设用地使用权的内容

(一) 权利

对建设用地占有、使用、收益；

在该土地上建造建筑物、构筑物及其他附属设施；**无相反证据的情形下，取得前述不动产的所有权；**

流转权；

被征收情形下的获得补偿的权利，请求返还出让金的权利。

(二) 义务

合理利用土地；不得改变土地用途。

四、建设用地使用权期限届满的后果

1. 住宅建设用地使用权期间届满的，自动续期。

2. 非住宅建设用地使用权期间届满后的续期，依照法律规定办理。该土地上的房屋及其他不动产的归属，有约定的，按照约定；没有约定或者约定不明确的，依照法律、行政法规的规定办理。

考点3 宅基地使用权

一、含义

宅基地使用权人依法对集体所有的土地享有的占有、使用和依法利用该土地建造住宅和附属设施的权利。

二、取得

经乡镇人民政府审核，县级人民政府批准。

三、变更登记和注销登记问题

已经登记的宅基地使用权转让或者消灭的，应当及时办理变更登记或者注销登记。

考点4 地役权

一、含义

为增强自己不动产的便利而利用他人不动产的用益物权。

【经典真题】

某郊区小学校为方便乘坐地铁，与相邻研究院约定，学校人员有权借研究院道路通行，每年支付一万元。据此，学校享有的是下列哪一项权利？[1] (2010 - 3 - 9)

A. 相邻权 B. 地役权

---

〔1〕【答案】B

C. 建设用地使用权   D. 宅基地使用权

【考点】地役权

【解析】（1）选项 A 和 B 考查相邻权和地役权问题。相邻权基于相邻关系而产生，其与地役权存在一定的类似性，都是为了己方不动产的利益而使用他人的不动产。但是二者区别更为明显：一为产生原因方面的不同。相邻关系基于法律规定，而地役权源于地役权合同；二为性质不同，即相邻权为所有权的一种扩张，尚不是独立的物权类型；地役权则为用益物权的一种；三为内容不同，相邻权维护的是最基本的利用关系；地役权则可以由双方约定具体内容；四为对价不同，相邻权一般无偿，地役权一般为有偿。据上述区别，学校享有的权利为地役权，而非相邻权。因此 B 正确，A 错误。

（2）选项 C 涉及建设用地使用权。该权是指利用国家所有的土地修建房屋等不动产并取得该不动产所有权的权利。显然学校享有的并非此类物权。选项 C 错误。选项 D 涉及宅基地使用权，该权是指农村集体经济组织成员利用集体土地修建住宅并取得住宅所有权的权利，学校享有的权利显然也不是这种物权，因此 D 也是错误的。

📖★特别提示 注意地役权与相邻权的区分。

二、取得

1. 地役权自订立设定地役权的合同生效时设立，不需登记。

2. 合同生效，地役权设立。登记的效力为对抗取得供役地权利的善意第三人。

3. 期限：由当事人约定，但不得超过土地承包经营权、建设用地使用权等用益物权的剩余期限。

三、地役权的内容

1. 地役权人的使用权。（积极和消极两个方面）

2. 地役权人的最小损害义务：尽量减少对供役地人物权的限制。

四、地役权的从属性和不可分性

（一）从属性

1. 地役权不得与需役地权利（所有权、建设用地使用权）分离而单独转让。土地承包经营权、建设用地使用权等转让的，地役权一并转让，但是合同另有约定的除外。

2. 地役权不得与需役地权利（所有权、建设用地使用权）分离而单独抵押。土地承包经营权、建设用地使用权等抵押的，在实现抵押权时，地役权一并转让。

3. 需役地权利（所有权、建设用地使用权、土地承包经营权）转让的，只要让与人与受让人无相反约定，受让人同时取得地役权。

4. 曾经的地役权人，若完全丧失对需役地的权利（所有权、建设用地使用权等），其地役权（因无所附依）消灭。

（二）不可分性

1. 需役地以及需役地上的土地承包经营权、建设用地使用权部分转让时，转让部分涉及地役权的，受让人同时享有地役权。

2. 供役地以及供役地上的土地承包经营权、建设用地使用权部分转让时，转让部分涉及地役权的，地役权对受让人具有约束力。

【经典真题】

1. 2013 年 2 月，A 地块使用权人甲公司与 B 地块使用权人乙公司约定，由甲公司在 B 地块上修路。同年 4 月，甲公司将 A 地块过户给丙公司，6 月，乙公司将 B 地块过户给不知上述情形的丁公司。下列哪些表述是正确的？[1]（2013 - 3 - 56）

A. 2013 年 2 月，甲公司对乙公司的 B 地块享有地役权

B. 2013 年 4 月，丙公司对乙公司的 B 地块享有地役权

C. 2013 年 6 月，甲公司对丁公司的 B 地块享有地役权

D. 2013 年 6 月，丙公司对丁公司的 B 地块享有地役权

【考点】 地役权

【解析】 甲乙之间的合同为地役权设定合同，甲公司为地役权人。故选项 A 表述正确。需役地转让后，受让人享有地役权，故选项 B 正确。供役地转让后，如果地役权未登记，受让人不知情，则需役地权利人不能对抗供役地受让人，故选项 CD 表述错误。

2. 李某从自己承包的土地上出入不便，遂与张某书面约定在张某承包的土地上开辟一条道路供李某通行，李某支付给张某 2 万元，但没有进行登记。下列哪一选项是错误的？[2]（2008 延 - 3 - 11）

A. 该约定属于有关相邻关系的约定

B. 该约定属于地役权合同

C. 如果李某将其承包经营权转移给他人，受让人有权在张某承包的土地上通行，但合同另有约定的除外

D. 如果张某将其承包经营权转移给他人，则善意的受让人有权拒绝李某在自己的土地上通行

【考点】 地役权与相邻关系；地役权的转让

【解析】（1）地役权是以他人土地供自己土地便利而使用以提高自己不动产效益的权利。相邻关系是指两个或者两个以上相邻不动产的所有人或使用人，在行使占有、使用、收益、处分权利时因给对方提供必要便利而发生的权利义务关系。地役权一般是约定的，而相邻关系是法定的，另外根据合同性质，可知李某与张某的书面约定属于地役权合同。所以 A 项说法错误，B 项说法正确。

（2）地役权不得单独转让。土地承包经营权、建设用地使用权等转让的，地役权一并转让，但合同另有约定的除外。故 C 项说法正确。

（3）地役权自地役权合同生效时设立。当事人要求登记的，可以向登记机构申请地役权登记；未经登记，不得对抗善意第三人。本题中，因为张某和李某之间的地役权合同没有进行登记，因此不得对抗善意第三人，故 D 项说法正确。

---

[1]【答案】AB
[2]【答案】A

考点 5　居住权

一、居住权的概念

居住权人有权按照合同约定，对他人的住宅享有占有、使用的用益物权，以满足生活居住的需要。

二、居住权的设立、居住权的内容

设立居住权，当事人应当采用书面形式订立居住权合同。

居住权合同一般包括下列条款：

（一）当事人的姓名或者名称和住所；

（二）住宅的位置；

（三）居住的条件和要求；

（四）居住权期间；

（五）解决争议的方法。

居住权无偿设立，但是当事人另有约定的除外。设立居住权的，应当向登记机构申请居住权登记。居住权自登记时设立。

居住权不得转让、继承。设立居住权的住宅不得出租，但是当事人另有约定的除外。

居住权期间届满或者居住权人死亡的，居住权消灭。居住权消灭的，应当及时办理注销登记。

以遗嘱方式设立居住权的，参照适用本章的有关规定。

考点 6　相邻关系

一、相邻关系的概念

相邻关系是指两个或两个以上相互相邻不动产的所有权人或使用权人，在行使占有、使用、收益、处分权利时，因相互间应当给予方便或接受限制而发生的权利义务关系。

【不动产相邻关系的本质】从本质上讲是一方所有人或使用人的财产权利的延伸，同时又是对他方所有人或使用人的财产权利的限制；反之亦然。

【相邻关系的意义】这种财产权利的合理延伸和必要限制，既无损于所有人或使用人的正当权益，同时也满足了对方的合理需要，对于充分发挥财产的效用、促进社会经济的发展、稳定社会秩序，具有重要意义。

二、几种主要的相邻关系

相邻关系的范围非常广泛，情况也很复杂，这里只列举几类常见的相邻关系。

（一）相邻土地使用关系（相邻土地通行关系）

相邻一方的建筑物或土地，处于邻人的土地包围之中，非经过邻人的土地不能到达公用通道，或虽有其他通道但需要较高的费用或十分不便的，可以通过邻人的土地以到达公用通道。但通行人在选择道路时，应当选择最必要、损失最少的路线。

历史上形成的通道，土地的所有人或使用人无权任意堵塞或改道，以免妨碍邻人通行。

如果确实需要改道，应取得邻人的同意。

（二）相邻防险、排污关系

相邻一方在开挖土地（如打水井、挖地窖、筑水渠、修粪池等）、建筑施工（如盖高楼、修围墙）时，不得使邻地的地基发生动摇，不得使邻地的建筑物受到危害；相邻一方的建筑物有倾倒的危险，威胁邻人的生命、财产安全时，相邻一方应当采取预防措施，如加固、拆除；相邻一方堆放易燃、易爆、剧毒、放射、恶臭物品时，应当与邻地建筑物保持一定距离，或者采取预防措施和安全装置。相邻他方在对方未尽此义务的情况下，有权要求其排除妨害、赔偿损失。

（三）相邻用水、流水、截水、排水关系

相邻人应当保持水的自然流向；在需要改变流向并影响相邻他方用水时，应征得他方的同意，并对由此造成的损失给予适当补偿。为了灌溉土地，需要提高上游的水位、建筑水坝，必须附着于对岸时，对岸的土地所有人或使用人应当允许；如果对岸的土地所有人或使用人也使用水坝及其他设施时，应按受益的大小，分担费用。

水流经过地的所有人或使用人都可以使用流水，但应当共同协商、合理分配使用。

（四）相邻管线安设关系

相邻人因埋设管道如油管、水管、煤气管，架设线路如输电线路、通讯线路，需要经过他方的土地时，他方应当允许。

（五）相邻光照、通风、音响、震动关系

相邻人在建造建筑物时，应当与邻人的建筑物留有一定的距离，以免影响邻人建筑物的通风、采光和日照。

相邻各方应当注意环境清洁、舒适，讲究精神文明，不得以高音、噪音、喧嚣、震动等妨碍邻人的工作、生活和休息。否则，邻人有权请求停止侵害。

（六）相邻竹木归属关系

相邻地界上的竹木、分界墙、分界沟等，如果所有权无法确定时，推定为相邻双方共有财产，其权利义务适用按份共有的原则。

【相邻关系中的损害赔偿请求权】不动产权利人因上述用水、排水、通行、铺设管线等利用相邻不动产的，应当尽量避免对相邻的不动产权利人造成损害；造成损害的，应当给予赔偿。

【经典真题】

叶某将自有房屋卖给沈某，在交房和过户之前，沈某擅自撬门装修，施工导致邻居赵某经常失眠。下列哪些表述是正确的？[1]（2013－3－55）

A. 赵某有权要求叶某排除妨碍　　　　B. 赵某有权要求沈某排除妨碍

C. 赵某请求排除妨碍不受诉讼时效的限制　　D. 赵某可主张精神损害赔偿

【考点】物权请求权

【解析】本题考查物权请求权。

（1）叶某是房屋所有权人，赵某要求其排除妨碍，于法有据。此外，沈某属于房屋的占有人，也是妨碍行为的实施者，赵某请求其排除妨碍，符合法律规定。此外，物权请求

---

[1]【答案】ABC

权不受诉讼时效限制。所以，选项 ABC 正确。

（2）精神损害赔偿的条件是对受害人的损害须达到"严重"程度，本题中赵某显然达不到这种程度，所以选项 D 表述错误。

【小结/重点整理】

本章主要涉及用益物权的相关内容，一方面注意不同的用益物权之设定方式；另一方面注意区分地役权与相邻关系：地役权是依约定产生的用益物权，自地役权合同生效时设立，未经登记，不得对抗善意第三人；相邻关系是一种法定的权利义务关系，一方行使权利并不以向对方支付报酬或者进行补偿为前提。

第十二章
担保物权

担保物权体系结构图

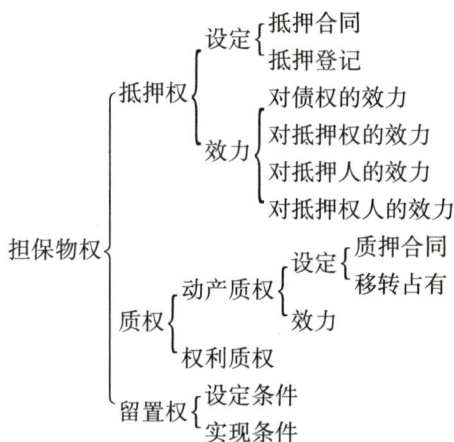

担保物权
- 抵押权
  - 设定
    - 抵押合同
    - 抵押登记
  - 效力
    - 对债权的效力
    - 对抵押权的效力
    - 对抵押人的效力
    - 对抵押权人的效力
- 质权
  - 动产质权
    - 设定
      - 质押合同
      - 移转占有
    - 效力
  - 权利质权
- 留置权
  - 设定条件
  - 实现条件

> **导学**　　本章的主要内容包括抵押权、质权、留置权和担保物权的竞合，此处的内容属于物权编中的必考点，是重中之重的知识点，考查分值在 5 分左右，考查题型各异，而且常常与合同法的合同效力问题相结合进行考查。

◢▨ 重点知识详解

考点 1　担保制度概述

一、担保的从属性→担保物权从属于其所担保的债权（法律另有规定或当事人另有约定的除外）

（1）担保效力的从属性

《最高人民法院关于适用〈中华人民共和国民法典〉有关担保制度的解释》（以下简称《民法典担保解释》）（2020 年 12 月 25 日最高人民法院审判委员会第 1824 次会议通过，2021 年 1 月 1 日起施行）第 2 条　当事人在担保合同中约定担保合同的效力独立于主合同，或者约定担保人对主合同无效的法律后果承担担保责任，该有关担保独立性的约定无效。主合同有效的，有关担保独立性的约定无效不影响担保合同的效力；主合同无效的，人民法院应当认定担保合同无效，但是法律另有规定的除外。

因金融机构开立的独立保函发生的纠纷，适用《最高人民法院关于审理独立保函纠纷案件若干问题的规定》。

命题方向 1： 主合同无效的理解：作扩大解释，包括无效、效力未定未被追认、被撤销而导致的无效。

命题方向 2： 当事人可否约定：主合同无效，担保合同独立有效呢？不可以

（2）担保强度的从属性

《民法典担保解释》第 3 条：当事人对担保责任的承担约定专门的违约责任，或者约定的担保责任范围超出债务人应当承担的责任范围，担保人主张仅在债务人应当承担的责任范围内承担责任的，人民法院应予支持。

担保人承担的责任超出债务人应当承担的责任范围，担保人向债务人追偿，债务人主张仅在其应当承担的责任范围内承担责任的，人民法院应予支持；担保人请求债权人返还超出部分的，人民法院依法予以支持。

例：债务人向债权人借款，没有约定利息，若担保人向债权人支付了利息，可否向债务人追偿呢？否

注意比对：《民法典》第 389 条【担保物权的担保范围】担保物权的担保范围包括主债权及其利息、违约金、损害赔偿金、保管担保财产和实现担保物权的费用。当事人另有约定的，按照其约定。

《民法典》第 691 条【保证范围】保证的范围包括主债权及其利息、违约金、损害赔偿金和实现债权的费用。当事人另有约定的，按照其约定。

（3）担保成立的从属性

主债权不存在，担保物权不成立。

二、物上代位性→担保期间，担保财产毁损、灭失或者被征收等，担保物权人可就获得的保险金、赔偿金或补偿金等优先受偿，债务履行期未届满的，可以提存

注意：物上代位性的新规则

《民法典担保解释》第 42 条第 1 款　抵押权依法设立后，抵押财产毁损、灭失或者被征收等，抵押权人请求按照原抵押权的顺位就保险金、赔偿金或者补偿金等优先受偿的，人民法院应予支持。

给付义务人（注：如侵权人、保险公司等）已经向抵押人给付了保险金、赔偿金或者补偿金，抵押权人请求给付义务人向其给付保险金、赔偿金或者补偿金的，人民法院不予支持，但是给付义务人接到抵押权人要求向其给付的通知后仍然向抵押人给付的除外。

抵押权人请求给付义务人向其给付保险金、赔偿金或者补偿金的，人民法院可以通知抵押人作为第三人参加诉讼。

三、担保人相互之间追偿问题

《民法典担保解释》第 13 条　同一债务有两个以上第三人提供担保，担保人之间约定相互追偿及分担份额，承担了担保责任的担保人请求其他担保人按照约定分担份额的，人民法院应予支持；担保人之间约定承担连带共同担保，或者约定相互追偿但是未约定分担份额的，各担保人按照比例分担向债务人不能追偿的部分。

同一债务有两个以上第三人提供担保，担保人之间未对相互追偿作出约定且未约定承担连带共同担保，但是各担保人在同一份合同书上签字、盖章或者按指印，承担了担保责任的担保人请求其他担保人按照比例分担向债务人不能追偿部分的，人民法院应予支持。

除前两款规定的情形外，承担了担保责任的担保人请求其他担保人分担向债务人不能追偿部分的，人民法院不予支持。

第 14 条　同一债务有两个以上第三人提供担保，担保人受让债权的，人民法院应当认定该行为系承担担保责任。受让债权的担保人作为债权人请求其他担保人承担担保责任的，人民法院不予支持；该担保人请求其他担保人分担相应份额的，依照本解释第十三条的规定处理。

四、担保人向债务人的追偿问题

《民法典担保解释》第 18 条　承担了担保责任或者赔偿责任的担保人，在其承担责任的范围内向债务人追偿的，人民法院应予支持。

同一债权既有债务人自己提供的物的担保，又有第三人提供的担保，承担了担保责任或者赔偿责任的第三人，主张行使债权人对债务人享有的担保物权的，人民法院应予支持。

命题方向 3：反担保问题

《民法典担保解释》第 19 条　担保合同无效，承担了赔偿责任的担保人按照反担保合同的约定，在其承担赔偿责任的范围内请求反担保人承担担保责任的，人民法院应予支持。

反担保合同无效的，依照本解释第十七条的有关规定处理。当事人仅以担保合同无效为由主张反担保合同无效的，人民法院不予支持。

命题解析：第二款最后一句话的理解：反担保只会因自己的原因无效，而不会因为担保合同无效而无效，这也就意味着：反担保合同不受从属性的约束。

为什么做这样的规定？复杂问题简单化，否则责任承担份额难以计算

关联记忆：《民法典担保解释》

第 17 条　主合同有效而第三人提供的担保合同无效，人民法院应当区分不同情形确定担保人的赔偿责任：

（一）债权人与担保人均有过错的，担保人承担的赔偿责任不应超过债务人不能清偿部分的二分之一；

（二）担保人有过错而债权人无过错的，担保人对债务人不能清偿的部分承担赔偿责任；

（三）债权人有过错而担保人无过错的，担保人不承担赔偿责任。

主合同无效导致第三人提供的担保合同无效，担保人无过错的，不承担赔偿责任；担保人有过错的，其承担的赔偿责任不应超过债务人不能清偿部分的三分之一。

命题方向 4：债务人破产中特殊追偿问题

《民法典担保解释》

第 23 条　人民法院受理债务人破产案件，债权人在破产程序中申报债权后又向人民法院提起诉讼，请求担保人承担担保责任的，人民法院依法予以支持。

担保人清偿债权人的全部债权后，可以代替债权人在破产程序中受偿；在债权人的债权未获全部清偿前，担保人不得代替债权人在破产程序中受偿，但是有权就债权人通过破产分配和实现担保债权等方式获得清偿总额中超出债权的部分，在其承担担保责任的范围

内请求债权人返还。

债权人在债务人破产程序中未获全部清偿，请求担保人继续承担担保责任的，人民法院应予支持；担保人承担担保责任后，向和解协议或者重整计划执行完毕后的债务人追偿的，人民法院不予支持。

命题点分析：如何理解第二款中第一句话，即"担保人清偿债权人的全部债权后"？

意味着担保人承担了部分清偿的话，则不能在破产程序中申报债权（而只能是债权人申报债权）。

如何理解第三款"担保人承担担保责任后，向和解协议或者重整计划执行完毕后的债务人追偿的，人民法院不予支持"？

达成和解协议或者重整计划也就意味着豁免了债务人的债务，因此担保人在上述两种情况执行完毕后，不能追偿。

第24条　债权人知道或者应当知道债务人破产，既未申报债权也未通知担保人，致使担保人不能预先行使追偿权的，担保人就该债权在破产程序中可能受偿的范围内免除担保责任，但是担保人因自身过错未行使追偿权的除外。

五、担保物权的存续期间

《民法典担保解释》第44条　主债权诉讼时效期间届满后，抵押权人主张行使抵押权的，人民法院不予支持；抵押人以主债权诉讼时效期间届满为由，主张不承担担保责任的，人民法院应予支持。主债权诉讼时效期间届满前，债权人仅对债务人提起诉讼，经人民法院判决或者调解后未在民事诉讼法规定的申请执行时效期间内对债务人申请强制执行，其向抵押人主张行使抵押权的，人民法院不予支持。

主债权诉讼时效期间届满后，财产被留置的债务人或者对留置财产享有所有权的第三人请求债权人返还留置财产的，人民法院不予支持；债务人或者第三人请求拍卖、变卖留置财产并以所得价款清偿债务的，人民法院应予支持。

主债权诉讼时效期间届满的法律后果，以登记作为公示方式的权利质权，参照适用第一款的规定；动产质权、以交付权利凭证作为公示方式的权利质权，参照适用第二款的规定。

考点2　抵押权

一、概念

抵押权是对于债务人或者第三人不移转占有而提供担保的不动产或者其他财产，债权人得优先受偿其债权的权利。抵押权是抵押权人直接对物享有的权利，可以对抗物的所有人及第三人，其目的在于担保，而不在于对物的使用与收益。

抵押权 { ①动产抵押权 ②不动产抵押权 ③不动产用益物权抵押权

二、设定

（一）抵押合同合法
（二）抵押人对抵押物有处分权
（三）办理抵押登记

流质契约（又称为"流押契约""流抵契约""抵押物代偿条款"），是指当事人双方在设立担保物权时约定，当债务人不履行债务时，由债权人取得担保物所有权的合同。

（1）登记生效主义以及登记机关。

建筑物以及其他地上附着物——登记部门为县级以上人民政府规定的登记部门。

建设用地使用权——无地上定着物的，登记部门为核发土地使用权证书的国土资源部门。

通过家庭承包方式以外的方式获得的土地承包权——登记部门为核发土地使用权证书的国土资源部门。

正在建造的建筑物——登记部门为县级以上地方人民政府规定的部门。

（2）登记对抗主义以及登记部门。

生产设备、原材料、产品、半成品——以企业的设备和其他动产抵押的，为财产所在地的工商行政管理部门。

交通工具——为运输工具的登记部门。

①动产抵押未办理登记的效力规则

《民法典担保解释》第54条　动产抵押合同订立后未办理抵押登记，动产抵押权的效力按照下列情形分别处理：

（一）抵押人转让抵押财产，受让人占有抵押财产后，抵押权人向受让人请求行使抵押权的，人民法院不予支持，但是抵押权人能够举证证明受让人知道或者应当知道已经订立抵押合同的除外；

（二）抵押人将抵押财产出租给他人并移转占有，抵押权人行使抵押权的，租赁关系不受影响，但是抵押权人能够举证证明承租人知道或者应当知道已经订立抵押合同的除外；

（三）抵押人的其他债权人向人民法院申请保全或者执行抵押财产，人民法院已经作出财产保全裁定或者采取执行措施，抵押权人主张对抵押财产优先受偿的，人民法院不予支持；

（四）抵押人破产，抵押权人主张对抵押财产优先受偿的，人民法院不予支持。

《民法典担保解释》第46条　不动产抵押合同生效后未办理抵押登记手续，债权人请求抵押人办理抵押登记手续的，人民法院应予支持。

抵押财产因不可归责于抵押人自身的原因灭失或者被征收等导致不能办理抵押登记，债权人请求抵押人在约定的担保范围内承担责任的，人民法院不予支持；但是抵押人已经获得保险金、赔偿金或者补偿金等，债权人请求抵押人在其所获金额范围内承担赔偿责任的，人民法院依法予以支持。

因抵押人转让抵押财产或者其他可归责于抵押人自身的原因导致不能办理抵押登记，债权人请求抵押人在约定的担保范围内承担责任的，人民法院依法予以支持，但是不得超过抵押权能够设立时抵押人应当承担的责任范围。

（3）浮动抵押中登记对抗效力的限制以及登记部门。

企业、个体工商户、农业生产经营者以动产抵押的，应当向抵押人住所地的工商行政管理部门办理登记。抵押权自抵押合同生效时设立；未经登记，不得对抗善意第三人。

浮动抵押不得对抗正常经营活动中已支付合理价款并取得抵押财产的买受人。

★特别提示　浮动抵押：（1）登记部门应为抵押人住所地的工商行政管理部门，而非抵押物所在地；（2）浮动抵押权自抵押合同生效时设立；（3）登记可以对抗善意第三人；（4）即使登记也不得对抗正常经营活动中已经支付合理价款并取得抵押财产的买受人。（注意本句话中的条件限制）

【经典真题】

1. 某农村养殖户为扩大规模向银行借款，欲以其财产设立浮动抵押。对此，下列哪些表述是正确的？[1]（2010 - 3 - 56）

　　A. 该养殖户可将存栏的养殖物作为抵押财产

　　B. 抵押登记机关为抵押财产所在地的工商部门

　　C. 抵押登记可对抗任何善意第三人

　　D. 如借款到期未还，抵押财产自借款到期时确定

【考点】浮动抵押

【解析】（1）经当事人书面协议，企业、个体工商户、农业生产经营者可以将现有的以及将有的生产设备、原材料、半成品、产品抵押，债务人不履行到期债务或者发生当事人约定的实现抵押权的情形，债权人有权就实现抵押权时的动产优先受偿。该条即规定的浮动抵押。浮动抵押的设定条件中抵押物包括生产设备、原材料、半成品、产品。养殖户的存栏的养殖物为养殖户的原材料，因此可以作为其抵押财产，故 A 正确。

（2）企业、个体工商户、农业生产经营者以变化中的动产抵押的，应当向抵押人住所地的工商行政管理部门办理登记。抵押权自抵押合同生效时设立；未经登记，不得对抗善意第三人。据此，浮动抵押登记机关为抵押人住所地的工商行政管理部门，而不是抵押财产所在地的工商部门，故 B 错误。

（3）浮动抵押不得对抗正常经营活动中已支付合理价款并取得抵押财产的买受人。因此，浮动抵押的登记效力是相对的，其不能对抗正常经营活动中已支付合理对价并取得抵押财产的买受人。因此 C 错误。

（4）选项 D 涉及抵押物确定问题。抵押财产在实现抵押权时予以确定，而借款到期未还仅为实现抵押权的条件，因此选项 D 正确。

2. 2014 年 7 月 1 日，甲公司、乙公司和张某签订了《个人最高额抵押协议》，张某将其房屋抵押给乙公司，担保甲公司在一周前所欠乙公司货款 300 万元，最高债权额 400 万元，并办理了最高额抵押登记，债权确定期间为 2014 年 7 月 2 日到 2015 年 7 月 1 日。债权确定期间内，甲公司因从乙公司分批次进货，又欠乙公司 100 万元。甲公司未还款。关于有抵押担保的债权额和抵押权期间，下列哪些选项是正确的？[2]（2015 - 3 - 54）

　　A. 债权额为 100 万元　　　　　　　　B. 债权额为 400 万元

　　C. 抵押权期间为 1 年　　　　　　　　D. 抵押权期间为主债权诉讼时效期间

---

〔1〕【答案】AD

〔2〕【答案】BD

【考点】最高额抵押

【解析】（1）"为担保债务的履行，债务人或者第三人对一定期间内将要连续发生的债权提供担保财产的，债务人不履行到期债务或者发生当事人约定的实现抵押权的情形，抵押权人有权在最高债权额限度内就该担保财产优先受偿。"故债务人可以对将要发生的债务提供最高额抵押。此案中，甲对其债务设置的最高债权额为400万元，其后又向乙公司借款100万，甲以其抵押的房屋连续设立了400万元的债务，且该债务没有超过甲乙约定的最高债权额的限制，故A错误，B正确。

（2）"抵押权人应当在主债权诉讼时效期间行使抵押权；未行使的，人民法院不予保护。"故抵押权的期间为主债权诉讼时效期间，而不是债权的确定期间，1年的债权的确定期间只是甲公司应当依约还款的期间。而根据《民法典》第188条第1款的规定，向人民法院请求保护民事权利的诉讼时效期间为3年。法律另有规定的，依照其规定。此案中并没有出现法律规定的特殊情况，所以应当适用一般诉讼时效的规定，主债权的诉讼时效应为3年，而抵押权的期间和主债权诉讼时效期间相重合，所以抵押权期间也是3年，故C错误，D正确。

3. 甲向某银行贷款，甲、乙和银行三方签订抵押协议，由乙提供房产抵押担保。乙把房本交给银行，因登记部门原因导致银行无法办理抵押物登记。乙向登记部门申请挂失房本后换得新房本，将房屋卖给知情的丙并办理了过户手续。甲届期未还款，关于贷款、房屋抵押和买卖，下列哪些说法是正确的？[1]（2015 - 3 - 53）

　　A. 乙应向银行承担违约责任

　　B. 丙应代为向银行还款

　　C. 如丙代为向银行还款，可向甲主张相应款项

　　D. 因登记部门原因未办理抵押登记，但银行占有房本，故取得抵押权

【解析】当事人在抵押合同中约定，债务履行期届满抵押人未受清偿时，抵押物的所有权转移为债权人所有的内容无效。该内容的无效不影响抵押合同其他部分内容的效力。因此，甲届期未还款，其担保人乙应向银行承担违约责任，故A正确，当选。

银行未办理抵押物登记，其优先受偿权人债权人得对抗第三人，故第三人丙无义务代为向银行还款。所以，B项错误。

若丙替甲还钱则甲与丙之间产生了无因管理之债，丙为无因管理之债的债权人，有权向甲主张相应的款项。故C正确，当选。

当事人办理抵押物登记手续时，因登记部门的原因致使其无法办理抵押物登记，抵押人向债权人交付权利凭证的，可以认定债权人对该财产有优先受偿权。但是，未办理抵押物登记的，不得对抗第三人。题中由于登记部门原因导致银行无法办理抵押物登记后，乙向登记部门申请挂失房本后换得新房本，将房屋卖给知情的丙并办理了过户手续可认定，银行对该财产有优先受偿的权利但并不代表取得抵押权，故D项错误。

4. 甲以某商铺作抵押向乙银行借款，抵押权已登记，借款到期后甲未偿还。甲提前得知乙银行将起诉自己，在乙银行起诉前将该商铺出租给不知情的丙，预收了1年租金。半年后经乙银行请求，该商铺被法院委托拍卖，由丁竞买取得。下列哪一选项是正确的？[2]

---

〔1〕【答案】AC
〔2〕【答案】C

(2017－3－8)

    A. 甲与丙之间的租赁合同无效

    B. 丁有权请求丙腾退商铺，丙有权要求丁退还剩余租金

    C. 丁有权请求丙腾退商铺，丙无权要求丁退还剩余租金

    D. 丙有权要求丁继续履行租赁合同

【解析】甲与乙签订租赁合同时，甲仍对该商铺享有所有权，所以甲与丙之间的租赁合同有效，所以 A 选项错误。"……抵押权设立后抵押财产出租的，该租赁关系不得对抗已登记的抵押权。"甲以商铺作为抵押，已办理抵押登记，不再适用"买卖不破租赁"，所以丁在获得了该商铺的所有权之后有权请求丙腾退商铺。又因合同具有相对性，甲与乙签订的租赁合同，所以乙只能向甲主张权利。所以 C 选项正确。

5. 甲服装公司与乙银行订立合同，约定甲公司向乙银行借款 300 万元，用于购买进口面料。同时，双方订立抵押合同，约定甲公司以其现有的以及将有的生产设备、原材料、产品为前述借款设立抵押。借款合同和抵押合同订立后，乙银行向甲公司发放了贷款，但未办理抵押登记。之后，根据乙银行要求，丙为此项贷款提供连带责任保证，丁以一台大型挖掘机作质押并交付。

    关于甲公司的抵押，下列选项正确的是：[1]（2017－3－89）

    A. 该抵押合同为最高额抵押合同

    B. 乙银行自抵押合同生效时取得抵押权

    C. 乙银行自抵押登记完成时取得抵押权

    D. 乙银行的抵押权不得对抗在正常经营活动中已支付合理价款并取得抵押财产的买受人

【解析】经当事人书面协议，企业、个体工商户、农业生产经营者可以将现有的以及将有的生产设备、原材料、半成品、产品抵押，债务人不履行到期债务或者发生当事人约定的实现抵押权的情形，债权人有权就实现抵押权时的动产优先受偿。本题为动产浮动抵押，所以 A 选项错误。动产浮动抵押的抵押权生效要件为合同生效（形成合意），若未登记，不得对抗善意第三人。所以 B 选项正确，C 选项错误。依照本法第 181 条规定抵押的，不得对抗正常经营活动中已支付合理价款并取得抵押财产的买受人。所以 D 选项正确。

三、效力

（一）对所担保的债权效力

1. 有约定从约定。

2. 无约定：主债权及其利息、违约金、损害赔偿金、保管担保财产和实现担保物权的费用。

（二）对抵押物的效力

1. 对于从物

抵押权设定前为抵押物的从物的，抵押权的效力及于抵押物的从物。但是当事人另有约定的除外。（《民法典担保解释》第 40 条）但是，抵押物与其从物为两个以上的人分别所有时，抵押权的效力不及于抵押物的从物。

---

    [1]【答案】BD

2. 对于附合物

抵押物因附合、混合或者加工使抵押物的所有权为第三人所有的，抵押权的效力及于补偿金；抵押物所有人为附合物、混合物或者加工物的所有人的，抵押权的效力及于附合物、混合物或者加工物；第三人与抵押物所有人为附合物、混合物或者加工物的共有人的，抵押权的效力及于抵押人对共有物享有的份额。

3. 代位物

担保期间，担保财产毁损、灭失或者被征收等，担保物权人可以就获得的保险金、赔偿金或者补偿金等优先受偿。被担保债权的履行期未届满的，也可以提存该保险金、赔偿金或者补偿金等。

4. 孳息

原则上对孳息没有效力，抵押物被扣押后，抵押权人可以收取。

5. 关于添附物

《民法典担保解释》第 41 条　抵押权依法设立后，抵押财产被添附，添附物归第三人所有，抵押权人主张抵押权效力及于补偿金的，人民法院应予支持。

抵押权依法设立后，抵押财产被添附，抵押人对添附物享有所有权，抵押权人主张抵押权的效力及于添附物的，人民法院应予支持，但是添附导致抵押财产价值增加的，抵押权的效力不及于增加的价值部分。

抵押权依法设立后，抵押人与第三人因添附成为添附物的共有人，抵押权人主张抵押权的效力及于抵押人对共有物享有的份额的，人民法院应予支持。

本条所称添附，包括附合、混合与加工。

联想记忆：类似于增建物、新增从物规则。

(三) 对抵押人的效力

1. 对抵押物的使用和收益。

对抵押物的出租问题

(1) 订立抵押合同前抵押财产已出租并转移占有的，原租赁关系不受该抵押权的影响；

(2) 抵押权设立后抵押财产出租的，该租赁关系不得对抗已登记的抵押权。

(3) 抵押人将已抵押的财产出租时，如果抵押人未书面告知承租人该财产已抵押的，抵押人对出租抵押物造成承租人的损失承担赔偿责任；如果抵押人已书面告知承租人该财产已抵押的，抵押权实现造成承租人的损失，由承租人自己承担。

2. 抵押物的处分。(抵押物的转让)

抵押期间，抵押人可以转让抵押财产。当事人另有约定的，按照其约定。抵押财产转让的，抵押权不受影响。

抵押人转让抵押财产的，应当及时通知抵押权人。抵押权人能够证明抵押财产转让可能损害抵押权的，可以请求抵押人将转让所得的价款向抵押权人提前清偿债务或者提存。转让的价款超过债权数额的部分归抵押人所有，不足部分由债务人清偿。

【经典真题】

甲公司以一地块的建设用地使用权作抵押向乙银行借款 3000 万元，办理了抵押登记。其后，甲公司在该地块上开发建设住宅楼，由丙公司承建。甲公司在取得预售许可后与丁订立了商品房买卖合同，丁交付了 80% 的购房款。现住宅楼已竣工验收，但甲公司未能按期偿还乙银行借款，并欠付丙公司工程款 1500 万元，乙银行和丙公司同时主张权利，法院拍卖了该住宅楼。下列哪些选项是正确的？[1]（2017－3－55）

　　A. 乙银行对建设用地使用权拍卖所得价款享有优先受偿权

　　B. 乙银行对该住宅楼拍卖所得价款享有优先受偿权

　　C. 丙公司对该住宅楼及其建设用地使用权的优先受偿权优先于乙银行的抵押权

　　D. 丙公司对该住宅楼及其建设用地使用权的优先受偿权不得对抗丁对其所购商品房的权利

　　【解析】在建造的建筑物抵押的，应当办理抵押登记。抵押权自登记时设立，所以 A 选项正确。建设用地使用权抵押后，该土地上新增的建筑物不属于抵押财产。该建设用地使用权实现抵押权时，应当将该土地上新增的建筑物与建设用地使用权一并处分，但新增建筑物所得的价款，抵押权人无权优先受偿。所以银行对新增建筑物不享有优先购买权，B 选项错误。建筑工程承包人的优先受偿权优先于抵押权和债权。建设工程的价款就该工程折价或者拍卖的价款优先受偿。所以 C 选项正确。且按照消费者交付购买商品房的全部或者大部分款项后，承包人就该商品房享有的工程价款优先受偿权不得对抗买受人。所以 D 选项正确。

（四）对抵押权人的效力

1. 保全抵押物的权利。

抵押人的行为足以使抵押财产价值减少的，抵押权人有权要求抵押人停止其行为。抵押财产价值减少的，抵押权人有权要求恢复抵押财产的价值，或者提供与减少的价值相应的担保。抵押人不恢复抵押财产的价值也不提供担保的，抵押权人有权要求债务人提前清偿债务。

2. 优先受偿权：指抵押权人对抵押物卖得的价款，除了要先支付工资、抚恤金和征纳税款外，抵押权人可先行收回自己对债务人所享有的债权，优先于抵押物的所有人的所有权，也优先于其他无抵押的一般债权。

3. 抵押权转让：与抵押权担保的债权一并转让。

四、购买价款抵押权

动产抵押担保的主债权是抵押物的价款，标的物交付后十日内办理抵押登记的，该抵押权人优先于抵押物买受人的其他担保物权人受偿，但是留置权人除外。

条件：（1）动产抵押权担保的主债权是抵押物的价款；

（2）标的物交付后十日内办理抵押登记的效力：出卖人的抵押权优先于买受人的其他担保物权人，即使买受人的其他担保物权已经公示在先；

（3）仍然是留置权人最优先。

注意：《民法典担保解释》第 56 条　买受人在出卖人正常经营活动中通过支付合理对价取得已被设立担保物权的动产，担保物权人请求就该动产优先受偿的，人民法院不予支持，但是有下列情形之一的除外：

（一）购买商品的数量明显超过一般买受人；

（二）购买出卖人的生产设备；

---

　　[1]【答案】ACD

（三）订立买卖合同的目的在于担保出卖人或者第三人履行债务；

（四）买受人与出卖人存在直接或者间接的控制关系；

（五）买受人应当查询抵押登记而未查询的其他情形。

前款所称出卖人正常经营活动，是指出卖人的经营活动属于其营业执照明确记载的经营范围，且出卖人持续销售同类商品。前款所称担保物权人，是指已经办理登记的抵押权人、所有权保留买卖的出卖人、融资租赁合同的出租人。

第 57 条　担保人在设立动产浮动抵押并办理抵押登记后又购入或者以融资租赁方式（注意：明确了享有价款优先权的主体）承租新的动产，下列权利人为担保价款债权或者租金的实现而订立担保合同，并在该动产交付后十日内办理登记，主张其权利优先于在先设立的浮动抵押权的，人民法院应予支持：（注意：以下列举的三种情况，本质上扩大了购买价款优先权的适用范围：保留所有权买卖、融资租赁也可以适用）

（一）在该动产上设立抵押权或者保留所有权的出卖人；

（二）为价款支付提供融资而在该动产上设立抵押权的债权人；

（三）以融资租赁方式出租该动产的出租人。

买受人取得动产但未付清价款或者承租人以融资租赁方式占有租赁物但是未付清全部租金，又以标的物为他人设立担保物权，前款所列权利人为担保价款债权或者租金的实现而订立担保合同，并在该动产交付后十日内办理登记，主张其权利优先于买受人为他人设立的担保物权的，人民法院应予支持。

同一动产上存在多个价款优先权的，人民法院应当按照登记的时间先后确定清偿顺序。（注意：这句话是司法解释在《民法典》基础上做的全新规定）

五、抵押权实现

1. 实现条件：债权存在；债务人未按期履行债务或者抵押合同约定的实现抵押权的情形出现。

2. 实现方法：折价、拍卖、变卖。

3. 对单一债权的清偿顺序：有约定从约定；无约定则按：实现抵押权的费用、主债权利息、主债权的顺序清偿。

4. 多个抵押权的实现顺序。

（1）一物多抵：

①已登记的按照登记顺序；

②已登记的优先于未登记的。

③未登记的按照债权比例。

抵押权人放弃抵押权顺位的后果：

抵押权人与抵押人可以协议变更抵押权顺位以及被担保的债权数额等内容，但抵押权的变更，未经其他抵押权人书面同意，不得对其他抵押权人产生不利影响。

④动产抵押担保的主债权是抵押物的价款，标的物交付后十日内办理抵押登记的，该抵押权人优先于抵押物买受人的其他担保物权人受偿，但是留置权人除外。

（2）一债多抵（共同抵押）：

特殊问题：

①既有债务人的抵押，也有第三人的抵押情形，如债权人放弃对债务人的抵押权，其

他抵押人如何维护自己的权利：

同一债权有两个以上抵押人的，债权人放弃债务人提供的抵押担保的，其他抵押人可以请求人民法院减轻或者免除其应当承担的担保责任。

债务人以自己的财产设定抵押，抵押权人放弃该抵押权、抵押权顺位或者变更抵押权的，其他担保人在抵押权人丧失优先受偿权益的范围内免除担保责任，但其他担保人承诺仍然提供担保的除外。

②没有约定份额的情况：

抵押人的连带责任：同一债权有两个以上抵押人的，当事人对其提供的抵押财产所担保的债权份额或者顺序没有约定或者约定不明的，抵押权人可以就其中任一或者各个财产行使抵押权。

抵押人对债务人和其他抵押人的追偿：抵押人承担担保责任后，可以向债务人追偿，也可以要求其他抵押人清偿其应当承担的份额。

【经典真题】

1. 甲、乙双方于 2013 年 5 月 6 日签订水泥供应合同，乙以自己的土地使用权为其价款支付提供了最高额抵押，约定 2014 年 5 月 5 日为债权确定日，并办理了登记。丙为担保乙的债务，也于 2013 年 5 月 6 日与甲订立最高额保证合同，保证期间为一年，自债权确定日开始计算。请回答第 89 ~ 90 题。

（1）水泥供应合同约定，将 2013 年 5 月 6 日前乙欠甲的货款纳入了最高额抵押的担保范围。下列说法正确的是：[1] (2016 – 3 – 89)

A. 该约定无效

B. 该约定合法有效

C. 如最高额保证合同未约定将 2013 年 5 月 6 日前乙欠甲的货款纳入最高额保证的担保范围，则丙对此不承担责任

D. 丙有权主张减轻其保证责任

【解析】最高额抵押权设立前已经存在的债权，经当事人同意，可以转入最高额抵押担保的债权范围。故 A 选项错误，B 选项正确。最高额保证合同于 2013 年 5 月 6 日成立，对于 2013 年 5 月 6 日前乙欠甲的货款是否纳入最高额担保范围，须双方约定，未约定则丙对此不承担责任，故 C 选项正确。保证期间，债权人与债务人对主合同数量、价款、币种、利率等内容作了变动，未经保证人同意的，如果减轻债务人的债务的，保证人仍应当对变更后的合同承担保证责任；如果加重债务人的债务的，保证人对加重的部分不承担保证责任。债权人与债务人对主合同履行期限作了变动，未经保证人书面同意的，保证期间为原合同约定的或者法律规定的期间。债权人与债务人协议变动主合同内容，但并未实际履行的，保证人仍应当承担保证责任。故保证人以原来的债权额度为准承担保证责任，D 选项错误。

---

〔1〕【答案】BC

（2）甲在 2013 年 11 月将自己对乙已取得的债权全部转让给丁。下列说法正确的是：[1] （2016 - 3 - 90）

A. 甲的行为将导致其最高额抵押权消灭

B. 甲将上述债权转让给丁后，丁取得最高额抵押权

C. 甲将上述债权转让给丁后，最高额抵押权不随之转让

D. 2014 年 5 月 5 日前，甲对乙的任何债权均不得转让

【解析】主债权被分割或者部分转让，各债权人可以就其享有的债权份额行使抵押权。故 A 选项错误。

最高额抵押担保的债权确定前，部分债权转让的，最高额抵押权不得转让，但当事人另有约定的除外。最高额抵押权具有独立性，B 选项错误，C 选项正确。

甲对乙的债权，不属于法律规定或合同约定不得转让的债权，当然可以转让，故 D 选项错误。

5. 实现期间。

抵押权人应当在主债权诉讼时效期间行使抵押权；未行使的，人民法院不予保护。

考点3　质权

质权 $\begin{cases} ①动产质权 \\ ②权利质权 \end{cases}$

一、动产质权

（一）设定

1. 对质物有处分权。

2. 质物是依法可以出质的财产。

3. 被担保的债权的存在。

4. 应当订立书面的质押合同。

禁止出现的条款：质权人在债务履行期届满前，不得与出质人约定债务人不履行到期债务时质押财产归债权人所有。

5. 移转质物的占有：质权自出质人交付质押财产时设立。

（二）效力

1. 所担保的债权。

（1）有约定从约定；

（2）无约定：主债权及其利息；违约金；损害赔偿金；保管担保财产和实现担保物权的费用。

2. 对出质人的效力。

（1）在质权人保管不善致质物毁损、灭失情形下的权利。

①请求赔偿（质物已经毁损或者灭失）；

②请求提存或者提前清偿债务、返还质物（质物可能毁损或者灭失）。此种情形下提存的费用问题或者提前清偿债务的利息问题：质物提存费用由质权人负担；出质人提前清偿

---

〔1〕【答案】C

债权的，应当扣除未到期部分的利息。

（2）质权人在质权存续期间，未经出质人同意，擅自使用、处分质押财产，给出质人造成损害情形的权利：请求损害赔偿的权利。

（3）请求质权人及时行使权利的权利。

出质人可以请求质权人在债务履行期届满后及时行使质权；质权人不行使的，出质人可以请求人民法院拍卖、变卖质押财产。出质人请求质权人及时行使质权，因质权人怠于行使权利造成损害的，由质权人承担赔偿责任。

（4）债权消灭情形下请求返还质物的权利。

债务人履行债务或者出质人提前清偿所担保的债权的，质权人应当返还质押财产。

（5）对主债务人的求偿权、代位权。

3．对质权人的效力。

权利：

（1）质物占有权。

（2）质物孳息收取权。

（3）质物转质权（把握转质的条件）。

质权人在质权存续期间，为担保自己的债务，经出质人同意，以其所占有的质物为第三人设定质权的，应当在原质权所担保的债权范围之内，超过的部分不具有优先受偿的效力。转质权的效力优于原质权。

质权人在质权存续期间，未经出质人同意转质，造成质押财产毁损、灭失的，应当向出质人承担赔偿责任。

（4）质权保全请求权。

因不能归责于质权人的事由可能使质押财产毁损或者价值明显减少，足以危害质权人权利的，质权人有权要求出质人提供相应的担保；出质人不提供的，质权人可以拍卖、变卖质押财产，并与出质人通过协议将拍卖、变卖所得的价款提前清偿债务或者提存。

（5）优先受偿权。

义务：

①妥善保管和返还质物的义务。

②不得擅自使用、出租、处分质物的义务。

4．实现（略）。

二、权利质权

（一）可以设定质权的标的以及设定条件

1．汇票、本票、支票、债券、存款单、仓单、提单。

（1）应当订立书面合同。

（2）质权自权利凭证交付质权人时设立；没有权利凭证的，质权自有关部门办理出质登记时设立。

（3）背书的效力：对抗第三人。

2．基金份额、股权。

（1）出质的，当事人应当订立书面合同。

（2）以基金份额、证券登记结算机构登记的股权出质的，质权自证券登记结算机构办理出质登记时设立；以其他股权出质的，质权自办理出质登记时设立。

3. 可以转让的注册商标专用权、专利权、著作权等知识产权中的财产权。

（1）应当订立书面合同。

（2）质权自有关办理出质登记时设立。

4. 应收账款。

（1）当事人应当订立书面合同。

（2）质权自办理出质登记时设立。

【经典真题】

1. 甲公司与乙公司签订10万元建材买卖合同后，乙交付建材，甲公司未付建材款。甲公司将该建材用于丙公司办公楼装修，丙公司需向甲公司支付15万元装修款，其中5万元已经支付完毕。丙公司给乙公司出具《担保函》："本公司同意以欠甲公司的10万元装修款担保甲公司欠乙公司的10万元建材款。"乙公司对此并无异议。后，甲公司对乙公司的债务、丙公司对甲公司的债务均届期未偿，且甲公司怠于向丙公司主张债权。下列哪些表述是正确的？[1]（2011-3-59）

A. 乙公司对丙公司享有应收账款质权

B. 丙公司应对乙公司承担保证责任

C. 乙公司可以对丙公司提起代位权诉讼

D. 乙公司可以要求并存债务承担人丙公司清偿债务

【考点】 权利质权，代位权诉讼

【解析】（1）以应收账款出质的，当事人应当订立书面合同。质权自办理出质登记时设立。本题中，当事人并未办理出质登记，因此乙公司尚未享有对丙公司的应收账款的质权。故 A 错误。

（2）丙公司向乙公司出具的担保函内容以及乙公司无异议的事实，符合保证合同成立的情形之一，因此丙公司对甲公司承担保证责任。故 B 正确。第三人单方以书面形式向债权人出具担保书，债权人接受且未提出异议的，保证合同成立。

（3）丙公司的地位属于债务人的债务人，又因为甲公司怠于行使债权，且甲公司对乙公司的债务已届清偿期，故乙公司可以行使对丙公司的代位权。故 C 正确。债权人依照合同编的规定提起代位权诉讼，应当符合下列条件：（一）债权人对债务人的债权合法；（二）债务人怠于行使其到期债权，对债权人造成损害；（三）债务人的债权已到期；（四）债务人的债权不是专属于债务人自身的债权。虽然丙公司是甲的债务人，但是丙公司并未承受甲公司的债务，因此其不是并存债务承担人。故 D 错误。

2. 甲公司通知乙公司将其对乙公司的10万元债权出质给了丙银行，担保其9万元贷款。出质前，乙公司对甲公司享有2万元到期债权。如乙公司提出抗辩，关于丙银行可向乙公司行使质权的最大数额，下列哪一选项是正确的？[2]（2014-3-7）

A. 10万元　　　B. 9万元　　　C. 8万元　　　D. 7万元

【考点】 债权出质类比权利出质规则

---

〔1〕【答案】BC

〔2〕【答案】C

【解析】（1）债权出质的规则可以参考权利质权和债权让与规则。而权利质权制度未作规定的，可以适用动产质权。质押财产折价或者拍卖、变卖后，其价款超过债权数额的部分归出质人所有，不足部分由债务人清偿。质权人只能在债权数额范围内实现质权，故选项 A 错误。

（2）关于 BCD 选项，债务人接到债权转让通知后，债务人对让与人的抗辩，可以向受让人主张。故本题中债务人乙公司对出质人甲公司的抗辩，可以对质权人丙银行主张，因此 10 万元债权数额中，2 万可以抵销。故选项 C 正确，BD 错误。

3. 2016 年 3 月 3 日，甲向乙借款 10 万元，约定还款日期为 2017 年 3 月 3 日。借款当日，甲将自己饲养的市值 5 万元的名贵宠物鹦鹉质押交付给乙，作为债务到期不履行的担保；另外，第三人丙提供了连带责任保证。关于乙的质权，下列哪些说法是正确的？[1]（2017－3－56）

A. 2016 年 5 月 5 日，鹦鹉产蛋一枚，市值 2000 元，应交由甲处置

B. 因乙照管不善，2016 年 10 月 1 日鹦鹉死亡，乙需承担赔偿责任

C. 2017 年 4 月 4 日，甲未偿还借款，乙未实现质权，则甲可请求乙及时行使质权

D. 乙可放弃该质权，丙可在乙丧失质权的范围内免除相应的保证责任

【解析】质权人有权收取质押财产的孳息，但合同另有约定的除外。所以 A 选项错误。质权人负有妥善保管质押财产的义务；因保管不善致使质押财产毁损、灭失的，应当承担赔偿责任。所以 B 选项正确。出质人可以请求质权人在债务履行期届满后及时行使质权；质权人不行使的，出质人可以请求人民法院拍卖、变卖质押财产。所以 C 选项正确。质权人可以放弃质权。债务人以自己的财产出质，质权人放弃该质权的，其他担保人在质权人丧失优先受偿权益的范围内免除担保责任，但其他担保人承诺仍然提供担保的除外。所以 D 选项正确。

考点 4　留置权

留置权 $\begin{cases} ①普通留置权 \\ ②商事留置权 \end{cases}$

一、设定

（一）积极条件

1. 债权人合法占有债务人的动产。

（1）占有应为合法占有。（一般基于某种合同关系，如保管、运输、加工承揽、仓储、行纪等，对此范围的理解应持开放态度），以侵权方式取得占有的，不成立留置权。

（2）占有的标的物为动产。

（3）占有的形态可以包括间接占有。

（4）动产须归债务人所有。

2. 债权已届清偿期。（债务人未履行到期债务）

3. 该动产与债权之间基于同一法律关系（企业之间留置的除外）。

注意：《最高人民法院关于适用《中华人民共和国民法典》有关担保制度的解释》第

---

[1]【答案】BCD

62条 债务人不履行到期债务，债权人因同一法律关系留置合法占有的第三人的动产，并主张就该留置财产优先受偿的，人民法院应予支持。第三人以该留置财产并非债务人的财产为由请求返还的，人民法院不予支持。

企业之间留置的动产与债权并非同一法律关系，债务人以该债权不属于企业持续经营中发生的债权为由请求债权人返还留置财产的，人民法院应予支持。

企业之间留置的动产与债权并非同一法律关系，债权人留置第三人的财产，第三人请求债权人返还留置财产的，人民法院应予支持。

【经典真题】

1. 辽东公司欠辽西公司货款 200 万元，辽西公司与辽中公司签订了一份价款为 150 万元的电脑买卖合同，合同签订后，辽中公司指示辽西公司将该合同项下的电脑交付给辽东公司。因辽东公司届期未清偿所欠货款，故辽西公司将该批电脑扣留。关于辽西公司的行为，下列哪一选项是正确的？[1] (2010－3－10)

A. 属于行使抵押权 　　　　　 B. 属于行使动产质权

C. 属于行使留置权 　　　　　 D. 属于自助行为

【考点】留置权

【解析】留置权是担保物权的一种，是指债权人在已经合法占有债务人的动产情形下，当债务人不履行到期债务时，债权人可以留置该动产，并在仍未受偿情形下，就该动产优先受偿的权利。其要件为：（1）债权人合法占有债务人的动产；（2）债务人未履行到期债务；（3）该动产和债权属于同一法律关系，但是企业之间留置的除外；（4）留置动产需与其担保的债权数额相当。本题中，辽西公司为辽东公司的债权人，当辽东公司届期未清偿所欠货款情形下，其留置本应交付给辽东公司的电脑，属于行使留置权。故选项 C 正确。选项 A 和选项 B 涉及担保物权中的抵押权和动产质权，此两种担保物权均为约定担保物权，即需要债权人和债务人之间就债务担保达成协议，显然此题中辽西公司与辽东公司无此类协议。因此选项 AB 错误。选项 D 涉及自助行为。自助行为是指民事主体为保护自己的权利，在情势紧急无法请求公权力救济情形下，对他人的人身自由予以拘束或者对他人的财产予以扣押或者毁损的行为。本题中，辽西公司显然不具备自助行为的条件，因此 D 错误。

2. 下列哪些情形下权利人可以行使留置权？[2] (2015－3－55)

A. 张某为王某送货，约定货物送到后一周内支付运费。张某在货物运到后立刻要求王某支付运费被拒绝，张某可留置部分货物

B. 刘某把房屋租给方某，方某退租搬离时尚有部分租金未付，刘某可留置方某部分家具

C. 何某将丁某的行李存放在火车站小件寄存处，后丁某取行李时认为寄存费过高而拒绝支付，寄存处可留置该行李

D. 甲公司加工乙公司的机器零件，约定先付费后加工。付费和加工均已完成，但乙公司尚欠甲公司借款，甲公司可留置机器零件

【解析】本题主要考查留置权。"债务人不履行到期债务，债权人可以留置已经合法占

---

〔1〕【答案】C

〔2〕【答案】CD

有的债务人的动产，并有权就该动产优先受偿。前款规定的债权人为留置权人，占有的动产为留置财产。"A 项中，王某支付运费的债务尚未到清偿期，因此，还不能留置，故错误。"债权人留置的动产，应当与债权属于同一法律关系，但企业之间留置的除外。"B 项中，刘某与张某均是普通的民事主体，不是企业，因此，可以留置的动产应当与债权属于同一法律关系，即具有牵连关系。B 项中的家具与租金之间没有牵连关系，不能留置，错误。C 项中，寄存处与丁某之间是保管合同关系，当丁某不支付保管费时，寄存处可以留置该行李，正确。D 项中，甲乙之间是加工承揽合同关系，在完成以后，由于乙欠甲借款，尽管此借款关系与机器零件之间没有牵连关系，但是甲乙均是企业，不需要牵连关系，只要合法占有即可，故正确。

3. 甲借用乙的山地自行车，刚出门就因莽撞骑行造成自行车链条断裂，甲将自行车交给丙修理，约定修理费 100 元。乙得知后立刻通知甲解除借用关系并告知丙，同时要求丙不得将自行车交给甲。丙向甲核实，甲承认。自行车修好后，甲、乙均请求丙返还。对此，下列哪一选项是正确的？[1]（2016 - 3 - 7）

A. 甲有权请求丙返还自行车

B. 丙如将自行车返还给乙，必须经过甲当场同意

C. 乙有权要求丙返还自行车，但在修理费未支付前，丙就自行车享有留置权

D. 如乙要求丙返还自行车，即使修理费未付，丙也不得对乙主张留置权

【解析】无权占有不动产或者动产的，权利人可以请求返还原物。甲不是物权人，不能行使返还原物请求权；甲是修理合同的当事人，本可以根据修理合同要求返还山地自行车，但题目交待，乙通知甲解除借用关系并告知丙，同时要求丙不得将自行车交给甲，丙向甲核实，甲承认。故甲无权请求丙返还自行车，A 选项错误。

乙是山地自行车的所有权人，向丙主张返还原物请求权，无须甲的同意，B 选项错误。债务人不履行到期债务，债权人可以留置已经合法占有的债务人的动产，并有权就该动产优先受偿。

C 选项正确，D 选项错误。《民法典》第 447 条，债务人不履行到期债务，债权人可以留置已经合法占有的债务人的动产，并有权就该动产优先受偿。前款规定的债权人为留置权人，占有的动产为留置财产。故在未支付修理费前，可以留置自行车。

★**特别提示** 需把握企业之间的留置并不要求债权人的债权与留置的动产属于同一法律关系。

（二）消极条件

1. 对动产的占有不是基于侵权行为。

2. 对动产的留置不得违反公共利益或者善良风俗。

3. 对动产的留置不得与留置人所承担的义务相抵触。

4. 当事人约定不得留置的，不得留置。

---

〔1〕【答案】C

二、效力

（一）对于留置权所担保的债权的效力

（二）对留置物的效力

1. 对于从物。（同质押物规定）

2. 对于孳息。

留置权人有权收取留置财产的孳息。

3. 对于代位物。（同抵押物和质押物）

4. 对于可分物与不可分物。

（1）留置的财产为可分物的，留置物的价值应当相当于债务的金额。

（2）留置物为不可分物的，留置权人在债权未受全部清偿前，留置权人可以就其留置物的全部行使留置权。

（三）对于留置权人（留置权属于需经两次行使才能实现的权利）

权利：

1. 留置并占有留置物。

2. 收取留置物的孳息。

3. 以保管之目的而使用留置物。

4. 请求偿还保管费用。

5. 优先受偿权。

第一，双方应当约定留置财产后的债务履行期间。

第二，没有约定或者约定不明的，留置权人应当给债务人六十日以上的履行债务的期间，但是鲜活易腐等不易保管的动产除外。

如留置权人不行使留置权的，债务人可以请求法院拍卖或者变卖留置财产。

义务：

1. 妥善保管和返还留置物。

留置权人负有妥善保管留置物的义务。因保管不善致使留置物灭失或者毁损的，留置权人应当承担民事责任。

2. 不得擅自使用、出租、处分留置物的义务。

3. 经债务人的请求行使留置权义务。

4. 留置权消灭后返还留置财产的义务。

考点5　担保物权竞合

一、竞合的条件：担保物权的内容不冲突，可以并存

二、情形以及适用

（一）抵押权与留置权竞合、质权与留置权竞合

法定担保物权优先于约定担保物权，同一动产上已设立抵押权或者质权，该动产又被留置的，留置权人优先受偿。

（二）抵押权与质权竞合：质权与抵押权之间，分动产所有人"先抵后质"与"先质后抵"两种情形，作不同处理：

①先设立抵押权，后设立质权。未登记的动产抵押权，不能对抗善意的第三人。所以：（a）若抵押权已经登记，则抵押权优先于质权；（b）若抵押权未登记，且后来的质权人为善意，则质权优先于未登记的抵押权。

②先设立质权，后设立抵押权。无论后设立的抵押权是否登记，质权均优先于后设立的抵押权。

（三）动产抵押担保的主债权是抵押物的价款，

标的物交付后十日内办理抵押登记的，该抵押权人优先于抵押物买受人的其他担保物权人受偿，但是留置权人除外。

【经典真题】

1. 同升公司以一套价值100万元的设备作为抵押，向甲借款10万元，未办理抵押登记手续。同升公司又向乙借款80万元，以该套设备作为抵押，并办理了抵押登记手续。同升公司欠丙货款20万元，将该套设备出质给丙。丙不小心损坏了该套设备送丁修理，因欠丁5万元修理费，该套设备被丁留置。关于甲、乙、丙、丁对该套设备享有的担保物权的清偿顺序，下列哪一排列是正确的？[1]（2011－3－7）

A. 甲乙丙丁   B. 乙丙丁甲   C. 丙丁甲乙   D. 丁乙丙甲

【考点】 担保物权竞合情形下的清偿顺位问题

【解析】（1）法定担保物权优先于约定担保物权，同一动产上已设立抵押权或者质权，该动产又被留置的，留置权人优先受偿。因此本题中留置权人丁应该得到第一顺序清偿。因此从做题角度，本题到此可以直接选D。其他选项均错误。

（2）同一财产向两个以上债权人抵押的，拍卖、变卖抵押财产所得的价款依照下列规定清偿：（一）抵押权已登记的，按照登记的先后顺序清偿；（二）抵押权已登记的先于未登记的受偿；（三）抵押权未登记的，按照债权比例清偿。据此，在乙和甲之间，乙优先受偿。

（3）抵押权与质权并存仅限于动产之上，本题即为此。此种情形下，须看该抵押权是否登记，如登记则可以对抗善意第三人，即抵押权人优先于质权人；如未登记，则不能对抗善意第三人，即质权人优先于抵押权人。本题中该抵押权未登记，因此乙的经登记的抵押权优先于丙的质权，丙的质权优先于甲的未登记的抵押权。

2. 甲服装公司与乙银行订立合同，约定甲公司向乙银行借款300万元，用于购买进口面料。同时，双方订立抵押合同，约定甲公司以其现有的以及将有的生产设备、原材料、产品为前述借款设立抵押。借款合同和抵押合同订立后，乙银行向甲公司发放了贷款，但未办理抵押登记。之后，根据乙银行要求，丙为此项贷款提供连带责任保证，丁以一台大型挖掘机作质押并交付。如甲公司未按期还款，乙银行欲行使担保权利，当事人未约定行使担保权利顺序，下列选项正确的是：[2]（2017－3－91）

A. 乙银行应先就甲公司的抵押实现债权

---

〔1〕【答案】D
〔2〕【答案】A

  B. 乙银行应先就丁的质押实现债权

  C. 乙银行可选择就甲公司的抵押或丙的保证实现债权

  D. 乙银行可选择就甲公司的抵押或丁的质押实现债权

【解析】被担保的债权既有物的担保又有人的担保的，债务人不履行到期债务或者发生当事人约定的实现担保物权的情形，债权人应当按照约定实现债权；没有约定或者约定不明确，债务人自己提供物的担保的，债权人应当先就该物的担保实现债权；第三人提供物的担保的，债权人可以就物的担保实现债权，也可以要求保证人承担保证责任。提供担保的第三人承担担保责任后，有权向债务人追偿。所以乙银行在实现债权时应先向甲公司追偿，所以 BCD 选项错误。

【小结/重点整理】

  担保物权历来是法律职业资格考试青睐的部分，以下几个方面的内容值得进一步关注：第一，各类担保物权的设立中，一定要结合物权变动之基本理论，对具体担保物权之设立，分别把握。第二，在担保物权的效力中，重点关注当事人之间的权利和义务。第三，在担保物权的实现中，应注意权利质权的特殊实现方式以及担保物权竞合情形下的处理规则。

第十三章
占有制度

导学　本章内容主要包括占有的基本理论、我国民法典物权编关于占有制度的具体规定、对占有的保护。考查分值呈逐年上升趋势，而且侧重考查占有与所有权的权利对抗问题，间接占有人与直接占有人权利行使问题，请大家做题时着重关注类似题目。

✎ 重点知识详解

考点1　占有的基本理论

占有的种类

（一）自主占有与他主占有

【分类标准及概念】这是依占有人的意思为标准进行的分类。自主占有是指以物属于自己所有（所有的意思）的占有；无所有的意思，仅以某种特定关系支配物的意思的占有是他主占有。

自主占有中的"所有的意思"，是指具备所有人占有的意思，不必是真正的所有人或要求其自信为所有人。

【区别意义】自主占有与他主占有区别的意义在于：作为所有权取得的时效要件的占有和先占要件的占有，应当是自主占有；无权占有的标的物毁损灭失的，对于权利人因此遭受的损失，虽同为善意占有人，善意自主占有人与善意他主占有人的责任不同：①善意的自主占有人无论是否具有过错，均不承担损害赔偿责任。②善意的他主占有人，因超越假想的占有权对占有物造成的损害，应承担赔偿责任，否则不承担赔偿责任。

（二）直接占有与间接占有

【分类标准及概念】这是以占有人在事实上是否占有物为标准进行的分类。直接占有是指在事实上对物的占有，如居住房屋、穿着衣服；间接占有是指基于一定法律关系，对于事实上占有物的人（即直接占有人）有返还请求权，因而间接对物管领的占有。间接占有的特点在于间接占有人与直接占有人间存在特定的法律关系。基于这种法律关系，间接占有人对于直接占有人有返还请求权。

【区别意义】直接占有与间接占有区别的意义在于：①这两种占有的取得手段不同，保护方法也不一样。②交付与占有血脉相连。③间接占有可以形成占有阶梯，形成多层次间接占有，直接占有则不能。

（三）有权占有与无权占有

【分类标准及概念】这是根据进行的占有是否依据本权所作的分类。所谓本权，是指基于法律上的原因，可对物进行占有的权利，如所有权、地上权、典权、质权、留置权。有权占有即指有本权的占有，如地上权人依地上权对土地的占有；无权占有是指无本权的占有，如拾得人对于遗失物的占有。

【区别意义】有权占有与无权占有区别的意义在于：①无权占有人在本权人请求返还原物时，有返还的义务。②作为留置权要件的占有，限于有权占有。③无权占有不能用于调整有权占有。④因侵权行为占有他人动产的，非为合法占有（有权占有），不成立留置权。

【经典真题】

甲向乙借款 5000 元，并将自己的一台笔记本电脑出质给乙。乙在出质期间将电脑无偿借给丙使用。丁因丙欠钱不还，趁丙不注意时拿走电脑并向丙声称要以其抵债。下列哪些选项是正确的?[1]（2007－3－57）

A. 甲有权基于其所有权请求丁返还电脑

B. 乙有权基于其质权请求丁返还电脑

C. 丙有权基于其占有被侵害请求丁返还电脑

D. 丁有权主张以电脑抵偿丙对自己的债务

【考点】无权占有

【解析】本题中，甲为笔记本电脑的所有权人，乙为笔记本电脑的质权人，丙为笔记本电脑的直接占有人，而丁则为无权占有。"无权占有不动产或者动产的，权利人可以请求返还原物。"故 AB 正确。"占有的不动产或者动产被侵占的，占有人有权请求返还原物；对妨害占有的行为，占有人有权请求排除妨害或者消除危险；因侵占或者妨害造成损害的，占有人有权请求损害赔偿。"本题中丙是占有人，其占有的标的物被侵占后，丙有权请求返还原物，因此 C 项正确。丁趁丙不注意拿走电脑属于无权占有，不发生以电脑抵债的法律后果，因此 D 是错误的。

（四）善意占有与恶意占有

【分类标准及概念】这是对无权占有依占有人的主观心理状态的不同所作的分类。善意占有是占有人不知其无占有的权利的占有；恶意占有是占有人知道其无占有的权利的占有。

【区别意义】善意占有与恶意占有区别的意义在于：①取得时效中善意占有与恶意占有的期间不同，即时效取得以善意占有为要件。②善意占有与恶意占有受保护的程度不同。③占有人的权利、义务，因善意占有和恶意占有而有所不同。

【经典真题】

高某向周某借用一头耕牛，在借用期间高某意外死亡，其子小高不知耕牛非属高某所有而继承。不久耕牛产下一头小牛。期满后周某要求小高归还耕牛及小牛，但此时小牛已因小高管理不善而死亡。下列哪一选项是正确的?[2]（2008 延－3－14）

〔1〕【答案】ABC
〔2〕【答案】A

A. 周某有权请求小高归还其耕牛，但无权请求返还小牛

B. 周某有权请求小高归还其耕牛及小牛

C. 周某有权请求小高返还其耕牛及小牛，但应向小高支付必要费用

D. 周某可以请求小高赔偿小牛死亡的损失

【考点】善意无权占有

【解析】（1）天然孳息，由所有权人取得；既有所有权人又有用益物权人的，由用益物权人取得。当事人另有约定的，按照约定。本题中，耕牛属于周某借给高某使用的，故周某是耕牛的所有权人。小牛已脱离母体，属于天然孳息，按照法律规定，小牛应当由所有权人周某取得。

（2）占有人因使用占有的不动产或者动产，致使该不动产或者动产受到损害的，恶意占有人应当承担赔偿责任。不动产或者动产被占有人占有的，权利人可以请求返还原物及其孳息，但应当支付善意占有人因维护该不动产或者动产支出的必要费用。本题中，"小高不知耕牛非属高某所有而继承"表明小高为耕牛与小牛的善意无权占有人。因此，小高虽然负有将耕牛与小牛返还给周某的义务，但此时小牛已因小高管理不善而死亡，因为小高为善意无权占有人，不必对周某承担小牛死亡的赔偿责任，所以周某有权请求小高归还耕牛，但无权请求返还小牛。

考点2　我国民法典物权编关于占有制度的具体规定

一、关于有权占有

二、关于无权占有——占有人与返还请求权人的关系

【占有人与返还请求权人的关系的概念】是指无权占有人在请求权人请求其返还占有物时所发生的权利和义务关系。这种关系经常会与无因管理、侵权行为、合同解除等制度发生竞合。这时应适用何种规定，当事人可以自由选择。

（一）占有人对物的使用、收益——善意占有人，有权对占有物使用

这是善意占有人的一项重要的权利，而恶意占有人不享有对占有物的使用、收益权。

善意占有人对于占有物的使用、收益，应依其推定的权利进行。这种推定的权利种类，应视占有人对于占有物所行使的权利种类为限。

恶意占有人在返还占有物时应返还占有物的孳息。如果孳息被消费了或因过失而损失了或应当收取而没有收取的，应当赔偿损失。

（二）占有人在占有物毁损、灭失时的赔偿责任——物上代位性、恶意占有人负赔偿损失责任

在占有物毁损、灭失的时候，占有人对于返还请求人负有赔偿责任。这种责任的范围因占有人是善意的还是恶意的有所不同。

因使用占有的不动产或者动产，致使该不动产或者动产受到损害的，善意占有人不承担赔偿责任，恶意占有人应当承担赔偿责任。

（三）占有人请求偿还费用的权利——善意占有人有权请求必要费用，有益费用只能在占有物现存价值范围内

占有人在占有标的物期间对物支出了费用，依其性质为必要费用还是有益费用以及占

有是恶意还是善意，其请求偿还费用的范围也不一样。

【经典真题】

1. 甲、乙是邻居。乙出国2年，甲将乙的停车位占为己用。期间，甲将该停车位出租给丙，租期1年。期满后丙表示不再续租，但仍继续使用该停车位。下列哪一表述是错误的？[1]（2012-3-8）

A. 甲将乙的停车位占为己用，甲属于恶意、无权占有人

B. 丙的租期届满前，甲不能对丙主张占有返还请求权

C. 乙可以请求甲返还原物。在甲为间接占有人时，可以对甲请求让与其对丙的占有返还请求权

D. 无论丙是善意或恶意的占有人，乙都可以对其行使占有返还请求权

【考点】 占有分类，占有返还请求权，返还原物请求权

【解析】（1）根据占有人是否具备占有的权利，可以把占有分为有权占有和无权占有；而无权占有中，又根据占有人是否知道或者应当知道自己属于无权占有，分为善意占有和恶意占有。如果占有人不知道或者不应知道自己没有占有权利的，为善意占有；否则为恶意占有。本题中，甲的占有属于无权占有、恶意占有，故选项A正确，不当选。

（2）"占有的不动产或者动产被侵占的，占有人有权请求返还原物；对妨害占有的行为，占有人有权请求排除妨害或者消除危险；因侵占或者妨害造成损害的，占有人有权请求损害赔偿。"据此规定，占有人行使占有返还请求权的前提是存在占有物被"侵占"的事实。而本题中甲将车位出租于丙，租赁期限内，丙的行为显然不属于"侵占"，因此甲不具有占有返还请求权。当然，如果如题所述，租期届满后丙不续租但仍继续使用停车位属于侵占行为，甲则具有占有返还请求权。因此选项B的说法正确，不当选。

（3）"无权占有不动产或者动产的，权利人可以请求返还原物。"乙对甲享有返还原物请求权；租赁期限届满后，甲对丙的直接占有享有占有返还请求权，因此甲可以将占有返还请求权让与给乙，以保护乙的利益。故选项C的说法正确，不当选。

（4）乙对该车位享有的是基于本权而产生的返还原物请求权，与基于占有而产生的占有返还请求权，并非同种权利。"不动产或者动产被占有人占有的，权利人可以请求返还原物及其孳息，但应当支付善意占有人因维护该不动产或者动产支出的必要费用。"以及前述的"占有的不动产或者动产被侵占的，占有人有权请求返还原物。"虽然都提及返还原物，但是两种权利是不同的。作为本权人的乙，对包括甲和丙在内的任何无权占有人，享有的都是返还原物请求权，而并非占有返还请求权。故选项D表述错误，当选。

2. 丙找甲借自行车，甲的自行车与乙的很相像，均放于楼下车棚。丙错认乙车为甲车，遂把乙车骑走。甲告知丙骑错车，丙未理睬。某日，丙骑车购物，将车放在商店楼下，因墙体倒塌将车砸坏。下列哪些表述是正确的？[2]（2012-3-58）

A. 丙错认乙车为甲车而占有，属于无权占有人

B. 甲告知丙骑错车前，丙修车的必要费用，乙应当偿还

C. 无论丙是否知道骑错车，乙均有权对其行使占有返还请求权

---

[1]【答案】D
[2]【答案】ABCD

D. 对于乙车的毁损，丙应当承担赔偿责任

【考点】占有制度 物权保护

【解析】（1）丙占有乙车，未经乙的同意，也无其他合法依据，属于无权占有，选项A表述正确，当选。

（2）甲告知丙骑错车前，丙的占有虽然是无权占有，但是还属于善意占有。善意占有是无权占有的再分类。如果权利人请求返还，应当支付善意占有人因维护该不动产或者动产支出的必要费用。故选项B表述正确，当选。

（3）乙向丙主张返还车辆，有两个请求权基础。一个是基于所有权人的地位，主张返还原物请求权。一个是基于占有人的身份，主张占有返还请求权。对于后者，无论丙是善意占有还是恶意占有，均属无权占有，而对于无权占有，原占有人都有权主张占有返还。因此选项C正确。当选。

（4）丙在甲告知后，已经属于恶意占有。占有人因使用占有的不动产或者动产，致使该不动产或者动产受到损害的，恶意占有人应当承担赔偿责任。此外，侵害物权，造成权利人损害的，权利人可以请求损害赔偿，也可以请求承担其他民事责任。丙的行为，既侵害了乙的物权，也侵害了乙对车的占有，无论是根据物权保护制度还是占有保护制度，丙均应承担赔偿责任。故选项D正确，当选。

3. 甲、乙就乙手中的一枚宝石戒指的归属发生争议。甲称该戒指是其在2015年10月1日外出旅游时让乙保管，属甲所有，现要求乙返还。乙称该戒指为自己所有，拒绝返还。甲无法证明对该戒指拥有所有权，但能够证明在2015年10月1日前一直合法占有该戒指，乙则拒绝提供自2015年10月1日后从甲处合法取得戒指的任何证据。对此，下列哪一说法是正确的？[1]（2016－3－9）

A. 应推定乙对戒指享有合法权利，因占有具有权利公示性

B. 应当认定甲对戒指享有合法权利，因其证明了自己的先前占有

C. 应当由甲、乙证明自己拥有所有权，否则应判决归国家所有

D. 应当认定由甲、乙共同共有

【解析】占有的权利推定效力。如果占有人在占有物上行使权利，则推定其享有此项权利。这就是占有的权利推定效力。根据占有的权利推定效力，在没有相反证据的情况下即推定占有人享有相应的物权。甲能够证明在2015年10月1日前一直合法占有该戒指，乙则拒绝提供自2015年10月1日后从甲处合法取得戒指的任何证据。故推定甲对戒指享有合法权利，故A选项错误，B选项正确。C选项认为判决归国家所有，并无法律依据，错误；D选项认定甲、乙共有，并无法律依据，错误。

三、对占有的保护

【占有保护】占有为一种既成的事实，即使这种事实与其他当事人的权利相抵触，也不应再受到非法行为的侵害。例如甲侵占（如偷窃）了乙的电视机，丙不能因甲是无权占有而去侵夺。因此，对占有的保护，就是对社会安宁、稳定的保护。

占有人对于非法行为的侵害，有自力救济权和占有保护请求权。

---

〔1〕【答案】B

（一）占有人的自力救济权——以尚未完全丧失占有为前提

占有人在其占有受到侵害时，如果侵害人没有比占有人更强的权利，则占有人有权依其占有进行自力救济。

占有人的自力救济权包括：（1）自力防御权。自力防御权的保护，重在占有的事实状态，因此只有直接占有人可以行使，间接占有人无此权利。（2）自力取回权。即占有人对于被他人侵夺的占有物，有权取回。

▣ ★特别提示 最近几年重点考查占有权利人之间的权利对抗问题，尤其是间接占有与直接占有的问题，请大家着重掌握。

【经典真题】

甲将1套房屋出卖给乙，已经移转占有，没有办理房屋所有权移转登记。现甲死亡，该房屋由其子丙继承。丙在继承房屋后又将该房屋出卖给丁，并办理了房屋所有权移转登记。下列哪些表述是正确的？[1]（2012-3-56）

A. 乙虽然没有取得房屋所有权，但是基于甲的意思取得占有，乙为有权占有

B. 乙可以对甲的继承人丙主张有权占有

C. 在丁取得房屋所有权后，乙可以以占有有正当权利来源对丁主张有权占有

D. 在丁取得房屋所有权后，丁可以基于其所有权请求乙返还房屋

【考点】占有制度

【解析】（1）乙的占有系基于甲乙之间的买卖合同，为有权占有，故选项A的表述正确，当选。

（2）乙丙之间，丙基于法律规定而取得房屋所有权，但是乙也因房屋买卖合同和甲的意思占有，属于有权占有，乙可以对丙主张这种有权占有。故选项B的表述正确，当选。

（3）债权具有相对性，基于债权取得的有权占有也具有相对性。乙就是基于债权而取得的有权占有，仅对债的当事人构成有权占有，乙对甲或者丙构成有权占有，但是乙相当于丁则是无权占有。所以C项是错误的，D选项正确。

（二）占有保护请求权——占有物返还请求权+占有排除妨害请求权

【占有保护请求权】占有保护请求权是占有人的占有被非法侵害时，占有人可直接对侵害人，也可向法院提起保护其占有的请求权。该请求权主要有以下两项：

1. 占有物返还请求权。占有人在其占有被侵夺时，有权请求返还其占有物。

2. 占有妨害排除请求权。占有人在其占有受到妨害使占有人无法完全支配其占有物时，占有人有权请求排除妨害。

在他人的行为还没有对占有人造成现实的妨害，只是有妨害的可能时，占有人也可以请求预防这种妨害的发生。

【经典真题】

张某拾得王某的一只小羊拒不归还，李某将小羊从张某羊圈中抱走交给王某。下列哪一表述是正确的？[2]（2014-3-9）

---

[1]【答案】司法部答案为ABCD，现在通说为ABD

[2]【答案】D

A. 张某拾得小羊后因占有而取得所有权　　B. 张某有权要求王某返还占有

C. 张某有权要求李某返还占有　　　　　　D. 李某侵犯了张某的占有

【考点】占有

【解析】（1）所有权人或者其他权利人有权追回遗失物。故在遗失物拾得法律关系中，遗失物的所有权应当属于失主，因此拾得人不会因为占有遗失物而取得遗失物的所有权。故选项 A 表述错误。

（2）王某系失主，即小羊的所有权人，其对小羊的恢复占有属于有权占有，张某无权要求王某返还占有。故选项 B 表述错误。

（3）张某对小羊虽然是无权占有，但是对于失主以外的人而言，其占有仍需得到法律的保护，因此李某的行为侵犯了张某的占有。但是由于李某在将小羊交给王某后，其已经丧失了对小羊的占有，张某无法要求李某返还占有，故选项 C 错误，D 正确。

【小结/重点整理】

本章知识在法律职业资格考试中每年考查 1 分到 2 分，主要集中于对占有基本制度和基本理论的考查，总体而言，难度不大，但是应注重占有制度与其他制度之间的关系。

第三编　合　同

知识体系结构图

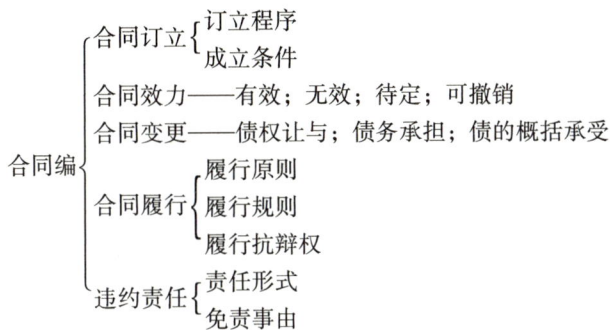

合同编
- 合同订立
  - 订立程序
  - 成立条件
- 合同效力——有效；无效；待定；可撤销
- 合同变更——债权让与；债务承担；债的概括承受
- 合同履行
  - 履行原则
  - 履行规则
  - 履行抗辩权
- 违约责任
  - 责任形式
  - 免责事由

第十四章
合同的订立与成立

合同订立结构图

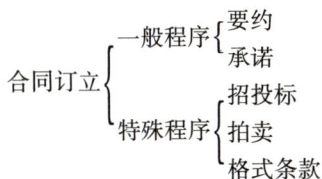

合同订立
- 一般程序
  - 要约
  - 承诺
- 特殊程序
  - 招投标
  - 拍卖
  - 格式条款

导学

　　本章主要内容涵盖合同订立的一般程序，即要约和承诺的基本知识；以及合同订立的特殊程序，即通过格式合同订立合同和悬赏广告的形式订立合同。

重点知识详解

考点1　合同订立的一般程序

一、要约

（一）含义

要约又称发盘、出盘、发价、出价、报价，是指希望他人订立合同的意思表示，是订立合同的必经阶段。从一般意义上说，要约是一种订约行为，发出要约的人称为要约人，接受要约的人称为受要约人或相对人。

（二）条件

1. 要约必须向特定人发出。

★**特别提示**　要约原则上应向特定的人发出，可以是一人，也可以是数人，但法律并不禁止要约向不特定人发出。但是向不特定人发出要约，应具备两个条件：①必须明确表示其作出的建议是一项要约而非要约邀请，如申明"本广告构成要约"；②必须明确承担向多人发出要约的责任，同时具有向不特定的相对人作出承诺后履行合同的能力。

2. 要约是一种意思表示。

★**特别提示**　要约既不是事实行为，也不是法律行为，只是一种意思表示。

3. 要约必须以缔结合同为目的。非以缔结合同为目的的表示不属于要约。

4. 要约的内容应具体确定。要约一经相对人承诺即导致合同成立。

5. 要约必须表明经受要约人承诺。

（三）要约的法律效力

1. 要约的生效时间：到达对方时。

2. 要约的效力期间：

通常由要约人确定。要约人没有预先确定的，则视情况而定：口头要约的，如受要约人未立即承诺，则要约失效；书面要约的，应确定一个合理期限作为要约的存续期限。

（四）要约的撤回

在要约生效前，要约人可以撤回要约。撤回要约的通知应当在要约到达受要约人之前或者与要约同时到达受要约人。

（五）要约的撤销

要约生效后，在符合法定条件时，要约人可以撤销要约。

何种情况下不得撤销要约：

1. 要约人确定了承诺期限或者以其他形式明示要约不可撤销。

2. 受要约人有理由认为要约是不可撤销的，并已经为履行合同作了准备工作。

【经典真题】

乙公司向甲公司发出要约，旋即又发出一份"要约作废"的函件。甲公司的董事长助理收到乙公司"要约作废"的函件后，忘记交给董事长。第三天，甲公司董事长发函给乙公司，提出只要将交货日期推迟2个星期，其他条件都可以接受。后甲、乙公司未能缔约，

双方缔约没能成功的原因是什么?[1](2002 – 3 – 12)

A. 要约已被撤回　　　　　　B. 要约已被撤销

C. 甲公司对要约作了实质性改变　　D. 甲公司承诺超过了有效期间

【考点】要约的撤回

【解析】旋即又发出的"要约作废"的函件,可以解释为要约的撤回。这基于一个推定:此函件与要约同时到达。要约可以撤回。撤回要约的通知应当在要约到达受要约人之前或者与要约同时到达受要约人。因此,A项正确。

（六）要约邀请与要约的区分

要约邀请（要约引诱）是希望他人向自己发出要约的表示,其对当事人无约束力拍卖公告、招标公告、招股说明书、债券募集说明书、基金招募说明书、商业广告和宣传、寄送的价目表等为要约邀请。

商业广告和宣传的内容符合要约条件的,构成要约。

二、承诺

（一）含义

承诺是受要约人同意要约的意思表示。

（二）条件

1. 承诺必须是由受要约人本人或其代理人作出。

2. 承诺须向要约人作出。

3. 承诺必须在要约确定的存续期间内到达要约人。

4. 承诺的内容应当与要约的内容一致。受要约人对要约的内容作出实质性变更的,为新要约;作出非实质性变更的,除要约人及时表示反对或者要约表明承诺不得对要约的内容作出任何变更的以外,该承诺有效。

▶★特别提示　有关合同标的、数量、质量、价款或者报酬、履行期限、履行地点和方式、违约责任和解决争议方法等的变更,是对要约内容的实质性变更。

5. 承诺原则上应以明示方式作出,特殊情况下依交易习惯或者要约的规定也可以行为作出。但除法律有特别规定或当事人事先有明确约定外,沉默不能作为承诺的形式。

（三）承诺的效力

1. 承诺生效意味着合同成立,双方当事人由此承担合同产生的权利与义务。

2. 对于承诺生效的时间,我国合同法采取"到达主义",即承诺一经作出,并送达要约人,合同即告成立,要约人不得加以拒绝。承诺不需要通知的,根据交易习惯或者要约的要求作出承诺的行为时生效。

（四）承诺的撤回

承诺可以撤回,撤回承诺的通知应当在承诺通知到达要约人之前或与承诺通知同时到达要约人。

【经典真题】

1. 甲商场向乙企业发出采购100台电冰箱的要约,乙于5月1日寄出承诺信件。5月8

[1]【答案】A

日，信件寄至甲商场，时逢其总经理外出，5 月 9 日，总经理知悉了该信内容，遂于 5 月 10 日电传告乙收到承诺。该承诺何时生效？[1]（2000 - 3 - 16）

　　A. 5 月 1 日　　　　　　B. 5 月 8 日　　　　C. 5 月 9 日　　　　　D. 5 月 10 日

【考点】承诺生效的一般规则

【解析】"承诺通知到达要约人时生效。承诺不需要通知的，根据交易习惯或者要约的要求作出承诺的行为时生效。"以信件的方式承诺，该信件到达时为其成立的时间。因此，B 项正确。

2. 甲公司通过电视发布广告，称其有 100 辆某型号汽车，每辆价格 15 万元，广告有效期 10 天。乙公司于该则广告发布后第 5 天自带汇票去甲公司买车，但此时车已全部售完，无货可供。下列哪一选项是正确的？[2]（2007 - 3 - 8）

　　A. 甲构成违约　　　　　　　　　　　B. 甲应承担缔约过失责任
　　C. 甲应承担侵权责任　　　　　　　　D. 甲不应承担民事责任

【考点】要约与承诺

【解析】要约是希望和他人订立合同的意思表示，该意思表示应当符合下列规定：（一）内容具体确定；（二）表明经受要约人承诺，要约人即受该意思表示约束。要约邀请是希望他人向自己发出要约的意思表示。寄送的价目表、拍卖公告、招标公告、招股说明书、商业广告等为要约邀请。商业广告的内容符合要约规定的，视为要约。本题中，甲公司发布的广告内容具体明确，符合要约的规定，视为要约；而乙的行为也构成承诺，因此购车合同成立有效。甲公司无货供应，构成违约。因此，A 项正确。

3. 根据甲公司的下列哪些《承诺（保证）函》，如乙公司未履行义务，甲公司应承担保证责任？[3]（2015 - 3 - 57）

　　A. 承诺："积极督促乙公司还款，努力将丙公司的损失降到最低"
　　B. 承诺："乙公司向丙公司还款，如乙公司无力还款，甲公司愿代为清偿"
　　C. 保证："乙公司实际投资与注册资金相符"。实际上乙公司实际投资与注册资金不符
　　D. 承诺："指定乙公司与丙公司签订保证合同"。乙公司签订了保证合同但拒不承担保证责任

【解析】（1）保证，是指保证人和债权人约定，当债务人不履行债务时，保证人按照约定履行债务或者承担责任的行为。A 项，甲公司仅具有督促义务，而保证责任是履行债务或承担其他相应责任的行为，督促义务显然与之不符。故 A 项错误。

（2）当事人在保证合同中约定，债务人不能履行债务时，由保证人承担保证责任的，为一般保证。此选项中，甲公司愿代为清偿的责任属于一般保证的范围，所以乙公司未履行债务时甲公司应当承担保证责任，故 B 正确，当选。

（3）一般保证的保证人在主合同纠纷未经审判或者仲裁，并就债务人财产依法强制执行仍不能履行债务前，对债权人可以拒绝承担保证责任。保证人对债务人的注册资金提供保证的，债务人的实际投资与注册资金不符，或者抽逃转移注册资金的，保证人在注册资

---

　　[1]【答案】B
　　[2]【答案】A
　　[3]【答案】BC

金不足或者抽逃转移注册资金的范围内承担连带保证责任。此选项中，乙公司存在实际投资与注册资金不符的问题，而甲公司对乙公司的注册资金提供了保证，故根据此条法律规定，甲公司应当对其保证承担连带保证责任。故 C 正确，当选。

保证合同的当事人是保证人和债权人，而此选项中保证人为乙公司，若乙拒不履行保证责任，丙应向乙行使请求权，而由于甲与丙并没有保证关系存在，所以丙没有权利向甲行使请求权。因此，D 错误。

4. 甲单独邀请朋友乙到家中吃饭，乙爽快答应并表示一定赴约。甲为此精心准备，还因炒菜被热油烫伤。但当日乙因其他应酬而未赴约，也未及时告知甲，致使甲准备的饭菜浪费。关于乙对甲的责任，下列哪一说法是正确的？[1]（2016 - 3 - 10）

A. 无须承担法律责任　　　　　　　B. 应承担违约责任
C. 应承担侵权责任　　　　　　　　D. 应承担缔约过失责任

【考点】情谊行为、民事责任的承担

【解析】情谊行为又称为好意施惠关系，指当事人之间无意设定法律上的权利义务关系，而由当事人一方基于良好的道德风尚实施的使另一方受恩惠的关系。其属于旨在增进情谊的行为。甲邀请乙到家吃饭，属于好意施惠，不属于合同行为，故 B 选项错误，无缔约行为，当然无缔约过失责任的承担，故 D 选项错误。

行为人因过错侵害他人民事权益，应当承担侵权责任。乙无过错，无须承担侵权责任，故 C 选项错误。综上所述，乙无须承担法律责任，故 A 选项正确。

考点 2　采用格式条款订立合同

基本涵义	当事人为了重复使用而预先拟定，并在订立合同时未与对方协商的条款 采用格式条款订立合同的，提供格式条款的一方应当遵循公平原则确定当事人之间的权利和义务，并采取合理的方式提示对方注意免除或者减轻其责任等与对方有重大利害关系的条款，按照对方的要求，对该条款予以说明。提供格式条款的一方未履行提示或者说明义务，致使对方没有注意或者理解与其有重大利害关系的条款的，对方可以主张该条款不成为合同的内容
解释方法	→按通常理解予以解释 →→对格式条款有两种以上解释的，应作出不利于提供格式条款方的解释 →格式条款和非格式条款不一致的，应当采用非格式条款
无效规则	以下格式条款无效：①格式条款中有民事法律行为无效事由；格式条款中的**造成对方人身损害的、因故意或者重大过失造成对方财产损失**的免责条款无效；②提供格式条款一方不合理地免除或者减轻其责任、加重对方责任、限制对方主要权利；③提供格式条款一方排除对方主要权利。

【经典真题】

1. 刘某提前两周以 600 元订购了海鸥航空公司全价 1000 元的六折机票，后因临时改变行程，刘某于航班起飞前一小时前往售票处办理退票手续，海鸥航空公司规定起飞前两小

---

[1]【答案】A

时内退票按机票价格收取 30% 手续费。下列哪一选项是正确的?[1]（2008 延 – 3 – 7）

　　A. 退票手续费的规定是无效格式条款

　　B. 刘某应当支付 300 元的退票手续费

　　C. 刘某应当支付 180 元的退票手续费

　　D. 航空公司只能收取退票的成本费而不能收取手续费

【考点】格式条款

【解析】格式条款是当事人为了重复使用而预先拟定，并在订立合同时未与对方协商的条款。本题中，航空公司关于"起飞前两小时内退票按机票价格收取 30% 手续费"的规定实际上就属于格式条款。本题中，该格式条款本身并不存在无效规则的情形，另外，"起飞前两小时内退票按机票价格收取 30% 手续费"的规定并不是免责条款，也没有加重客户责任、排除客户的主要权利，因为飞机起飞前两小时内办理退票手续，很可能导致该机票无法在两小时内售出，造成航空公司的损失，收取手续费是让退票者分担损失的措施，没有违背公平原则，该格式条款是有效的，故 AD 选项错误。对格式条款的理解发生争议的，应当按照通常理解予以解释。对格式条款有两种以上解释的，应当作出不利于提供格式条款一方的解释。本题中的"机票价格"可以按照机票票面价格解释，也可以按照机票折后价格解释，因此应当作出不利于航空公司的解释，所以刘某应当按照购买机票的折后价格支付退票手续费，即 180 元，故本题的正确答案是 C。

　　2. 甲与乙公司订立美容服务协议，约定服务期为半年，服务费预收后逐次计扣，乙公司提供的协议格式条款中载明"如甲单方放弃服务，余款不退"（并注明该条款不得更改）。协议订立后，甲依约支付 5 万元服务费。在接受服务 1 个月并发生费用 8000 元后，甲感觉美容效果不明显，单方放弃服务并要求退款，乙公司不同意。甲起诉乙公司要求返还余款。下列哪一选项是正确的?[2]（2017 – 3 – 11）

　　A. 美容服务协议无效

　　B. "如甲单方放弃服务，余款不退"的条款无效

　　C. 甲单方放弃服务无须承担违约责任

　　D. 甲单方放弃服务应承担继续履行的违约责任

【解析】美容服务协议是基于双方合意制定的，没有无效事由，协议是有效的，所以 A 选项错误。定作人可以随时解除承揽合同，造成承揽人损失的，应当赔偿损失。美容服务协议属于加工承揽合同，定作人享有任意解除权，单方放弃即属于任意解除。但是任意解除需要赔偿承揽人损失，即需要承担违约责任。所以 B 选项正确，C 选项错误。甲如若已经放弃服务，让甲再继续承担履行责任是不合理的，D 选项明显错误。

考点 3　采用悬赏广告形式订立合同

　　悬赏广告，是指通过广告形式声明对完成广告中规定的特定行为的任何人给付广告中标明的报酬的行为，是对不特定人的要约。关于悬赏广告的性质，主要有两种观点：其一为单方行为说，认为悬赏广告是广告人单独的意思表示，因为对完成一定行为的人负给予报酬的义务，在行为人方面无须有承诺，唯以其一定行为的完成为停止条件。其二为合同

---

[1]【答案】C

[2]【答案】B

说（亦称要约说），认为广告人向不特定人所提出的条件是一种要约，此种要约因一定行为的完成而成立悬赏合同。按照《民法典》，悬赏广告是一种特殊的订约方式，广告人发出悬赏广告为要约，行为人完成悬赏广告规定的行为为承诺，合同因承诺而成立。

★特别提示 通过真题的考查，命题人较为认可的观点是悬赏广告的性质是单方允诺。

【经典真题】

1. 甲与同学打赌，故意将一台旧电脑遗留在某出租车上，看是否有人送还。与此同时，甲通过电台广播悬赏，称捡到电脑并归还者，付给奖金 500 元。该出租汽车司机乙很快将该电脑送回，主张奖金时遭拒。下列哪一表述是正确的？[1]（2012 - 3 - 4）

A. 甲的悬赏属于要约

B. 甲的悬赏属于单方允诺

C. 乙归还电脑的行为是承诺

D. 乙送还电脑是义务，不能获得奖金

【考点】悬赏广告的性质

【解析】（1）本题涉及悬赏广告的性质究竟为要约还是单方允诺，如果其性质为要约，则相对人只有在知晓悬赏广告内容的基础上实施发布人所指的行为，才可获得奖金，如为单方允诺，则只要相对人实施了发布人所指的行为，即可获得奖金。悬赏人以公开方式声明对完成一定行为的人支付报酬，完成特定行为的人请求悬赏人支付报酬的，人民法院依法予以支持。从该条规定来看，并不要求完成特定行为的人在实施特定行为前知道悬赏内容，因此可以认为在我国法律上悬赏广告的性质为单方允诺。故选项 A 错误，B 正确。

（2）就乙的行为而言，因为甲的行为并非要约，因此乙的行为显然也不构成承诺，故 C 错误。另一方面，由于本题中甲是故意将电脑遗留于出租车上，该电脑是否构成遗失物存在争议。如果该物属于遗失物，那么虽然乙返还电脑是其义务，这并不妨碍其依照甲的允诺而获得奖金。权利人悬赏寻找遗失物的，领取遗失物时应当按照承诺履行义务。所以乙能获得奖金。如果该物不是遗失物，则乙是否具有送还电脑的义务尚不确定。因此 D 也错误。

2. 方某将一行李遗忘在出租车上，立即发布寻物启事，言明愿以 2000 元现金酬谢返还行李者。出租车司机李某发现该行李及获悉寻物启事后即与方某联系。现方某拒绝支付 2000 元给李某。下列哪一表述是正确的？[2]（2013 - 3 - 13）

A. 方某享有所有物返还请求权，李某有义务返还该行李，故方某可不支付 2000 元酬金

B. 如果方某不支付 2000 元酬金，李某可行使留置权拒绝返还该行李

C. 如果方某未曾发布寻物启事，则其可不支付任何报酬或费用

D. 既然方某发布了寻物启事，则其必须支付酬金

【考点】悬赏广告的性质

---

[1] 【答案】B
[2] 【答案】D

【解析】（1）悬赏人以公开方式声明对完成一定行为的人支付报酬，完成特定行为的人请求悬赏人支付报酬的，人民法院依法予以支持。据此规定，选项 A 表述错误，选项 D 表述正确。

（2）选项 B 表述错误，因为即使方某不支付 2000 元酬金，李某也不具备行使留置权的条件。债权人合法占有债务人动产是留置权成立条件之一，而李某拾得遗失物的占有并非合法占有。选项 C 表述错误，因为即使方某未发布寻物启事，其可以不支付报酬，但是拾得人归还遗失物产生的必要费用应由其支付。

考点4　合同的成立

一、合同成立的条件

（一）一般条件

是所有合同成立均须具备的条件，当事人对合同是否成立存在争议，能够确定当事人名称或者姓名、标的和数量的，一般应当认定合同成立。但法律另有规定或者当事人另有约定的除外。

（二）特殊条件

是指某些合同成立必须具备的条件，如某些实践性合同还须以交付标的物作为成立条件。

【经典真题】

甲公司未取得商铺预售许可证，便与李某签订了《商铺认购书》，约定李某支付认购金即可取得商铺优先认购权，商铺正式认购时甲公司应优先通知李某选购。双方还约定了认购面积和房价，但对楼号、房型未作约定。李某依约支付了认购金。甲公司取得预售许可后，未通知李某前来认购，将商铺售罄。关于《商铺认购书》，下列哪一表述是正确的?[1]（2012－3－10）

A. 无效，因甲公司未取得预售许可证即对外销售

B. 不成立，因合同内容不完整

C. 甲公司未履行通知义务，构成根本违约

D. 甲公司须承担继续履行的违约责任

【考点】合同效力

【解析】（1）本题中甲公司与李某订立的《商铺认购书》具备合同成立和生效要件。合同是否成立方面，当事人对合同是否成立存在争议，人民法院能够确定当事人名称或者姓名、标的和数量的，一般应当认定合同成立。但法律另有规定或者当事人另有约定的除外。根据题意可知，当事人名称和姓名确定，标的为优先认购权，且认购面积和房价均已确定，因此合同成立，B 的表述错误，不当选。合同是否生效方面，虽然甲公司未取得商铺预售许可证，但是甲公司不属于直接销售商铺，而是仅仅就优先认购权作出约定。这并不违反任何强制性规定，故 A 错误，不当选。

（2）如果合同已经成立并生效，则需关注的就是合同履行以及违约等问题。根据题意，

――――――――――

〔1〕【答案】C

由于甲公司在取得预售许可后，未通知李某前来认购，商铺售罄。当事人一方明确表示或者以自己的行为表明不履行合同义务的，对方可以在履行期限届满之前要求其承担违约责任。甲公司的行为构成了这里的"以自己的行为表明不履行合同义务"，导致李某订立《商铺认购书》的合同目的不能实现，构成根本违约，故选项C正确，当选。

（3）甲公司违约之后如何承担违约责任？选项D认为甲公司需承担继续履行的违约责任。当事人一方不履行非金钱债务或者履行非金钱债务不符合约定的，对方可以要求履行，但有下列情形之一的除外：（一）法律上或者事实上不能履行；（二）债务的标的不适于强制履行或者履行费用过高；（三）债权人在合理期限内未要求履行。本题中鉴于商铺已经售罄，导致甲公司事实上不能履行出售商铺给李某的义务。因此甲公司承担违约责任的方式不是继续履行。故选项D错误。

二、合同成立的时间和地点

（一）合同成立的时间

承诺生效时合同成立。一般来说，当事人就合同的条款协商一致，合同即成立。

1. 采用合同书形式订立合同的，自双方当事人签字或者盖章时合同成立。

2. 采用信件、数据电文等形式订立合同并要求签订确认书的，签订确认书时合同成立。

（二）合同成立的地点

1. 采用数据电文形式订立合同的，收件人的主营业地为合同成立的地点；没有主营业地的，其经常居住地为合同成立的地点。当事人另有约定的，按照其约定。

2. 采用书面形式订立合同的，合同约定的签订地与实际签字或者盖章地点不符的，约定的签订地为合同签订地；合同没有约定签订地，双方当事人签字或者盖章不在同一地点的，最后签字或者盖章的地点为合同签订地。

【经典真题】

张某和李某采用书面形式签订一份买卖合同，双方在甲地谈妥合同的主要条款，张某于乙地在合同上签字，李某于丙地在合同上摁了手印，合同在丁地履行。关于该合同签订地，下列哪一选项是正确的？[1]（2010-3-11）

A. 甲地　　　　B. 乙地　　　　C. 丙地　　　　D. 丁地

【考点】合同签订地问题

【解析】当事人采用合同书形式订立合同的，双方当事人签字或者盖章的地点为合同成立的地点。本题中张某和李某采用书面形式签订买卖合同，即为采用合同书形式订立合同，那么张某和李某签字或者盖章的地点为合同签订地，题中出现了张某和李某在不同地点签字或者摁手印的提示。需要注意的是张某于乙地在合同上签字，此时李某未在合同上摁手印。只有李某于丙地在合同上摁手印的时候，该合同书才算完成，因此丙地应为合同签订地，丙地为合同成立的地点。因此，C项正确。

◨★特别提示 本考点自2010年考查过之后并未再次考查，根据考点轮换规则，请大家注意该知识点。

―――――――――――

〔1〕【答案】C

考点5　缔约过失责任

一、含义

缔约过失责任，是指当事人在缔约过程中，当事人一方因违反其依据诚实信用原则产生的保护、通知、协助、保密等先合同义务，而致另一方信赖利益损失时所应承担的损害赔偿责任。

二、适用情形

1. 假借订立合同，恶意进行磋商。
2. 故意隐瞒与订立合同有关的重要事实或者提供虚假情况。
3. 泄露或者不正当地使用在订立合同过程中知悉的对方商业秘密。
4. 其他违背诚实信用原则的行为等。

三、缔约过失责任的构成要件

1. 此种责任发生在合同订立阶段。这是它与违约责任的区别。
2. 一方违背依诚实信用原则应负的先合同义务。在缔约阶段，当事人依照诚实信用原则负有忠实、保密等义务，若因过失而违反，则可能产生缔约过失责任。
3. 他方受有信赖利益的损失。所谓信赖利益损失是指一方实施某种行为后，另一方对此产生了信赖（如相信其会与己方订立合同），并为此而支付了一定的费用。后因对方违反诚实信用原则导致合同未成立或无效或被撤销，该项费用不能得到补偿，因而受到损失。此损失包括财产的直接减少（积极损失），也包括应增加的利益而未增加（如履约收益）。
4. 一方违反先合同义务与他方所受损失之间有因果关系。
5. 违反先合同义务的一方具有过失。

四、赔偿范围

缔约过失责任的赔偿范围是信赖利益的损失。一般包括：缔约费用，准备履行合同所支出的费用，丧失与第三人另订合同的机会所造成的损失。

【经典真题】

德凯公司拟为新三板上市造势，在无真实交易意图的情况下，短期内以业务合作为由邀请多家公司来其主要办公地点洽谈。其中，真诚公司安排授权代表往返十余次，每次都准备了详尽可操作的合作方案，德凯公司佯装感兴趣并屡次表达将签署合同的意愿，但均在最后一刻推脱拒签。期间，德凯公司还将知悉的真诚公司的部分商业秘密不当泄露。对此，下列哪一说法是正确的？[1]（2017-3-12）

A. 未缔结合同，则德凯公司就磋商事宜无需承担责任

B. 虽未缔结合同，但德凯公司构成恶意磋商，应赔偿损失

C. 未缔结合同，则商业秘密属于真诚公司自愿披露，不应禁止外泄

──────────
〔1〕【答案】B

D. 德凯公司也付出了大量的工作成本，如被对方主张赔偿，则据此可主张抵销

【解析】当事人在订立合同过程中有下列情形之一，给对方造成损失的，应当承担损害赔偿责任：（一）假借订立合同，恶意进行磋商；（二）故意隐瞒与订立合同有关的重要事实或者提供虚假情况；（三）有其他违背诚实信用原则的行为。当事人在订立合同中知悉的商业秘密，无论合同是否成立，不得泄露或者不当使用。泄露或者不正当使用该商业秘密给对方造成损失的，应当承担损害赔偿责任。这是关于缔约过失责任的规定。在本题中，德凯公司并无真实交易意图，构成恶意磋商，应当对真诚公司承担损害赔偿责任。所以 AD 选项错误，B 选项正确。在缔约阶段，当事人为缔结契约而接触协商之际，已由原来的普通关系进入到一种特殊的关系（即信赖关系），双方均应依诚实信用原则互负一定的义务，一般称之为附随义务，即互相协助、互相照顾、互相告知、互相诚实等义务。所以在此阶段，德凯公司披露真诚公司的商业秘密违反了诚实信用义务。所以 C 选项错误。

【小结/重点整理】

从应试角度，本章应重点关注要约和承诺的各自含义，以及合同成立的基本条件。关于何种情况下合同才告成立，是近年来法考考查合同编通则的重要知识点。

合同效力结构图

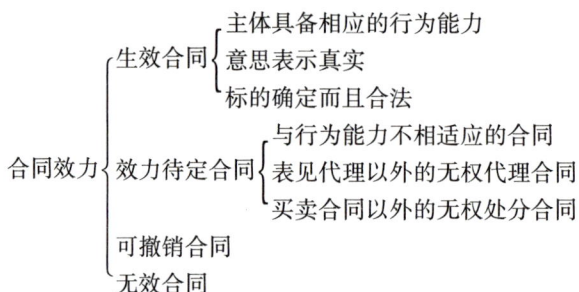

```
              ┌ 主体具备相应的行为能力
       生效合同 ┤ 意思表示真实
              └ 标的确定而且合法
                          ┌ 与行为能力不相适应的合同
合同效力 ┤ 效力待定合同 ┤ 表见代理以外的无权代理合同
                          └ 买卖合同以外的无权处分合同
       可撤销合同
       无效合同
```

导学　　本部分内容与民法典总则编中法律行为的效力问题密切相关，因为合同是法律行为的一种。在此基础上，把握合同效力的不同类型，如合同的有效要件，无效合同的类型，可撤销合同的类型，效力未定合同的类型等。

重点知识详解

考点1　合同的有效条件

同民事行为生效要件：这是指法律行为按意思表示内容发生效力的必要条件，民事法律行为符合了生效条件的，当事人的意思才被法律认可，从而产生预定的法律效力并受法律保护。民事法律行为的生效条件，包括意定条件和法定条件，意定条件即当事人约定附条件或附期限，法定条件即民事法律行为的有效要件，即：行为人具有相应的民事行为能力；意思表示真实；不违反法律、行政法规的强制性规定，不违背公序良俗。

【经典真题】

甲公司与15周岁的网络奇才陈某签订委托合同，授权陈某为甲公司购买价值不超过50万元的软件。陈某的父母知道后，明确表示反对。关于委托合同和代理权授予的效力，下列哪一表述是正确的？[1]（2015－3－4）

----

〔1〕【答案】D

A. 均无效，因陈某的父母拒绝追认

B. 均有效，因委托合同仅需简单智力投入，不会损害陈某的利益，其父母是否追认并不重要

C. 是否有效，需确认陈某的真实意思，其父母拒绝追认，甲公司可向法院起诉请求确认委托合同的效力

D. 委托合同因陈某的父母不追认而无效，但代理权授予是单方法律行为，无需追认即有效

【解析】限制民事行为能力人订立的合同，经法定代理人追认后，该合同有效，但纯获利益的合同或者与其年龄、智力、精神健康状况相适应而订立的合同，不必经法定代理人追认。因此，若陈某的监护人（其父母）向甲公司进行追认，则该委托合同有效。又因为授权行为是一种单方行为，只要有被代理人一方授予代理权的意思表示，就可以发生授权的法律效力，而不必经相对人同意，因此 D 项所说"无需追认即有效"正确。综上，只有选项 D 正确，当选。

考点 2　无效合同

参照民事法律行为无效的规定。

【经典真题】

1. 下列哪些情形属于无效合同？[1]（2012 – 3 – 52）

A. 甲医院以国产假肢冒充进口假肢，高价卖给乙

B. 甲乙双方为了在办理房屋过户登记时避税，将实际成交价为 100 万元的房屋买卖合同价格写为 60 万元

C. 有妇之夫甲委托未婚女乙代孕，约定事成后甲补偿乙 50 万元

D. 甲父患癌症急需用钱，乙趁机以低价收购甲收藏的 1 幅名画，甲无奈与乙签订了买卖合同

【考点】合同效力的类型

【解析】合同效力的类型可以分为有效合同、无效合同、可撤销可变更合同、效力未定合同等。本题中主要涉及可撤销合同与无效合同之对比。一方以欺诈、胁迫的手段或者乘人之危，使对方在违背真实意思的情况下订立的合同，受损害方有权请求人民法院或者仲裁机构变更或者撤销。选项 A 中，甲的行为属于欺诈行为，甲乙之间的合同属于可撤销合同，并非无效合同。因此选项 A 不符题意，不当选。选项 D 中，甲的行为属于乘人之危。《民法典》第 151 条规定："一方利用对方处于危困状态、缺乏判断能力等情形，致使民事法律行为成立时显失公平的，受损害方有权请求人民法院或者仲裁机构予以撤销。"甲乙之间的合同也属于可撤销合同，并非无效合同，因此选项 D 也不符题意，不当选。

考点 3　可撤销合同

鉴于在本书总论部分针对民事法律行为的效力有较为详细的分析，故在此只是列举可

---

［1］【答案】BC

撤销的合同类型，同时辅以部分真题进行适度分析。

1. 因重大误解订立的合同。

2. 一方以欺诈、胁迫的手段或者显失公平，使对方在违背真实意思的情况下订立的合同。

【经典真题】

1. 下列哪一情形构成重大误解，属于可撤销的民事行为？[1]（2012－3－3）

A. 甲立下遗嘱，误将乙的字画分配给继承人

B. 甲装修房屋，误以为乙的地砖为自家所有，并予以使用

C. 甲入住乙宾馆，误以为乙宾馆提供的茶叶是无偿的，并予以使用

D. 甲要购买电动车，误以为精神病人乙是完全民事行为能力人，并与之签订买卖合同

【考点】 民事行为的效力重大误解

【解析】（1）在我国民法上，就民事行为的效力而言，包括生效的民事行为即民事法律行为、可撤销的民事行为、效力未定的民事行为、无效的民事行为等类型。可撤销的民事行为是指行为人的意思表示存在瑕疵，有关当事人可以主张撤销该民事行为。该种行为未被撤销之前，当属有效的民事行为。具体情形包括欺诈、胁迫导致的民事行为；重大误解或者显失公平的民事行为。对于何谓重大误解，《民通意见》第71条作了界定："行为人因对行为的性质、对方当事人、标的物的品种、质量、规格和数量等的错误认识，使行为的后果与自己的意思相悖，并造成较大损失的，可以认定为重大误解。"因此考查某行为是否构成重大误解，首先需要确定是否为民事行为（是否具备意思表示），进而分析是否为因重大误解而属于可撤销的民事行为。

（2）选项A中，甲立下遗嘱，误将乙的字画分配给继承人。甲的这一行为属于民事行为，但是这一行为并非属于重大误解。甲的这一行为属于在遗嘱中处分他人财产，针对该字画的遗嘱部分，是无效的。因此该项不符合题意。

（3）选项B中，甲误以为乙的地砖为自家所有而予以使用。甲的行为根本就不是民事行为，因此也谈不到可撤销问题。故该选项错误。

（4）选项C中，甲入住乙宾馆，误将本属有偿提供的茶叶认为无偿，进而使用。甲乙之间构成合同关系，属于民事行为。而甲后来的行为属于对行为的性质有错误认识，属于法律所认可的重大误解，故当选。

（5）选项D中，甲乙之间的行为为买卖合同，属于民事行为，但是效力层面属于效力未定民事行为，并非重大误解的民事行为。该行为如果没有被乙的监护人追认，并不生效，不涉及撤销问题。故不当选。

提示：关于民事行为的效力，属于必考考点，因此对效力的不同类型必须熟练掌握。

2. 某旅游地的纪念品商店出售秦始皇兵马俑的复制品，价签标名为"秦始皇兵马俑"，2800元一个。王某购买了一个，次日，王某以其购买的"秦始皇兵马俑"为复制品而非真品属于欺诈为由，要求该商店退货并赔偿。下列哪些表述是错误的？[2]（2015－3－52）

A. 商店的行为不属于欺诈，真正的"秦始皇兵马俑"属于法律规定不能买卖的禁止流

---

〔1〕【答案】C

〔2〕【答案】BCD

通物

　　B. 王某属于重大误解，可请求撤销买卖合同

　　C. 商店虽不构成积极欺诈，但构成消极欺诈，因其没有标明为复制品

　　D. 王某有权请求撤销合同，并可要求商店承担缔约过失责任

　　【解析】一方当事人故意告知对方虚假情况，或者故意隐瞒真实情况，诱使对方当事人作出错误意思表示的，可以认定为欺诈行为。认定欺诈行为，一是行为人有欺诈故意，二是行为人有欺诈行为，三是对方因行为人的欺诈故意陷入认识错误。根据常识，在纪念品商店，以2800元的价钱购买兵马俑，一般人应当知道不可能为真正的兵马俑。因此，不存在欺诈，C错误。因欺诈不存在，所以撤销权也不存在，D错误。

　　行为人因对行为的性质、对方当事人、标的物的品种、质量、规格和数量等的错误认识，使行为的后果与自己的意思相悖，并造成较大损失的，可以认定为重大误解。按常识，王某不可能存在误解，因此B错误。

　　3. 甲隐瞒了其所购别墅内曾发生恶性刑事案件的事实，以明显低于市场价的价格将其转卖给乙；乙在不知情的情况下，放弃他人以市场价出售的别墅，购买了甲的别墅。几个月后乙获悉实情，向法院申请撤销合同。关于本案，下列哪些说法是正确的？[1]（2016－3－59）

　　A. 乙须在得知实情后一年内申请法院撤销合同

　　B. 如合同被撤销，甲须赔偿乙在订立及履行合同过程当中支付的各种必要费用

　　C. 如合同被撤销，乙有权要求甲赔偿主张撤销时别墅价格与此前订立合同时别墅价格的差价损失

　　D. 合同撤销后乙须向甲支付合同撤销前别墅的使用费

　　【考点】可撤销合同

　　【解析】根据规定，有下列情形之一的，撤销权消灭：（一）具有撤销权的当事人自知道或者应当知道撤销事由之日起一年内没有行使撤销权；（二）具有撤销权的当事人知道撤销事由后明确表示或者以自己的行为放弃撤销权。甲有欺诈行为，乙作为受欺诈一方享有撤销权，故A选项正确。

　　根据规定，当事人在订立合同过程中有下列情形之一，给对方造成损失的，应当承担损害赔偿责任：（一）假借订立合同，恶意进行磋商；（二）故意隐瞒与订立合同有关的重要事实或者提供虚假情况；（三）有其他违背诚实信用原则的行为。本题属于故意隐瞒与订立合同有关的重要事实，乙撤销合同后，可以要求甲承担缔约过失责任。缔约过失赔偿责任的范围，应以对方的缔约过失造成的实际损失为标准，包括为缔约合同的支出，由于违反先合同义务而受有的损失，以及由于对方的过失而造成的订约机会丧失而受有的损失。乙在订立及履行合同过程当中支付的各种必要费用属于缔约合同的支出，甲须赔偿，故B选项正确。

　　别墅价格与此前订立合同时别墅价格的差价损失属于由于对方的过失而造成的订约机会丧失而受有的损失，故C选项正确。

　　根据规定，合同无效或者被撤销后，因该合同取得的财产，应当予以返还；不能返还

---

　　[1]【答案】ABCD

或者没有必要返还的，应当折价补偿。有过错的一方应当赔偿对方因此所受到的损失，双方都有过错的，应当各自承担相应的责任。《民法典》第985条规定，得利人没有法律根据取得不当利益的，受损失的人可以请求得利人返还取得的利益。合同撤销前使用别墅，合同撤销后，没有法律上的原因，属于不当得利，应当返还，故D选项正确。

4. 齐某扮成建筑工人模样，在工地旁摆放一尊廉价购得的旧蟾蜍石雕，冒充新挖出文物等待买主。甲曾以5000元从齐某处买过一尊同款石雕，发现被骗后正在和齐某交涉时，乙过来询问。甲有意让乙也上当，以便要回被骗款项，未等齐某开口便对乙说："我之前从他这买了一个貔貅，转手就赚了，这个你不要我就要了。"乙信以为真，以5000元买下石雕。关于所涉民事法律行为的效力，下列哪一说法是正确的？[1]（2017－3－3）

    A. 乙可向甲主张撤销其购买行为

    B. 乙可向齐某主张撤销其购买行为

    C. 甲不得向齐某主张撤销其购买行为

    D. 乙的撤销权自购买行为发生之日起2年内不行使则消灭

【解析】 齐某与甲乙之间的买卖合同是因欺诈订立的合同，是可撤销的合同，所以甲乙都可以主张买卖合同无效。又因为合同具有相对性，甲乙只能向合同相对人主张撤销。所以AC错误，B选项正确。撤销权的最长除斥期间是自民事法律行为发生之日起五年，因遭受欺诈撤销的短期除斥期间是自撤销权人知道或者应当知道撤销事由之日起一年，所以D错误。

5. 陈老伯考察郊区某新楼盘时，听销售经理介绍周边有轨道交通19号线，出行方便，便与开发商订立了商品房预售合同。后经了解，轨道交通19号线属市域铁路，并非地铁，无法使用老年卡，出行成本较高；此外，铁路房的升值空间小于地铁房。陈老伯深感懊悔。关于陈老伯可否反悔，下列哪一说法是正确的？[2]（2017－3－10）

    A. 属认识错误，可主张撤销该预售合同

    B. 属重大误解，可主张撤销该预售合同

    C. 该预售合同显失公平，陈老伯可主张撤销该合同

    D. 开发商并未欺诈陈老伯，该预售合同不能被撤销

【解析】 可撤销合同的类型是因重大误解订立的合同、订立合同时显失公平的合同、因欺诈订立的合同、因胁迫订立的合同，并不包括认识错误，所以A选项错误。销售经理的介绍属实，并无欺诈、胁迫、显失公平的情形。而重大误解需是对法律行为内容的理解错误，即对法律行为所形成之法律关系要素的错误，动机不属于法律行为的内容，如果意思表示的内容并无错误，仅仅是作出意思表示的内心起因（动机）发生错误，属于狭义的动机错误，不构成重大误解。陈老伯与开发商订立的合同中，主体、客体与内容都并未发生错误，只是陈老伯买房为了方便出行和大幅度升值的动机没有实现，并不能属于重大误解。所以D选项正确。

考点4 效力待定合同

鉴于在本书总论部分针对民事法律行为的效力有较为详细的分析，故在此只是列举效

---

〔1〕**【答案】** B
〔2〕**【答案】** D

力待定合同的类型。

1. 限制民事行为能力人依法不能独立订立而又未经其法定代理人事先同意的合同。

2. 无权代理人以被代理人的名义与他人订立的合同，但表见代理除外。

提示：前述两种情况的追认的意思表示自到达相对人时生效，合同自订立时起生效。

3. 无处分权人因处分他人财产而订立的合同。（买卖合同除外）

【小结/重点整理】

本章关于合同效力不同类型的知识点中，可撤销合同为考查重点。尤其是将可撤销合同与作为形成权的撤销权的行使结合考查。

第十六章
合同的履行

合同履行结构图

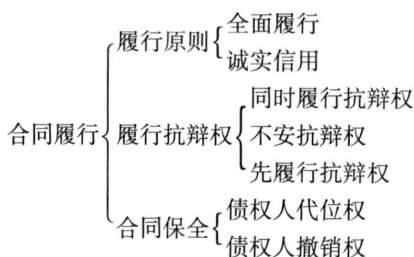

合同履行 {
　履行原则 { 全面履行 / 诚实信用 }
　履行抗辩权 { 同时履行抗辩权 / 不安抗辩权 / 先履行抗辩权 }
　合同保全 { 债权人代位权 / 债权人撤销权 }
}

导学

　　合同的履行是合同生效以后，合同当事人依照合同约定全面、适当地完成合同义务的行为。合同的履行是依法成立的合同所必然发生的法律效果，并且是构成合同法律效力的主要内容。本章包括以下内容：合同履行的原则，对合同条款的补充性规定，第三人代为履行和向第三人履行，履行中的抗辩权，债的保全，等等。

重点知识详解

考点1　涉他合同特殊规则★★★

　　《民法典》第522条规定：当事人约定由债务人向第三人履行债务，债务人未向第三人履行债务或者履行债务不符合约定的，应当向债权人承担违约责任。

　　法律规定或者当事人约定第三人可以直接请求债务人向其履行债务，第三人未在合理期限内明确拒绝，债务人未向第三人履行债务或者履行债务不符合约定的，第三人可以请求债务人承担违约责任；债务人对债权人的抗辩，可以向第三人主张。

【经典真题】

　　方某为送汤某生日礼物，特向余某定做一件玉器。订货单上，方某指示余某将玉器交给汤某，并将订货情况告知汤某。玉器制好后，余某委托朱某将玉器交给汤某，朱某不慎

将玉器碰坏。下列哪一表述是正确的?[1](2014 – 3 – 11)

A. 汤某有权要求余某承担违约责任　　B. 汤某有权要求朱某承担侵权责任

C. 方某有权要求朱某承担侵权责任　　D. 方某有权要求余某承担违约责任

【考点】第三人履行的特殊规则

【解析】当事人约定由债务人向第三人履行债务的,债务人未向第三人履行债务或者履行债务不符合约定,应当向债权人承担违约责任。因此在方某、余某、汤某之间,方某作为合同债权人有权要求余某承担违约责任,而第三人汤某则无权要求余某承担违约责任。故选项 A 表述错误;D 表述正确。朱某与余某之间存在委托合同,朱某未能完成受托事项,应当向余某承担违约责任。朱某与方某、汤某之间不存在合同关系,对二者不承担违约责任。但是朱某对二者是否承担侵权责任,存在若干可能,不可一概而论。选项 BC 的表述过于绝对,不当选。因此,D 项当选。

考点2　双务合同履行中的抗辩权

$$双务合同履行中的抗辩权 \begin{cases} 同时履行抗辩权 \\ 先履行抗辩权 \\ 不安抗辩权 \end{cases}$$

一、同时履行抗辩权★★★

(一) 含义

同时履行抗辩权,是指双务合同的当事人在没有约定履行顺序或约定应同时履行的情况下,一方当事人在对方未为对待给付之前,得拒绝履行自己债务的权利。例如,甲、乙订立一商品买卖合同,约定甲给付乙 8 吨货物,乙付款 80 万,后甲交付了 5 吨货物,同时请求乙付款 80 万,此时,乙可对 30 万元货款行使同时履行抗辩权。

(二) 要件

1. 须当事人就同一双务合同互负债务。

2. 须双方互负的债务均届清偿期。这就意味着,同时履行抗辩权仅适用于同时履行的双务合同。所谓同时履行,是指双方当事人所负担的给付应同时提出,相互交换。

3. 须对方未履行债务或履行债务不符合约定。其中,未按照约定履行合同义务包括瑕疵履行,即交付的标的物存在质量问题和部分履行即交付的标的物在数量上不足。

4. 须对方的对待给付是可能履行的。如果对方当事人因客观原因不能履行合同义务,则应当通过合同变更、解除或者追究违约责任等规范来处理,适用同时履行抗辩权规则没有任何意义。

【经典真题】

甲于 2 月 3 日向乙借用一台彩电,乙于 2 月 6 日向甲借用了一部手机。到期后,甲未向乙归还彩电,乙因此也拒绝向甲归还手机。关于乙的行为,下列哪些说法是错误的?[2](2005 – 3 – 55)

---

〔1〕【答案】D

〔2〕【答案】ABCD

A. 是行使同时履行抗辩权　　　　B. 是行使不安抗辩权

C. 是行使留置权　　　　　　　　D. 是行使抵销权

【考点】留置权的取得、抵销、同时履行抗辩权、不安抗辩权

【解析】AB 项：同时履行抗辩权，是指在未约定先后履行顺序的双务合同中，当事人应当同时履行，一方在对方未为对待给付之前，有权拒绝其履行要求。不安抗辩权是指先给付义务人在有证据证明后给付义务人的经营状况严重恶化，或者转移财产、抽逃资金以逃避债务，或者有谎称有履行能力的欺诈行为，以及其他丧失或者可能丧失履行债务能力的情况时，有权中止自己的履行；后给付义务人收到中止履行的通知后，在合理的期限内未恢复履行能力或者未提供适当担保的，先给付义务人有权解除合同。上述两种抗辩权必须存在于同一个双务合同中，本题属于两个合同关系，而且借用合同是单务合同，因此，对于单务合同的借用合同而言，根本不存在同时履行抗辩权和不安抗辩权的问题，不符合抗辩权的行使条件。因此，AB 项错误。

C 项：债务人不履行到期债务，债权人可以留置已经合法占有的债务人的动产，并有权就该动产优先受偿。据此，留置权的行使以所担保的债权与占有他人之物存在牵连关系为前提，本题中乙占有的甲的手机与两人之间关于彩电的借用合同其实无牵连关系，因此，C 项错误。

D 项：当事人互负到期债务，该债务的标的物种类、品质相同的，任何一方可以将自己的债务与对方的债务抵销，但依照法律规定或者按照合同性质不得抵销的除外。当事人互负债务，标的物种类、品质不相同的，经双方协商一致，也可以抵销。抵销权的行使必须以同种类债务为前提，而本题中债务的标的物不同，而且双方不能达成合意，不能构成合意抵销，因此 D 项错误。因此，本题的答案为 ABCD。

二、先履行抗辩权（顺序履行抗辩权）★★★

（一）含义

先履行抗辩权是指在当事人互负债务且有先后履行顺序时，负有先履行义务的一方未履行债务或履行债务不符合约定时，后履行一方拒绝其履行要求的权利。

（二）要件

1. 当事人基于同一双务合同互负债务。双方当事人因同一合同互负债务，在履行上存在关联性，形成对价关系。单务合同无对价关系，不发生先履行抗辩权。

2. 双方债务有先后履行的顺序。在双务合同中，双方当事人的履行，多是有先后顺序的。这种履行顺序的确立，或依法律规定，或按当事人约定，或按交易习惯。

3. 应当先履行的一方未履行债务或者履行债务不符合约定，如履行迟延、不完全履行、部分履行等。

4. 应当先履行的债务是可能履行的。否则，对于不可能履行的债务行使先履行抗辩权不能促进履行，没有任何价值。

【经典真题】

1. 甲、乙订立一份价款为十万元的图书买卖合同，约定甲先支付书款，乙两个月后交付图书。甲由于资金周转困难只交付五万元，答应余款尽快支付，但乙不同意。两个月后

甲要求乙交付图书，遭乙拒绝。对此，下列哪一表述是正确的？[1]（2010 - 3 - 13）

　　A. 乙对甲享有同时履行抗辩权

　　B. 乙对甲享有不安抗辩权

　　C. 乙有权拒绝交付全部图书

　　D. 乙有权拒绝交付与五万元书款价值相当的部分图书

　　【考点】顺序履行抗辩权

　　【解析】双务合同中存在三种抗辩权，即同时履行抗辩权、不安抗辩权、顺序履行抗辩权。同时履行抗辩权适用于不存在履行先后顺序的合同中，本题中甲乙之间存在履行先后顺序，因此双方不具有同时履行抗辩权，故选项 A 错误。不安抗辩权是指当事人互负债务，有先后履行顺序的，先履行的一方有确切证据表明另一方丧失履行债务能力时，在对方没有恢复履行能力或者没有提供担保之前，则可以要求对方提供担保，否则己方有权中止合同履行的抗辩权。本题中乙属于后履行义务的一方，显然其行使的不是不安抗辩权，因此 B 错误。而顺序履行抗辩权则是指应后履行义务的一方在对方尚未履行时，享有拒绝对方履行请求的权利；或者对方履行义务不符合约定情形下，享有的拒绝其相应履行请求的权利。当事人互负债务，有先后履行顺序，先履行一方未履行的，后履行一方有权拒绝其履行要求。先履行一方履行债务不符合约定的，后履行一方有权拒绝其相应的履行要求。本题中，乙为后履行义务的一方，而甲作为先履行义务方，在履行完部分义务后，剩余义务未予及时履行。此种情况下，乙有权拒绝其相应的履行要求，因此在选项 C 和 D 中，D 正确。

　　▶ ★特别提示 抗辩权中抗辩的范围。

　　2. 某热电厂从某煤矿购煤 200 吨，约定交货期限为 2007 年 9 月 30 日，付款期限为 2007 年 10 月 31 日。9 月底，煤矿交付 200 吨煤，热电厂经检验发现煤的含硫量远远超过约定标准，根据政府规定不能在该厂区燃烧。基于上述情况，热电厂的哪些主张有法律依据？[2]（2008 - 3 - 57）

　　A. 行使顺序履行抗辩权　　　　　　B. 要求煤矿承担违约责任

　　C. 行使不安抗辩权　　　　　　　　D. 解除合同

　　【考点】抗辩权、违约责任、合同解除

　　【解析】顺序履行抗辩权是指当事人互负债务，有先后履行顺序的，先履行一方未履行之前，后履行一方有权拒绝其履行请求，先履行一方履行债务不符合约定的，后履行一方有权拒绝其相应的履行请求。本题中，煤矿是先履行的一方，煤矿履行的债务不符合约定质量要求，致使热电厂被政府责令不能再燃烧，因此，热电厂可以行使顺序履行抗辩权，A 的说法正确，C 的说法错误。当事人一方不履行合同义务或者履行合同义务不符合约定的，应当承担继续履行、采取补救措施或者赔偿损失等违约责任。由此，B 的说法正确。有下列情形之一的，当事人可以解除合同：（一）因不可抗力致使不能实现合同目的；（二）在履行期限届满之前，当事人一方明确表示或者以自己的行为表明不履行主要债务；（三）当事人一方迟延履行主要债务，经催告后在合理期限内仍未履行；（四）当事人一方

---

〔1〕【答案】D

〔2〕【答案】ABD

迟延履行债务或者有其他违约行为致使不能实现合同目的；（五）法律规定的其他情形。本题中，因为煤矿提供的煤根据政府规定不能在该厂区燃烧，热电厂订立购煤合同的目的无法实现，热电厂有权解除合同，D 的说法正确。因此，本题的答案为 ABD。

三、不安抗辩权 ★★★★

（一）含义

不安抗辩权是指当事人互负债务、有先后履行顺序的，先履行的一方有确切证据表明后给付义务人的经营状况严重恶化，或者转移财产、抽逃资金以逃避债务，或者有谎称有履行能力的欺诈行为，以及其他丧失或者可能丧失履行债务能力的情况时，在对方没有恢复履行能力或者没有提供担保之前，则可以要求对方提供担保，否则己方有权中止合同履行，或后给付义务人收到中止履行的通知后，在合理的期限内未恢复履行能力或者未提供适当担保的，先给付义务人有权解除合同的抗辩权。

（二）要件

1. 当事人基于同一双务合同互负债务。

2. 主张不安抗辩权的一方应当先履行债务且其债务已届清偿期。

3. 先履行一方有确切证据证明对方履行能力明显降低，有不能为对待给付的现实危险。包括：（1）经营状况严重恶化；（2）转移财产、抽逃资金，以逃避债务的；（3）丧失商业信誉；（4）有丧失或者可能丧失履行债务能力的其他情形。

（三）效力

1. 在具备上述条件时，先履行一方有权中止履行，但应当及时通知对方并可要求后履行一方提供担保。

2. 在后履行一方提供适当担保时，先履行一方应当恢复履行。

3. 如果后履行一方在合理期限内未恢复履行能力且未提供适当担保，先履行一方可以解除合同。

【经典真题】

甲公司与乙公司签订服装加工合同，约定乙公司支付预付款一万元，甲公司加工服装1000 套，3 月 10 日交货，乙公司 3 月 15 日支付余款九万元。3 月 10 日，甲公司仅加工服装 900 套，乙公司此时因濒临破产致函甲公司表示无力履行合同。下列哪一说法是正确的？[1]（2009 - 3 - 10）

A. 因乙公司已支付预付款，甲公司无权中止履行合同

B. 乙公司有权以甲公司仅交付 900 套服装为由，拒绝支付任何货款

C. 甲公司有权以乙公司已不可能履行合同为由，请求乙公司承担违约责任

D. 因乙公司丧失履行能力，甲公司可行使顺序履行抗辩权

【考点】 不安抗辩权、预期违约、顺序履行抗辩权

【解析】 本题中，甲负有先履行义务，乙负有后履行义务。在合同履行期限届满前，后履行义务人乙明确表示因濒临破产无力履行合同，甲公司可以行使不安抗辩权，中止履行合同，因此 A 项称甲公司无权中止履行是错误的。而 D 项对抗辩权的认识错误。乙的行

---

〔1〕【答案】C

为构成预期违约。甲可以中止履行合同，并向乙主张违约责任。因此，C 项正确。甲交付 900 件已经完成了合同的绝大部分履行义务，乙不能拒绝支付任何货款，乙有义务在甲履行义务的范围内支付相应货款。因此，B 项错误。

考点3　合同的保全

一、债权人代位权★★★★

因债务人怠于行使其债权以及与该债权有关的从权利，影响债权人的到期债权实现的，债权人可以向人民法院请求以自己的名义代位行使债务人对相对人的权利，但是该权利专属于债务人自身的除外。例如，乙欠甲债 10 万元，到期未还。乙无其他财产，但丙欠乙 15 万元货款，到期也未还，但乙未主张。则甲有权代为行使乙的权利，向丙主张权利，要求其履行相应的债务。

代位权的行使范围以债权人的债权为限。债权人行使代位权的必要费用，由债务人负担。

代位权的行使　{
　行使方式：诉讼　{①原告：债权人
　　　　　　　　　　②被告：次债务人
　　　　　　　　　　③无独三：可以追加债务人为无独三
　　　　　　　　　　④管辖法院：被告住所地人民法院
　行使范围：不得超过次债务人对债务人所负债务的数额
　被告可主张的抗辩　{①原债、次债的抗辩　{债务人对债权人的抗辩（成立要件）
　　　　　　　　　　　　　　　　　　　　次债务人对债务人的抗辩（成立要件）
　　　　　　　　　　②代为之债的抗辩（包括主管、管辖）}

（一）成立条件

1. 债权人对债务人的债权合法。

2. 债务人对次债务人的债权已到期。

3. 债务人怠于行使其到期债权，对债权人造成损害。债权人的债权到期前，债务人的权利存在诉讼时效期间即将届满或者未及时申报破产债权等情形，影响债权人的债权实现的，债权人可以代位向债务人的相对人请求其向债务人履行、向破产管理人申报或者作出其他必要的行为。

4. 债务人的债权不是专属于债务人自身的债权。专属于债务人自身的债权，只能由债务人自己对次债务人行使，债权人不能代为行使。根据有关司法解释规定，专属于债务人自身的债权，是指基于扶养关系、抚养关系、赡养关系、继承关系产生的给付请求权和劳动报酬、退休金、养老金、抚恤金、安置费、人寿保险、人身伤害赔偿请求权等权利。

【经典真题】

甲欠乙 20 万元到期无力偿还，其父病故后遗有价值 15 万元的住房 1 套，甲为唯一继承人。乙得知后与甲联系，希望以房抵债。甲便对好友丙说："反正这房子我继承了也要拿去抵债，不如送给你算了。"二人遂订立赠与协议。下列哪些说法是错误的？[1]（2006 - 3 - 51）

---

[1] 【答案】CD

A. 乙对甲的行为可行使债权人撤销权

B. 乙可主张赠与协议无效

C. 乙可代位行使甲的继承权

D. 丙无权对因受赠房屋瑕疵造成的损失请求甲赔偿

【考点】代位权、撤销权

【解析】因债务人放弃其到期债权或者无偿转让财产，对债权人造成损害的，债权人可以请求人民法院撤销债务人的行为。债务人以明显不合理的低价转让财产，对债权人造成损害，并且受让人知道该情形的，债权人也可以请求人民法院撤销债务人的行为。撤销权的行使范围以债权人的债权为限。债权人行使撤销权的必要费用，由债务人负担。根据该条可知 A 项的说法是正确的。甲丙之间的合同属于"行为人与相对人恶意串通，损害他人合法权益的"这一合同无效情形，所以 B 项说法是正确的。因债务人怠于行使其到期债权，对债权人造成损害的，债权人可以向人民法院请求以自己的名义代位行使债务人的债权，但该债权专属于债务人自身的除外。代位权的行使范围以债权人的债权为限。债权人行使代位权的必要费用，由债务人负担。专属于债务人自身的债权，是指基于扶养关系、抚养关系、赡养关系、继承关系产生的给付请求权和劳动报酬、退休金、养老金、抚恤金、安置费、人寿保险、人身伤害赔偿请求权等权利。因此甲基于继承关系产生的权利属于专属于其自身的权利，即使存在怠于行使的情形，也不得由其债权人代位行使。因此 C 错误。赠与人故意不告知瑕疵或者保证无瑕疵，造成受赠人损失的，应当承担损害赔偿责任。这里的瑕疵既包括权利瑕疵也包括物的瑕疵，所以 D 项的说法是错误的。因此，本题的答案为 CD。

（二）代位权的行使

1. 债权人行使代位权，必须以自己的名义行使。

2. 代位权行使范围以债权人的债权为限，即债权人代为行使债务人权利所获得的价值应与所需要保全的债权的价值相当。如果债权人行使债务人的部分债权，足以保全自己的债权，则不应就债务人的全部债权行使代位权。

3. 代位权的行使必须通过诉讼的方式在人民法院进行。

（三）效力

1. 债权人行使代位权以后，债务人对其权利不得处分，否则权利人可以主张该处分权无效。

2. 如代位权成立，由次债务人向债权人履行清偿义务，债权人与债务人、债务人与次债务人之间相应的债权债务关系消灭；当两个或者两个以上的债权人以同一次债务人为被告提起代位权诉讼的，人民法院可以合并审理，财产不足的，依据各自债权数额的大小按照比例分配。

3. 债权人行使代位权的请求数额超过债务人所负债务额或者超过次债务人对债务人所负债务额的，对超出部分人民法院不予支持。

4. 债权人可以代债务人向次债务人提起代位权诉讼，无论债务人是否参加诉讼，人民法院的判决均对其产生效力；如果其他债权人参加诉讼，该判决也对其产生效力。

5. 次债务人对债务人的抗辩，可以向债权人主张。债权人已着手实行代位权并在通知债务人之后，次债务人取得的对债务人的抗辩是否可以对抗债权人要视情况而定：如因债务人的处分行为而对债务人所取得的抗辩，不得以之对抗债权人；如因其他事由取得的抗辩可以对抗债权人，例如对债务人的清偿等。

6. 债权人胜诉的，诉讼费由次债务人负担，从实现的债权中优先支付。

7. 债权人请求人民法院对次债务人的财产采取保全措施的，应当提供相应的财产担保。

【经典真题】

甲公司对乙公司享有 5 万元债权，乙公司对丙公司享有 10 万元债权。如甲公司对丙公司提起代位权诉讼，则针对甲公司，丙公司的下列哪些主张具有法律依据？[1]（2012 - 3 - 59）

A. 有权主张乙公司对甲公司的抗辩

B. 有权主张丙公司对乙公司的抗辩

C. 有权主张代位权行使中对甲公司的抗辩

D. 有权要求法院追加乙公司为共同被告

【考点】代位权制度

【解析】《民法典》第 535 条第 3 款规定，在代位权诉讼中，次债务人对债务人的抗辩，可以向债权人主张。丙公司作为次债务人，其对债务人乙公司的抗辩，有法律依据，选项 B 正确，当选。债务人在代位权诉讼中对债权人的债权提出异议，经审查异议成立的，人民法院应当裁定驳回债权人的起诉。选项 A 中丙的主张即是对债权人的债权提出抗辩，有法律依据，当选。债权人提起代位权诉讼，作为被告的次债务人，可以就债权人是否可以行使代位权提出抗辩。选项 C 中丙的主张有法律依据。债权人以次债务人为被告向人民法院提起代位权诉讼，未将债务人列为第三人的，人民法院可以追加债务人为第三人。可见，债务人在代位权诉讼中的地位为第三人，并不是共同被告，所以选项 D 中丙的主张没有法律依据，不当选。因此，本题的答案为 ABC。

二、债权人撤销权 ★★★★

因债务人放弃其到期债权或者无偿转让财产，对债权人造成损害的，债权人可以请求人民法院撤销债务人的行为。债务人以明显不合理的低价转让财产，对债权人造成损害，并且受让人知道该情形的，债权人也可以请求人民法院撤销债务人的行为。例如，乙欠甲 10 万元，到期未还。乙无其他财产，但丙欠乙 10 万元，亦到期。此后，乙对丙发出通知，免除丙之债务，此时，甲可以行使撤销权，撤销乙放弃债权的行为。

撤销权的行使范围以债权人的债权为限。债权人行使撤销权的必要费用，由债务人承担。

（一）要件

债权人撤销权的成立要件因债务人所为的行为系无偿或有偿的不同而有所区别。若为无偿行为，只需具备客观要件；若为有偿行为，则需同时具备客观要件与主观要件。其中，客观要件包括：

1. 债务人实施了一定的处分财产的行为，合同编的规定：放弃到期债权；无偿转让财产；以明显不合理的低价转让财产。

2. 债务人的处分行为已发生法律效力。

---

[1]【答案】ABC

3. 债务人的行为已给债权人造成损害。

主观要件：在债务人实施损害债权人利益的行为时，受让人知道该情形，即主观上具有恶意。债务人放弃到期债权或者无偿转让财产时，推定其具有主观上的恶意。债务人以明显不合理的低价转让财产时，不仅要求证明债务人的恶意，还要求证明受让人的恶意。

【经典真题】

杜某拖欠谢某 100 万元。谢某请求杜某以登记在其名下的房屋抵债时，杜某称其已把房屋作价 90 万元卖给赖某，房屋钥匙已交，但产权尚未过户。该房屋市值为 120 万元。关于谢某权利的保护，下列哪些表述是错误的？[1]（2014 – 3 – 54）

A. 谢某可请求法院撤销杜某、赖某的买卖合同

B. 因房屋尚未过户，杜某、赖某买卖合同无效

C. 如谢某能举证杜某、赖某构成恶意串通，则杜某、赖某买卖合同无效

D. 因房屋尚未过户，房屋仍属杜某所有，谢某有权直接取得房屋的所有权以实现其债权

【考点】 债权人的撤销权、买卖合同的效力

【解析】（1）对于《民法典》第 539 条规定的"明显不合理的低价"，人民法院应当以交易当地一般经营者的判断，并参考交易当时交易地的物价部门指导价或者市场交易价，结合其他相关因素综合考虑予以确认。转让价格达不到交易时交易地的指导价或者市场交易价 70% 的，一般可以视为明显不合理的低价；对转让价格高于当地指导价或者市场交易价 30% 的，一般可以视为明显不合理的高价。杜某房屋市值为 120 万，作价 90 万卖给赖某，已经高于市价的 70%，不宜认定为"明显不合理的高价"，故谢某不得请求撤销杜某、赖某之间的买卖合同，选项 A 表述错误。当选。

（2）当事人之间订立有关设立、变更、转让和消灭不动产物权的合同，除法律另有规定或者合同另有约定外，自合同成立时生效；未办理物权登记的，不影响合同效力。故选项 B 的表述错误，当选。

（3）有下列情形之一的，合同无效：（二）行为人与相对人恶意串通，损害他人合法权益的。故选项 C 表述正确，不当选。

（4）房屋尚未过户，杜某对房屋如何处置有支配权，而谢某对杜某只有请求权，对杜某之房产无支配权。故选项 D 的表述错误，当选。

（二）撤销权的行使

撤销权的行使必须由享有撤销权的债权人以自己的名义，向被告住所地人民法院提起诉讼，请求法院撤销债务人的危害债权的行为。

（三）撤销权的效力

1. 对债务人的效力：债权人行使撤销权对债务人的行为生效后，债务人的行为被视为自始无效。

2. 对受益人和受让人的效力：第三人因该行为取得的财产，返还债务人。

3. 对其他债权人的效力：对于债务人实施的转移财产的行为被撤销后，由受益人或者受让人返还的财产或利益，应作为债务人的责任财产，由全体债权人对这些财产平等受偿。

---

[1]【答案】ABD

4. 债权人应当自知道或者应当知道撤销事由之日起 1 年内行使撤销权。自债务人的行为发生之日起 5 年内没有行使撤销权的，撤销权消灭。

【经典真题】

1. 甲公司在 2011 年 6 月 1 日欠乙公司货款 500 万元，届期无力清偿。2010 年 12 月 1 日，甲公司向丙公司赠送一套价值 50 万元的机器设备。2011 年 3 月 1 日，甲公司向丁基金会捐赠 50 万元现金。2011 年 12 月 1 日，甲公司向戊希望学校捐赠价值 100 万元的电脑。甲公司的 3 项赠与行为均尚未履行。下列哪一选项是正确的？[1]（2012 – 3 – 15）

　　A. 乙公司有权撤销甲公司对丙公司的赠与

　　B. 乙公司有权撤销甲公司对丁基金会的捐赠

　　C. 乙公司有权撤销甲公司对戊学校的捐赠

　　D. 甲公司有权撤销对戊学校的捐赠

【考点】 撤销权

【解析】 本题涉及两种撤销权，一为合同保全中债权人对于债务人的撤销权，以及赠与合同中，赠与人对受赠人的撤销权。因债务人放弃其到期债权或者无偿转让财产，对债权人造成损害的，债权人可以请求人民法院撤销债务人的行为。债务人以明显不合理的低价转让财产，对债权人造成损害，并且受让人知道该情形的，债权人也可以请求人民法院撤销债务人的行为。因此债权人撤销债务人行为的前提是债务人的行为对债权人的债权造成损害。而甲公司对丙公司和丁基金会的赠与均发生在甲公司欠乙公司货款之前，因此这两次赠与行为并未危及乙公司的债权，乙公司无权撤销甲公司的这两次赠与行为，故选项 AB 错误，不当选。而甲公司向戊学校的赠与则发生在甲公司无力清偿乙公司货款之后，应该认为对乙公司债权造成损害，乙公司可以撤销甲公司的这一赠与行为。因此选项 C 正确。赠与人在赠与财产的权利转移之前可以撤销赠与。经过公证的赠与合同或者依法不得撤销的具有救灾、扶贫、助残等公益、道德义务性质的赠与合同，不适用前款规定。由于甲向戊学校的赠与属于本条第 2 款规定的情形，因此甲公司不得撤销对戊学校的赠与，故选项 D 错误，不当选。

2. 乙向甲借款 20 万元，借款到期后，乙的下列哪些行为导致无力偿还甲的借款时，甲可申请法院予以撤销？[2]（2016 – 3 – 58）

　　A. 乙将自己所有的财产用于偿还对他人的未到期债务

　　B. 乙与其债务人约定放弃对债务人财产的抵押权

　　C. 乙在离婚协议中放弃对家庭共有财产的分割

　　D. 乙父去世，乙放弃对父亲遗产的继承权

【考点】 债权人撤销权

【解析】 因债务人放弃其到期债权或者无偿转让财产，对债权人造成损害的，债权人可以请求人民法院撤销债务人的行为。债务人以明显不合理的低价转让财产，对债权人造成损害，并且受让人知道该情形的，债权人也可以请求人民法院撤销债务人的行为。撤销

---

〔1〕【答案】C
〔2〕【答案】ABC

权的行使范围以债权人的债权为限。债权人行使撤销权的必要费用，由债务人负担。乙将自己所有的财产用于偿还对他人的未到期债务，对债权人造成损害，可以撤销，故 A 选项正确。

债务人放弃其未到期的债权或者放弃债权担保，或者恶意延长到期债权的履行期，对债权人造成损害，债权人规定提起撤销权诉讼的，人民法院应当支持。乙与其债务人约定放弃对债务人财产的抵押权，损害债权人债权，可以撤销，故 B 选项正确。

乙在离婚协议中放弃对家庭共有财产的分割，共有财产本有部分属于自己的财产，故损害债权人的债权，可以撤销，C 选项正确。

债权人撤销权的功能在于回复债务人的责任财产，而不是增加债务人的责任财产，故 D 选项错误，不能撤销。

【小结/重点整理】

双务合同中的履行抗辩权，一直是出题人的最爱，几乎每年都考（仅 2012 年和 2013 年没考到）。代位权与债权人撤销权，每年必考，且往往结合在一起出题，必须掌握。

第十七章
合同的移转

合同移转结构图

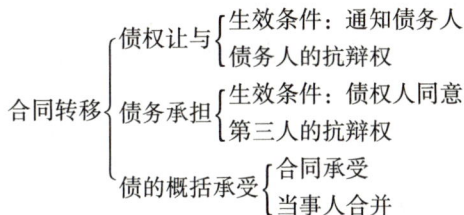

合同转移
- 债权让与
  - 生效条件：通知债务人
  - 债务人的抗辩权
- 债务承担
  - 生效条件：债权人同意
  - 第三人的抗辩权
- 债的概括承受
  - 合同承受
  - 当事人合并

导学

债的移转，是指债的主体发生变更，即由新的债权人、债务人代替原债权人、债务人，而债的内容保持同一性的法律事实。债的移转和债的变更虽然都是债的要素的改变，但前者改变的是债的主体，后者改变的是债的内容。

根据变更的主体的不同，债的移转分为债权人的变更和债务人的变更。如果第三人同时承受债权债务，则构成债的概括承受。债的移转，有的基于法律的直接规定而发生，如依继承编规定，被继承人死亡，其包括债权在内的遗产即移转于继承人；有的基于法院的裁决而发生；有的基于民事法律行为而发生，如遗嘱人以遗嘱将其债权转让给继承人或受遗赠人，或转让人与受让人订立转让合同而将债权转让。其中，通过转让合同而转让债权的，称为债权让与；通过转让合同而移转债务的，称为债务承担。

重点知识详解

考点1　债权让与

债权让与，是指不改变债的关系的内容，债权人将其债权移转于第三人的法律行为。其中的债权人称为转让人，第三人称为受让人。

一、要件

（一）须存在有效的债权

如果根本不存在债权或者将无效的"债权"让与他人，或者以已经消灭的债权让与他人，都将因标的不存在或者标的不能而导致债权让与无效，让与人对受让人因此而产生的损失，应负赔偿责任。

（二）被让与的债权具有可让与性

基于社会政策和保护社会公共秩序的需要，《民法典》对可转让债权的范围进行了一定限制，规定三类债权不得转让：

1. 根据合同性质不得转让。主要是指合同权利只能在特定当事人之间发生。这类债权常见有三种：（1）具有人身性质的抚养请求权、抚恤金请求权、人身损害赔偿请求权等债权不得转让；（2）以特定的债权人为基础发生的合同权利，例如以某个特定演员的演出活动为基础所订立的演出合同而产生的合同权利不得转让；（3）从权利不得与主权利分离而单独转让。

2. 按照当事人约定不得转让。只要这种约定不违反法律的禁止性规定和社会的公共道德。

3. 依照法律规定不得转让。合同编没有明确规定何种债权禁止让与，所以依照法律规定不得转让的债权是指合同编以外的其他法律中关于债权禁止让与的规定。

【案例】李某是全国著名的画家，刘某仰慕李某的画作，托人请求李某以20万元的价钱为其绘一幅画。后李某因身体不适不能作画，李某通知刘某将其为刘某作画的义务及接受画款的权利转移给其得意弟子张某，刘某拒绝。在本案中，刘某是因为仰慕李某才与其签订合同，该合同具有很强的人身依附性，未经刘某的同意，李某不能将合同的义务和权利转移给第三方。

（三）让与人与受让人就债权让与达成协议

如果达成的协议具有可撤销或可变更事由时，当事人得请求撤销或变更。该合同被撤销后，受让人已接受债务人的履行，则应作为不当得利返还给原债权人。

（四）须通知债务人

债权人转让权利的，应当通知债务人。未经通知，该转让对债务人不发生效力。债权人转让权利的通知不得撤销，但经受让人同意的除外。关于通知的形式，合同编并未限制，因此，口头形式和书面形式都应当允许，但原则上书面合同的债权让与通知应采取书面形式；法律法规有特别规定的，应当遵照其规定。

【经典真题】

甲将其对乙享有的10万元货款债权转让给丙，丙再转让给丁，乙均不知情。乙将债务转让给戊，得到了甲的同意。丁要求乙履行债务，乙以其不知情为由抗辩。下列哪一表述是正确的？[1]（2012-3-13）

A. 甲将债权转让给丙的行为无效

B. 丙将债权转让给丁的行为无效

C. 乙将债务转让给戊的行为无效

D. 如乙清偿10万元债务，则享有对戊的求偿权

【考点】债权让与

【解析】AB选项：债权人转让权利的，应当通知债务人。未经通知，该转让对债务人不发生效力。本题中，债权人甲将债权转让给丙，丙又转让给丁，甲都未通知债务人乙，因此，两次债权让与对乙都不生效。但是，债权让与协议并不因此无效。让与人与第三人

---

[1]【答案】D

达成合意后债权让与合同成立并生效，因此甲转让给丙，丙转让给丁的转让行为都有效。故 AB 选项错误。

C 选项：债务人将合同的义务全部或者部分转移给第三人的，应当经债权人同意。本题中，由于甲转让债权未通知乙，则乙的债权人仍为甲。乙转让债务时经过了甲的同意，该债务转让行为有效。故 C 选项错误。

D 选项：既然乙将债务转让给戊的债务承担有效，则乙就退出了该债权债务关系，若乙清偿 10 万元债务，构成代为清偿。乙和戊之间无委托合同，也无其他履行上的利害关系，乙可依无因管理或者不当得利的规定向戊追偿。故 D 选项正确。

二、效力

债权让与有效成立以后，即在让与人、受让人和债务人之间发生一定的法律效果。其中债权让与在让与人和受让人之间的效力，被称为债权让与的内部效力；而债权让与对债务人的效力，则被称为债权让与的外部效力。

（一）内部效力

1. 法律地位的取代。合同权利由让与人转让给受让人，原债权人脱离合同关系，受让人进入合同关系成为当事人，为新债权人。

2. 从权利随之转移。在转让合同权利时，从属于主权利的从权利也将随主权利的转让而转让，但专属于债权人的从权利不能随主权利转移而转移。例如，在保证合同中约定专为债权人而设定保证责任的情况下，该保证责任便与原债权人不可分离，不随同主债权让与而移转于受让人。

3. 债权证明文件的交付。让与人应将债权证明文件全部交付给受让人，并告知受让人行使债权所必要的相关情况。

4. 让与人的瑕疵担保责任。转让人应保证其转让的权利有效存在且不存在权利瑕疵。

（二）外部效力

1. 债权转让对债务人的效力以债权转让通知为准，该通知不得迟于债务履行期。

2. 表见让与发生效力。当债权人将债权让与第三人的事项通知债务人后，即使让与并未发生或者该让与无效，债务人基于对让与通知的信赖而向该第三人所为的履行仍然有效，此即为表见让与。

3. 债务人对让与人的抗辩权可以对受让人主张。

抗辩权是指债权人行使债权时，债务人根据法定事由对抗债权人行使请求权的权利。债务人行使的抗辩权包括：（1）基于被让与债权所产生的实体法上的抗辩权。如合同不成立、合同无效的抗辩权。（2）基于被让与的债权而产生的诉讼法上的抗辩权。例如诉讼时效已过的抗辩权。

债权人转让合同权利后，债务人与受让人之间因履行合同发生纠纷诉至人民法院，债务人对债权人的权利提出抗辩的，可以将债权人列为第三人。

【案例】

乙向甲借钱 X 元，甲为债权人，乙为债务人，甲与丙达成债权转让协议，但未通知乙。

问题1：债权转让协议是否生效？

答：生效。

问题2：丙能否向乙主张债权？

答：不能。

问题3：履行期届至，乙向甲清偿，发生何种法律后果？

答：有效清偿。

问题4：乙清偿后，甲、丙之间如何处理？

答：丙可以不当得利要求甲返还。

问题5：若甲将债权让与的情况通知了乙，乙仍向原债权人甲进行了清偿，产生什么法律后果？

答：丙可要求乙再次偿还，偿还后乙可以不当得利要求甲返还。

【经典真题】

甲公司与乙银行签订借款合同，约定借款期限自2010年3月25日起至2011年3月24日止。乙银行未向甲公司主张过债权，直至2013年4月15日，乙银行将该笔债权转让给丙公司并通知了甲公司。2013年5月16日，丁公司通过公开竞拍购买并接管了甲公司。下列哪一选项是正确的？[1]（2013 – 3 – 5）

A. 因乙银行转让债权通知了甲公司，故甲公司不得对丙公司主张诉讼时效的抗辩

B. 甲公司债务的诉讼时效从2013年4月15日起中断

C. 丁公司债务的诉讼时效从2013年5月16日起中断

D. 丁公司有权向丙公司主张诉讼时效的抗辩

【考点】诉讼时效

【解析】（1）债权让与情形下，债务人对转让人之抗辩，可以对受让人主张。甲对乙的债务，已经超过诉讼时效，其可以对受让人丙主张。因此选项A错误。

（2）债权让与可以发生诉讼时效中断，但是前提是诉讼时效期间没有届满。如果时效期间没有届满，债权让与情形下，债权让与通知到达债务人时，时效中断。本题中，甲的债务时效届满，即使债权让与通知达到甲处，也不发生中断效力。故选项B错误。

（3）债务承担也可发生诉讼时效中断。前提是诉讼时效期间没有届满和构成原债务人对债务的承认。本题中，丁公司接管甲公司时，甲公司债务时效已经届满，且无证据表明甲公司构成债务承认。所以不会发生丁公司债务时效中断问题，故选项C错误。

（4）丁公司承受了甲公司的债务，也就享有了甲公司对丙公司的抗辩权，因而可以主张对丙公司的时效抗辩权。故选项D正确。

考点2　债务承担

债务承担，是指在不改变债的内容的前提下，债权人、债务人通过与第三人订立转让债务的协议，将债务全部或部分移转给第三人承担的法律事实。

---

〔1〕【答案】D

一、要件

（一）须存在有效的债务

（二）被移转的债务具有可移转性

以下债务不可移转：

1. 性质上不可移转的债务。

2. 当事人特别约定不能移转的债务。

3. 不作为义务。

（三）第三人须与债权人或者债务人达成协议

1. 第三人与债权人订立债务承担合同。

2. 第三人与债务人订立债务承担合同。

（四）须经债权人同意

债务人或者第三人可以催告债权人在合理期限内予以同意，债权人未作表示的，视为不同意。

二、效力

（一）第三人取得债务人的法律地位

债务承担有效成立后，第三人取代原债务人，成为新债务人；原债务人脱离债的关系，由第三人直接向债权人承担债务。

（二）从债务的转移

债务人转移义务的，新债务人应当承担与主债务有关的从债务。例如附随于主债务的利息债务，随着主债务的移转而移转于第三人。但从债务专属于原债务人自身的除外。如保证债务不当然随主债务移转于第三人，除非保证人同意。

（三）抗辩权的转移

经债权人同意，债务人转移合同义务后，受让人与债权人之间因履行合同发生纠纷诉至人民法院，受让人就债务人对债权人的权利提出抗辩的，可以将债务人列为第三人。

【经典真题】

甲将其对乙享有的 10 万元货款债权转让给丙，丙再转让给丁，乙均不知情。乙将债务转让给戊，得到了甲的同意。丁要求乙履行债务，乙以其不知情为由抗辩。下列哪一表述是正确的?[1]（2012 - 3 - 13）

　　A. 甲将债权转让给丙的行为无效

　　B. 丙将债权转让给丁的行为无效

　　C. 乙将债务转让给戊的行为无效

　　D. 如乙清偿 10 万元债务，则享有对戊的求偿权

【考点】债权让与债务承担

【解析】债权让与是指债权人与第三人达成协议，将债权转移给第三人。债权人可以将合同的权利全部或者部分转让给第三人，但有下列情形之一的除外：（一）根据合同性质

---

〔1〕【答案】D

不得转让；（二）按照当事人约定不得转让；（三）依照法律规定不得转让。本题中甲享有的是 10 万元贷款债权，不属于不得转让的范围，该转让行为有效。因此选项 A 错误，不当选；同理，丙将获得的债权再次转让给丁，也应有效，故选项 B 也错误，不当选。在此应注意虽然乙对债权让与不知情，但是并不影响债权让与行为的效力。债权让与在债权人与第三人之间仍然是生效的。乙将债务转让给戊的行为，应征得债权人的同意，方能生效。本题中并未提及乙转让债务时，债权人究竟为甲或者丙或者丁。如果是甲，则已经征得甲之同意，债务承担生效。如果已经是丙或者丁，因乙并不知道债权已经被转让的事实，其仍去征求甲之意见，甲虽表示同意但是对于丙或者丁而言，不发生债务承担生效的法律后果，此时债务承担对于丙或者丁属于效力未定状态，并非无效。因此选项 C 错误。根据前述，虽然债务承担合同对于债权人来讲，需要征得债权人同意才能对其生效；但是在债务人与第三人之间，却可以发生效力。本题中，乙戊之间，戊应按约定履行对债权人的义务。如果乙代为履行，则乙的行为属于第三人代为清偿，乙取得对戊的求偿权。因此选项 D 正确，当选。

> **★特别提示** 此题的争议之处在于债务承担合同的效力，如果认为债权人同意是债务承担合同生效的条件，则本题没有正确选项。

考点 3　债的概括承受

债的概括承受，是指债的一方主体将其债权债务一并移转于第三人。债的概括承受，可为全部债权债务移转，也可为部分债权债务的移转。在后者，可因对方当事人的同意而确定原当事人和承受人的份额；如无明确约定，在原当事人和承受人之间发生连带关系。

一、合同承受

合同承受，是指合同当事人一方与第三方订立合同，将其合同权利义务全部或者部分移转给该第三人，经对方当事人同意后，由该第三人承受其地位，全部或部分地享受合同权利承担合同义务。

（一）要件

同时符合债权让与与债务承担的要件。

（二）争议

合同当事人一方经对方同意将其在合同中的权利义务一并转让给受让人，对方与受让人因履行合同发生纠纷诉至人民法院，对方就合同权利义务提出抗辩的，可以将出让方列为第三人。

（三）企业合并

企业合并，是指两个或两个以上的企业合并为一个企业。企业的合并不同于企业破产，为了保证相对人和合并企业的利益，根据主体的承继性原则，企业合并之前的债权和债务应由合并后的企业承担。法人合并的，其权利和义务由合并后的法人享有和承担。

当事人订立合同后合并的，由合并后的法人或者其他组织行使合同权利，履行合同义务。

【经典真题】

债的法定移转指依法使债权债务由原债权债务人转移给新的债权债务人。下列哪些选

项属于债的法定移转的情形?[1](2013 - 3 - 59)

  A. 保险人对第三人的代位求偿权

  B. 企业发生合并或者分立时对原债权债务的承担

  C. 继承人在继承遗产范围内对被继承人生前债务的清偿

  D. 根据买卖不破租赁规则，租赁物的受让人对原租赁合同的承受

【考点】债的移转

【解析】(1)《保险法》第 60 条第 1 款规定，因第三者对保险标的的损害而造成保险事故的，保险人自向被保险人赔偿保险金之日起，在赔偿金额范围内代位行使被保险人对第三者请求赔偿的权利。因此，被保险人对第三人的代位求偿权源于法律的规定，A 选项符合题意，当选。

  (2) 选项 B 属于债的法定概括承受，符合题意。

  (3) 选项 C 中，继承人继承遗产，同时也应在继承遗产的范围内偿还被继承人的债务，符合题意。

  (4) 选项 D 中，租赁物的受让人对租赁合同中权利和义务的承受，不因受让人的不同意见而改变，乃系因为"买卖不破租赁"之法律规定。故选项 D 符合题意。因此，本题的答案为 ABCD。

【小结/重点整理】

债权让与与债务承担是法律职业资格考试的重中之重，几乎每年必考，最近几年难度有加大的趋势，会结合民法典物权编等一并考查，考生需引起重视。

---

[1]【答案】ABCD

第十八章
债的消灭

债的消灭结构图

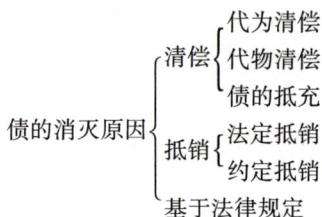

债的消灭原因
- 清偿
  - 代为清偿
  - 代物清偿
  - 债的抵充
- 抵销
  - 法定抵销
  - 约定抵销
- 基于法律规定

> **导学**
>
> 　　债的消灭，是指债的关系在客观上不复存在。债的消灭原因有三类：（1）基于当事人的意思，如免除、解除；（2）基于债的目的，如不能履行、清偿；（3）基于法律的规定。债消灭后，当事人仍应遵循诚实信用原则，根据交易习惯，履行通知、协助、保密等义务。例如，离职的受雇人仍应为雇主保守营业秘密；房屋的出租人在租赁合同终止后仍应允许承租人在适当位置张贴移居启事等。当事人违反后合同义务的，应承担损害赔偿责任。

🔖 重点知识详解

考点1　因清偿而消灭

一、清偿的概念——并非必为民事法律行为

清偿，是指当事人（债务人）实现债权目的的行为。清偿为发生私法上效果的合法行为，并非必为民事法律行为，因而关于民事法律行为的规定不当然地适用于清偿，只是在其性质所允许的范围内准用关于民事法律行为的规定。例如，关于行为能力的规定，不当然适用于清偿，只有在必须以法律行为实行给付时，才适用行为能力规则。

二、清偿主体的特殊问题：代为清偿

（一）代为清偿的构成要件

代为清偿，即第三人基于为债务人清偿的意思而向债权人为清偿的行为。代为清偿的适用条件为：

1. 依债的性质，可以由第三人代为清偿。如作为债的关系内容的债务具有专属性，则

性质上不许代为清偿。一般认为，基于债务性质不得代为清偿的情况有：不作为债务；以债务人自身的特别技能、技术为内容的债务；因债权人与债务人之间的特别信任关系所生的债务等。

2. 债权人与债务人之间无不得由第三人代为清偿的约定。但该约定必须在代为清偿前为之，否则无效。

3. 债权人没有拒绝代为清偿的正当理由，债务人也无提出异议的正当理由。如果代为清偿违背社会公共利益或社会公德或诚实信用原则，对债权人、债务人或社会有不利的影响；或代为清偿违背其他强行性规范时，债权人就有权拒绝受领代为清偿，债务人也有权提出异议，使其不发生清偿的效力。

▶★特别提示　若第三人与债务的履行无法律上的利害关系，债权人可拒绝第三人的代为清偿；若第三人与债务的履行有法律上的利害关系，无论债务人是否提出异议，债权人均不得拒绝第三人代为清偿。因为，对债务的履行有法律上利害关系的第三人享有代为清偿请求权。

4. 代为清偿的第三人必须有为债务人清偿的意思。在这一点上，代为清偿与债务承担不同：第一，若为清偿人之错误，误信为自己债务而为清偿时，不成立代为清偿；第二，连带债务人、不可分债务人之清偿，不构成代为清偿。

（二）代为清偿的效力表现

1. 对债权人与债务人之间关系的影响。由于代为清偿是因第三人以为债务人清偿的意思而为清偿，所以，在债权人与债务人之间，债的关系归于消灭，债务人免除义务。但在双务合同中，须双方的债务均获清偿，合同关系才消灭。如果债权人无正当理由而拒绝受领代为清偿，应负受领迟延责任。

2. 对债权人与第三人之间关系的影响。代为清偿的第三人如系就债务履行有利害关系的第三人，则依代位清偿制度，在其可得求偿的范围内，债权人所享有的权利当然移转于第三人；如果为其他第三人，也可依约定而在其求偿权的范围内代位债权人。

3. 对第三人与债务人之间关系的影响。如果第三人与债务人之间有委托合同，则适用委托合同的规范，第三人有求偿权。如果第三人与债务人之间既无委托合同又无其他履行上的利害关系，第三人可依无因管理或不当得利的规定求偿。于此场合，第三人负有将其清偿事实及时通知债务人的义务。若怠于通知，导致债务人为二重清偿时，第三人应负损害赔偿责任。不过，该赔偿债务不妨与清偿人的求偿权相抵销。但第三人以赠与的意思为清偿的，不发生求偿权。

第三人因代为清偿而有代位权。第三人在其求偿权的范围内，可以对债务人行使债权人的一切权利。债务人对于债权人有可抗辩的事由，有可供抵销的债权的，对于代位后的第三人也可主张。

【经典真题】

1. 甲公司对乙公司负有交付葡萄酒的合同义务。丙公司和乙公司约定，由丙公司代甲公司履行，甲公司对此全不知情。下列哪一表述是正确的？[1]（2012 – 3 – 12）

A. 虽然甲公司不知情，丙公司的履行仍然有法律效力

---

〔1〕【答案】A

B. 因甲公司不知情，故丙公司代为履行后对甲公司不得追偿代为履行的必要费用

C. 虽然甲公司不知情，但如丙公司履行有瑕疵的，甲公司需就此对乙公司承担违约责任

D. 虽然甲公司不知情，但如丙公司履行有瑕疵从而承担违约责任的，丙公司可就该违约赔偿金向甲公司追偿

【考点】债务承担；第三人代为清偿

【解析】（1）题中丙公司与乙公司的约定，从合同履行中权利义务的转让角度看，属于债务承担；从债权债务消灭角度看，属于第三人代为清偿。就债务承担而言，虽然合同编规定："债务人将债务的全部或者部分转移给第三人的，应当经债权人同意。"从字面意思理解似乎只有债务人才有权移转债务，并未规定债权人对合同义务进行移转的权利。但是，合同义务是为了债权人的利益而设，因此在债务移转问题上，债权人拥有比债务人更优越的地位，举重明轻，债权人也可以移转合同义务，即第三人也可以与债权人达成债务承担协议。该协议不必经债务人同意。据此，第三人丙公司与债权人乙公司约定的协议应为有效，丙公司的履行具有法律效力，故选项A正确，当选。

（2）第三人代为承担合同义务后，其与债务人的关系，可能存在多种情形。在债务人不知情的情况下，可能成立无因管理（需要符合无因管理的条件）或不当得利，据此会产生第三人对债务人的求偿权。因此选项B中一律否认丙公司的求偿权，是错误的表述，不当选。

（3）因债务承担合同已经生效，债务承担的事实已经产生，丙公司应对自己的履行瑕疵承担责任，因此选项C错误，不当选。

（4）债务承担的事实发生后，承担人就取代原债务人，成为新债务人，承担人直接向债权人承担债务，如果承担人履行有瑕疵，应当承担违约责任，原债务人不再承担责任。因此选项D错误，不当选。

2. 甲经乙公司股东丙介绍购买乙公司矿粉，甲依约预付了100万元货款，乙公司仅交付部分矿粉，经结算欠甲50万元货款。乙公司与丙商议，由乙公司和丙以欠款人的身份向甲出具欠条。其后，乙公司未按期支付。关于丙在欠条上签名的行为，下列哪一选项是正确的？[1]（2017-3-9）

A. 构成第三人代为清偿

B. 构成免责的债务承担

C. 构成并存的债务承担

D. 构成无因管理

【解析】乙公司与丙以欠款人的身份向甲出具欠条的结果是乙公司与丙商议的结果，所以并不构成无因管理，所以D选项错误。此时丙虽为乙公司股东，其代表的是自身的意思表示，是自然人行为，而并不是公司意志，丙是以债务人的身份加入，所以甲向乙公司或丙或同时追偿均可。所以C选项正确。

三、清偿标的的特殊问题：代物清偿

（一）代物清偿的构成要件

1. 必须有合法的原债务存在。

2. 必须以他种给付代替原定给付。

3. 须为了消灭原债务。

4. 必须有双方当事人关于代物清偿的合意。

5. 必须债权人现实的受领给付。

【案例】 设张三为债务人，李四为债权人，张三负有向李四提供30天劳务的义务；后张三和李四约定："张三向李四交付5头奶牛代替履行30天劳务的债务。"这就是代物清偿，即债权人受领他种给付以代原定给付，而使债务消灭的协议。

　■ ★特别提示 代物清偿协议系实践合同，除达成协议外，尚须完成履行行为，该协议才能生效。否则，仅达成协议，而未完成履行行为，则为债的变更，而非代物清偿，原定债务不能消灭。

（二）效力

债权债务关系消灭。

【经典真题】

材料①：2012年2月，甲公司与其全资子公司乙公司签订了《协议一》，约定甲公司将其建设用地使用权用于抵偿其欠乙公司的2000万元债务，并约定了仲裁条款。但甲公司未依约将该用地使用权过户到乙公司名下，而是将之抵押给不知情的银行以获贷款，办理了抵押登记。根据材料①，关于甲公司、乙公司与银行的法律关系，下列表述正确的是：[1]（2013－3－86）

A. 甲公司欠乙公司2000万元债务没有消灭

B. 甲公司抵押建设用地使用权的行为属于无权处分

C. 银行因善意取得而享有抵押权

D. 甲公司用建设用地使用权抵偿债务的行为属于代为清偿

【考点】 债的消灭物权变动代物清偿

【解析】（1）甲的行为系代物清偿，须债权人现实的受领建设用地使用权，给付方能消灭债务，本题中甲未能完成过户，乙公司未获得建设用地使用权，因此甲的债务并未消灭，故选项A表述正确。选项D混淆了代为清偿与代物清偿的区别，表述错误。

（2）甲公司未将建设用地使用权进行变更登记，因此仍然拥有物权，其处分该权利不属于无权处分，故选项B表述错误。进而，银行获得抵押权乃是因为正常的法律行为，而并非善意取得，故选项C表述也错误。

四、债的抵充

债务人的给付不足以清偿其对同一债权人所负的数笔相同种类的全部债务，应当优先

---

〔1〕【答案】A

抵充已到期的债务；几项债务均到期的，优先抵充对债权人缺乏担保或者担保数额最少的债务；担保数额相同的，优先抵充债务负担较重的债务；负担相同的，按照债务到期的先后顺序抵充；到期时间相同的，按比例抵充。但是，债权人与债务人对清偿的债务或者清偿抵充顺序有约定的除外。

【经典真题】

孙某与李某签订房屋租赁合同，李某承租后与陈某签订了转租合同，孙某表示同意。但是，孙某在与李某签订租赁合同之前，已经把该房租给了王某并已交付。李某、陈某、王某均要求继续租赁该房屋。下列哪一表述是正确的? [1] (2014 – 3 – 14)

A. 李某有权要求王某搬离房屋

B. 陈某有权要求王某搬离房屋

C. 李某有权解除合同，要求孙某承担赔偿责任

D. 陈某有权解除合同，要求孙某承担赔偿责任

【考点】 债的抵充

【解析】 (1)《城镇房屋租赁合同解释》第5条规定："出租人就同一房屋订立数份租赁合同，在合同均有效的情况下，承租人均主张履行合同的，人民法院按照下列顺序确定履行合同的承租人：①已经合法占有租赁房屋的；②已经办理登记备案手续的；③合同成立在先的。不能取得租赁房屋的承租人请求解除合同、赔偿损失的，依照合同编的有关规定处理。"本题中，王某受领房屋交付，已经占有了租赁房屋，其获得了房屋的承租权。李某同作为承租人，不能取得履行利益，但是可以对孙某主张损害赔偿责任。故选项A表述错误；C表述正确。

(2) 既然王某可以对抗李某的请求权，就更可以对抗次承租人陈某的请求权，故选项B表述错误。此外，陈某在未获得履行利益的情况下，应当向李某而不是孙某主张赔偿责任，故D表述错误。

考点2 因抵销而消灭

一、抵销的概念

抵销，是指双方当事人互负债务时，各以其债权充当债务之清偿，而使其债务与对方的债务在对等额内相互消灭的制度。为抵销的债权，即债务人的债权，称为自动债权；被抵销的债权，即债权人的债权，叫作受动债权。

抵销依其产生的根据不同，可分为法定抵销与合意抵销两种。法定抵销由法律规定其构成要件，当要件具备时，依当事人一方的意思表示即可发生抵销的效力。依当事人一方的意思表示即可发生抵销效力的权利，称为抵销权，属于形成权。合意抵销是指按照当事人双方的合意所为的抵销。它尊重当事人的意思自由，可不受法律规定的抵销构成要件的限制。当事人为抵销而订立的合同叫作抵销合同，其成立应适用合同编关于合同订立的规定。

---

[1]【答案】C

二、法定抵销的要件

法定抵销必须具备以下成立要件：

1. 双方当事人互负债务、互享债权。抵销权的产生，在于当事人对对方既负有债务，同时又享有债权。只有债务而无债权或者只有债权而无债务，均不发生抵销的问题。但合同编规定：债务人的债权先于转让的债权到期或者同时到期的，债务人可以向受让人主张抵销。

当事人双方存在的两个债权债务，必须合法有效。

在附条件的债权中，如所附条件为停止条件，在条件成就前，债权尚不发生效力，不得为抵销。如其为解除条件，则条件成就前债权为有效存在，故得为抵销；且条件成就并无溯及力，因而行使抵销权后条件成就时，抵销仍为有效。

超过诉讼时效期间的债权，不得作为主动债权而主张抵销，否则无异于强迫对方履行自然债务。如果被动债权已过诉讼时效期间，则可用于抵销。对此，可认为债务人抛弃了时效利益。

附有同时履行抗辩权的债权，不得以之为自动债权而主张抵销，否则即为剥夺对方的抗辩权。但如其作为被动债权，则可认为抵销权人已抛弃同时履行抗辩权，此时以之为抵销，当无不可。

第三人的债权，即使取得该第三人的同意，也不能以之为抵销。

2. 双方互负的债务标的物的种类、品质相同。双方当事人的给付物的种类虽然相同，但品质不同时，原则上不允许抵销。以特定物为给付物时，即使双方的给付物属于同一种类，也不允许抵销。但是，在双方当事人均以同一物为给付物时，仍属同一种类的给付，可以抵销。例如，甲有向乙请求交付某特定物的债权，同时对于丙负有交付该物的债务，嗣后在乙继承丙的遗产场合，就可发生这种抵销。

3. 自动债权已届清偿期。自动债权未定清偿期的，只要债权人给债务人以宽限期，宽限期满即可抵销。虽然合同编规定双方债权均应届履行期，但因债务人有权抛弃期限利益，在无相反的规定或约定时，债务人可以在清偿期前清偿。所以，受动债权即使未届清偿期，也应允许抵销。

在破产程序中，破产债权人对其享有的债权，无论是否已届清偿期，无论是否附有期限或解除条件，均可抵销。

4. 非依债的性质不能抵销。

法律规定不可抵销的债务不得抵销。例如，法院决定扣留、提取劳动收入时，应保留被执行人及其所供养家属的生活必需品。查封、扣押、拍卖、变卖被执行人的财产，应当保留被执行人本人及其所供养家属的生活必需品。再如，故意实施侵权行为的债务人，不得主张抵销侵权损害赔偿之债。违约金债务不得自行以扣款等方式冲抵。

三、抵销的方法

抵销为单方法律行为，应适用法律关于民事法律行为及意思表示的规定。抵销为处分债权的行为，故抵销人应有行为能力，并且对债权有处分权。抵销应由抵销权人以意思表示向受动债权人为之，自受动债权人了解或通知到达受动债权人时发生效力。受动债权人为无行为能力人或限制行为能力人时，自通知到达其法定代理人时发生效力。

抵销的意思表示，不得附有条件或期限，因为若附有条件或期限，即会使得其效力不确定，这与抵销的本旨相悖。

四、抵销的效力

抵销使双方债权按照抵销数额消灭。抵销使双方债权溯及于得为抵销时消灭。所谓得为抵销时，是指抵销权发生之时。如果双方债权的抵销权发生时间不同，则应以为抵销人的抵销权发生时间为标准。被抵销人嗣后即使作出不抵销的意思表示，也不得溯及其抵销权发生时产生抵销效力。因为其抵销权已依对方的抵销意思表示归于消灭。抵销发生后，双方债权的担保及其他权利，均从得为抵销时消灭；双方债权的利息债权，也从得为抵销时消灭。

五、约定抵销

约定抵销（又称合意抵销，任意抵销）。约定抵销的实质是互负债务的双方当事人订立一个全部或者部分消灭彼此债权债务的合同。因此，无论双方互负债务的给付种类、品质是否相同，也无论债务的履行期限是否届满，诉讼时效是否经过，只要经双方协商一致，均可以抵销。

【经典真题】

甲装修公司欠乙建材商场货款 5 万元，乙商场需付甲公司装修费 2 万元。现甲公司欠款已到期，乙商场欠费已过诉讼时效，甲公司欲以装修费充抵货款。下列哪一种说法是正确的？[1]（2005 - 3 - 4）

A. 甲公司有权主张抵销

B. 甲公司主张抵销，须经乙商场同意

C. 双方债务性质不同，不得抵销

D. 乙商场债务已过诉讼时效，不得抵销

【考点】债的抵销

【解析】抵销是指双方当事人互负债务时，各以其债权充当债务之清偿，而使其债务与对方的债务在对等额内相互消灭的制度。抵销以其产生的依据不同，可以分为法定抵销与合意抵销。法定抵销，即"当事人互负到期债务，该债务的标的物种类、品质相同的，任何一方可以将自己的债务与对方的债务抵销，但依照法律规定或者按照合同性质不得抵销的除外。当事人主张抵销的，应当通知对方。通知自到达对方时生效。抵销不得附条件或者附期限。"合意抵销，即"当事人互负债务，标的物种类、品质不相同的，经双方协商一致，也可以抵销。"在抵销中，为抵销的债权，即债务人的债权，称为自动债权；被抵销的债权，即债权人的债权，称为受动债权。依抵销理论超过诉讼时效的债权不得作为自动债权，否则无异于强迫对方履行自然债务。如果被动债权已过诉讼时效期间，则可以用以抵销，对此，可认为债务人抛弃了时效利益。本题中除非乙公司自愿同意以其超过诉讼时效的 2 万元货款装修费与甲公司尚未超过诉讼时效的 5 万元货款相互抵销。B 正确。其他错误。

---

［1］【答案】B

考点3　因提存而消灭

一、提存的事由

1. 债权人迟延受领。债权人无正当理由拒绝受领的，债务人可以提存。构成该提存原因的，必须是债务人现实地提出了给付。

2. 债权人下落不明。债权人下落不明包括债权人不清、地址不详、债权人失踪又无代管人等情况。

3. 债权人死亡或者丧失行为能力，又未确定继承人或者监护人。

4. 法律规定的其他情形。抵押人转让抵押物所得的价款，应当向抵押权人提前清偿所担保的债权或者向与抵押权人约定的第三人提存。

二、提存的标的与方法

（一）提存的标的

提存的标的，为债务人依约定应当交付的标的物。《提存公证规则》第13条第2款规定，提存标的物与合同标的物不符或者在提存时难以判明两者是否相符的，提存部门应告知提存人，如提存受领人因此拒绝受领提存标的物，则不能产生提存的效力。

提存的标的物，以适于提存者为限。标的物不适于提存或者提存费用过高的，债务人依法可以拍卖或者变卖标的物，提存所得的价款。

适于提存的标的物包括：货币；有价证券、票据、提单、权利证书；贵重物品；担保物（金）或其替代物；其他适于提存的标的物。不适于提存的标的物包括：低值、易损、易耗物品；鲜活、易腐物品；需要专门技术养护物品；超大型机械设备、建设设施等。不适于提存的标的物，债务人可以委托中介机构拍卖或变卖，将所得价款提存。

（二）提存的方法

提存人应在交付提存标的物的同时，提交提存书。提存书上应载明提存人姓名（名称）、提存物的名称、种类、数量以及债权人的姓名、住址等基本内容。此外，提存人应提交债务证据，以证明其所提存之物确系所负债务的标的物；提存人还应提交债权人受领迟延或不能确定以致自己无法向债权人清偿的证据。如有法院或仲裁机关的裁决书，也应一并提出。其目的在于证明其债务已符合提存要件，以便提存机关确定是否应予提存。

如果提存人的提存系对于债权人的对待给付而为，提存人应当在提存书中特别注明。

对提存人的提存请求经审查符合提存条件的，提存机关应接受提存标的物并妥善保管。因提存并非向债权人清偿，因此，标的物提存后，除债权人下落不明以外，债务人应及时通知债权人或债权人的继承人、监护人。债权人下落不明的，债务人不负通知义务，提存人可申请法院依有关规定公告送达。

三、提存的效力

提存的效力，包括提存在债务人与债权人之间、提存人与提存部门之间以及债权人与提存部门之间发生的效力：

1. 债务人与债权人之间的效力。自提存之日起，债务人的债务归于消灭。

提存物在提存期间所产生的孳息归提存受领人所有。提存的不动产或其他物品的收益，除用于维护费用外，剩余部分应当存入提存账户。标的物提存使债权得到清偿，标的物所有权转移归于债权人，标的物毁损灭失的风险也转移归于债权人负担。但因提存部门过错造成毁损、灭失的，提存部门负有赔偿责任。

2. 提存人与提存部门之间的效力。提存部门有保管提存标的物的权利和义务。提存部门应当采取适当的方法妥善保管提存标的物，以防毁损、变质或灭失。对不宜保存的，提存受领人到期不领取或超过保管期限的提存物品，提存部门可以拍卖，保存其价款。

提存的存款单、有价证券、奖券需要领息、承兑、领奖的，提存部门应当代为承兑或领取，所获得的本金和孳息在不改变用途的前提下，按不损害提存受领人利益的原则处理。无法按原用途使用的，应以货币形式存入提存账户。定期存款到期的，原则上按原来期限将本金和利息一并转存。股息红利除用于支付有关的费用外，剩余部分应当存入提存专用账户。

提存人可以凭人民法院生效的判决、裁定或提存之债已经清偿的公证证明取回提存物。提存受领人以书面形式向公证处表示抛弃提存受领权的，提存人得取回提存物。提存人取回提存物的，视为未提存，因此产生的费用由提存人承担。提存人未支付提存费用前，提存部门有权留置价值相当的提存标的物。

3. 债权人与提存部门之间的效力。债权人可以随时领取提存物，但债权人对债务人负有到期债务的，在债权人未履行债务或者提供担保之前，提存部门根据债务人的要求应当拒绝其领取提存物。债权人领取提存物的权利，自提存之日起5年内不行使而消灭，提存物扣除提存费用后归国家所有。但是，债权人未履行对债务人的到期债务，或者债权人向提存部门书面放弃领取提存物权利的，债务人负担提存费用后有权取回提存物。

除当事人另有约定外，提存费用由提存受领人承担。提存费用包括：提存公证费、公告费、邮电费、保管费、评估鉴定费、代管费、拍卖变卖费、保险费以及为保管、处理、运输提存标的物所支出的其他费用。提存受领人未支付提存费用前，提存部门有权留置价值相当的提存标的物。

提存部门未按法定或者当事人约定条件给付提存标的物给当事人造成损失的，提存部门负有连带赔偿责任。

符合法定或当事人约定的给付条件，提存部门拒绝给付的，由其主管机关责令限期给付，给当事人造成损失的，提存部门负有赔偿责任。

【经典真题】

乙在甲提存机构办好提存手续并通知债权人丙后，将2台专业相机、2台天文望远镜交甲提存。后乙另行向丙履行了提存之债，要求取回提存物。但甲机构工作人员在检修自来水管道时因操作不当引起大水，致乙交存的物品严重毁损。下列哪一选项是错误的？[1]（2012－3－14）

A. 甲机构构成违约行为　　　　　　　B. 甲机构应承担赔偿责任
C. 乙有权主张赔偿财产损失　　　　　D. 丙有权主张赔偿财产损失

【考点】提存制度中的当事人法津关系

【解析】（1）作为债权债务终止原因之一的提存，涉及三方当事人，提存人（债务

---

〔1〕【答案】D

人）、提存受领人（债权人）、提存部门。提存人与提存受领人之间，根据我国合同编规定构成债的关系，然而提存人或者提存受领人与提存部门之间的关系在合同编中并未规定。《提存公证规则》第2条规定："提存公证是公证处依照法定条件和程序，对债务人或担保人为债权人的利益而交付的债之标的物或担保物（含担保物的替代物）进行寄托、保管，并在条件成就时交付债权人的活动。为履行清偿义务或担保义务而向公证处申请提存的人为提存人。提存之债的债权人为提存受领人。"此条明确提存人、提存受领人与提存部门之间成立寄托或者保管关系。《提存公证规则》第19条第1款规定："公证处有保管提存标的物的权利和义务。公证处应当采取适当的方法妥善保管提存标的，以防毁损、变质或灭失。"第27条第2款规定："提存期间，提存物毁损灭失的风险责任由提存受领人负担；但因公证处过错造成毁损、灭失的，公证处负有赔偿责任。"根据前述条款，甲机构保管不善，构成违约行为，且因其过错导致提存标的物毁损灭失，甲机构应承担赔偿责任，因此选项A、B正确，均不当选。

（2）甲应该向乙还是丙承担赔偿责任，取决于哪一方是有权取回提存物的人。本来提存受领人应为丙，但是因为乙另行向丙履行了提存之债，因此提存受领人应为乙，即乙有权主张赔偿损失。所以选项C正确，不当选。选项D错误，当选。

考点4　因免除、混同而消灭

一、免除

（一）免除的概念

免除，是指债权人抛弃债权，从而全部或部分消灭债的关系的单方行为。免除为债权人处分债权的行为，因而需要债权人对该债权有处分权。无行为能力人或限制行为能力人不得为免除行为。

（二）免除的要件

1. 免除应由债权人作出，且债权人免除债务时具有行为能力。
2. 免除必须向债务人作出。免除属于非要式行为。
3. 免除不得损害第三人的利益。

（三）免除的效力

免除发生债务绝对消灭的效力。因免除使债权消灭，故债权的从权利，如利息债权、担保权等，也同时归于消灭。仅免除部分债务的，债的关系仅部分终止。

免除为处分行为，仅就各个债务成立免除。因合同所生的全部债务，如两个对立的债务，只有一一将它们免除时，才发生全部免除的效力（即合同关系消灭的结果）。

免除不得损害第三人的合法权益。例如，已就债权设定质权的债权人不得免除债务人的债务，而以之对抗质权人。

保证债务的免除不影响被担保债务的存在，被担保债务的免除则使保证债务消灭。

【经典真题】

甲和乙之间有借贷关系，后二人结婚。此时，甲、乙之间的债权债务可以因下列哪一

情形消灭？[1]（2008 延 - 3 - 8）

A. 因混同而消灭
B. 因混合而消灭
C. 因结婚而消灭
D. 因免除而消灭

【考点】 债的消灭中的免除

【解析】 （1）债的消灭，是指债的关系当事人双方间的权利义务关系于客观上已不复存在。有下列情形之一的，合同的权利义务终止：①债务已经按照约定履行；②合同解除；③债务相互抵销；④债务人依法将标的物提存；⑤债权人免除债务；⑥债权债务同归于一人；⑦法律规定或者当事人约定终止的其他情形。根据法律规定，结婚和混合并不是债消灭的原因，故排除选项 B、C。

（2）债权和债务同归于一人的，合同的权利义务终止，但涉及第三人利益的除外。本题中，甲、乙之间的债权债务并不会因为结婚而同归于一人，即并不会出现债的混同而消灭，故选项 A 说法错误。

（3）债权人免除债务人部分或者全部债务的，合同的权利义务部分或者全部终止。本题中，甲、乙结婚后，两人之间的债权债务可以因为债权人免除债务而消灭。故本题的正确答案是 D。

二、混同

（一）混同的概念

混同，是指债权和债务同归一人，致使债的关系消灭的事实。

（二）混同的成立

债权债务的混同，由债权或债务的承受而产生，债权债务的概括承受是发生混同的主要原因。例如，企业合并，合并前的两个企业之间有债权债务时，企业合并后，债权债务因同归一个企业而消灭。

（三）混同的效力

合同关系及其他债之关系，因混同而绝对地消灭。债权的消灭，也使从权利如利息债权、违约金债权、担保权等归于消灭。债权系他人权利的标的时，从保护第三人的合法权益出发，债权不消灭。例如，债权为他人质权的标的，为了保护质权人的利益，不使债权因混同而消灭。

【经典真题】

甲、乙签订协议，约定甲租用乙的房屋 10 年，租金每年 1 万元，甲可以转租。第二年，甲将该房屋转租给丙，租期 3 年，租金每年 1.5 万元。后因乙经营不善，房屋被法院拍卖还债，丙购得该房屋。现甲、乙对两份租赁合同的履行产生争议，下列哪些选项是正确的？[2]（2008 延 - 3 - 56）

A. 本案适用买卖不破租赁原则

B. 本案不适用买卖不破租赁原则

C. 丙有权主张将转租合同的租金变更

---

[1]【答案】D
[2]【答案】AD

D. 甲有权要求丙继续履行转租合同

【考点】 买卖不破租赁混同

【解析】 （1）合法转租中，两个租赁合同均适用买卖不破租赁规则。乙将房屋出租给甲，甲合法转租给丙。在两个租赁存续期间，房屋所有权由丙取得，两个租赁合同均适用买卖不破租赁。故 A 选项正确；B 选项错误。

（2）买卖不破租赁的实质是"原租赁合同的权利义务的内容不变，自动换出租人，将出租人换成新的所有权人。"换言之，新的所有权人应法定承受原租赁合同。故丙无权单方面主张变更租金。故 C 选项错误。

（3）D 选项涉及混同问题。丙购得房屋，丙成为所有权人，同时，丙又是转租合同的承租人。一般而言，承租人变为租赁物的所有权人时，可类推适用混合规则，租赁合同消灭。但在这里，因涉及第三人（甲）的利益，甲、丙间的租赁合同不因混同而消灭。所以甲有权请求丙继续履行转租合同。故 D 选项正确。因此，本题的答案为 AD。

考点5 因解除而消灭

一、合同解除的概念与类型

合同的解除，是指合同有效成立后，在一定条件下通过当事人的单方行为或者双方合意终止合同效力或者溯及地消灭合同关系的行为。

合同解除可作如下分类：（1）单方解除与协议解除。单方解除是指依法享有解除权的一方当事人依单方意思表示解除合同关系；协议解除是指当事人双方通过协商同意将合同解除的行为。（2）法定解除与约定解除。合同解除的条件由法律直接加以规定者，称为法定解除。在法定解除中，有的以适用于所有合同的条件为解除条件，有的则仅适用于特定合同的条件为解除条件。前者称为一般法定解除，后者称为特别法定解除；约定解除，是当事人以合同形式约定为一方或双方设定解除权的解除。其中，有关解除权的合意称为解约条款。解除权可以赋予当事人一方，也可以赋予当事人双方。设定解除权，可以在订立合同时约定，也可以在合同成立后另行设定解除权的合同。

二、合同的法定解除事由

有下列情形之一的，当事人可以解除合同：

1. 因不可抗力致使不能实现合同目的。在此情况下，我国合同编允许当事人通过行使解除权的方式消灭合同关系。

2. 在履行期限届满之前，当事人一方明确表示或者以自己的行为表明不履行主要债务。此即债务人拒绝履行，也称毁约，包括明示毁约和默示毁约。作为合同解除条件，一是要求债务人有过错；二是拒绝行为违法，即无合法理由；三是有履行能力。

3. 当事人一方迟延履行主要债务，经催告后在合理期限内仍未履行。原则上不允许当事人立即解除合同，而应由债权人向债务人发出履行催告，给予一定的履行宽限期。债务人在该履行宽限期届满时仍未履行的，债权人有权解除合同。

4. 当事人一方迟延履行债务或者有其他违约行为致使不能实现合同目的。对某些合同而言，履行期限至为重要，如债务人不按期履行，合同目的即不能实现，于此情形，债权人有权解除合同。其他违约行为致使合同目的不能实现时，也应如此。

5. 法律规定的其他情形。法律针对某些具体合同规定了特别法定解除条件的，从其规定。

三、合同的法定解除权的行使

1. 不必经对方当事人同意，但需要通知对方，合同自通知到达对方时解除。

2. 对方对此有异议的，可以在约定的异议期间内请求人民法院或者仲裁机构裁决合同应否解除。当事人没有约定异议期间，应当在解除合同通知到达之日起3个月之内向人民法院起诉。

3. 解除权的行使受到期限限制，法律规定或者当事人约定解除权行使期限，期限届满当事人不行使的，该权利消灭。法律没有规定或者当事人没有约定解除权行使期限，经对方催告后在合理期限内不行使的，该权利消灭。

【经典真题】

甲公司与乙公司签订并购协议："甲公司以1亿元收购乙公司在丙公司中51%的股权。若股权过户后，甲公司未支付收购款，则乙公司有权解除并购协议。"后乙公司依约履行，甲公司却分文未付。乙公司向甲公司发送一份经过公证的《通知》："鉴于你公司严重违约，建议双方终止协议，贵方向我方支付违约金；或者由贵方提出解决方案。"3日后，乙公司又向甲公司发送《通报》："鉴于你公司严重违约，我方现终止协议，要求你方依约支付违约金。"下列哪一选项是正确的？[1]（2011-3-13）

A.《通知》送达后，并购协议解除

B.《通报》送达后，并购协议解除

C. 甲公司对乙公司解除并购协议的权利不得提出异议

D. 乙公司不能既要求终止协议，又要求甲公司支付违约金

【考点】 合同解除，违约责任

【解析】（1）当事人可以约定一方解除合同的条件。解除合同的条件成就时，解除权人可以解除合同。当事人一方依照合同解除权的规定主张解除合同的，应当通知对方。合同自通知到达对方时解除。对方有异议的，可以请求人民法院或者仲裁机构确认解除合同的效力。因此，本题中乙公司享有合同解除权，但是其应当将解除的意思通知对方。乙公司向甲公司发出了两个文件，第一个为"通知"，该通知并未表明其解除合同的意思，而只是建议双方终止协议。第二个"通告"则明确表态"我方终止协议"。该通告属于合同编规定的通知，该通知到达甲方合同解除。因此A错误，B正确。根据《民法典》第565条的规定，甲公司可以对乙公司的通知提出异议，因此C错误。

（2）关于合同解除与违约责任问题，违约金条款属于清理和结算条款，合同的解除不影响违约金条款的效力。买卖合同因违约而解除后，守约方主张继续适用违约金条款的，人民法院应予支持；但约定的违约金过分高于造成的损失的，人民法院可以参照有关违约金的规定处理。故D错误。

★特别提示 D非常具有迷惑性。

---

[1]【答案】B

四、合同协议解除的条件

合同协议解除，是双方当事人协商一致解除原合同关系。其实质是在原合同当事人之间重新成立了一个合同，其主要内容为废弃双方原合同关系，使双方基于原合同发生的债权债务归于消灭。

协议解除采取合同（即解除协议）方式，因此应具备合同的有效要件，即当事人具有相应的行为能力；意思表示真实；内容不违反强行法规范和社会公共利益；采取适当的形式。

五、合同解除的效力

（一）一般规定

《民法典》第566条第1款规定："合同解除后，尚未履行的，终止履行；已经履行的，根据履行情况和合同性质，当事人可以请求恢复原状或者采取其他补救措施，并有权要求赔偿损失。"该条规定，确立了合同解除的两方面效力：一是向将来发生效力，即终止履行；二是合同解除可以产生溯及力（即引起恢复原状的法律后果）。学者认为，非继续性合同的解除原则上有溯及力，继续性合同的解除原则上无溯及力。

（二）合同解除与损害赔偿

合同解除与损害赔偿可以并存。但对于损害赔偿的范围，有不同观点。其一认为，无过错一方所遭受的一切损害均可请求赔偿，既包括债务不履行的损害赔偿，也包括因恢复原状所发生的损害赔偿；其二认为，对损害赔偿范围的确定应具体分析，在许多情况下，损害赔偿与合同解除是相互排斥的，选择了其一便足以使当事人利益得到充分的保护，没有必要同时采取两种方式，如协议解除、因不可抗力而解除。

【经典真题】

甲与乙教育培训机构就课外辅导达成协议，约定甲交费5万元，乙保证甲在接受乙的辅导后，高考分数能达到二本线。若未达到该目标，全额退费。结果甲高考成绩仅达去年二本线，与今年高考二本线尚差20分。关于乙的承诺，下列哪一表述是正确的？[1]（2012-3-11）

A. 属于无效格式条款
B. 因显失公平而可变更
C. 因情势变更而可变更
D. 虽违背教育规律但属有效

【考点】合同效力

【解析】（1）乙的承诺如果系在双方不断协商过程中作出，则不涉及格式条款问题。如果系其未与甲协商而预先拟定的条款，则属于格式条款，但是该格式条款没有一般情况下合同无效情形，也没有出现免除乙责任、加重甲责任，排除甲主要权利的情形，因此应为有效。因此选项A错误，不当选。

（2）《民通意见》第72条规定："一方当事人利用优势或者利用对方没有经验，致使双方的权利义务明显违反公平、等价有偿原则的，可以认定为显失公平。"本题中，乙的承诺并非是在甲利用优势或者利用乙没有经验而要求乙作出，也没有违反公平、等价有偿原

[1]【答案】D

则，因此不属于显失公平情形，不属于法律规定的可以撤销、可以变更的合同类型。故选项 B 错误，不当选。

（3）合同成立后，合同的基础条件发生了当事人在订立合同时无法预见的、不属于商业风险的重大变化，继续履行合同对于当事人一方明显不公平的，受不利影响的当事人可以与对方重新协商；在合理期限内协商不成的，当事人可以请求人民法院或者仲裁机构变更或者解除合同。

人民法院或者仲裁机构应当结合案件的实际情况，根据公平原则变更或者解除合同。

根据题意，甲乙之间协议成立后并未出现该条款规定的情形，不适用情势变更原则，因此选项 C 错误，不当选。

（4）乙的承诺虽然违背教育规律，但是系其根据自己的实力而自愿作出，不存在任何一种法定无效情形，因此选项 D 正确，当选。

六、情势变更原则

（一）情势变更的含义

合同成立后，合同的基础条件发生了当事人在订立合同时无法预见的、不属于商业风险的重大变化，继续履行合同对于当事人一方明显不公平的，受不利影响的当事人可以与对方重新协商；在合理期限内协商不成的，当事人可以请求人民法院或者仲裁机构变更或者解除合同。

人民法院或者仲裁机构应当结合案件的实际情况，根据公平原则变更或者解除合同。

（二）情势变更的适用条件

1. 情势变更，也即合同成立时所赖以存在的客观情况发生了重大变化。如物价飞涨、汇率大幅度变化、国家政策出现重大调整等。

2. 情势变更发生在合同成立之后，履行完毕之前。

合同订立前已经发生的事件，原本就是双方订立合同时作为参照的合同基础，合同订立后，情势未曾发生过变更。此时没有情势变更原则适用的余地，符合构成要件的，可以适用显失公平、欺诈、重大误解等制度解决。

3. 该情势变更并非商业风险。

一方迟延履行期间发生情势变更的，迟延履行一方不得援用情势变更原则。

4. 当事人在订立合同时无法预见到该情势变更。

预见的主体是因情势变更而遭受不利的一方；预见的内容为情势变更发生的可能性；预见的时间为合同订立之时，预见的标准为主观标准，即以遭受不利一方当事人的实际预见能力为准。如果当事人于订约时能够预见情势变更，则表明他承担了该风险，不再适用情势变更原则。

5. 情势发生变更后，若继续履行原合同对一方当事人明显不公。情势变更后，如果仍然依照原来的合同条款履行合同，将以牺牲一方的巨大利益为代价而使对方获得巨额利益。

（三）情势变更的法律效力

出现情势变更后，当事人可请求人民法院或仲裁机构变更或者解除合同，人民法院应当根据公平原则，并结合案件的实际情况确定是否变更或者解除。

【经典真题】

甲公司与乙公司签订商品房包销合同，约定甲公司将其开发的 10 套房屋交由乙公司包销。甲公司将其中 1 套房屋卖给丙，丙向甲公司支付了首付款 20 万元。后因国家出台房地产调控政策，丙不具备购房资格，甲公司与丙之间的房屋买卖合同不能继续履行。下列哪些表述是正确的？[1]（2012－3－60）

  A. 甲公司将房屋出卖给丙的行为属于无权处分

  B. 乙公司有权请求甲公司承担违约责任

  C. 丙有权请求解除合同

  D. 甲公司只需将 20 万元本金返还给丙

【考点】双重买卖合同

【解析】（1）甲公司虽然与乙公司签订包销合同，但是包销合同中约定的房屋在尚未完成变更登记之前，甲仍具有所有权，其将房屋卖给丙的行为仍属有权处分，因此选项 A 错误，不当选。

（2）甲公司将包销合同中约定的房屋再次销售给第三人，违反了包销合同约定，乙公司当然可以请求甲公司承担违约责任。因此选项 B 正确，当选。

（3）"有下列情形之一的，当事人可以解除合同：①因不可抗力致使不能实现合同目的；……"本题中，因国家出台房地产政策导致丙不具备购房资格，丙的合同目的不能实现。因此丙有权解除合同，选项 C 正确，当选。

（4）"因不可抗力不能履行合同的，根据不可抗力的影响，部分或者全部免除责任，但法律另有规定的除外。"根据该规定，甲公司还有部分承担违约责任的可能，因此选项 D 的表述过于绝对，不当选。因此，本题的答案为 BC。

【小结／重点整理】

合同解除每年必考，必须掌握。以前只考法定解除，2011 年开始考查约定解除。法定解除的难度在于内容较多，横贯整个合同编，既包括一般法定解除，还包括特殊法定解除，均应掌握。情势变更制度，属于全新知识点，应予重视。债的消灭的相关知识也要引起足够的重视。

---

[1]【答案】BC

第十九章
违约责任

导学　违约责任是违反合同的民事责任的简称，是指合同当事人一方不履行合同义务或履行合同义务不符合合同约定所应承担的民事责任。《民法典》第577条对违约责任均作了概括性规定。其具有如下的特征：违约责任是一种民事责任；违约责任是违约的当事人一方对另一方承担的责任；违约责任是当事人不履行或不完全履行合同的责任；违约责任具有补偿性和一定的任意性。

重点知识详解

考点1　违约责任构成

一、违约责任的构成要件

违约责任的构成要件有二：有违约行为；无免责事由。前者称为违约责任的积极要件，后者称为违约责任的消极要件。其中积极要件为存在违约行为，具体内容为不履行（履行不能和拒绝履行两种形态），迟延履行以及不适当履行（瑕疵履行和加害给付两种形态）。

二、违约行为的概念与分类

违约行为，是指当事人一方不履行合同义务或者履行合同义务不符合约定条件的行为。这一定义表明：

1. 违约行为的主体是合同当事人。合同具有相对性，违反合同的行为只能是合同当事人的行为。

2. 违约行为是一种客观的违反合同的行为。违约行为的认定以当事人的行为是否在客观上与约定的行为或者合同义务相符合为标准，而不管行为人的主观状态如何。

3. 违约行为侵害的客体是合同对方的债权。因违约行为的发生，使债权人的债权无法实现，从而侵害了债权。

根据不同标准，可对违约行为作以下分类：

1. 单方违约与双方违约。双方违约，是指双方当事人分别违反了自己的合同义务。"当事人双方都违反合同的，应当各自承担相应的责任。"

2. 根本违约与非根本违约。以违约行为是否导致另一方订约目的不能实现为标准，违约行为可作此分类。其主要区别在于，根本违约可构成合同法定解除的理由。

3. 实际违约与预期违约。

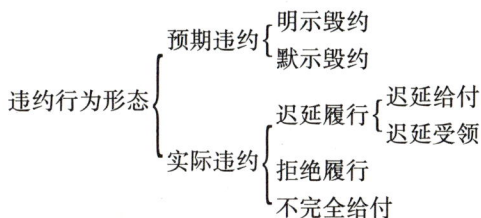

$$违约行为形态\begin{cases}预期违约\begin{cases}明示毁约\\默示毁约\end{cases}\\实际违约\begin{cases}迟延履行\begin{cases}迟延给付\\迟延受领\end{cases}\\拒绝履行\\不完全给付\end{cases}\end{cases}$$

（1）实际违约。

实际违约，指债务的履行期届至后，债务人无正当理由，未全面而适当履行合同债务的实际发生的违约行为。实际违约的具体形态包括：①不履行（拒绝履行）。包括履行不能和拒绝履行。履行不能是指债务人在客观上已经没有履行能力。拒绝履行是指合同履行期到来后，一方当事人能够履行而故意不履行合同规定的全部义务。②迟延履行。迟延履行是指合同债务已经到期，债务人能够履行而未履行。③不适当履行（不完全履行）。不适当履行是指债务人虽然履行了债务，但其履行不符合合同的约定，包括瑕疵履行（即履行有瑕疵，侵害对方履行利益，如给付数量不完全、给付质量不符合约定、给付时间和地点不当等）和加害给付（即因不适当履行造成对方履行利益之外的其他损失，如出售不合格产品导致买受人的损害）。

（2）预期违约。

①预期违约的概念和特点。预期违约也称先期违约，是指在合同履行期限到来之前，一方无正当理由但明确表示其在履行期到来后将不履行合同，或者其行为表明其在履行期到来后将不可能履行合同。其特点是：当事人在合同履行期到来之前的违约；侵害的是对方当事人期待的债权而不是现实的债权；与实际违约后果不同（主要造成对方信赖利益的损害）。

②预期违约的形态。预期违约包括两种形态，即明示预期违约（明示毁约）和默示预期违约（默示毁约）。

明示毁约，是指一方当事人（债务人）无正当理由，明确地向对方表示将在履行期届至时不履行合同。

默示毁约，是指在履行期到来之前，一方以自己的行为表明其将在履行期届至后不履行合同。例如，特定物买卖合同的出卖人在合同履行期届至前将标的物转卖给第三人，或买受人在付款期到来之前转移财产和存款以逃避债务。

【经典真题】

1. 甲公司与乙公司签订服装加工合同，约定乙公司支付预付款一万元，甲公司加工服装1000套，3月10日交货，乙公司3月15日支付余款九万元。3月10日，甲公司仅加工服装900套，乙公司此时因濒临破产致函甲公司表示无力履行合同。下列哪一说法是正确的?[1]（2009-3-10）

A. 因乙公司已支付预付款，甲公司无权中止履行合同

B. 乙公司有权以甲公司仅交付900套服装为由，拒绝支付任何货款

[1]【答案】C

C. 甲公司有权以乙公司已不可能履行合同为由，请求乙公司承担违约责任

D. 因乙公司丧失履行能力，甲公司可行使顺序履行抗辩权

【考点】预期违约抗辩权

【解析】（1）应当先履行的一方，确有证据证明应当后履行的一方具有丧失或者可能丧失履行债务能力的情形，可以行使不安抗辩权，中止履行自己的义务。本题中，甲可以行使不安抗辩权，中止履行合同，但须通知对方。

（2）合同成立后，一方当事人按照约定将部分或者全部合同价款预先支付给对方的款项叫作预付款。预付款为对方当事人履行合同义务起一定的资助作用，具有支援性质，但不起保证作用。合同履行后，预付款成为应付价款的组成部分，如果没有履行合同，则预付款应当予以退还。但是，除非支付的预付款相当充分，确保了义务人的履行能力，否则支付部分预付款并不具有阻止收款方行使不安抗辩权的效力。故 A 选项错误。

（3）"当事人互负债务，有先后履行顺序，应当先履行一方未履行的，后履行一方有权拒绝其履行请求。先履行一方履行债务不符合约定的，后履行一方有权拒绝其相应的履行要求。"据此，乙公司可以行使顺序履行抗辩权，有权拒绝相应的履行要求，即拒绝支付100 套服装的货款，但不得拒绝支付任何货款。故 B 选项错误。

（4）"当事人一方明确表示或者以自己的行为表明不履行合同义务的，对方可以在履行期限届满之前要求其承担违约责任。"这是关于预期违约的规定。本题中，虽然乙公司债务的履行期限于3月15日届至，但乙公司于3月10日明确表示将不履行债务，构成明示毁约，自3月10日起，甲公司有权对乙公司主张预期违约的违约责任，故 C 选项正确。

（5）顺序履行抗辩权只能由应当后履行的一方行使，甲公司属于应当先履行的一方，故甲公司不可能享有顺序履行抗辩权，故 D 选项错误。

2. 赵某从商店购买了一台甲公司生产的家用洗衣机，洗涤衣物时，该洗衣机因技术缺陷发生爆裂，叶轮飞出造成赵某严重人身损害并毁坏衣物。赵某的下列哪些诉求是正确的？[1]（2015 - 3 - 58）

A. 商店应承担更换洗衣机或退货、赔偿衣物损失和赔偿人身损害的违约责任

B. 商店应按违约责任更换洗衣机或者退货，也可请求甲公司按侵权责任赔偿衣物损失和人身损害

C. 商店或者甲公司应赔偿因洗衣机缺陷造成的损害

D. 商店或者甲公司应赔偿物质损害和精神损害

【解析】（1）《民法典》第 577 条规定"当事人一方不履行合同义务或者履行合同义务不符合约定的，应当承担继续履行、采取补救措施或者赔偿损失等违约责任。"根据上述法条，商店出售给赵某的洗衣机不符合约定的品质，构成违约，赵某有权要求商店承担更换洗衣机或退货、赔偿衣物损失和赔偿人身损害的违约责任。A 选项正确。

（2）"因当事人一方的违约行为，侵害对方人身权益、财产权益的，受损害方有权选择其承担违约责任或者侵权责任。"故赵某可请求商店按违约责任更换洗衣机或者退货，也可请求甲公司按侵权责任赔偿衣物损失和人身损害。所以，B 项正确。

（3）《产品质量法》第 43 条前半部分规定："因产品存在缺陷造成人身、他人财产损

---

[1]【答案】ABCD

害的，受害人可以向产品的生产者要求赔偿，也可以向产品的销售者要求赔偿。"所以商店和甲公司都有义务对赵某进行赔偿。C 项正确，当选。

（4）《产品质量法》第 43 条后半部分定："属于产品的生产者的责任，产品的销售者赔偿的，产品的销售者有权向产品的生产者追偿。属于产品的销售者的责任，产品的生产者赔偿的，产品的生产者有权向产品的销售者追偿。"同时应注意此处的精神损害赔偿，在违约中不适用，但本案中造成严重人身损害，已构成侵权，故适用。因此 D 项正确，当选。

3. 甲、乙两公司约定：甲公司向乙公司支付 5 万元研发费用，乙公司完成某专用设备的研发生产后双方订立买卖合同，将该设备出售给甲公司，价格暂定为 100 万元，具体条款另行商定。乙公司完成研发生产后，却将该设备以 120 万元卖给丙公司，甲公司得知后提出异议。下列哪一选项是正确的？[1]（2017－3－13）

A. 甲、乙两公司之间的协议系承揽合同
B. 甲、乙两公司之间的协议系附条件的买卖合同
C. 乙、丙两公司之间的买卖合同无效
D. 甲公司可请求乙公司承担违约责任

【解析】 甲乙公司的约定为混合合同，既有加工承揽又有买卖，所以 A、B 选项不正确。乙丙之间的买卖合同是双方真实意思表示的结果，依法设立，无无效事由，合同合法有效。C 选项错误，不选。"当事人一方不履行合同义务或者履行合同义务不符合约定的，应当承担继续履行、采取补救措施或者赔偿损失等违约责任。"乙公司研发完成后却把设备出售给丙公司，违反了合同约定，构成违约，甲公司有权请求乙公司承担违约责任。所以 D 选项正确。

三、违约责任的归责原则

1. 违约责任原则上适用无过错责任原则。须注意：采用无过错归责原则的结果之一是法定的免责事由只有不可抗力，债务人因为意外事件不能履行合同义务的，不能作为免责事由。

2. 例外情况下，少数的违约责任采用过错责任原则。须注意：过错责任仅仅适用于法律明确规定的某类合同中的"特定"违约行为，而不是某类合同中的"所有"违约行为。立法依据是合同编分则条文的明确列举：①赠与合同；②租赁合同；③加工承揽合同；④客运合同；⑤多式联运合同；⑥保管合同；⑦委托合同。

考点 2　违约的免责事由

一、法定的免责事由——不可抗力

（一）不可抗力的概念

根据我国法律的规定，所谓不可抗力，是指不能预见、不能避免并不能克服的客观情况。

（二）不可抗力的范围

不可抗力主要包括以下几种情形：①自然灾害，如台风、洪水、冰雹；②政府行为，

---

[1] 【答案】D

如征收、征用；③社会异常事件，如罢工、骚乱。

（三）不可抗力的免责效力

因不可抗力不能履行合同的，根据不可抗力的影响，违约方可部分或全部免除责任。但有以下例外：①金钱债务的迟延责任不得因不可抗力而免除。②迟延履行期间发生的不可抗力不具有免责效力。

二、约定的免责事由

约定的免责事由是指当事人在合同中约定的违约方免予承担违约责任的条件。当事人关于免责事由的约定不得违反法律、国家政策和社会公共利益，不违背善良风俗。

考点 3　违约责任的承担方式

违约责任的形式，即承担违约责任的具体方式。当事人一方不履行合同义务或者履行合同义务不符合约定的，应当承担继续履行、采取补救措施或者赔偿损失等违约责任。据此，违约责任有三种基本形式，即继续履行、采取补救措施和赔偿损失。当然，除此之外，违约责任还有其他形式，如违约金和定金责任。

一、继续履行

1. 继续履行的概念。继续履行也称强制实际履行，是指违约方根据对方当事人的请求继续履行合同规定的义务的违约责任形式。其特征为：①继续履行是一种独立的违约责任形式，不同于一般意义上的合同履行。具体表现在：继续履行以违约为前提；继续履行体现了法的强制作用；继续履行不依附于其他责任形式。②继续履行的内容表现为按合同约定的标的履行义务，这一点与一般履行并无不同。③继续履行以对方当事人（守约方）请求为条件，法院不得径行判决。

2. 继续履行的适用。继续履行的适用，因债务性质的不同而不同：

金钱债务：无条件适用继续履行。金钱债务只存在迟延履行，不存在履行不能，因此，应无条件适用继续履行的责任形式。

非金钱债务：有条件适用继续履行。对非金钱债务，原则上可以请求继续履行，但下列情形除外：①法律上或者事实上不能履行（履行不能）；②债务的标的不适用强制履行或者强制履行费用过高；③债权人在合理期限内未请求履行（如季节性物品之供应）。

> ★**特别提示**　实际履行可以与违约金、定金、损害赔偿责任并用，但不能与解除合同的方式并用。实际履行可以与价格制裁并用。合同标的物的价款应当执行政府定价的，实际履行时恰遇政府调整定价的，可以适用合同编规定的价格制裁条款。

【经典真题】

甲公司未取得商铺预售许可证，便与李某签订了《商铺认购书》，约定李某支付认购金即可取得商铺优先认购权，商铺正式认购时甲公司应优先通知李某选购。双方还约定了认购面积和房价，但对楼号、房型未作约定。李某依约支付了认购金。甲公司取得预售许可后，未通知李某前来认购，将商铺售罄。关于《商铺认购书》，下列哪一表述是正确的？[1]

---

[1]【答案】C

（2012－3－10）

    A. 无效，因甲公司未取得预售许可证即对外销售

    B. 不成立，因合同内容不完整

    C. 甲公司未履行通知义务，构成根本违约

    D. 甲公司须承担继续履行的违约责任

【考点】合同效力

【解析】（1）本题中甲公司与李某订立的《商铺认购书》具备合同成立和生效要件。合同是否成立方面，当事人对合同是否成立存在争议，人民法院能够确定当事人名称或者姓名、标的和数量的，一般应当认定合同成立。但法律另有规定或者当事人另有约定的除外。根据题意可知，当事人名称和姓名确定，标的为优先认购权，且认购面积和房价均已确定，因此合同成立，B的表述错误，不当选。合同是否生效方面，虽然甲公司未取得商铺预售许可证，但是其并非直接销售商铺，而是仅仅就优先认购权作出约定。这并不违反任何强制性规定，故A错误，不当选。

（2）如果合同已经成立并生效，则需关注的就是合同履行以及违约等问题。根据题意，由于甲公司在取得预售许可后，未通知李某前来认购，商铺售罄。当事人一方明确表示或者以自己的行为表明不履行合同义务的，对方可以在履行期限届满之前要求其承担违约责任。甲公司的行为构成了这里的"以自己的行为表明不履行合同义务"，导致李某订立商铺认购书的合同目的不能实现，构成根本违约，故选项C正确，当选。

（3）甲公司违约之后如何承担违约责任？选项D认为甲公司需承担继续履行的违约责任。当事人一方不履行非金钱债务或者履行非金钱债务不符合约定的，对方可以要求履行，但有下列情形之一的除外：①法律上或者事实上不能履行；②债务的标的不适于强制履行或者履行费用过高；③债权人在合理期限内未要求履行。本题中鉴于商铺已经售罄，导致甲公司事实上不能履行出售商铺给李某的义务。因此甲公司承担违约责任的方式不应是继续履行。故选项D错误。

二、采取补救措施

1. 含义。采取补救措施作为一种独立的违约责任形式，是指矫正合同不适当履行（质量不合格）、使履行缺陷得以消除的具体措施。这种责任形式，与继续履行（解决不履行问题）和赔偿损失具有互补性。

2. 类型。关于采取补救措施的具体方式，我国相关法律作了如下规定：①合同编规定为：修理、更换、重作、退货、减少价款或者报酬等；②《消费者权益保护法》第52条规定为：修理、重作、更换、退货、补足商品数量、退还货款和服务费用、赔偿损失；③《产品质量法》第40条规定为：修理、更换、退货、赔偿损失。

3. 适用。在采取补救措施的适用上，应注意以下几点：①采取补救措施的适用以合同对质量不合格的违约责任没有约定或者约定不明确，而依合同编仍不能确定违约责任为前提。换言之，对于不适当履行的违约责任形式，当事人有约定者应依其约定；没有约定或约定不明者，首先应按照合同编的规定确定违约责任；没有约定或约定不明又不能按照合同编的规定确定违约责任的，才适用这些补救措施。②应以标的物的性质和损失大小为依据，确定与之相适应的补救方式。③受害方对补救措施享有选择权，但选定的方式应当合理。

三、赔偿损失

（一）赔偿损失的概念

赔偿损失，在合同编上也称违约损害赔偿，是指违约方以支付金钱的方式弥补受害方因违约行为所减少的财产或者所丧失的利益的责任形式，是最重要的承担违约责任的方式。

（二）法定损害赔偿

法定损害赔偿是指由法律规定的，由违约方对守约方因其违约行为而对守约方遭受的损失承担的赔偿责任。根据合同编的规定，法定损害赔偿应遵循以下原则：

1. 完全赔偿原则。违约方对于守约方因违约所遭受的全部损失承担的赔偿责任。具体包括：直接损失与间接损失；积极损失与消极损失（可得利益损失）。损失"包括合同履行后可以获得的利益"，可见其赔偿范围包括现有财产损失和可得利益损失。前者主要表现为标的物灭失、为准备履行合同而支出的费用、停工损失、为减少违约损失而支出的费用、诉讼费用等。后者是指在合同适当履行后可以实现和取得的财产利益。

2. 合理预见规则。违约损害赔偿的范围以违约方在订立合同时预见到或者应当预见到的损失为限。合理预见规则是限制法定违约损害赔偿范围的一项重要规则，其理论基础是意思自治原则和公平原则。对此应把握以下几点：①合理预见规则是限制包括现实财产损失和可得利益损失的损失赔偿总额的规则，而不仅用于限制可得利益损失的赔偿；②合理预见规则不适用于约定损害赔偿；③是否预见到或者应当预见到可能的损失，应当根据订立合同时的事实或者情况加以判断。

3. 减轻损失规则。一方违约后，另一方应当及时采取合理措施防止损失的扩大；否则，不得就扩大的损失要求赔偿。其特点是：一方违约导致了损失的发生；相对方未采取适当措施防止损失的扩大，从而造成了损失的扩大。

（三）约定损害赔偿

约定损害赔偿，是指当事人在订立合同时，预先约定一方违约时应当向对方支付一定数额的赔偿金或约定损害赔偿额的计算方法。它具有预定性（缔约时确定）、从属性（以主合同的有效成立为前提）、附条件性（以损失的发生为条件）。

四、支付违约金★★★

1. 违约金的概念和性质。违约金是指当事人一方违反合同时应当向对方支付的一定数量的金钱或财物。

依不同标准，违约金可分为：①法定违约金和约定违约金；②惩罚性违约金和补偿性（赔偿性）违约金。《合同法》施行之前，我国的违约金制度兼容以上各种形态。

根据现行合同编的规定，违约金具有以下法律特征：①是在合同中预先约定的（合同条款之一）；②是一方违约时向对方支付的一定数额的金钱（定额损害赔偿金）；③是对承担赔偿责任的一种约定（不同于一般合同义务）。

2. 违约金的增加或减少。违约金是对损害赔偿额的预先约定，既可能高于实际损失，也可能低于实际损失，畸高和畸低均会导致不公平结果。

关于违约金的增加，当事人依照《民法典》第585条第2款的规定，请求人民法院增加违约金的，增加后的违约金数额以不超过实际损失额为限。增加违约金以后，当事人又请求对方赔偿损失的，人民法院不予支持。

关于违约金的减少，当事人主张约定的违约金过高请求予以适当减少的，人民法院应当以实际损失为基础，兼顾合同的履行情况、当事人的过错程度以及预期利益等综合因素，根据公平原则和诚实信用原则予以衡量，并作出裁决。当事人约定的违约金超过造成损失的30%的，一般可以认定为《民法典》第585条第2款规定的"过分高于造成的损失"。

【经典真题】

甲乙签订一份买卖合同，约定违约方应向对方支付18万元违约金。后甲违约，给乙造成损失15万元。下列哪一表述是正确的？[1]（2013 - 3 - 14）

A. 甲应向乙支付违约金18万元，不再支付其他费用或者赔偿损失
B. 甲应向乙赔偿损失15万元，不再支付其他费用或者赔偿损失
C. 甲应向乙赔偿损失15万元并支付违约金18万元，共计33万元
D. 甲应向乙赔偿损失15万元及其利息

【考点】违约责任及违约金

【解析】按照合同编的规定，违约金数额低于损失或者过分高于损失，可以请求增加或者减少。其中，如果数额高于损失的30%，可以认定为过分高于损失。本题中，约定违约金数额为18万元，乙的实际损失为15万元，尚未达到过分高于损失的程度，法院不宜判决减少违约金。因此，甲应该按照约定向乙支付违约金18万元。因乙的损失额并未超过违约金数额，所以甲也不必再支付其他费用或者赔偿损失。故选项A表述准确，其他选项错误。

五、定金责任

所谓定金，是指合同当事人为了确保合同的履行，根据双方约定，由一方按合同标的额的一定比例预先给付对方的金钱或其他替代物。对此《民法典》作了专门规定。当事人可以依照《民法典》约定一方向对方给付定金作为债权的担保。债务人履行债务后，定金应当抵作价款或者收回。给付定金的一方不履行债务或者履行债务不符合约定，致使不能实现合同目的的，无权请求返还定金；收受定金的一方不履行债务或者履行债务不符合约定，致使不能实现合同目的的，应当双倍返还定金。据此，在当事人约定了定金担保的情况下，如一方违约，定金罚则即成为一种违约责任形式。

【小结/重点整理】

本章内容每年必考，但考得比较零碎，考点分布较广，且分值不会超过5分。①违约责任的归责原则、默示毁约应掌握。②重点掌握违约责任形态，对违约金制度作了补充规定，应特别重视。实际履行、定金、惩罚性赔偿也十分重要，最近每年必考惩罚性赔偿，不要放过它。③减价请求权这一违约责任形态，颇值重视。④抗辩事由主要掌握不可抗力。⑤加害给付十分重要，应全面掌握，并注意其与产品责任之间的关联。

---

[1]【答案】A

第二十章
转移财产权利的合同

导学　本章应重点把握买卖合同的效力与所有权转移的关系，买卖合同的交付方式和风险负担，在赠与合同中重点理解赠与合同中的公益赠与和法定赠与，租赁合同双方的权利和义务。

重点知识详解

考点1　买卖合同

一、买卖合同的概念和特征

（一）买卖合同的概念

买卖合同是一方转移标的物的所有权于另一方，另一方支付价款的合同。转移所有权的一方为出卖人或卖方，支付价款而取得所有权的一方为买受人或者买方。

买卖是商品交换最普遍的形式，也是典型的有偿合同。

（二）买卖合同的特征

1. 买卖合同是有偿合同。

2. 买卖合同是双务合同。在买卖合同中，买方和卖方都享有一定的权利，承担一定的义务。

3. 买卖合同是诺成合同。买卖合同自双方当事人意思表示一致就可以成立，不需要交付标的物。

4. 买卖合同一般是不要式合同。通常情况下，买卖合同的成立并不需要具备一定的形式要件，但法律另有规定者除外。

二、买卖合同的成立及效力的特殊规定

（一）买卖合同成立的特殊规定

1. 无书面合同情形下的处理规则。

（1）当事人之间没有书面合同，一方以送货单、收货单、结算单、发票等主张存在买卖合同关系的，人民法院应当结合当事人之间的交易方式、交易习惯以及其他相关证据，对买卖合同是否成立作出认定。

（2）对账确认函、债权确认书等函件、凭证没有记载债权人名称，买卖合同当事人一方以此证明存在买卖合同关系的，人民法院应予支持，但有相反证据足以推翻的除外。

2. 预约合同的处理规则。

当事人签订认购书、订购书、预订书、意向书、备忘录等预约合同，约定在将来一定期限内订立买卖合同，一方不履行订立买卖合同的义务，对方请求其承担预约合同违约责任或者要求解除预约合同并主张损害赔偿的，人民法院应予支持。

（二）买卖合同效力的特殊规定

1. 无权处分合同效力的特殊规定。

当事人一方以出卖人在缔约时对标的物没有所有权或者处分权为由主张合同无效的，人民法院不予支持。

2. 无权处分情形下买受人权利的保障。

出卖人因未取得所有权或者处分权致使标的物所有权不能转移，买受人要求出卖人承担违约责任或者要求解除合同并主张损害赔偿的，人民法院应予支持。

【经典真题】

甲公司将 1 台挖掘机出租给乙公司，为担保乙公司依约支付租金，丙公司担任保证人，丁公司以机器设备设置抵押。乙公司欠付 10 万元租金时，经甲公司、丙公司和丁公司口头同意，将 6 万元租金债务转让给戊公司。之后，乙公司为现金周转将挖掘机分别以 45 万元和 50 万元的价格先后出卖给丙公司和丁公司，丙公司和丁公司均已付款，但乙公司没有依约交付挖掘机。关于乙公司与丙公司、丁公司签订挖掘机买卖合同的效力，下列表述错误的是：[1]（2012 - 3 - 86）

A. 乙公司可以主张其与丙公司的买卖合同无效

B. 丙公司可以主张其与乙公司的买卖合同无效

C. 乙公司可以主张其与丁公司的买卖合同无效

D. 丁公司可以主张其与乙公司的买卖合同无效

【考点】合同效力

【解析】乙公司将挖掘机分别卖给丙公司和丁公司，由于乙公司并非挖掘机所有权人，也未取得甲公司授权出售挖掘机，因此两个买卖合同均属于有效合同。无处分权的人处分他人财产，经权利人追认或者无处分权的人订立合同后取得处分权的，该合同有效。出卖人就同一标的物订立多重买卖合同，合同均不具有合同法规定的无效情形，买受人因不能按照合同约定取得标的物所有权，请求追究出卖人违约责任的，人民法院应予支持。本题四个选项的表述均有错误，当选。

三、标的物交付与所有权转移 ★★★

（一）标的物交付

1. 标的物交付的一般情形。

（1）交付的形态。标的物的交付可分为现实交付和观念交付。现实交付是指标的物交由买受人实际占有；观念交付包括返还请求权让与、占有改定和简易交付。

（2）交付的时间。出卖人应当按照约定的期限交付标的物。约定交付期间的，出卖人可以在该交付期间内的任何时间交付。当事人没有约定标的物的交付期限或者约定不明确

---

[1]【答案】ABCD

的，适用漏洞补充规定。标的物在订立合同之前已为买受人占有的，合同生效的时间为交付时间。

（3）交付的地点。出卖人应当按照约定的地点交付标的物。当事人没有约定交付地点或者约定不明确，依照《民法典》第510条的规定仍不能确定适用下列规则：①标的物需要运输的，出卖人应当将标的物交付给第一承运人以运交给买受人。②标的物不需要运输，出卖人和买受人订立合同时知道标的物在某一地点的，出卖人应当在该地点交付标的物；不知道标的物在某一地点的，应当在出卖人订立合同时的营业地交付标的物。

2. 标的物交付的特殊情形。

（1）电子信息产品的交付。

标的物为无需以有形载体交付的电子信息产品，当事人对交付方式约定不明确，买受人收到约定的电子信息产品或者权利凭证即为交付。

（2）交付数量方面的特殊规定。

买受人拒绝接收多交部分标的物的，可以代为保管多交部分标的物。买受人主张出卖人负担代为保管期间的合理费用的，人民法院应予支持。

买受人主张出卖人承担代为保管期间非因买受人故意或者重大过失造成的损失的，人民法院应予支持。

（3）单证和资料交付的特殊规定。

"提取标的物单证以外的有关单证和资料"，主要应当包括保险单、保修单、普通发票、增值税专用发票、产品合格证、质量保证书、质量鉴定书、品质检验证书、产品进出口检疫书、原产地证明书、使用说明书、装箱单等。

（4）交付的证明规则。

出卖人仅以增值税专用发票及税款抵扣资料证明其已履行交付标的物义务，买受人不认可的，出卖人应当提供其他证据证明交付标的物的事实。

合同约定或者当事人之间习惯以普通发票作为付款凭证，买受人以普通发票证明已经履行付款义务的，人民法院应予支持，但有相反证据足以推翻的除外。

（二）所用权的转移

1. 所用权转移的一般规则。

（1）标的物的所有权自标的物交付时起转移，但法律另有规定或者当事人另有约定的除外。一般而言，如果是动产买卖，标的物所有权自交付时发生转移；如果是不动产买卖，标的物所有权自登记时发生转移。

（2）标的物所涉知识产权的归属。出卖具有知识产权的计算机软件等标的物的，除法律另有规定或者当事人另有约定的以外，该标的物的知识产权不属于买受人。

2. 所有权转移的特殊规则。

出卖人就同一普通动产订立多重买卖合同，在买卖合同均有效的情况下，买受人均要求实际履行合同的，应当按照以下情形分别处理：

①先行受领交付的买受人请求确认所有权已经转移的，人民法院应予支持；

②均未受领交付，先行支付价款的买受人请求出卖人履行交付标的物等合同义务的，人民法院应予支持；

③均未受领交付，也未支付价款，依法成立在先合同的买受人请求出卖人履行交付标的物等合同义务的，人民法院应予支持。

【经典真题】

1. 甲有件玉器，欲转让，与乙签订合同，约好 10 日后交货付款；第二天，丙见该玉器，愿以更高的价格购买，甲遂与丙签订合同，丙当即支付了 80% 的价款，约好 3 天后交货；第三天，甲又与丁订立合同，将该玉器卖给丁，并当场交付，但丁仅支付了 30% 的价款。后乙、丙均要求甲履行合同，诉至法院。下列哪一表述是正确的？[1]（2013 - 3 - 11）

A. 应认定丁取得了玉器的所有权

B. 应支持丙要求甲交付玉器的请求

C. 应支持乙要求甲交付玉器的请求

D. 第一份合同有效，第二、三份合同均无效

【**考点**】多重买卖合同中的物权变动、合同效力

【**解析**】（1）出卖人就同一标的物订立多重买卖合同，合同均不具有合同法规定的无效情形，买受人因不能按照合同约定取得标的物所有权，请求追究出卖人违约责任的，人民法院应予支持。本条规定肯定了多重买卖合同的效力，故本题中三个合同均为有效，故选项 D 错误，不当选。

（2）出卖人就同一普通动产订立多重买卖合同，在买卖合同均有效的情况下，买受人均要求实际履行合同的，应当按照以下情形分别处理：①先行受领交付的买受人请求确认所有权已经转移的，人民法院应予支持；②均未受领交付，先行支付价款的买受人请求出卖人履行交付标的物等合同义务的，人民法院应予支持；③均未受领交付，也未支付价款，依法成立在先的合同的买受人请求出卖人履行交付标的物等合同义务的，人民法院应予支持。故本题中，丁受领交付，其获得了玉器所有权，故选项 A 正确，BC 错误。

（3）出卖人就同一船舶、航空器、机动车等特殊动产订立多重买卖合同，在买卖合同均有效的情况下，买受人均要求实际履行合同的，应当按照以下情形分别处理：

①先行受领交付的买受人请求出卖人履行办理所有权转移登记手续等合同义务的，人民法院应予支持；

②均未受领交付，先行办理所有权转移登记手续的买受人请求出卖人履行交付标的物等合同义务的，人民法院应予支持；

③均未受领交付，也未办理所有权转移登记手续，依法成立在先合同的买受人请求出卖人履行交付标的物和办理所有权转移登记手续等合同义务的，人民法院应予支持；

④出卖人将标的物交付给买受人之一，又为其他买受人办理所有权转移登记，已受领交付的买受人请求将标的物所有权登记在自己名下的，人民法院应予支持。

买卖合同标的物为玉器，故无需考虑上述规定。

2. 甲为出售一台挖掘机分别与乙、丙、丁、戊签订买卖合同，具体情形如下：2016 年 3 月 1 日，甲胁迫乙订立合同，约定货到付款；4 月 1 日，甲与丙签订合同，丙支付 20% 的货款；5 月 1 日，甲与丁签订合同，丁支付全部货款；6 月 1 日，甲与戊签订合同，甲将挖掘机交付给戊。上述买受人均要求实际履行合同，就履行顺序产生争议。关于履行顺序，下列哪一选项是正确的？（2016 - 3 - 12）[2]

---

[1]【答案】A

[2]【答案】A

A. 戊、丙、丁、乙　　　　　　B. 戊、丁、丙、乙
C. 乙、丁、丙、戊　　　　　　D. 丁、戊、乙、丙

【考点】动产多重买卖

【解析】出卖人就同一普通动产订立多重买卖合同，在买卖合同均有效的情况下，买受人均要求实际履行合同的，应当按照以下情形分别处理：（一）先行受领交付的买受人请求确认所有权已经转移的，人民法院应予支持；（二）均未受领交付，先行支付价款的买受人请求出卖人履行交付标的物等合同义务的，人民法院应予支持；（三）均未受领交付，也未支付价款，依法成立在先合同的买受人请求出卖人履行交付标的物等合同义务的，人民法院应予支持。本题的挖掘机，属于非机动车，属于普通动产。故第一步，应当看受领交付，C 选项错误、D 选项错误。

丙、丁的顺序如何确定？先行支付价款，不管支付价款的多少。因此，A 选项正确，B 选项错误。

四、标的物的风险负担★★★

（一）标的物风险负担概念

标的物风险负担是指买卖合同履行过程中发生的标的物意外毁损灭失的风险由哪一方当事人负担。在买卖合同中，对于债务不履行或不协助履行，标的物的风险通常由有过失的一方负担。在标的物非因双方当事人的故意或过失而发生意外毁损灭失的情况下，根据《民法典》合同编规定，风险负担的转移采用交付主义原则。

（二）基本规则

标的物毁损、灭失的风险，在标的物交付之前由出卖人承担，交付之后由买受人承担，但法律另有规定或者当事人另有约定的除外。

因买受人的原因致使标的物不能按照约定的期限交付的，买受人应当自违反约定之日起承担标的物毁损、灭失的风险。

（三）具体规则

1. 出卖人出卖交由运输人运输的在途标的物，除当事人另有约定的以外，毁损、灭失的风险自合同成立时起由买受人承担。但是，出卖人出卖交由承运人运输的在途标的物，在合同成立时知道或者应当知道标的物已经毁损、灭失却未告知买受人，买受人主张出卖人负担标的物毁损、灭失的风险的，人民法院应予支持。

2. 出卖人根据合同约定将标的物运送至买受人指定地点并交付给承运人后，标的物毁损、灭失的风险由买受人负担，但当事人另有约定的除外。

3. 当事人没有约定交付地点或者约定不明确，按照相关规定标的物需要运输的，出卖人将标的物交付给第一承运人后，标的物毁损、灭失的风险由买受人承担。

"标的物需要运输的"，是指标的物由出卖人负责办理托运，承运人系独立于买卖合同当事人之外的运输业者的情形。

4. 出卖人按照约定或规定将标的物置于交付地点，买受人违反约定没有收取的，标的物毁损、灭失的风险自违反约定之日起由买受人承担。

5. 出卖人按照约定未交付有关标的物的单证和资料的，不影响标的物毁损、灭失风险的转移。

6. 因标的物质量不符合质量要求，致使不能实现合同目的的，买受人可以拒绝接受标

的物或者解除合同。买受人拒绝接受标的物或者解除合同的，标的物毁损、灭失的风险由出卖人承担。

7. 标的物毁损、灭失的风险由买受人承担的，不影响因出卖人履行债务不符合约定，买受人要求其承担违约责任的权利。

8. 当事人对风险负担没有约定，标的物为种类物，出卖人未以装运单据、加盖标记、通知买受人等可识别的方式清楚地将标的物特定于买卖合同，买受人主张不负担标的物毁损、灭失的风险的，人民法院应予支持。

【经典真题】

1. 甲乙约定卖方甲负责将所卖货物运送至买方乙指定的仓库。甲如约交货，乙验收收货，但甲未将产品合格证和原产地证明文件交给乙。乙已经支付 80% 的货款。交货当晚，因山洪暴发，乙仓库内的货物全部毁损。下列哪些表述是正确的？[1]（2013 - 3 - 61）

A. 乙应当支付剩余 20% 的货款

B. 甲未交付产品合格证与原产地证明，构成违约，但货物损失由乙承担

C. 乙有权要求解除合同，并要求甲返还已支付的 80% 货款

D. 甲有权要求乙支付剩余的 20% 货款，但应补交已经毁损的货物

【考点】出卖人义务；买卖合同风险负担

【解析】出卖人根据合同约定将标的物运送至买受人指定地点并交付给承运人后，标的物毁损、灭失的风险由买受人负担，但当事人另有约定的除外。因此本题中货物毁损灭失的风险由乙承担。此外，按该解释的规定，产品合格证和原产地证明属于合同编规定的出卖人应按照交易习惯交付的提取标的物的单证以外的单证和资料。甲未提交，构成违约。综上，AB 表述正确。CD 错误。

2. 甲公司借用乙公司的一套设备，在使用过程中不慎损坏一关键部件，于是甲公司提出买下该套设备，乙公司同意出售。双方还口头约定在甲公司支付价款前，乙公司保留该套设备的所有权。不料在支付价款前，甲公司生产车间失火，造成包括该套设备在内的车间所有财物被烧毁。对此，下列哪些选项是正确的？[2]（2016 - 3 - 57）

A. 乙公司已经履行了交付义务，风险责任应由甲公司负担

B. 在设备被烧毁时，所有权属于乙公司，风险责任应由乙公司承担

C. 设备虽然已经被烧毁，但甲公司仍然需要支付原定价款

D. 双方关于该套设备所有权保留的约定应采用书面形式

【考点】买卖合同风险负担、观念交付

【解析】"标的物毁损、灭失的风险，在标的物交付之前由出卖人承担，交付之后由买受人承担，但法律另有规定或者当事人另有约定的除外。""动产物权设立和转让前，权利人已经依法占有该动产的，物权自法律行为生效时发生效力。"买卖合同的风险移转采取交付主义，本题甲公司提出买下该套设备，乙公司同意出售，乙公司以简易交付的方式将设备交付给甲公司，风险移转由甲公司承担，故 A 选项正确，B 选项错误。

---

〔1〕【答案】AB

〔2〕【答案】AC

因甲公司负担风险，故甲公司仍须支付价款，故 C 选项正确。"当事人可以在买卖合同中约定买受人未履行支付价款或者其他义务的，标的物的所有权属于出卖人。"该条文并未强制保留所有权买卖务必采取书面形式，故 D 选项错误。

五、标的物检验 ★★★

（一）检验期间

1. 约定检验期间的特殊规定。

约定的检验期间过短，依照标的物的性质和交易习惯，买受人在检验期间内难以完成全面检验的，人民法院应当认定该期间为买受人对外观瑕疵提出异议的期间，并根据相关解释第 17 条第 1 款的规定确定买受人对隐蔽瑕疵提出异议的合理期间。

约定的检验期间或者质量保证期间短于法律、行政法规规定的检验期间或者质量保证期间的，人民法院应当以法律、行政法规规定的检验期间或者质量保证期间为准。

2. 未约定检验期间的特殊规定。

当事人对标的物的检验期间未作约定，买受人签收的送货单、确认单等载明标的物数量、型号、规格的，人民法院应当根据认定买受人已对数量和外观瑕疵进行了检验，但有相反证据足以推翻的除外。

（二）检验出瑕疵的处理

1. 当事人约定检验期间的，买受人应当在检验期间内将标的物的数量或者质量不符合约定的情形通知出卖人。买受人怠于通知的，视为标的物的数量或者质量符合约定。

2. 当事人没有约定检验期间的，买受人应当在发现或者应当发现标的物的数量或者质量不符合约定的合理期间内通知出卖人。买受人在合理期间内未通知或者自标的物收到之日起两年内未通知出卖人的，视为标的物的数量或者质量符合约定，但对标的物有质量保证期的，适用质量保证期，不适用该两年的规定。"两年"是最长的合理期间。该期间为不变期间，不适用诉讼时效中止、中断或者延长的规定。

（三）检验标准的特殊规定

出卖人依照买受人的指示向第三人交付标的物，出卖人和买受人之间约定的检验标准与买受人和第三人之间约定的检验标准不一致的，以出卖人和买受人之间约定的检验标准为标的物的检验标准。（《民法典》第 624 条）

六、违约责任 ★★★

（一）瑕疵担保责任（又称追夺担保）

1. 权利瑕疵担保责任。该责任是指出卖人违反权利瑕疵担保义务的违约责任，权利瑕疵担保是指其出卖的标的物的所有权完全转移于买受人，第三人不能对标的物主张任何权利。标的物的权利瑕疵，可表现为出卖人未告知该标的物上负担着第三人的权利，或者是出卖人未告知标的物无权处分。权利瑕疵须为在买卖合同成立时即已存在，且于合同成立后仍未能除去，同时买受人不知道权利瑕疵的存在；否则，出卖人不承担权利瑕疵担保责任。标的物存在权利瑕疵时，买受人可请求出卖人除去权利负担，并可根据债务不履行的规定，请求出卖人负不履行债务或损害赔偿的责任。

2. 物的瑕疵担保责任。该责任是出卖人违反物的瑕疵担保义务的违约责任。物的瑕疵是指标的物欠缺约定或法定品质。依其被发现的难易程度，物的瑕疵可划分为表面瑕疵和隐蔽瑕疵。认定物的瑕疵的标准，合同有约定的，依合同约定；如无约定而由出卖人提供标的物的样品或有关标的物的质量说明的，以该样品或说明的质量标准为依据。不存在上述两种依据时，如当事人事后协商标准，依协商标准；如无协商标准，按照合同的有关条款或交易习惯所确定的标准。如标准仍不能确定的，按照国家标准、行业标准履行；没有国家标准、行业标准的，按照通常标准或者符合合同目的的特定标准履行。

（二）违约责任的特殊情形

1. 质保金支付问题。

买受人依约保留部分价款作为质量保证金，出卖人在质量保证期间未及时解决质量问题而影响标的物的价值或者使用效果，出卖人主张支付该部分价款的，人民法院不予支持。

2. 物的瑕疵担保责任的特殊规定。

（1）买受人在检验期间、质量保证期间、合理期间内提出质量异议，出卖人未按要求予以修理或者因情况紧急，买受人自行或者通过第三人修理标的物后，主张出卖人负担因此发生的合理费用的，人民法院应予支持。

（2）标的物质量不符合约定，买受人依照合同编的规定要求减少价款的，人民法院应予支持。当事人主张以符合约定的标的物和实际交付的标的物按交付时的市场价值计算差价的，人民法院应予支持。价款已经支付，买受人主张返还减价后多出部分价款的，人民法院应予支持。

（3）合同约定减轻或者免除出卖人对标的物的瑕疵担保责任，但出卖人故意或者因重大过失不告知买受人标的物的瑕疵，出卖人主张依约减轻或者免除瑕疵担保责任的，人民法院不予支持。

（4）买受人在缔约时知道或者应当知道标的物质量存在瑕疵，主张出卖人承担瑕疵担保责任的，人民法院不予支持，但买受人在缔约时不知道该瑕疵会导致标的物的基本效用显著降低的除外。

3. 逾期付款的违约金问题。

（1）买卖合同对付款期限作出的变更，不影响当事人关于逾期付款违约金的约定，但该违约金的起算点应当随之变更。

（2）买卖合同约定逾期付款违约金，买受人以出卖人接受价款时未主张逾期付款违约金为由拒绝支付该违约金的，人民法院不予支持。

（3）买卖合同约定逾期付款违约金，但对账单、还款协议等未涉及逾期付款责任，出卖人根据对账单、还款协议等主张欠款时请求买受人依约支付逾期付款违约金的，人民法院应予支持，但对账单、还款协议等明确载有本金及逾期付款利息数额或者已经变更买卖合同中关于本金、利息等约定内容的除外。

（4）买卖合同没有约定逾期付款违约金或者该违约金的计算方法，出卖人以买受人违约为由主张赔偿逾期付款损失，违约行为发生在2019年8月19日之前的，人民法院可以中国人民银行同期同类人民币贷款基准利率为基础，参照逾期罚息利率标准计算；违约行为发生在2019年8月20日之后的，人民法院可以违约行为发生时中国人民银行授权全国银行间同业拆借中心公布的一年期贷款市场报价利率（LPR）标准为基础，加计30%~50%计算逾期付款损失。

4. 合同因违约而解除与违约金的支付和调整。

买卖合同因违约而解除后，守约方主张继续适用违约金条款的，人民法院应予支持；

但约定的违约金过分高于造成的损失的，人民法院可以参照合同编的规定处理。

5. 违约损害赔偿的特殊规定。

（1）与定金罚则的并用。

买卖合同约定的定金不足以弥补一方违约造成的损失，对方请求赔偿超过定金部分的损失的，人民法院可以并处，但定金和损失赔偿的数额总和不应高于因违约造成的损失。

（2）与有过失规则。

买卖合同当事人一方违约造成对方损失，对方对损失的发生也有过错，违约方主张扣减相应的损失赔偿额的，人民法院应予支持。

（3）损益相抵规则。

买卖合同当事人一方因对方违约而获有利益，违约方主张从损失赔偿额中扣除该部分利益的，人民法院应予支持。

（4）可得利益赔偿规则。

买卖合同当事人一方违约造成对方损失，对方主张赔偿可得利益损失的，人民法院在确定违约责任范围时，应当根据当事人的主张，依据民法典第584条、第591条、第592条、本解释第23条等规定进行认定。（《买卖合同解释》（2020修改）第22条）

（三）因违约解除合同

1. 因标的物主物有瑕疵而解除合同时，解除合同的效力及于从物；从物有瑕疵的，仅能部分解除合同，解除的效力不及于主物。标的物为数物时，其中一物有瑕疵的，买受人仅得就有瑕疵的物解除合同；数物之价值不能分离的，则可就数物解除合同。买卖标的物是分批交付的，买受人只能就不能达到合同目的的该批标的物部分解除合同，但各批标的物有关联的，则可就该批以及以后的各批标的物解除合同。

2. 出卖人没有履行或者不当履行从给付义务，致使买受人不能实现合同目的，买受人有权主张解除合同。

七、所有权保留与取回权★★★

（一）所有权保留的适用范围

当事人可以在买卖合同中约定买受人未履行支付价款或者其他义务的，标的物的所有权属于出卖人。所有权保留规则仅适用于动产，不适用于不动产。出卖人对标的物保留所有权的，未经登记，不得对抗善意第三人。

买卖合同当事人主张关于标的物所有权保留的规定适用于不动产的，人民法院不予支持。

（二）出卖人的取回权

1. 适用情形。

当事人约定所有权保留，在标的物所有权转移前，买受人有下列情形之一，对出卖人造成损害，出卖人主张取回标的物的，人民法院应予支持：

①未按约定支付价款的；

②未按约定完成特定条件的；

③将标的物出卖、出质或者作出其他不当处分的。

2. 限制情形。

①买受人已经支付标的物总价款的百分之七十五以上，出卖人主张取回标的物的，人

民法院不予支持；

②第三人已经善意取得标的物所有权或者其他物权。

3. 行使取回权的后果。

①取回的标的物价值显著减少，出卖人要求买受人赔偿损失的，人民法院应予支持；

②买受人回赎问题。

出卖人取回标的物后，买受人在双方约定的或者出卖人指定的回赎期间内，消除出卖人取回标的物的事由，主张回赎标的物的，人民法院应予支持。买受人在回赎期间内没有回赎标的物的，出卖人可以另行出卖标的物。出卖人另行出卖标的物的，出卖所得价款依次扣除取回和保管费用、再交易费用、利息、未清偿的价金后仍有剩余的，应返还原买受人；如有不足，出卖人要求原买受人清偿的，人民法院应予支持，但原买受人有证据证明出卖人另行出卖的价格明显低于市场价格的除外。

八、特种买卖 ★★★

（一）分期付款买卖

1. 分期付款买卖，是指买受人将其应付的总价款，在一定期限内分次向出卖人支付的买卖合同。买受人将应付的总价款在一定期间内至少分三次向出卖人支付的，才能认定为分期付款。

"分期付款"，系指买受人将应付的总价款在一定期间内至少分三次向出卖人支付。

2. 买受人未支付到期价款的数额达到全部价款的 1/5 的，经催告在合理期限内仍未支付到期价款的出卖人可以要求买受人支付全部价款或者解除合同。

分期付款买卖合同的约定违反分期付款的规定，损害买受人利益，买受人主张该约定无效的，人民法院应予支持。

3. 出卖人解除合同的，可以向买受人要求支付该标的物的使用费。分期付款买卖合同约定出卖人在解除合同时可以扣留已受领价金，出卖人扣留的金额超过标的物使用费以及标的物受损赔偿额，买受人请求返还超过部分的，人民法院应予支持。

当事人对标的物的使用费没有约定的，人民法院可以参照当地同类标的物的租金标准确定。

【经典真题】

1. 曾某购买某汽车销售公司的轿车一辆，总价款 20 万元，约定分 10 次付清，每次两万元，每月的第一天支付。曾某按期支付六次共计 12 万元后，因该款汽车大幅降价，曾某遂停止付款。下列哪些表述是正确的？[1]（2009 - 3 - 59）

A. 汽车销售公司有权要求曾某一次性付清余下的八万元价款

B. 汽车销售公司有权通知曾某解除合同

C. 汽车销售公司有权收回汽车，并且收取曾某汽车使用费

D. 汽车销售公司有权收回汽车，但不退还曾某已经支付的 12 万元价款

【考点】 分期付款买卖合同

【解析】 "分期付款的买受人未支付到期价款的金额达到全部价款的五分之一的，出卖

---

[1]【答案】ABC

人可以要求买受人支付全部价款或者解除合同。"本题中，曾某与汽车销售公司之间签订的是分期付款的买卖合同，曾某在支付12万合同价款后拒绝支付，未支付货款8万，达到了全部价款的五分之二，超过了法定的五分之一的界限。出卖人即汽车销售公司有权要求曾某一次性支付剩余8万元的价款或解除合同。因此，AB项正确。"出卖人解除合同的，可以向买受人要求支付该标的物的使用费。"据此可知，如果汽车销售公司选择解除合同的话，汽车销售公司有权收回汽车，返还曾某已经支付的12万元价款，同时要求曾某支付汽车使用费。因此，C项正确，D项错误。因此，本题的答案为ABC。

2. 甲将其1辆汽车出卖给乙，约定价款30万元。乙先付了20万元，余款在6个月内分期支付。在分期付款期间，甲先将汽车交付给乙，但明确约定付清全款后甲才将汽车的所有权移转给乙。嗣后，甲又将该汽车以20万元的价格卖给不知情的丙，并以指示交付的方式完成交付。下列哪一表述是正确的？[1]（2012 – 3 – 9）

A. 在乙分期付款期间，汽车已经交付给乙，乙即取得汽车的所有权

B. 在乙分期付款期间，汽车虽然已经交付给乙，但甲保留了汽车的所有权，故乙不能取得汽车的所有权

C. 丙对甲、乙之间的交易不知情，可以依据善意取得制度取得汽车所有权

D. 丙不能依甲的指示交付取得汽车所有权

【考点】分期付款买卖合同及物权变动

【解析】"动产物权的设立和转让，自交付时发生效力，但法律另有规定的除外。""当事人可以在买卖合同中约定买受人未履行支付价款或者其他义务的，标的物的所有权属于出卖人。"据此，甲乙之间关于汽车所有权转移的约定是有效的，在乙分期付款期间，汽车所有权保留在甲方，乙不能取得汽车所有权。因此选项A错误，不当选；B正确，当选。善意取得制度，其中转让人无处分权是要件之一，本题中转让人甲仍然是汽车所有权人，其具备处分权。丙取得汽车所有权的依据并非源于善意取得制度。"动产物权设立和转让前，第三人占有该动产的，负有交付义务的人可以通过转让请求第三人返还原物的权利代替交付。"即根据指示交付制度取得所有权。因此选项C、D均错误，不当选。

3. 周某以6000元的价格向吴某出售一台电脑，双方约定五个月内付清货款，每月支付1200元，在全部价款付清前电脑所有权不转移。合同生效后，周某将电脑交给吴某使用。期间，电脑出现故障，吴某将电脑交周某修理，但周某修好后以6200元的价格将该电脑出售并交付给不知情的王某。对此，下列哪些说法是正确的？[2]（2016 – 3 – 61）

A. 王某可以取得该电脑所有权

B. 在吴某无力支付最后一个月的价款时，周某可行使取回权

C. 如吴某未支付到期货款达1800元，周某可要求其一次性支付剩余货款

D. 如吴某未支付到期货款达1800元，周某可要求解除合同，并要求吴某支付一定的电脑使用费

【考点】分期付款买卖

【解析】合同约定在全部价款付清前电脑所有权不转移，故周某仍然是所有权人。后

---

[1]【答案】B
[2]【答案】ACD

电脑出现故障，吴某将电脑交还周某修理，周某将电脑出售并交付给王某。周某有权处分，并交付，王某取得所有权，故 A 选项正确。

根据《买卖合同解释》（2020 修正）第 26 条的规定："买受人已经支付标的物总价款的百分之七十五以上，出卖人主张取回标的物的，人民法院不予支持。"吴某已经支付前四次价款共 4800 元，超过了总价款的 75%，故周某不能主张取回权，B 选项错误。

"分期付款的买受人未支付到期价款的金额达到全部价款的五分之一的，出卖人可以要求买受人支付全部价款或者解除合同。出卖人解除合同的，可以向买受人要求支付该标的物的使用费。"吴某未支付到期货款达 1800 元，超过了全部价款的五分之一，故 C 选项正确，D 选项正确。

（二）样品买卖

1. 样品买卖，又称货样买卖，是指标的物品质依一定样品而定的买卖。当事人应当封存样品，并可以对样品质量予以说明，出卖人交付的标的物应当与样品及其说明的质量相同，否则，出卖人应承担违约责任。但买受人不知道样品有隐蔽瑕疵的，即使交付的标的物与样品相同，出卖人交付的标的物的质量仍然应当符合合同种物的通常标准。

2. 合同约定的样品质量与文字说明不一致且发生纠纷时当事人不能达成合意，样品封存后外观和内在品质没有发生变化的，人民法院应当以样品为准；外观和内在品质发生变化，或者当事人对是否发生变化有争议而又无法查明的，人民法院应当以文字说明为准。

（三）试用买卖

1. 试用买卖，又称试验买卖，是指合同成立时出卖人将标的物交付给买受人试用，买受人在试用期间内决定是否购买的买卖。一般认为，试用买卖合同属于附停止条件的买卖合同。试用买卖的当事人可以约定标的物的试用期间；对试用期间没有约定或者约定不明确，由出卖人确定。

2. 买受人在试用期内享有选择权。试用买卖的买受人在试用期内可以购买标的物，也可以拒绝购买。试用期间届满，买受人对是否购买标的物未作表示的，视为购买。

3. 试用买卖的买受人在试用期内已经支付一部分价款的，人民法院应当认定买受人同意购买，但合同另有约定的除外。

在试用期内，买受人对标的物实施了出卖、出租、设定担保物权等非试用行为的，人民法院应当认定买受人同意购买。

4. 不属于试用买卖的情形。

①约定标的物经过试用或者检验符合一定要求时，买受人应当购买标的物；

②约定第三人经试验对标的物认可时，买受人应当购买标的物；

③约定买受人在一定期间内可以调换标的物；

④约定买受人在一定期间内可以退还标的物。

（四）拍卖

根据我国《拍卖法》的规定，拍卖是指以公开竞价的形式，将特定物品或财产权利转让给最高应价者的买卖方式。具体地说，买卖公开进行，参加竞拍的人在拍卖现场根据拍卖师的叫价决定是否应价，当某人的应价经拍卖师三次叫价无人竞价时，拍卖师以落槌或以其他公开表示拍定的方式确认买卖成交。

九、商品房买卖合同★★

（一）商品房买卖合同的成立与效力

商品房买卖合同是指房地产开发企业将尚未建成或已竣工的房屋向社会销售并转移房屋所有权于买受人，买受人支付价款的合同。

1. 商品房的销售广告和宣传资料为要约邀请，但是出卖人就商品房开发规划范围内的房屋及相关设施所作的说明和允诺具体确定，并对商品房买卖合同的订立以及房屋价格的确定有重大影响的，应当视为要约。

2. 出卖人通过认购、订购、预订等方式向买受人收受定金作为订立商品房买卖合同担保的，如果因当事人一方原因未能订立商品房买卖合同，应当按照法律关于定金的规定处理；因不可归责于当事人双方的事由，导致商品房买卖合同未能订立的，出卖人应当将定金返还买受人。商品房的认购、订购、预订等协议具备商品房买卖合同的主要内容，并且出卖人已经按照约定收受购房款的，该协议应当认定为商品房买卖合同。

3. 出卖人未取得商品房预售许可证明，与买受人订立的商品房预售合同，应当认定无效，但是在起诉前取得商品房预售许可证明的，可以认定有效。商品房预售合同未按照法律、行政法规规定办理登记备案，不因此确认合同无效。当事人约定以办理登记备案手续为商品房预售合同生效条件的，从其约定，但当事人一方已经履行主要义务、对方接受的除外。

（二）因违约解除合同

1. 出卖人恶意违约。出卖人具有最高人民法院《关于审理商品房买卖合同纠纷案件适用法律若干问题的解释》（以下简称《商品房买卖合同解释》）所规定的情形，恶意违约的，买受人有权解除合同。

2. 出卖人根本违约。（1）因房屋主体结构质量不合格不能交付使用，或者房屋交付使用后，房屋主体结构质量经核验确属不合格，买受人有权请求解除合同和赔偿损失。（2）因房屋质量问题严重影响正常居住使用，买受人有权请求解除合同和赔偿损失。交付使用的房屋存在质量问题，在保修期内，出卖人应当承担修复责任；出卖人拒绝修复或者在合理期限内拖延修复的，买受人可以自行或者委托他人修复。修复费用及修复期间造成的其他损失由出卖人承担。（3）出卖人迟延交付房屋，经催告后在3个月的合理期限内仍未履行，买受人有权请求解除合同，但当事人另有约定的除外。法律没有规定或者当事人没有约定，经对方当事人催告后，解除权行使的合理期限为3个月。对方当事人没有催告的，解除权应当在解除权发生之日起1年内行使；逾期不行使的，解除权消灭。（4）合同约定或者法律规定的办理房屋所有权登记的期限届满后超过1年，由于出卖人的原因，导致买受人无法办理房屋所有权登记的，买受人有权请求解除合同和赔偿损失。

3. 买受人根本违约。买受人迟延支付购房款，经催告后在3个月的合理期限内仍未履行，出卖人有权请求解除合同，但当事人另有约定的除外。

4. 涉及担保贷款的解除。（1）商品房买卖合同约定，买受人以担保贷款方式付款、因当事人一方原因未能订立商品房担保贷款合同并导致商品房买卖合同不能继续履行的，对方当事人可以请求解除合同和赔偿损失。因不可归责于当事人双方的事由未能订立商品房担保贷款合同并导致商品房买卖合同不能继续履行的，当事人可以请求解除合同，出卖人应当将收受的购房款本金及其利息或者定金返还买受人。（2）因商品房买卖合同被确认无效或者被撤销、解除，致使商品房担保贷款合同的目的无法实现，当事人有权请求解除商品房担保贷款合同。（3）商品房买卖合同被确认无效或者被撤销、解除后，商品房担保贷款合同也被解除的，出卖人应当将收受的购房贷款和购房款的本金及利息分别返还担保权人和买受人。

【经典真题】

1. 甲公司未取得商铺预售许可证，便与李某签订了《商铺认购书》，约定李某支付认购金即可取得商铺优先认购权，商铺正式认购时甲公司应优先通知李某选购。双方还约定了认购面积和房价，但对楼号、房型未作约定。李某依约支付了认购金。甲公司取得预售许可后，未通知李某前来认购，将商铺售罄。关于《商铺认购书》，下列哪一表述是正确的？[1]（2012－3－10）

　　A. 无效，因甲公司未取得预售许可证即对外销售

　　B. 不成立，因合同内容不完整

　　C. 甲公司未履行通知义务，构成根本违约

　　D. 甲公司须承担继续履行的违约责任

【考点】 商品房买卖合同合同效力

【解析】 本题中甲公司与李某订立的《商铺认购书》具备合同成立和生效要件。合同是否成立方面，当事人对合同是否成立存在争议，人民法院能够确定当事人名称或者姓名、标的和数量的，一般应当认定合同成立。但法律另有规定或者当事人另有约定的除外。根据题意可知，当事人名称和姓名确定，标的为优先认购权，且认购面积和房价均已确定，因此合同成立，B 的表述错误，不当选。合同是否生效方面，虽然甲公司未取得商铺预售许可证，但是其并非直接销售商铺，而是仅仅就优先认购权作出约定。这并不违反任何强制性规定，故 A 错误，不当选。如果合同已经成立并生效，则需关注的就是合同履行以及违约等问题。根据题意，由于甲公司在取得预售许可后，未通知李某前来认购，商铺售罄。当事人一方明确表示或者以自己的行为表明不履行合同义务的，对方可以在履行期限届满之前要求其承担违约责任。甲公司的行为构成了这里的"以自己的行为表明不履行合同义务"，导致李某订立商铺认购书的合同目的不能实现，构成根本违约，故选项 C 正确，当选。甲公司违约之后如何承担违约责任？选项 D 认为甲公司需承担继续履行的违约责任。当事人一方不履行非金钱债务或者履行非金钱债务不符合约定的，对方可以要求履行，但有下列情形之一的除外：（一）法律上或者事实上不能履行；（二）债务的标的不适于强制履行或者履行费用过高；（三）债权人在合理期限内未要求履行。本题中鉴于商铺已经售罄，导致甲公司事实上不能履行出售商铺给李某的义务。因此甲公司承担违约责任的方式不应是继续履行。故选项 D 错误。

2. 甲公司与乙公司签订商品房包销合同，约定甲公司将其开发的 10 套房屋交由乙公司包销。甲公司将其中 1 套房屋卖给丙，丙向甲公司支付了首付款 20 万元。后因国家出台房地产调控政策，丙不具备购房资格，甲公司与丙之间的房屋买卖合同不能继续履行。下列哪些表述是正确的？[2]（2012－3－60）

　　A. 甲公司将房屋出卖给丙的行为属于无权处分

〔1〕【答案】C
〔2〕【答案】BC

B. 乙公司有权请求甲公司承担违约责任

C. 丙有权请求解除合同

D. 甲公司只需将 20 万元本金返还给丙

【考点】商品房买卖合同

【解析】（1）甲公司虽然与乙公司签订包销合同，但是包销合同中约定的房屋在尚未完成变更登记之前，甲仍具有所有权，其将房屋卖给丙的行为仍属有权处分，因此选项 A 错误，不当选。

（2）甲公司将包销合同中约定的房屋再次销售给第三人，违反了包销合同约定，乙公司当然可以请求甲公司承担违约责任。因此选项 B 正确，当选。

（3）"有下列情形之一的，当事人可以解除合同：①因不可抗力致使不能实现合同目的；……"本题中，因国家出台房地产政策导致丙不具备购房资格，丙的合同目的不能实现。因此丙有权解除合同，选项 C 正确，当选。

（4）"因不可抗力不能履行合同的，根据不可抗力的影响，部分或者全部免除责任，但法律另有规定的除外。"根据该规定，甲公司还有部分承担违约责任的可能，因此选项 D 的表述过于绝对，不当选。

考点 2　赠与合同

一、赠与人的义务

1. 交付赠与物。

2. 瑕疵担保义务。在通常情况下，赠与人对赠与财产的瑕疵不承担责任，但若赠与附有义务，赠与人应在附义务的限度内承担与出卖人相同的担保责任。

3. 损害赔偿责任。在以下两种情况中，赠与人应承担损害赔偿责任：一是因赠与人故意或者重大过失致使赠与的财产毁损、灭失的；二是赠与人故意不告知或者保证无瑕疵，造成受赠人损失的。

二、赠与人或者其继承人、法定代理人的撤销权

1. 赠与人在赠与财产的权利转移之前可以撤销赠与。而对具有救灾、扶贫等社会公益、道德义务性质的赠与合同或者经过公证的赠与合同，赠与人原则上无权撤销，必须应受赠人的请求交付赠与物。

2. 权利转移之后的撤销。受赠人有下列情形之一的，赠与人可以撤销赠与：严重侵害赠与人或者赠与人的近亲属；对赠与人有扶养义务而不履行；不履行赠与合同约定的义务。

3. 因受赠人的违法行为致使赠与人死亡或者丧失民事行为能力的，赠与人的继承人或者法定代理人可以撤销赠与。

【经典真题】

甲将 300 册藏书送给乙，并约定乙不得转让给第三人，否则甲有权收回藏书。其后甲向乙交付了 300 册藏书。下列哪一说法是正确的？[1]（2009 - 3 - 6）

---

[1]【答案】D

A. 甲与乙的赠与合同无效，乙不能取得藏书的所有权

B. 甲与乙的赠与合同无效，乙取得了藏书的所有权

C. 甲与乙的赠与合同为附条件的合同，乙不能取得藏书的所有权

D. 甲与乙的赠与合同有效，乙取得了藏书的所有权

【考点】附义务的赠与合同。

【解析】（1）该合同中不存在法定无效情形，因此 AB 错误。D 项认为合同有效是正确的。

（2）甲交付完成后，乙取得了藏书的所有权，因此 D 项后半句的认定是正确的。

（3）甲乙之间的赠与合同属于附义务的赠与合同，而非附条件的赠与合同。故 C 错误。该赠与合同自签订之日起生效，标的物自交付时起转移。因此，甲乙之间的赠与合同有效，乙取得了标的物藏书的所有权。因此，ABC 项错误，D 项说法正确。

考点3　借款合同

合同种类	商业借款合同	民间借贷合同
表现形式	商业银行或其他金融机构为贷款人	自然人、法人、其他组织及其相互之间（法人或其他组织相互之间的借款合同也有效）
合同是否要式	要式合同（书面形式）	不要式合同
合同是否有偿	有偿合同	可有偿也可无偿（未约定利息时视为无偿，即无利息）
合同是否诺成	诺成合同	自然人间：实践合同（自贷款人提供借款时生效） 其他民间借款：诺成合同
利息限制	执行中国人民银行规定的贷款利率	出借人请求借款人按照合同约定利率支付利息的，人民法院应予支持，但是双方约定的利率超过合同成立时一年期贷款市场报价利率四倍的除外。 "一年期贷款市场报价利率"是指中国人民银行授权全国银行间同业拆借中心自 2019 年 8 月 20 日起每月发布的一年期贷款市场报价利率。
当事人的义务	①贷款人的主要义务 →不得预先在本金中扣除利息，否则按实际借款数额还款并计算利息 ②借款人的主要义务 →按照约定期限还款的义务 →未按照约定的期限还款，应按照约定或有关规定支付逾期利息 →按照约定支付利息的义务	

注意 2021 年《最高人民法院关于审理民间借贷案件适用法律若干问题的规定》：

民间借贷合同命题方向：

注1：自然人之间借款合同的成立要件：（1）以现金支付的，自借款人收到借款时；

（2）以银行转账、网上电子汇款或者通过网络贷款平台等形式支付的，自资金到达借款人账户时；（3）以票据交付的，自借款人依法取得票据权利时；（4）出借人将特定资金账户支配权授权给借款人的，自借款人取得对该账户实际支配权时；（5）出借人以与借款人约定的其他方式提供借款并实际履行完成时。

注2：除自然人之间的借款合同外，当事人主张民间借贷合同自合同成立时生效的，人民法院应予支持。

注3：具有下列情形之一的，人民法院应当认定民间借贷合同无效：（1）套取金融机构贷款转贷的；（2）以向其他营利法人借贷、向本单位职工集资，或者以向公众非法吸收存款等方式取得的资金转贷的；（3）未依法取得放贷资格的出借人，以营利为目的向社会不特定对象提供借款的；（4）出借人事先知道或者应当知道借款人借款用于违法犯罪活动仍然提供借款的；（5）违反法律、行政法规强制性规定的；（6）违背公序良俗的。

注4：P2P 融资平台责任：借贷双方通过网络贷款平台形成借贷关系，网络贷款平台的提供者仅提供媒介服务，当事人请求其承担担保责任的，人民法院不予支持。网络贷款平台的提供者通过网页、广告或者其他媒介明示或者有其他证据证明其为借贷提供担保，出借人请求网络贷款平台的提供者承担担保责任的，人民法院应予支持。

注5：不能强买强卖：当事人以签订买卖合同作为民间借贷合同的担保，借款到期后借款人不能还款，出借人请求履行买卖合同的，人民法院应当按照民间借贷法律关系审理，并向当事人释明变更诉讼请求。当事人拒绝变更的，人民法院裁定驳回起诉。按照民间借贷法律关系审理作出的判决生效后，借款人不履行生效判决确定的金钱债务，出借人可以申请拍卖买卖合同标的物，以偿还债务。

注6：逾期利率与借贷利率的关系：借贷双方对逾期利率有约定的，从其约定，但是以不超过合同成立时一年期贷款市场报价利率四倍为限。

未约定逾期利率或者约定不明的，人民法院可以区分不同情况处理：（1）既未约定借期内利率，也未约定逾期利率，出借人主张借款人自逾期还款之日起参照当时一年期贷款市场报价利率标准计算的利息承担逾期还款违约责任的，人民法院应予支持；（2）约定了借期内利率但是未约定逾期利率，出借人主张借款人自逾期还款之日起按照借期内利率支付资金占用期间利息的，人民法院应予支持。

注7：合并适用：出借人与借款人既约定了逾期利率，又约定了违约金或者其他费用，出借人可以选择主张逾期利息、违约金或者其他费用，也可以一并主张，但是总计超过合同成立时一年期贷款市场报价利率四倍的部分，人民法院不予支持。

注8：关于复利：如果前期利率没有超过合同成立时一年期贷款市场报价利率四倍，重新出具的债权凭证载明的金额可认定为后期借款本金。超过部分的利息，不应认定为后期借款本金。

按前款计算，借款人在借款期间届满后应当支付的本息之和，超过以最初借款本金与以最初借款本金为基数、以合同成立时一年期贷款市场报价利率四倍计算的整个借款期间的利息之和的，人民法院不予支持。

注：9：提前还款利息计算：提前还款：借款人可以提前偿还借款，但当事人另有约定的除外。

借款人提前偿还借款并主张按照实际借款期间计算利息的，人民法院应予支持。

【经典真题】

1. 刘某欠何某 100 万元货款届期未还且刘某不知所踪。刘某之子小刘为替父还债，与何某签订书面房屋租赁合同，未约定租期，仅约定："月租金 1 万元，用租金抵货款，如刘某出现并还清货款，本合同终止，双方再行结算。"下列哪些表述是错误的?[1]（2014 - 3 - 59）

A. 小刘有权随时解除合同　　　　　　B. 何某有权随时解除合同

C. 房屋租赁合同是附条件的合同　　　D. 房屋租赁合同是附期限的合同

【解析】（1）本题所涉租赁合同未明确租赁期限。"当事人对租赁期限没有约定或者约定不明确，视为不定期租赁。当事人可以随时解除合同，但出租人解除合同应当在合理期限之前通知承租人。""合同生效后，当事人就质量、价款或者报酬、履行地点等内容没有约定或者约定不明确的，可以协议补充；不能达成补充协议的，按照合同有关条款或者交易习惯确定。"可知该合同期限可以从合同有关条款确定，即租金抵完货款之时，或者刘某出现并还清付款之时。故不存在当事人随时解除合同之条件，选项 AB 表述错误，当选。

（2）本租赁合同中关于刘某出现并还清货款后，该合同终止的约定，因为刘某是否出现为不确定之事实，故应为附条件，而并非附期限。故选项 C 表述正确，不当选，选项 D 表述错误，当选。

2. 甲服装公司与乙银行订立合同，约定甲公司向乙银行借款 300 万元，用于购买进口面料。同时，双方订立抵押合同，约定甲公司以其现有的以及将有的生产设备、原材料、产品为前述借款设立抵押。借款合同和抵押合同订立后，乙银行向甲公司发放了贷款，但未办理抵押登记。之后，根据乙银行要求，丙为此项贷款提供连带责任保证，丁以一台大型挖掘机作质押并交付。如甲公司违反合同约定将借款用于购买办公用房，则乙银行享有的权利有：[2]（2017 - 3 - 90）

A. 提前收回借款

B. 解除借款合同

C. 请求甲公司按合同约定支付违约金

D. 对甲公司所购办公用房享有优先受偿权

【解析】借款人擅自改变贷款用途，并未得到贷款人同意的，这是一种违约行为，贷款人可以按照借款合同约定停止发放借款、提前收回借款或者解除合同。所以 ABC 选项正确。

考点 4　租赁合同

一、租赁物的保管与维修

承租人应当妥善保管租赁物，因保管不善造成租赁物毁损、灭失的，应当承担损害赔偿责任。

承租人在租赁物需要维修时可以要求出租人在合理期限内维修。出租人未履行维修义

---

〔1〕【答案】ABD

〔2〕【答案】ABC

务的，承租人可以自行维修，维修费用由出租人负担。因维修租赁物影响承租人使用的，应当相应减少租金或者延长租期。

二、转租问题

出租人就同一房屋订立数份租赁合同，在合同均有效的情况下，承租人均主张履行合同的，人民法院按照下列顺序确定履行合同的承租人：（一）已经合法占有租赁房屋的；（二）已经办理登记备案手续的；（三）合同成立在先的。不能取得租赁房屋的承租人请求解除合同、赔偿损失的，依照民法典的有关规定处理。

【经典真题】

1. 孙某与李某签订房屋租赁合同，李某承租后与陈某签订了转租合同，孙某表示同意。但是，孙某在与李某签订租赁合同之前，已经把该房租给了王某并已交付。李某、陈某、王某均要求继续租赁该房屋。下列哪一表述是正确的？[1]（2014－3－14）

A. 李某有权要求王某搬离房屋

B. 陈某有权要求王某搬离房屋

C. 李某有权解除合同，要求孙某承担赔偿责任

D. 陈某有权解除合同，要求孙某承担赔偿责任

【解析】（1）出租人就同一房屋订立数份租赁合同，在合同均有效的情况下，承租人均主张履行合同的，人民法院按照下列顺序确定履行合同的承租人：①已经合法占有租赁房屋的；②已经办理登记备案手续的；③合同成立在先的。不能取得租赁房屋的承租人请求解除合同、赔偿损失的，依照合同法的有关规定处理。本题中，王某受领房屋交付，已经占有了租赁房屋，其获得了房屋的承租权。李某同作为承租人，不能取得履行利益，但是可以对孙某主张赔偿责任。故选项 A 表述错误；C 表述正确。

（2）既然王某可以对抗李某的请求权，就更可以对抗次承租人陈某的请求权，故选项 B 表述错误。此外，陈某在未获得履行利益的情况下，应当向李某而不是孙某主张赔偿责任，故 D 表述错误。因此，本题答案为 C 项。

2. 居民甲将房屋出租给乙，乙经甲同意对承租房进行了装修并转租给丙。丙擅自更改房屋承重结构，导致房屋受损。对此，下列哪些选项是正确的？[2]（2016－3－60）

A. 无论有无约定，乙均有权于租赁期满时请求甲补偿装修费用

B. 甲可请求丙承担违约责任

C. 甲可请求丙承担侵权责任

D. 甲可请求乙承担违约责任

【考点】转租、合同的相对性原理

【解析】承租人经出租人同意装饰装修，租赁期间届满时，承租人请求出租人补偿附合装饰装修费用的，不予支持。但当事人另有约定的除外。故 A 选项错误。

甲与丙并无租赁合同关系，不能请求丙承担违约责任，故 B 选项错误。根据《民法典》第 1165 条的规定："行为人因过错侵害他人民事权益，应当承担侵权责任。"故 C 选项

---

〔1〕【答案】C

〔2〕【答案】CD

正确。

"当事人一方因第三人的原因造成违约的,应当向对方承担违约责任。当事人一方和第三人之间的纠纷,依照法律规定或者按照约定解决。"故 D 选项正确。

3. 居民甲经主管部门批准修建了一排临时门面房,核准使用期限为 2 年,甲将其中一间租给乙开餐馆,租期 2 年。期满后未办理延长使用期限手续,甲又将该房出租给了丙,并签订了 1 年的租赁合同。因租金问题,发生争议。下列哪些选项是正确的?[1](2017-3-60)

A. 甲与乙的租赁合同无效　　　　　B. 甲与丙的租赁合同无效

C. 甲无权将该房继续出租给丙　　　D. 甲无权向丙收取该年租金

【解析】出租人就未经批准或者未按照批准内容建设的临时建筑,与承租人订立的租赁合同无效。但在一审法庭辩论终结前经主管部门批准建设的,人民法院应当认定有效。租赁期限超过临时建筑的使用期限,超过部分无效。但在一审法庭辩论终结前经主管部门批准延长使用期限的,人民法院应当认定延长使用期限内的租赁期间有效。所以 BCD 选项正确,A 选项错误。

三、买卖不破租赁

(一)买卖不破租赁的构成要件

①不动产或动产租赁合同有效;②出租人已将租赁物交给承租人,承租人占有中;③租赁期间内,租赁物的所有权因买卖、互易、赠与、投资、抵押权的实现、继承、遗赠、企业合并等原因,租赁物的所有权发生变动。

(二)买卖不破租赁的例外

①租赁物被征收没收的;②先抵押后出租,抵押权已经登记的;③房屋在出租前已经被人民法院依法查封的。

【经典真题】

1. 甲将自己的一套房屋租给乙住,乙又擅自将房屋租给丙住。丙是个飞镖爱好者,因练飞镖将房屋的墙面损坏。下列哪些选项是正确的?[2](2009-3-60)

A. 甲有权要求解除与乙的租赁合同

B. 甲有权要求乙赔偿墙面损坏造成的损失

C. 甲有权要求丙搬出房屋

D. 甲有权要求丙支付租金

【考点】租赁合同中的转租问题

【解析】(1)承租人未经出租人同意转租的,出租人可以解除合同。本题中,乙未经出租人甲同意擅自将房屋转租,出租人甲有权要求解除与承租人乙之间的租赁合同。因此,A 项正确。

(2)承租人经出租人同意,可以将租赁物转租给第三人。承租人转租的,承租人与出租人之间的租赁合同继续有效,第三人对租赁物造成损失的,承租人应当赔偿损失。据此可知,即便是在出租人同意转租的情况下,第三人对租赁物造成损失的,承租人承担赔偿

---

〔1〕【答案】BCD

〔2〕【答案】ABC

责任。本题中，承租人乙没有经过出租人甲的同意转租给丙，就丙对墙面的损害，甲有权要求乙承担损害赔偿责任。因此，B项正确。

（3）甲没有同意乙转租给丙，且甲、丙之间也没有任何租赁协议，甲是房屋的所有人，甲有权要求丙搬出房屋。因此，C项正确。

（4）本题中，甲、丙之间没有租赁协议，甲无权要求丙支付租金。因此，D项错误。

2. 甲将房屋租给乙，在租赁期内未通知乙就把房屋出卖并过户不知情的丙。乙得知后劝丙退出该交易，丙拒绝。关于乙可以采取的民事救济措施，下列哪一选项是正确的？[1]（2015 – 3 – 11）

A. 请求解除租赁合同，因甲出卖房屋未通知乙，构成重大违约

B. 请求法院确认买卖合同无效

C. 主张由丙承担侵权责任，因丙侵犯了乙的优先购买权

D. 主张由甲承担赔偿责任，因甲出卖房屋未通知乙而侵犯了乙的优先购买权

【解析】（1）"出租人出卖租赁房屋的，应当在出卖之前的合理期限内通知承租人，承租人享有以同等条件优先购买的权利。"但由于买卖不破租赁的原则，甲的行为没有侵犯乙在租赁合同有效期内享有的对房屋的使用权，所以甲的行为并不构成重大违约，因此A项错误。

（2）出租人出卖租赁房屋未在合理期限内通知承租人或者存在其他侵害承租人优先购买权情形，承租人请求出租人承担赔偿责任的，人民法院应予支持。但请求确认出租人与第三人签订的房屋买卖合同无效的，人民法院不予支持。租赁物在租赁期间发生所有权变动的，不影响租赁合同的效力。乙请求买卖合同无效，符合司法解释中规定的请求确认出租人与第三人签订的买卖合同无效的，人民法院不予支持，所以B错误。

（3）C项，出租人出卖租赁房屋未在合理期限内通知承租人或者存在其他侵害承租人优先购买权情形，承租人请求出租人承担赔偿责任的，人民法院应予支持。买卖合同固然侵犯了乙的优先购买权，但根据法律，侵犯优先购买权的行为承担责任的主体应当是出卖人甲而不是丙，况且丙对甲乙之间的租赁合同并不知情，所以C错误，D正确。

综上，只有选项D符合规定，当选。

考点4　融资租赁合同

一、当事人的特殊性：出租人、承租人、出卖人

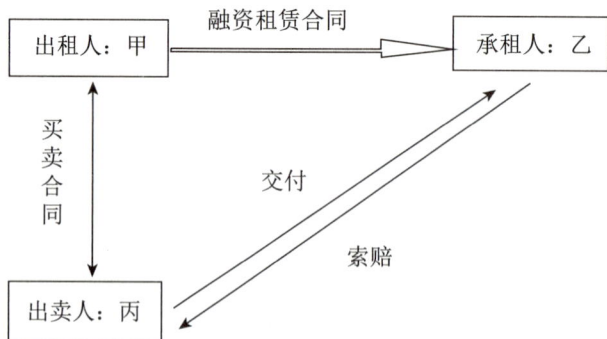

---

[1] 【答案】D

二、权利和义务关系

（一）出卖人的义务

1. 向承租人交付租赁物。

2. 承租标的物的瑕疵担保义务和损害赔偿责任。

（二）出租人的义务

1. 向出卖人支付标的物的价金。

2. 在承租人向出卖人行使索赔权时，予以协助。

3. 不变更买卖合同中与承租人有关的条款。

4. 出租人对租赁物享有的所有权，未登记，不得对抗善意第三人。

（三）承租人的义务

1. 向出租人支付租金。

2. 妥善保管和使用租赁物并负担租赁物的维修义务。

3. 依约定支付租金，并于租赁期间届满时返还租赁物。

4. 注意：《最高人民法院关于适用〈中华人民共和国民法典〉有关担保制度的解释》（2020年12月25日最高人民法院审判委员会第1824次会议通过，2021年1月1日起施行）第65条　在融资租赁合同中，承租人未按照约定支付租金，经催告后在合理期限内仍不支付，出租人请求承租人支付全部剩余租金，并以拍卖、变卖租赁物所得的价款受偿的，人民法院应予支持；当事人请求参照民事诉讼法"实现担保物权案件"的有关规定，以拍卖、变卖租赁物所得价款支付租金的，人民法院应予准许。

出租人请求解除融资租赁合同并收回租赁物，承租人以抗辩或者反诉的方式主张返还租赁物价值超过欠付租金以及其他费用的，人民法院应当一并处理。当事人对租赁物的价值有争议的，应当按照下列规则确定租赁物的价值：

（1）融资租赁合同有约定的，按照其约定；

（2）融资租赁合同未约定或者约定不明的，根据约定的租赁物折旧以及合同到期后租赁物的残值来确定；

（3）根据前两项规定的方法仍然难以确定，或者当事人认为根据前两项规定的方法确定的价值严重偏离租赁物实际价值的，根据当事人的申请委托有资质的机构评估。

【经典真题】

甲融资租赁公司与乙公司签订融资租赁合同，约定乙公司向甲公司转让一套生产设备，转让价为评估机构评估的市场价200万元，再租给乙公司使用2年，乙公司向甲公司支付租金300万元。合同履行过程中，因乙公司拖欠租金，甲公司诉至法院。下列哪些选项是正确的？[1]（2017-3-61）

　　A. 甲公司与乙公司之间为资金拆借关系

　　B. 甲公司与乙公司之间为融资租赁合同关系

　　C. 甲公司与乙公司约定的年利率超过24%的部分无效

　　D. 甲公司已取得生产设备的所有权

---

[1]【答案】BD

【解析】本题考查融资租赁合同，《民法典》第735条规定："融资租赁合同是出租人根据承租人对出卖人、租赁物的选择向出卖人购买租赁物提供给承租人使用，承租人支付租金的合同。"因此，通常情况下融资租赁合同涉及三方当事人，即出租人、承租人和出卖人，本题的特殊之处在于乙公司选择了以自己的设备作为租赁物，因此其既是承租人又是出卖人，甲公司则为出租人，故B正确，A错误，《民法典》第745条规定："出租人享有租赁物的所有权"D正确，关于年利率问题，可以参照适用《最高人民法院关于审理民间借贷案件适用法律若干问题的规定》（以下简称《民间借贷司法解释》）第26条关于"超过年利率36%，超过部分的利息约定无效"的规则，即在36%以下的应认定有效，根据2020年最新《民间借贷司法解释》民间借贷利率的司法保护上限由过去的24%和36%下调至一年期贷款市场报价利率（LPR）的4倍，所以无论是旧的司法解释还是新的司法解释，C选项都是错误的。因此本题正确答案是BD。

考点5　民间借贷

一、民间借贷有关法律规定

民间借贷是相对于金融机构向公民、其他企业及其他组织提供贷款而言——发生在公民之间、公民与法人之间、公民与其他组织之间的借贷。

狭义的民间借贷仅指公民（自然人）之间的借贷；广义的民间借贷还包括公民与法人之间、公民与其他组织之间的借贷。现实生活中的民间借贷通常是指狭义的民间借贷，也就是自然人之间的借贷。

（一）关于利息的法律规定

自然人之间的借款合同约定支付利息的，借款的利率不得违反国家有关限制借款利率的规定。本条同时规定：自然人之间的借款合同对支付利息没有约定或约定不明确的，视为不支付利息。

（二）关于利息支付方式的规定

借款人应当按照约定的期限支付利息。对支付利息的期限没有约定或者约定不明确，借款期间不满一年的，应当在返还借款时一并支付；借款期间一年以上的，应当在每届满一年时支付，剩余期间不满一年的，应当在返还借款时一并支付。

（三）关于借款期限的法律规定

"履行期限不明确的，债务人可以随时履行，债权人也可以随时要求履行，但应当给对方必要的准备时间。"所以，如果公民之间的借贷没有约定还款日期，借款方可以随时还款，贷款方可以随时要求还款。

（四）关于诉讼时效的法律规定

《民法典》对借款纠纷规定了3年的诉讼时效，从知道或应当知道权利被侵害起计算。

有下列情形之一的，诉讼时效中断，从中断、有关程序终结时起，诉讼时效期间重新计算：（一）权利人向义务人提出履行请求；（二）义务人同意履行义务；（三）权利人提起诉讼或者申请仲裁；（四）与提起诉讼或者申请仲裁具有同等效力的其他情形。

诉讼时效期间届满后债务人在债权人催款通知单上面签字或盖章的，应当视为对原债务的重新确认。

（五）关于逾期还款的法律规定

借款人未按照约定的期限返还借款的，应当按照约定或者国家有关规定支付逾期利息。

【经典真题】

自然人甲与乙签订了年利率为 30%、为期 1 年的 1000 万元借款合同。后双方又签订了房屋买卖合同，约定："甲把房屋卖给乙，房款为甲的借款本息之和。甲须在一年内以该房款分 6 期回购房屋。如甲不回购，乙有权直接取得房屋所有权。"乙交付借款时，甲出具收到全部房款的收据。后甲未按约定回购房屋，也未把房屋过户给乙。因房屋价格上涨至 3000 万元，甲主张偿还借款本息。下列哪些选项是正确的？[1]（2015 - 3 - 51）

A. 甲乙之间是借贷合同关系，不是房屋买卖合同关系

B. 应在不超过银行同期贷款利率的四倍以内承认借款利息

C. 乙不能获得房屋所有权

D. 因甲未按约定偿还借款，应承担违约责任

【解析】根据《最高人民法院关于审理民间借贷案件适用法律若干问题的规定》第 25 条第 1 款，"出借人请求借款人按照合同约定利率支付利息的，人民法院应予支持，但是双方约定的利率超过合同成立时一年期贷款市场报价利率四倍的除外。"借款人应当按照约定的期限返还借款。对借款期限没有约定或者约定不明确，依照《民法典》第 675 条的规定仍不能确定的，借款人可以随时返还；贷款人可以催告借款人在合理期限内返还。借款人未按照约定的期限返还借款的，应当按照约定或者国家有关规定支付逾期利息。题干信息："后甲未按约定回购房屋，也未把房屋过户给乙。"根据物权法定与让与担保，买卖合同是出卖人转移标的物的所有权于买受人，买受人支付价款的合同。物权的种类和内容，由法律规定。不动产物权的设立、变更、转让和消灭，经依法登记，发生效力；未经登记，不发生效力，但法律另有规定的除外。

综上，选项 ABCD 均符合规定，当选。

【小结/重点整理】

买卖合同是合同之王，《买卖合同解释》已于 2021 年 1 月 1 日生效，更使买卖合同的热度增加。《买卖合同解释》中规定的知识点，如保留所有权买卖、多重买卖中买受人实际履行请求权的顺位等，将成为持续数年的重中之重。《买卖合同解释》对买卖合同的风险负担、特种买卖（试用买卖、分期付款买卖、凭样品买卖）、买受人的检验通知义务等进行了完善，使其更显重要。一物数卖是法考的保留项目。在一物数卖这一考点中，将综合考查物权编与合同编的知识，内容相当庞杂，难度也大。更有甚者，民法的所有知识点，都可以融入一物数卖之中，考生应该重点掌握。

---

〔1〕【答案】ABCD

第二十一章
完成工作交付成果的合同

导学 本章应重点掌握建设工程合同中的分包、转包和优先受偿权，重点理解承揽合同的基本原理，理解重点法条。

重点知识详解

一、承揽合同 ★★

1. 承揽人将工作交由第三人完成时的法律效果：承揽人对定作人负责。

2. 定作人的随时解除权以及解除后的损害赔偿责任：定作人可以随时解除承揽合同，造成承揽人损失的，应当赔偿损失。

二、建设工程合同 ★

（一）转包与分包问题

1. 发包人可以与总承包人订立建设工程合同，也可以分别与勘察人、设计人、施工人订立勘察、设计、施工承包合同。发包人不得将应当由一个承包人完成的建设工程肢解成若干部分发包给几个承包人。

2. 总承包人或者勘察、设计、施工承包人经发包人同意，可以将自己承包的部分工作交由第三人完成。第三人就其完成的工作成果与总承包人或者勘察、设计、施工承包人向发包人承担连带责任。承包人不得将其承包的全部建设工程转包给第三人或者将其承包的全部建设工程肢解以后以分包的名义分别转包给第三人。

3. 禁止承包人将工程分包给不具备相应资质条件的单位。禁止分包单位将其承包的工程再分包。建设工程主体结构的施工必须由承包人自行完成。

（二）承包人的建设工程价款优先受偿权

发包人未按照约定支付价款的，承包人可以催告发包人在合理期限内支付价款。发包人逾期不支付的，除按照建设工程的性质不宜折价、拍卖的以外，承包人可以与发包人协议将该工程折价，也可以申请人民法院将该工程依法拍卖。建设工程的价款就该工程折价或者拍卖的价款优先受偿。

【经典真题】

1. 甲公司将一工程发包给乙建筑公司，经甲公司同意，乙公司将部分非主体工程分包给丙建筑公司，丙公司又将其中一部分分包给丁建筑公司。后丁公司因工作失误致使工程不合格，甲公司欲索赔。对此，下列哪些说法是正确的？[1]（2010－3－59）

A. 上述工程承包合同均无效

B. 丙公司在向乙公司赔偿损失后，有权向丁公司追偿

C. 甲公司有权要求丁公司承担民事责任

D. 法院可收缴丙公司由于分包已经取得的非法所得

【考点】建设工程合同

【解析】（1）总承包人或者勘察、设计、施工承包人经发包人同意，可以将自己承包的部分工作交由第三人完成。第三人就其完成的工作成果与总承包人或者勘察、设计、施工承包人向发包人承担连带责任。承包人不得将其承包的全部建设工程转包给第三人或者将其承包的全部建设工程肢解以后以分包的名义分别转包给第三人。禁止承包人将工程分包给不具备相应资质条件的单位。禁止分包单位将其承包的工程再分包。建设工程主体结构的施工必须由承包人自行完成。《最高人民法院关于审理建设工程施工合同纠纷案件适用法律问题的解释（一）》（以下简称《建设工程合同解释》）第1条第2款规定："承包人因转包、违法分包建设工程与他人签订的建设工程施工合同，应当依据民法典第一百五十三条第一款及第七百九十一条第二款、第三款的规定，认定无效。"根据前述规定，甲乙之间的承包合同有效，乙丙之间的合同也有效，故A错误。而丙丁之间属于违法分包，法院可以收缴当事人已经取得的非法所得，故D正确。

（2）选项B考查无效合同的法律后果。丙在向乙赔偿后，对其自己来讲，构成损失，此种损失根据当事人的过错确定责任的承担，故丙可以向丁追偿。此外，还可以从合同相对性考查本选项，即乙不得基于与丙的合同要求丁承担责任，只能要求丙承担责任，而丙在承担责任后依据丙丁之间的合同要求丁承担责任。故B正确。

（3）选项C涉及发包人可否要求实际施工人承担责任问题。《建设工程合同解释》第15条规定："因建设工程质量发生争议的，发包人可以以总承包人、分包人和实际施工人为共同被告提起诉讼。"据此，甲可以要求实际施工人承担责任，因此C正确。（特别需要注意甲的请求并非是基于合同，而是基于法律规定）

2. 甲公司与没有建筑施工资质的某施工队签订合作施工协议，由甲公司投标乙公司的办公楼建筑工程，施工队承建并向甲公司交纳管理费。中标后，甲公司与乙公司签订建筑施工合同。工程由施工队负责施工。办公楼竣工验收合格交付给乙公司。乙公司尚有部分剩余工程款未支付。下列哪一选项是正确的？[2]（2015－3－14）

A. 合作施工协议有效　　　　　　　　B. 建筑施工合同属于效力待定

C. 施工队有权向甲公司主张工程款　　D. 甲公司有权拒绝支付剩余工程款

【解析】（1）《建设工程合同解释》第1条第（二）项规定："建设工程施工合同具有下列情形之一的，应当依据《民法典》第一百五十三条第一款的规定，认定无效：（二）没有资质的实际施工人借用有资质的建筑施工企业名义的。"本题中，甲公司是与没有建筑施工资质的某施工队签订的合作施工协议，因此该合作施工协议无效，因此AB均错误。

（2）《建设工程合同解释》第24条规定："当事人就同一建设工程订立的数份建设工

---

[1]【答案】BCD

[2]【答案】C

程施工合同均无效，但建设工程质量合格，一方当事人请求参照实际履行的合同关于工程价款的约定折价补偿承包人的，人民法院应予支持。实际履行的合同难以确定，当事人请求参照最后签订的合同关于工程价款的约定折价补偿承包人的，人民法院应予支持。"本题中，因办公楼竣工验收合格后交付给了乙公司，因此施工队有权向甲公司主张工程款而甲公司无权拒绝支付剩余工程款，故 C 正确而 D 错误。

综上，只有选项 C 是正确答案，当选。

3. 甲房地产开发公司开发一个较大的花园公寓项目，作为发包人，甲公司将该项目的主体工程发包给了乙企业，签署了建设工程施工合同。乙企业一直未取得建筑施工企业资质。现该项目主体工程已封顶完工。就相关合同效力及工程价款，下列哪些说法是正确的？[1]（2017 - 3 - 62）

A. 该建设工程施工合同无效

B. 因该项目主体工程已封顶完工，故该建设工程施工合同不应认定为无效

C. 该项目主体工程经竣工验收合格，则乙企业可参照合同约定请求甲公司支付工程价款

D. 该项目主体工程经竣工验收不合格，经修复后仍不合格的，乙企业不能主张工程价款

【解析】根据《建设工程合同解释》之规定，承包人未取得建筑施工企业资质的，建设工程施工合同无效。在本题中，乙企业没有取得资质，建设工程施工合同自始无效。所以 A 选项正确。工程就算事实已经完成，乙企业仍然没有资质，合同仍然无效。所以 B 选项错误。根据《建设工程合同解释》第 24 条之规定："当事人就同一建设工程订立的数份建设工程施工合同均无效，但建设工程质量合格，一方当事人请求参照实际履行的合同关于工程价款的约定折价补偿承包人的，人民法院应予支持。实际履行的合同难以确定，当事人请求参照最后签订的合同关于工程价款的约定折价补偿承包人的，人民法院应予支持。"所以乙企业可参照合同约定请求甲公司支付工程价款，C 选项正确。根据《民法典》第 793 条之规定："……修复后的建设工程经竣工验收不合格，承包人请求支付工程价款的，不予支持。"所以乙企业不能主张工程价款，D 选项正确。

【小结/重点整理】

关注建设工程承包合同当事人的权利和义务。

---

[1]【答案】ACD

第二十二章
提供劳务的合同

导学

　　提供劳务的合同包括运输合同、保管合同、委托合同、行纪合同和中介合同，这几个特殊性质的合同主体和作用不尽相同，要重点理解合同当事人双方之间的权利义务。注意运输合同中名义承运人与实际承运人承担责任的有关规定，保管人的留置权，委托合同的特征，行纪合同与委托合同的区别，中介合同的效力等相关问题。

　　本部分常考考点包括客运合同中承运人义务及旅客伤亡责任承担、保管人的赔偿责任、技术委托合同中的转委托等。

📖 重点知识详解

考点1　运输合同

一、概念阐释和法律特征 ★★

　　运输合同指的是承运人将旅客或者货物从起运地点运输到约定地点，旅客、托运人或者收货人支付票款或者运输费用的合同。

　　其特点如下：

　　1. 运输合同属于双务有偿合同。

　　2. 运输合同原则上为诺成合同。客运合同一般自承运人向旅客交付车票时成立；货运合同也以诺成性为常态，实践性是特殊形态。

　　3. 运输合同以运送行为为标的。承运人以把货物送到指定地点为目的，属于提供劳务的合同。

二、客运合同中承运人义务及旅客伤亡责任承担 ★★★

　　1. 客运合同自承运人向旅客交付客票时成立，自检票起生效。承运人主要有以下义务：

　　（1）按约定送达旅客到指定目的地；

　　（2）救助患有疾病、遇险旅客的义务；

　　（3）及时告知路途情况的义务；

　　（4）保证旅客安全的义务；

　　（5）妥善保管旅客行李的义务。

　　2. 在运输过程中旅客伤亡的，无论是持正常客票的旅客，还是按规定免票、持优待票或经承运人许可搭乘的无票旅客，除伤亡是旅客自身健康原因造成的或者承运人证明伤亡是旅客故意、重大过失造成的以外，承运人均应承担损害赔偿责任。

三、货运合同法律特征及货物毁损灭失的责任承担 ★★

1. 货运合同指承运人将货物从起运点送达约定地点，托运人或收货人支付运输费用的合同。具有如下法律特征：
（1）运送对象是货物；
（2）可以以第三人为收货人；
（3）以货交收货人为义务履行完毕。
2. 若货物在运输途中毁损灭失，承运人应承担损害赔偿责任，除非承运人能够证明货物的毁损灭失是由于不可抗力、货物本身的自然属性或合理损耗以及托运人、收货人的过错造成的。

考点 2　保管合同

一、概念阐释和法律特征 ★★

保管合同是保管人保管寄存人交付的保管物，并返还该物的合同。
其法律特点为：
1. 原则上为双务合同、不要式合同；
2. 标的是保管行为；
3. 转移保管物的占有。

二、法律性质 ★★

只有在当事人约定的情况下，保管合同才可以不自保管物交付时成立，即为诺成合同，如果当事人没有约定，保管合同即为实践合同。

三、保管费用 ★

当事人对保管费没有约定或者约定不明确，依照《民法典》第510条关于合同补救措施的相关规定的，保管是无偿的。

四、保管人的赔偿责任 ★★★

1. 保管期间，因保管人保管不善造成保管物毁损、灭失的，保管人应当承担损害赔偿责任；但保管是无偿的，保管人证明自己没有故意或者重大过失的，不承担损害赔偿责任。
2. 寄存人寄存货币、有价证券或者其他贵重物品的，应当向保管人声明，由保管人验收或者封存。寄存人未声明的，该物品毁损、灭失后，保管人可以按照一般物品予以赔偿。

考点 3　委托合同

一、概念阐释和法律特征 ★★

委托合同，是委托人和受托人约定，由受托人处理委托人事务的合同。
委托合同具有如下法律特征：

1. 有名合同；
2. 诺成合同；
3. 双务合同；
4. 有偿（或无偿合同）；
5. 继续性合同。

二、法律性质★★

委托合同自双方达成一致时成立，即为诺成合同；采用何种形式，由双方当事人自行约定，因此为不要式合同；同时，委托合同无论有偿无偿，均为双务合同。

三、受托人义务的特殊规定★

受托人应亲自处理委托事务，不得将自己受托的事务擅自转托给他人处理。在处理受托事务中，受托人应当按照委托人的要求随时报告事务进行的情况。受托人在办理事务时收取财物应交付委托人，这也是受托人的一项基本义务，为各国民法所确认。

四、转委托★★★★

经委托人同意，受托人可以转委托。转委托经同意的，委托人可以就委托事务直接指示转委托的第三人，受托人仅就第三人的选任及其对第三人的指示承担责任。转委托未经同意的，受托人应当对转委托的第三人的行为承担责任，但在紧急情况下受托人为维护委托人的利益需要转委托的除外。

五、间接委托★★

（一）第三人知道委托关系的

受托人以自己的名义，在委托人的授权范围内与第三人订立的合同，第三人在订立合同时知道受托人与委托人之间的代理关系的，该合同直接约束委托人和第三人，但有确切证据证明该合同只约束受托人和第三人的除外。

（二）第三人不知道委托关系的

1. 受托人的披露义务与委托人的介入权：受托人以自己的名义与第三人订立合同时，第三人不知道受托人与委托人之间的代理关系的，受托人因第三人的原因对委托人不履行义务，受托人应当向委托人披露第三人，委托人因此可以行使受托人对第三人的权利，但第三人与受托人订立合同时如果知道该委托人就不会订立合同的除外。

2. 受托人的披露义务与第三人的选择权：受托人因委托人的原因对第三人不履行义务，受托人应当向第三人披露委托人，第三人因此可以选择受托人或者委托人作为相对人主张其权利，但第三人不得变更选定的相对人。

考点4　行纪合同

一、概念阐释和法律特征★★

行纪合同是行纪人以自己的名义为委托人从事贸易活动，委托人支付报酬的合同。

行纪合同具有如下特点：

1. 标的是处理委托事务；
2. 行纪人以自己的名义和费用处理委托事务；
3. 行纪人是从事经营行纪业务的人；
4. 需为委托人的利益办事。

二、法律性质 ★

行纪合同无须标的物的实际交付，自双方当事人意思表示一致即可成立，故属于诺成性合同；行纪人负有处理委托事务的义务，委托人负有给付报酬的义务，双方的义务是相对应的，属于双务有偿合同；其成立无须履行特别方式，当事人可以采取书面、口头等其他方式，因此属于不要式合同。

三、行纪人的地位 ★★

行纪人与第三人订立合同的，行纪人对该合同直接享有权利、承担义务。即行纪人与第三人发生法律关系时，自己为权利义务的主体，委托人并不直接成为权利义务主体，第三人也不需要知道委托人为何人。

行纪人不仅以自己的名义处理委托事务，而且也以自己的费用为委托人处理委托事务。由于行纪属于一种营业行为，因此为营业而支出的费用应由行纪人自己承担。

四、行纪人的留置权 ★

行纪人完成或者部分完成委托事务的，委托人应当向其支付相应的报酬。委托人逾期不支付报酬的，行纪人对委托物享有留置权，但当事人另有约定的除外。

考点5　中介合同

一、概念阐释和法律特征 ★★

中介合同，又称居间合同，是中介人向委托人报告订立合同的机会或者提供订立合同的媒介服务，委托人支付报酬的合同。

中介合同具有如下特点：
1. 有名合同；
2. 诺成合同；
3. 不要式合同；
4. 有偿合同；
5. 双务合同。

二、法律性质 ★★

中介合同自当事人双方意思表示一致时成立，为诺成合同；中介合同的当事人可以采取口头、书面或其他形式，为不要式合同；在中介合同中，中介人为委托人提供订约媒介服务，委托人支付报酬，两者互为对价，为双务有偿合同。

三、关于中介报酬 ★

在中介人促成合同成立后，委托人应向中介人支付报酬。中介人的报酬数额应依合同约定确定，报酬义务的履行期限，以中介达到目的为条件。但中介人故意隐瞒与订立合同有关的重要事实或者提供虚假情况，损害委托人利益的，不得要求支付报酬并应当承担赔偿责任。

跳单违约：委托人在接受中介人的服务后，利用中介人提供的交易机会或者媒介服务，绕开中介人直接订立合同的，应当向中介人支付报酬。

四、关于中介费用 ★★

由于中介人从事居间活动所支付的费用通常包括在报酬之中，故中介人从事居间活动所支付的费用，应由中介人自己负担。但是，在中介人未促成合同成立的情况下，中介人虽不得要求支付报酬，但有权要求委托人支付从事中介活动支出的必要费用。

【经典真题】

甲将 10 吨大米委托乙商行出售。双方只约定，乙商行以自己名义对外销售，每公斤售价两元，乙商行的报酬为价款的 5%，下列哪些说法是正确的？[1]（2009 – 3 – 61）

A. 甲与乙商行之间成立行纪合同关系

B. 乙商行为销售大米支出的费用应由自己负担

C. 如乙商行以每公斤 2.5 元的价格将大米售出，双方对多出价款的分配无法达成协议，则应平均分配

D. 如乙商行与丙食品厂订立买卖大米的合同，则乙商行对该合同直接享有权利、承担义务

【考点】行纪合同

【解析】"行纪合同是行纪人以自己的名义为委托人从事贸易活动，委托人支付报酬的合同。"本题中，乙是受托人，且是以自己的名义从事贸易活动，而非以委托人甲的名义从事贸易活动，故甲乙之间属于行纪合同关系。因此，A 项正确。

"行纪人处理委托事务支出的费用，由行纪人负担，但是当事人另有约定的除外。"本题中，甲乙对处理委托事务支出的费用没有另外约定，根据法律的规定应由乙商行自己承担。因此，B 项正确。

"行纪人高于委托人指定的价格卖出或者低于委托人指定的价格买入的，可以按照约定增加报酬。没有约定或者约定不明确，依照本法第五百一十条的规定仍不能确定的，该利益属于委托人。"因此，C 项错误。

"行纪人与第三人订立合同的，行纪人对该合同直接享有权利、承担义务。"因此，D 项正确。因此，本题答案为 ABD。

【小结/重点整理】

运输合同、保管合同、委托合同、行纪合同和中介合同较为重要，应该掌握。每年的法考都会选取其一考查，不能忽视。

---

〔1〕【答案】ABD

导学

　　技术合同是当事人就技术开发、转让、咨询或服务订立的确立相互之间权利义务的合同，包括技术开发合同、技术转让合同、技术咨询合同和技术服务合同。技术合同是双务、有偿、诺成合同，本章的重点和难点是掌握技术开发合同，应重点掌握双方当事人之间的权利义务。

　　本部分常考考点包括非职务技术成果法律概念、技术开发合同的法律特征和风险负担。

重点知识详解

考点1　技术成果的归属

一、职务技术成果法律概念★★

　　职务技术成果的使用权、转让权属于法人或者非法人组织的，法人或者非法人组织可以就该项职务技术成果订立技术合同。法人或者非法人组织应当从使用和转让该项职务技术成果所取得的收益中提取一定比例，对完成该项职务技术成果的个人给予奖励或者报酬。法人或者其他组织订立技术合同转让职务技术成果时，职务技术成果的完成人享有以同等条件优先受让的权利。

　　职务技术成果是执行法人或者其他组织的工作任务，或者主要是利用法人或者其他组织的物质技术条件所完成的技术成果。

二、非职务技术成果法律概念★★

　　非职务技术成果的使用权、转让权属于完成技术成果的个人，完成技术成果的个人可以就该项非职务技术成果订立技术合同。

【经典真题】

　　甲公司与乙公司签订一份技术开发合同，未约定技术秘密成果的归属。甲公司按约支付了研究开发经费和报酬后，乙公司交付了全部技术成果资料。后甲公司在未告知乙公司的情况下，以普通使用许可的方式许可丙公司使用该技术，乙公司在未告知甲公司的情况下，

以独占使用许可的方式许可丁公司使用该技术。下列哪一说法是正确的?[1] (2011-3-15)

    A. 该技术成果的使用权仅属于甲公司

    B. 该技术成果的转让权仅属于乙公司

    C. 甲公司与丙公司签订的许可使用合同无效

    D. 乙公司与丁公司签订的许可使用合同无效

【考点】委托开发合同

【解析】(1)《民法典》第861条规定:"委托开发或者合作开发完成的技术秘密成果的使用权、转让权以及利益的分配办法,由当事人约定。没有约定或者约定不明确,依照本法第五百一十条的规定仍不能确定的,当事人均有使用和转让的权利,但是,委托开发的研究开发人不得在向委托人交付研究开发成果之前,将研究开发成果转让给第三人。"据此规定,本题中甲乙双方均有使用权和转让权,因此AB说法错误。

(2)《最高人民法院关于审理技术合同纠纷案件适用法律若干问题的解释》(以下简称《技术合同纠纷解释》)第20条规定:"民法典第861条所称'当事人均有使用和转让的权利',包括当事人均有不经对方同意而自己使用或者以普通使用许可的方式许可他人使用技术秘密,并独占由此所获利益的权利。当事人一方将技术秘密成果的转让权让与他人,或者以独占或者排他使用许可的方式许可他人使用技术秘密,未经对方当事人同意或者追认的,应当认定该让与或者许可行为无效。"据此,甲公司与丙公司签订的普通许可合同有效,乙公司与丁公司签订的独占许可合同无效,故C错误,D正确。

考点2 技术开发合同

一、概念阐释和法律特征 ★★

技术开发合同是指当事人之间就新技术、新产品、新工艺或者新材料及其系统的研究开发所订立的合同。

技术开发合同除了具有技术合同的一般特点外,还有以下特点:①标的为具有创造性的技术成果;②技术开发的当事人共担风险。

二、法律性质 ★

技术开发合同属于要式合同,应采取书面形式。这主要是因为技术开发是一项长期的工作,为正确理解和解决合同纠纷,应当采取书面形式。

三、成果归属 ★★

(一)委托开发的成果归属

委托开发完成的发明创造,除当事人另有约定的以外,申请专利的权利属于研究开发人。研究开发人取得专利权的,委托人可依法实施该专利。

研究开发人转让专利申请权的,委托人享有以同等条件优先受让的权利。

(二)合作开发的成果归属

合作开发是指当事人各方就共同进行研究开发工作所订立的合同。合作开发完成的发

---

[1]【答案】D

明创造，除当事人另有约定的以外，申请专利的权利属于合作开发的当事人共有。当事人一方转让其共有的专利申请权的，其他各方享有以同等条件下优先受让的权利；一方声明放弃其共有的专利申请权的，可以由另一方单独申请或由其他各方共同申请，当事人另有约定的除外。

申请人取得专利权的，放弃专利申请权的合作开发当事人一方可以免费实施该专利；合作开发的当事人一方不同意申请专利的，另一方或者其他各方不得申请专利。

四、风险负担★★★★

（一）当事人约定

在技术开发合同履行过程中，因出现无法克服的技术困难，致使研究开发失败或者部分失败的，该风险责任由当事人约定。

（二）无约定情形下的合理负担

没有约定或者约定不明确，依据《民法典》第510条的规定仍不能确定的，风险责任由当事人合理分担。

（三）减少损失的义务与责任

当事人一方发现可能致使研究开发失败或者部分失败的情形时，应当及时通知另一方并采取适当措施减少损失。没有及时通知并采取适当措施，致使损失扩大的，应当就扩大的损失承担责任。

【经典真题】

甲公司与乙公司签订一份专利实施许可合同，约定乙公司在专利有效期限内独占实施甲公司的专利技术，并特别约定乙公司不得擅自改进该专利技术。后乙公司根据消费者的反馈意见，在未经甲公司许可的情形下对专利技术做了改进，并对改进技术采取了保密措施。下列哪一说法是正确的？[1]（2012－3－16）

A. 甲公司有权自己实施该专利技术　　　　B. 甲公司无权要求分享改进技术

C. 乙公司改进技术侵犯了甲公司的专利权　　D. 乙公司改进技术属于违约行为

【考点】专利实施许可

【解析】（1）专利实施许可的种类包括独占许可、排他许可、普通许可、分许可等，《技术合同纠纷解释》第25条第1款第（一）项规定："专利实施许可包括以下方式：（一）独占实施许可，是指让与人在约定许可实施专利的范围内，将该专利仅许可一个受让人实施，让与人依约定不得实施该专利；……"独占许可是指在一定地域内，被许可方在合同有效期内对被许可使用的专利有独占的权利，许可方自己不能在该地域内使用其专利技术，也不得把该技术再许可第三方使用。因此，甲公司与乙公司签订独占许可合同后，甲公司在合同期限内无权自己实施该专利技术，因此选项A的说法错误，不当选。

（2）《技术合同纠纷解释》第1条第2款规定："技术秘密，是指不为公众所知悉、具有商业价值并经权利人采取保密措施的技术信息。"乙公司改进专利技术并对改进技术采取了保密措施，这种情况下，改进技术属于技术秘密。甲公司只有在受让该技术秘密之后才有权使用该技术。故选项B的说法正确。

---

[1]【答案】B

（3）非法垄断技术、妨碍技术进步或者侵害他人技术成果的技术合同无效。技术转让合同可以约定让与人和受让人实施专利或者使用技术秘密的范围，但不得限制技术竞争和技术发展。《技术合同纠纷解释》第10条规定："下列情形，属于民法典第八百五十条所称的'非法垄断技术'：（一）限制当事人一方在合同标的技术基础上进行新的研究开发或者限制其使用所改进的技术，或者双方交换改进技术的条件不对等，包括要求一方将其自行改进的技术无偿提供给对方、非互惠性转让给对方、无偿独占或者共享该改进技术的知识产权；……"根据这些规定，本题中甲乙之间的许可合同中，关于乙公司不得擅自改进技术的约定条款属于无效条款。因此乙的改进行为并非违约行为。故选项 D 错误，不当选。

《中华人民共和国专利法》第 11 条规定："发明和实用新型专利权被授予后，除本法另有规定的以外，任何单位或者个人未经专利权人许可，都不得实施其专利，即不得为生产经营目的制造、使用、许诺销售、销售、进口其专利产品，或者使用其专利方法以及使用、许诺销售、销售、进口依照该专利方法直接获得的产品。外观设计专利权被授予后，任何单位或者个人未经专利权人许可，都不得实施其专利，即不得为生产经营目的制造、许诺销售、销售、进口其外观设计专利产品。"前述侵犯专利权的行为中，并不包含被许可人对专利技术进行改进，因此乙的行为并未侵犯甲的专利权，故选项 C 的说法错误。

【小结/重点整理】

技术合同为每年必考内容，占 2 分左右，必须掌握。要重点掌握双方权利义务的法律规定。

第二十四章
保理合同

一、保理合同的概念与特征

（一）概念

保理合同是应收账款债权人将现有的或者将有的应收账款转让给保理人，保理人提供资金融通、应收账款管理或者催收、应收账款债务人付款担保等服务的合同。

（二）特征

1. 保理合同的本质：债权让与。

保理合同的本质，是应收账款债权让与。例如销售商将自己基于各种合同，主要是买卖合同，而享有的应收账款债权，转让给保理商。

2. 保理人可以承担多种职责。

保理商可以身兼数种职责，主要包括：第一，提供资金融通；第二，应收账款管理或者催收；第三，应收账款债务人付款保证等服务。

第一，提供资金融通。

保理商向应收账款债权人支付一定资金，并从债权人处受让应收账款债权，这对原债权人而言，就是一种资金融通的行为，让债权人提前获得了资金。

第二，应收账款管理或者催收。

应收账款管理，典型的，如，应收账款的对账，制作统计报表、打印账单等。

应收账款催收，典型的，如，在债务履行期届满之后，债务人未依约定清偿债务的，保理商向债务人催促付款。

第三，应收账款债务人付款保证。

保理商受让的应收账，包括已经发生的和将来发生的债权。

注意： 应收账款债权人与债务人虚构应收账款作为转让标的，与保理人订立应收账款转让合同的，应收账款债务人不得以应收账款不存在为由对抗保理人，但是保理人明知虚构的除外。

二、保理合同的设立

保理人向应收账款债务人发出应收账款转让通知的，应当表明保理人身份并附有必要凭证。

应收账款债务人接到应收账款转让通知后，应收账款债权人和债务人无正当理由协商变更或者终止基础交易合同，对保理人产生不利影响的，对保理人不发生效力。

三、保理合同的类型

根据保理人对应收账款债权人是否有追索权，可以将保理分为，有追索权的保理，与无追索权的保理。

（一）有追索权的保理

追索权保理，是指债务履行期届满之后，保理人有权向原债权人追索的保理。**当事人约定有追索权保理的，保理人可以向应收账款债权人主张返还保理融资款本息或者回购应收账款债权，也可以向应收账款债务人主张应收账款债权。保理人向应收账款债务人主张应收账款债权，在扣除保理融资款本息和相关费用后有剩余的，剩余部分应当返还给应收账款债权人。**

在有追索权的保理中，清偿期届满之后，保理人有权向应收账款债权人主张返还保理融资款本息或者回购应收账款债权。

（二）无追索权的保理

当事人约定无追索权保理的，保理人应当向应收账款债务人主张应收账款债权，保理人取得超过保理融资款本息和相关费用的部分，无需向应收账款债权人返还。

特征：1. 无追索权的保理，本质上就是单纯的债权让与。

2. 无追索权的保理，保理人只能向应收账款的债务人求偿，不能向应收账款的债权人求偿。

3. 无追索权的保理，保理人向应收账款债务人求偿后，所获得的清偿，无需清算。即，保理人就所获得的清偿，无需向应收账款债权人返还超额部分。

四、并存多份保理合同时的处理

应收账款债权人就同一应收账款订立多个保理合同，致使多个保理人主张权利的，已登记的先于未登记的受偿；均已登记的，按照登记的先后顺序受偿；均未登记的，由最先到达应收账款债务人的转让通知中载明的保理人受偿；既未登记也未通知的，按保理融资款或者服务报酬的比例取得应收账款比例清偿。

概念	合伙合同是两个以上合伙人为了共同的事业目的，订立的共享利益、共担风险的协议。
出资义务	合伙人应当按照约定的出资方式、数额和缴付期限，履行出资义务。 一个或者数个合伙人不履行出资义务的，其他合伙人不能因此拒绝出资。
合伙财产及分割	合伙人的出资、因合伙事务依法取得的收益和其他财产，属于合伙财产。 合伙合同终止前，合伙人不得请求分割合伙财产。
合伙事务的执行	①合伙事务由全体合伙人共同执行。合伙人就合伙事务作出决定的，除合伙合同另有约定外，应当经全体合伙人一致同意。 ②按照合伙合同的约定或者全体合伙人的决定，可以委托一个或者数个合伙人执行合伙事务；其他合伙人不再执行合伙事务，但是有权监督执行情况。 ③合伙人分别执行合伙事务的，执行事务合伙人可以对其他合伙人执行的事务提出异议；提出异议后，其他合伙人应当暂停该项事务的执行。 ④合伙人不得因执行合伙事务而请求支付报酬，但是合伙合同另有约定的除外。
利润分配、亏损承担	①合伙的利润分配和亏损分担，按照合伙合同的约定办理；合伙合同没有约定或者约定不明确的，由合伙人协商决定；协商不成的，由合伙人按照实缴出资比例分配、分担；无法确定出资比例的，由合伙人平均分配、分担。 ②合伙人对合伙债务承担连带责任。清偿合伙债务超过自己应当承担份额的合伙人，有权向其他合伙人追偿。
责任承担	①除合伙合同另有约定外，合伙人向合伙人以外的人转让其全部或者部分财产份额的，须经其他合伙人一致同意。 ②合伙人的债权人不得代位行使合伙人依照本章规定和合伙合同享有的权利，但是合伙人享有的利益分配请求权除外。
不定期合伙	①合伙人对合伙期限没有约定或者约定不明确，又达不成补充协议的，视为不定期合伙。 ②合伙期限届满，合伙人继续执行合伙事务，其他合伙人没有提出异议的，原合伙合同继续有效，但是合伙期限为不定期。 ③合伙人可以随时解除不定期合伙合同，但是应当在合理期限之前通知其他合伙人。
合伙合同的终止	①合伙人死亡、丧失民事行为能力或者终止的，合伙合同终止；但是，合伙合同另有约定或者根据合伙事务的性质不宜终止的除外。 ②合伙合同终止后，合伙财产在支付因终止而产生的费用以及清偿合伙债务后有剩余的，依据利润分配、亏损承担规定进行分配。

效力范围	①合同内容 →物业服务人公开作出的服务承诺及制定的服务细则，为物业服务合同的组成部分 ②物业服务合同应当采用书面形式 ③约束力 →建设单位依法与物业服务人签订的前期物业服务合同，以及业主委员会与业主大会依法选聘的物业服务人签订的物业服务合同，对业主具有约束力，业主不得以其并非合同当事人为由提出抗辩
转委托	①物业服务人将物业服务区域内的部分专项服务事项委托给专业性服务组织或者其他第三人的，应当就该部分专项服务事项向业主负责。 ②物业服务人不得将其应当提供的全部物业服务转委托给第三人，或者将全部物业服务支解后分别转委托给第三人。
业主的责任	①物业服务企业已按照合同约定以及相关规定提供服务，业主仅以未享受或无需接受相关物业服务为由抗辩，法院不予支持 ②业主与物业的承租人、借用人或其他物业使用人约定由物业使用人交纳物业费，物业服务人请求业主承担连带责任的，法院应予支持
物业服务事务公开	物业服务人应当定期将服务的事项、负责人员、质量要求、收费项目、收费标准、履行情况，以及维修资金使用情况、业主共有部分的经营与收益情况等以合理方式向业主公开并向业主大会、业主委员会报告。
合同的解除、续聘与终止	①业主依照法定程序共同决定解聘物业服务人的，可以解除物业服务合同。决定解聘的，应当提前60日书面通知物业服务人，但是合同对通知期限另有约定的除外。解除合同造成物业服务人损失的，除不可归责于业主的事由外，业主应当赔偿损失。 →物业服务企业向业主委员会提出物业费主张的，法院应当告知其向拖欠物业费的业主另行主张权利 ②续聘 物业服务期限届满前，业主依法共同决定续聘的，应当与原物业服务人在合同期限届满前续订物业服务合同。物业服务期限届满前，物业服务人不同意续聘的，应当在合同期限届满前90日书面通知业主或者业主委员会，但是合同对通知期限另有约定的除外。

续表

③物业服务终止后的几种特殊情况：

→物业服务期限届满后，业主没有依法作出续聘或者另聘物业服务人的决定，物业服务人继续提供物业服务的，原物业服务合同继续有效，但是服务期限为不定期。当事人可以随时解除不定期物业服务合同，但是应当提前60日书面通知对方。

→物业服务合同终止的，原物业服务人应当在约定期限或者合理期限内退出物业服务区域，将物业服务用房、相关设施、物业服务所必需的相关资料等交还给业主委员会、决定自行管理的业主或者其指定的人，配合新物业服务人做好交接工作，并如实告知物业的使用和管理状况。原物业服务人违反前款规定的，不得请求业主支付物业服务合同终止后的物业费；造成业主损失的，应当赔偿损失。

→物业服务合同终止后，在业主或者业主大会选聘的新物业服务人或者决定自行管理的业主接管之前，原物业服务人应当继续处理物业服务事项，并可以请求业主支付该期间的物业费。

第二十七章 保证合同

一、保证的设立（保证合同）

合同特征	单务、无偿、诺成、要式合同（书面形式）。保证合同的当事人为债权人与保证人
具体表现	主合同中订立保证条款 债权人与保证人签订单独的书面保证合同 第三人单方以书面形式向债权人出具担保书，债权人接受且未提出异议的 主合同中虽没有保证条款，但保证人在主合同上以保证人身份签字或盖章的 注意两点：①保证是以保证人的抽象的信用作为担保，不能指向具体的物； ②保证人可以明确约定保证的份额

（一）关于保证人资格

《最高人民法院关于适用〈中华人民共和国民法典〉有关担保制度的解释》（下文简称《民法典担保解释》）

1. 机关法人、居委会村委会、非营利机构担保资格问题

第五条　机关法人提供担保的，人民法院应当认定担保合同无效，但是经国务院批准为使用外国政府或者国际经济组织贷款进行转贷的除外。

居民委员会、村民委员会提供担保的，人民法院应当认定担保合同无效，但是依法代行村集体经济组织职能的村民委员会，依照村民委员会组织法规定的讨论决定程序对外提供担保的除外。

第六条　以公益为目的的非营利性学校、幼儿园、医疗机构、养老机构等提供担保的，人民法院应当认定担保合同无效，但是有下列情形之一的除外：

（一）在购入或者以融资租赁方式承租教育设施、医疗卫生设施、养老服务设施和其他公益设施时，出卖人、出租人为担保价款或者租金实现而在该公益设施上保留所有权；

（二）以教育设施、医疗卫生设施、养老服务设施和其他公益设施以外的不动产、动产或者财产权利设立担保物权。

登记为营利法人的学校、幼儿园、医疗机构、养老机构等提供担保，当事人以其不具有担保资格为由主张担保合同无效的，人民法院不予支持。

（二）公司越权担保问题

第七条　公司的法定代表人违反公司法关于公司对外担保决议程序的规定，超越权限代表公司与相对人订立担保合同，人民法院应当依照民法典第六十一条和第五百零四条等规定处理：

（一）相对人善意的，担保合同对公司发生效力；相对人请求公司承担担保责任的，人

民法院应予支持。

（二）相对人非善意的，担保合同对公司不发生效力；相对人请求公司承担赔偿责任的，参照适用本解释第十七条的有关规定。

法定代表人超越权限提供担保造成公司损失，公司请求法定代表人承担赔偿责任的，人民法院应予支持。

第一款所称善意，是指相对人在订立担保合同时不知道且不应当知道法定代表人超越权限。相对人有证据证明已对公司决议进行了合理审查，人民法院应当认定其构成善意，但是公司有证据证明相对人知道或者应当知道决议系伪造、变造的除外。

命题分析：①相对人善意的，担保合同对公司发生效力是指担保合同完全有效。

一般公司法定代表人违反规定，未经股东会或董事会决议对外担保，构成越权代表。

越权代表情况下签订的担保合同，对公司是否发生效力，取决于相对人是否善意。相对人善意的，对公司发生效力，公司承担担保责任；相对人非善意的，担保合同对公司不发生效力，公司不承担担保责任，但是，公司不承担担保责任，并不意味着不承担任何民事责任，它还需要承担一定的赔偿责任。这里所说的善意，是指相对人不知道且不应当知道法定代表人越权签订合同。具体判断时，就是看相对人在签订担保合同时，对公司决议是否进行了合理审查：进行了合理审查的，一般可以认定构成善意；反之，则不构成善意。

关联记忆：《民法典担保解释》

第十七条　主合同有效而第三人提供的担保合同无效，人民法院应当区分不同情形确定担保人的赔偿责任：

（一）债权人与担保人均有过错的，担保人承担的赔偿责任不应超过债务人不能清偿部分的二分之一；

（二）担保人有过错而债权人无过错的，担保人对债务人不能清偿的部分承担赔偿责任；

（三）债权人有过错而担保人无过错的，担保人不承担赔偿责任。

主合同无效导致第三人提供的担保合同无效，担保人无过错的，不承担赔偿责任；担保人有过错的，其承担的赔偿责任不应超过债务人不能清偿部分的三分之一。

第八条　有下列情形之一，公司以其未依照公司法关于公司对外担保的规定作出决议为由主张不承担担保责任的，人民法院不予支持：

（一）金融机构开立保函或者担保公司提供担保；

（二）公司为其全资子公司开展经营活动提供担保；

（三）担保合同系由单独或者共同持有公司三分之二以上对担保事项有表决权的股东签字同意。

上市公司对外提供担保，不适用前款第二项、第三项的规定。

第九条　相对人根据上市公司公开披露的关于担保事项已经董事会或者股东大会决议通过的信息，与上市公司订立担保合同，相对人主张担保合同对上市公司发生效力，并由上市公司承担担保责任的，人民法院应予支持。

相对人未根据上市公司公开披露的关于担保事项已经董事会或者股东大会决议通过的信息，与上市公司订立担保合同，上市公司主张担保合同对其不发生效力，且不承担担保责任或者赔偿责任的，人民法院应予支持。

相对人与上市公司已公开披露的控股子公司订立的担保合同，或者相对人与股票在国务院批准的其他全国性证券交易场所交易的公司订立的担保合同，适用前两款规定。

命题分析：这两个条文是关于上市公司越权担保问题的

①一些上市公司的法定代表人越权代表公司提供担保，导致上市公司资产被掏空，严重损害广大中小投资者利益的情形时有发生，新担保司法解释对此有何对策？

上市公司属于公众公司，涉及众多中小投资者利益。法律为保护投资者的利益，明确规定上市公司有信息披露的义务，其中担保事项属于必须披露的内容。为全面落实法律关于上市公司信息披露的规定，新担保司法解释对于上市公司对外提供担保进行了特别规定：上市公司对外担保，不仅需要依据公司法第十六条的规定由董事会或股东大会决议，而且还要对决议进行公开披露。如果债权人是根据公开披露的信息与上市公司签订担保合同的，担保有效，上市公司承担担保责任。但是，如果债权人不是根据上市公司公开披露的对外担保的信息签订担保合同的，担保合同对上市公司不发生效力，公司既不承担担保责任，也不承担其他赔偿责任，这一点与一般公司相比有明显区别。

②上市公司提供担保，必须披露，原因在于上市公司属于公众公司，目的在于保护中小股东利益。由此得出两点结论：第一，只要没有披露，哪怕决议是真实的，上市公司也没有任何责任；第二，如果上市公司决议是伪造的，此时上市公司不可能披露该伪造的决议，此时担保合同绝对无效，不存在债权人（被担保人）善意而有效的问题。

（三）债务加入与担保责任的区分

《民法典担保解释》

第十二条　法定代表人依照民法典第五百五十二条的规定以公司名义加入债务的，人民法院在认定该行为的效力时，可以参照本解释关于公司为他人提供担保的有关规则处理。

命题方向：

①债务加入即并存的债务承担

②如何区分并存的债务承担与免责的债务承担？

《民法典》第五百五十一条【债务转移】债务人将债务的全部或者部分转移给第三人的，应当经债权人同意。债务人或者第三人可以催告债权人在合理期限内予以同意，债权人未作表示的，视为不同意。

《民法典》第五百五十二条【并存的债务承担】第三人与债务人约定加入债务并通知债权人，或者第三人向债权人表示愿意加入债务，债权人未在合理期限内明确拒绝的，债权人可以请求第三人在其愿意承担的债务范围内和债务人承担连带债务。

③债务加入与连带保证之间的区分

④《民法典担保解释》第三十六条　第三人向债权人提供差额补足、流动性支持等类似承诺文件作为增信措施，具有提供担保的意思表示，债权人请求第三人承担保证责任的，人民法院应当依照保证的有关规定处理。

第三人向债权人提供的承诺文件，具有加入债务或者与债务人共同承担债务等意思表示的，人民法院应当认定为民法典第五百五十二条规定的债务加入。

前两款中第三人提供的承诺文件难以确定是保证还是债务加入的，人民法院应当将其认定为保证。

第三人向债权人提供的承诺文件不符合前三款规定的情形，债权人请求第三人承担保证责任或者连带责任的，人民法院不予支持，但是不影响其依据承诺文件请求第三人履行约定的义务或者承担相应的民事责任。

二、保证的种类

	一般保证与连带责任保证
区分标准与具体概念	保证人与债务人之间的关系 →当事人约定，债务人不能履行债务时，由保证人承担保证责任的，为一般保证；当事人约定，保证人与债务人对债务承担连带责任的，为连带责任保证 →→当事人在保证合同中对保证方式没有约定或者约定不明确的，按照一般保证承担保证责任 注意：《民法典担保解释》第二十五条　当事人在保证合同中约定了保证人在债务人不能履行债务或者无力偿还债务时才承担保证责任等类似内容，具有债务人应当先承担责任的意思表示的，人民法院应当将其认定为一般保证。 当事人在保证合同中约定了保证人在债务人不履行债务或者未偿还债务时即承担保证责任、无条件承担保证责任等类似内容，不具有债务人应当先承担责任的意思表示的，人民法院应当将其认定为连带责任保证。
区分意义	一般保证中，保证人享有先诉抗辩权。其含义是： →一般保证的保证人有权要求债权人先起诉债务人，并就债务人的财产强制执行，否则可拒绝承担保证责任 →先诉抗辩权的例外（以下情况不得行使抗辩权） →→债务人下落不明，且无财产可供执行 →→人民法院已经受理债务人破产案件 →→债权人有证据证明债务人的财产不足以履行全部债务或者丧失履行债务能力 →→保证人以书面形式放弃先诉抗辩权

	单独保证与共同保证
区分标准与具体概念	保证人之间的关系 →保证人为一人的，为单独保证；保证人为两人以上的，为共同保证
区分意义	共同保证中又有连带共同保证和按份共同保证之分。前者是指各保证人对保证承担连带责任，后者是指各保证人仅在约定的保证份额内承担保证责任

注意以下要点：

连带责任保证中的连带，是指保证人与债务人之间的关系；连带共同保证中的连带，是指保证人之间的关系

例1：甲从乙处借款，丙提供保证，未约定保证方式，则丙的保证为一般保证

例2：甲从乙处借款，丙、丁提供保证，未约定保证份额，也未约定保证方式，则丙、丁之间成立连带共同保证，丙、丁的保证均为一般保证

三、保证期间

基本涵义	保证人承担保证责任的期间（保证人在什么时间内承担保证责任）
种类	①当事人可自由约定保证期间。注意以下特殊情况： →约定的保证期间早于主债务履行期限或者与主债务履行期限同时届满的，视为没有约定；没有约定或者约定不明确的，保证期间为主债务履行期限届满之日起6个月②若当事人没有约定，保证期间一律为6个月
起算点	自主债务履行期届满之日起算。**特别注意：** **主合同对主债务履行期限没有约定或约定不明的，保证期间自债权人要求债务人履行义务的宽限期届满之日起计算**
共同保证保证期间的特别规定	《民法典担保解释》第二十九条 同一债务有两个以上保证人，债权人以其已经在保证期间内依法向部分保证人行使权利为由，主张已经在保证期间内向其他保证人行使权利的，人民法院不予支持。（该款解读：保证期间各自独立） 同一债务有两个以上保证人，保证人之间相互有追偿权（注：即《担保制度解释》第13条规定的3种可以追偿的情形），债权人未在保证期间内依法向部分保证人行使权利，导致其他保证人在承担保证责任后丧失追偿权，其他保证人主张在其不能追偿的范围内免除保证责任的，人民法院应予支持。
最高额保证合同保证期间的计算	《民法典担保解释》第三十条 最高额保证合同对保证期间的计算方式、起算时间等有约定的，按照其约定。 最高额保证合同对保证期间的计算方式、起算时间等没有约定或者约定不明，被担保债权的履行期限均已届满的，保证期间自债权确定之日起开始计算；被担保债权的履行期限尚未届满的，保证期间自最后到期债权的履行期限届满之日起开始计算。 前款所称债权确定之日，依照民法典第四百二十三条的规定认定。 关联记忆：《民法典》第四百二十三条【最高额抵押权所担保的债权确定】有下列情形之一的，抵押权人的债权确定：（一）约定的债权确定期间届满；（二）没有约定债权确定期间或者约定不明确，抵押权人或者抵押人自最高额抵押权设立之日起满二年后请求确定债权；（三）新的债权不可能发生；（四）抵押权人知道或者应当知道抵押财产被查封（五）债务人、抵押人被宣告破产或者解散；（六）法律规定债权确定的其他情形。 命题解读： ①为什么出现最高额保证？比如综合授信，发放了20笔贷款，各笔债权到期时间不同 ②不单笔起算保证期间 ③被担保债权的履行期限尚未届满的，保证期间自最后到期债权的履行期限届满之日起开始计算 结论：债权人只要盯住债务人即可

保证合同无效情形下的保证期间	《民法典担保解释》第三十三条 保证合同无效，债权人未在约定或者法定的保证期间内依法行使权利，保证人主张不承担赔偿责任的，人民法院应予支持。 **命题解读**：有效保证中保证人都受保证期间庇护，何况无效保证之下保证人承担赔偿责任，则更应受到庇护！
性质	不因任何事由发生中断、中止、延长的法律后果
保证人的免责	①一般保证的债权人未在保证期间内对债务人提起诉讼或者申请仲裁的，保证人不再承担保证责任。 →《民法典担保解释》第二十七条：一般保证的债权人取得对债务人赋予强制执行效力的公证债权文书后，在保证期间内向人民法院申请强制执行，保证人以债权人未在保证期间内对债务人提起诉讼或者申请仲裁为由主张不承担保证责任的，人民法院不予支持。 ②一般保证的保证人在主债务履行期限届满后，向债权人提供债务人可供执行财产的真实情况，债权人放弃或者怠于行使权利致使该财产不能被执行的，保证人在其提供可供执行财产的价值范围内不再承担保证责任。 ③连带责任保证的债权人未在保证期间对保证人主张承担保证责任的，保证人不再承担保证责任。 ④债务人对债权人享有抵销权或者撤销权的，保证人可以在相应范围内拒绝承担保证责任
保证人对债务人的追偿	《民法典担保解释》第三十四条　人民法院在审理保证合同纠纷案件时，应当将保证期间是否届满、债权人是否在保证期间内依法行使权利等事实作为案件基本事实予以查明。 债权人在保证期间内未依法行使权利的，保证责任消灭。保证责任消灭后，债权人书面通知保证人要求承担保证责任，保证人在通知书上签字、盖章或者按指印，债权人请求保证人继续承担保证责任的，人民法院不予支持，但是债权人有证据证明成立了新的保证合同的除外。 第三十五条　保证人知道或者应当知道主债权诉讼时效期间届满仍然提供保证或者承担保证责任，又以诉讼时效期间届满为由拒绝承担保证责任或者请求返还财产的，人民法院不予支持；保证人承担保证责任后向债务人追偿的，人民法院不予支持，但是债务人放弃诉讼时效抗辩的除外。

续表

一般保证	一般保证的债权人在保证期间届满前对债务人提起诉讼或者申请仲裁的，从保证人拒绝承担保证责任的权利消灭之日起，开始计算保证债务的诉讼时效。 注意：《民法典担保解释》第二十八条：一般保证中，债权人依据生效法律文书对债务人的财产依法申请强制执行，保证债务诉讼时效的起算时间按照下列规则确定： （一）人民法院作出终结本次执行程序裁定，或者依照民事诉讼法第二百五十七条第三项、第五项的规定作出终结执行裁定的，自裁定送达债权人之日起开始计算； （二）人民法院自收到申请执行书之日起一年内未作出前项裁定的，自人民法院收到申请执行书满一年之日起开始计算，但是保证人有证据证明债务人仍有财产可供执行的除外。 一般保证的债权人在保证期间届满前对债务人提起诉讼或者申请仲裁，债权人举证证明存在民法典第六百八十七条第二款（注：一般保证人先诉抗辩权丧失的情形）但书规定情形的，保证债务的诉讼时效自债权人知道或者应当知道该情形之日起开始计算。
连带责任保证	连带责任保证的债权人在保证期间届满前请求保证人承担保证责任的，从债权人请求保证人承担保证责任之日起，开始计算保证债务的诉讼时效。
特别规定	《民法典担保解释》第三十一条 一般保证的债权人在保证期间内对债务人提起诉讼或者申请仲裁后，又撤回起诉或者仲裁申请，债权人在保证期间届满前未再行提起诉讼或者申请仲裁，保证人主张不再承担保证责任的，人民法院应予支持。 连带责任保证的债权人在保证期间内对保证人提起诉讼或者申请仲裁后，又撤回起诉或者仲裁申请，起诉状副本或者仲裁申请书副本已经送达保证人的（注：相当于在保证期间内债权人向保证人主张了保证责任），人民法院应当认定债权人已经在保证期间内向保证人行使了权利。
以新贷偿还旧贷	《民法典担保解释》第十六条 主合同当事人协议以新贷偿还旧贷，债权人请求旧贷的担保人承担担保责任的，人民法院不予支持；债权人请求新贷的担保人承担担保责任的，按照下列情形处理： （一）新贷与旧贷的担保人相同的，人民法院应予支持； （二）新贷与旧贷的担保人不同，或者旧贷无担保新贷有担保的，人民法院不予支持，但是债权人有证据证明新贷的担保人提供担保时对以新贷偿还旧贷的事实知道或者应当知道的除外。 主合同当事人协议以新贷偿还旧贷，旧贷的物的担保人在登记尚未注销的情形下同意继续为新贷提供担保，在订立新的贷款合同前又以该担保财产为其他债权人设立担保物权，其他债权人主张其担保物权顺位优先于新贷债权人的，人民法院不予支持。

四、主债权变更对保证的影响

主体变更	①债权让与 →保证人在原保证担保的范围内对受让人承担保证责任。但保证人与债权人事先约定禁止债权转让的，保证人不再承担保证责任 ②债务承担（债务转让） →债务全部转让：未经保证人同意，保证人不再承担保证责任 →债务部分转让：未经保证人同意，保证人对未经其同意转让部分的债务，不再承担保证责任，但仍应对未转让部分的债务承担保证责任 →第三人加入债务的，保证人的保证责任不受影响
内容变更	①变更后减轻了债务人的债务：保证人仍应当对变更后的债务承担保证责任 ②变更后加重了债务人的债务：保证人对加重的部分不承担保证责任；履行期限变更对保证人的影响

导学

　　准合同行为是指作为债的发生原因的不当得利行为和无因管理行为。因不当得利和无因管理并非法律行为，故并非合同行为。但是从后果来讲，两类行为均在当事人之间构成不当得利之债和无因管理之债。这两种债的法律适用与合同的法律适用存在某些共同之处。故可以称之为准合同行为。

重点知识详解

考点1　不当得利之债

一、构成要件

1. 一方取得利益。

2. 一方受有损失。

3. 取得利益与所受损失之间有因果联系。

4. 没有法律上的根据。

认定某一事实是否形成不当得利的难点在于如何判断是否有法律上的根据，应当注意该种依据不一定是债法的依据，如果有其他法律上的依据，也不构成不当得利。

二、债的内容

1. 善意受让人的返还义务：以现存利益为限。

2. 恶意受益人的返还义务：应当返还其初始所受的一切利益及基于该利益所生的利益。

（1）应返还的不当利益，应当包括原物和原物所生的孳息。

（2）利用不当得利所取得的其他利益，扣除劳务管理费用后，应当予以收缴。

（3）得利人已经将获得的利益无偿转让给第三人的，受损失的人可以请求第三人在相应范围内承担返还义务。

【经典真题】

张某发现自己的工资卡上多出2万元，便将其中1万元借给郭某，约定利息500元；另外1万元投入股市。张某单位查账发现此事，原因在于财务人员工作失误，遂要求张某返还。经查，张某借给郭某的1万元到期未还，投入股市的1万元已获利2000元。下列哪一

选项是正确的?[1] (2007 - 3 - 7)

A. 张某应返还给单位 2 万元　　　　　B. 张某应返还给单位 2.2 万元

C. 张某应返还给单位 2.25 万元　　　　D. 张某应返还给单位 2 万元及其孳息

【解析】(1)"因他人没有法律根据,取得不当利益,受损失的人有权请求返还不当利益。"本题中,由于单位工作人员的失误,张某的工资卡上多出两万元,对张某而言这属于不当得利。

(2)"返还的不当利益,应当包括原物和原物所生的孳息。利用不当得利所取得的其他利益,扣除劳务管理费用后,应当予以收缴。"因此 D 项正确。

考点 2　无因管理之债

一、构成要件

1. 管理他人事务。
2. 为他人利益的意思。
3. 无法律或约定上的原因。

【经典真题】

1. 张某外出,台风将至。邻居李某担心张某年久失修的房子被风刮倒,祸及自家,就雇人用几根木料支撑住张某的房子,但张某的房子仍然不敌台风,倒塌之际压死了李某养的数只鸡。下列哪一说法是正确的?[2] (2009 - 3 - 12)

A. 李某初衷是为自己,故不构成无因管理

B. 房屋最终倒塌,未达管理效果,故无因管理不成立

C. 李某的行为构成无因管理

D. 张某不需支付李某固房费用,但应赔偿房屋倒塌给李某造成的损失

【解析】(1)"没有法定的或者约定的义务,为避免他人利益受损失而进行管理的人,有权请求受益人偿还由此支出的必要费用。"这里的主观条件并不排斥管理人同时既有为他人的目的又有为自己的目的。因此选项 A 错误。而是否达到管理效果也不是无因管理的法定条件,因此 B 错误。C 正确。

(2)关于无因管理之债的规定,管理人有权要求受益人偿付管理行为支付的必要费用。因此 D 项错误。

2. 下列行为中,哪些构成无因管理?[3] (2008 - 3 - 55)

A. 甲错把他人的牛当成自家的而饲养

B. 乙见邻居家中失火恐殃及自己家,遂用自备的灭火器救火

C. 丙(15 岁)租车将在体育课上昏倒的同学送往医院救治

D. 丁见门前马路下水道井盖被盗致路人跌伤,遂自购一井盖铺上

【解析】没有法定的或者约定的义务,为避免他人利益受损失而进行管理的人,有权

---

[1]【答案】D

[2]【答案】C

[3]【答案】BCD

请求受益人偿付由此而支出的必要费用。构成无因管理的要件有如下三个：第一，管理他人事务；第二，为他人利益的意思；第三，无法定的或者约定的义务。A中，因为甲没有为他人管理或者服务的意思，因此不构成无因管理，B、C、D均符合无因管理的构成要件，当选，正确答案是BCD。

二、无因管理之债的内容

（一）管理人的义务

1. 适当管理的义务。
2. 管理开始时的通知本人义务。
3. 继续管理的义务。
4. 报告及交付义务。

（二）管理人的权利

1. 请求偿还必要费用。
2. 请求清偿必要债务。
3. 管理人因管理事务受到损失的，可以请求受益人给予适当补偿。

【经典真题】

1. 甲正在市场卖鱼，突闻其父病危，急忙离去，邻摊菜贩乙见状遂自作主张代为叫卖，以比甲原每斤10元高出5元的价格卖出鲜鱼200斤，并将多卖的1000元收入自己囊中，后乙因急赴喜宴将余下的100斤鱼以每斤3元卖出。下列哪些选项是正确的?[1]（2007－3－53）

A. 乙的行为构成无因管理

B. 乙收取多卖1000元构成不当得利

C. 乙低价销售100斤鱼构成不当管理，应承担赔偿责任

D. 乙可以要求甲支付一定报酬

【解析】（1）根据前述无因管理的条件，乙的行为构成无因管理，因此A正确。

（2）无因管理一旦成立，就在管理人与本人之间发生了一定的权利和义务，管理人的义务包括：①适当管理的义务；②管理开始时通知本人义务；③继续管理的义务；④报告和计算的义务。管理人的权利包括：①必要费用偿还请求权；②负债清偿请求权。依前述第四项义务，管理人因管理事务所收取的金钱、物品及其孳息应交付本人，乙将多卖的1000元据为己有，构成不当得利，B项正确。依前述第一项义务，管理人应适当管理，而乙因急赴喜宴将100斤鱼贱价出卖构成不当管理，应向甲承担债务不履行的损害赔偿责任，C是正确的。依前述管理人的权利不包括报酬请求权，因此D是错误的。

2. 陈某外出期间家中失火，邻居家10岁的女儿刘某呼叫邻居救火，并取自家衣物参与扑火。在救火过程中，刘某手部烧伤，花去医疗费200元，衣物损失100元。下列哪种说法是正确的?[2]（2006－3－12）

A. 陈某应偿付刘某100元　　　　B. 陈某应偿付刘某200元

C. 陈某应偿付刘某300元　　　　D. 陈某无须补偿刘某

---

〔1〕【答案】ABC

〔2〕【答案】C

【解析】(1) 本题涉及无因管理的要件。没有法定的或者约定的义务，为避免他人利益受损失而进行管理的人，有权请求受益人偿付由此而支出的必要费用。即没有法定或者约定的义务，为避免他人利益受损失进行管理或者服务的，构成无因管理。无因管理属于事实行为，并不要求管理人具有民事行为能力，只要管理人具有认识能力即可。因此题中刘某的行为构成无因管理，其有权要求受益人陈某偿付其因管理行为而支付的必要费用。

(2)《民法典》第121条规定的管理人或者服务人可以要求受益人偿付的必要费用，包括在管理或者服务活动中直接支出的费用，以及在该活动中受到的实际损失。"刘某因救火烧伤手部花去的医疗费200元和衣物损失100元都属于必要费用，陈某应按照法律规定偿付，所以选项C是正确的，其他选项错误。

【小结/重点整理】

应注重不当得利之债和无因管理之债的构成要件与法律后果，这两个知识点每年必考其一。

第四编　人格权

第二十九章
一般规定

一、人格权的主要内容

人格权是民事主体享有的生命权、身体权、健康权、姓名权、名称权、肖像权、名誉权、荣誉权、隐私权等权利。

除上述具体的人格权外，自然人享有基于人身自由、人格尊严产生的其他人格权益。

二、人格权的概念、特征与功能

（一）概念

人格权，是指民事主体依法支配其人格利益并排除他人侵害的，以维护和实现人格尊严和人格自由为目的的民事权利。

人格利益包括一般人格利益和具体人格利益。"一般人格利益"是一般人格权的客体，包括：人格平等、人格尊严、人格自由、人格独立。"具体人格利益"是具体人格权和受法律保护的人格法益的客体，包括：生命、身体、健康、人身自由、姓名（名称）、肖像、声音、名誉、荣誉、隐私、个人信息等。

（二）特征

1. 主体的普遍性。

理论上讲，自然人、法人及其他组织均平等地享有一般人格权。但我国民事立法，明确规定，一般人格权属于自然人。

2. 权利客体的高度概括性。

一般人格权的客体是高度概括的民事主体一般人格利益，是具体人格权之外的、尚未或无法具体化的人格利益，它涵盖了具体人格利益之外民事主体应当享有的所有其他人格利益。

3. 权利内容的不确定性。

一般人格权的内容无法事先确定，也不应当事先确定。

4. 所保护利益的根本性。

人格平等、独立、自由和尊严都是民事主体之所以成为民事主体最根本的条件。

（三）功能

1. 产生具体人格权；

2. 解释具体人格权；

3. 补充具体人格权。

三、人格权的其他问题

（一）人身性体现

1. 人格权不得放弃、转让、继承。

2. 不影响人格尊严下的商业化利用

（1）民事主体可以将自己的姓名、名称、肖像等许可他人使用；

（2）依照法律规定或者根据其性质不得许可的，不得许可。

（二）合理使用问题

1. 为公共利益实施新闻报道、舆论监督等行为的，可以合理使用民事主体的姓名、名称、肖像、个人信息等；

2. 使用不合理侵害民事主体人格权的，应当依法承担民事责任。

（三）人格权的保护

1. 人格权受到侵害的，受害人可主张损害赔偿；

2. 主张停止侵害、排除妨碍、消除危险、消除影响、恢复名誉请求权，不适用诉讼时效的规定；

3. 申请诉前禁令

民事主体有证据证明行为人正在实施或者即将实施侵害其人格权的行为，不及时制止将使其合法权益受到难以弥补的损害的，有权依法向人民法院申请采取责令行为人停止有关行为的措施。

4. 消除影响、恢复名誉、赔礼道歉等责任的实现

（1）行为人因侵害人格权承担消除影响、恢复名誉、赔礼道歉等民事责任的，应当与行为的具体方式和造成的影响范围相当。

（2）行为人拒不承担前款规定的民事责任的，人民法院可以采取在报刊、网络等媒体上发布公告或者公布生效裁判文书等方式执行，产生的费用由行为人负担。

（四）死者人格利益的保护

1. 死者的姓名、肖像、名誉、荣誉、隐私、遗体等受到侵害的，其配偶、子女、父母有权依法请求行为人承担民事责任；

2. 死者没有配偶、子女并且父母已经死亡的，其他近亲属有权依法请求行为人承担民事责任。

3. 死者的姓名、肖像、名誉、荣誉、隐私、遗体、遗骨等受到侵害，其近亲属向人民法院提起诉讼请求精神损害赔偿的，人民法院应当依法予以支持。

4. 对侵害英雄烈士的姓名、肖像、名誉、荣誉的行为，英雄烈士的近亲属可以依法向人民法院提起诉讼。

5. 英雄烈士没有近亲属或者近亲属不提起诉讼的，检察机关依法对侵害英雄烈士的姓名、肖像、名誉、荣誉，损害社会公共利益的行为向人民法院提起诉讼。

第三十章
具体人格权

一、生命权

自然人享有生命权，有权维护自己的生命安全和生命尊严。任何组织或者个人不得侵害他人的生命权。

构成生命权的侵害，需要产生死亡的结果，侵权人的主观意图不具有决定意义。

据此可知，是否侵犯生命权的唯一判断标准是看受害人是否死亡。如死亡，则侵犯生命权；如未死亡，则不侵犯生命权。在此，需要强调的是要排除自杀的情形，但协助自杀的，构成侵犯生命权。

二、身体权

（一）身体权含义

自然人享有身体权，有权维护自己的身体完整和行动自由。任何组织或者个人不得侵害他人的身体权。

身体权，强调保持身体完整和身体合理支配权。主要是身体的有机组成部分，无论"真假"均是身体权保护的客体。

（二）身体权的保护与限制：器官捐献

1. 完全民事行为能力人有权依法自主决定无偿捐献其人体细胞、人体组织、人体器官、遗体。任何组织或者个人不得强迫、欺骗、利诱其捐献。

2. 完全民事行为能力人依据前款规定同意捐献的，应当采用书面形式或者有效的遗嘱形式。

3. 自然人生前未表示不同意捐献的，该自然人死亡后，其配偶、成年子女、父母可以共同决定捐献，决定捐献应当采用书面形式。

4. 禁止以任何形式买卖人体细胞、人体组织、人体器官、遗体，买卖行为无效。

独角兽特别提醒：以非法拘禁等方式剥夺、限制他人的行动自由，或者非法搜查他人身体的，构成身体权的侵害。

三、健康权

自然人享有健康权，有权维护自己的身心健康。任何组织或者个人不得侵害他人的健康权。

健康权，强调的是，健康维护、劳动能力保持和健康利益支配。

独角兽特别提醒：性骚扰

（1）性骚扰影响他人心理健康。

（2）性骚扰，是指以身体动作、语言、文字或图像等，违背他人意愿实施的以性为取向的有辱他人尊严的性暗示、性挑逗、性暴力等行为。

（3）违背他人意愿，以言语、行为等方式对他人实施性骚扰的，侵犯健康权受害人有权依法请求行为人承担民事责任。

四、姓名权和名称权

任何组织或者个人不得以干涉、盗用、假冒等方式侵害他人的姓名权或者名称权。

（一）姓名权

自然人享有姓名权，有权依法决定、使用、变更或者许可他人使用自己的姓名。

1. 命名

命名自由，但姓什么不能太任性。姓氏选择遵守以下规则：

自然人的姓氏应当随父姓或者母姓，但是有下列情形之一的，可以在父姓和母姓之外选取姓氏：

（1）选取其他直系长辈血亲的姓氏；

（2）因由法定扶养人以外的人扶养而选取扶养人姓氏；

（3）有不违背公序良俗的其他正当理由。

（4）少数民族自然人的姓氏可以遵从本民族的文化传统和风俗习惯。

2. 使用

禁止不当使用他人姓名。权利人可授权他人使用。

3. 变更

未成年时，监护人可变更；成年后，自己改名。

变更前实施的法律行为，变更姓名后依然有效。

4. 盗用

未经允许，为谋取不正当利益，擅自用他人姓名做商业宣传。

5. 冒用

未经许可，冒他人之名，从事活动。

【注意】披露真实姓名、曾用名不属于侵犯姓名权。原因在于姓名是一种区别符号，起名字就是为了让别人用的。

6. 干涉

妨害、阻碍他人行使姓名权的行为。

（二）名称权

法人、非法人组织享有名称权，有权依法使用、变更、转让或者许可他人使用自己的名称。

主体为法人、非法人组织，名字的获得、变更、使用、被冒用或盗用侵权，与自然人姓名权一致。

独特之处，在于具有转让权。名称往往代表的是市场信誉，可以通过转让名称传递下去，自然人姓名标识的自然人独特经历，难以通过姓名转让传递。

（三）同等保护

具有一定社会知名度的笔名、艺名、网名、字号、姓名和名称的简称等，被他人使用足以造成公众混淆的，与姓名和名称受同等保护。

五、肖像权

肖像权，是指自然人所享有的对自己的肖像上所体现的人格利益为内容的一种人格权。

（一）肖像与肖像权含义

自然人享有肖像权，有权依法制作、使用、公开或者许可他人使用自己的肖像。

肖像是通过影像、雕塑、绘画等方式在一定载体上所反映的特定自然人可以被识别的外部形象。

（二）侵犯肖像权的形态

任何组织或者个人不得以丑化、污损，或者利用信息技术手段伪造等方式侵害他人的肖像权。未经肖像权人同意，不得制作、使用、公开肖像权人的肖像，但是法律另有规定的除外。未经肖像权人同意，肖像作品权利人不得以发表、复制、发行、出租、展览等方式使用或者公开肖像权人的肖像。

（三）合理使用不侵权

合理实施下列行为的，可以不经肖像权人同意：

1. 为个人学习、艺术欣赏、课堂教学或者科学研究，在必要范围内使用肖像权人已经公开的肖像；

2. 为实施新闻报道，不可避免地制作、使用、公开肖像权人的肖像；

3. 为依法履行职责，国家机关在必要范围内制作、使用、公开肖像权人的肖像；

4. 为展示特定公共环境，不可避免地制作、使用、公开肖像权人的肖像；

5. 为维护公共利益或者肖像权人合法权益，制作、使用、公开肖像权人的肖像的其他行为。

（四）许可使用问题

1. 争议条款的解释

当事人对肖像许可使用合同中关于肖像使用条款的理解有争议的，应当作出有利于肖像权人的解释。

2. 解除权

（1）不定期合同的任意解除权

当事人对肖像许可使用期限没有约定或者约定不明确的，任何一方当事人可以随时解除肖像许可使用合同，但是应当在合理期限之前通知对方。

（2）定期合同：正当理由＋赔偿损害

当事人对肖像许可使用期限有明确约定，肖像权人有正当理由的，可以解除肖像许可使用合同，但是应当在合理期限之前通知对方。

因解除合同造成对方损失的，除不可归责于肖像权人的事由外，应当赔偿损失。

【经典真题】

女青年牛某因在一档电视相亲节目中言辞犀利而受到观众关注，一时应者如云。有网民对其发动"人肉搜索"，在相关网站首次披露牛某的曾用名、儿时相片、家庭背景、恋爱史等信息，并有人在网站上捏造牛某曾与某明星有染的情节。关于网民的行为，下列哪些说法是正确的?[1]

　　A. 侵害牛某的姓名权　　　　B. 侵害牛某的肖像权

　　C. 侵害牛某的隐私权　　　　D. 侵害牛某的名誉权

【解析】姓名权侵权的形态包括三类,分别是干涉、盗用和假冒(冒用)。本题中,网民并未干涉、假冒、盗用牛某的姓名,不构成对其姓名权的侵害。故 A 项错误,不当选。

任何组织或者个人不得以丑化、污损,或者利用信息技术手段伪造等方式侵害他人的肖像权。未经肖像权人同意,不得制作、使用、公开肖像权人的肖像,但是法律另有规定的除外。本题中,网民未经权利人同意"公开"肖像权人的肖像,构成侵权。故 B 项说法正确。

隐私权侵权,是指未经权利人同意,公开披露或侵扰权利人不为人所知也不愿为他人所知的私人信息和私生活安宁。本题中,网民未经许可披露牛某不为人所知的私人信息(家庭背景、恋爱史),构成对牛某隐私权的侵害。故 C 项正确。

名誉权侵权,是指捏造、散布虚假事实造成他人社会评价降低。本题中,网民捏造牛某曾与某明星有染的情节,将导致牛某社会评价的降低,构成对牛某名誉权的侵害。故 D 项正确。综上所述,本题的正确答案为 BCD。

(3)姓名许可与声音保护

对姓名等的许可使用,参照适用肖像许可使用的有关规定。

对自然人声音的保护,参照适用肖像权保护的有关规定。

六、名誉权与荣誉权

(一)名誉与名誉权

民事主体享有名誉权。任何组织或者个人不得以侮辱、诽谤等方式侵害他人的名誉权。名誉是对民事主体的品德、声望、才能、信用等的社会评价。

(二)侵权的情形

1. 新闻报道、舆论监督中的侵权

行为人为公共利益实施新闻报道、舆论监督等行为,影响他人名誉的,不承担民事责任,但是有下列情形之一的除外:

(1)捏造事实、歪曲事实;

(2)对他人提供的失实内容未尽到合理审查义务;

(3)使用侮辱性言辞等贬损他人名誉。

2. 文学艺术创作中的侵权

(1)对象特定的创作

行为人发表的文学、艺术作品以真人真事或者特定人为描述对象,含有侮辱、诽谤内容,侵害他人名誉权的,受害人有权依法请求该行为人承担民事责任。

(2)对象不特定的创作

行为人发表的文学、艺术作品不以特定人为描述对象,仅其中的情节与该特定人的情况相似的,不承担民事责任。

―――――――――――――――

[1] 【答案】BCD

3. 报刊、网络报道侵权

民事主体有证据证明报刊、网络等媒体报道的内容失实，侵害其名誉权的，有权请求该媒体及时采取更正或者删除等必要措施。

4. 信用评价不当侵权

（1）民事主体可以依法查询自己的信用评价；发现信用评价错误的，有权提出异议并请求采取更正、删除等必要措施。

（2）信用评价人应当及时核查，经核查属实的，应当及时采取必要措施。

（三）荣誉权

1. 民事主体享有荣誉权。

2. 侵权方式

（1）非法剥夺他人的荣誉称号，诋毁、贬损他人的荣誉；

（2）获得的荣誉称号应当记载而没有记载的，民事主体可以请求记载；

（3）获得的荣誉称号记载错误的，民事主体可以请求更正。

七、隐私权与个人信息

（一）隐私权

1. 隐私与隐私权

自然人享有隐私权。任何组织或者个人不得以刺探、侵扰、泄露、公开等方式侵害他人的隐私权。

隐私是自然人的私人生活安宁和不愿为他人知晓的私密空间、私密活动、私密信息。

2. 侵权形态

除法律另有规定或者权利人明确同意外，任何组织或者个人不得实施下列行为：（1）以电话、短信、即时通讯工具、电子邮件、传单等方式侵扰他人的私人生活安宁；（2）进入、拍摄、窥视他人的住宅、宾馆房间等私密空间；（3）拍摄、窥视、窃听、公开他人的私密活动（私家侦探）；（4）拍摄、窥视他人身体的私密部位；（5）处理他人的私密信息（人肉搜索）；（6）以其他方式侵害他人的隐私权。

（二）个人信息

1. 个人信息

自然人的个人信息受法律保护。个人信息是以电子或者其他方式记录的能够单独或者与其他信息结合识别特定自然人的各种信息，包括自然人的姓名、出生日期、身份证件号码、生物识别信息、住址、电话号码、电子邮箱地址、行踪信息等。

2. 合理使用

（1）征得该自然人或者其监护人同意，但是法律、行政法规另有规定的除外；

（2）公开处理信息的规则；

（3）明示处理信息的目的、方式和范围；

（4）不违反法律、行政法规的规定和双方的约定。

个人信息的处理包括个人信息的收集、存储、使用、加工、传输、提供、公开等。

3. 信息收集掌控者的义务

（1）信息收集者、控制者不得泄露、篡改其收集、存储的个人信息；

（2）未经被收集者同意，不得向他人非法提供个人信息，但是经过加工无法识别特定个人且不能复原的除外。

（3）信息收集者、控制者应当采取技术措施和其他必要措施，确保其收集、存储的个人信息安全，防止信息泄露、篡改、丢失；

（4）发生或者可能发生个人信息泄露、篡改、丢失的，应当及时采取补救措施，依照规定告知被收集者并向有关主管部门报告。

（5）国家机关及其工作人员对于履行职责过程中知悉的自然人的隐私和个人信息，应当予以保密，不得泄露或者向他人非法提供。

4. 个人信息权人的权利

（1）自然人可以依法向信息处理者查阅或者复制其个人信息；

（2）发现信息有错误的，有权提出异议并请求及时采取更正等必要措施；

（3）自然人发现信息控制者违反法律、行政法规的规定或者双方的约定收集、处理其个人信息的，有权请求信息控制者及时删除。

第五编　婚姻家庭

知识体系结构图

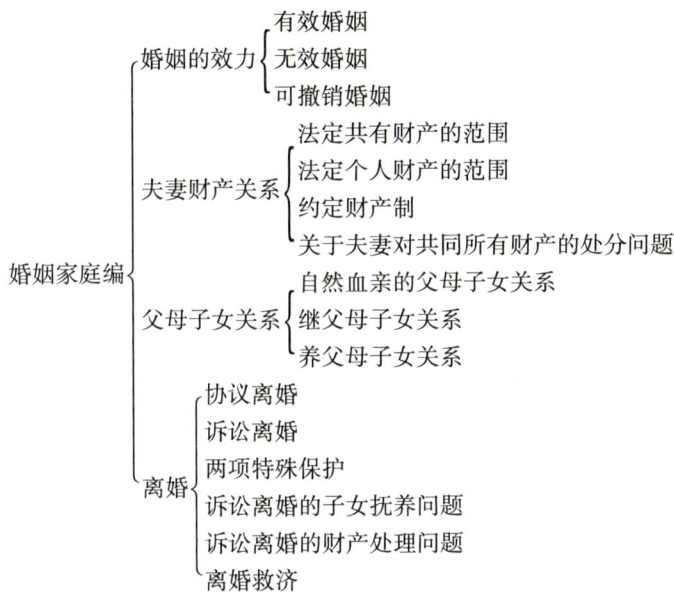

```
                   ┌ 婚姻的效力 ┬ 有效婚姻
                   │            ├ 无效婚姻
                   │            └ 可撤销婚姻
                   │
                   │            ┌ 法定共有财产的范围
                   │            ├ 法定个人财产的范围
                   ├ 夫妻财产关系 ┤ 约定财产制
                   │            └ 关于夫妻对共同所有财产的处分问题
   婚姻家庭编 ┤
                   │            ┌ 自然血亲的父母子女关系
                   ├ 父母子女关系 ┤ 继父母子女关系
                   │            └ 养父母子女关系
                   │
                   │            ┌ 协议离婚
                   │            ├ 诉讼离婚
                   │            ├ 两项特殊保护
                   └ 离婚        ┤ 诉讼离婚的子女抚养问题
                                ├ 诉讼离婚的财产处理问题
                                └ 离婚救济
```

第三十一章
婚姻的效力

> **导学**
>
> 　　学习本章应当掌握结婚需要结婚行为人具备的法律规定的要件，包括实质要件和形式要件。明确违反结婚要件的婚姻不具有法律效力，可被确认为无效婚姻或可撤销婚姻。了解与结婚制度有关的规定，包括婚约和事实婚姻的法律规定以及相关的司法解释。

重点知识详解

考点 1　有效婚姻

一、有效婚姻实质要件 ★

实质要件是指法律规定的关于婚姻当事人本身及双方之间的关系必须符合的条件。

（一）法定条件

1. 必须男女双方完全自愿（婚姻自由），不允许任何一方对他方加以强迫或任何第三者加以干涉。这是结婚的首要条件，是婚姻自由原则在结婚制度上的具体体现。这就要求各方尊重当事人的意志自由，排斥一方当事人、当事人父母或第三人对他方进行强迫、包办或干涉。当然，法律并不排除当事人的父母或第三人出于关心，对当事人提出意见和建议；但是，是否结婚最终应由当事人自己决定。

2. 必须达到法定婚龄。男不得早于 22 周岁，女不得早于 20 周岁。凡当事人一方或双方未达到法定婚龄的，婚姻登记机关不予登记。民族自治地方的人民代表大会基于本民族、宗教、风俗习惯等实际情况，可以对法定婚龄作变通性规定。

3. 双方无配偶，符合一夫一妻制（不得重婚）。一方或双方已有配偶的，婚姻登记机关不予登记。要求结婚的男女，必须双方都是无配偶的人。无配偶包括未婚、丧偶和离婚三种情形。

4. 必须是异性男女。（我国不承认同性婚姻）

（二）禁止条件

双方不得是直系血亲（没有代数的限制）、三代以内的旁系血亲。直系血亲和三代以内的旁系血亲禁止结婚。直系血亲，无论是婚生还是非婚生的，均禁止结婚；三代以内的旁系血亲是指与己身出自同一父母或同一祖父母、外祖父母，除直系血亲外的所有血亲。其范围具体包括：（1）同源于父母的兄弟姐妹，包括同父母、同父异母或同母异父的兄弟姐妹；（2）同源于祖父母或外祖父母的辈分不同又性别相异的亲属；（3）同源于祖父母、外祖父母的辈分相同的堂兄弟姐妹、姑表兄弟姐妹、舅表和姨表兄弟姐妹。禁止一定范围内的血亲结婚，是基于社会伦理道德、优生优育等因素的考虑。

二、有效婚姻形式要件

形式要件是指法律规定的结婚程序及方式。

（一）申请

自愿结婚的男女，必须双方亲自持相关证件（身份证、户口本、本人无配偶以及与对方当事人没有直系血亲和三代以内旁系血亲关系的声明）到一方户口所在地的婚姻登记管理机关申请结婚登记，填写结婚申请书。结婚申请必须双方当事人亲自到场，不能由一方单独申请，也不能委托他人代理申请。关于婚前医学检查证明，由双方当事人自主自愿选择，不是必须提交的材料。

（二）审查

婚姻登记管理机关应当依法对当事人的结婚申请和相关证件进行全面审查核实：一方面审查当事人所持证件是否真实、完备，有无伪造、涂改或冒名顶替的行为，必要时可亲自调查、核实；另一方面审查当事人双方是否都符合结婚的法定实质要件。在审查中如果发现申请结婚登记的当事人有下列情形之一的，婚姻登记管理机关不予登记：（1）未达到法定结婚年龄的；（2）非自愿的；（3）已有配偶的；（4）属于直系血亲或者三代以内旁系血亲的。

（三）登记

婚姻登记机关对当事人的结婚申请进行审查后，符合结婚条件的，应当当场予以登记，发给结婚证。对离过婚的，应当注销其离婚证。当事人从取得结婚证起，确立夫妻关系。

1. 亲自登记。要求结婚的男女双方必须亲自到婚姻登记机关进行登记，办理结婚登记不得代理。

2. 登记效力：经结婚登记，取得结婚证，始确立夫妻关系。

3. 未办理登记的，应补办登记；补办的，婚姻关系的效力从双方均符合结婚的实质要件时起算，而不是从补办时起算。

补办登记的效力：婚姻关系的效力，从双方均符合《民法典·婚姻家庭编》（以下简称《婚姻家庭编》）所规定的结婚的实质要件时起算。

▷★特别提示 根据现行法律法规，婚姻登记机关并没有婚姻无效的确认权，宣告婚姻无效只能通过诉讼程序进行。

三、婚约

婚约是男女双方以将来结婚为目的所作的事先约定。

我国对婚约的态度和处理原则是：①婚姻成立的必经条件中并无订婚，法律既不提倡也不禁止。我国 1950 年《婚姻法》和 1980 年《婚姻法》以及 2001 年修订后的《婚姻法》都没有关于婚约的规定。②婚约没有法律约束力。法律对婚约不予保护，不强制履行。③对因解除婚约引起的财产纠纷，区别情况，妥善解决。对属于包办买卖婚姻性质的订婚所收的财物，应依法没收或酌情返还。对以订婚为名诈骗钱财的，原则上应返还受害人。对以结婚为目的赠送价值较高的财物，如彩礼，应酌情返还。一些学者认为：对婚约期间的无条件赠与，受赠人无返还义务；另外一些学者认为：以结婚为目的的财物赠送，应属附条件（即结婚）的法律行为，如婚约解除，接受财物方应返还财物。最高人民法院 2020 年《婚姻家庭编解释（一）》第 5 条规定了彩礼返还的条件，即当事人请求返还按照习俗给付的彩礼的，如果双方未办理结婚登记的，人民法院应当予以支持。因为，这种彩礼的给付一般是基于当地的风俗习惯，很少有心甘情愿主动给付的，与一般意义上的无条件的赠与行为不同。而且，作为给付彩礼的代价中，本身就以对方答应结婚为前提。如果没有结婚，彩礼应当退还。

【案例】 24 岁的甲男与 22 岁的乙女开始恋爱，两人约定 3 年后结婚，甲男送给乙女价值 2000 元的订婚戒指一枚和价值 3000 元的金项链一条。恋爱第 2 年，乙女认为甲男心胸狭窄、性格暴躁，不愿与其继续恋爱，提出解除婚约。甲男起初不同意解除婚约，后来提出：如果解除婚约，乙女应退还金项链和金戒指。由于婚约在我国不受法律保护，婚姻没有法律约束力，一方可以向另一方提出解除婚约，中断恋爱关系。对因一方解除婚约而引发的财产纠纷，法院可以受理。根据《婚姻家庭编解释（一）》的规定，甲男有权要回自己送给乙女的金戒指和金项链。金戒指和金项链可以作彩礼给付，如果双方没有结婚，乙女应当退还给甲男。

四、事实婚姻

事实婚姻作为婚姻关系存在的一种方式，是指男女双方未按法律规定进行结婚登记，即以夫妻关系同居生活所形成的婚姻。

事实婚姻的构成需要以下要件：以夫妻名义共同生活，具有互为配偶的目的性和共同生活的公开性；符合结婚的实质要件；未办理婚姻登记，欠缺结婚的形式要件；以夫妻名义共同生活的事实发生在 1994 年 2 月 1 日之前。

事实婚姻具有与登记婚姻相同的效力。事实婚姻关系存续期间一方死亡的，另一方可以配偶的名义作为第一顺序的继承人参与继承（《婚姻家庭编解释（一）》第 8 条）；双方解除事实婚姻关系时，其财产的分割、子女的抚养均参照夫妻离婚的规则处理。

五、同居关系

1. 未办理结婚登记而共同生活的男女，同居行为发生在 1994 年 2 月 1 日之后的即使以夫妻名义共同生活，一律认定为同居关系，不能认定为事实婚姻（注意：为打击重婚，同居关系发生在 1994 年 2 月 1 日以后的，符合条件的，《刑法》仍可认定为事实婚姻）。同居关系有两种：①有配偶者与他人同居；②双方均无配偶而同居。

2. 同居关系的法律效果：①双方均无配偶，当事人起诉请求解除同居关系的，法院不予受理。②有配偶者与他人同居，当事人起诉请求解除同居关系的，法院应当受理并依法予以解除。③同居期间所生子女与父母具有父母子女关系。④同居期间，双方共同取得的财产按照按份共有处理，一方取得的财产归其个人所有。⑤同居者相互不享有配偶权。

考点 2　无效婚姻

一、无效情形 ★★★

（一）重婚

重婚是指有配偶者又与他人登记结婚或以夫妻名义同居生活的违法行为。无论构成法律上的重婚，还是事实上的重婚，后一个婚姻关系均属无效。

（二）有禁止结婚的亲属关系

禁止结婚的亲属关系，是指直系血亲或三代以内的旁系血亲。

（三）未到法定婚龄

所谓法定婚龄，是指法律规定的男女结婚时必须达到的最低年龄界限。根据我国《婚姻家庭编》规定，男 22 周岁、女 20 周岁为我国的法定婚龄。

二、请求权主体

无效婚姻的请求权主体是指有权向人民法院或婚姻登记机关，就已办理结婚登记的婚姻申请宣告婚姻无效的主体（当事人及其近亲属、基层组织）。在我国，宣告婚姻无效的机关是婚姻登记机关和人民法院。请求权人可以依行政程序向婚姻登记机关申请宣告婚姻无效，也可以依诉讼程序向人民法院申请宣告婚姻无效。

（一）当事人

（二）利害关系人（根据无效情形而有所区分）

1. 以重婚为由申请宣告婚姻无效的，为当事人的近亲属及基层组织。

2. 以未到法定婚龄为由申请宣告婚姻无效的，为未达法定婚龄者的近亲属。

3. 以存在禁止结婚的亲属关系为由申请宣告婚姻无效的，为当事人的近亲属。

这里所谓"近亲属"，是指婚姻当事人的父母、子女、兄弟姐妹、祖父母、外祖父母、孙子女、外孙子女。所谓"基层组织"，是指婚姻当事人所在的居民委员会、村民委员会以及有关国家机关。

三、法院的处理

1. 申请人申请时，法定的无效婚姻情形已经消失的，人民法院不予支持。例如：①重婚的，有配偶一方已与原配偶解除婚姻关系或原配偶死亡的；②未到法定婚龄者已达到法定年龄的。

【经典真题】

甲（男，22周岁）为达到与乙（女，19周岁）结婚的目的，故意隐瞒乙的真实年龄办理了结婚登记。两年后，因双方经常吵架，乙以办理结婚登记时未达到法定婚龄为由向法院起诉，请求宣告婚姻无效。人民法院应如何处理？[1]（2003-3-4）

A. 以办理结婚登记时未达到法定婚龄为由宣告婚姻无效

B. 对乙的请求不予支持

C. 宣告婚姻无效，确认为非法同居关系，并予以解除

D. 认定为可撤销婚姻，乙可行使撤销权

【考点】无效婚姻

【解析】《婚姻家庭编解释（一）》第10条规定："当事人依据民法典第一千零五十一条规定向人民法院请求确认婚姻无效，法定的无效婚姻情形在提起诉讼时已经消失的，人民法院不予支持。"本题乙女向法院申请宣告婚姻无效时已达法定婚龄。故B项正确，ACD错误。综上所述，本题正确答案为B。

2. 人民法院审理宣告婚姻无效案件，对婚姻效力的审理不适用调解，应当依法作出判决；有关婚姻效力的判决一经作出，即发生法律效力。涉及财产分割和子女抚养的，可以调解。调解达成协议的，另行制作调解书。对财产分割和子女抚养问题的判决不服的，当事人可以上诉。诉讼中，原告申请撤诉的，不予准许。

3. 不符合法定事由的申请理由，驳回请求。当事人申请宣告婚姻无效的，人民法院应当判决驳回当事人的申请。

4. 夫妻一方或者双方死亡后婚姻无效的处理。夫妻一方或者双方死亡后，生存一方或者利害关系人依据规定申请宣告婚姻无效的，人民法院应当受理。

5. 有关诉讼主体的规定：利害关系人依据民法典第一千零五十一条的规定，请求人民法院确认婚姻无效的，利害关系人为原告，婚姻当事人双方为被告。夫妻一方死亡的，生存一方为被告。

6. 人民法院就同一婚姻关系分别受理了离婚和申请宣告婚姻无效案件的，对于离婚案件的审理，应当待申请宣告婚姻无效案件作出判决后进行。

[1]【答案】B

四、无效婚姻的补正★

《婚姻家庭编解释（一）》第10条规定："当事人依据民法典第一千零五十一条规定向人民法院请求确认婚姻无效，法定的无效婚姻情形在提起诉讼时已经消失的，人民法院不予支持。"例如，重婚案件中有配偶一方已与原配偶解除婚姻关系或原配偶死亡的；未到法定婚龄者已经达到法定年龄的。这些情形因"无效的原因已被治愈"，不按无效婚姻处理。由此看来，唯一不能治愈的无效原因只有当事人有禁止结婚的自然血亲关系。

五、婚姻无效的法律后果

见可撤销婚姻法律后果。

考点3　可撤销婚姻

可撤销婚姻，是指已成立的婚姻关系，因欠缺结婚的真实意思，受胁迫的一方当事人可依法向婚姻登记机关或人民法院请求撤销该婚姻。我国婚姻法的基本原则是婚姻自由，结婚自由是其应有之义，因而要求婚姻双方当事人应当具有结婚的真实意思。如果一方当事人因本人或其近亲属的生命、身体健康、名誉、财产等受到加害的威胁而产生恐惧，从而作出结婚的意思表示，基于其本人并不具有结婚的真实意愿，法律赋予其撤销该婚姻的权利。并且享有撤销权的主体只能是受胁迫一方的婚姻关系当事人本人，是否行使撤销权由撤销权人自行决定。可撤销婚姻在撤销前，现存婚姻具有法律效力，一旦被撤销则自始不发生法律效力。

一、婚姻可撤销的原因（情形）

（一）法定情形

当事人一方以胁迫为由撤销婚姻关系须具有以下要件：（1）须有胁迫的故意，即胁迫行为人有通过胁迫行为使被胁迫人产生恐惧心理，并因此而为意思表示的故意；（2）须有胁迫的行为，即胁迫人须有以加害威胁被胁迫人的行为，并达到使被胁迫人产生恐惧的程度；（3）胁迫须具有违法性，包括目的非法和手段非法；（4）须被胁迫人因恐惧心理而为意思表示与胁迫行为之间具有因果关系。婚姻自由是婚姻法的一项基本原则。如果婚姻一方当事人因受到威胁而产生恐惧，不得不作出同意结婚的意思表示，鉴于其本人不具有结婚的真实意愿，法律赋予其请求撤销该婚姻关系的权利。

一方患有重大疾病的，应当在结婚登记前如实告知另一方；不如实告知的，另一方可以向人民法院请求撤销婚姻。

请求撤销婚姻的，应当自知道或者应当知道撤销事由之日起1年内提出。

（二）关于程序瑕疵

当事人以结婚登记程序存在瑕疵为由提起民事诉讼，主张撤销结婚登记的，告知其可以依法申请行政复议或者提起行政诉讼。

二、有权申请撤销婚姻的当事人

《婚姻家庭编解释（一）》第18条第2款规定："因受胁迫而请求撤销婚姻的，只能是受胁迫一方的婚姻关系当事人本人。"因为两者损害的利益不同，无效婚姻违反的是社会公德，损害国家和社会的公共利益。可撤销婚姻违反的是当事人个人的意愿，损害的是私人利益，国家、其他组织和个人不宜干涉，只有当事人本人可以提起。

三、行使撤销权期间

为促使撤销权人尽快地行使权利，避免婚姻关系长期处于不稳定的状态，受胁迫一方撤销婚姻的请求，应当自胁迫行为终止之日起 1 年内提出。如果受胁迫的一方结婚后的人身自由受到非法限制，请求撤销婚姻应当自其恢复人身自由之日起 1 年内提出。如果因为一方隐瞒患重大疾病的事实而请求撤销婚姻的，另一方应当自知道或者应当知道撤销事由之日起 1 年内提出。若在法定期间内不行使权利，撤销权则归于消灭。该期间性质为除斥期间，因而不适用诉讼时效中止、中断或者延长的规定。

★**特别提示** 1. 受胁迫一方撤销婚姻的请求，应当自胁迫行为终止之日起 1 年内提出。被非法限制人身自由的当事人请求撤销婚姻的，应当自恢复人身自由之日起 1 年内提出。

2. 此 1 年，不适用诉讼时效中止、中断或者延长的规定。

【经典真题】

网名"我心飞飞"的 21 岁女子甲与网名"我行我素"的 25 岁男子乙在网上聊天后产生好感，乙秘密将甲裸聊的镜头复制保存。后乙要求与甲结婚，甲不同意。乙威胁要公布其裸聊镜头，甲只好同意结婚并办理了登记。下列哪些说法是错误的? [1]（2006 - 3 - 66）

A. 甲可以自婚姻登记之日起 1 年内请求撤销该婚姻
B. 甲可以在婚姻登记后以没有感情基础为由起诉要求离婚
C. 甲有权主张该婚姻无效
D. 乙侵犯了甲的隐私权

【考点】可撤销婚姻

【解析】B 项，《婚姻家庭编》规定："夫妻一方要求离婚的，可以由有关组织进行调解或者直接向人民法院提起离婚诉讼。人民法院审理离婚案件，应当进行调解；如果感情已破裂，调解无效的，应当准予离婚。有下列情形之一，调解无效的，应当准予离婚：（一）重婚或与他人同居；（二）实施家庭暴力或者虐待、遗弃家庭成员；（三）有赌博、吸毒等恶习屡教不改；（四）因感情不和分居满两年；（五）其他导致夫妻感情破裂的情形。一方被宣告失踪，另一方提起离婚诉讼的，应当准予离婚。"据此，甲起诉离婚的原因应当是感情破裂而非没有感情基础，B 项错误，当选。C 项，《婚姻家庭编》规定："有下列情形之一的，婚姻无效：（一）重婚；（二）有禁止结婚的亲属关系；（三）未到法定婚龄。"本题情况不属于上述情形，故 C 项错误，当选。D 项，由于乙是在与甲网络聊天的过程中获得甲的裸聊视频，并且并没有公布，所以不构成侵犯隐私，故 D 项错误，当选。A 项，因胁迫结婚的，受胁迫的一方可以向婚姻登记机关或人民法院请求撤销该婚姻。受胁迫的一方撤销婚姻的请求，应当自胁迫行为终止之日起一年内提出。被非法限制人身自由的当事人请求撤销婚姻的，应当自恢复人身自由之日起 1 年内提出。《婚姻家庭编解释

---

[1]【答案】ABCD

（一）》第 18 条规定："行为人以给另一方当事人或者其近亲属的生命、身体、健康、名誉、财产等方面造成损害为要挟，迫使另一方当事人违背真实意愿结婚的，可以认定为民法典第一千零五十二条所称的'胁迫'。因受胁迫而请求撤销婚姻的，只能是受胁迫一方的婚姻关系当事人本人。"本题中乙以公布甲的裸聊镜头相胁迫甲与其结婚，故甲自胁迫行为终止之日起 2 年内，而非自结婚登记之日起 1 年内，A 错误，应选（民法典对此法条作出修改）。本题为选非题，综上所述，本题正确答案为 ABCD。

四、被确认无效婚姻、被撤销婚姻法律后果

无效的或者被撤销的婚姻自始没有法律约束力，当事人不具有夫妻的权利和义务。同居期间所得的财产，由当事人协议处理；协议不成的，由人民法院根据照顾无过错方的原则判决。对重婚导致的无效婚姻的财产处理，不得侵害合法婚姻当事人的财产权益。当事人所生的子女，适用《民法典》关于父母子女的规定。

婚姻无效或者被撤销的，无过错方有权请求损害赔偿。

【案例】甲某与乙某是夫妻，甲某经营着一家公司，身为公司老总的甲某喜欢上女秘书丙某，丙某明知道甲某有妻子，但经不住甲某的诱惑与之同居，两人在丙某的家乡又进行了结婚登记。甲某以自己名义购买了一套价值 60 万元的商品房，供自己和丙某居住。甲某的合法妻子乙某发现了丈夫与丙某重婚的事实，愤然提出离婚，并控告两人的重婚罪。丙某提出商品房是甲某与她同居期间买下并供俩人用的，她可得一半产权。法院受理后，查明了甲某与丙某的重婚及商品房是用甲某的钱购买的事实，据此，法院以重婚罪判处甲某有期徒刑 1 年，判处丙某有期徒刑 6 个月，驳回了丙某要求分割商品房产权的起诉。因此，对于因重婚造成婚姻无效的情况，在分割财产时，不得侵犯合法婚姻当事人的财产权益，该商品房属于甲某与乙某的夫妻共同财产，丙某无权主张。

【小结／重点整理】

本章重点在于掌握有效婚姻的条件和程序，以及对违法婚姻的处理所适用的无效婚姻和可撤销婚姻制度，能够运用法律规定处理相关问题。

> **导学**　　夫妻财产关系一直是考试的重点，十有八九会考到，是重中之重。考生应全面学习和掌握我国婚姻家庭编和司法解释中关于法定夫妻财产制和约定夫妻财产制的具体内容，特别是对于夫妻共同财产与夫妻个人财产的范围界定，夫妻在不同财产制中的财产权利与义务以及约定财产制的类型、约定财产制的效力等内容，还应当能够结合实际处理具体问题。

✏ 重点知识详解

考点1　法定共有财产的范围

法定夫妻共同财产是指在夫妻双方婚前或婚后未对夫妻财产作出约定或者约定无效的情况下，直接适用法律规定的夫妻财产制度。

一、工资、奖金和其他劳务报酬

二、生产、经营、投资的收益

这里的"生产、经营收益"，既包括农民的生产劳动收入，也包括工业、服务业、信息业等行业的生产、经营收益。

三、知识产权的收益

知识产权的收益是指婚姻关系存续期间，实际取得或者已经明确可以取得的财产性收益。

【经典真题】

刘山峰、王翠花系老夫少妻，刘山峰婚前个人名下拥有别墅一栋。关于婚后该别墅的归属，下列哪一选项是正确的？[1]（2016 - 3 - 20）

A. 该别墅不可能转化为夫妻共同财产

B. 婚后该别墅自动转化为夫妻共同财产

C. 婚姻持续满八年后该别墅即依法转化为夫妻共同财产

---

[1]【答案】D

D. 刘、王可约定婚姻持续八年后该别墅转化为夫妻共同财产

【考点】夫妻财产关系

【解析】根据我国《婚姻家庭编解释（一）》第31条："民法典第一千零六十三条规定为夫妻一方的个人财产，不因婚姻关系的延续而转化为夫妻共同财产。但当事人另有约定的除外。"故A选项表述太绝对，错误。B选项，自动转化为夫妻共同财产，错误。C选项，没有法律依据，错误。

有下列情形之一的，为夫妻一方的财产：（一）一方的婚前财产；（二）一方因受到人身损害获得的赔偿或者补偿；（三）遗嘱或赠与合同中确定只归夫或妻一方的财产；（四）一方专用的生活用品；（五）其他应当归一方的财产。刘山峰婚前别墅属于个人财产，但可以约定8年后转化为夫妻共同财产，D选项正确。

四、继承或者受赠的财产

按份共有情形：由双方父母出资购买的不动产，产权登记在一方子女名下的，该不动产可认定为双方按照各自父母的出资份额按份共有，但当事人另有约定的除外。

▶★特别提示 ①遗嘱包括遗嘱继承与遗赠，遗赠或赠与合同中确定只归夫或妻一方的财产，应为夫或妻个人财产，即充分尊重遗嘱人或赠与人的意志。②婚前，父母双方购置房屋出资的，该出资是对自己子女的个人赠与，除非父母明确表示赠与双方；婚后，父母为双方购置房屋出资，该出资是对夫妻双方的赠与，除非父母明确表示赠与一方的。这样的规定体现了中国家庭父母的传统观念。

五、其他应当归共同所有的财产

这项规定属于概括性规定。随着社会经济的发展和人们生活水平的提高，夫妻共同财产的范围在不断地扩大，共同财产的种类在不断地增加。根据《婚姻家庭编解释（一）》第25条的规定"其他应当归共同所有的财产"包括：

1. 夫妻一方个人财产在婚后产生的收益，除孳息和自然增值外，应认定为夫妻共同财产。

2. 男女双方实际取得或者应当取得的住房补贴、住房公积金。

3. 男女双方实际取得或者应当取得的养老保险金、破产安置补偿费。

六、特殊房产处理

现实生活中还存在着大量"房改房"等带有福利性质的房屋，这类房屋的购买一般又与职务、级别、工作年限等相挂钩，且其所花费用要远远低于房屋的市场价值。离婚双方当事人往往对此类争议房屋的价值及归属问题无法达成协议，并引发各种纠纷。人民法院在处理这类纠纷时，应按以下情形分别处理：

1. 双方均主张房屋所有权并且同意竞价取得的，应当准许。

2. 一方主张房屋所有权的，由评估机构按市场价格对房屋作出评估，取得房屋所有权的一方应当给予另一方相应的补偿。

3. 双方均不主张房屋所有权的，根据当事人的申请拍卖房屋，就所得价款进行分割。

4. 婚姻关系存续期间，夫妻共同财产出资购买以一方父母名义参加房改的房屋，产权

登记在一方父母名下，此房屋为该父母的财产。而购买该房屋时的出资，可以作为夫妻双方对父母的债权处理。

一方婚前买房，以个人财产支付首付款，婚后用夫妻共同财产还贷，房屋登记于首付款支付方名下：离婚时该不动产由双方协议处理。协议不成，归产权登记一方，尚未归还的贷款为产权登记一方的个人债务；婚后共同还贷支付的款项及其对应财产增值部分，离婚时由产权登记一方对另一方进行补偿。

七、关于军人名下的复员费、自主择业费等一次性费用中的共同财产

人民法院审理离婚案件，涉及分割发放到军人名下的复员费、自主择业费等一次性费用的，以夫妻婚姻关系存续年限乘以年平均值，所得数额为夫妻共同财产。

前款所称年平均值，是指将发放到军人名下的上述费用总额按具体年限均分得出的数额。其具体年限为人均寿命 70 岁与军人入伍时实际年龄的差额。

比如，某一军人 16 岁当兵，则具体年限为 54 年，退伍后获得复员费、自主择业费 5 万元。可知，年平均值为 925 元，两人结婚 4 年，共同财产为 3703 元，离婚时非军人可得财产为 1851 元。

八、养老金账户中的共同财产

养老保险金是对劳动者因年老退休而丧失或者减少劳动收入时，给予的社会保障，以防止劳动者生活质量的下降，其与劳动者人身密切关联。劳动者未退休时，养老保险金属于将来可预期收益。由于其强烈的人身依附性，因此离婚时夫妻一方尚未退休、不符合领取养老保险金条件的，另一方无权请求按照夫妻共同财产分割养老保险金；但是对于以夫妻共同财产支付的养老保险费，离婚时可转换为夫妻之间的债权，一方有权主张将养老金账户中婚姻关系存续期间个人实际缴付部分，作为夫妻共同财产进行分割。

考点2 法定个人财产的范围

夫妻法定个人财产是指夫妻婚后依法各自保留的一定范围内的个人所有财产，包括婚前财产与婚后财产。

一、一方的婚前财产以及该财产产生的孳息和自然增值

一方的婚前财产，是指夫妻各自结婚前就已经取得所有权的财产，包括动产和不动产。例如，婚前一方劳动所得的财产，现金、有价证券以及购置的物品；一方婚前通过继承、受赠等获得的动产与不动产。

二、一方因身体受到伤害获得的赔偿和补偿

三、遗嘱或赠与合同中确定只归夫或妻一方的财产

四、一方专用的生活用品

一方专用的生活用品是指婚后以夫妻共同财产购置的供夫或妻个人使用，而另一方在日常生活中不方便或者不适宜使用的生活用品。由于这类财产在使用价值方面具有特殊性，不是夫妻双方通用或者共同的生活用品，所以应属于夫或妻一方个人所有。其特点是仅限

于生活用品、价值不大且供一方单独使用，如鞋、帽、衣服及有些价值不大的图书、手机、专用的佩物、饰件。

五、其他应当归一方的财产

这项规定属于概括性规定。夫妻特有财产除前四项的规定外，还包括其他一些财产和财产权利，夫妻一方参加各种竞赛活动获得的奖杯、奖牌及其他带有明显纪念意义的奖品，如军人的伤亡保险金、伤残补助金、医药生活补助费属于军人的特殊个人财产。随着社会经济的发展、新的财产类型的出现以及个人独立意识的增强，夫妻个人特有财产的范围也将有所增加。

【经典真题】

甲、乙结婚的第 10 年，甲父去世留下遗嘱，将其拥有的一套房子留给甲，并声明该房屋只归甲一人所有。下列哪一表述是正确的？[1]（2009－3－20）

A. 该房屋经过八年婚后生活即变成夫妻共有财产
B. 如甲将该房屋出租，租金为夫妻共同财产
C. 该房屋及租金均属共同财产
D. 甲、乙即使约定将该房屋变为共同财产，其协议也无效

【考点】夫妻共同财产与个人财产的确定

【解析】遗嘱或赠与合同中确定只归夫或妻一方的财产为夫妻一方的财产。夫妻一方所有的财产，不因婚姻关系的延续而转化为夫妻共同财产。但当事人另有约定的除外。根据上述规定可知，首先，本题中甲父在遗嘱中明确表示将房屋赠给甲，因此，该房屋属于甲的个人财产，C 项错误。其次，该房屋不会因为经过一定的年限转变为夫妻共同财产，除非当事人有约定。因此，A 项错误。再次，法律给予了当事人通过约定将夫妻个人财产转化为夫妻共同财产的权利，那么，如果甲乙约定将该房屋转化共同财产的话，该约定是有效的。因此，D 项错误。夫妻一方个人财产在婚后产生的收益，除孳息和自然增值外，应认定为夫妻共同财产，该条将夫妻个人财产在婚姻关系存续期间产生的收益分为投资收益、孳息和自然增值三种，仅投资收益属于夫妻共同财产，孳息和自然增值仍属于个人财产，据此，如果甲将房屋出租，租金（法定孳息）也属于甲的个人财产，一方婚前财产在婚后所生孳息，仍为个人财产，因此 B 选项也错误。

考点3　约定财产制

约定夫妻财产制是相对法定财产制而言的，是依据不同的发生原因作出的划分。它是指夫妻双方通过协商，对婚前、婚后取得的财产的归属、处分以及在婚姻关系解除后的财产分割达成协议，并优先于法定夫妻财产制适用的夫妻财产制度，又称契约财产制度，是意思自治原则在民法典婚姻家庭编中的贯彻和体现。

一、约定类型

夫妻可以约定婚姻关系存续期间所得的财产以及婚前财产归各自所有、共同所有或部

---

〔1〕【答案】本题无答案

分各自所有、部分共同所有。婚姻当事人订立财产约定时，只能在法律允许约定的这三种财产制中进行选择，超出该范围的财产约定将不为法律承认，在当事人之间也无约束力，双方的财产关系当然适用法定财产制的规定。

二、约定形式

约定应当采用书面形式。最好经过公证机关公证，但双方都承认的口头约定，应承认其效力。变更、废止原约定的，如果订立时采取书面形式或经过公证，变更和废止时最好采取相同形式。法律没有规定夫妻双方关于财产权属的约定只有经过公证才有效，是否选择公证是由当事人自愿决定的。公证只是加重了协议的可信度，到法院诉讼时，经过法定程序公证证明的法律行为、法律事实和文书，人民法院应当作为认定事实的根据（有相反证据足以推翻公证证明的除外）。

三、约定赠与的撤销

婚前或者婚姻关系存续期间，当事人约定将一方所有的房产赠与另一方，赠与方在赠与房产变更登记之前撤销赠与，另一方请求判令继续履行的，人民法院可以按照合同编的有关规定处理。

夫妻一方以欺诈、胁迫手段或乘人之危使对方违背真实意思做出的约定可以依法撤销。

四、约定的效力

夫妻财产约定的效力有对内效力和对外效力。

对内效力，是指夫妻财产约定一经生效，便对夫妻双方产生约束力。具体而言，婚前订立的夫妻财产约定，自婚姻关系成立时起对双方具有约束力；婚后订立的夫妻财产约定，自约定依法成立时起对双方具有约束力。夫妻双方应当依照约定的内容享有权利和承担义务。在婚姻关系终止时，应当按照约定分割夫妻财产；约定因不符合法定条件而部分无效的，有效的部分适用约定；全部无效的，则依照法定共同财产制分割。非经夫妻双方同意，任何一方不得擅自对约定作出变更或撤销。

夫妻对婚姻关系存续期间所得的财产约定归各自所有，夫或者妻一方对外所负的债务，相对人知道该约定的，以夫或者妻一方的个人财产清偿。

考点4　关于夫妻对共同所有财产的处分问题

一、总原则

夫或妻在处理夫妻共同财产上的权利是平等的。"夫妻对共同所有的财产，有平等的处理权。"此处所谓"平等的处理权"，是指夫妻在对共同财产行使处分权时，应平等协商，取得一致意见；夫妻在对重大的婚姻共同财产处理时，需双方同意，任何一方不得擅自处分。

二、日常生活的财产处理

因日常生活需要而处理夫妻共同财产的，任何一方均有权决定。非因日常生活需要对夫妻共同财产做重要处理决定，夫妻双方应当平等协商，取得一致意见。他人有理由相信其为夫妻双方共同意思表示的，另一方不得以不同意或不知道为由对抗善意第三人。

▶★**特别提示** 根据有关司法解释，夫或妻一方对共有财产的处分未经另一方同意的，该处分行为是否构成侵害夫妻财产共有权的侵权行为，判断标准在于该处分行为是否符合夫妻双方的日常生活需要。若基于夫妻日常生活需要而为擅自处分行为，该行为就不是侵权行为；否则有可能构成侵权行为。

三、第三人的善意取得

以下两种情形，即使夫或妻一方的擅自处分行为构成对夫妻共有财产的侵权行为，被处分的财产也仍然由善意第三人取得：

1. 在共同共有关系存续期间，善意第三人不知或不应当知道财产为夫妻共同共有的财产，因而善意、有偿取得该财产的，应当维护第三人的合法权益。对于作为受害人的夫或妻一方因丧失共有财产所有权所受到的损失，应当由作为加害人的夫或妻一方予以赔偿。例如：一方未经另一方同意出售夫妻共同共有的房屋，第三人善意购买、支付合理对价并办理产权登记手续，另一方主张追回该房屋的，人民法院不予支持。

2. 第三人有理由相信夫或妻一方的处分行为为夫妻双方的共同意思表示的，作为受害人的夫或妻一方不得以其不同意或不知道该处分行为为由对抗善意第三人。因为此时夫或妻一方的处分行为构成了对另一方的表见代理，因而发生了表见代理的法律后果。受害方因此受到的损失，可依侵权责任编的规定向加害人要求赔偿。

四、共同财产的分割

婚姻关系存续期间，夫妻一方请求分割共同财产的，人民法院不予支持，但有下列重大理由且不损害债权人利益的除外：

1. 一方有隐藏、转移、变卖、毁损、挥霍夫妻共同财产或者伪造夫妻共同债务等严重损害夫妻共同财产利益行为的；

2. 一方负有法定扶养义务的人患重大疾病需要医治，另一方不同意支付相关医疗费用的。

【经典真题】

甲（男）、乙（女）结婚后，甲承诺，在子女出生后，将其婚前所有的一间门面房，变更登记为夫妻共同财产。后女儿丙出生，但甲不愿兑现承诺，导致夫妻感情破裂离婚，女儿丙随乙一起生活。后甲又与丁（女）结婚。未成年的丙因生重病住院急需医疗费20万元，甲与丁签订借款协议从夫妻共同财产中支取该20万元。下列哪一表述是错误的?[1]（2014－3－23）

A. 甲与乙离婚时，乙无权请求将门面房作为夫妻共同财产分割

B. 甲与丁的协议应视为双方约定处分共同财产

C. 如甲、丁离婚，有关医疗费按借款协议约定处理

D. 如丁不同意甲支付医疗费，甲无权要求分割共有财产

考点 夫妻存续期间财产分割

――――――――――

[1]【答案】D

【解析】《婚姻家庭编》第 1065 条规定："男女双方可以约定婚姻关系存续期间所得的财产以及婚前财产归各自所有、共同所有或者部分各自所有、部分共同所有。约定应当采用书面形式。没有约定或者约定不明确的，适用本法第一千零六十二条、第一千零六十三条的规定。"《婚姻家庭编解释（一）》第 32 条规定："婚前或者婚姻关系存续期间，当事人约定将一方所有的房产赠与另一方或者共有，赠与方在赠与房产变更登记之前撤销赠与，另一方请求判令继续履行的，人民法院可以按照民法典第六百五十八条的规定处理。"本题中虽然甲承诺将该门面房变更登记为夫妻共同财产，但女儿丙出生，甲不愿兑现承诺（行使任意撤销权）。据此可知，该门面房仍然属于"甲的个人财产"。因此，甲与乙离婚时，乙无权请求将门面房作为夫妻共同财产分割，故 A 选项表述正确，不当选。

《婚姻家庭编解释（一）》第 82 条规定："夫妻之间订立借款协议，以夫妻共同财产出借给一方从事个人经营活动或者用于其他个人事务的，应视为双方约定处分夫妻共同财产的行为，离婚时可以按照借款协议的约定处理。"本题中，未成年的丙因生病住院急需医疗费 20 万元，甲与丁签订借款协议从夫妻共同财产中支取该 20 万元，根据《婚姻家庭编解释（一）》第 82 条的规定可知，B 和 C 选项表述均正确，不当选。《婚姻家庭编》第 1066条规定："婚姻关系存续期间，有下列情形之一的，夫妻一方可以向人民法院请求分割共同财产：（一）一方有隐藏、转移、变卖、毁损、挥霍夫妻共同财产或者伪造夫妻共同债务等严重损害夫妻共同财产利益的行为；（二）一方负有法定扶养义务的人患重大疾病需要医治，另一方不同意支付相关医疗费用。"据此可知，如丁不同意甲支付医疗费，甲有权要求分割共有财产，故 D 选项表述错误，当选。

【小结/重点整理】

本章为重点章节，考生首先应当掌握我国规定的夫妻财产制的种类。其次应当重点掌握在法定财产制下哪些财产属于夫妻一方财产，哪些财产属于夫妻双方的财产。最后应当掌握约定财产制对第三人的效力。

第三十三章

父母子女关系

导学 　　学习本章，应当了解父母子女关系是家庭关系的重要组成部分；掌握亲子关系的概念特征，明确亲子关系的种类包括婚内生育的父母子女关系、非婚内生育的父母子女关系和人工生育的父母子女关系，也包括养父母与养子女关系和继父母与继子女关系等。掌握父母子女之间的权利义务，能够运用法律、法规和司法解释处理相关问题。

▨ 重点知识详解

考点1　自然血亲的父母子女关系

一、亲子关系的确认与否认制度

对亲子关系有异议且有正当理由的，父或者母可以向人民法院提起诉讼，请求确认或者否认亲子关系。

对亲子关系有异议且有正当理由的，成年子女可以向人民法院提起诉讼，请求确认亲子关系。

根据《婚姻家庭编的解释（一）》第39条的规定："父或者母向人民法院起诉请求否认亲子关系，并已提供必要证据予以证明，另一方没有相反证据又拒绝做亲子鉴定的，人民法院可以认定否认亲子关系一方的主张成立。

父或者母以及成年子女起诉请求确认亲子关系，并提供必要证据予以证明，另一方没有相反证据又拒绝做亲子鉴定的，人民法院可以认定确认亲子关系一方的主张成立。"

根据《婚姻家庭编的解释（一）》第40条的规定："婚姻关系存续期间，夫妻双方一致同意进行人工授精，所生子女应视为婚生子女，父母子女间的权利义务关系适用民法典的有关规定。"

二、非婚生父母子女关系

非婚生子女享有与婚生子女同等的权利，任何组织或者个人不得加以危害和歧视。不直接抚养非婚生子女的生父或者生母，应当负担未成年子女或者不能独立生活的成年子女的抚养费。

考点2　继父母子女关系

继父母是指子女对父母一方后婚的配偶的称谓；继子女则是指夫妻一方在其前婚中所生子女，是相对于现行婚姻中夫妻另一方而言的。继父母子女关系是指由于生父母一方死亡，另一方带子女再婚或生父母离婚后另行再婚形成的权利义务关系。

在实际生活中，继父母与继子女的关系主要有三种情况：

一、未受抚养

生父或生母再婚时，子女已成年并独立生活；或者虽未成年，但与其他亲属共同生活，如祖父母或外祖父母，由生父母提供抚养费，未受继父或继母的抚养教育。这类继父母与继子女关系仅属姻亲关系。

二、共同生活并受抚养

继子女与继父或继母长期共同生活，由继父或继母负担继子女的抚养费的一部分或全部；或继子女的生活费由生父或生母供给，但与继父或继母共同生活，受到继父或继母的教育和照顾。

三、共同生活

继子女在未成年时曾与继父或继母共同生活，成年以后独立生活。

考点3　养父母与子女关系

1. **收养人应当同时具备下列条件：**
（1）没有子女或有一名子女；（收养孤儿、残疾未成年人或者儿童福利机构抚养的查找不到生父母的未成年人，可以不受此项限制）
（2）有抚养教育被收养人的能力；
（3）没有患在医学上认为不应当收养子女的疾病；
（4）无不利于被收养人健康成长的违法犯罪记录；
（5）年满30周岁。（无配偶者收养异性子女的，收养人与被收养人年龄应当相差40周岁以上）

2. **收养关系的成立**
（1）收养应当向县级以上人民政府部门登记。收养关系自登记之日起成立。
（2）收养查找不到生父母的未成年人的，办理登记的民政部门应当在登记前予以公告。
（3）收养关系当事人愿意订立收养协议的，可以订立收养协议。
（4）收养关系当事人各方或者一方要求办理收养公证的，应当办理收养公证。

3. **收养的效力**
（1）自收养关系成立之日起，养父母与养子女间的权利义务关系，适用关于父母子女关系的规定；养子女与养父母的近亲属间的权利义务关系，适用关于子女与父母的近亲属关系的规定。
（2）养子女与生父母及其他近亲属间的权利义务关系，因收养关系的成立而消除。
（3）养子女可以随养父或者养母的姓氏，经当事人协商一致，也可以保留原姓氏。

4. 收养关系的解除

（1）收养人在被收养人成年以前，不得解除收养关系，但是收养人、送养人双方协议解除的除外。养子女八周岁以上的，应当征得本人同意。

（2）收养人不履行抚养义务，有虐待、遗弃等侵害未成年养子女合法权益行为的，送养人有权要求解除养父母与养子女间的收养关系。

送养人、收养人不能达成解除收养关系协议的，可以向人民法院提起诉讼。

（4）养父母与成年养子女关系恶化、无法共同生活的，可以协议解除收养关系。不能达成协议的，可以向人民法院提起诉讼。

（5）当事人协议解除收养关系的，应当到民政部门办理解除收养关系登记。

（6）收养关系解除后，养子女与养父母及其他近亲属间的权利义务关系即行消除，与生父母及其他近亲属间的权利义务关系自行恢复。但是，成年养子女与生父母及其他近亲属间的权利义务关系是否恢复，可以协商确定。

（7）收养关系解除后，经养父母抚养的成年养子女，对缺乏劳动能力又缺乏生活来源的养父母，应当给付生活费。因养子女成年后虐待、遗弃养父母而解除收养关系的，养父母可以要求养子女补偿收养期间支出的抚养费。

（8）生父母要求解除收养关系的，养父母可以要求生父母适当补偿收养期间支出的抚养费；但是，因养父母虐待、遗弃养子女而解除收养关系的除外。

【小结/重点整理】

本章内容为非重点章节，掌握重点法条即可。

第三十四章
离 婚

导学　　本章是重点章节。学习本章应了解和掌握离婚制度的基本原理与离婚的条件和程序；了解和掌握协议离婚和诉讼离婚；知晓对诉讼离婚的两项特别限制；掌握和运用诉讼离婚的法定条件，了解和掌握导致离婚纠纷的主要类型和处理的原则与方法。

重点知识详解

考点1　协议离婚

协议离婚，是指夫妻双方依据法律规定合意解除婚姻关系的法律行为。

一、协议离婚的条件

1. 双方自愿。
2. 已就子女及财产问题达成协议。
3. 离婚冷静期。

自婚姻登记机关收到离婚登记申请之日起30日内，任何一方不愿意离婚的，可以向婚姻登记机关撤回离婚登记申请。

前款规定期间届满后30日内，双方应当亲自到婚姻登记机关申请发给离婚证；未申请的，视为撤回离婚登记申请。

二、协议的效力

1. 离婚协议中关于财产分割的条款或者当事人因离婚就财产分割达成的协议，对男女双方具有法律约束力。
2. 未生效情形：协议离婚未成，不生效。

当事人达成的以登记离婚或者到人民法院协议离婚为条件的财产分割协议，如果双方协议离婚未成，一方在离婚诉讼中反悔的，人民法院应当认定该财产分割协议没有生效，并根据实际情况依法对夫妻共同财产进行分割。

三、程序

当事人申请登记机关审查发离婚证。

四、协议离婚后有关诉讼问题

1. 当事人因财产分割协议发生纠纷提起诉讼的，人民法院应当受理。

2. 男女双方协议离婚后1年内就财产分割问题反悔，请求变更或者撤销财产分割协议的，人民法院应当受理。人民法院审理后，未发现订立财产分割协议时存在欺诈、胁迫等情形的，应当依法驳回当事人的诉讼请求。

考点2　诉讼离婚

诉讼离婚，是指夫妻双方对离婚、离婚后子女抚养或财产分割等问题不能达成协议，由一方向人民法院起诉，人民法院依诉讼程序审理后，调解或判决解除婚姻关系的法律制度。准予离婚的法定条件包括：

抽象标准：感情确已破裂。

具体情形：

（1）重婚或者与他人同居；

（2）实施家庭暴力或虐待、遗弃家庭成员；

（3）有赌博、吸毒等恶习屡教不改；

（4）因感情不和分居满2年；

（5）其他导致夫妻感情破裂的情形。如"夫妻双方因是否生育发生纠纷，致使感情确已破裂，一方请求离婚的，人民法院经调解无效。"

一方被宣告失踪，另一方提出离婚诉讼的，应当准予离婚。

考点3　两项特殊保护

一、对现役军人的保护

1. 现役军人的配偶要求离婚，须得军人同意。

2. 例外：军人一方有重大过错的除外。

3. 如何认定军人一方的重大过错：依据离婚标准前三项以及其他重大过错。

这里所说的"离婚标准前三项"是指重婚或者有配偶者与他人同居、实施家庭暴力或虐待家庭成员以及有赌博、吸毒等恶习屡教不改。

★特别提示　保护军人婚姻只适用于非军人一方要求与军人一方的离婚。军人要求与非军人一方离婚的，或军人与非军人双方自愿离婚的，均不适用本规定。

二、对女方的保护

1. 女方在怀孕期间、分娩后1年内或中止妊娠后6个月内，男方不得提出离婚。

2. 例外：女方提出离婚的，或人民法院认为确有必要受理男方离婚请求的。所谓"确有必要"，根据司法解释和审判实践，主要指下述两种情况：①在此期间双方确实存在不能继续共同生活的重大而急迫的事由，已对他方有危及生命、人身安全的可能；②女方怀孕或分娩的婴儿是因与他人通奸所致。

考点4　诉讼离婚的子女抚养问题

一、父母子女关系

父母与子女间的关系，不因父母离婚而消除。离婚后，子女无论由父或母直接抚养，仍是父母双方的子女。离婚后，父母对于子女仍有抚养和教育的权利和义务。

二、子女抚养的归属

离婚后，不满两周岁的子女，以由母亲直接抚养为原则。已满两周岁的子女，父母双方对抚养问题协议不成的，由人民法院根据双方的具体情况，按照最有利于未成年子女的原则判决。

三、抚养费支付

1. 离婚后，一方抚养的子女，另一方应负担必要的生活费和教育费的部分或全部，负担费用的多少和期限的长短，由双方协议；协议不成时，由人民法院判决。

2. 关于子女生活费和教育费的协议或判决，不妨碍子女在必要时向父母任何一方提出超过协议或判决原定数额的合理要求。

四、探望权问题

探望权制度在于保障亲情的交流和维系，探望不仅可以满足父母对孩子的关心、抚养和教育的情感需要，而且同子女保持密切的往来，还可以增进父母子女的沟通和交流，减轻子女的家庭破碎感，有利于子女的健康成长。

（一）探望权主体

享有探望权的主体是离婚后未直接抚养子女的父母一方。

（二）探望权的保障

间接抚养方在行使探望权时，直接抚养子女的一方有协助的义务。如果直接抚养子女的一方不履行协助探望的义务，或者是采取各种手段，阻碍另一方实现探望权，那么有探望权的一方可通过向人民法院起诉，实现自己的探望权。对拒不执行有关探望子女的判决或者裁定的，人民法院可对有协助义务的个人和单位采取拘留、罚款等强制措施。

（三）探望权的中止

探望权的中止，是指因发生一定的法定事由，致使探望权不宜继续行使，而由人民法院依法暂时停止探望权的行使。探望权是离异父母依法享有的法定权利，不得任意阻碍、限制甚至剥夺。但是，如果行使探望权不利于子女的身心健康，有的甚至严重损害子女的利益时，就应对其探望权的行使给予必要的限制。

1. 探望权的中止以出现法定的中止事由为条件。中止探望权行使的法定事由，《婚姻家庭编》并未具体列举，而是概括地规定为不利于子女身心健康。一般而言，不利于子女身心健康的情形主要有：

（1）探望权人是无行为能力人或者限制行为能力人；

（2）探望权人患有严重传染性疾病或者其他严重疾病，可能危及子女健康的；

（3）探望权人在行使探望权时对子女有侵权行为或者犯罪行为，损害子女利益的；

（4）探望权人与子女感情严重恶化，子女坚决拒绝探望的；

（5）其他不利于子女身心健康的情形。

值得注意的是，中止探望权的唯一条件是不利于子女的身心健康。至于其他原因，如父母之间相互关系恶化，或探望权人未及时给付抚养费等，都不能成为中止探望权的理由。

2. 关于提出中止探望权的请求权人。未成年子女、直接抚养子女的父或母及其他对未成年子女负担抚养、教育义务的法定监护人，有权向人民法院提出中止探望权的请求。

3. 中止探望权须经人民法院裁定，其他任何机关、任何人包括父母双方，都不能中止未直接抚养子女的一方探望子女的权利。

考点 5　诉讼离婚的财产处理问题

离婚同时也终止了夫妻之间的财产关系和共同生活关系，发生夫妻共同生活财产与个人财产的认定和分割、债务的定性与清偿、特定情形下的经济补偿、对生活困难一方的经济帮助等法律后果。

一、共同财产分割的总原则

1. 双方就分割夫妻的共同财产达成协议的，按照双方协议处理；协议不成时，原则均分，亦可由人民法院根据财产的具体情况，照顾子女和女方权益的原则判决。

2. 对毁损或者企图侵占夫妻共同财产的一方予以适当的惩罚。

离婚时，一方隐藏、转移、变卖、毁损夫妻共同财产，或伪造债务企图侵占另一方财产的，分割夫妻共同财产时，对隐藏、转移、变卖、毁损夫妻共同财产或伪造债务的一方，可以少分或不分。

离婚后，另一方发现有上述行为的，可以向人民法院提起诉讼，请求再次分割夫妻共同财产。请求再次分割夫妻共同财产的诉讼时效为 3 年，从当事人发现之日起计算。

二、对某些特殊共有财产的分割（对外投资公司、合伙企业、个人独资企业所形成的财产以及房产等重要资产）

1. 对外转让较为便利的。

夫妻双方分割共同财产中的股票、债券、投资基金份额等有价证券以及未上市股份、有限公司股份时，协商不成或者按市价分配有困难的，人民法院可以根据数量按比例分配。

2. 一方为有限责任公司股东（转让存在限制）。

人民法院审理离婚案件，涉及分割夫妻共同财产中以一方名义在有限责任公司的出资额，另一方不是该公司股东的，按以下情形分别处理：①夫妻双方协商一致将出资额部分或者全部转让给该股东的配偶，过半数股东同意、其他股东明确表示放弃优先购买权的，该股东的配偶可以成为该公司股东；②夫妻双方就出资额转让份额和转让价格等事项协商一致后，过半数股东不同意转让，但愿意以同等价格购买该出资额的，人民法院可以对转让出资所得财产进行分割。过半数股东不同意转让，也不愿意以同等价格购买该出资额的，视为其同意转让，该股东的配偶可以成为该公司股东。

3. 一方投资于合伙企业（转让存在限制）。

人民法院审理离婚案件，涉及分割夫妻共同财产中以一方名义在合伙企业中的出资，另一方不是该企业合伙人的，当夫妻双方协商一致，将其合伙企业中的财产份额全部或者部分转让给对方时，按以下情形分别处理：①其他合伙人一致同意的，该配偶依法取得合伙人地位；②其他合伙人不同意转让，在同等条件下行使优先受让权的，可以对转让所得的财产进行分割；③其他合伙人不同意转让，也不行使优先受让权，但同意该合伙人退伙或者退还部分财产份额的，可以对退还的财产进行分割；④其他合伙人既不同意转让，也不行使优先受让权，又不同意该合伙人退伙或者退还部分财产份额的，视为全体合伙人同意转让，该配偶依法取得合伙人地位。

4. 一方投资设立个人独资企业的。

夫妻以一方名义投资设立独资企业的，人民法院分割夫妻在该独资企业中的共同财产时，应当按照以下情形分别处理：①一方主张经营该企业的，对企业资产进行评估后，由取得企业一方给予另一方相应的补偿；②双方均主张经营该企业的，在双方竞价基础上，由取得企业的一方给予另一方相应的补偿；③双方均不愿意经营该企业的，按照《个人独资企业法》等有关规定办理。

5. 双方对夫妻共同财产中的房屋价值及归属无法达成协议时，人民法院按以下情形分别处理：①双方均主张房屋所有权并且同意竞价取得的，应当准许；②一方主张房屋所有权的，由评估机构按市场价格对房屋作出评估，取得房屋所有权的一方应当给予另一方相应的补偿；③双方均不主张房屋所有权的，根据当事人的申请拍卖房屋，就所得价款进行分割。

6. 离婚时双方对尚未取得所有权或者尚未取得完全所有权的房屋有争议且协商不成的，人民法院不宜判决房屋所有权的归属，应当根据实际情况判决由当事人使用。

7. 婚前按揭、婚后还贷房屋的分割。

夫妻一方婚前签订不动产买卖合同，以个人财产支付首付款并在银行贷款，婚后用夫妻共同财产还贷，不动产登记于首付款支付方名下的，离婚时该不动产由双方协议处理。

无法达成协议的，人民法院可以判决该不动产归产权登记一方，尚未归还的贷款为产权登记一方的个人债务。双方婚后共同还贷支付的款项及其相对应财产增值部分，离婚时应由产权登记一方对另一方进行补偿。

8. 婚后共同财产出资用于购买一方父母参加的房改房的分割。

婚姻关系存续期间，双方用夫妻共同财产出资购买以一方父母名义参加房改的房屋，产权登记在一方父母名下，离婚时另一方主张按照夫妻共同财产对该房屋进行分割的，人民法院不予支持。购买该房屋时的出资，可以作为债权处理。

9. 养老金账户内资金的分割。

离婚时夫妻一方尚未退休、不符合领取养老保险金条件，另一方请求按照夫妻共同财产分割养老保险金的，人民法院不予支持；婚后以夫妻共同财产缴付养老保险费，离婚时一方主张将养老金账户中婚姻关系存续期间个人实际缴付部分作为夫妻共同财产分割的，人民法院应予支持。

10. 财产分割协议未生效情形下的分割。

当事人达成的以登记离婚或者到人民法院协议离婚为条件的财产分割协议，如果双方协议离婚未成，一方在离婚诉讼中反悔的，人民法院应当认定该财产分割协议没有生效，并根据实际情况依法对夫妻共同财产进行分割。

11. 继承财产的分割。

婚姻关系存续期间，夫妻一方作为继承人依法可以继承的遗产，在继承人之间尚未实际分割，起诉离婚时另一方请求分割的，人民法院应当告知当事人在继承人之间实际分割遗产后另行起诉。

12. 夫妻共同财产出借给一方后的处理。

夫妻之间订立借款协议，以夫妻共同财产出借给一方从事个人经营活动或用于其他个人事务的，应视为双方约定处分夫妻共同财产的行为，离婚时可按照借款协议的约定处理。

三、应当返还彩礼的情形

1. 双方未办理结婚登记手续的。
2. 双方办理结婚登记手续但确未共同生活的。
3. 婚前给付并导致给付人生活困难的。

四、夫妻债务清偿问题 ★★★

（一）一方婚前所负个人债务

一方婚前所负的个人债务，债权人不得向其配偶主张权利，除非能够证明所负债务用于婚后家庭生活。

（二）夫妻关系存续期间产生的债务

婚姻存续期间夫或妻一方以个人名义所负债务，原则上应按夫妻共同债务处理；夫妻对婚姻关系存续期间所得的财产约定归各自所有，夫或者妻一方对外所负的债务，相对人知道该约定的，以夫或者妻一方的个人财产清偿。

（三）追偿权

夫或妻一方就共同债务承担连带清偿责任后，可基于合法依据向另一方追偿。

（四）一方死亡情形下债务承担

夫或妻一方死亡的，生存一方应当对婚姻关系存续期间的共同债务承担连带清偿责任。

【经典真题】

乙起诉离婚时，才得知丈夫甲此前已着手隐匿并转移财产。关于甲、乙离婚的财产分割，下列哪一选项是错误的？[1]（2016－3－18）

A. 甲隐匿转移财产，分割财产时可少分或不分
B. 就履行离婚财产分割协议事宜发生纠纷，乙可再起诉
C. 离婚后发现甲还隐匿其他共同财产，乙可另诉再次分割财产
D. 离婚后因发现甲还隐匿其他共同财产，乙再行起诉不受诉讼时效限制

【考点】离婚财产分割

【解析】离婚时，一方隐藏、转移、变卖、毁损、挥霍夫妻共同财产，或伪造共同债务企图侵占另一方财产的，分割夫妻共同财产时，对隐藏、转移、变卖、毁损、挥霍夫妻共同财产或伪造共同债务的一方，可以少分或不分。离婚后，另一方发现有上述行为的，可以向人民法院提起诉讼，请求再次分割夫妻共同财产。故 A 选项正确，不选；C 选项正确，不选。

当事人依据《婚姻家庭编》的规定向人民法院提起诉讼，请求再次分割夫妻共同财产

---

[1] 【答案】D

的诉讼时效为 3 年，从当事人发现之日起计算。故 D 选项错误，当选。

离婚协议中关于财产分割的条款或者当事人因离婚就财产分割达成的协议，对男女双方具有法律约束力。当事人因履行上述财产分割协议发生纠纷提起诉讼的，人民法院应当受理。故 B 选项正确，不选。

考点6　离婚救济

一、离婚困难帮助请求权

离婚时，如一方生活困难，另一方应从其住房等个人财产中给予适当帮助。具体办法由双方协议；协议不成时，由人民法院判决。

如何界定生活困难：是指依靠个人财产和离婚时分得的财产无法维持当地基本生活水平。一方离婚后没有住处的，属于生活困难。

如何界定帮助的形式：一方以个人财产中的住房对生活困难者进行帮助的形式，可以是房屋的居住权或者房屋的所有权。

二、离婚经济补偿权

一方因抚育子女、照料老人、协助另一方工作等付出较多义务的，离婚时有权向另一方请求补偿，另一方应当予以补偿。

三、离婚损害赔偿请求权

离婚损害赔偿是指因夫妻一方有特定侵权行为导致离婚，另一方当事人有权依法请求的损害赔偿。该损害赔偿包括物质损害赔偿和精神损害赔偿。物质损害赔偿是为补偿无过错方当事人所遭受的财产损失；精神损害赔偿具有抚慰离婚中无过错当事人一方精神痛苦的功能，并最终实现保护合法婚姻关系、保障无过错配偶合法权益的目的。

（一）情形

1. 重婚的。

2. 与他人同居的。

3. 实施家庭暴力的。

4. 虐待、遗弃家庭成员的。

5. 有其他重大过错的。

（二）当事人

请求权人：离婚诉讼中的无过错方。

义务人：无过错方的配偶，与第三人（即便是所谓生活中的插足的第三人）无关。

【经典真题】

2003 年 5 月王某（男）与赵某结婚，双方书面约定婚后各自收入归个人所有。2005 年 10 月王某用自己的收入购置一套房屋。2005 年 11 月赵某下岗，负责照料女儿及王某的生活。2008 年 8 月王某提出离婚，赵某得知王某与张某已同居多年。法院应支持赵某的下列

哪些主张？[1]（2009 - 3 - 66）

　　A. 赵某因抚育女儿、照顾王某生活付出较多义务，王某应予以补偿

　　B. 离婚后赵某没有住房，应根据公平原则判决王某购买的住房属于夫妻共同财产

　　C. 王某与张某同居导致离婚，应对赵某进行赔偿

　　D. 张某与王某同居破坏其家庭，应向赵某赔礼道歉

　　【考点】离婚的损害赔偿

　　【解析】A项，一方因抚育子女、照料老人、协助另一方工作等付出较多义务的，离婚时有权向另一方请求补偿，另一方应当予以补偿。本题中，赵某因抚育女儿等付出较多义务，根据前述规定，王某应给予补偿，故选项A正确。C项，有配偶者与他人同居，因此导致离婚的，无过错方有权请求损害赔偿。本题中王某与张某同居导致离婚，赵某作为受害方有权请求王某赔偿，故选项C正确。B项，离婚时，如一方生活困难，另一方应从其住房等个人财产中给予适当帮助。具体办法由双方协议；协议不成时，由人民法院判决。"一方生活困难"，是指依靠个人财产和离婚时分得的财产无法维持当地基本生活水平。一方离婚后没有住处的，属于生活困难。离婚时，一方以个人财产中的住房对生活困难者进行帮助的形式，可以是房屋的居住权或者房屋的所有权。本题中，离婚后赵某没有住房，可以协议或判决王某将其购买的住房供赵某使用或所有，而不应根据公平原则判决王某购买的住房属于夫妻共同财产。所以B项错误。D项，处于婚姻关系之外的同居者张某只受道德约束，而不受法律规范的约束，赵某不能向法院起诉请求张某对其赔礼道歉，此无法律依据。另外，民法理论一般认为，赔礼道歉这一民事责任承担方式，一般适用于对人格权的侵权行为，张某如果构成侵权的话，实为侵犯的是赵某的配偶权，这是身份权而非人格权。所以，法院无法支持张某应向赵某赔礼道歉的主张，故选项D错误。综上所述，本题答案为AC项。

　　（三）赔偿范围

　　包括物质损害赔偿和精神损害赔偿。

　　（四）赔偿的条件

　　以判决离婚为前提。

　　因此：①不准离婚的，不赔。人民法院判决不准离婚的案件，对于当事人提出的损害赔偿请求，不予支持。②不提离婚的，不赔。在婚姻关系存续期间，当事人不起诉离婚，而单独依据该条规定提起损害赔偿请求的，人民法院不予受理。

　　不予赔偿情形：夫妻双方均有过错情形，一方或者双方向对方提出离婚损害赔偿请求的，人民法院不予支持。

【经典真题】

　　乙女与甲男婚后多年未生育，后甲男发现乙女因不愿生育曾数次擅自中止妊娠，为此甲男多次殴打乙女。乙女在被打住院后诉至法院要求离婚并请求损害赔偿，甲男以生育权被侵害为由提起反诉，请求乙女赔偿其精神损害。法院经调解无效，拟判决双方离婚。下列哪些选项是正确的？[2]（2017/3/65）

――――――――――

〔1〕【答案】AC
〔2〕【答案】AD

A. 法院应支持乙女的赔偿请求　　B. 乙女侵害了甲男的生育权
C. 乙女侵害了甲男的人格尊严　　D. 法院不应支持甲男的赔偿请求

【考点】离婚损害赔偿

【解析】本题考查离婚损害赔偿。《婚姻家庭编解释（一）》第87条规定："承担民法典第一千零九十一条规定的损害赔偿责任的主体，为离婚诉讼当事人中无过错方的配偶。人民法院判决不准离婚的案件，对于当事人基于民法典第一千零九十一条提出的损害赔偿请求，不予支持。在婚姻关系存续期间，当事人不起诉离婚而单独依据民法典第一千零九十一条提起损害赔偿请求的，人民法院不予受理。"本题中，甲男多次殴打乙女，属于实施家庭暴力；乙女已经诉请离婚；法院拟判决双方离婚，符合离婚损害赔偿的条件，故 A 正确。我国现行法律并未承认生育权，B 错误。乙女的行为也谈不上侵害甲男的人格尊严，C 错误。本题中，甲男的主张无法律依据，D 正确。

（五）具体程序

过错方作为原告向人民法院提起损害赔偿请求的，必须在离婚诉讼的同时提出。

无过错方作为被告的离婚诉讼案件，如果被告不同意离婚也不基于该条规定提起损害赔偿请求的，可以就此单独提起诉讼。

无过错方作为被告的离婚诉讼案件，一审时被告未提出损害赔偿请求，二审期间提出的，人民法院应当进行调解；调解不成的，告知当事人另行起诉。双方当事人同意由第二审人民法院一并审理的，第二审人民法院可以一并裁判。

当事人在婚姻登记机关办理离婚登记手续后，向人民法院提出损害赔偿请求的，人民法院应当受理。但当事人在协议离婚时已经明确表示放弃该项请求的，人民法院不予支持。

【小结/重点整理】

本章是重点章节，考生需要重点关注的是离婚诉讼、夫妻离婚后债务的承担、离婚过错方的损害赔偿制度。

第六编 继 承

知识体系结构图

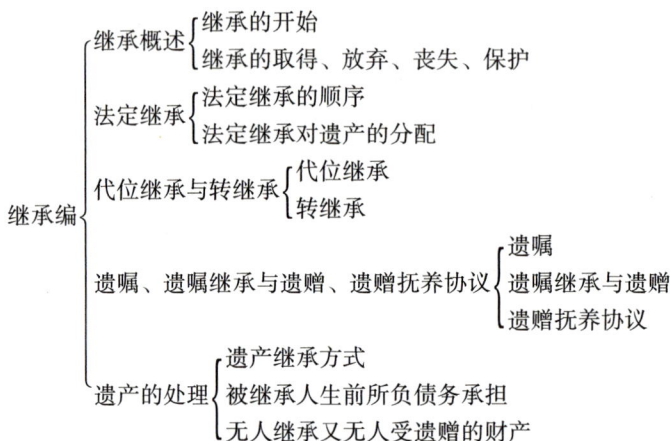

```
继承编
├─ 继承概述 ┬─ 继承的开始
│           └─ 继承的取得、放弃、丧失、保护
├─ 法定继承 ┬─ 法定继承的顺序
│           └─ 法定继承对遗产的分配
├─ 代位继承与转继承 ┬─ 代位继承
│                   └─ 转继承
├─ 遗嘱、遗嘱继承与遗赠、遗赠抚养协议 ┬─ 遗嘱
│                                     ├─ 遗嘱继承与遗赠
│                                     └─ 遗赠抚养协议
└─ 遗产的处理 ┬─ 遗产继承方式
             ├─ 被继承人生前所负债务承担
             └─ 无人继承又无人受遗赠的财产
```

第三十五章
继承概述

导学

　　本章内容比较简单，考点主要集中于继承权的取得、丧失与放弃上，还包括受遗赠权的放弃，继承开始的时间等内容的考查。

📖 **重点知识详解**

考点1 继承的开始

一、继承开始的时间

（一）继承开始时间的确定

1. 继承就是指死者生前所有的，在死亡时遗留的个人合法财产，依法由有资格继承的人所取得。

2. 被继承人死亡的时间为继承开始的时间。死亡包括生理死亡与宣告死亡。生理死亡的时间为呼吸停止且心跳停止的时间。在宣告死亡的情形下，继承开始的时间是人民法院判决宣告之日。

3. 被宣告死亡和自然死亡的时间不一致的，被宣告死亡所引起的法律后果仍然有效，但自然死亡前实施的民事法律行为与被宣告死亡引起的法律后果相抵触的，则以其实施的民事法律行为为准。所以，如果被宣告死亡人没有死亡，其所立遗嘱与被宣告死亡的法律后果相抵触的，则以其所立遗嘱为准。

4. 相互有继承关系的数人在同一事件中死亡，难以确定死亡时间的，推定没有其他继承人的人先死亡。都有其他继承人，辈份不同的，推定长辈先死亡；辈份相同的，推定同时死亡，相互不发生继承。

（二）确定继承开始时间的意义

1. 它是遗嘱和遗赠生效的时间。
2. 它是确定被继承人遗产实际内容的时间。
3. 它是分割遗产和放弃继承权效力应溯及的时间。
4. 它是法律上的期待继承权转化为现实继承权的时间。
5. 它是确定继承人范围的时间。

二、继承开始的地点

继承开始的地点，指的是继承人开始继承遗产的地方。继承编对继承开始的地点没有明文规定，关于继承开始的地点，一般以被继承人生前的最后住所地为宜，也可以被继承人的主要财产所在地为继承开始地。明确继承开始的地点，便于了解被继承人遗产的具体情况，有利于正确认定继承人之间的责任，更有利于确定诉讼管辖。

考点2 继承权的放弃、丧失、保护

一、继承权的放弃 ★★★

继承权的放弃，是指继承人在继承开始后、遗产分割前，以明示的方式作出的放弃继承遗产中的权利的意思表示。放弃继承的意思表示属单方法律行为，只要放弃继承的继承人有放弃继承的意思表示即可，无须经他人同意。

1. 须为明示：（未作表示的，视作接受继承）
①继承人放弃继承应当以书面形式表示。
②用口头方式表示放弃继承，本人承认，或有其他充分证据证明的，也应当认定其有效。

③在诉讼中，继承人向人民法院以口头方式表示放弃继承的，要制作笔录，由放弃继承的人签名。

2. 须在法定期限内：继承开始后，遗产处理前。

3. 放弃的追溯力：放弃继承的效力，追溯到继承开始的时间。

4. 放弃无效情形：继承人因放弃继承权，致其不能履行法定义务的，放弃继承权的行为无效。

5. 反悔情形：遗产处理前或在诉讼进行中，继承人对放弃继承反悔的，由人民法院根据其提出的具体理由，决定是否承认。遗产处理后，继承人对放弃继承反悔的，不予承认。

【经典真题】

下列哪一行为可引起放弃继承权的后果？[1]（2011 - 3 - 23）

A. 张某口头放弃继承权，本人承认

B. 王某在遗产分割后放弃继承权

C. 李某以不再赡养父母为前提，书面表示放弃其对父母的继承权

D. 赵某与父亲共同发表书面声明断绝父子关系

【考点】继承权的放弃

【解析】选项 A 和 D 考查继承权放弃的形式。继承开始后，继承人放弃继承的，应当在遗产处理前，作出放弃继承的意思表示。没有意思表示的，视为接受继承。继承人放弃继承应当以书面形式向其他继承人表示。用口头方式表示放弃继承，本人承认，或有其他充分证据证明的，也应当认定其有效。在诉讼中，继承人向人民法院以口头方式表示放弃继承的，要制作笔录，由放弃继承的人签名。据此，选项 A 符合第二种口头形式的要件，可以引起继承权放弃的后果，当选。选项 D 不符合放弃继承权的形式，不会发生放弃继承权的法律后果，故不当选。

选项 B 考查的是继承权放弃的时限要求，应该在遗产处理前提出放弃，因此该项错误。

选项 C 考查继承权放弃的限制，继承人因放弃继承权，致其不能履行法定义务的，放弃继承权的行为无效。故该项内容不会导致继承权的放弃，不当选。

★特别提示　受遗赠权的放弃 ★★★

1. 受遗赠权的放弃。①受遗赠人放弃受遗赠权应当在知道受遗赠后 60 日内作出，可以采用明示方式向其他继承人或者法院作出，也可以采用默示方式作出，但 60 日期满受遗赠人未作表示的，视为放弃受遗赠。②受遗赠人接受遗赠，必须以明示方式作出。

2. 放弃受遗赠的效力。受遗赠人放弃受遗赠的，自继承开始时即丧失受遗赠权，其受遗赠的财产按照法定继承处理。须注意：放弃继承的意思表示可以撤回，但是放弃受遗赠的意思表示则不得撤回。

二、继承权的丧失 ★★

继承权的丧失又称继承权的剥夺，是指继承人因对被继承人或其他继承人有法律规定的违法行为而被依法剥夺继承人的资格，从而丧失继承权的法律制度。

---

[1]【答案】A

（一）继承权丧失的法定事由

下列行为之一的，丧失继承权：

1. 故意杀害被继承人的。故意杀害被继承人的继承人，不但应当受到刑罚处罚，而且应当被剥夺继承权。其构成要件主观上的要求是故意，客观上必须有杀害行为（不必考虑行为是否既遂）。

2. 为争夺遗产而杀害其他继承人的。只有继承人杀害的动机是争夺遗产，杀害的对象是其他继承人时，才能确定其丧失继承权。非出于争夺遗产的目的杀害其他继承人的，则不能剥夺其继承权。

3. 遗弃被继承人或虐待被继承人情节严重的。遗弃被继承人是指有赡养能力、抚养能力的继承人，拒绝赡养或抚养没有独立生活能力或丧失劳动能力的被继承人的行为。虐待被继承人主要是指经常对被继承人进行肉体或精神上的折磨（如侮辱、打骂、冻饿等）。

4. 伪造、篡改或者销毁遗嘱，情节严重的。"情节严重"是指伪造、篡改或销毁遗嘱的行为，侵害了缺乏劳动能力且无生活来源的继承人的利益，并造成其生活困难的。

5. 以欺诈、胁迫手段迫使或者妨碍被继承人设立、变更或者撤回遗嘱，情节严重。注意：继承人有前款第3项至第5项行为，确有悔改表现，被继承人表示宽恕或者事后在遗嘱中将其列为继承人的，该继承人不丧失继承权。

（二）继承权丧失的效力

继承权丧失的效力是指继承权丧失的法律效果，它包括时间效力以及对人的效力。继承编对继承权丧失的时间效力没有明确规定，从立法精神来看，当继承人具有丧失继承权的法定事由时，其继承权就当然丧失；若丧失继承权的法定事由出现在继承开始之后，则其效力追溯至继承开始之时。在有关于对人的效力方面，继承权的丧失具有特定性，即使丧失了对特定人的继承权，继承人仍享有对其他被继承人的遗产继承权。

▶ ★特别提示　继承人虐待被继承人情节严重的，或者遗弃被继承人的，如以后确有悔改表现，而且被虐待人、被遗弃人生前又表示宽恕或者事后在遗嘱中将其列为继承人的，该继承人不丧失继承权。

三、继承权的保护★

继承权的保护，是指合法继承人的继承权受到他人侵害时，继承人可以通过诉讼程序请求人民法院予以保护，从而使继承权恢复到继承开始时状态的情形。

【小结/重点整理】

本章的作用在于对继承编的基本知识有一个大概的了解，主要内容有一个整体的印象，能够学会相关问题的解题方法。

第三十六章
法定继承

导学　　本章内容比较重要，考点主要集中于法定继承的顺序和范围以及法定继承人对遗产的分配上，内容比较简单，应该掌握。

重点知识详解

考点1　法定继承的顺序

一、法定继承的顺序

法定继承，是指在没有遗赠扶养协议和遗嘱或者遗赠扶养协议和遗嘱无效的情况下，继承人根据法律确定的继承人范围、继承顺位、继承份额以及遗产分配的原则，取得被继承人遗产的一种法律制度。

适用法定继承时，依照下列规则分配遗产：

1. 继承开始后，由第一顺序继承人继承，第二顺序继承人不继承。没有第一顺序继承人继承的，由第二顺序继承人继承。

2. 同一顺序法定继承人继承遗产的份额，一般应当均等，法律另有规定的除外。

二、法定继承的适用范围

法定继承的适用范围就是指在什么情况下适用法定继承处理被继承人的遗产。"遗赠扶养协议在先"的原则，被继承人死亡后有遗赠扶养协议的，先要执行协议；无遗赠扶养协议或遗赠扶养协议无效的，适用遗嘱继承，然后才适用法定继承。有下列情形之一的，遗产中的有关部分也要按照法定继承办理：

1. 遗嘱未处分的或遗嘱无效部分涉及的遗产。

2. 受遗赠人或遗嘱继承人先于被继承人死亡后所涉及的那部分遗产。

3. 遗嘱继承人放弃继承或受遗赠人放弃受遗赠后所涉及的遗产。

4. 受遗赠人放弃受遗赠后涉及的遗产。

三、法定继承顺序的内容

（一）第一顺序法定继承人的范围

1. 配偶。合法婚姻关系中配偶双方互为第一顺序继承人。所以同居关系的双方、婚姻被宣告无效或者被撤销的双方不享有继承权。

2. 父母。包括生父母、养父母和有扶养关系的继父母。

3. 子女。包括婚生子女、非婚生子女、养子女和有扶养关系的继子女。

4. 尽了主要赡养义务的丧偶儿媳或者丧偶女婿。丧偶儿媳对公、婆，丧偶女婿对岳父、岳母，尽了主要赡养义务的，无论其是否再婚，均作为第一顺序继承人。（"主要赡养义务"：对被继承人生活提供了主要经济来源，或在劳务等方面给予了主要扶助的，应当认定其尽了主要赡养义务或主要扶养义务）

5. 代位继承人。代位继承人代自己的父母参与继承，是第一顺序的继承人。

6. 胎儿。如果胎儿出生时为活体，胎儿具有继承遗产的资格。但是，胎儿的父亲死亡，给胎儿保留应继份额的时候，胎儿的地位相当于第一顺序的继承人。不过，胎儿娩出时是死体的，胎儿的应继份额由被继承人的继承人继承。

【经典真题】

甲、乙为夫妻，长期感情不和。2010年5月1日甲乘火车去外地出差，在火车上失踪，没有发现其被害尸体，也没有发现其在何处下车。2016年6月5日法院依照法定程序宣告甲死亡。之后，乙向法院起诉要求铁路公司对甲的死亡进行赔偿。关于甲被宣告死亡，下列哪些说法是正确的？[1]（2016－3－51）

A. 甲的继承人可以继承其财产

B. 甲、乙婚姻关系消灭，且不可能恢复

C. 2016年6月5日为甲的死亡日期

D. 铁路公司应当对甲的死亡进行赔偿

【考点】法定继承

【解析】继承从被继承人生理死亡或被宣告死亡时开始。2016年6月5日法院依照法定程序宣告甲死亡，故甲的继承人可以继承其财产，A选项正确。

被宣告死亡的人与配偶的婚姻关系，自死亡宣告之日起消灭。死亡宣告被人民法院撤销，如果其配偶尚未再婚的，夫妻关系从撤销死亡宣告之日起自行恢复；如果其配偶再婚后又离婚或者再婚或者书面向民政机关声明不同意恢复的，则不得认定夫妻关系自行恢复。B选项认定婚姻关系不可能恢复，过于绝对，错误。

被宣告死亡的人，判决作出之日为其死亡的日期。2016年6月5日法院依照法定程序宣告甲死亡，故C选项正确。

承运人应当对运输过程中旅客的伤亡承担损害赔偿责任，但伤亡是旅客自身健康原因造成的或者承运人证明伤亡是旅客故意、重大过失造成的除外。本题中，铁路公司并无侵权行为，铁路公司的行为和死亡的损害后果之间没有因果关系，故无须对甲的死亡承担赔偿责任，故D选项错误。

(二) 第二顺序法定继承人的范围

1. 兄弟姐妹。包括同父母的兄弟姐妹、同父异母或者同母异父的兄弟姐妹、养兄弟姐妹、有扶养关系的继兄弟姐妹。继兄弟姐妹之间相互继承了遗产的，不影响其继承亲兄弟姐妹的遗产。

2. 祖父母、外祖父母。被继承人死亡的，其祖父母、外祖父母均可以作为第二顺序的

---

[1]【答案】AC

继承人参与继承。

【经典真题】

钱某与胡某婚后生有子女甲和乙，后钱某与胡某离婚，甲、乙归胡某抚养。胡某与吴某结婚，当时甲已参加工作而乙尚未成年，乙跟随胡某与吴某居住，后胡某与吴某生下一女丙，吴某与前妻生有一子丁。钱某和吴某先后去世，下列哪些说法是正确的？[1]（2009－3－68）

A. 胡某、甲、乙可以继承钱某的遗产　　B. 甲和乙可以继承吴某的遗产

C. 胡某和丙可以继承吴某的遗产　　　　D. 乙和丁可以继承吴某的遗产

【考点】法定继承人

【解析】遗产按照下列顺序继承：第一顺序：配偶、子女、父母。第二顺序：兄弟姐妹、祖父母、外祖父母。根据上述规定可知，配偶的一方享有对另一方遗产的继承权。本题中，胡某虽然以前与钱某有婚姻关系，但是钱某去世时，他们已经离婚，胡某不再是钱某的配偶，则胡某不享有对钱某遗产的继承权。因此，A 项错误。

本法所说的子女，包括婚生子女、非婚生子女、养子女和有扶养关系的继子女。本案中，胡某与吴某结婚时，甲已参加工作且独立生活，而乙未成年跟随胡某与吴某居住。由此可知，甲与吴某之间没有形成扶养关系，而乙与吴某之间形成了扶养关系，即甲无权继承吴某的遗产，乙有权继承吴某的遗产。因此，B 项错误。

吴某去世时，胡某是吴某的配偶，胡某有权继承吴某的遗产。丙是胡某与吴某的婚生子女，享有吴某遗产的继承权。因此，C 项正确。

吴某是丁的生父，丁享有对吴某遗产的继承权，乙与吴某形成了有扶养关系的继子女关系，乙有权继承吴某的遗产。因此，D 项正确。

考点 2　法定继承人对遗产的分配

法定继承人对遗产的分配份额，按照以下规则确定：

1. 原则上，同一顺序的法定继承人应当"平分"遗产；但是，同一顺序的继承人经过协商，允许"有人分的多，有人分的少"。

2. 特殊情形特殊处理：

（1）基于对弱者一贯同情和照顾的立场，对于生活有特殊困难并且缺乏劳动能力的法定继承人，"应当"予以照顾，对其多分。

（2）作为激励机制，对被继承人尽了主要扶养义务或者与被继承人共同生活的法定继承人，"可以"多分。

（3）作为事后惩罚，对于有扶养能力和扶养条件，却不对被继承人尽扶养义务的法定继承人，"应当"不分或者少分。

【小结/重点整理】

本章内容对于法条的直接考查比较明显，同时对于法条的理解也没有太大的难度，要重点把握法定继承的顺序。

---

[1]【答案】CD

第三十七章
代位继承和转继承

导学 本章内容比较重要，但是知识很简单，考点主要集中于代位继承的构成要件和代位继承以及转继承的内容上，一定要把握。

重点知识详解

考点1　代位继承

一、代位继承的构成要件★★★

代位继承，被继承人的子女先于被继承人死亡或宣告死亡时，本应由继承人继承的遗产，由已死亡子女的晚辈直系血亲代位继承的法律制度，又称间接继承。被继承人的兄弟姐妹先于被继承人死亡的，由被继承人的兄弟姐妹的子女代位继承。其中，先于被继承人死亡的继承人称为被代位继承人，代替被代位继承人继承遗产的人被称为代位继承人。其构成要件如下：①被继承人死亡；②被继承人的子女先于被继承人死亡；③先于被继承人死亡的被继承人的子女没有丧失继承权。

> ★特别提示
> 1. 遗嘱继承不适用代位继承。仅遗产中应依照法定继承的部分，才适用代位继承。
> 2. 与先于被继承人死亡的子女形成扶养关系的继子女，不享有代位继承权。
> 3. 丧偶儿媳对公婆、丧偶女婿对岳父、岳母，无论其是否再婚，作为第一顺序继承人时，不影响其子女代位继承。这里的"其子女"，指其与先于被继承人死亡的子女的亲生子女、养子女。

二、代位继承人的范围★★★

1. 被继承人的孙子女、外孙子女、曾孙子女、外曾孙子女、被继承人兄弟姐妹的子女都可以代位继承，代位继承人不受辈数的限制。

2. 被继承人的养子女、已形成扶养关系的继子女的生子女可代位继承；被继承人亲生子女的养子女可代位继承；被继承人养子女的养子女可代位继承；与被继承人已形成扶养关系的继子女的养子女也可以代位继承。

3. 丧偶儿媳对公婆、丧偶女婿对岳父、岳母，无论其是否再婚，作为第一顺序继承人时，不影响其子女代位继承。

4. 代位继承人缺乏劳动能力又没有生活来源，或者对被继承人尽过主要赡养义务的，分配遗产时，可以多分。

5. 继承人丧失继承权的，其晚辈直系血亲不得代位继承。如后者缺乏劳动能力又没有生活来源，或对被继承人尽赡养义务较多的，可适当分给遗产。

【经典真题】

甲育有二子乙和丙。甲生前立下遗嘱，其个人所有的房屋死后由乙继承。乙与丁结婚，并有一女戊。乙因病先于甲死亡后，丁接替乙赡养甲。丙未婚。甲死亡后遗有房屋和现金。下列哪些表述是正确的?[1]（2012－3－66）

A. 戊可代位继承　　　　　　　　B. 戊、丁无权继承现金

C. 丙、丁为第一顺序继承人　　　D. 丙无权继承房屋

【考点】 遗嘱继承、代位继承

【解析】 被继承人的子女先于被继承人死亡的，由被继承人的子女的晚辈直系血亲代位继承。本题中，乙为甲的儿子且先于甲死亡，戊为乙的女儿，系其晚辈直系血亲，故戊可代位继承乙应继承的份额。选项 A 的表述正确，当选。

代位继承人一般只能继承他的父亲或者母亲有权继承的遗产份额。因此戊只能继承乙有权继承的遗产份额。如果乙在世，其有权继承甲遗有的房屋和现金中的应继份额。戊为代位继承人，也就可以代位继承这些份额。此外，丁作为丧偶儿媳，在尽了赡养义务的情形下，有权作为第一顺序继承人，继承其在房屋和现金中的份额。综上，选项 B 的表述错误，不当选。

丙为甲的儿子，为第一顺序继承人；如前所述，丁作为丧偶儿媳尽了赡养义务，也为第一顺序继承人。因此选项 C 的表述正确，当选。

选项 D 涉及甲所立遗嘱的效力问题，因遗嘱继承人乙先于甲死亡，所以该遗嘱不能发生效力。该房屋在法定继承遗产范围内，丙作为第一顺序继承人，有权继承其上的份额。所以 D 表述错误，不当选。

三、法定继承人以外的人分得遗产的情形

（一）可以适当分得遗产的继承人以外的人的范围

继承人、受遗赠人以外的人原则上不能参与遗产的分配。下列两种人可以作为继承人、受遗赠人以外的人适当分得遗产（注意：他们仅能分得遗产，但不享有继承权，不是继承遗产）：

1. 继承人以外的依靠被继承人扶养的缺乏劳动能力又没有生活来源的人。

2. 继承人以外的对被继承人扶养较多的。

"被收养人对养父母尽了赡养义务，同时又对生父母扶养较多的，除可依继承编的规定继承养父母的遗产外，还可依规定分得生父母的适当的遗产。"

（二）继承人以外的人对遗产的分配

1. 可以分配的份额。可以"适当"分得遗产的继承人以外的人，其可以分配的遗产份额，根据具体情况，可以"多于"或者"少于"继承人。

2. 适当分得遗产的权利受侵害时的救济。①其适当分得遗产的权利受侵害时，可以独立的诉讼主体起诉。②遗产分割时不知权利受侵害而未提出请求的，可以在遗产分割后 2

---

〔1〕**【答案】** AC

年内请求重新分割遗产。③遗产分割时明知权利受侵害且未提出请求的，遗产分割后请求重新分割遗产的，不予支持。

考点2　转继承

转继承，指被继承人死亡后，法定继承人或者遗嘱继承人没有放弃继承，或者受遗赠人已经接受遗赠，但在遗产分割前，法定继承人、遗嘱继承人或者受遗赠人死亡，则他们应当分得的被继承人的遗产，作为他们自己的遗产，由他们的继承人予以继承的制度。

【经典真题】

熊某与杨某结婚后，杨某与前夫所生之子小强由二人一直抚养，熊某死亡，未立遗嘱。熊某去世前杨某孕有一对龙凤胎，于熊某死后生产，产出时男婴为死体，女婴为活体但旋即死亡。关于对熊某遗产的继承，下列哪些选项是正确的？[1]（2016 – 3 – 66）

A. 杨某、小强均是第一顺位的法定继承人
B. 女婴死亡后，应当发生法定的代位继承
C. 为男婴保留的遗产份额由杨某、小强继承
D. 为女婴保留的遗产份额由杨某继承

【考点】 胎儿特留份额、转继承

【解析】 遗产按照下列顺序继承：第一顺序：配偶、子女、父母。第二顺序：兄弟姐妹、祖父母、外祖父母。继承开始后，由第一顺序继承人继承，第二顺序继承人不继承。没有第一顺序继承人继承的，由第二顺序继承人继承。本法所说的子女，包括婚生子女、非婚生子女、养子女和有扶养关系的继子女。杨某是熊某的配偶，是第一顺位的继承人；小强一直由熊某与杨某抚养，小强是熊某形成扶养关系的继子女，是第一顺位的继承人，故 A 选项正确。

继承开始后，继承人没有表示放弃继承，并于遗产分割前死亡的，其继承遗产的权利转移给他的合法继承人。女婴死亡后，产生转继承而不是代位继承，故 B 选项错误。

遗产分割时，应当保留胎儿的继承份额。胎儿出生时是死体的，保留的份额按照法定继承办理。男婴出生时为死体，为男婴保留的遗产份额由熊某的继承人杨某、小强继承，故 C 选项正确。

女婴出生时为活体，但旋即死亡，为女婴保留的遗产份额由女婴的继承人杨某继承，故 D 选项正确。

该题出现在《民法典》颁布实施之前，故根据《民法典》之规定，A 选项中，女婴也是法定继承人；C 选项中，为男婴保留地遗产，应该由杨某、小强、女婴予以继承，现在应选 AD。

【小结整理】

本章主要掌握两个很清晰的概念即可，没有什么太大的难度，多做练习还是很重要的，这样应付考试就足够了。

---

[1] **【答案】** AD

第三十八章

遗嘱、遗嘱继承、遗赠、遗赠扶养协议

> **导学**
>
> 　　本章内容比较基础，考查的内容主要集中在遗赠扶养协议、遗嘱的撤销与变更上，注意遗嘱形式的考查和区分遗嘱和遗赠的区别，鉴于内容比较简单，务必掌握。

✌ 重点知识详解

考点1　遗嘱

一、遗嘱的形式

继承编上的遗嘱，是指自然人生前依法处分自己的财产以及安排与财产相关的事务，并于死后发生法律效力的单方民事法律行为。遗嘱有六种形式：

（一）公证遗嘱

指经过公证的遗嘱。公证遗嘱应当一式二份，由公证机关和遗嘱人分别保存。

1. 遗嘱人必须亲自到公证机关办理公证遗嘱，不得代理。

2. 应由两名以上的公证员共同办理。因特殊情况只有一名公证员办理的，应由一名见证人见证并签名。

（二）自书遗嘱

指遗嘱人生前亲手书写的遗嘱。自书遗嘱的形式要件为：

1. 必须由遗嘱人亲自"书写"。

2. 须注明年、月、日。

3. 须有遗嘱人的亲笔签名。

（三）代书遗嘱

指由遗嘱人口述遗嘱内容，他人代为书写制作的遗嘱。代书遗嘱的形式要件为：

1. 由遗嘱人口述遗嘱内容。

2. 两个以上无利害关系的见证人在场见证，其中一人代书。

3. 遗嘱人、代书人、其他见证人签名，并注明年、月、日。

（四）录音录像遗嘱

指由遗嘱人口述，以录音、录像为载体形成的遗嘱。录音录像遗嘱的形式要件是：

1. 由遗嘱人亲自叙述遗嘱的全部内容。

2. 两个以上无利害关系的见证人在场见证（要求将见证人录入录音、录像之中）。

（五）口头遗嘱

指遗嘱人用口头表述的遗嘱。口头遗嘱的形式要件为：

1. 须是遗嘱人在危急情况下的口述（"危急情况"指遗嘱人生命垂危或者有其他紧急情况，如参与重大军事行动、参加抢险救灾、遭遇意外事故等）。

2. 须有两个以上无利害关系的见证人在场见证。

（六）打印遗嘱

打印遗嘱应当有两个以上见证人在场见证。遗嘱人和见证人应当在遗嘱每一页签名，注明年、月、日。

★特别提示 由于口头遗嘱特别容易被篡改和伪造，故危急情况解除后，遗嘱人能够用书面或者录音形式立遗嘱的，所立的口头遗嘱无效。

二、遗嘱的效力

（一）遗嘱有效要件

1. 遗嘱人有遗嘱能力。遗嘱人立遗嘱时必须具有行为能力，如果设立遗嘱时具有行为能力，立遗嘱后丧失的，不影响遗嘱的效力。

2. 遗嘱是遗嘱人的真实意思表示。如遗嘱人以不同形式立有数份内容相抵触的遗嘱时，以最后所立遗嘱中的意思表示为准。

3. 遗嘱的内容合法。判断遗嘱的内容是否合法，应以被继承人死亡时为准。

4. 遗嘱的形式符合法律规定的要求。遗嘱是否符合法定的形式，应以遗嘱设立时法律的规定为准。

（二）遗嘱的无效情形

遗嘱的无效是指遗嘱不符合法律规定的条件而不能发生法律效力。遗嘱的无效主要有下列情形：

1. 无行为能力人或限制行为能力人所立的遗嘱无效。即使无行为能力人或者限制行为能力人后来具备了完全行为能力，其先前所立遗嘱仍属无效遗嘱。

2. 受胁迫、欺骗所立的遗嘱无效。受胁迫、欺骗而设立的遗嘱不是遗嘱人的真实意思表示，因此也应当是无效的。

3. 伪造的遗嘱无效。伪造的遗嘱根本不是被继承人的意思表示，因此，即使伪造的遗嘱没有损害继承人的利益，或并不违背被继承人的意思表示，也属无效。

4. 被篡改的遗嘱内容无效。遗嘱被篡改的，被篡改的部分无效，但不影响遗嘱中未被篡改内容的效力。

5. 如果遗嘱没有对缺乏劳动能力又没有生活来源的继承人保留必要的份额，对应当保留的必要份额的处分无效；继承人是否缺乏劳动能力又没有生活来源，应按遗嘱生效时该继承人的具体情况确定。遗嘱人以遗嘱处分了属于国家、集体或他人所有的财产时，遗嘱的这部分也应认定为无效。

6. 在危急情况消除后，口头遗嘱人能够用书面或者录音形式立遗嘱的，先前所立的口头遗嘱无效。

【经典真题】

贡某立公证遗嘱：死后财产全部归长子贡文所有。贡文知悉后，自书遗嘱：贡某全部遗产归弟弟贡武，自己全部遗产归儿子贡小文。贡某随后在贡文遗嘱上书写：同意，但还是留 10 万元给贡小文。其后，贡文先于贡某死亡。关于遗嘱的效力，下列哪些选项是正确的？[1]（2016-3-21）

    A. 贡某遗嘱已被其通过书面方式变更

    B. 贡某遗嘱因贡文先死亡而不生效力

    C. 贡文遗嘱被贡某修改的部分合法有效

    D. 贡文遗嘱涉及处分贡某财产的部分有效

【考点】遗嘱继承

【解析】遗嘱人可以撤销、变更自己所立的遗嘱。立有数份遗嘱，内容相抵触的，以最后的遗嘱为准。此后同意贡文的遗嘱，但还是留 10 万元给贡小文的意思表示，作为成立在后的书面遗嘱，修改了此前成立的公证遗嘱，民法典公布之后，公证遗嘱不再具有优先性，因此 A 选项正确，C 选项错误。

有下列情形之一的，遗产中的有关部分按照法定继承办理：（三）遗嘱继承人、受遗赠人先于遗嘱人死亡或者终止。贡某遗嘱因贡文先死亡而不生效力，故 B 选项正确。

遗嘱人以遗嘱处分了属于国家、集体或他人所有的财产，遗嘱的这部分，应认定无效。贡文先于贡某死亡，因此贡文的遗嘱涉及处分贡某财产的部分自己尚未取得所有权，属于他人所有的财产，无效，D 选项错误。

三、遗嘱的撤回和变更

遗嘱的撤回或变更，指遗嘱人依法改变原先所立遗嘱的全部或者部分内容，使其全部或部分不发生效力，前者称为遗嘱的撤回，后者称为遗嘱的变更。

遗嘱的变更与撤回分两种：

（一）遗嘱变更、撤回的明示方式

是指遗嘱人以明确的意思表示变更、撤回遗嘱。遗嘱人以明示方式变更、撤回遗嘱的，须以法律规定的设立遗嘱的方式进行。

（二）推定方式确定遗嘱的变更和撤回

1. 立有数份遗嘱，内容相抵触的，以最后的遗嘱为准。

2. 遗嘱人生前的行为与遗嘱的意思表示相反，而使遗嘱处分的财产在继承开始前灭失、部分灭失或所有权转移、部分转移的，遗嘱视为被撤回或部分被撤回。

3. 遗嘱人故意销毁遗嘱的，推定遗嘱人撤回原遗嘱。原遗嘱毁坏后是否又立有新遗嘱，不影响推定的效力。

考点 2   遗赠与遗嘱继承

一、遗赠概述

遗赠，是指自然人通过设立遗嘱把遗产的全部或一部分无偿赠给国家、社会组织或法定继承人以外的自然人，并在死后生效的单方民事法律行为。其中设立遗嘱的自然人称为遗赠人，被遗赠人指定接受遗产的人称为受遗赠人。

---

〔1〕【答案】AB

1. 法律依据。公民可以立遗嘱将个人财产赠给国家、集体或者法定继承人以外的人。

2. 权利的接受方式的特殊性。受遗赠人应当在知道受遗赠后六十日内，作出接受或者放弃受遗赠的表示。到期没有表示的，视为放弃受遗赠。

二、遗嘱继承的特点

1. 遗嘱继承人只能是法定继承人中的一人或者数人。遗嘱继承人可以是第一顺序的法定继承人，也可以是第二顺序的法定继承人。法定继承人以外的人只能作为受遗赠人，而不是遗嘱继承人。

2. 遗嘱继承不受法定继承中继承顺序和继承份额的限制。遗嘱人可以随意确定由第一或（和）第二顺序法定继承人中的一人或者数人，继承全部或者部分遗产。

3. 遗嘱继承不适用代位继承。遗嘱继承人"先于"被继承人死亡的，其依照遗嘱应当继承的遗产，由被继承人的法定继承人继承。

考点3　遗赠扶养协议

一、法律依据

自然人可以与继承人以外的组织或者个人签订遗赠扶养协议。按照协议，该组织或者个人承担该自然人生养死葬的义务，享有受遗赠的权利。

二、特殊性

继承人以外的组织或者个人与自然人签订遗赠扶养协议后，无正当理由不履行，导致协议解除的，不能享有受遗赠的权利，其支付的供养费用一般不予补偿；遗赠人无正当理由不履行，导致协议解除的，则应当偿还继承人以外的组织或者个人已支付的供养费用。

三、优先性

继承开始后，按照法定继承办理；有遗嘱的，按照遗嘱继承或者遗赠办理；有遗赠扶养协议的，按照协议办理。被继承人生前与他人订有遗赠扶养协议，同时又立有遗嘱的，继承开始后，如果遗赠扶养协议与遗嘱没有抵触，遗产分别按协议和遗嘱处理；如果有抵触，按协议处理，与协议抵触的遗嘱全部或部分无效。

【经典真题】

韩某于2017年3月病故，留有住房1套、存款50万元、名人字画10余幅及某有限责任公司股权等遗产。韩某在2014年所立第一份自书遗嘱中表示全部遗产由其长子韩大继承。在2015年所立第二份自书遗嘱中，韩某表示其死后公司股权和名人字画留给7岁的外孙女婷婷。2017年6月，韩大在未办理韩某遗留房屋所有权变更登记的情况下以自己的名义与陈卫订立了商品房买卖合同。下列哪些选项是错误的？[1]（2017/3/66）

　　A. 韩某的第一份遗嘱失效

　　B. 韩某的第二份遗嘱无效

---

〔1〕【答案】ABCD

C. 韩大与陈卫订立的商品房买卖合同无效

D. 婷婷不能取得某有限责任公司股东资格

【考点】遗嘱继承

【解析】本题考察遗嘱、非基于民事法律行为的物权变动。本题中，第二份遗嘱在公司股权和名人字画方面与第一份遗嘱相冲突，因此此部分内容应以第二份遗嘱为准，第二份遗嘱是有效的。而第一份遗嘱，仅在公司股权和名人字画方面是无效的，而在住房和存款这两项内容上则是有效的，故 A 和 B 均错误。韩大虽未办理房屋所有权变更登记，但其在韩某死亡时即获得所有权，其将房屋出售于陈卫，属于有权处分，合同有效，C 错误。《公司法》第 75 条规定："自然人股东死亡后，其合法继承人可以继承股东资格；但是，公司章程另有规定的除外。"故婷婷可以继承韩某的股权，取得股东资格，D 错误。

【小结/重点整理】

本章内容比较多，知识点比较繁琐，使用比较记忆的方法效果会更好，充分理解法条背后的知识背景，重点掌握遗嘱和遗赠扶养协议。

第三十九章
遗产的处理

导学　本章内容主要集中在遗产的范围、继承方式、被继承人生前所负债务的承担三个方面，内容以考查法条记忆为主，比较简单，掌握牢固即可拿到分数。

📘 重点知识详解

考点1　遗产

一、遗产概述

遗产是自然人死亡时遗留的个人合法财产。

二、遗产的范围

1. 遗产是自然人死亡时遗留的个人合法财产，但是依照法律规定或者根据其性质不得继承的除外。

2. 夫妻共同所有的财产，除有约定的外，遗产分割时，应当先将共同所有的财产的一半分出为配偶所有，其余的为被继承人的遗产。遗产在家庭共有财产之中的，遗产分割时，应当先分出他人的财产。

3. 被继承人投保的人身保险合同：

①若没有指定受益人，保险金属于遗产。

②若指定了受益人，保险金不属于遗产，由受益人取得。但有例外：若受益人先于被继承人死亡或者丧失、放弃受益权，则保险金仍属于遗产。须注意：受益人与被保险人在同一事件中死亡，且不能确定死亡先后顺序的，推定受益人死亡在先。

4. 概括继承与限制继承的规则，被继承人的财产权利与义务都是遗产，继承人继承财产权利时，应当在继承的财产权利的范围内，承担清偿被继承人生前所负债务的义务。

三、遗产管理人的产生

1. 继承开始后，遗嘱执行人为遗产管理人；

2. 没有遗嘱执行人的，继承人应当及时推选遗产管理人；

3. 继承人未推选的，由继承人共同担任遗产管理人；

4. 没有继承人或者继承人均放弃继承的，由被继承人生前住所地的民政部门或者村民委员会担任遗产管理人；

5. 对遗产管理人的确定有争议的，利害关系人可以向人民法院申请指定遗产管理人。

考点 2　继承顺序、被继承人生前所负债务的承担

一、继承的顺序

继承开始后，首先执行遗赠扶养协议；遗产有剩余的，执行遗嘱继承或者遗赠；遗产仍有剩余的，按照法定继承处理。

二、遗产分割后被继承人生前所负债务的清偿

（1）继承人以所得遗产实际价值为限清偿被继承人依法应当缴纳的税款和债务。超过遗产实际价值部分，继承人自愿偿还的不在此限。

（2）继承人放弃继承的，对被继承人依法应当缴纳的税款和债务可以不负清偿责任。

（3）执行遗赠不得妨碍清偿遗赠人依法应当缴纳的税款和债务。

（4）既有法定继承又有遗嘱继承、遗赠的，由法定继承人清偿被继承人依法应当缴纳的税款和债务；超过法定继承遗产实际价值部分，由遗嘱继承人和受遗赠人按比例以所得遗产清偿。

【经典真题】

何某死后留下一间价值六万元的房屋和四万元现金。何某立有遗嘱，四万元现金由四个子女平分，房屋的归属未作处理。何某女儿主动提出放弃对房屋的继承权，于是三个儿子将房屋变卖，每人分得两万元。现债权人主张何某生前曾向其借款 12 万元，并有借据为证。下列哪些说法是错误的？[1]（2009 - 3 - 67）

A. 何某已死，债权债务关系消灭

B. 四个子女平均分担，每人偿还三万元

C. 四个子女各自以继承所得用于清偿债务，剩下两万元由四人平均分担

D. 四个子女各自以继承所得用于清偿债务，剩下两万元四人可以不予清偿

【考点】被继承人债务清偿

【解析】《民法典》第 1161 条规定，继承人以所得遗产实际价值为限清偿被继承人依法应当缴纳的税款和债务。超过遗产实际价值部分，继承人自愿偿还的不在此限。继承人放弃继承的，对被继承人依法应当缴纳的税款和债务可以不负清偿责任。根据上述规定，债权债务关系不因债务人的死亡而当然消灭，死者有财产的，要用其财产承担生前债务。因此，A 项错误。

继承人仅在继承遗产的价值范围内承担偿还被继承人生前债务的责任。本案中，被继承人所有的遗产总和价值是 10 万，继承人仅需要在继承 10 万元的财产范围内承担还债责任，对于剩余的 2 万元债务，四人可以不予清偿，当然如果有继承人自愿清偿的，法律也不禁止。因此，BC 项错误，D 项正确。

―――――――――――――

[1]【答案】ABC

➡ ★**特别提示** 确定被继承人的债务应注意以下问题：

1. 应区别被继承人的债务与其家庭共同债务。家庭共同债务是指为了家庭成员共同利益而形成的债务，这种债务应由家庭的共有财产来清偿，不能以被继承人的遗产进行全部清偿。家庭共同债务中应由被继承人清偿的部分应确定为被继承人的债务。

2. 应区别被继承人的债务与以被继承人个人名义欠下的债务。现实生活中，并非所有以被继承人的名义欠的债务都是其个人债务，以下两种债务虽以被继承人的个人名义形成但不应完全归为被继承人的债务：（1）以被继承人名义欠下的家庭债务；（2）因继承人不尽扶养、赡养义务，被继承人迫于生活需要以个人名义欠下的债务，这种债务应先用遗产清偿，对不足部分继承人仍然负有清偿义务。

3. 应区别被继承人债务与继承费用，继承费用应当从遗产中支付，而不属于被继承人债务。

考点3　无人继承又无人受遗赠的财产

一、无人继承又无人受遗赠的遗产的确定

继承开始后，如继承人和受遗赠人仍处于不明状态时，必须通过公告程序寻找继承人和受遗赠人。我国《民法典》继承编对公告程序没有作出规定，实践中的一般做法是由遗产保管人或保管单位及时发出寻找公告，公告期至少为1年，逾期若无继承人或受遗赠人出现，则将该遗产确定为无人继承又无人受遗赠的遗产。

二、无人继承又无人受遗赠的遗产的处理

无人继承又无人受遗赠的遗产应按以下顺序加以处理：

1. 应酌情分给那些没有继承权，但依靠被继承人扶养且缺乏劳动能力又没有生活来源的人，或者对被继承人扶养较多的人适当的遗产。

2. 清偿被继承人债务。

3. 收归国家或集体所有。一般情况下，无人继承又无人受遗赠的遗产应收归国有；若死者生前是集体所有制组织的成员，则该遗产归集体所有制组织所有。

【小结/重点整理】

本章内容主要集中在遗产的考查上，没有太大的理解难度，有一个综合性的考点，需要结合《保险法》的相关知识一起考查。

第七编　侵权责任

知识体系结构图

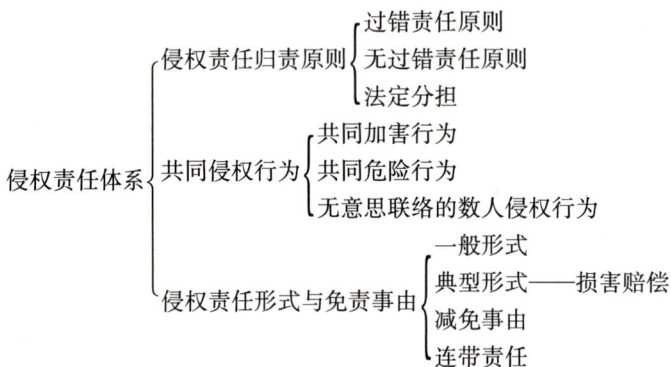

```
                          ┌─ 过错责任原则
        侵权责任归责原则 ┤─ 无过错责任原则
                          └─ 法定分担
                          ┌─ 共同加害行为
侵权责任体系  共同侵权行为 ┤─ 共同危险行为
                          └─ 无意思联络的数人侵权行为
                              ┌─ 一般形式
        侵权责任形式与免责事由 ┤─ 典型形式——损害赔偿
                              ├─ 减免事由
                              └─ 连带责任
```

第四十章
侵权责任的归责原则

导学　　该部分主要涉及侵权责任编的归责原则，即侵权责任"归责"的基本规则。归责原则是构建侵权责任编的主要内容，是整个侵权责任编体系的支柱，在侵权责任编中居于重要地位。由于侵权责任编就是要解决侵权行为责任的问题，所以，侵权责任编规范基本上围绕着责任而确定。而归责原则又是责任的核心问题，故侵权责任编的全部规范都奠基于归责原则之上。归责原则实质是强调行为人承担责任的依据，归责原则规定了不同的责任构成要件并确定了不同的免责事由，是侵权责任编的基础理论。

　　侵权责任编规定了：过错责任原则、无过错责任原则。归责原则决定着侵权行为的分类、侵权责任的构成要件、举证责任的负担、免责事由的构成。它既是认定侵权责任构成、处理侵权纠纷的基本依据，也是指导侵权损害赔偿的准则。

📖 重点知识详解

考点1　过错责任原则

一、过错责任原则理论阐释★★

行为人的过错是侵权责任的必备条件的归责原则。

过错责任指造成损害并不必然承担损害赔偿责任，需要看行为人是否有过错，过错责任原则是适用于各种侵权行为的一般原则。凡法律、法规在没有规定适用过错推定责任、严格责任、公平责任的情况下，一般应当适用过错责任。过错责任要依据过错确定责任范围，在严格责任中也要依据过错确定责任范围。除一般侵权行为外，在法定特殊侵权行为情况下，如果受害人选择过错责任，法院也应当允许。归责原则体系中，过错责任适用于各种情形，而其他归责原则则只是为补充过错责任的不足而设立，因而只能适用于法律规定的特殊情形。

在过错责任原则制度下，只要同时满足以下条件，行为人就应承担侵权责任：

第一，行为人实施了某行为，若无行为，则不会产生侵权责任。但是，在某些情况下，不作为也可能产生侵权责任，即特定情况下行为人还负有积极保护他人的义务。宾馆、商场、银行、车站、娱乐场所等公共场所的管理人或者群众性活动的组织者，未尽到安全保障义务，造成他人损害的，应当承担侵权责任。

第二，加害人对损害的发生具有过错。在法无明文规定的情况下，无过错，即无责任。过错分为故意和过失。故意是指行为人预见到自己的行为会导致某一损害后果而希望或放任该后果发生的一种主观心理状态。过失是指行为人因疏忽或轻信而使自己未履行应有注意义务的心理状态，是侵权责任法中最常见的过错形态。故意与过失的区别在于，故意表现为行为人对损害后果的追求、放任心态，而过失表现为行为人不希望、不追求、不放任损害后果的心态。

第三，受害人的民事权益受到损害。损害是指行为人的行为对受害人的民事权益造成的不利后果。此种损害还要求具有可救济性。

第四，加害行为与损害间具有因果关系。因果关系指行为人的行为作为原因，损害事实作为结果，在二者之间存在的前者导致后者发生的客观联系。

　　▶ ★特别提示 关于过错责任原则，考生应着重关注行为人的行为与受害人的损害之间有因果关系。

二、过错责任原则法律适用★★

1. 只要法律没有明确规定不以过错为要件的，过错便是行为人承担侵权责任的要件。构成法律上的责任，就要具备法律所规定的一切要件。在侵权责任编适用过错责任原则的情况下，行为人的主观过错是必备要件之一。如行为人主观上没有过错，则缺少必备的构成要件，就不能构成侵权责任。在侵权责任编的归责原则体系中，只有过错责任原则才有这样的要求。过错要件是对行为人在主观上的要求；在一定的场合，受害人主观上对损害结果的发生有过错，对责任的承担有一定影响，则要减轻侵权人的赔偿责任；如果受害人对损害的发生具有故意或者重大过失，损害结果完全由受害人过错引起，而行为人没有过错，按照过错归责的原则要求，行为人由于没有过错而免责，受害人由于具有过错而应当自负其责。

指导案例 24 号

裁判要点：交通事故的受害人没有过错，其体质状况对损害后果的影响不属于可以减轻侵权人责任的法定情形。

2. 受害人要证明对方的过错。按照"谁主张，谁举证"的民事诉讼原则适用过错责任原则，构成侵权责任四要件的举证责任全部由提出损害赔偿主张的受害人负担，加害人不承担举证责任。例如，甲的违法行为导致乙受伤，乙作为受害人，应在提起诉讼时向人民法院提供证据加以证明。人民法院可依职权调查证据。在受害人举不出证据或证据不足，人民法院又采集不到充分的证据证明受害人主张的事实时，应当依法驳回原告的诉讼请求。

在此，被告不承担举证责任，如果被告提出证据证明自己存在抗辩事由或者享有抗辩权，即可对抗原告的诉讼请求。

3. 在法律有规定情形下，适用过错推定规则。过错推定不是一种归责原则，它隶属于过错责任原则，是过错责任原则的特别归责方式。过错责任原则仅适用于法律明文规定的特殊情形。对过错责任原则的证明采用举证责任倒置，根据基础事实，推定加害人具有过错。即使加害人证明第三人具有过错，但不能证明自己没有过错的，不能免责。

【经典真题】

摄影爱好者李某为好友丁某拍摄了一组生活照，并经丁某同意上传于某社交媒体群中。蔡某在社交媒体群中看到后，擅自将该组照片上传于某营利性摄影网站，获得报酬若干。对蔡某的行为，下列哪一说法是正确的？[1]（2017 - 3 - 21）

A. 侵害了丁某的肖像权和身体权

B. 侵害了丁某的肖像权和李某的著作权

C. 侵害了丁某的身体权和李某的著作权

D. 不构成侵权

【考点】 肖像权、著作权

【解析】 本题考察肖像权、著作权的侵权认定。以营利为目的，未经公民同意利用其肖像做广告、商标、装饰橱窗等，应当认定为侵犯公民肖像权的行为。本题中，蔡某擅自将丁某照片上传于某营利性摄影网站，显然侵犯了丁某的肖像权。因该照片是李某拍摄，故李某对其享有著作权，蔡某的行为同时侵犯了李某的著作权。据此，B 正确，D 错误。所谓身体权，是指当事人保护其身体器官完整的权利，蔡某的行为不涉及侵犯丁某的身体权，A 和 C 均错误。

考点 2　无过错责任原则

一、无过错责任原则理论阐释 ★★

无过错责任原则是指按照法律规定，一旦行为人损害他人民事权益，不论其主观上有无过错，都必须按照法律规定承担侵权责任的归责原则。即使没有过错，但法律规定应当承担民事责任的，依照其规定。

―――――――――――――――

[1] 【答案】B

无过错责任原则也被称为严格责任、危险责任与风险责任。无过错责任原则指不以行为人的过错为要件，只要是其活动或者其所管理的人或物损害了他人的民事权益，除去有法定的免责事由外，行为人就应当承担其相应的侵权责任。适用无过错责任原则的意义是加重行为人的责任，及时救济受害人，使受害人的损害赔偿请求权更加容易实现，并更进一步预防损害的发生。这一原则明显强化了预防功能。

无过错责任的构成要件包括：一是具备行为要件；二是受害人的损害；三是行为和损害具有因果关系；四是不存在法定不承担责任情形。只要属于法律明文规定适用无过错责任原则的领域，且同时具备四个要件，行为人就应当承担侵权责任，对其有无过错在所不问，受害方也无需证明行为人有过错。需要强调的是，无过错责任原则的主要目的是为了免除受害人证明行为人过错的举证责任，使行为人不能逃脱侵权责任，让受害人易于获得损害赔偿。无过错责任并不是绝对的侵权责任，行为人可以主张不承担责任或者减轻责任的事由。而且在无过错责任原则的侵权案件中，不考虑行为人过错，并非不考虑受害人过错，在受害人有过错的情况下，可减轻行为人的侵权责任。

二、无过错责任原则的适用 ★★★

第一，仅适用于法律规定的情形。就效果来说，无过错责任是把原本在过错责任下因行为人无过错而应当由受害人承担的损失，在某种政策考虑的基础上，转而由行为人来承担的归责原则。因此，过错责任原则具有当然的正当性，而无过错责任的适用则需要特别的理由。这样，表现在立法上，就需要法律的特别规定。具体表现在以下几个方面：①生产者的产品责任；②环境污染责任；③高度危险责任；④饲养动物损害责任。

第二，同样可以适用有关的免责事由。无过错责任原则必须考虑是否存在法定的免责事由。在通常情况下，无过错责任一般是加重责任，很难被免责，但是如果存在法定的免责事由，则会依法减轻或免除责任。在适用无过错责任时，不能简单地根据规定免除行为人责任。需要指出的是，考虑法定事由通常需要根据法律关于特定案件事实类型的具体规定来确认，不同严格责任的事实类型可能存在不同程度的免责事由，但是，这并不是说，在严格责任事实类型中没有法定免责事由就不能免责。因为，是否可以免责，以及在何种情况下免责，还要根据法律规定的具体情形来决定。例如，"遗弃、逃逸的动物在遗弃、逃逸期间造成他人损害的，由动物原饲养人或者管理人承担侵权责任"。

第三，法律规定情形下，有限额的限制。许多适用无过错责任原则的活动是社会需要且被法律容许的，但如果法律对这些领域发生的事故赔偿数额没有限制，则可能会过分加重行为人的负担，不利于经济发展和企业壮大，且在无过错责任与责任保险相连的情况下，责任保险虽可以确保无过错责任顺利实施，但如赔偿数额过高使得保险人放弃责任保险，反而不利于无过错责任制度的顺利实施。

▣ ★特别提示 关于无过错责任原则，考生应牢记其具体适用范围。

【经典真题】

赵某将一匹易受惊吓的马赠给李某，但未告知此马的习性。李某在用该马拉货的过程中，雷雨大作，马受惊狂奔，将行人王某撞伤。下列哪一选项是正确的？[1]（2007－3－9）

---

〔1〕【答案】B

A. 应由赵某承担全部责任

B. 应由李某承担责任

C. 应由赵某与李某承担连带责任

D. 应由李某承担主要责任，赵某也应承担一定的责任

【考点】动物致人损害赔偿责任、赠与合同中赠与人的瑕疵担保责任

【解析】饲养的动物造成他人损害的，动物饲养人或者管理人应当承担侵权责任，但能够证明损害是因被侵权人故意或者重大过失造成的，可以不承担或者减轻责任。可见动物饲养人承担的是无过错责任，王某受伤应由李某来承担责任。因此 B 项正确。

赠与的财产有瑕疵的，赠与人不承担责任。附义务的赠与，赠与的财产有瑕疵的，赠与人在附义务的限度内承担与出卖人相同的责任。赠与人故意不告知瑕疵或者保证无瑕疵，造成受赠人损失的，应当承担损害赔偿责任。本题中，赵某无偿赠与李某马匹，不存在故意不告知瑕疵或者保证无瑕疵的情形，因此不必对李某的损失承担责任。ACD 项错误。

考点 3　双方都没有过错的情形

公平归责原则不再成立

【民法典第 1186 条】受害人和行为人对损害的发生都没有过错的，依照法律的规定由双方分担损失。

【小结/重点整理】

本章最重要的是掌握过错责任原则和无过错责任原则。这两个考点均需掌握具体所适用的法定情形。本部分常考考点包括过错责任原则的理解与应用、无过错责任原则的理解与应用。

第四十一章
共同侵权行为

导学　　该部分主要涉及共同侵权行为，共同侵权行为具体表现为共同加害行为、共同危险行为和无意思联络的数人侵权行为，这几个行为方式的要件及责任承担方式不尽相同，需要区分把握。

重点知识详解

考点1　共同加害行为

一、构成要件★

共同加害行为具有两个构成要件：

1. 行为人为二人或者二人以上；这里强调主体的复数性，共同加害行为的主体必须是二人或者二人以上行为人，可以是自然人，也可以是法人。

2. 主观上存在共同过错。（包括故意和过失）

具体包括：

1. 共同故意。共同故意的要点并不在于每个人都对结果抱有故意的心理，而是强调他们之间存在共同的意思联络。对此种共同故意的判断，不能仅从主观上进行判断，还应从外部的行为特征和表现来确定其是否具有共同故意。

共同意思联络更有利于保护受害人，因为通过确定共同行为人之间的意思联络，有助于减轻受害人对因果关系的举证责任。例如，在团伙致人多项损害时，有些团伙头目只是出谋划策而根本不直接参与侵害行为，受害人很难证明该人出谋划策的行为与其损害之间的因果关系。倘若以意思联络作为共同侵权行为的构成要件，那么，受害人只要能够证明各加害人之间存在意思联络，则无须再逐一证明各加害人的行为与其损害之间的因果关系，即便其中某一个或某几个加害人的行为只是与损害结果具有可能的因果关系也不能免除责任。共同过错的本质特征是指数人致人损害，其在主观上是有共同过错的。如果没有共同过错，则数人的行为就不可能联结成为整体，也不能使数人致人损害的行为人承担连带责任。所以，无意思联络的数人侵权并不是共同侵权。对共同侵权行为而言，法律上之所以加重规定，是因为其既有行为的分担，也有意思联络或共同认识，同心协力，企图加害程度必定会比单一行为严重，所以要使之负担较重之责任。数个行为人基于共同故意侵害他人合法权益的，应当成立共同侵权行为。

2. 共同过失。所谓共同过失，就是指数人共同实施某种侵权行为时，各行为人对其行为所造成的共同损害后果应该预见或认识，但因为疏忽大意或不注意而致使损害后果发生。此外，数人共同实施某种行为造成他人损害，如果不能确定行为人对损害结果的发生具有共同故意，可根据案件的实际情况，认定行为人具有共同过失。数个行为人共同从事某种行为，基于共同的疏忽大意，从而造成了他人损害。过失一般分为重大过失和一般过失。重大过失指的是行为人极为疏忽大意的情况，一般人在该情境下都不会有这样的疏忽。在需要专业知识的情况下，指连最起码的专业素质都不具备。极为疏忽大意，应在一定的环境下进行比较和考量。而一般过失是指尚未达到重大过失的过失。重大过失与一般过失的判断标准，在于法律所设定的义务标准。当法律设定了较高的注意义务时，当事人没有履行该较高的注意义务，却履行了一般人所应履行的注意义务，应该认定为一般过失。但如果行为人不仅没有履行该较高的注意义务，而且连一般的注意义务也没有履行，即可认定为重大过失。

3. 故意与过失相结合。从主观方面来说，各加害人应都有过错，或是故意或是过失，但并不要求共同的故意或者具有意思上的联络，而只要求过错的内容相同或是相近。从客观方面来说，各加害人的行为要具有关联性，构成统一的不可分割的整体，且必须是损害发生的不可缺少的共同原因。

4. 存在数个侵权行为。在简单的共同侵权行为中，数人都直接实施了侵权行为，这些人作为实际行为人，之间并没有明确的分工。但是，在有些事先通谋或基于其他共同目的的共同侵权中，数侵权人之间可能具有不同的分工，有的人直接实施加害行为，有的人只是教唆、帮助他人从事侵权行为。因各行为人具有共同故意，且其行为已与其他共同侵权人行为构成一个共同的、不可分割的整体，因此都是共同侵权人。

同时，教唆和帮助他人实施侵权行为的，要与行为人承担连带责任。

5. 侵权行为与损害后果之间存在因果联系。在共同侵权行为中，经常会遇到各个侵权行为对造成损害后果的比例有所不同的情况，但是必须存在法律上的因果关系，如果某个行为人的行为与损害结果之间无因果联系，则不应与其他行为人构成共同侵权。侵权法上的因果关系包括两种因果关系，包括责任成立的因果关系和责任范围的因果关系。责任成立的因果关系指的是加害行为与权益受侵害之间具有因果关系，决定侵权责任是否成立，属于侵权行为构成要件。而责任范围的因果关系则指的是权益受侵害与损害等不利后果之间具有因果关系，属于赔偿数额以及其他责任形式确定的范畴。因果联系的意义在于对侵权责任加以限定，既使受害人得到救济又不至于无限扩大责任范围。

二、法律后果 ★★

（一）一般情形

一旦满足上述构成要件，成立共同侵权行为，那数个侵权人就必须对外承担连带责任，共同加害行为较之单独侵权行为，人数多，加害人主观恶性更大，所造成的损害一般也更为严重，因此应承担侵权责任。被侵权人有权请求部分或者全部行为人承担全部责任。

二人以上共同实施侵权行为，造成他人损害的，应当承担连带责任。

（二）教唆、帮助的侵权行为

1. 教唆、帮助完全民事行为能力人实施侵权行为的，教唆人、帮助人应当与行为人承担连带责任。按共同侵权行为来对待。其理由在于：第一，在教唆的情况下，教唆人和行为人之间具有主观共同性，成为两者对损害结果承担连带责任的基础。这时，即使客观上某个行为人对结果的发生实际所起的作用很小，也应当认定其是共同侵权人，并要承担连带责任。教唆者一般都是故意并对直接实施侵权人的主观过错的形成发挥决定性的影响。第二，教唆人使他人决意实施特定的侵权行为，而行为人原本没有实施某种侵权行为的目的和动机，只是因为教唆人的教唆，使其决心实施该行为。所以，无论教唆人是否实际亲自去实施侵权行为，都应当与完全行为能力人负同样的责任。另外，从因果关系角度来讲，教唆者的行为直接导致了行为人产生实施危害行为的犯意，没有教唆者的行为，行为人就不可能产生危害他人的犯意，那就没有后续的危害行为的发生。

教唆、帮助完全民事行为能力人实施侵权行为需要满足以下构成要件：第一，教唆人、帮助人实施了教唆、帮助行为。教唆是指对他人进行开导说服，或通过刺激、怂恿等方法使他人实施侵权行为，教唆行为只能以积极的作为方式做出，可以通过口头、书面或其他形式加以表达，可以公开也可以秘密进行。帮助行为，是指给予他人以帮助，如指导或提供作案工具，通常以积极的作为方式做出，但具有作为义务的不作为也可能构成帮助行为。帮助的内容可以是物质上的也可以是精神上的，可以在行为人实施侵权行为前，也可以在实施过程中。第二，教唆人、帮助人具有教唆、帮助的主观意图。即使被帮助人不能意识到该帮助行为，也并不影响该帮助行为的成立。第三，被教唆人、被帮助人实施了相应的侵权行为。这一要件要求教唆行为、帮助行为与被教唆人、被帮助人实施的侵权行为之间具有内在的联系。

根据第 1169 条第 1 款的规定，教唆人、帮助人实施教唆、帮助行为的法律后果是教唆人、帮助人与行为人承担连带责任。受害人可以请求教唆人、帮助人或是行为人中的一人或是数人赔偿全部损失。

2. 教唆、帮助无民事行为能力人、限制民事行为能力人实施侵权行为的，教唆人、帮助人承担侵权责任；该无民事行为能力人、限制民事行为能力人的监护人未尽到监护职责的，应当承担相应的责任。

教唆人、帮助人明知道被教唆人、被帮助人为无民事行为能力人或者限制民事行为能力人时，仍然实施教唆、帮助行为的，应当承担侵权责任。即使不知道，也应当适用本规定，由教唆人、帮助人承担侵权责任。

如果被教唆、被帮助的无民事行为能力人或者限制民事行为能力人的监护人未尽到监护责任的，应当承担相应的责任。如果监护人未尽到教育和照顾被监护人的职责，疏于履行监护责任，应该对被监护人给他人造成的损害承担侵权责任。相应的责任，指根据监护人的过错程度来确定责任。

教唆、帮助侵权要求主观上具有共同过错，客观上二者行为与结果存在因果关系。帮助人的责任与教唆人相同，具体表现为：第一，出现帮助人帮助完全民事行为能力人实施侵权行为这一情况时，帮助行为和教唆行为性质相同，即帮助完全民事行为能力人的，应与行为人承担连带责任。第二，帮助无行为能力人和限制行为能力人的，帮助人要承担侵权责任。该无民事行为能力人、限制民事行为能力人的监护人未尽到监护责任的，应当承担相应的责任。就帮助行为而言，尽管帮助者主观上可能不存在故意，但其也存在特定的认识，帮助者所起的作用可能较小，但是毕竟其已经认识到了行为的后果并参与了此行为，因此其行为构成共同侵权行为的一部分。此外，在有共同过错的情况下，也不能够以原因力的大小来决定帮助人的责任。

> ★**特别提示** 关于共同责任承担方式，考生应着重区分连带责任和其他责任形式。

【经典真题】

一小偷利用一楼住户甲违规安装的防盗网，进入二楼住户乙的室内，行窃过程中将乙打伤。下列哪一种说法是正确的？[1]（2005－3－20）

A. 乙的人身损害应由小偷和甲承担连带责任

B. 乙的人身损害只能由小偷承担责任

C. 乙的人身损害应由甲和小偷根据过错大小，各自承担责任

D. 乙的人身损害应先由小偷承担责任，不足部分由甲承担

【考点】共同侵权

【解析】二人以上共同故意或者共同过失致人损害，或者虽无共同故意、共同过失，但其侵害行为直接结合发生同一损害后果的，构成共同侵权，应当承担连带责任。二人以上没有共同故意或者共同过失，但其分别实施的数个行为间接结合发生同一损害后果的，应当根据过失大小或者原因力比例各自承担相应的赔偿责任。本题中小偷虽利用一楼住户甲违规安装的防盗网，进入二楼住户乙的室内，但小偷在行窃过程中将乙打伤是单独实施的，甲与小偷在主观上无共同的故意或过失；在行为的客观方面，甲违规安装的防盗网的行为与小偷的加害行为之间并不存在着相互依存、彼此结合的关系，其二者不具有共同性，也未造成共同的损害结果。因此，乙的人身损害不应由小偷和甲承担连带责任，而只能由小偷承担责任，故 B 项说法正确。

考点 2　共同危险行为

一、构成要件★★

（一）两个以上的人都实施了足以造成他人人身、财产损害的行为

共同危险行为仍然是数人侵权的一种形态，无论是共同危险行为还是共同侵权行为，都是数个人实施的行为，但共同危险行为与狭义的共同侵权行为不同。在狭义的共同侵权中，行为人是基于共同过错而实施的行为，尽管他们的分工不同，但是，各个行为人都参与了侵权行为的实施。而在共同危险行为中，各个行为人都从事了危及他人财产或人身的危险活动，但还不能认为其都实施了侵权行为，因为部分人没有造成实际损害，损害只是其中的一人或数人所致。

共同危险行为与共同过失侵权的不同体现在：

1. 因果关系能否证明不同。在共同过失侵权中，能够确定每个人的行为与损害具有因果关系。在共同危险行为中，加害人不明，因果关系不明。

2. 免责事由不同。在共同过失侵权中，加害人不能通过证明其他共同加害人的行为对损害具有因果关系而免除自己的责任。在共同危险行为中，某人若举证证明了实际加害人，则共同危险行为转化为单独侵权，免除实际加害人之外其他人的责任。

（二）一人或者数人的行为导致损害后果

虽然实施危及他人人身、财产行为的是数人，但真正导致受害人损害后果发生的只是

---

[1]【答案】B

其中一个人或者几个人的行为。

（三）无法确定具体加害人

一般来说，受害人只能请求侵权人就其侵权行为所造成的损失给予赔偿，侵权人也仅对其侵权行为造成的损失进行赔偿。但在共同危险行为制度中，数行为人实施的危及行为在时间上、空间上存在偶合性，事实上只有部分行为人的行为造成了损害后果，但由于受害人无法掌握各个行为人的动机、行为方式等证据，无法正确判断哪个行为才是真正的侵权行为，为了保护受害人的合法权益，降低受害人的举证难度，避免因不能指认真正的侵权人而无法行使请求权，同时还因为每个人都实施了危及行为，在道德上具有可责难性，所以规定了由所有实施危及行为的人承担连带责任具有其合理性。但如果受害人能够指认或法院能够查明具体侵权人，就不能适用此规定，只能要求具体侵权人承担侵权责任。

二、责任承担★★★

适用共同危险行为制度的法律后果是，数个行为对受害人承担连带责任。其目的在于解决受害者因为因果关系不明而遇到的举证责任上的困难。受害人可能仅仅知道哪些人参与了对自己的人身财产具有危险的活动但无法准确判断具体引发损害的是参与者中的哪一个或几个，为了降低受害人的举证难度，保护受害人的合法权益，由所有实施危险行为的人承担连带责任。若不能确定实际加害人，行为人即使证明自己的行为与损害无因果关系，也不能免除责任。

考点3　无意思联络的数人侵权行为

一、理论阐释★

二人以上主观上并无意思联络，客观上分别实施侵权行为造成同一损害的行为。如果各加害人的违法行为产生同一损害，各行为人之间虽无共同通谋和共同认识，但应构成共同侵权行为。其理论依据是，共同侵权行为与共同加害行为紧密联系，不可分割。每一个加害人的行为与共同行为又具有不可分割的性质，所以，考查共同侵权行为应从行为本身来确定。另一个根据是，刑事责任以行为人的主观罪过为惩罚对象，但民事责任实际上侧重于填补受害人的损失。所以，不管共同加害人之间是否具有共同故意或认识，只要其行为具有客观的共同性，就应使其负连带责任，从而有利于保护受害人。总之，根据客观说，无意思联络的数人侵权亦为共同侵权。

二、责任承担★★★

1. 每个人的行为都足以造成损害后果的，行为人承担连带责任。这是关于虽然分别实施侵权行为但都能造成全部损害时承担连带责任的规定，也即无意思联络但承担连带责任的分别侵权行为。如果每个行为人的侵权行为都足以造成全部损害，行为人应当根据本条规定承担连带责任。这时需要符合以下几个要件：一是二人以上分别实施侵权行为。要求数个侵权行为之间相互独立。"分别"指的是实施侵权行为的行为人之间不具有主观关联性，各个侵权行为都是相互独立的。每个行为人在实施侵权行为之前以及实施侵权行为过程中，与其他人无意思联络，也没有认识到还有其他人也在实施类似的侵权行为。如果行为人主观具有关联性，存在共同故意或者共同过失，应当认定成立共同侵权。二是造成同一损害后果，"同一损害"指数个侵权行为所造成的损害后果是相同的，都是身体伤害或者财产损失，且损害内容具有关联性。本条强调损害的同一性，而在共同侵权中，即使每个侵权所造成的损害后果不同，只要行为人主观上具有关联性，一样被视为共同侵权，由数个受害人对行为人的损失承担连带责任。但如果各个行为人对受害人所造成的损害不同，即使是因偶然因素而同时发生在一个人身上，行为人也应就各自所致的损害承担赔偿责任。三是强调每个人的侵权行为都足以造成全部损害，"足以"并不是指每个侵权行为都实际上造成了全部损害，而是指即使没有其他侵权行为的共同作用，独立的单个侵权行为也可能造成全部损害。根据第1171条的规定，一旦满足以上构成要件，数个行为人必须对造成的损害承担连带责任。这一规定不但有助于受害人获得足额赔偿，有利于保护受害人的利益，而且也没有实质增加各个行为人所应承担的责任。

2. 每一行为结合才导致损害后果：能够确定责任大小的，各自承担相应的责任；难以确定责任大小的，平均承担赔偿责任。特别提示：前述最后一类行为，主观上应为各自的过失，而非故意。最大的区别在于，此情况要求受害人所受的损害是由两个以上侵权人的行为共同造成的，其中任何一个行为都不足以造成这种损害，只有这些行为共同作用之后才能产生该损害，因此任何一个不当行为都是造成损害的必要条件。适用第1172条的规定应当满足以下要件：第一，二人以上分别实施侵权行为，要求数个侵权行为相互之间是独立的，行为人之间不具有意思联络。不存在应当适用共同侵权制度的情形。第二，数个侵权行为造成同一个损害后果，即数个侵权行为所造成的损害性质相同，具有同一性。

按份责任的确定有以下两种情形：第一种是能够确定责任大小的，大部分案件中，可以综合考虑各个侵权行为与损害结果之间的因果关系程度、各个侵权行为的过错程度、公平原则以及政策考量等因素，根据各个侵权行为对造成损害后果的概率来确定责任份额。第二种情形是难以确定责任大小的，在这种情况下，各个行为人平均承担赔偿责任。

★特别提示 关于责任承担，要区分连带责任和按份责任所对应的不同情形。

【经典真题】

甲、乙、丙三家毗邻而居，甲、乙分别饲养山羊各一只。某日二羊走脱，将丙辛苦栽培的珍稀药材悉数啃光。关于甲、乙的责任，下列哪些选项是正确的？[1]（2017－3－67）

A. 甲、乙可各自通过证明已尽到管理职责而免责

B. 基于共同致害行为，甲、乙应承担连带责任

C. 如能确定二羊各自啃食的数量，则甲、乙各自承担相应赔偿责任

D. 如不能确定二羊各自啃食的数量，则甲、乙平均承担赔偿责任

【考点】 无意思联络的数人侵权

【解析】 本题考察无意思联络的侵权。本题中，甲、乙分别饲养的山羊走脱后将丙的珍稀药材悉数啃光，甲、乙之间并没有任何意思联络，故不属于共同致害行为，B错误。二人以上分别实施侵权行为造成同一损害，能够确定责任大小的，各自承担相应的责任；难以确定责任大小的，平均承担赔偿责任。因此，如果能确定二羊各自啃食的数量，则甲、乙各自承担相应赔偿责任；如果不能确定二羊各自啃食的数量，则甲、乙应平均承担赔偿

[1]【答案】CD

责任，C 和 D 均是正确的。饲养动物的侵权，归责原则为无过错责任原则，侵权人不能通过证明自己没有过错而免责，A 错误。

【小结/重点整理】

重点把握相关法条及责任的承担方式。着重分清共同侵权行为与共同过失侵权、共同危险行为与共同故意侵权之间的区别。几个行为方式在法律职业资格考试中都有所涉及，在复习中不能忽视。本部分常考考点包括共同加害行为的法律后果、共同危险行为的构成要件与责任承担、无意思联络的数人侵权行为的责任承担。

第四十二章
侵权责任的形式与免责事由

导学　　承担侵权责任分为停止侵害、排除妨碍、消除危险、返还财产、恢复原状、赔偿损失、赔礼道歉、消除影响，恢复名誉八种形式，这几种形式可以单独使用也可以共同使用。其中，承担侵权责任的典型形式为损害赔偿，其相对应的免责或减责事由也应当注意，以便更好地确定承担责任的方式及归责原则。此外，这八种责任方式可以分为两类：（1）财产责任。如返还财产；恢复原状；赔偿损失；（2）非财产责任。如赔礼道歉；消除影响、恢复名誉。本部分是侵权责任法的重点部分，常考考点包括侵权责任的适用、人身损害赔偿、因侵害人身权益而导致的财产损害赔偿、精神损害赔偿、受害人的过错、第三人过错等。

重点知识详解

考点1　承担侵权责任的一般形式

一、侵权责任的具体形式★

（一）停止侵害

停止侵害是指侵权人的行为给他人的财产和人身造成了现实的损害。这种责任方式以侵权正在进行或仍在持续为条件，不适用于未发生或已经终止的侵权。因此，受害人应负有举证证明侵权行为仍在进行的责任。其构成要件包括：第一，侵害民事权益的行为正在持续中；第二，停止侵害责任的承担无须以过错为要件；第三，他人的民事权益受到侵害或者存在受到侵害的可能性。

（二）排除妨碍

排除妨碍是指人身、财产权益的圆满状态受到他人的妨碍而不能正常行使的，受害人可以要求行为人排除妨碍。受害人请求排除的妨碍必须是不法的，否则行为人可以拒绝受害人的请求。妨碍状态具有不正当性是指没有法律根据、没有合同约定，缺乏合理性。有些妨碍同时造成他人财产损失，妨碍状态一般都给他人造成不便，但给予排除妨碍的救济，还需要看妨碍是否超过了合理的限度。妨碍并不以过错的存在为必要。被侵权人主张排除妨碍时，无须考虑侵权人的过错，侵权人也应当承担排除妨碍的责任。

（三）消除危险

侵权行为导致危及他人人身或者财产安全危险的，被侵权人可以请求侵权人消除危险。消除危险是指行为人的行为对他人人身、财产权益造成现实威胁的，他人有权要求行为人采取有效措施消除这种现实威胁。适用这种责任方式必须是危险确实存在，对他人人身、财产安全造成现实威胁，但还未发生实际损害。消除危险属于预防性救济措施。消除危险责任需要以下构成要件：第一，存在危及他人人身、财产安全的现实危险，危险必须是现实的，而不是主观臆想出来的；第二，危险的存在是由某人的行为或者其管辖范围的物造成的，如某企业从事高度危险作业的行为，归某公司管理的危险建筑物等；第三，不以过错的存在为必要。

（四）返还财产

如果行为人没有法律或者合同约定而占有他人财产，那就侵害了他人财产权益，应当返还财产。返还财产是指将侵占他人的特定财产返还给被侵权人，侵权人侵占他人财产的，被侵权人可以请求侵权人返还财产。返还财产的前提是该财产还存在。返还财产责任需要以下构成要件：第一，存在侵占或者以其他不合法方式占有他人之特定财产的侵权行为；第二，被侵占的财产是特定物或者被特定化的种类物；第三，财产须具备返还的条件，首先需要财产仍然存在且未被损毁。当财产被转卖无法追回时，可以返还价款作为返还财产的替代。

（五）恢复原状

损坏他人的动产或是不动产的，被侵权人可以请求侵权人恢复原状。恢复原状是指行为人通过修理等手段使受到损坏的财产恢复到损坏前的状况。采用恢复原状需要符合以下条件：一是受到损坏的财产依然存在且恢复原状有可能，受到损坏的财产不存在的，或者恢复原状不可能的，受害人只能请求赔偿损失；二是恢复原状有必要。这主要是从成本角度考虑的。恢复原状若没有经济上的合理性，就不能适用该责任方式。若修理后不能完全达到受损前状况的，行为人还应当对该财产的价值贬损部分予以赔偿。

（六）赔偿损失

赔偿损失指行为人向受害人支付一定数额的金钱以弥补其损失的责任方式，这是最基本的责任方式，也是运用最为广泛的责任方式。有损害则有赔偿，无损害则无赔偿。这既包括人身损害赔偿，又包括财产损失赔偿，还包括精神损害赔偿。赔偿目的，最基本的是补偿损害，使受到损害的权利得到救济，使受害人能恢复到未受到损害前的状态。

（七）赔礼道歉

赔礼道歉是指行为人通过口头、书面或者其他方式向受害人进行道歉，以取得谅解。这种责任方式主要适用于侵害肖像权、姓名权、隐私权、名誉权等人格权益的情形。赔礼道歉的形式可以多种多样，既可以公开进行，也可以私下进行，可以口头方式进行，也可以书面等方式进行，具体采用什么样的方式由法官依据案件的具体情况作出。造成他人精神损害的，可以是侵害人身权益，也可以是侵害财产权益。赔礼道歉有助于抚慰被侵权人的精神伤害，化解矛盾，维护社会和谐，是一种精神性的责任方式。

（八）消除影响、恢复名誉

加害行为给他人造成不良影响的，被侵权人可以请求侵权人消除影响。加害行为贬损他人名誉的，被侵权人可以请求侵权人为其恢复名誉。消除影响、恢复名誉是指在受害人的请求下，人民法院责令侵权人采取适当方式消除对受害人名誉的不利影响以使其名誉得到恢复。这种责任方式一般是公开进行的，因此主要适用于侵害名誉权的情形，一般不适用于侵犯隐私权的情形。

二、侵权责任的适用★★

侵权责任，是指侵权人因其侵权行为而承担的民事责任。侵权责任的成立以侵权行为的成立为前提，侵权责任作为民事责任具有法定性。侵权责任是侵权人向被侵权人承担的民事责任，因此，被侵权人有权决定是否提出主张、提出何种主张，被侵权人可同时主张赔偿损失和赔礼道歉，也可以单独主张赔偿损失。

侵权责任的承担方式，指的是侵权人承担侵权责任的具体形式。与被侵权人遭受的不利后果相联系。承担侵权责任的方式，可以单独适用，也可以合并适用。

【经典真题】

文某在倒车时操作失误，撞上冯某新买的轿车，致其严重受损。冯某因处理该事故而耽误了与女友的约会，并因此争吵分手。文某同意赔偿全部的修车费用，但冯某认为自己的爱车受损并失去了女友，内心十分痛苦，要求文某赔一部新车并赔偿精神损害。下列哪一选项是正确的?[1]（2007 - 3 - 21）

A. 文某应当赔偿冯某一部新车　　　　B. 文某应向冯某支付精神损害抚慰金

C. 文某应向冯某赔礼道歉　　　　　　D. 法院不应当支持冯某的精神损害赔偿请求

【考点】精神损害赔偿，侵权责任方式

【解析】承担民事责任的方式，本题涉及恢复原状、赔偿损失以及赔礼道歉等三种方式。损坏国家的、集体的财产或者他人财产的，应当恢复原状或者折价赔偿。在财产受到侵害的场合，法律规定了恢复原状与赔偿损失两种责任承担的方式，损害赔偿的基本功能是补偿受害人所受到的损失，所以在受害人财产受到侵害的情况下，首先应当恢复原状，在不能恢复原状或者恢复原状有困难的情况下，才能够适用损害赔偿的责任方式。本题中文某同意赔偿全部的修车费用，就应不再适用损害赔偿的方式。因此 A 错误。

损害他人财产的侵权行为中，没有规定赔礼道歉的承担方式，C 错误。

本题中，冯某的车不是具有人格象征意义的特定纪念物品，文某不能请求精神损害赔偿。另外，文某也没有对冯某失去女友及受到的内心伤害构成侵权，因为其行为与冯某失去女友之间没有因果联系，不构成侵权行为，也就谈不到精神损害赔偿。因此 B 错误，D 正确。

考点2　损害赔偿

一、人身损害赔偿★★★★

（一）含义

人身损害赔偿是指，侵权人侵害他人的生命、健康、身体等人身权益，造成致伤、致残、致死等后果的，应对受害人承担的金钱赔偿责任。即是侵犯人身权（物质性人身权）导致的损害赔偿。所谓物质性人身权，指以人的身体利益为载体的人身权，包括身体权、健康权、生命权。侵害物质性人身权的损害赔偿，即侵害身体权、健康权和生命权等给予的损害赔偿。自愿参加具有一定风险的文体活动，因其他参加者的行为受到损害的，受害

―――――――――――――

[1] 【答案】D

人不得请求其他参加者承担侵权责任，但是其他参加者对损害的发生有故意或者重大过失的除外。活动组织者的责任适用安全保障义务。

（二）赔偿项目

1. 一般赔偿项目：

（1）医疗费：受害人不仅人体受到损害，其最主要的损失就是为治疗人身损害而支付的金钱。这是一种财产损失，是侵害健康权所直接造成的最大的财产损失后果。医疗费包括挂号费、检查费、药费、治疗费、康复费等费用，既包括了已经发生的医疗费也包括了将来确定要产生的医疗费。

（2）护理费：受害人遭受人身损害后如行动不能自理，需要有人进行护理的，这时就需要增加护理费的支出。这种支出同样属于侵害健康权所造成的直接财产损失，是人身损害的财产损失。

（3）交通费：受害人在受到伤害以后到医院进行治疗会有一定数量的交通费。如果受害人遭受人身损害后需转院治疗的，还需要支出转院治疗的交通费。这些支出的交通费也是人身损害的直接后果，同样属于财产上的损失。

（4）住院伙食补助费、营养费：人身遭受损害以后需要进行住院治疗的，在住院期间会发生要增加伙食费的情况，特别的人身损害，还需要增加必要的营养，因此营养费的支出会增加。这些损失，也是侵害人身健康权所造成的财产损失后果，是侵害健康权的直接损害后果，同样需要赔偿。

（5）误工费：受害人遭受人身损害，不能正常进行之前所进行的工作，在这种情况下住院期间就会造成预期财产利益的损失。这也是侵害人身造成健康损害所引起的必然后果。从性质上讲是一种间接损失，是应当得到而由于遭受人身损害却没有得到的财产利益，但是在人身损害赔偿中，无需区别直接损失和间接损失，因此，一般不强调这种损失的性质而依法给予赔偿。

2. 特有项目：

（1）造成受害人残疾的：①辅助器具费：受害人因人身损害造成的残疾，有些需要配置残疾用具。例如，造成腿部残疾的需要配置轮椅、拐杖等，伤害四肢造成残疾的需要配置假肢，致盲的需要配置义眼，等等。配置这些残疾用具的支出也是财产损失。②残疾赔偿金：由于人身损害造成受害人残疾，致使劳动能力部分丧失或者全部丧失，会造成受害人正常收入的减少或者丧失，因而，受害人遭受人身损害以后造成残疾的，会减少或者丧失自己的生活费来源。这种损失是人身损害的直接后果，是一种财产损失。

（2）造成受害人死亡的：①丧葬费。受害人死亡以后需要支出丧葬费，为寿衣、火化、殡葬、棺椁等支出的费用，为侵害生命权所造成的财产损失。②死亡赔偿金。对于死亡赔偿金的特别规定：因同一侵权行为造成多人死亡的，可以以相同数额确定死亡赔偿金。但这里需要注意以下几点：一是以相同数额确定死亡赔偿金并不是确定死亡赔偿金的一般方式；二是以相同数额确定死亡赔偿金原则上仅适用于因同一侵权行为造成多人死亡的案件；三是条文强调的是对同一侵权行为造成多人死亡的，"可以"以相同数额确定死亡赔偿金，而不是任何因同一侵权行为造成多人死亡的案件都以相同数额确定死亡赔偿金；四是如果以相同数额确定死亡赔偿金，原则上不考虑受害人的年龄、收入等个人因素。

▶★特别提示 关于人身损害赔偿，考生应着重掌握赔偿的内容和方式。

二、因侵害人身权益而导致的财产损害的赔偿 ★★★★

（一）理论阐释

一般是指精神性人格权益被侵犯导致的财产损害。所谓精神性人格权益，指的是以人的精神利益为载体的人身权，包括姓名权、名誉权、荣誉权、肖像权、隐私权等。侵害精神性人身权的损害赔偿，即侵害这些权利给予的损害赔偿。侵害精神性人格权益，可能给受害人造成精神损害，也可能给受害人造成物质损害。

（二）赔偿标准

侵害他人人身权益造成财产损失的，按照被侵权人因此受到的损失或者侵权人因此获得的利益赔偿；被侵权人因此受到的损失以及侵权人因此获得的利益难以确定，被侵权人和侵权人就赔偿数额协商不一致，向人民法院提起诉讼的，由人民法院根据实际情况确定赔偿数额。

三、精神损害赔偿 ★★

（一）理论阐释

受害人因人身权益遭受损害或者遭受精神痛苦而获得的金钱赔偿。规定精神损害赔偿有利于保护受害人的利益，精神损害赔偿的范围是侵害他人人身权益，并造成他人严重精神损害。被侵权人可以请求精神损害赔偿。一般情况下，请求精神损害赔偿的主体应当是直接遭受人身权益损害的人。名誉等人身权益受到他人侵害造成严重精神损害的，可以请求精神损害赔偿。确定精神损害赔偿的数额可以考虑侵权人的主观状态、被侵权人的精神痛苦等情形。

精神损害赔偿具有很多功能，如惩罚功能、补偿功能、抚慰功能、调整功能等，但是作为财产赔偿，其基本功能必然是填补损害。就财产损失而言，赔偿的目的完全着眼于填补损害。精神损害是无形损害，绝大多数的精神损害无法用财产的标准加以衡量。但是，确立精神损害赔偿的目的是以财产的方式补偿受害人所遭受的精神损害，对受害人精神利益损失和精神痛苦的赔偿，具有明确的填补损害并使该损害得到平复的功能。在这一点上，财产损害赔偿与精神损害赔偿虽然有所不同，但就填补损害的基本功能而言却是一致的。

（二）范围

1. 因侵害生命权、健康权、身体权、姓名权、肖像权、名誉权、荣誉权、人格尊严权、人身自由权等造成的直接损失和间接损失。直接损失就是因为侵权行为导致被侵权人实际支出的费用。间接损失指的是由于侵权人侵害他人的行为，导致被侵权人在一定范围内与财产相关的未来利益的损失。违反社会公共利益、社会公德侵害他人隐私或者其他人格利益。隐私权是指自然人享有的私人生活安宁与私人信息不被他人非法侵扰、知悉、搜集、利用公开的一项人格权。

2. 非法使被监护人脱离监护，导致亲子关系或者近亲属间的亲属关系遭受严重损害。此时监护人向人民法院起诉请求赔偿精神损害的，人民法院应当依法予以受理。此时精神损害要求达到严重的精神损害。未造成严重后果的一般不予以支持。

3. 自然人死亡后，侵权人以侮辱、诽谤、贬损、丑化或者违反社会公共利益、社会公德的其他方式，侵害死者姓名、肖像、名誉、荣誉，侵权人非法披露、利用死者隐私，或者以违反社会公共利益、社会公德的其他方式侵害死者隐私，侵权人非法利用、损害遗体、遗骨，或者以违反社会公共利益、社会公德的其他方式侵害遗体、遗骨等，导致死者近亲属遭受精神痛苦。

4. 因故意或重大过失侵害自然人具有人格象征意义的特定纪念物品，造成严重精神损害的，如极为珍贵的照片等。

（三）条件

需达到"严重"程度。严重的判断程度依据一般的社会习俗来规定。偶尔的精神痛苦和轻微的精神损害不可以要求获得精神损害赔偿。需要注意的是，侵害人身权益，包括侵害人格权、侵害身份权和侵害人格利益、身份利益的侵权行为，受到精神损害的，都是精神损害赔偿保护的范围。而严重精神损害包括精神利益的损害和精神痛苦的损害，凡是造成精神利益的损害、精神痛苦的损害，都是精神损害赔偿的范围。根据实际情况，具有下列情况之一的，可以认定为严重精神损害：①受害人因侵权行为造成死亡、残疾或者重伤的；②姓名权、肖像权、名誉权等精神型人格权或者身份权受到侵害，已经造成不良社会影响的；③侵害其他人格、身份权益，给受害人的生活造成较大影响的或者造成社会不良影响的；④因侵权人的行为使受害人遭受医学上可证明的生理或精神损伤的。

四、财产损害赔偿★★

（一）理论阐释

侵害财产权益导致的损害赔偿。财产权益是民事权益中的重要组成部分，包括物权、知识产权、股权以及虚拟经济中的财产权利等具有财产性质的权益。侵权行为造成他人财产权益损失的，行为人应该承担财产损害赔偿责任，财产损害赔偿是全面赔偿，赔偿范围包括了受害人遭受的直接损失和间接损失。直接损失，是指受害人现有财产的减少；间接损失，是指受害人原本可以得到但由于侵权行为而未得到的利益。

（二）标准

财产损失按照损失发生时的市场价格或者其他合理方式计算。财产损失的计算标准为损失发生时的市场价格，这个确定的时间点通常也就是侵权行为发生时的时间。如果被侵害的财产已经使用，则应该按照和使用年限相当的市场价格计算。对于不存在市场价格的财产则应当按其他合理方式计算。

【经典真题】

甲用其拾得的乙的身份证在丙银行办理了信用卡，并恶意透支，致使乙的姓名被列入银行不良信用记录名单。经查，丙银行在办理发放信用卡之前，曾通过甲在该行留下的乙的电话（实为甲的电话）核实乙是否申请办理了信用卡。根据我国现行法律规定，下列哪一表述是正确的?[1](2013－3－22)

A. 甲侵犯了乙的姓名权　　　　　　　B. 甲侵犯了乙的名誉权
C. 甲侵犯了乙的信用权　　　　　　　D. 丙银行不应承担责任

【考点】侵害人格权

【解析】甲盗用了乙的姓名办理信用卡，侵害了乙的姓名权。甲并未采用侮辱、诽谤等方式侵害乙的名誉权。信用权目前尚未成为法律上的人格权。因此选项A表述正确。

---

[1]【答案】A

丙银行发放信用卡过程中，未能尽到核对义务，将甲当成乙，而且只是通过电话核实乙是否申请办理信用卡。丙银行应对乙的银行不良信用记录承担责任。故选项 D 错误。

考点 3　免责或者减责事由

免责事由，是指被告针对原告的诉讼请求提出，证明原告的诉讼请求不能成立或不完全成立的事实。免责事由是针对承担民事责任的请求而提出来的，又被称为免责或减轻责任的事由。免责事由是指减轻或免除行为人责任的理由，也称为抗辩事由。从广义上来说，免责事由既包括免除行为人责任的事由，也包括减轻行为人责任的事由。但从狭义上理解，免责事由仅限于免除责任的事由。我国侵权责任编区分了责任的免除和减轻，采用了狭义的免责事由的概念。这既符合免责事由的本来含义，也有利于将免责事由区别。免责事由分为正当理由和外来原因。正当理由包括：自助行为、正当防卫、紧急避险、依法执行职务、受害人同意。外来原因包括：不可抗力、意外事件、受害人过错、第三人过错。

一、受害人的过错 ★ ★

（一）理论阐述

《民法典》第 1173 条规定，"被侵权人对同一损害的发生或者扩大有过错的，可以减轻侵权人的责任"，据此，受害人过错可以作为减轻侵权人责任的事由。与《侵权责任法》第 26 条相比，该条款删去了"也"字。《侵权责任法》规定被侵权人"也有过错"意味着其以加害人对损害的发生有过错为前提，即无法适用于严格责任，但是《民法典》第 1173 条的这一变化表明该条款也可适用于严格责任纠纷。如前所述，受害人的过错作为减轻责任的事由，这是减轻责任事由的典型形态，法律作了特别规定。受害人过错的构成要件是：①受害人对于损害的发生或者损害结果的扩大具有过错（故意或过失）；②受害人的过错与损害的发生或者扩大具有因果关系。

（二）法律适用

1. 受害人故意情形下的适用：受害人故意，是指受害人明知自己的行为会发生损害自己的后果，而希望或放任此种结果发生。受害人对损害的发生具有故意，表明受害人的行为是损害发生的唯一原因，从而应使加害人免责。

适用于过错责任情形和无过错责任情形中，过错责任情形有以下几种情形：第一，受害人和加害人对于损害的发生均有故意；第二，受害人对于损害的发生有故意，加害人有重大过失；第三，受害人对于损害的发生有故意，加害人有一般过失；第四，受害人对于损害的发生有故意，但其行为不是损害结果发生的原因力；第五，受害人对于损害的发生有故意，但其行为仅系损害结果发生的较小原因力；第六，受害人对于损害的发生有故意，其行为与加害人实施的加害行为对损害结果发生的原因力相当。除适用"无过错责任原则（特殊侵权）"的少数情形外，上述六种情形均不得免除加害人的侵权责任。

除特殊侵权行为外，侵权行为的主观要素是过错，客观要素是侵害行为。在加害人有过错、实施的行为导致他人的权益损害时，应当承担侵权责任，不应当因为"受害人有故意"而一概免除加害人的侵权责任，否则，有失公允。即使在适用"无过错责任"的情形下，只要《民法典》没有明确规定适用"过错相抵"，都不应免除加害人的侵权责任。而《民法典》仅对以下情形明确规定适用"过错相抵"："民用核设施损害责任""民用航空器损害责任""高度危险物损害责任""饲养一般动物损害责任"。

法律规定受害人故意才免除或者减轻加害人责任的，受害人的重大过失和一般过失不是免责或者减责事由。

2. 受害人重大过失情形下的适用：受害人的重大过失，是指受害人对自己的人身安全和财产安全毫不顾及，以致造成了自身的损害。我国民事立法对于受害人的重大过失是否构成免责事由没有明文规定，从侵权责任编和有关单行法规的规定来看，如果损害完全是由受害人的重大过失所致，加害人对损害的发生没有任何过错，则加害人不承担民事责任，这种重大过失应当作为免责事由，但其前提必须是加害人没有过错。如果加害人具有过错，则只有在加害人具有轻微过失的情况下，才可以免除加害人的责任，在其余场合则应按照过失相抵规则处理。

适用于过错责任情形和无过错责任情形中。在侵权人存在故意，受害人存在重大过失的情形下，侵权人的责任不能被完全免除，但是不应当承担全部责任。此时，适当地减轻侵权人的赔偿责任才是妥当的。

法律规定重大过失才免除或者减轻加害人责任的，受害人的一般过失不是免责或者减责事由。

二、受害人的故意 ★★★★

（一）理论阐释

损害是因受害人故意造成的，行为人不承担责任。

（二）法律适用

1. 可以适用于过错责任情形和无过错责任情形。

2. 只有损害完全是因为受害人的故意造成的，即受害人故意的行为是损害发生的唯一原因，才能对行为人免责，否则适用受害人过错条款。

三、第三人过错 ★★

（一）理论阐释

第三人过错，也叫作第三人原因，是指除受害人和加害人之外的第三人，对受害人损害的发生或扩大所具有的主观过错。损害是因第三人造成的，第三人应当承担侵权责任。

作为免责事由，第三人原因可分为两类：①第三人行为是损害发生的唯一原因或者导致原有的因果关系中断的，由第三人单独承担责任；②第三人的行为与加害人的行为构成原因竞合，共同导致同一损害后果，则属于多因一果，应该依照法律的规定分配责任。

第三人过错具有主体上的特殊性，其过错形式则与其他类型的过错相同，包括故意和过失。具体特点有以下几个方面：①过错主体是第三人。第三人是过错的主体，造成损害的过错不属于加害人或受害人的任何一方。广义的第三人过错，是指第三人与被告共同引起损害的发生或者扩大。狭义的第三人过错，是指第三人的过错是损害发生或者扩大的唯一原因，这两种情况都是指第三人在主观上具有过错。同时，该第三人不能被认定属于加害人一方或属于受害人一方。②第三人与当事人之间并没有过错联系。如果第三人与被告之间基于共同的意思联络（如第三人为被告的帮助人）而致原告损害，将作为共同侵权行为人而对受害人负连带责任。③第三人过错是免除或者减轻加害人责任的依据。第三人过错作为免责事由，其后果并不都是免责，如果第三人过错与行为人的行为相结合而致损害，则后果为减轻责任。

（二）法律适用

1. 本条仅指第三人过错是造成损害的唯一原因。如存在第三人和行为人的共同原因，则不适用本免责事由。

2. 在过错责任情形下，能够证明损害完全是由第三人过错行为造成的，则免除被告的责任。

3. 无过错责任情形，如损害完全是第三人过错造成，则区分情况处理：

（1）由第三人承担责任的情形：如因其他责任人的原因，建筑物、构筑物或者其他设施倒塌造成他人损害的，由其他责任人承担侵权责任。

（2）受害人自主选择责任人情形，此种情形下存在被告向第三人的追偿权。如因药品、消毒药剂、医疗器械的缺陷，或者输入不合格的血液造成患者损害的，患者可以向生产者或者血液提供机构请求赔偿，也可以向医疗机构请求赔偿。患者向医疗机构请求赔偿的，医疗机构赔偿后，有权向负有责任的生产者或者血液提供机构追偿。

因第三人的过错污染环境造成损害的，被侵权人可以向污染者请求赔偿，也可以向第三人请求赔偿。污染者赔偿后，有权向第三人追偿。

因第三人的过错致使动物造成他人损害的，被侵权人可以向动物饲养人或者管理人请求赔偿，也可以向第三人请求赔偿。动物饲养人或者管理人赔偿后，有权向第三人追偿。

（3）被告必须先承担责任，再向第三人追偿情形。此时被告不得以第三人的过错来抗辩。因运输者、仓储者等第三人的过错使产品存在缺陷，造成他人损害的，产品的生产者、销售者赔偿后，有权向第三人追偿。

建筑物、构筑物或者其他设施倒塌造成他人损害的，由建设单位与施工单位承担连带责任。建设单位、施工单位赔偿后，有其他责任人的，有权向其他责任人追偿。

四、不可抗力★★

（一）理论阐释

不可抗力是指不能预见、不能避免并不能克服的客观情况，是指人所不能抗拒的力量，包括自然原因（如地震、台风、洪水、海啸等）和社会原因（如战争等）。不可抗力，是独立于人的行为之外且不受当事人的意志所支配的客观现象，是公认的免责事由。不可抗力作为免责事由的依据是，让人们承担与其行为无关而又无法控制的事件的后果，对责任的承担者来说是不公平的，也不能起到教育和约束人们行为的积极价值。但是将不可抗力作为免责事由，必须是指不可抗力是构成损害结果发生的原因。只有在损害完全是由不可抗力引起的情况下，才表明被告的行为与损害结果之间毫无因果关系，同时还应表明被告没有过错，因此应被免除责任。因此，在原则上，因不可抗力造成他人损害的，加害人不承担侵权责任。不管是过错责任，还是无过错责任，不可抗力都是免责事由。

（二）法律适用

1. 过错责任情形、无过错责任情形皆可适用。不可抗力是独立于人的行为之外，不受当事人意志所支配的现象，是人力不能抗拒的力量。不能预见是指根据现有技术水平并以一般人的预见能力对于某事件的发生没有预知的能力。不能避免并不能克服，是指当事人已尽到最大努力采取措施，仍不能避免某种事件的发生并克服事件所造成的损害结果。

2. 效果为免除责任。行为人由于不可抗力造成他人损害的，表明行为人没有过错，并且其行为与损害结果之间不存在因果关系，如果让行为人对自己无法控制的损害结果承担责任，对行为人来说是不公平的。因此，因不可抗力造成他人损害的，不承担责任。

3. 法律另有规定的，依照其规定。在司法实践中应用不可抗力的基本原则是，因不可抗力造成损害的情况下，当事人一般不承担民事责任。但是，不可抗力导致免责必须是不可抗力是造成损害发生的唯一原因，当事人对损害的发生和扩大不能产生任何作用。因此，在有不可抗力的时候，应当查清不可抗力与造成的损害后果之间是否具有因果关系，并确定当事人的行为在发生不可抗力的条件下对所造成的损害后果的作用。

侵权责任编规定不可抗力作为免责事由的除外条款，指的是在法律有特别规定的情况下，不可抗力不作为免责事由。例如，《中华人民共和国邮政法》第48条第一项规定，保价的给据邮件的损失即使是因不可抗力造成的，邮政企业也不得免除赔偿责任。这是不可抗力作为免责条件的一个例外。在法律有特别规定的时候，不可抗力作为免责事由还要附加其他条件。例如，在环境保护法律中，存在不可抗力附加"经及时采取合理措施仍然不能避免损害"条件的规定，如《中华人民共和国海洋环境保护法》第91条作了这样的规定。在考虑将不可抗力作为免责事由时，一定要注意这些法律的特别规定，避免错误适用法律。

五、正当防卫★

（一）理论阐释

正当防卫，是指为了避免自身、他人的合法民事权益遭受不法侵害，对正在进行非法侵害的人采取的一种防卫措施。正当防卫是一般免责事由，是指在公共利益、他人或本人的人身或者其他利益遭受不法侵害时，行为人所采取的防卫措施。

构成正当防卫须具备以下要件：

1. 必须有侵害事实。侵害的事实在前，防卫行为在后；防卫的前提是侵害，防卫是侵害导致的结果。没有侵害事实，就不能进行防卫。对侵害事实的要求是现实的侵害，特点是：已经着手且正在进行。对想象中的、未发生的、实施终了的侵害，都不能实施防卫行为，也构不成免责事由。

2. 侵害须为不法行为。正当防卫的对象必须是不法侵害，对执行职务的"有权损害"并不是正当防卫，如逃犯就不得以正当防卫为借口而拒捕。

3. 须以合法防卫为目的。防卫人在防卫的时候，不仅应当意识到不法侵害现实存在且正在进行，还要意识到防卫行为的目的，就是说必须是把防卫公共权益、他人的或本人的权益免受侵害作为防卫的正当目的。而以防卫为借口而实施报复的行为或防卫挑拨的行为都是违法的，构成侵权。

4. 防卫须对加害人本人施行。对加害人的防卫反击，根据制止不法侵害的需要，可以是对人身的或是财产的。但是，任何防卫行为都不能对第三人实施，否则不构成正当防卫。

5. 防卫不能超过必要的限度。造成的损害没超过必要限度，为正当防卫，防卫人不负赔偿责任。必要限度是为了制止不法侵害所必须具有的，足以有效制止侵害行为的强度，只要是为了制止侵害所必需的，就不能认为是超越了正当防卫的必要限度。

正当防卫的法律后果，是免除防卫人的责任。

（二）法律适用

1. 在必要限度内，完全免责。

2. 超过必要限度的，就其不必要的损害承担适当责任。

六、紧急避险★★

（一）理论阐释

紧急避险是指为使本人或者他人的人身、财产和其他权利免受正在发生的危险，不得已采取的避险行为。为了社会公共利益、自身或者他人的合法利益免受更大的损害，在不得已的情况下而采取的造成他人少量损失的紧急措施，被称为紧急避险。紧急避险是一种合法行为，指的是在诸多合法利益不可能同时得到保护时，不得已采取的牺牲其中较轻利益、保全较重利益的行为。

（二）法律适用

1. 险情是由人为原因引起的，引起险情的人承担责任。

2. 险情是由自然原因引起的，行为人采取的措施又无不当，则行为人不承担民事责任。受害人要求补偿的，可以责令受益人适当补偿。分为两种情形：如果紧急避险人是为了他人的利益而采取了避险行为，造成第三人利益损害的，紧急避险人免于对第三人承担责任；如果紧急避险人是为了本人利益而采取紧急避险行为造成第三人损害的，紧急避险人本人作为受益人，应当对第三人的损害给以补偿。

3. 无论人为原因还是自然原因，紧急避险采取措施不当或者超过必要的限度，造成不应有的损害的，紧急避险人应当承担适当的责任。紧急措施采取不当，是指在紧急情况下能够采取可能减少或避免损害的措施而未采取，或者采取的措施并不是排除险情所必需的。超过必要限度是指采取紧急避险措施没有减少损害，或者紧急避险所造成的损害大于所保全的利益。

【经典真题】

刘婆婆回家途中，看见邻居肖婆婆带着外孙小勇和另一家邻居的孩子小囡（均为 4 岁多）在小区花园中玩耍，便上前拿出几根香蕉递给小勇，随后离去。小勇接过香蕉后，递给小囡一根，小囡吞食时误入气管导致休克，经抢救无效死亡。对此，下列哪一选项是正确的？[1]（2017/3/23）

A. 刘婆婆应对小囡的死亡承担民事责任

B. 肖婆婆应对小囡的死亡承担民事责任

C. 小勇的父母应对小囡的死亡承担民事责任

D. 属意外事件，不产生相关人员的过错责任

【考点】侵权责任的免责事由

【解析】本题考查意外事件、侵权的构成。意外事件的认定标准，在法律上并无明确规定。理论上一般认为，构成意外事件，通常须满足三个条件：一是行为人的行为客观上造成了损害结果；二是行为人主观上没有过错（故意或者过失）；三是损害结果由不能预见的原因所引起。本题中，损害后果是客观存在的；而不论是刘婆婆或肖婆婆，对小囡的损害均没有故意或过失；而通常情况下，香蕉并不能导致他人死亡，当事人均不能预见到这一损害后果，即损害是因不能预见的原因引起的，故本题可认为属于意外事件，D 正确，其他选项均错误。对于本题，不能扩展情节，如不能假设小囡吞食误入气管导致休克时肖

---

〔1〕【答案】D

婆婆没有尽到救助义务，因题目中没有提到这些情节，故根据法律职业考试资格命题规律，不应予以考虑这些情节，否则将导致无谓争论。

考点4　关于连带责任问题

一、连带责任人对外责任 ★

每一连带责任人都有应权利人的请求承担责任的义务。连带责任人都要对受害人负连带责任，即他们都有义务向受害人负全部赔偿责任。无论各连带责任人在实施共同侵权行为、共同危险行为中所起的作用和过错如何，都不影响连带责任的整体性，对外，每个连带责任人都对受害人的赔偿请求承担全部责任。正因为侵权连带责任是对受害人的整体责任，因此，受害人有权在连带责任中选择责任主体，既可以请求连带责任人中的一人或数人赔偿其损失，也可以请求全体连带责任人赔偿其损失。

无论赔偿权利人向共同行为人中的一人、数人还是全体提出赔偿请求，连带责任人均须向赔偿权利人承担总的责任。各个行为人均能承担自己的份额的，各个承担自己的份额以满足权利人的赔偿请求；其中一人或数人无力赔偿或不能赔偿，则由其他共同加害人承担这些责任，以满足权利人的赔偿请求。

二、连带责任人之间责任赔偿 ★

共同加害人和共同危险行为人不分份额对外承担整体责任；对内，应依其主观过错程度和行为的原因力不同，对自己的责任份额负责。各行为人各自承担自己的责任份额，一方面，在确定全体共同行为人的连带责任时须确定各自的责任份额，对外连带负责；另一方面，当部分共同行为人承担了超出自己责任份额以外的责任后，有权向没有承担应承担责任份额的其他连带责任人求偿。侵权连带责任是法定责任，不因共同行为人内部责任份额或内部约定而改变其连带责任性质。

在共同侵权行为人的连带责任中，共同行为人内部基于共同协议免除或减轻某个或某些行为人的责任，对受害人不产生效力，不影响连带责任的适用，只对其内部发生约束力。

当连带责任人中的一人或数人承担了全部赔偿责任之后，已经承担了赔偿责任的连带责任人有权向其他应负责任而未负责任的连带责任人要求追偿。应承担责任而未承担赔偿责任的连带责任人应当按照自己的责任份额，承担责任，补偿已承担赔偿责任的连带责任人因赔偿而造成的损失。

> **★特别提示** 关于连带责任问题，考生应重点掌握连带责任人对内对外的不同。

【经典真题】

甲、乙是同事，因工作争执甲对乙不满，写了一份丑化乙的短文发布在丙网站。乙发现后要求丙删除，丙不予理会，致使乙遭受的损害扩大。关于扩大损害部分的责任承担，下列哪一说法是正确的？[1]（2010－3－23）

A. 甲承担全部责任　　　　　　　　B. 丙承担全部责任

C. 甲和丙承担连带责任　　　　　　D. 甲和丙承担按份责任

---

[1]【答案】C

【考点】网络侵权责任

【解析】《民法典》第1195条第1款和第2款规定，"网络用户利用网络服务实施侵权行为的，权利人有权通知网络服务提供者采取删除、屏蔽、断开链接等必要措施。通知应当包括构成侵权的初步证据及权利人的真实身份信息。网络服务提供者接到通知后，应当及时将该通知转送相关网络用户，并根据构成侵权的初步证据和服务类型采取必要措施；未及时采取必要措施的，对损害的扩大部分与该网络用户承担连带责任。"据此规定，本题中乙要求丙网站采取删除措施，而丙网站不予理会导致乙遭受损害扩大，该扩大部分应由甲和丙连带承担。故选项C正确，其余错误。

【小结/重点整理】

本章需重点掌握侵权责任的几个形式及其适用，着重掌握最重要的损害赔偿原则，重点记忆免责或减责事由，这是重中之重。还需要注意连带责任对外承担义务及内部之间的异同，分清承担责任的方式。

第四十三章

特殊主体的侵权行为与责任承担

特殊主体侵权行为知识体系图表

类别	责任承担	备注
无、限制行为能力人实施的侵权行为	监护人承担侵权责任	
完全行为能力人失控状态下的侵权行为	侵权人承担	
用人单位员工因执行工作任务发生的侵权行为	用人单位承担	如有劳务派遣，用工单位承担；用人单位根据过错承担相应的责任
个人之间劳务关系中提供劳务者自己受到伤害或者致他人受到伤害	前者由各方根据过错分别承担；后者由接受劳务一方承担	变更了雇佣关系中的侵权责任规定
网络用户、网络服务者致他人损害	部分连带责任；全部连带责任	
负有法定安全保障义务的组织未尽职责导致他人损害	相关组织承担责任	第三人侵权的，由第三人担责；相关组织根据过错承担补充责任
无、限制行为能力人在教育机构遭受侵害	过错责任归责原则	无民事行为能力人受到伤害的适用过错推定规则

导学

　　特殊主体侵权包括无民事行为能力人、限制民事行为能力人致人损害；完全民事行为能力人对自己的行为暂时没有意识或者失去控制致人损害；用人单位的工作人员执行工作任务致人损害；个人之间形成劳务关系情形下致人损害；网络用户、网络服务提供者致人损害；违反安全保障义务致人损害；幼儿园、学校或者其他教育机构未尽职责致人损害情形；帮工情形下致人损害情形；承揽关系致人损害情形；见义勇为致人损害情形。需要理清其侵权责任及归责原则。

　　本部分是重点部分，常考考点包括完全民事行为能力人的责任种类、用人单位的替代责任、网络侵权行为人的单独责任、安全保障义务人的责任及补充责任、帮工情形下致人损害的责任等。

✂ **重点知识详解**

考点1　无民事行为能力人、限制民事行为能力人致人损害责任

一、由监护人承担侵权责任★

所谓监护人责任，是指监护人就无民事行为能力人或限制民事行为能力人所造成的他人损害，依法律规定所应承担的责任。这里所说的监护人责任指的是侵权法上的损害赔偿责任，不是指监护人所应负有的对被监护人的监护职责。无民事行为能力人、限制民事行为能力人造成他人损害的，由监护人承担侵权责任。这就在法律上确立了监护人责任制度。监护是对于无民事行为能力人以及限制民事行为能力人的人身、财产及其他合法权益进行监督、保护的制度。履行监督、保护义务的人，叫作监护人；而被监督、保护的人，是被监护人。监护人责任制度的确立，对督促监护人履行其监护责任、避免被监护人侵害他人权益、有效地救济受害人的损害，都有重要意义。监护人能够证明其尽到监护责任的，可以减轻其侵权责任（但是不能免除）。

监护人责任以特定监护关系的存在为基础。在我国监护制度中，监护因监护对象的不同而包括两类，一是对无民事行为能力人的监护制度，即专门针对未达到法定成年年龄的人所设立的监督和保护制度。二是对成年精神病人的监护制度。对于未成年精神病人的监护可归入前一种监护中，未成年精神病人造成他人损害的，也应当适用监护人责任。监护关系一般是监护人和被监护人存在一定的血缘或亲属关系，因监护关系的成立一般依特定的血缘关系而成立，一般依照法律规定的范围和顺序确定，因此在发生了被监护人造成他人损害之后，监护人就应当承担责任。而且，监护关系的存在决定了监护人责任是严格责任。基于血缘或亲属关系，监护人对被监护人进行一定的人身或财产照管，在被监护人造成他人损害的情况下，监护人承担责任具有法律上的正当性。

从性质上看，监护人责任是一种替代责任。替代责任指的是责任人对他人的行为所承担的责任。监护人自身不是造成损害的行为人，是因为其所监护的无行为能力人或限制行为能力人所造成的他人损害而承担责任的，基于监护人地位需要承担侵权责任。如果监护人自己造成了损害，则适用一般的过错责任而并非监护人责任。在被监护人致人损害的情况下，法律考虑到其承担责任的能力，同时为了更好地对受害人予以救济，规定了监护人为被监护人的行为承担责任。

监护人责任主要是一种严格责任。《民法典》侵权责任编要求监护人为被监护人致人损害的行为承担责任是基于监护人和被监护人之间的由血缘和亲属关系而产生的监护关系，监护人的行为是否有过错在所不问。即便监护人尽心尽职地照管了被监护人，没有过错，而由于被监护人年龄过小或智力不成熟等原因，仍然可能造成他人损害。为了保护受害人的利益，维护社会安全，法律责令监护人必须为被监护人的行为承担责任。因此，无民事行为能力人、限制民事行为能力人造成他人损害的，由监护人承担侵权责任。据此，即使监护人尽到了监护之责，被监护人造成了损害，监护人也应当承担责任，这就体现了责任的严格性。如果监护人尽到了监护责任的，可以适当减轻。同时，《民法典》将监护人责任定义为严格责任但为了平衡监护人的利益，首先适用被监护人的公平责任。有财产的无民事行为能力人、限制民事行为能力人造成他人损害的，先从本人财产中支付赔偿费用。不足部分，由监护人赔偿。该条规定从公平原则出发，强化了有财产的被监护人的责任，减

轻了监护人的责任，体现了当事人之间利益的平衡。

监护人的责任还具有次位性。在确定监护人责任时，先要考虑被监护人是否有财产，如果其有财产，则应当从其自己的财产中支付相应的赔偿费用。只有在被监护人没有财产，或者其财产不足以赔偿全部损害的情况下，监护人才承担责任，由此可见，监护人的责任处于第二顺位。第一顺位是拥有财产的被监护人自己的责任。

二、例外的赔偿责任

有财产的无民事行为能力人、限制民事行为能力人造成他人损害的，从本人财产中支付赔偿费用。不足部分，由监护人赔偿。据此，监护人责任的范围以被监护人能否承担责任、承担多大的责任为前提，即如果被监护人具有充足的财产来承担全部责任，则监护人的责任事实上已不存在；如果被监护人的财产有限或者无财产，则监护人需要承担大部分甚至全部的责任。这就是所谓"不足部分，由监护人赔偿"的含义。监护人尽到监护责任的，可以减轻其侵权责任。即监护人责任虽然采用严格责任，但可以考虑各方面情况减轻其责任。法律设置减轻责任的规则，一方面，是为了鼓励监护人履行其监护职责。如果监护人已经尽到了其监护职责，仍然要承担完全的赔偿责任，这并不利于监护人履行其监护职责。同时也是为了适当缓和监护人责任的严格性。监护人责任是严格责任，监护人几乎没有免责事由。法律上设置了减轻责任的规则，在责任范围的确定上，则仍需要考虑各种具体的因素。

（一）如何界定是否尽到监护责任

依生活常识，必须要证明监护人尽到了监护职责。从关于监护人责任的规定来看，在各种类型的抗辩事由中，对监护人所提供的免责机会是不同的。证明抗辩事由的存在越困难，则监护人的责任越严格，反之则越宽松。根据侵权责任编，监护人如何证明自己已经尽到监护职责，应根据具体情况来定。在判断时，应以一个合理的第三人标准为参照。例如，未成年人用小刀致某人损害，若其父母在此之前也曾经发现其有类似危险行为，而仅是口头教育、告诫，则不能表明其已尽到监护职责，还应当采取合理措施，如收缴小刀等，以防止其孩子用小刀伤人事件的发生。

当监护人尽了监护职责之后，则减轻监护人的责任，而不是免除其责任。在因被监护人造成他人损害的情况下，如果完全免除监护人责任，则无辜的受害人遭受的损失可能得不到任何救济，这对其是不公平的。而且，考虑到监护人和被监护人之间的天然血缘或人身关系，相较于受害人，法律应当更多地要求监护人承担责任，而不能随意也免除监护人的责任，让受害人自行承担损害后果。但是，如果监护人已经尽到了教育、照管等监护职责，法律从公平角度出发，为了平衡监护人利益，可以适当地减轻监护人的责任。减轻责任的依据是监护人已经尽到了监护职责，也就是说，只有在监护人已经尽到教育、照管等职责的情况下，才可以有限度地减轻其责任。

减轻责任应当考虑案件具体情况进行酌情裁量。也就是说，要给予法官一定的自由裁量权，允许法官根据具体案情来判断监护人是否尽到了监护职责。考虑减轻监护人的责任，主要是考虑被监护人的年龄大小。如果被监护人的年龄低于10周岁的，对监护人责任减轻要比较谨慎，因为年龄较小的未成年人需要更重的监护责任。减轻监护人的侵权责任的标准仍然是责任能力。侵权责任编并非完全基于责任能力而确定被监护人的责任，但被监护人的责任能力对责任范围仍有一定影响。因为减轻监护人的责任，其依据是监护人是否尽到监护职责，被监护人的年龄越小，其监护职责越重。

需要指出的是，责任能力问题主要适用于损害赔偿，至于其他的责任形式，并不考虑责任能力。在返还原物、停止侵害、消除危险等责任形态中，无论侵权行为人是否具有责任能力，其都应当承担责任，其主要原因在于，行为人并不会因为承担这些责任而遭受利益的减损，因而无论其是否有责任能力，都应当承担责任。

（二）法条理解

1. 加重了监护人的责任。当被监护人的财产不足以赔偿时，监护人需予以全部赔偿。

2. 单位作为监护人的，与自然人作为监护人时一样，需要承担同等的赔偿责任。这为了促使单位监护人尽职履行监护责任，防止其怠于行使监护职责，放任被监护人侵权行为的发生，保证被侵权人受到的损害得到赔偿，但本条并没有规定行为人的责任能力。

【经典真题】

丁某在自家后院种植了葡萄，并垒起围墙。谭某（12 岁）和马某（10 岁）爬上围墙攀摘葡萄，在争抢中谭某将马某挤下围墙，围墙上松动的石头将马某砸伤。下列哪些选项是正确的？[1]（2007 - 3 - 64）

A. 丁某应当承担赔偿责任

B. 谭某的监护人应当承担民事责任

C. 马某自己有过失，应当减轻赔偿人的赔偿责任

D. 本案应适用特殊侵权规则

【考点】 未成年人致人损害时责任承担，过错相抵

【解析】 本题考查建筑物责任、监护人责任与过失相抵，本题中，谭、马侵入丁某的私人领域打闹受伤，丁某对他们的损害没有过错，《民法典》第 1252 条第 1 款规定，"建筑物、构筑物或者其他设施倒塌、塌陷造成他人损害的，由建设单位与施工单位承担连带责任，但是建设单位与施工单位能够证明不存在质量缺陷的除外。建设单位、施工单位赔偿后，有其他责任人的，有权向其他责任人追偿。"可见物件致损的归责原则属于过错推定，丁某没有过错，自然不承担责任，故 A 选项错误。《民法典》第 1188 条第 1 款规定，"无民事行为能力人、限制民事行为能力人造成他人损害的，由监护人承担侵权责任。监护人尽到监护职责的，可以减轻其侵权责任。"被监护人侵权属于特殊侵权责任，适用无过错归责原则。因此，未成年人谭某的监护人应当承担责任。故 B、D 正确。

"被侵权人对同一损害的发生或者扩大有过错的，可以减轻侵权人的责任。"据此，马某自己也有过失，可以减轻加害人的责任，故 C 选项正确。

考点 2　完全民事行为能力人对自己的行为暂时没有意识或者失去控制致人损害责任

一、理论阐释★

暂时没有意识或失去控制致人损害是指行为人在正常情况下具有相当的意思能力，但由于疾病、外界等原因而暂时地丧失正常的意思能力而致人损害。例如，某人在开车途中突发心脏病而对机动车失去控制，导致交通事故发生。某人在搬运物品过程中由于突发疾

---

〔1〕【答案】BCD

病而致物品脱落，致人损害。完全民事行为能力人对自己的行为暂时没有意识或失去控制造成他人损害的情况有两种：

1. 有过错的，应当承担侵权责任（包括因醉酒、滥用麻醉药品或者精神药品对自己的行为暂时没有意识或者失去控制造成他人损害）。

2. 没有过错的，根据行为人的经济状况对受害人适当补偿。

此处所说的暂时是指实施侵权行为之时无意思能力，与长期无意思能力是相区分的。如果是未成年人或精神病人可能长期处于无意思能力状态，其就不能被认定为暂时丧失意思能力。

暂时丧失意思能力人一般情况下具有意思能力，可以自行保护自己的人身和财产，而且是否暂时无意思能力也具有偶然性和无法预见性，所以，法律上不需要也不可能为其设置监护人。因此，在暂时没有意识的情况下致人损害的，亦不能属于监护人责任的范畴。如果由于暂时丧失意思能力的人达到设立监护的要求，且已经为其设置了监护人，那么，其致人损害的，可以适用相应的监护人责任规则。但是，需要注意的是，在还没有被确认为无行为能力人或限制行为能力人时，即便其是在欠缺相应意思能力的情况下致人损害的，也不应当属于监护人责任。

二、暂时没有意识或失去控制致人损害的责任承担★★

第一，主体的特殊性。这类责任的主体是完全行为能力人，其只是由于突发事件而暂时没有意识或者失去控制，并在此情况下致人损害的。暂时没有意识，是指在行为时处于无意识（如醉睡、酒醉、发狂、受催眠、精神病或心脏病发作等情况）。失去控制，是指在行为人行为时无法控制自己的行为。如果是行为之前或行为之后失去控制，都表明暂时无意思能力与结果之间无因果联系。

第二，归责原则有重叠。暂时无意思能力人造成他人损害，采取过错责任与公平责任相结合的办法。完全民事行为能力人对自己的行为暂时没有意识或者失去控制造成他人损害有过错的，应当承担侵权责任；没有过错的，根据行为人的经济状况对受害人适当补偿。据此，在暂时丧失意思能力的情况下，只有在其对丧失意思能力是有过错的情况下，才对其致害行为承担过错责任。但是，在其对丧失意思能力并无过错的情况下，也不能因此而完全免除责任，而需要根据公平责任承担一定的经济补偿。这里所说的过错是指，行为人对于其暂时丧失意思能力而具有主观的可谴责性。行为人因酗酒、吸毒，甚至在明知自己有疾病而未采取有效措施控制疾病，以致自己丧失意识等即是过错。我们只能在其丧失意思能力环节考查其有无过错，而不能在其实施损害他人行为环节考查其有无过错。在暂时无意思能力人具有过错的情况下，归责原则仍然是过错责任。但在其没有过错的情况下，毕竟其行为导致了受害人的损害，为了对受害人提供救济，应当要求承担公平责任。

第三，受害人需举证证明行为人对其暂时丧失行为能力具有过错。由于侵权责任编区分了暂时无意思能力人是否具有过错的两种情形，在有过错的情况下，要求承担完全赔偿责任；在没有过错的情况下，行为人仅承担公平责任。由此，行为人暂时丧失行为能力如果具有过错，应由受害人证明。但暂时丧失民事行为能力本身的证明，一般不要求受害人举证证明。原因在于，其一，受害人可能因无法了解行为人的情形而无法举证，如果要求受害人举证会使受害人难以获得救济。其二，一般情况下，行为人都是有行为能力的，既然行为人已经造成了对他人的损害，行为人就应当对自己的行为结果负责，如果要表明自己没有过错，其就应当举证证明其暂时丧失了行为能力，可以此作为抗辩。反之，如果行为人不能证明自己暂时没有意识或者失去控制，则要承担责任。

暂时无意思能力者导致他人受到侵害，在实践中并不多见。但是，考虑到其涉及过错责任制度的适用，尤其是通过确立这一规则能够保持与过错责任、公平责任的协调，可以保持侵权责任体系的完整性。同时，通过确立这一规则，也有助于指导人们正确行为，引导人们避免因滥用酒精、麻醉品等导致自己陷入无意思能力状态，从而侵害他人权益。

因过错导致暂时无意思能力的情形包括两种：一是对于暂时没有意识具有过错，行为人已经失去了意识，其所从事的行为是在不受意识支配下所从事的。二是对于失去控制造成他人损害具有过错，当事人虽然有较为清醒的意识，但是因他人的原因导致其丧失意识，并失去控制造成他人损害。在这种情况下，行为人所做出的行为往往是基于一种条件反射本能的行为，或者是失去控制的行为造成了他人的损害。虽然行为人的意识失去了控制，但是失去控制的原因却是因他人过错而引起的。

从举证责任上，受害人应当证明暂时无意思能力人对其陷于无意思能力状况具有过错。如果受害人不能证明被告具有此种过错，就不能要求其承担过错责任。如果是他人的行为导致某人服用麻醉品，丧失行为能力，不应该认为其具有过错。因为行为人丧失责任能力和意识控制，是他人的先前行为导致的。

需要指出的是，在某些情况下，暂时无意思能力人因自己的过错（如醉酒、滥用麻醉药品或精神药品后驾驶机动车）造成他人损害，此时，行为人不仅造成对受害人的损害，而且给公共安全带来了危险。所以，行为人不仅要承担侵权责任，而且可能承担行政责任或刑事责任。如果机动车投保了交强险，保险公司承担了责任之后，也可以向驾驶人追偿。

考点3　用人单位的工作人员执行工作任务致人损害的责任

一、原则上由用人单位承担侵权责任★★

在此不再区分用人单位的性质，也不再区分工作人员的过错。

用工单位对于工作人员在工作过程中导致他人损害引发的侵权责任具有如下特点：

第一，它以用工关系的存在为前提。用人单位承担的是替代责任，其之所以要对工作人员造成他人的损害负责，是因为他们之间存在用工关系。用工关系既包括用人单位之间订立劳动合同的关系，也包括个人之间提供劳务的关系；既可以是长期的，也可以是短期的。工作人员在工作过程中造成他人损害，都与工作本身具有内在关联性。工作人员从事一定的活动，或是按照单位的意志，或是为了单位的利益。因此，工作人员的活动可以分为两类：①执行单位授权和指示范围内的工作任务；②工作人员的行为虽然超出单位授权的范围，但是只要其表现形式是执行工作任务或者与执行工作任务有内在关联性，亦属于执行工作任务。

第二，它是替代责任的一种类型。用工责任是替代责任，即用人单位并非对自己的侵权行为负责，而是对工作人员的侵权行为负责。这就是说，只要工作人员的行为符合侵权责任的构成要件，用人单位就要承担责任，不以其具有过错为要件。从雇主责任的发展趋势来讲，此种责任得以独立研究和规定，在很大程度上是为受害人提供更为有效的救济。从归责原则上看，也同样存在此种发展趋势，即为了更有利于受害人保护，主要采用严格责任。

第三，它是用人单位对第三人的责任。用工责任是用人单位对工作人员造成他人损害的责任，即外部责任。在用工过程中的责任包括两种关系，一是用人单位与工作人员之间的关系，它是一种内部关系。这种关系是合同关系，而且工作人员遭受侵害往往是通过工伤保险制度来救济，不需要借助于侵权责任制度。二是用人单位与第三人之间的关系，它是一种外部关系。用工责任是因工作人员在工作过程中造成他人损害引发的侵权责任，即对劳动关系之外的第三人造成的侵权责任。通常来说，用人单位责任的特点在于造成了第三人的损害，而应当由用人单位向第三人负责。

第四，它是工作人员因工作造成的他人损害的赔偿责任。用工责任的产生基础从形式上看包括两项：一是因执行工作任务而造成他人损害；二是因劳务造成他人损害。但从实质上看，两者都是在用工过程中，因被用工者执行职务的行为致他人损害而产生的责任。不过，两种用工关系的区别在于，个人用工比较宽泛，并没有要求明确的工作任务。只要是根据用工者的要求提供劳务，无论从事何种工作，由此造成的损害，用工者都要承担责任。而在单位用工时，工作人员都是基于其担任一定的职务，因完成一定的工作任务而导致他人损害。无论是个人用工还是单位用工，就责任形式而言，主要是损害赔偿责任，此种损害必须是被用工者在用工期间造成的他人损害，由用工者承担赔偿责任。用人单位不可能承担停止侵害、排除妨碍、消除危险的责任，因为用工责任是对损害提供事后救济的责任，不具有事先预防的功能。

用人单位包括固定单位和临时单位，采广义，包括：①国家机关；②企业法人、事业单位法人、社会团体法人；③合伙企业、个人企业、土地承包经营者、个体工商户以及其他的组织。

二、劳务派遣的补充责任

劳务派遣期间，被派遣的工作人员因执行工作任务造成他人损害的，由接受劳务派遣的用工单位承担侵权责任；劳务派遣单位有过错的，承担相应的责任。

劳务派遣，是指劳务派遣单位根据合同，聘用符合约定条件的劳动者，并将其派遣到接受单位的用工形式。劳务派遣是由派遣单位支付给劳动者报酬，并为劳动者办理社会保险登记和缴费等各项事务；用工单位向派遣单位就提供的服务支付劳务费。2007 年《中华人民共和国劳动合同法》第 58 条首次正式明确规定劳务派遣的概念，同时，明确了劳务派遣单位和接受单位之间的关系。

劳务派遣与一般用工关系的区别在于，在一般用工关系中，合同当事人仅有用工单位和劳动者；而劳务派遣用工合同关系则涉及三方当事人。在劳务派遣中，实际用工单位无须自己招收劳动者，可以通过派遣单位直接获得劳动力，因此，其在工资支付、劳工保护等一系列合同关系上都区别于一般的用工关系。

在劳务派遣的情况下，出现了多个用工者，所以，如何确定责任主体是侵权法中必须解决的重大问题。劳务派遣期间，被派遣的工作人员因执行工作任务造成他人损害的，由接受劳务派遣的用工单位承担侵权责任；劳务派遣单位有过错的，承担相应的责任。

被派遣的工作人员因执行工作任务造成他人损害的，由接受劳务派遣的用工单位承担侵权责任。用工单位承担责任的依据在于，第一，每一个用工者都必须与被用工者之间形成劳动关系或者劳务关系。对被用工者技能缺陷给他人造成损害的风险而言，用工者享有较派遣单位更强的控制能力。第二，用工单位是劳动合同的用工方，他们有义务对被派遣劳动力进行必要的培训、监督和管理。对于不符合岗位工作要求的被派遣用工者，实际用工者可以要求派遣单位更换。此外，被用工者是按照用工者的要求提供劳务的。因此，用工单位应承担此种活动可能带来的侵权损害赔偿风险。所以，应当首先由接受劳务派遣的单位承担用工责任。被用工者因工作造成他人损害的，用工者应当对外承担损害赔偿责任。

劳务派遣单位承担过错责任的构成要件在于：

第一，必须是在劳务派遣期间发生损害。派遣单位不是从事纯粹的职业介绍等居间活动，而是事实上与被用工者之间形成了一种法律关系。劳务派遣通常要订立派遣合同，如果是在劳务派遣期间以外发生损害，用工单位并不承担责任，劳务派遣单位是否承担用工责任，要考虑是否符合责任构成要件。

第二，必须是被派遣的工作人员因执行工作任务造成他人损害。包括必须是劳务派遣单位派出的工作人员。如果是用工单位自己招聘的员工造成他人损害，应当适用"用人单位的工作人员因执行工作任务造成他人损害的，由用人单位承担侵权责任"。另外，必须是被派遣的工作人员因执行工作任务而造成他人损害。这里所说的执行工作任务，是按照用工单位的要求执行工作任务。"因执行工作任务造成他人损害"，因此，在判断是否是执行工作任务时要采与普通的用工责任相同的标准。

第三，劳务派遣单位具有过错。虽然被用工者造成他人损害，主要由用工单位负责，但是，劳务派遣单位也可能具有过错。如果派遣单位在招收和选派被用工者环节未积极履行选择合格劳动力的义务，其主观上具有过错，应当承担一定的责任。

派遣单位应当承担相应的责任。派遣单位承担相应的补充责任的原因在于：一方面，在实际的工作过程中，被用工者与派遣单位之间存在劳务关系。另一方面，如前所述，派遣单位对于被用工者造成他人损害也具有过错，其应当对自己的过错行为负责。

三、用人单位的工作人员非执行工作任务致人损害的责任 ★

用人单位的工作人员非执行工作任务而造成他人损害时，该工作人员自己承担责任。

【经典真题】

甲电器销售公司的安装工人李某在为消费者黄某安装空调的过程中，不慎从高处掉落安装工具，将路人王某砸成重伤。李某是乙公司的劳务派遣人员，此前曾多次发生类似小事故，甲公司曾要求乙公司另派他人，但乙公司未予换人。下列哪一选项是正确的？[1]（2014－3－21）

A. 对王某的赔偿责任应由李某承担，黄某承担补充责任

B. 对王某的赔偿责任应由甲公司承担，乙公司承担补充责任

C. 甲公司与乙公司应对王某承担连带赔偿责任

D. 对王某的赔偿责任承担应采用过错责任原则

【考点】用工单位责任

【解析】"用人单位的工作人员因执行工作任务造成他人损害的，由用人单位承担侵权责任。用人单位承担侵权责任后，可以向有故意或者重大过失的工作人员追偿。劳务派遣期间，被派遣的工作人员因执行工作任务造成他人损害的，由接受劳务派遣的用工单位承

---

[1]【答案】B

担侵权责任；劳务派遣单位有过错的，承担相应的责任。"本题中李某系因执行工作任务造成王某重伤，且乙公司存在过错，故选项B符合法律规定。其他错误。

考点4　个人之间形成劳务关系情形下损害赔偿责任问题

一、提供劳务致人损害的责任 ★

提供劳务一方因劳务造成他人损害的，由接受劳务一方承担侵权责任。（不再区分提供劳务方的过错）

这需要具备以下要件：第一，必须形成劳务关系。劳务关系是指提供劳务一方为接受劳务一方提供劳务服务，由接受劳务一方按照约定支付报酬而建立的一种民事权利义务关系。劳务关系的建立可以采取书面形式，也可以采取口头或其他形式。第二，必须是提供劳务一方因劳务造成他人损害。与单位责任不同的是，个人用工责任并不是因执行工作任务造成他人损害，而是因提供劳务造成他人损害。侵权责任编中没有采用"工作人员"，而采用"提供劳务一方"的提法，这就是说，在个人用工关系中，因为提供劳务的一方在提供劳务中造成他人损害，接受劳务的一方才承担侵权责任。第三，责任主体是自然人。个人用工主体是自然人，而不是单位。"个人"指的是自然人，不包括合伙企业、法人等独立的民事主体。

二、依各自过错承担责任的情形

提供劳务一方因劳务自己受到损害的，根据双方各自的过错承担相应的责任。（不再是接受劳务一方承担责任）提供劳务期间，因第三人的行为造成提供劳务一方损害的，提供劳务一方有权请求第三人承担侵权责任，也有权请求接受劳务一方承担侵权责任。接受劳务一方承担侵权责任后，可以向第三人追偿。

【经典真题】

甲公司为劳务派遣单位，根据合同约定向乙公司派遣搬运工。搬运工丙脾气暴躁常与人争吵，乙公司要求甲公司更换丙或对其教育管理，甲公司不予理会。一天，乙公司安排丙为顾客丁免费搬运电视机，丙与丁发生激烈争吵故意摔坏电视机。对此，下列哪些说法是错误的？[1]（2010－3－70）

A. 甲公司和乙公司承担连带赔偿责任
B. 甲公司承担赔偿责任，乙公司承担补充责任
C. 甲公司和丙承担连带赔偿责任
D. 丙承担赔偿责任，甲公司承担补充责任

【考点】侵权责任主体的特殊问题

【解析】劳务派遣期间，被派遣的工作人员因执行工作任务造成他人损害的，由接受劳务派遣的用工单位承担侵权责任；劳务派遣单位有过错的，承担相应的责任。据此，根据题中内容，作为用工单位的乙公司应承担侵权责任，而作为劳务派遣单位的甲公司因对乙更换员工的请求不予理会，存在过错，应承担相应的补充责任。而ABCD均与此相悖，

————————————
[1]【答案】ABCD

故均错误。

考点5　网络用户、网络服务提供者致人损害责任

一、网络侵权的特殊性★★

网络侵权是指发生在互联网上的各种侵害他人民事权益的行为。网络侵权责任是指网络用户、网络服务提供者因过错在网络上侵害他人民事权益所要承担的责任。网络侵权是一种新型的侵权形态。网络侵权的特殊性主要表现在如下几个方面：

第一，侵权主体的特殊性。网络的虚拟性，使得网络环境下侵权主体具有一定的特殊性。网络侵权的主体主要是网络用户和网络服务提供者。网络侵权下的侵权责任主体是多元的。主要是就网络用户和网络服务提供者两方面的责任来规定的。侵权人涉及网络信息最初发布者、网络经营者、搜索引擎、各种门户网站、论坛以及无数的传播者，就网络经营者而言，在许多情况下是责任的主体。对一般网络用户而言，在实施侵权行为时，往往隐匿了真实身份。网名和真实的个人不完全对应，在网络上使用的网名仍然只是一个代号，并不与真实身份相一致。

第二，侵害客体的特殊性。在现实环境中，侵权行为侵害的客体包括人身和财产权益。在网络环境下，侵权行为的对象主要是非物质形态的民事权益，具体包括：一是名誉、肖像、隐私等人格权。二是知识产权，尤其是著作权。三是其他财产权，包括虚拟财产、信息财产等。

第三，利用网络环境的特殊性。由于互联网的开放性，在任何地方，通过一台手提电脑上网就可以向全世界发布侵权的信息。而侵权性信息一经上传，很快就可以传遍全球，任何人只要点击该信息都可能看到它。因此，在网络侵权发生以后，对侵权行为发生地和侵权行为结果地的判断也是一个难题。

第四，侵害行为的特殊性。这表现在工具、手段的特殊性。同时，侵权行为具有隐蔽性、侵权地域具有不确定性。

第五，侵害后果的特殊性。由于互联网具有多向、无国界、开放性等特点，通过网络手段侵害他人人格权，一旦特定信息在网上公布，则会迅速在网上传播流转，影响极为广泛，并可能被许多的网站转载、链接，损害后果无法确定。侵害后果不确定，侵害实际发生的损害往往是难以确定的。通过赔礼道歉、更正等方式并不能及时、完全地消除损害后果，恢复到原状。因为网络侵权具有上述特殊性，所以，侵权责任编在过错责任原则的指导下针对网络侵权作出了特别规定。从这个意义上说，网络侵权是特殊类型的侵权。

避风港制度：网络用户侵权后，网络服务经营者按照权利人的通知及时采取了删除、屏蔽、断开连接等技术措施的网络服务经营者不承担责任。

网络服务经营者接到通知后，未及时采取必要措施，自此时起构成侵权，就损害扩大的部分，与该网络用户承担连带责任。

二、网络侵权行为人的单独责任★★★★

（一）网络用户、网络服务提供者利用网络侵害他人民事权益的，应当承担侵权责任

1. 网络用户利用网络侵害他人民事权益。网络用户利用网络侵害他人民事权益，可分为以下几种类型：一是侵害人格权，包括：①盗用、冒用他人姓名，侵害姓名权；②未经

许可使用他人肖像，侵害肖像权；③发表攻击、诽谤他人的文章，侵害名誉权；④擅自披露他人信息，侵害隐私权。二是侵害财产权益，如窃取他人网络银行账户资金，游戏装备，虚拟货币等。三是侵害知识产权，主要是侵害他人著作权和商标权。

2. 网络服务提供者利用网络侵害他人民事权益。包括技术服务提供者以及内容服务提供者，技术服务提供者并不直接向网络用户提供一些信息，但主动实施侵权行为也要承担侵权责任。内容服务提供者其法律地位与出版者相同，如提供了侵权信息也应当承担侵权责任。

（二）网络侵权责任具体承担

①网络侵权中避风港原则、通知、反通知规则

网络用户利用网络服务实施侵权行为的，权利人有权通知网络服务提供者采取删除、屏蔽、断开链接等必要措施。通知应当包括构成侵权的初步证据及权利人的真实身份信息。

网络服务提供者接到通知后，应当及时将该通知转送相关网络用户，并根据构成侵权的初步证据和服务类型采取必要措施；未及时采取必要措施的，对损害的扩大部分与该网络用户承担连带责任。

因错误通知造成网络用户或者网络服务提供者损害的，应当承担侵权责任。

网络用户接到转送的通知后，可以向网络服务提供者提交不存在侵权行为的声明。声明应当包括不存在侵权行为的初步证据。

网络服务提供者接到声明后，应当将该声明转送发出通知的权利人，并告知其可以向有关部门投诉或者向人民法院提起诉讼。网络服务提供者在转送声明到达权利人后的合理期限内，未收到权利人已经投诉或者提起诉讼通知的，应当及时终止所采取的措施。

②红旗规则

网络用户、网络服务提供者利用网络侵害他人民事权益的，应当承担侵权责任。

网络服务提供者知道或者应当知道网络用户利用其网络服务侵害他人民事权益，未采取必要措施的，与该网络用户承担连带责任。

（三）二者的全部连带责任

网络服务提供者知道网络用户利用其网络服务侵害他人民事权益，未采取必要措施的，与该网络用户承担连带责任。

考点6　违反安全保障义务致人损害的责任

一、安全保障义务理论阐述★★

宾馆、商场、银行、车站、机场、体育场馆娱乐场所等经营场所、公共场所的经营者、管理者或者群众性活动的组织者，未尽到安全保障义务，造成他人损害的，应当承担侵权责任。安全保障义务，是指宾馆、商场、银行、车站、娱乐场所等公共场所的管理人或者群众性活动的组织者，所负的在合理限度范围内保护他人人身和财产安全的义务。理解安全保障义务，须注意以下问题：安全保障义务人的范围。安全保障义务人为以下几类：第一，宾馆、商场、银行、车站、娱乐场所等公共场所的管理人。公共场所指以公共为对象进行商业性经营的场所，也包括对公共提供服务的场所。除了以上场所外，机场、码头、公园、餐厅等也都属于公共场所。第二，群众性活动的组织者。群众性活动是指法人或者其他组织面向社会公众举办的参加人数较多的活动，比如演唱会、音乐会等文艺演出活动，灯会、庙会等活动。

管理人或组织者违反安全保障义务致人损害的，构成不作为侵权，应当承担过错侵权责任。此适用于所有的公共场所管理者与群众性活动的组织者。

二、第三人责任★★

第三人责任又称为补充责任，因第三人的行为造成他人损害的，由第三人承担侵权责任；管理人或者组织者未尽到安全保障义务的，承担相应的补充责任。也就是说，首先由第三人承担侵权责任，在无法找到第三人或者第三人没有能力全部承担赔偿责任时，才由安全保障义务人承担侵权责任。如果第三人已经承担全部侵权责任，则安全保障义务人不再承担侵权责任。对于第三人没有承担的侵权责任，安全保障义务人不是全部承担下来，而是在其未尽到安全保障义务的范围内承担。经营者、管理者或者组织者承担补充责任后，可以向第三人追偿。

　　▶★特别提示 关于违反安全保障义务致人损害情形，考生应着重掌握第三人的侵权问题。

【经典真题】

小偷甲在某商场窃得乙的钱包后逃跑，乙发现后急追。甲逃跑中撞上欲借用商场厕所的丙，因商场地板湿滑，丙摔成重伤。下列哪些说法是错误的？[1]（2012－3－67）

A. 小偷甲应当赔偿丙的损失　　　　　B. 商场须对丙的损失承担补充赔偿责任
C. 乙应适当补偿丙的损失　　　　　　D. 甲和商场对丙的损失承担连带责任

【考点】人身损害赔偿安全保障义务

【解析】小偷甲的撞击行为造成了丙的重伤，在此过程中，商场地板湿滑也起到了一定作用，可以认定为商场的管理人未尽到安全保障义务。"因第三人的行为造成他人损害的，由第三人承担侵权责任；经营者、管理者或者组织者未尽到安全保障义务的，承担相应的补充责任。经营者、管理者或者组织者承担补充责任后，可以向第三人追偿。"甲应当承担侵权责任，商场承担补充责任。因此选项A、B正确，不当选。D错误，当选。

乙发现钱包被窃，追赶小偷，并非造成丙重伤的原因，也没有任何过错，不应承担赔偿责任。也无法律依据要求其补偿受害人的损失，因此选项C错误，当选。

考点7　幼儿园、学校或者其他教育机构未尽职责致人损害的责任

一、分别适用过错责任与过错推定★★★

因机构未尽职责导致受害人受到人身损害，区分受害人年龄而分别适用过错责任原则和过错推定原则。

1. 无民事行为能力人在幼儿园、学校或者其他教育机构学习、生活期间受到人身损害的，幼儿园、学校或者其他教育机构应当承担责任，但能够证明尽到教育、管理职责的，不承担侵权责任。这里采用的是过错推定原则，无民事行为能力人在幼儿园、学校或者其他教育机构学习、生活期间受到人身损害的，幼儿园、学校或者其他教育机构应当证明自己已经尽到教育、管理职责，对该无民事行为能力人所发生的人身损害没有过错，否则就

―――――――――――――
〔1〕【答案】CD

要承担侵权责任。采用过错推定原则，学校也能举证反驳，可以通过证明已经尽到了相当的注意并实施了合理行为，以达到免责的目的。

2. 限制民事行为能力人在学校或者其他教育机构学习、生活期间受到人身损害，学校或者其他教育机构未尽到教育、管理职责的，应当承担侵权责任。限制民事行为能力人在学校或者其他教育机构学习、生活期间受到人身损害的，如果该限制民事行为能力人或者其监护人能够证明学校或者其他教育机构没有尽到教育、管理职责，对该限制民事行为能力人所发生的人身损害有过错，学校或其他教育机构就要承担侵权责任。

二、因第三人侵权导致受害人人身损害的责任 ★★★

因第三人侵权导致受害人人身损害的，侵权人承担责任；学校有过错的，承担相应的补充责任。

1. 无民事行为能力人或者限制民事行为能力人在幼儿园、学校或者其他教育机构学习、生活期间，受到幼儿园、学校或者其他教育机构以外的第三人人身损害的，由第三人承担侵权责任；幼儿园、学校或者其他教育机构未尽到管理职责的，承担相应的补充责任。幼儿园、学校或者其他教育机构承担补充责任后，可以向第三人追偿。

2. 幼儿园、学校或者其他教育机构未尽到管理职责的，承担相应的补充责任。由于此时受到人身损害的无民事行为能力人或者限制民事行为能力人仍在幼儿园、学校或者其他教育机构监管之下，幼儿园、学校或者其他教育机构仍负有管理职责，如果幼儿园、学校或者其他教育机构未尽到管理职责的，对损害的发生也具有过错，其未尽到管理职责的行为是造成损害发生的间接原因，应当承担补充责任。幼儿园、学校或者其他教育机构是否尽到管理职责，要根据人身损害发生时的情况判断。幼儿园、学校或者其他教育机构承担补充责任后，可以向第三人追偿。

这一规定应注意以下两点：

其一，第三人的侵权责任和安全保障义务人的补充责任有先后顺序。先由第三人承担侵权责任，在无法找到第三人或第三人没有能力全部承担侵权责任时，才由幼儿园、学校或者其他教育机构承担侵权责任。如第三人已经承担，则幼儿园、学校或者其他教育机构不再承担侵权责任。

其二，幼儿园、学校或者其他教育机构承担的补充责任是相应的补充责任。对于第三人没有承担的侵权责任，幼儿园、学校或者其他教育机构不是全部承担下来，而是在未尽到安全保障义务的范围内承担，就是根据幼儿园、学校或者其他教育机构未尽到的管理职责的程度来确定其应当承担的侵权责任的份额。

▶ ★特别提示 关于幼儿园、学校或者其他教育机构未尽职责致人损害情形，考生应着重掌握幼儿园、学校或者其他教育机构承担的补充责任是相应的补充责任。

【经典真题】

某小学组织春游，队伍行进中某班班主任张某和其他教师闲谈，未跟进照顾本班学生。该班学生李某私自离队购买食物，与小贩刘某发生争执被打伤。对李某的人身损害，下列哪一说法是正确的？[1]（2009－3－23）

---

〔1〕【答案】D

A. 刘某应承担赔偿责任

B. 某小学应承担赔偿责任

C. 某小学应与刘某承担连带赔偿责任

D. 刘某应承担赔偿责任，某小学应承担相应的补充赔偿责任

【考点】教育机构的补充赔偿责任

【解析】"无民事行为能力人或者限制民事行为能力人在幼儿园、学校或者其他教育机构学习、生活期间，受到幼儿园、学校或者其他教育机构以外的第三人人身损害的，由第三人承担侵权责任；幼儿园、学校或者其他教育机构未尽到管理职责的，承担相应的补充责任。幼儿园、学校或者其他教育机构承担补充责任后，可以向第三人追偿。"

对未成年人依法负有教育、管理、保护义务的学校、幼儿园或者其他教育机构，未尽职责范围内的相关义务致使未成年人遭受人身损害，或者未成年人致他人人身损害的，应当承担与其过错相应的赔偿责任。第三人侵权致未成年人遭受人身损害的，应当承担赔偿责任。学校、幼儿园等教育机构有过错的，应当承担相应的补充赔偿责任。第三人刘某打伤李某，同时张某的行为存在过错，其行为属于职务行为。故刘某承担赔偿责任，学校承担补充赔偿责任。

考点 8　帮工情形下致人损害的责任

一、人身损害赔偿解释所规范的情形 ★ ★ ★

《最高人民法院关于审理人身损害赔偿案件适用法律若干问题的解释》（以下简称《人身损害赔偿司法解释》）所规范的对象是帮工人在帮工的过程中遭受了人身损害的损害赔偿。根据该解释的规定，所谓帮工人，就是指"为他人无偿提供劳务"的人。

具体说来，在以下三种情况下的损害赔偿规则：

第一，帮工人在帮工活动中，非因第三人的侵权行为而遭受人身损害的赔偿。这就是该解释第 5 条第 1 款前段的内容。根据第 1 款前段的规定，"无偿提供劳务的帮工人因帮工活动遭受人身损害的，根据帮工人和被帮工人各自的过错承担相应的责任。"虽然本条没有明确帮工人是非因第三人的侵权行为而遭受人身损害，但是，我们通过该条第 2 款的规定，可以明确此处所说的"因帮工活动遭受人身损害"就是指非因第三人的侵权行为而遭受人身损害。

第二，在被帮工人明确拒绝帮工的情况下，如果帮工人因帮工活动遭受人身损害的损害赔偿。这就是本条第 1 款后段的内容。根据第 1 款后段的规定："被帮工人明确拒绝帮工的，被帮工人不承担赔偿责任，但可以在受益范围内予以适当补偿。"本条也没有明确规定，帮工人遭受损害的原因，即没有明确帮工人是因第三人的原因，还是非因第三人的原因而造成的人身损害。但是，结合第 1 款前段的规定，我们就可以明白，此处与第 1 款前段所指相同，即都是指在帮工活动中，非因第三人的侵权行为而遭受人身损害的赔偿。但是，该解释的起草者认为，在被帮工人明确拒绝帮工的情况下，被帮工人不承担赔偿责任。同时，为了给予帮工人一定的救济，司法解释的起草者又在此处设定了一个公平责任，即帮工活动中，帮工人非因第三人的侵权行为而遭受人身损害的赔偿，被帮工人可以在受益范围内予以适当补偿。

第三，帮工人在帮工过程中，因第三人侵权遭受人身损害的损害赔偿。这就是本条第 2

款规定的内容。根据本条第 2 款的规定："帮工人在帮工活动中因第三人的行为遭受人身损害的，有权请求第三人承担赔偿责任，也有权请求被帮工人予以适当补偿。被帮工人补偿后，可以向第三人追偿。"本款实际上将帮工人因第三人侵权遭受人身损害的情况，归入一般侵权行为予以调整。

二、该种行为的构成要件和法律后果 ★ ★

在分析本条司法解释的构成要件和法律后果时，我们同样不得不将该条文分为四个部分，分别进行解析：

（一）帮工人在帮工活动中，非因第三人的侵权行为而遭受人身损害的赔偿

所规定的构成要件为：

1. 帮工关系的成立。帮工关系的成立是构成帮工风险责任的基础。帮工的形式多种多样。帮工，可以是单纯提供劳务，也可以附带工具、设备并同时提供劳务。帮工关系的形成方式有两种：一是特定的要约承诺方式；二是非预先协议式，即他方主动去帮工，受益人事先既没有向特定的帮工人求工，也未对帮工人予以谢绝的方式。

2. 帮工人遭受了人身损害。所谓人身损害，就是指民事主体的生命权、健康权、身体权受到不法侵害，造成致伤、致残、致死的后果以及其他损害。另外，由于本条第 1 款前段是关于损害赔偿的规定，有基于所谓"无损害即无赔偿"的原则，我们可以得出结论，即此处所说的"损害"是指实际已经发生的损害。

3. 帮工人是因帮工活动所遭受的人身损害。为被帮工人提供劳务的活动应是帮工人遭受损害的必要条件，而且是一个决定性的要件。是否具有与被帮工人权益的相关性，是否具有因果关系，要以帮工人正在为受益人进行帮工为根本标志。尚未开始帮工，或者帮工中去办个人私事，或者帮工终了，或者帮工中被第三人违法侵权行为侵害，均不具备因果关系，不具有相关性，因而不构成这种风险责任。当然，如何认定"因帮工活动遭受损害"还需要深入研究，对此容后详述。

4. 帮工人非因第三人的原因而遭受了人身损害。根据体系解释的方法，我们可以推定，本条第 1 款前段的规定，应当不包括因第三人的原因而遭受损害的情形。

另外，帮工人遭受的损害也不应当是因为如下原因造成的：第一，被帮工人的故意或者过失行为造成的。如果帮工人遭受的损害是因为被帮工人的故意或者过失造成，那么，我们就可以直接适用，让被帮工人承担一般侵权的民事责任，不能构成该种风险责任。第二，被帮工人应当对其承担责任的物件或者第三人的行为造成的。如果帮工人因为被帮工人应当对其承担责任的物件或者第三人的行为造成的，那么，就应当适用关于特殊侵权的规定让被帮工人承担责任。

所以，损害事实的发生，一般是因为不可抗力或不可预见的原因，或者是由于帮工活动本身造成的。

在符合上述构成要件的情况下，帮工人在帮工活动中，非因第三人的侵权行为而遭受人身损害的，根据帮工人和被帮工人各自的过错承担相应的责任。

（二）在被帮工人明确拒绝帮工的情况下，如果帮工人因帮工活动遭受人身损害的适当补偿

该解释第 5 条第 1 款后段所规定的构成要件为：

1. 被帮工人明确拒绝帮工。已如前述，帮工关系的形成方式有两种：一是特定的要约承诺方式；二是非预先协议式，即他方主动去帮工，受益人事先既没有向特定的帮工人求

工，也未对帮工人予以谢绝的方式。在非预先协议的情况下，如果受益人虽没有向特定的帮工人求工，而帮工人主动去帮工且被帮工人予以谢绝，那么，就构成此处所说的"被帮工人明确拒绝帮工"。

2. 虽然被明确拒绝，帮工人仍然坚持实施了帮工行为。在帮工人被受益人拒绝后，帮工人如果没有实施帮工行为，显然也不会因帮工活动而遭受损害。因此，要适用第5条第1款后段，必须是帮工人虽然被拒绝仍然进行了帮工活动。

3. 帮工人遭受了人身损害。

4. 帮工人是因帮工活动所遭受的人身损害。

5. 帮工人非因第三人的原因而遭受了人身损害。

其中3~5三个要件与前述相同，故从略。

（三）帮工人在帮工过程中，因第三人侵权遭受人身损害的损害赔偿

该解释第5条第2款前段所规定的构成要件为：

1. 帮工关系成立。已如前述，帮工关系的形成方式有两种：一是特定的要约承诺方式，二是非预先协议式。此处帮工关系成立，是否包括被帮工人明确拒绝的情形，本司法解释并没有明确规定。但是，结合本司法解释第5条第1款的规定，我们可以推论，此处应当不包括被帮工人明确拒绝的情形。因为本司法解释第5条第1款已经明确提出了"被帮工人明确拒绝帮工"的情形，可见，司法解释的起草者已经预见到"被帮工人明确拒绝帮工"的情形。在本司法解释第5条第2款中，没有明确指出此种情形，显然是不欲包括此种情形。

2. 帮工人在帮工过程中遭受了人身损害。此处所说的人身损害与前述相同，此处不赘。

3. 帮工人因第三人侵权遭受人身损害的损害赔偿。此处所说的第三人侵权，应当包括一般侵权和特殊侵权。至于第三人应当承担的责任，究竟为过错责任、推定过错责任还是无过错责任，应不影响本条第2款前段的适用。唯一值得探讨的是，若第三人承担的是公平责任，是否有此条第2款前段的适用？此处容后详述。但本书的观点是不包括公平责任。

4. 2021年实施的新修改后的《人身损害赔偿司法解释》删除了当"第三人不能确定或无赔偿能力时"的情形，修改为"帮工人在帮工活动中因第三人的行为遭受人身损害的，有权请求第三人承担赔偿责任，也有权请求被帮工人予以适当补偿。被帮工人补偿后，可以向第三人追偿。"

三、具体侵权情形★★

（一）帮工人在从事帮工活动中致人损害的

无偿提供劳务的帮工人，在从事帮工活动中致人损害的，被帮工人应当承担赔偿责任。被帮工人承担赔偿责任后向有故意或者重大过失的帮工人追偿的，人民法院应予支持。被帮工人明确拒绝帮工的，不承担赔偿责任。

（二）帮工人因帮工活动遭受人身损害的

无偿提供劳务的帮工人因帮工活动遭受人身损害的，根据帮工人和被帮工人各自的过错承担相应的责任；被帮工人明确拒绝帮工的，被帮工人不承担赔偿责任，但可以在受益范围内予以适当补偿。

帮工人在帮工活动中因第三人的行为遭受人身损害的，有权请求第三人承担赔偿责任，也有权请求被帮工人予以适当补偿。被帮工人补偿后，可以向第三人追偿。

▽ **关联法条**

《最高人民法院关于审理人身损害赔偿案件适用法律若干问题的解释（2020修正）》第5条【帮工人损害赔偿】

无偿提供劳务的帮工人因帮工活动遭受人身损害的，根据帮工人和被帮工人各自的过错承担相应的责任；被帮工人明确拒绝帮工的，被帮工人不承担赔偿责任，但可以在受益范围内予以适当补偿。

帮工人在帮工活动中因第三人的行为遭受人身损害的，有权请求第三人承担赔偿责任，也有权请求被帮工人予以适当补偿。被帮工人补偿后，可以向第三人追偿。

考点9　承揽关系中的侵权责任

一、承揽人的责任★★

承揽人在完成工作过程中对第三人造成损害或者造成自身损害的，定作人不承担赔偿责任。

二、定作人的责任★

定作人对定作、指示或者选任有过失的，应当承担相应的赔偿责任。

考点10　见义勇为人受损害的侵权责任

一、侵权人承担的情形★★

因防止、制止他人民事权益被侵害而使自己受到损害的，由侵权人承担责任。为了防止、制止国家、集体的财产或者他人的人身、财产遭受不法侵害，使自己受到损害，需要注意两点：一是，受到损害的人不是为了自己的民事权益，而是为了他人的民事权益不受侵害而为的防止、制止行为；二是，受到的损害包括人身伤害和财产损害。因为是为了防止、制止他人的民事侵权行为，而侵权行为是侵权人造成的，不是自然原因引起的，所以给见义勇为者造成损失的侵权人应该承担侵权责任。

二、受益人补偿的情形★★

侵权人逃逸或者无力承担责任，被侵权人请求补偿的，受益人应当给予适当补偿。见义勇为行为人是为了他人的民事权益不受侵害才使自己遭受损害，通常，由侵权人承担侵权责任。但有时会出现侵权人逃逸的情况，或是侵权人无能力赔偿，因此为了公平起见，侵权责任编规定在侵权人逃逸或者侵权人根本无力赔偿时，由受益人给予适当补偿。需要三个构成要件：第一，侵权人确实找不到或是无力赔偿，这是被侵权人请求补偿的限定条件；第二，有明确的受益人，被侵权人明确提出了要求受益人补偿的要求；第三，受益人应当给予适当补偿而不是赔偿，要根据被侵权人的受损情况，受益人的受益情况等决定补偿数额。

【小结/重点整理】

本章是侵权责任编内容最多、任务最重的一章。重点掌握用人单位的工作人员执行工作任务致人损害；违反安全保障义务致人损害；幼儿园、学校或者其他教育机构未尽职责致人损害；帮工情形下致人损害情形，并牢记其对应的具体归责原则。

特殊侵权行为类型图表

类型	归责原则	备注
产品责任	因主体不同分别适用过错责任原则和无过错责任原则	区分产品责任与一般违约责任之不同
机动车交通事故责任	区分事故当事人，以过错责任原则为主	交强险以外的部分涉及民事赔偿
医疗侵权责任	过错责任原则	过错推定
环境污染责任	无过错归责原则	
高度危险责任	无过错归责原则	免责事由
饲养动物致人损害责任	无过错归责原则	免责事由
物件损害责任	无过错归责原则	免责事由

导学

　　侵权责任编规定的几种特殊侵权行为导致的责任形态具体包括产品责任、机动车交通事故责任、医疗侵权责任、环境污染责任、高度危险责任、饲养动物致人损害以及物件损害责任。这几种侵权责任类型在侵权法中都有体现，需要区分记清其所对应的归责原则。

　　本部分常考考点包括机动车交通事故责任、医疗损害责任、环境污染责任、高度危险责任、饲养动物致人损害责任、物件损害责任等，其中物件损害责任尤为重要。

重点知识详解

考点1　产品责任

一、对产品责任的理论阐释★

　　产品责任是指产品存在缺陷发生侵权，造成他人损害，生产者、销售者等应当承担的侵权责任。（注意与违约责任的区别，也可能发生竞合）

产品责任具有以下法律特征：第一，产品责任发生在产品流通领域；第二，致人损害的产品须存在缺陷；第三，产品责任是特殊侵权责任。

构成产品责任的中间责任须具备以下要件：第一，产品存在缺陷；第二，人身、财产受到损害。

二、产品责任法律适用★

（一）生产者、销售者对被侵权人的连带责任：无过错责任

即，因产品存在缺陷造成损害的，被侵权人可以向产品的生产者请求赔偿，也可以向产品的销售者请求赔偿。

（二）生产者、销售者、运输者、仓储者等第三人的内部责任

1. 生产者的无过错责任：产品缺陷由生产者造成的，销售者赔偿后，有权向生产者追偿。

2. 销售者的过错责任：因销售者的过错使产品存在缺陷，造成他人损害的，销售者应当承担侵权责任。销售者不能指明缺陷产品的生产者也不能指明缺陷产品的供货者的，销售者应当承担侵权责任。因销售者的过错使产品存在缺陷的，生产者赔偿后，有权向销售者追偿。

3. 第三人的过错责任：因运输者、仓储者等第三人的过错使产品存在缺陷，造成他人损害的，产品的生产者、销售者赔偿后，有权向第三人追偿。

（三）产品责任中的特殊责任制度

1. 关于承担排除妨碍、消除危险等责任。因产品缺陷危及他人人身、财产安全的，被侵权人有权请求生产者、销售者承担排除妨碍、消除危险等侵权责任。

2. 违反警示召回义务的责任。产品投入流通后发现存在缺陷的，生产者、销售者应当及时采取警示、召回等补救措施。未及时采取补救措施或者补救措施不力造成损害的，应当承担侵权责任。

3. 明知情形下的惩罚性赔偿责任。（注意与其他惩罚性赔偿的区别）

明知产品存在缺陷仍然生产、销售，或者没有采取补救措施，造成他人死亡或者健康严重损害的，被侵权人有权请求相应的惩罚性赔偿。

【经典真题】

李某用100元从甲商场购买一只电热壶，使用时因漏电致李某手臂灼伤，花去医药费500元。经查该电热壶是乙厂生产的。下列哪一表述是正确的？[1]（2013－3－15）

A. 李某可直接起诉乙厂要求其赔偿500元损失

B. 根据合同相对性原理，李某只能要求甲商场赔偿500元损失

C. 如李某起诉甲商场，则甲商场的赔偿范围以100元为限

D. 李某只能要求甲商场更换电热壶，500元损失则只能要求乙厂承担

【考点】加害给付产品责任

【解析】本题中，商场的行为构成加害给付，按照规定，李某可以起诉商场要求其承担违约责任，也可以根据其他法律规定要求其承担侵权责任，所以选项CD错误。

----

[1]【答案】A

产品责任中，生产者和销售者对于受害人承担无过错责任，因此李某可以选择生产者要求其承担损害赔偿责任；也可以选择要求销售者承担损害赔偿责任。所以选项 A 正确，B 错误。

考点 2　机动车交通事故责任

一、一般情形下的归责原则与免责事由 ★★

（一）机动车交通事故责任首先由保险公司在机动车第三者责任保险限额内予以赔偿

（二）不是部分的归责原则和免责事由

1. 在机动车之间发生交通事故，适用过错责任原则。机动车之间发生交通事故的，由有过错的一方承担责任；双方都有过错的，按照各自过错的比例分担责任。（《中华人民共和国道路交通安全法》（以下简称《道路交通安全法》）第 76 条第 1 款第 1 项）

2. 在机动车与非机动车驾驶人、行人之间发生交通事故。主要适用过错推定原则，同时，机动车一方还要承担一部分无过错责任。

机动车与非机动车驾驶人、行人之间发生交通事故，非机动车驾驶人、行人没有过错的，由机动车一方承担赔偿责任；有证据证明非机动车驾驶人、行人有过错的，根据过错程度适当减轻机动车一方的赔偿责任；机动车一方没有过错的，承担不超过 10% 的赔偿责任。（《道路交通安全法》第 76 条第 1 款第 2 项）

3. 免责事由：交通事故的损失是由非机动车驾驶人、行人故意碰撞机动车造成的，机动车一方不承担赔偿责任。（《道路交通安全法》第 76 条第 2 款）

二、特殊情形下责任承担 ★★★★

（一）租赁、借用机动车情形

1. 因租赁、借用等情形机动车所有人、管理人与使用人不是同一人时，发生交通事故造成损害，属于该机动车一方责任的，由机动车使用人承担赔偿责任；

2. 机动车所有人、管理人对损害的发生有过错的，承担相应的赔偿责任。（依据《民法典》第一千二百零九条）

（二）转让并交付但未办理登记的情形

当事人之间已经以买卖或者其他方式转让并交付机动车但是未办理登记，发生交通事故造成损害，属于该机动车一方责任的，由受让人承担赔偿责任。（依据《民法典》第一千二百一十条）

（三）转让拼装或者已达到报废标准的机动车情形

1. 保险公司不承担责任。

2. 由转让人和受让人承担连带责任。

（四）盗抢的机动车

1. 盗窃、抢劫或者抢夺的机动车发生交通事故造成损害的，由盗窃人、抢劫人或者抢夺人承担赔偿责任。

2. 盗窃人、抢劫人或者抢夺人与机动车使用人不是同一人，发生交通事故造成损害，属于该机动车一方责任的，由盗窃人、抢劫人或者抢夺人与机动车使用人承担连带责任。

3. 保险人在机动车强制保险责任限额范围内垫付抢救费用的，有权向交通事故责任人追偿。（依据《民法典》第一千二百一十五条）

（五）交通事故后逃逸

（六）好意同乘

非营运机动车发生交通事故造成无偿搭乘人损害，属于该机动车一方责任的，应当减轻其赔偿责任，但是机动车使用人有故意或者重大过失的除外。

【经典真题】

周某从迅达汽车贸易公司购买了 1 辆车，约定周某试用 10 天，试用期满后 3 天内办理登记过户手续。试用期间，周某违反交通规则将李某撞成重伤。现周某困难，无力赔偿。关于李某受到的损害，下列哪一表述是正确的?[1]（2011－3－6）

A. 因在试用期间该车未交付，李某有权请求迅达公司赔偿

B. 因该汽车未过户，不知该汽车已经出卖，李某有权请求迅达公司赔偿

C. 李某有权请求周某赔偿，因周某是该汽车的使用人

D. 李某有权请求周某和迅达公司承担连带赔偿责任，因周某和迅达公司是共同侵权人

【考点】 试用买卖合同机动车事故损害赔偿

【解析】 周某与迅达汽车贸易公司的买卖合同为试用买卖合同。试用买卖的买受人在试用期内可以购买标的物，也可以拒绝购买。试用期限届满，买受人对是否购买标的物未作表示的，视为购买。因此，在试用期间，周某并未因实际占有机动车而取得该机动车所有权。该机动车所有权仍在迅达公司一方，但是迅达公司并不因为仅具有所有权就对该车辆造成的事故承担责任。因为本题中发生了机动车所有人与使用人的分离。应当注意本题并不适用"当事人之间已经以买卖等方式转让并交付机动车但未办理所有权转移登记，发生交通事故后属于该机动车一方责任的，由保险公司在机动车强制保险责任限额范围内予以赔偿。不足部分，由受让人承担赔偿责任"之规定，因为该条所谓"交付"是指转移所有权的交付，而本题中所有权并未转移。因此应该适用"因租赁、借用等情形机动车所有人与使用人不是同一人时，发生交通事故后属于该机动车一方责任的，由保险公司在机动车强制保险责任限额范围内予以赔偿。不足部分，由机动车使用人承担赔偿责任；机动车所有人对损害的发生有过错的，承担相应的赔偿责任。"故选项 A 错误，C 正确。

李某作为受害人，其是否知道该车出卖的事实，不影响该事故责任的正确承担。故 B 错误。且周某与迅达公司不符合共同侵权行为的任何一种类型，因此 D 错误。

考点3　医疗损害责任

一、归责原则

（一）在医疗技术侵权中一般情形下，受害人举证证明医疗机构的过错

1. 看医疗机构是否尽到诊疗义务。"医务人员在诊疗活动中未尽到与当时的医疗水平相应的诊疗义务，造成患者损害的，医疗机构应当承担赔偿责任。"

2. 医务人员在诊疗活动中应当向患者说明病情和医疗措施。需要实施手术、特殊检查、特殊治疗的，医务人员应当及时向患者具体说明医疗风险、替代医疗方案等情况，并取得其明确同意；不能或者不宜向患者说明的，应当向患者的近亲属说明，并取得其明确同意。

---

[1] **【答案】** C

医务人员未尽到前款义务，造成患者损害的，医疗机构应当承担赔偿责任。

3. 未保护患者隐私权导致患者损害。医疗机构及其医务人员应当对患者的隐私保密。泄露患者隐私或者未经患者同意公开其病历资料，造成患者损害的，应当承担侵权责任。

（二）特定情形下，适用过错推定方式

患者在诊疗活动中受到损害，有下列情形之一的，推定医疗机构有过错：违反法律、行政法规、规章以及其他有关诊疗规范的规定；隐匿或者拒绝提供与纠纷有关的病历资料；遗失、伪造、篡改或者违法销毁病历资料。

（三）第三人过错情形的责任承担：医疗机构并非绝对免责

因药品、消毒产品、医疗器械的缺陷，或者输入不合格的血液造成患者损害的，患者可以向药品上市许可持有人、生产者、血液提供机构请求赔偿，也可以向医疗机构请求赔偿。患者向医疗机构请求赔偿的，医疗机构赔偿后，有权向负有责任的药品上市许可持有人、生产者、血液提供机构追偿。

二、医疗机构的其他特殊义务 ★★★★

1. 填写、保管并向患者提供病历资料的义务，满足患者知情权。
2. 不得过度检查的义务。

三、医疗机构的免责事由 ★★★

1. 患者或者其近亲属不配合医疗机构进行符合诊疗规范的诊疗；但是，医疗机构及其医务人员也有过错的，应当承担相应的赔偿责任。
2. 医务人员在抢救生命垂危的患者等紧急情况下已经尽到合理诊疗义务。
3. 限于当时的医疗水平难以诊疗。

特别关注：2020 年修正的《最高人民法院关于审理医疗损害责任纠纷案件适用法律若干问题的解释》几个考试要点：

（一）适用范围

1. 医疗损害包括人身损害和财产损害；
2. 整容造成损害，也构成医疗损害赔偿；
3. 患者死亡的，近亲属请求医疗损害赔偿的、支付患者医疗费、丧葬费等合理费用的人请求赔偿的，均可；
4. 均为过错责任。

▶ ★特别提醒 认定过错标准

对医疗机构或者医务人员的过错，应当依据法律、行政法规、规章以及其他有关诊疗规范进行认定，可以综合考虑患者病情的紧急程度、患者个体差异、当地的医疗水平、医疗机构与医务人员资质等因素。

（二）侵权人为多数时的问题

1. 诉讼当事人问题

被侵权人在多个医疗机构就诊、使用医疗器械、输入不合格血液等，可以起诉部分或全部医疗机构、医疗器械生产者、血液提供者。仅起诉部分的，当事人可请求追加其他人为共同被告或第三人。必要时，法院可主动追加。

2. 请外援时医疗机构责任

医疗机构邀请本单位以外的医务人员对患者进行诊疗，因受邀医务人员的过错造成患者损害的，由邀请医疗机构承担赔偿责任。

3. 不真正连带责任的补充——患者的选择权与医疗机构的追偿权

因医疗机构的过错使医疗产品存在缺陷或者血液不合格，医疗产品的生产者、销售者、药品上市许可持有人或者血液提供机构承担赔偿责任后，可向医疗机构追偿。

4. 连带责任——一方承担责任后，内部按照原因力大小来追偿

缺陷医疗产品与医疗机构的过错诊疗行为共同造成患者同一损害，医疗机构与医疗产品的生产者、销售者、药品上市许可持有人应当承担连带责任。

5. 惩罚性赔偿

（1）医疗产品的生产者、销售者明知医疗产品存在缺陷仍然生产、销售；

（2）造成患者死亡或者健康严重损害；

（3）被侵权人可请求生产者、销售者、药品上市许可持有人赔偿损失及2倍以下惩罚性赔偿。

6. 两个以上侵权人时的赔偿标准

若有两个以上医疗机构，受诉法院所在地医疗机构不构成侵权的，其他医疗机构承担责任的赔偿标准：

（1）一个医疗机构承担责任的，按照该医疗机构所在地的赔偿标准执行；

（2）两个以上医疗机构均承担责任的，可以按照其中赔偿标准较高的医疗机构所在地标准执行。

（三）证据问题

1. 患者主张损害，需提交到该医疗机构就诊、受到损害的证据。患者无法提交医疗机构及其医务人员有过错、诊疗行为与损害之间具有因果关系的证据，依法提出医疗损害鉴定申请的，人民法院应予准许。

2. 医疗机构主张不承担责任的，应当就法定抗辩事由承担举证证明责任。

3. 人民法院应准许当事人提出对于专门性问题进行鉴定的申请。当事人未申请鉴定，人民法院认为需要鉴定的，应当依职权委托鉴定。鉴定机构由双方协商，不能达成协议，可由法院提出，当事人同意；若不同意，由法院指定。

★特别提醒

专门性问题主要是：

（一）实施诊疗行为有无过错；

（二）诊疗行为与损害后果之间是否存在因果关系以及原因力大小；

（三）医疗机构是否尽到了说明义务、取得患者或者患者近亲属明确同意的义务；

（四）医疗产品是否有缺陷、该缺陷与损害后果之间是否存在因果关系以及原因力的大小；

（五）患者损伤残疾程度；

（六）患者的护理期、休息期、营养期；

（七）其他专门性问题。

【经典真题】

田某突发重病神志不清，田父将其送至医院，医院使用进口医疗器械实施手术，手术失败，田某死亡。田父认为医院在诊疗过程中存在一系列违规操作，应对田某的死亡承担赔偿责任。关于本案，下列哪一选项是正确的?[1] (2016 - 3 - 23)

A. 医疗损害适用过错责任原则，由患方承担举证责任

B. 医院实施该手术，无法取得田某的同意，可自主决定

C. 如因医疗器械缺陷致损，患方只能向生产者主张赔偿

D. 医院有权拒绝提供相关病历，且不会因此承担不利后果

【考点】 医疗侵权责任

【解析】 患者在诊疗活动中受到损害，医疗机构及其医务人员有过错的，由医疗机构承担赔偿责任。故 A 选项正确。

因抢救生命垂危的患者等紧急情况，不能取得患者或者其近亲属意见的，经医疗机构负责人或者授权的负责人批准，可以立即实施相应的医疗措施。本题可以取得田某父亲同意。故 B 选项错误。

因药品、消毒药剂、医疗器械的缺陷，或者输入不合格的血液造成患者损害的，患者可以向生产者或者血液提供机构请求赔偿，也可以向医疗机构请求赔偿。患者向医疗机构请求赔偿的，医疗机构赔偿后，有权向负有责任的生产者或者血液提供机构追偿。C 选项表述为只能向生产者主张赔偿，错误。《民法典》第 1222 条，患者在诊疗活动中受到损害，有下列情形之一的，推定医疗机构有过错：（一）违反法律、行政法规、规章以及其他有关诊疗规范的规定；（二）隐匿或者拒绝提供与纠纷有关的病历资料；（三）遗失、伪造、篡改或者违法销毁病历资料。D 选项表述为，医院有权拒绝提供相关病历，且不会因此承担不利后果，错误。

考点 4　环境污染和生态破坏侵权责任

一、责任的承担

①污染者承担无过错侵权责任。（因污染环境造成损害，不论污染者有无过错，污染者应当承担侵权责任。污染者以排污符合国家或者地方污染物排放标准为由主张不承担责任的，人民法院不予支持）②采用因果关系推定，推定污染行为与损害间具有因果关系。污染者可通过举证证明污染行为与损害不具有因果关系而免责。③因第三人的过错污染环境的，污染者与第三人承担不真正连带责任，第三人承担最终责任。

二、共同排污的责任

两个以上的人共同排污导致环境污染侵权的：①若具有共同故意或者共同过失，构成共同侵权，应承担连带责任。②若无共同故意或者共同过失，则在都足以单独造成损害结果的范围之内承担连带责任。

---

[1] **【答案】** A

三、注意出题方向：无意思联络环境侵权责任承担

1. 两个以上侵权人分别实施污染环境、破坏生态行为造成同一损害，每一个侵权人的污染环境、破坏生态行为都足以造成全部损害，被侵权人根据民法典第一千一百七十一条规定请求侵权人承担连带责任的，人民法院应予支持。

2. 两个以上侵权人分别实施污染环境、破坏生态行为造成同一损害，每一个侵权人的污染环境、破坏生态行为都不足以造成全部损害，被侵权人根据民法典第一千一百七十二条规定请求侵权人承担责任的，人民法院应予支持。

3. 两个以上侵权人分别实施污染环境、破坏生态行为造成同一损害，部分侵权人的污染环境、破坏生态行为足以造成全部损害，部分侵权人的污染环境、破坏生态行为只造成部分损害，被侵权人根据民法典第一千一百七十一条规定请求足以造成全部损害的侵权人与其他侵权人就共同造成的损害部分承担连带责任，并对全部损害承担责任的，人民法院应予支持。

四、惩罚性赔偿

侵权人故意违反国家规定污染环境、破坏生态造成严重后果的，被侵权人有权请求相应的惩罚性赔偿。

五、环境公益诉讼中的赔偿问题

违反国家规定造成生态环境损害，生态环境能够修复的，国家规定的机关或者法律规定的组织有权请求侵权人在合理期限内承担修复责任。侵权人在期限内未修复的，国家规定的机关或者法律规定的组织可以自行或者委托他人进行修复，所需费用由侵权人负担。

违反国家规定造成生态环境损害的，国家规定的机关或者法律规定的组织有权请求侵权人赔偿下列损失和费用：

（1）生态环境受到损害至修复完成期间服务功能丧失导致的损失；
（2）生态环境功能永久性损害造成的损失；
（3）生态环境损害调查、鉴定评估等费用；
（4）清除污染、修复生态环境费用；
（5）防止损害的发生和扩大所支出的合理费用。

考点5 高度危险责任

一、归责原则★★

无过错责任归责原则，从事高度危险作业造成他人损害的，应当承担侵权责任。

二、赔偿限额★★

承担高度危险责任，法律规定赔偿限额的，依照其规定，但是行为人有故意或重大过失的除外。

三、几种具体的高度危险作业导致的责任及其免责事由

（一）民用核设施发生核事故造成他人损害

1. 民用核设施的经营单位应当承担侵权责任。

2. 免责事由：能够证明损害是因战争武装冲突、暴乱等情形或者受害人故意造成。

（二）民用航空器造成他人损害

1. 民用航空器的经营者应当承担侵权责任。

2. 免责事由：能够证明损害是因受害人故意造成。

（三）占有或者使用易燃、易爆、剧毒、高放射性、强腐蚀性、高致病性等高度危险物造成他人损害

1. 占有人或者使用人应当承担侵权责任。

2. 免责和减轻责任事由：能够证明损害是因受害人故意或者不可抗力造成的，不承担责任。被侵权人对损害的发生有重大过失的，可以减轻占有人或者使用人的责任。

（四）从事高空、高压、地下挖掘活动或者使用高速轨道运输工具造成他人损害

1. 经营者应当承担侵权责任。

2. 能够证明损害是因受害人故意或者不可抗力造成的，不承担责任。被侵权人对损害的发生有重大过失的，可以减轻经营者的责任。

（五）遗失、抛弃高度危险物造成他人损害

1. 所有人承担侵权责任。

2. 所有人将高度危险物交由他人管理的，由管理人承担侵权责任；所有人有过错的，与管理人承担连带责任。

（六）非法占有高度危险物造成他人损害

1. 由非法占有人承担侵权责任。

2. 所有人、管理人不能证明对防止他人非法占有尽到高度注意义务的，与非法占有人承担连带责任。

（七）未经许可进入高度危险活动区域或者高度危险物存放区域受到损害，管理人已经采取安全措施并尽到警示义务的，可以减轻或者不承担责任

考点 6 饲养动物致人损害责任

一、一般情形下的归责原则和免责事由 ★★

（一）无过错归责原则

饲养的动物造成他人损害的，动物饲养人或者管理人应当承担侵权责任。

（二）免责事由

1. 受害人故意或者重大过失。

能够证明损害是因被侵权人故意或者重大过失造成的，可以不承担或者减轻责任。

2. 第三人过错是否免责：受害人有选择权。

因第三人的过错致使动物造成他人损害的，被侵权人可以向动物饲养人或者管理人请求赔偿，也可以向第三人请求赔偿。动物饲养人或者管理人赔偿后，有权向第三人追偿。

二、特殊情形下的饲养动物致人损害问题 ★★★★

（一）违反管理规定，未对动物采取安全措施造成他人损害

1. 无过错责任：动物饲养人或者管理人应当承担侵权责任。

2. 损害是因被侵权人故意造成的，可以减轻责任。

（二）禁止饲养的烈性犬等危险动物造成他人损害

1. 无过错责任：动物饲养人或者管理人应当承担侵权责任。

2. 前述免责事由第一点不再适用。

（三）遗弃、逃逸的动物在遗弃、逃逸期间造成他人损害

1. 无过错责任：原动物饲养人或者管理人承担侵权责任。

2. 前述免责事由第一点不再适用。

（四）动物园的动物造成他人损害

1. 过错推定责任：动物园应当承担侵权责任，但能够证明尽到管理职责的，不承担责任。

2. 前述免责事由可以适用。

📑★**特别提示** 关于饲养动物致人损害，考生应着重掌握相应免责事由。

【经典真题】

甲饲养的一只狗在乙公司施工的道路上追咬丙饲养的一只狗，行人丁避让中失足掉入施工形成的坑里，受伤严重。下列哪些说法是错误的？[1]（2009－3－70）

A. 如甲能证明自己没有过错，不应承担对丁的赔偿责任

B. 如乙能证明自己没有过错，不应承担对丁的赔偿责任

C. 如丙能证明自己没有过错，不应承担对丁的赔偿责任

D. 此属意外事件，甲、乙、丙均不应承担对丁的赔偿责任

【考点】饲养动物致人损害　地面施工致人损害

【解析】饲养的动物造成他人损害的，动物饲养人或者管理人应当承担民事责任；由于受害人的过错造成损害的，动物饲养人或者管理人不承担民事责任；由于第三人的过错造成损害的，第三人应当承担民事责任。据此可知，动物侵权的情况下，适用的是无过错责任，而非过错推定责任。只有动物的饲养人或管理人能够证明是受害人自己的过错或第三人的过错导致的损害的，才能免责。因此，AC项错误。

在公共场所、道旁或者通道上挖坑、修缮安装地下设施等，没有设置明显标志和采取安全措施造成他人损害的，施工人应当承担民事责任。据此可知，因地面施工而造成的侵权，采用的是过错推定的归责原则，如果施工人能够证明自己已经设置了明显的标志和采取了安全措施，即不具有过错的话，对第三人造成的损害不承担赔偿责任。因此，B项正确。

意外事件，是指行为在客观上造成了损害，但是行为人在主观上既没有故意也没有过失，而是由于不可抗拒或者不能预见的原因造成的。本题中动物侵权与地面施工造成的侵

---

〔1〕【答案】ACD

权属于特殊侵权的范围，而非意外事件。因此，D 项错误。

考点7　物件损害责任

一、建筑物、构筑物或者其他设施及其搁置物、悬挂物发生脱落、坠落造成他人损害责任★★

（一）归责原则：过错推定

所有人、管理人或者使用人不能证明自己没有过错的，应当承担侵权责任。

（二）责任主体

所有人、管理人、使用人（并非连带关系）。

（三）第三人责任问题

因第三人的过失导致损害发生的，第三人不对外承担责任。应由所有人、管理人或者使用人承担责任，其承担责任后，可向第三人追偿。

二、建筑物、构筑物或者其他设施倒塌造成他人损害责任★★★

（一）归责原则：无过错责任

（二）责任人：建设单位、施工单位

建筑物、构筑物或者其他设施倒塌造成他人损害的，由建设单位与施工单位承担连带责任。

（三）第三人责任问题

1. 建筑物、构筑物或者其他设施倒塌、塌陷造成他人损害的，由建设单位与施工单位承担连带责任，但是建设单位与施工单位能够证明不存在质量缺陷的除外。建设单位、施工单位赔偿后，有其他责任人的，有权向其他责任人追偿。

2. 因所有人、管理人、使用人或者第三人的原因，建筑物、构筑物或者其他设施倒塌、塌陷造成他人损害的，由所有人、管理人、使用人或者第三人承担侵权责任。

另外，勘察、设计、监理、验收单位具有过错，不是对外承担责任的主体（不能列为被告），建设单位与施工单位对外承担连带责任后，可向有过错的勘察、设计、监理、验收单位追偿。

三、高空抛物★★★★★

高空抛物责任：

①禁止从建筑物中抛掷物品。从建筑物中抛掷物品或者从建筑物上坠落的物品造成他人损害的，由侵权人依法承担侵权责任；经调查难以确定具体侵权人的，除能够证明自己不是侵权人的外，由可能加害的建筑物使用人给予补偿。可能加害的建筑物使用人补偿后，有权向侵权人追偿。

②物业服务企业等建筑物管理人应当采取必要的安全保障措施防止前款规定情形的发生；未采取必要的安全保障措施的，应当依法承担未履行安全保障义务的侵权责任。

③发生高空抛物情形的，公安等机关应当依法及时调查，查清责任人。

四、堆放物倒塌造成他人损害 ★★★

（一）归责原则：过错推定

堆放物倒塌、滚落或者滑落造成他人损害，堆放人不能证明自己没有过错的，应当承担侵权责任。

五、妨碍通行的物品造成他人损害 ★★★

（一）归责原则：无过错责任

在公共道路上堆放、倾倒、遗撒妨碍通行的物品造成他人损害的，由行为人承担侵权责任。公共道路管理人不能证明已经尽到清理、防护、警示等义务的，应当承担相应的责任。

六、林木折断造成他人损害 ★★★

1. 归责原则：过错推定。
2. 因林木折断、倾倒或者果实坠落等造成他人损害，林木的所有人或者管理人不能证明自己没有过错的，应当承担侵权责任。

七、地面施工及地下设施致人损害责任 ★★

1. 归责原则：过错推定。
2. 责任人：施工人；管理人。

【经典真题】

4 名行人正常经过北方牧场时跌入粪坑，1 人获救 3 人死亡。据查，当地牧民为养草放牧，储存牛羊粪便用于施肥，一家牧场往往挖有三四个粪坑，深者达三四米，之前也发生过同类事故。关于牧场的责任，下列哪些选项是正确的？[1]（2016 - 3 - 67）

A. 应当适用无过错责任原则
B. 应当适用过错推定责任原则
C. 本案情形已经构成不可抗力
D. 牧场管理人可通过证明自己尽到管理职责而免责

【考点】地下设施致人损害责任

【解析】在公共场所或者道路上挖掘、修缮安装地下设施等造成他人损害，施工人不能证明已经设置明显标志和采取安全措施的，应当承担侵权责任。窨井等地下设施造成他人损害，管理人不能证明尽到管理职责的，应当承担侵权责任。故 A 选项错误，B 选项正确，D 选项正确。

"不可抗力"，是指不能预见、不能避免并不能克服的客观情况。本题的粪坑可以通过各种措施避免，可以克服，不属于不可抗力，故 C 选项错误。

---

[1]【答案】BD

【小结/重点整理】

这是侵权责任编所涉及的最后一章，多以多选和不定项选为考查方式进行出题。需重点掌握环境污染责任、高度危险责任和饲养动物致人损害的相关情形和对应法条。

第八编 知识产权法

第四十五章 著作权法

导学

本章知识点的重点内容主要包括：

- 判断著作权的归属
- 著作权人享有的具体权利
- 著作权的限制
- 判断著作权侵权及其法律责任

重点知识详解

考点1 著作权客体——作品

一、"作品"的界定 ★★

（一）法律依据

根据2021年实施的《著作权法》第三条之规定：本法所称的作品，是指文学、艺术和科学领域内具有独创性并能以一定形式表现的智力成果。

（二）解读

1. 独创性：亦称为原创性，是指作品是作者独立创作出来的，不是或者基本不是对现有作品的复制、抄袭、剽窃或者模仿。具有独创性的作品，并不一定具有新颖性。新颖性是指事物具有以往没有的特征。作者独立创造出来的作品，可能与现有作品相同或基本相同，但这也并不妨碍其获得著作权。由不同作者就同一题材创作的作品，作品的表达系独立完成并且有创作性的，应当认定作者各自享有独立著作权。独创性所强调的是，作者必须独立运用自己的智力和技巧来进行创作。其表现形态是：作者自己选择作品的构成要素，按照自己确定的规则和顺序进行组织，表达出自己内心真实的体验和感受、真实的立场和观点、真实的思想和情感。因此而偶然或巧合地与他人的现有作品相同或者相似，完全不影响自己的权利。

2. 可复制性：是指《著作权法》所称的作品，可以被人们直接或者借助某种机械或者设备感知，并以某种有形物质载体复制。

二、作品种类★★

1. 文字作品，是指小说、诗词、散文、论文等以文字形式表现的作品。

2. 口述作品，是指即兴的演说、授课、法庭辩论、即兴赋诗词等以口头语言形式表现，未以任何物质载体固定的作品。

3. 音乐作品，是指歌曲、交响乐等能够演唱或者演奏的带词或者不带词的作品。

4. 戏剧作品，是指话剧、歌剧、地方戏等供舞台演出的作品。

5. 曲艺作品，是指相声、快书、大鼓、评书、弹词、评话等以说唱为主要形式表演的作品。

6. 舞蹈作品，是指通过连续的动作、姿势、表情等表现思想情感的作品。

7. 杂技艺术作品，是指杂技、魔术、马戏等通过形体动作和技巧表现的作品。

8. 美术作品，是指绘画、书法、雕塑等以线条、色彩或者其他方式构成的有审美意义的平面或者立体的造型艺术作品。

9. 建筑作品，是指以建筑物或者构筑物形式表现的有审美意义的作品。

10. 摄影作品，是指借助器械在感光材料或者其他介质上记录客观物体形象的艺术作品。

11. 视听作品，是指摄制在一定介质上，由一系列有伴音或者无伴音的画面组成，并且借助适当装置放映或者以其他方式传播的作品。

12. 图形作品，是指为施工、生产绘制的工程设计图、产品设计图，以及反映地理现象、说明事物原理或者结构的地图、示意图等作品。

13. 模型作品，是指为展示、试验或者观测等用途，根据物体的形状和结构，按照一定比例制成的立体作品。

14. 计算机软件。

15. 符合作品特征的其他智力成果。

三、著作权法不予保护的对象★★

1. 法律、法规，国家机关的决议、决定、命令和其他具有立法、行政、司法性质的文件，及其官方正式译文。

2. 单纯事实消息。

3. 历法、通用数表、通用表格和公式。

【经典真题】

我国《著作权法》不适用于下列哪些选项？[1]（2011 – 3 – 61）

A. 法院判决书

B.《与贸易有关的知识产权协定》的官方中文译文

C.《伯尔尼公约》成员国国民的未发表且未经我国有关部门审批的境外影视作品

---

[1]【答案】ABD

D. 奥运会开幕式火炬点燃仪式的创意

【考点】著作权法适用范围

【解析】《著作权法》第5条规定："本法不适用于：（一）法律、法规，国家机关的决议、决定、命令和其他具有立法、行政、司法性质的文件，及其官方正式译文；（二）单纯事实消息；（三）历法、通用数表、通用表格和公式。"因此A与B均属于前述第一项范围。正确，当选。《著作权法》第2条第2款规定："外国人、无国籍人的作品根据其作者所属国或者经常居住地国同中国签订的协议或者共同参加的国际条约享有的著作权，受本法保护。"据此，伯尔尼公约成员国国民的作品即使未发表也未经过我国有关部门审批，也在我国当然享有著作权。故C选项属于我国《著作权法》适用范围，不当选。选项D所涉及的是创意，并非作品，《著作权法》保护的是具备作品要件的作品，其中之一就是要具备法律所规定的形式，而该创意不具备，因而不是作品，也就不适用《著作权法》。故该项当选。

考点2 著作权归属

一、一般意义的著作权主体★★★

（一）原则上

作者（《著作权法》第11条第1款：著作权属于作者，本法另有规定的除外。）

另有规定如：符合法定条件的职务作品，作者只有署名权；其他著作权属于法人或者其他组织。

1. 作者的界定。

（1）自然人作为作者：

创作的自然人是作者。（《著作权法》第11条第2款）

对创作的界定：创作，是指直接产生文学、艺术和科学作品的智力活动。为他人创作进行组织工作，提供咨询意见、物质条件，或者进行其他辅助工作，均不视为创作。（《著作权法实施条例》第3条）

创作是一种事实行为，所以未成年人也可以通过创作成为作者，享有著作权。

【经典真题】

甲提供资金，乙组织丙和丁以乡村教师戊为原型创作小说《小河弯弯》。在创作中丙写提纲，丁写初稿，丙修改，戊提供了生活素材，乙提供了一些咨询意见。下列哪些选项是错误的？[1]（2007-3-60）

A. 甲提供资金是完成创作的保障，应为作者

B. 乙作为组织者并提供咨询意见，应为作者

C. 戊提供了生活素材，应为作者

D. 丁有权不经甲、乙、丙的同意发表该小说

【考点】创作行为特殊作品著作权归属

【解析】《著作权法》第11条第2款规定，创作作品的自然人是作者。这里重点强调

---

[1]【答案】ABC

的是"创作"两个字。本题中，丙写提纲，丁写初稿，丙修改，二人均参加创作，所以他们是作者，且属于合作作品的作者；甲仅提供资金，未参与创作，不是作者；乙作为组织者，也未参与创作，不是作者；戊仅仅提供生活素材，也未参与创作，同样不是作者。因此 ABC 本身的说法都是错误的，符合题意，应该选。《著作权法实施条例》第 9 条规定，合作作品不可以分割使用的，其著作权由各合作作者共同享有，通过协商一致行使；不能协商一致，又无正当理由的，任何一方不得阻止他方行使除转让以外的其他权利，但是所得收益应当合理分配给所有合作作者。本题中，《小河弯弯》的作者是丙、丁二人，丁有权自行将小说发表，只不过取得的收益应与丙分配，所以 D 本身的说法是正确的，不符合题意，不能选。

（2）法人或其他组织被视为作者：

由法人或者其他非法人主持，代表法人或者其他组织意志创作，并由法人或者组织承担责任的作品，法人或者非法人组织视为作者。（《著作权法》第 11 条第 3 款）

"法人或非法人组织视为作者"需同时具备三个条件：①法人或者非法人组织主持；②代表法人或者非法人组织意志创作；③由法人或者非法人组织承担责任。

2. 作者的认定：在作品上署名的自然人、法人或者非法人组织为作者，且该作品上存在相应权利，但有相反证明的除外。（《著作权法》第 12 条第 1 款）当事人提供的涉及著作权的底稿、原件、合法出版物、著作权登记证书、认证机构出具的证明、取得权利的合同等，都可作为认定作者的证据。

相反证明：署名虽为自然人，但是著作权属于法人或者非法人组织的单位作品。

（二）继受者（一般只能取得财产权）

1. 继承人。

2. 受赠人。

3. 受遗赠人。

4. 作品原件合法持有人。

《著作权法实施条例》第 13 条前半段规定：作者身份不明的作品，由作品原件的所有人行使除署名权以外的著作权。

5. 国家。

《著作权法》第 21 条规定：著作权属于法人或者非法人组织的，法人或者非法人组织变更、终止后，其本法第十条第一款第（五）项至第（十七）项规定的权利在本法规定的保护期内，由承受其权利义务的法人或者非法人组织享有；没有承受其权利义务的法人或者非法人组织的，由国家享有。

（三）外国人和无国籍人如何作为著作权主体

1. 根据所属国或者经常居住地国与中国签订的协议或者共同参加的国际条约享有著作权；例如：《伯尔尼公约》《世界版权公约》和《世界知识产权组织版权条约》等。

2. 其作品首次在中国境内出版，享有著作权。

3. 未与中国签订协议或者共同参加国际条约的国家的作者以及无国籍人的作品，首次在中国参加的国际条约的成员国出版的，或者在成员国和非成员国同时出版的，受我国《著作权法》保护。

注意：对"首次出版"的理解，包括在几个国家的同时出版，"同时"的理解是在首次出版后 30 天内出版。

【经典真题】

小刘从小就显示出很高的文学天赋，九岁时写了小说《隐形翅膀》，并将该小说的网络传播权转让给某网站。小刘的父母反对该转让行为。下列哪一说法是正确的？[1]（2009 - 3 - 14）

A. 小刘父母享有该小说的著作权，因为小刘是无民事行为能力人
B. 小刘及其父母均不享有著作权，因为该小说未发表
C. 小刘对该小说享有著作权，但网络传播权转让合同无效
D. 小刘对该小说享有著作权，网络传播权转让合同有效

【考点】著作权的归属、限制民事行为能力人行为的效力

【解析】《著作权法》第11条第1款、第2款规定："著作权属于作者，本法另有规定的除外。创作作品的自然人是作者。"本题中，小刘是小说《隐形翅膀》的创作者，因此，小刘是该作品的著作权人，不因其行为能力受到影响。因此，A项错误。

《著作权法》第2条第1款规定，中国公民、法人或者非法人组织的作品，不论是否发表，依照本法享有著作权。因此，B项错误。本题中，小刘是9岁的限制民事行为能力人，他签订的网络传播权转让合同效力待定，事后未征得法定代理人同意或者追认，该行为无效。因此，C项正确，D项错误。

二、特殊作品的著作权人★★★

（一）演绎作品

改编、翻译、注释、整理已有作品而产生的作品，其著作权由改编、翻译、注释、整理人享有，但行使著作权时不得侵犯原作品的著作权。（《著作权法》第13条）

改编，是指改变作品，创作出具有独创性的新作品；翻译，是指将作品从一种语言文字转换成为另一种语言文字；注释，是指对文字作品中的字、词、句进行解释；整理，是指对内容零散、层次不清的已有文字作品或者材料进行条理化、系统化的加工。

【经典真题】

居住在A国的我国公民甲创作一部英文小说，乙经许可将该小说翻译成中文小说，丙经许可将该翻译的中文小说改编成电影文学剧本，并向丁杂志社投稿。下列哪些说法是错误的？[2]（2012 - 3 - 63）

A. 甲的小说必须在我国或A国发表才能受我国著作权法保护
B. 乙翻译的小说和丙改编的电影文学剧本均属于演绎作品
C. 丙只需征得乙的同意并向其支付报酬
D. 丁杂志社如要使用丙的作品还应当分别征得甲、乙的同意，但只需向丙支付报酬

【考点】演绎作品的著作权人著作权保护

【解析】《著作权法》第2条第1款规定："中国公民、法人或者非法人组织的作品，

---

[1]【答案】C
[2]【答案】ACD

不论是否发表，依照本法享有著作权。"依照此规定，虽然甲居住在 A 国，但是由于具有我国国籍，因此其作品完成之际，无论是否发表，均享有著作权，因此选项 A 错误，当选。对作品的演绎方式包括改编、翻译、注释、整理等具体方式，因此乙通过翻译方式创作的小说为演绎作品，丙通过改编方式创作的剧本也属于演绎作品。故选项 B 正确，不当选。丙如果将乙翻译的小说改编成剧本，除需要取得乙的同意之外，还需取得原小说创作者甲的同意，故选项 C 表述错误，当选。《著作权法》第 16 条规定："使用改编、翻译、注释、整理、汇编已有作品而产生的作品进行出版、演出和制作录音录像制品，应当取得该作品的著作权人和原作品的著作权人许可，并支付报酬。"据此规定，丁杂志社如要使用丙的剧本作品，不仅需要征得甲乙的同意，还要向甲乙支付报酬。故选项 D 表述错误，当选。

（二）合作作品

1. 两人以上合作创作的作品，著作权由合作作者共同享有。没有参加创作的人，不能成为合作作者。

【经典真题】

甲、乙合作完成一部剧本，丙影视公司欲将该剧本拍摄成电视剧。甲以丙公司没有名气为由拒绝，乙独自与丙公司签订合同，以十万元价格将该剧本摄制权许可给丙公司。对此，下列哪一说法是错误的？[1]（2010 - 3 - 16）

A. 该剧本版权由甲乙共同享有

B. 该剧本版权中的人身权不可转让

C. 乙与丙公司签订的许可合同无效

D. 乙获得的十万元报酬应当合理分配给甲

【考点】 合作作品著作权

【解析】《著作权法》第 14 条第 1 款前半段规定："两人以上合作创作的作品，著作权由合作作者共同享有。"据此规定，选项 A 正确。不当选。选项 B 涉及著作权的内容。《著作权法》第 10 条第 1 款列举了 17 项权利，其中第 1～4 项为人身权，第 5～17 为财产权；而该条第 2 款规定，第 1 款的第 5～17 项可以许可他人使用；第 3 款规定，第 1 款的第 5～17 项权利可以全部或者部分转让。至此，可以得出结论，著作权中的人身权是不能转让的。因此选项 B 是正确的。不当选。选项 CD 涉及合作作品著作权的行使。《著作权法》第 14 条第 3 款规定："合作作品可以分割使用的，作者对各自创作的部分可以单独享有著作权，但行使著作权时不得侵犯合作作品整体的著作权。"而《著作权法实施条例》第 9 条则规定："合作作品不可以分割使用的，其著作权由各合作作者共同享有，通过协商一致行使；不能协商一致，又无正当理由的，任何一方不得阻止他方行使除转让以外的其他权利，但是所得收益应当合理分配给所有合作作者。"据此，乙在不能与甲协商一致的情形下，可以行使除转让之外的其他著作权，因此其可以与丙签订许可合同，此合同有效，故 C 错误。当选。此外，根据前述规定，如果乙和丙订立许可合同，则收益应该和甲合理分配，因此 D 正确，不当选。

提示：著作权主体的特殊问题。

2. 合作作品可以分割使用的，作者对各自创作的部分可以单独享有著作权，但行使著

---

〔1〕【答案】C

作权时不得侵犯合作作品整体的著作权。

3. 合作作品不可以分割使用的，其著作权由各合作作者共同享有，通过协商一致行使；不能协商一致，又无正当理由的，任何一方不得阻止他方行使除转让以外的其他权利，但是所得收益应当合理分配给所有合作作者。（《著作权法实施条例》第 9 条）

4. 合作作者之一死亡后，其对合作作品享有的财产权，无人继承又无人受遗赠的，由其他合作作者享有。（《著作权法实施条例》第 14 条）

（三）汇编作品的著作权人（《著作权法》第 15 条）

1. 汇编作品的界定：汇编若干作品、作品的片段或者不构成作品的数据或者其他材料，对其内容的选择或者编排体现独创性的作品，为汇编作品。

2. 著作权由汇编人享有，但行使著作权时，不得侵犯原作品的著作权。

3. 汇编权是作者的专有权利，因而汇编他人受版权法保护的作品或作品的片段时，应征得他人的同意，并不得侵犯他人对作品享有的发表权、署名权、保护作品完整权和获得报酬权等著作权。

（四）视听作品的著作权（《著作权法》第 17 条）

1. 视听作品中的电影作品、电视剧作品的著作权由制作者享有，但编剧、导演、摄影、作词、作曲等作者享有署名权，并有权按照与制作者签订的合同获得报酬。

2. 编剧、导演、摄影、作词、作曲等作者享有署名权，并有权按照与制片者签订的合同获得报酬。

3. 视听作品中的剧本、音乐等可以单独使用的作品的作者有权单独行使其著作权。

（五）职务作品的著作权（《著作权法》第 18 条）

1. 自然人为完成法人或者非法人组织工作任务所创作的作品是职务作品，著作权由作者享有。但单位有权：

（1）在其业务范围内优先使用。

（2）作品完成两年内，未经单位同意，作者不得许可第三人以与单位使用的相同方式使用该作品。

（3）作品完成两年内，经单位同意，作者许可第三人以与单位使用的相同方式使用作品所获取报酬，由作者与单位按约定的比例分配。（《著作权法实施条例》第 12 条）

2. 有下列情形之一的职务作品，著作权归单位享有。作者享有署名权，获得奖励权。

（1）主要是利用法人或者其他组织的物质技术条件创作，并由法人或者其他组织承担责任的工程设计图、产品设计图、地图、计算机软件等职务作品；

（2）报社、期刊社、通讯社、广播电台、电视台的工作人员创作的职务作品；

（3）法律、行政法规规定或者合同约定著作权由法人或者其他组织享有的职务作品。

（六）委托作品的著作权（《著作权法》第 19 条）

1. 受委托创作的作品，著作权的归属由委托人和受托人通过合同约定。

2. 合同未作明确约定或者没有订立合同的，著作权属于受托人。

此时：委托人在约定的使用范围内享有使用作品的权利；双方没有约定使用作品范围的，委托人可以在委托创作的特定目的范围内免费使用该作品。（《著作权民事纠纷解释》第 12 条）

【经典真题】

某电影公司委托王某创作电影剧本，但未约定该剧本著作权的归属，并据此拍摄电影。

下列哪一未经该电影公司和王某许可的行为，同时侵犯二者的著作权？[1]（2017/3/14）

A. 某音像出版社制作并出版该电影的 DVD

B. 某动漫公司根据该电影的情节和画面绘制一整套漫画，并在网络上传播

C. 某学生将该电影中的对话用方言配音，产生滑稽效果，并将配音后的电影上传网络

D. 某电视台在"电影经典对话"专题片中播放 30 分钟该部电影中带有经典对话的画面

【考点】视听作品、委托作品、著作权侵权、合理使用

【解析】根据题干可知，剧本属于委托作品，在没有约定著作权的情况下，著作权归受托人，因此王某对剧本有著作权。电影公司对电影有著作权。

A 选项错误。根据《著作权法》第 42 条第 1 款的规定："录音录像制作者使用他人作品制作录音录像制品，应当取得著作权人许可，并支付报酬。"电影作品的制片者对电影有著作权，音像出版社制作并出版该电影 DVD 的行为，侵犯了电影公司的著作权。

B 选项正确。根据《著作权法》第 10 条第 1 款第 14 项的规定："改编权，即改变作品，创作出具有独创性的新作品的权利。"漫画公司绘制的漫画，既使用了电影的情节，又使用了电影的画面，前者侵犯了剧本著作权人王某的权利，后者侵犯了电影作品著作权人电影公司的权利。在未经许可的情况下，漫画公司的行为同时侵犯了二者的著作权。

C 选项错误。根据《著作权法》第 10 条第 1 款第 14 项的规定，学生未经许可将电影改编成方言版的行为侵犯了电影公司的改编权。

D 选项错误。根据《著作权法》第 24 条第 1 款第 2 项的规定："在下列情况下使用作品，可以不经著作权人许可，不向其支付报酬，但应当指明作者姓名或者名称、作品名称，并且不得影响该作品的正常使用，也不得不合理地损害著作权人的合法权益；（2）为介绍、评论某一作品或者说明某一问题，在作品中适当引用他人已经发表的作品。"因此电视台的行为属于合理使用。

（七）美术作品的著作权（《著作权法》第 20 条）

1. 美术等作品原件所有权的转移，不视为作品著作权的转移。

2. 但美术作品原件的展览权由原件所有人享有。

（八）自传体作品的著作权（《著作权民事纠纷解释》第 14 条）

1. 当事人合意以特定人物经历为题材完成的自传体作品，当事人对著作权权属有约定的，依其约定。

2. 没有约定的，著作权归该特定人物享有，执笔人或整理人对作品完成付出劳动的，著作权人可以向其支付适当的报酬。

（九）他人执笔，本人审阅定稿并以本人名义发表的报告、讲话等作品（单位作品除外）（《著作权民事纠纷解释》第 13 条）

1. 著作权归报告人或者讲话人享有。

2. 著作权人可以支付执笔人适当的报酬。

（十）作者身份不明的作品的著作权（《著作权法实施条例》第 13 条）

1. 由作品原件的所有人行使除署名权以外的著作权。

2. 作者身份确定后，由作者或者其继承人行使著作权。

---

[1]【答案】B

考点 3　著作权的内容

一、人身权 ★★★

（一）发表权，即决定作品是否公之于众的权利

1. 内容：包括决定作品公之于众的权利；决定作品不公之于众的权利；决定作品公之于众的方式的权利；决定作品公之于众的时间和地点的权利。发表权是一次性权利，一旦行使即行消灭，以后再次使用作品与发表权无关，而是行使使用权的表现。

2. 行使方式主要包括以下三种：

（1）自行行使。

（2）授权他人行使。

（3）关于默示授权：作者生前未发表的作品，如果作者未明确表示不发表，作者死亡后 50 年内，其发表权可由继承人或者受遗赠人行使；没有继承人又无人受遗赠的，由作品原件的所有人行使。（《著作权法实施条例》第 17 条）

3. 何谓公之于众。

"公之于众"是指著作权人自行或者经著作权人许可将作品向不特定的人公开，但不以公众知晓为构成条件。（《著作权民事纠纷解释》第 9 条）

4. 发表权的特点。

第一，将作品公之于众，即向作者以外的公众公布，不是仅把作品提供给亲属、亲友或专家请教。第二，只能行使一次，即作者不可能对同一件作品反复行使发表权。第三，涉及第三人的，要受第三人制约。以肖像和人体为内容的美术或摄影作品，受肖像权、隐私权保护制约。

（二）署名权，即在作品上署名，以表明作者身份的权利

1. 内容：署何种姓名作者有权决定。

即决定在作品原件或者复制件上以真实姓名署名的权利；决定在作品原件或者复制件上以假名或者笔名署名的权利；变更署名方式的权利；同意他人在自己创作的作品上署名的权利。

因作品署名顺序发生的纠纷，人民法院按照下列原则处理：有约定的按约定确定署名顺序；没有约定的，可以按照创作作品付出的劳动、作品排列、作者姓氏笔画等确定署名顺序。（《著作权民事纠纷解释》第 11 条）

2. 关于"制作、出售假冒他人署名的作品的"行为的理解：侵犯的不是署名权。

3. 署名权不以作者死亡而消灭或改变。

（三）修改权，即修改或者授权他人修改作品的权利

1. 内容：包括自己修改作品的权利；授权他人修改作品的权利；禁止他人修改作品的权利；承认他人对作品已作之修改的权利。

2. 报社、期刊社有权进行文字性修改，但是也有限制，即报社、期刊只能对明显的文字错误进行校正，对明显多余、重复的文字进行删减，对明显遗漏的文字进行添加，绝不能对作品的内容做任何修改。

（四）保护作品完整权，即保护作品不受歪曲、篡改的权利

包括三个方面的内容：禁止他人对作品进行歪曲、篡改的权利；禁止他人对作品进行

割裂或更改的权利；禁止他人对作者声誉进行诋毁、贬损的权利。

【经典真题】

甲作曲、乙填词，合作创作了歌曲《春风来》。甲拟将该歌曲授权歌星丙演唱，乙坚决反对。甲不顾反对，重新填词并改名为《秋风起》，仍与丙签订许可使用合同，并获报酬10万元。对此，下列哪些选项是正确的？（2016－3－63）[1]

A. 《春风来》的著作权由甲、乙共同享有

B. 甲侵害了《春风来》歌曲的整体著作权

C. 甲、丙签订的许可使用合同有效

D. 甲获得的10万元报酬应合理分配给乙

【考点】 著作权的归属

【解析】 A正确，选。《春风来》合作作品著作权归双方共有。《著作权法》第14条规定，两人以上合作创作的作品，著作权由合作作者共同享有。没有参加创作的人，不能成为合作作者。合作作品可以分割使用的，作者对各自创作的部分可以单独享有著作权，但行使著作权时不得侵犯合作作品整体的著作权。

B错误。"甲侵害了《春风来》歌曲的整体著作权"，因为甲重新填词，加上甲自己作曲，形成了《秋风起》这样一个新作品。本案有两个作品，一个是《春风来》；另一个是《秋风起》。

《著作权法》第10条第（一）～（四）项规定：著作权包括下列人身权和财产权：

（一）发表权，即决定作品是否公之于众的权利；

（二）署名权，即表明作者身份，在作品上署名的权利；

（三）修改权，即修改或者授权他人修改作品的权利；

（四）保护作品完整权，即保护作品不受歪曲、篡改的权利；

C正确。作品的许可使用。D错，不选。《秋风起》作品著作权归甲，与乙无关。故《秋风起》的报酬归许可人甲自己。《著作权法》第10条第2款规定，著作权人可以许可他人行使前款第（五）项至第（十七）项规定的权利，并依照约定或者本法有关规定获得报酬。《著作权法》第26条规定，使用他人作品应当同著作权人订立许可使用合同，本法规定可以不经许可的除外。不适用《著作权法实施条例》第9条的规定，合作作品不可以分割使用的，其著作权由各合作作者共同享有，通过协商一致行使；不能协商一致，又无正当理由的，任何一方不得阻止他方行使除转让以外的其他权利，但是所得收益应当合理分配给所有合作作者。

二、财产权 ★★★

（一）使用权

1. 复制权，即以印刷、复印、拓印、录音、录像、翻录、翻拍、数字化等方式将作品制作一份或者多份的权利；（删除了"临摹"）这是著作财产权中最基本、最重要的权利。

2. 发行权，即以出售或者赠与方式向公众提供作品的原件或者复制件的权利。（方式中不再包含"出租"）

---

〔1〕**【答案】** AC

3. 出租权，即有偿许可他人临时使用视听作品计算机软件的原件或者复制件的权利，计算机软件不是出租的主要标的的除外。

【经典真题】

下列哪些出租行为构成对知识产权的侵犯？[1]（2009-3-64）

A. 甲购买正版畅销图书用于出租
B. 乙购买正版杀毒软件用于出租
C. 丙购买正版唱片用于出租
D. 丁购买正宗专利产品用于出租

【考点】著作权中的出租权

【解析】《著作权法》第10条第（七）项规定，出租权，即有偿许可他人临时使用视听作品、计算机软件的原件或者复制件的权利，计算机软件不是出租的主要标的的除外。据此可知，并非所有的著作权人都对自己的作品享有出租权，享有出租权的主体是电影作品和以类似摄制电影的方法创作的作品及其计算机软件的著作权人。因图书的著作权人不享有出租权，甲对其购买的正版图书进行出租的行为，不构成对知识产权的侵犯。因此，A项错误。杀毒软件是计算机软件，其著作权人享有对该作品的出租权。乙将购买的正版杀毒软件进行出租，需要再次得到著作权人的许可，否则构成侵权。因此，B项正确。

唱片属于以类似摄制电影的方法创作的作品，其著作权人享有对该作品的出租权，丙购买正版唱片用于出租，需经过著作权人单独许可，否则构成侵权。因此C正确。《专利法》没有对出租权进行规定，专利权人对自己的专利产品不享有出租权。因此，丁将购买的正宗专利产品用于出租的行为，不构成侵权，D项错误。

4. 展览权，即公开陈列美术作品、摄影作品的原件或者复制件的权利。

5. 表演权，即公开表演作品，以及用各种手段公开播送作品的表演的权利。

6. 放映权，即通过放映机、幻灯机等技术设备，公开再现美术、摄影、视听作的作品等的权利。

7. 广播权，即以无线方式公开广播或者传播作品，以有线传播或者转播的方式向公众传播广播的作品，以及通过扩音器或者其他传送符号、声音、图像的类似工具向公众传播广播的作品的权利，但不包括信息网络传播权。

8. 信息网络传播权，即以有线或者无线方式向公众提供作品，使公众可以在其个人选定的时间和地点获得作品的权利。

9. 摄制权，即以摄制视听作品的方法将作品固定在载体上的权利。

10. 改编权，即改变作品，创作出具有独创性的新作品的权利。

11. 翻译权，即将作品从一种语言文字转换成另一种语言文字的权利。

12. 汇编权，即将作品或者作品的片段通过选择或者编排，汇集成新作品的权利。

13. 应当由著作权人享有的其他权利。

【经典真题】

甲、乙合作创作了一部小说，后甲希望出版小说，乙无故拒绝。甲把小说上传至自己博客并保留了乙的署名。丙未经甲、乙许可，在自己博客中设置链接，用户点击链接可进入甲的博客阅读小说。丁未经甲、乙许可，在自己博客中转载了小说。戊出版社只经过甲

---

[1] 【答案】BC

的许可就出版了小说。下列哪一选项是正确的?[1]（2015－3－16）

A. 甲侵害了乙的发表权和信息网络传播权

B. 丙侵害了甲、乙的信息网络传播权

C. 丁向甲、乙寄送了高额报酬，但其行为仍然构成侵权

D. 戊出版社侵害了乙的复制权和发行权

【考点】著作权的内容

【解析】①《著作权法》第14条第1款规定，"两人以上合作创作的作品，著作权由合作作者共同享有。没有参加创作的人，不能成为合作作者。"②《著作权法实施条例》第9条规定，"合作作品不可以分割使用的，其著作权由各合作作者共同享有，通过协商一致行使；不能协商一致，又无正当理由的，任何一方不得阻止他方行使除转让以外的其他权利，但是所得收益应当合理分配给所有合作作者。"③《信息网络传播权解释》第4条规定，"有证据证明网络服务提供者与他人以分工合作等方式共同提供作品、表演、录音录像制品，构成共同侵权行为的，人民法院应当判令其承担连带责任。网络服务提供者能够证明其仅提供自动接入、自动传输、信息存储空间、搜索、链接、文件分享技术等网络服务，主张其不构成共同侵权行为的，人民法院应予支持。"④《著作权民事纠纷解释》第17条规定，可不经许可支付报酬的转载限于报纸期刊。不包括网络转载。所以，丁即使寄送了报酬，仍然构成侵权。

（二）许可使用权

著作权人依法享有的许可他人使用作品并获得报酬的权利。

著作权人可以许可他人行使前款第（五）项至第（十七）项规定的权利，并依照约定或者本法有关规定获得报酬。（《著作权法》第10条第2款）

（三）转让权

著作权人依法享有的转让使用权中一项或多项权利并获得报酬的权利。

著作权人可以全部或者部分转让本条第一款第（五）项至第（十七）项规定的权利，并依照约定或者本法有关规定获得报酬。（《著作权法》第10条第3款）

（四）获得报酬权

著作权人依法享有的因作品的使用或转让而获得报酬的权利。

1. 作为上述使用权、许可使用权、转让权的内容而存在。

2. 基于法定许可而独立存在的获得报酬权。

考点4　著作权的期限

一、除发表权以外的人身权，即作者的署名权、修改权、保护作品完整权 ★★★

1. 保护期不受限制。

2. 作者死亡后，上述权利由作者的继承人或者受遗赠人保护。（《著作权法实施条例》第15条）

3. 著作权无人继承又无人受遗赠的，上述权利由著作权行政管理部门保护。

─────────────────

〔1〕【答案】C

二、发表权以及财产权★★★

1. 公民的作品，其发表权、财产权的保护期为作者终生及其死亡后五十年，截止于作者死亡后第五十年的12月31日；如果是合作作品，截止于最后死亡的作者死亡后第五十年的12月31日。作者生前未发表的作品，如果作者未明确表示不发表，作者死亡后50年内，其发表权可由继承人或者受遗赠人行使；没有继承人又无人受遗赠的，由作品原件的所有人行使。

2. 法人或者其他组织的作品、著作权（署名权除外）由法人或者其他组织享有的职务作品，其发表权依据财产权的保护期为五十年，截止于作品首次发表后第五十年的12月31日，但作品自创作完成后五十年内未发表的，本法不再保护。

3. 电影作品和以类似摄制电影的方法创作的作品、摄影作品，其发表权依据《著作权法》第10条第1款第（五）项至第（十七）项规定的权利的保护期为五十年，截止于作品首次发表后第五十年的12月31日，但作品自创作完成后五十年内未发表的，本法不再保护。（不再区分为公民作品和单位作品）

注意：对于《著作权法》第17条第3款作品中的剧本、音乐等可以单独使用的作品，视其著作权属于自然人还是法人、其他组织，而分别适用《著作权法》第23条第1款或者第2款。（《著作权民事纠纷解释》第10条）

【经典真题】

甲的画作《梦》于1960年发表。1961年3月4日甲去世。甲的唯一继承人乙于2009年10月发现丙网站长期传播作品《梦》，且未署甲名。2012年9月1日，乙向法院起诉。下列哪一表述是正确的？[1]（2013－3－17）

A. 《梦》的创作和发表均产生于我国《著作权法》生效之前，不受该法保护

B. 乙的起诉已超过诉讼时效，其胜诉权不受保护

C. 乙无权要求丙网站停止实施侵害甲署名权的行为

D. 乙无权要求丙网站停止实施侵害甲对该作品的信息网络传播权的行为

【考点】著作权的保护

【解析】本题所涉作品虽然创作和发表产生于我国《著作权法》生效之前，但是直至《著作权法》生效，作者的著作权并未消灭，在《著作权法》生效之后，应受到该法保护。所以选项A的表述错误。本题涉及两项著作权内容，即署名权和信息网络传播权。前者为人身权，无保护期限之限制。《著作权民事纠纷解释》第27条规定："侵犯著作权的诉讼时效为三年，自著作权人知道或者应当知道侵权行为之日起计算。权利人超过三年起诉的，如果侵权行为在起诉时仍在持续，在该著作权保护期内，人民法院应当判决被告停止侵权行为；侵权损害赔偿数额应当自权利人向人民法院起诉之日起向前推算三年计算。"由于丙网站侵害署名权的行为一直持续，故选项B对诉讼时效的表述错误，选项C对署名权保护的表述错误。后者为财产权，有保护期限之限制，具体期限为作者终生和作者死亡后50年，截止到作者死亡后第50年的12月31日。截止到乙起诉时，甲已死亡超过50年，因此甲对作品的信息网络传播权不再受到法律保护。选项D表述正确。

---

[1]【答案】D

考点5　著作权的限制

一、著作权的合理使用★★★

合理使用是指在特定条件下，法律允许他人自由使用享有著作权的作品而不必征得著作权人的同意，也不必向著作权人支付报酬的制度。

（一）界定

1. 不必征得著作权人同意。

2. 不必支付报酬。

3. 应当指出作者姓名、作品名称。不得影响该作品的正常使用。

4. 不得侵犯著作权人使用权以外的其他权利。

（二）类型

1. 为个人学习、研究或者欣赏，使用他人已经发表的作品。

2. 为介绍、评论某一作品或者说明某一问题，在作品中适当引用他人已经发表的作品。

3. 为报道时事新闻，在报纸、期刊、广播电台、电视台等媒体中不可避免地再现或者引用已经发表的作品。

4. 报纸、期刊、广播电台、电视台等媒体刊登或者播放其他报纸、期刊、广播电台、电视台等媒体已经发表的关于政治、经济、宗教问题的时事性文章，但作者声明不许刊登、播放的除外。

5. 报纸、期刊、广播电台、电视台等媒体刊登或者播放在公众集会上发表的讲话，但作者声明不许刊登、播放的除外。

6. 为学校课堂教学或者科学研究，翻译或者少量复制已经发表的作品，供教学或者科研人员使用，但不得出版发行。

7. 国家机关为执行公务在合理范围内使用已经发表的作品。

8. 图书馆、档案馆、纪念馆、博物馆、美术馆等为陈列或者保存版本的需要，复制本馆收藏的作品。

9. 免费表演已经发表的作品，该表演未向公众收取费用，也未向表演者支付报酬。

10. 对设置或者陈列在室外公共场所的艺术作品进行临摹、绘画、摄影、录像。

何谓这样的艺术作品：是指设置或者陈列在室外社会公众活动处所的雕塑、绘画、书法等艺术作品。（《著作权民事纠纷解释》第18条第1款）

【经典真题】

甲、乙、丙、丁相约勤工俭学。下列未经著作权人同意使用他人受保护作品的哪一行为没有侵犯著作权？[1]（2015－3－17）

A. 甲临摹知名绘画作品后廉价出售给路人

B. 乙收购一批旧书后廉价出租给同学

C. 丙购买一批正版录音制品后廉价出租给同学

D. 丁购买正版音乐CD后在自己开设的小餐馆播放

----

〔1〕【答案】B

【考点】著作权的保护

【解析】《著作权法》第10条第（五）项规定，复制权，即以印刷、复印、拓印、录音、录像、翻录、翻拍、数字化等方式将作品制作一份或者多份的权利。A. 甲临摹知名绘画作品后廉价出售给路人侵权，不当选。《著作权法》第10条第（七）项规定，出租权，即有偿许可他人临时使用视听作品计算机软件的权利，计算机软件是出租的主要标的的除外。C 不当选。《著作权法》第10条第（九）项规定，表演权，即公开表演作品，以及用各种手段公开播送作品的表演的权利。D 不当选。

11. 将中国公民、法人或者其他组织已经发表的以汉语言文字创作的作品翻译成少数民族语言文字作品在国内出版发行。

12. 以阅读障碍者能够感知的无障碍方式向其提供已经发表的作品。

二、著作权法定许可使用 ★★★

法定许可使用是指依《著作权法》的规定，使用者在使用他人已经发表的作品时，可以不经著作权人的许可，但应向其支付报酬，并尊重著作权人其他权利的制度。

（一）界定

1. 可以不经著作权人同意。

2. 有偿使用。

（二）类型

1. 为实施义务教育和国家教育规划而编写出版教科书，可以不经著作权人许可，在教科书中汇编已经发表的作品片段或者短小的文字作品、音乐作品或者单幅的美术作品、摄影作品、图形作品，但应当按照规定向著作权人支付报酬，指明作者姓名或者名称、作品名称，并且不得侵犯著作权人依照本法享有的其他权利。（《著作权法》第25条第1款）

【经典真题】

某诗人署名"漫动的音符"，在甲网站发表题为"天堂向左"的诗作，乙出版社的《现代诗集》收录该诗，丙教材编写单位将该诗作为范文编入《语文》教材，丁文学网站转载了该诗。下列哪一说法是正确的？[1]（2011－3－16）

A. 该诗人在甲网站署名方式不合法

B. "天堂向左"在《现代诗集》中被正式发表

C. 丙可以不经该诗人同意使用"天堂向左"，但应当按照规定支付报酬

D. 丁网站未经该诗人和甲网站同意而转载，构成侵权行为

【考点】著作权内容；著作权的限制；著作权侵权

【解析】选项A涉及署名权，作者在作品上署名，真名可以，笔名也行。因此，署名"漫动的音符"并无不可。故选项A说法错误。选项B涉及发表权，发表权是指作者将作品公之于众的权利，发表权一经行使即告消灭，不区分所谓正式和不正式。因此该诗人在甲网站发表即为行使发表权，其后该权利消灭。故B说法错误。选项C和D涉及作品的法定许可使用，《著作权法》第25条第1款规定："为实施九年制义务教育和国家教育规划而

---

〔1〕【答案】C

编写出版教科书，除作者事先声明不许使用的外，可以不经著作权人许可，在教科书中汇编已经发表的作品片段或者短小的文字作品、音乐作品或者单幅的美术作品、摄影作品，但应当按照规定支付报酬，指明作者姓名、作品名称，并且不得侵犯著作权人依照本法享有的其他权利。"丙可以不经该诗人同意而使用作品，但是应当支付报酬，故 C 正确。选项 D 中，丁网站转载作品应当得到该诗人的同意，但是不必经过甲网站的同意，因此 D 错误。

2. 作品被报社、期刊社刊登后，除著作权人声明不得转载、摘编的外，其他报刊可以转载或者作为文摘、资料刊登，但应当按照规定向著作权人支付报酬。（《著作权法》第 35 条第 2 款）

何谓这里的转载？是指报纸、期刊登载其他报刊已发表作品的行为。转载未注明被转载作品的作者和最初登载的报刊出处的，应当承担消除影响、赔礼道歉等民事责任。（《著作权民事纠纷解释》第 17 条）

3. 录音制作者使用他人已经合法录制为录音制品的音乐作品制作录音制品，可以不经著作权人许可，但应当按照规定支付报酬；著作权人声明不许使用的，不得使用。（《著作权法》第 42 条第 2 款）

4. 广播电台、电视台播放他人已发表的作品，可以不经著作权人许可，但应当支付报酬。（《著作权法》第 46 条第 2 款）

考点 6 邻接权

邻接权是指作品传播者对在传播作品的过程中产生的劳动成果依法享有的专有权利。与著作权的关系如下：

1. 广义的著作权包括邻接权。

2. 邻接权以著作权为基础，对于著作权合理使用的限制，同样适用于邻接权，邻接权的保护期也为 50 年。

3. 邻接权的主体主要是法人或者其他组织，客体是传播作品中产生的成果。

一、出版者权 ★★★

（一）权利

1. 版式设计专有权：期限为 10 年。

出版者有权许可或者禁止他人使用其出版的图书、期刊的版式设计。前款规定的权利的保护期为十年，截止于使用该版式设计的图书、期刊首次出版后第十年的 12 月 31 日。（《著作权法》第 37 条）

2. 专有出版权。

图书出版者对著作权人交付出版的作品，按照合同约定享有的专有出版权受法律保护，他人不得出版该作品。（《著作权法》第 33 条）

3. 修改、删节权。

图书出版者经作者许可，可以对作品修改、删节。报社、期刊社可以对作品作文字性修改、删节。对内容的修改，应当经作者许可。（《著作权法》第 36 条）

4. 转载权。（前述著作权的法定许可使用类型第 2 类，即《著作权法》第 35 条第 2 款。）

（二）义务和责任

1. 支付报酬的义务。

2. 依照约定出版义务，否则承担违约责任。

3. 通知义务。

图书出版者重印、再版作品的，应当通知著作权人，并支付报酬。图书脱销后，图书出版者拒绝重印、再版的，著作权人有权终止合同。（《著作权法》第34条第3款）

（三）出版权的内容

依据出版合同的约定，图书出版者获得的专有出版权包括以下内容：

1. 在合同约定的期限和地域范围内，图书出版者有权出版并发行约定的作品。

2. 在合同约定的期限和地域范围内，图书出版者享有以同种文字的原版、修订版出版图书的专利。《著作权法》第34条第3款规定：图书出版者重印、再版作品的，应当通知著作权人，并支付报酬。图书脱销后，图书出版者拒绝重印、再版的，著作权人有权终止合同。

3. 图书出版者对其出版的图书的版式设计享有专有使用权。《著作权法》第37条第1款规定：出版者有权许可或者禁止他人使用其出版的图书、期刊的版式设计。

二、表演者的权利、义务★★★

（一）权利

1. 人身权

①表明表演者身份；

②保护表演形象不受歪曲。

上述两种人身权的保护期不受限制。

2. 财产权

①许可他人从现场直播和公开传送其现场表演，并获得报酬；

②许可他人录音录像，并获得报酬；

③许可他人复制、发行录有其表演的录音录像制品，并获得报酬；

④许可他人通过信息网络向公众传播其表演，并获得报酬。

被许可人使用作品，还应当取得著作权人许可，并支付报酬。

上述权利保护期为50年，截止于该表演发生后第五十年的12月31日。

【经典真题】

著作权人Y认为网络服务提供者Z的服务所涉及的作品侵犯了自己的信息网络传播权，向Z提交书面通知要求其删除侵权作品。对此，下列哪些选项是正确的?[1]（2016－3－62）

A. Y的通知书应当包含该作品构成侵权的初步证明材料

B. Z接到书面通知后，可在合理时间内删除涉嫌侵权作品，同时将通知书转送提供该作品的服务对象

C. 服务对象接到Z转送的书面通知后，认为提供的作品未侵犯Y的权利的，可以向Z提出书面说明，要求恢复被删除作品

D. Z收到服务对象的书面说明后应即恢复被删除作品，同时将服务对象的说明转送Y

─────────

〔1〕【答案】ACD

的，则 Y 不得再通知 Z 删除该作品

【考点】网络侵权

【解析】A 正确。根据《信息网络传播权保护条例》第 14 条的规定，对提供信息存储空间或者提供搜索、链接服务的网络服务提供者，权利人认为其服务所涉及的作品、表演、录音录像制品，侵犯自己的信息网络传播权或者被删除、改变了自己的权利管理电子信息的，可以向该网络服务提供者提交书面通知，要求网络服务提供者删除该作品、表演、录音录像制品，或者断开与该作品、表演、录音录像制品的链接。通知书应当包含下列内容：（一）权利人的姓名（名称）、联系方式和地址；（二）要求删除或者断开链接的侵权作品、表演、录音录像制品的名称和网络地址；（三）构成侵权的初步证明材料。权利人应当对通知书的真实性负责。

B 错误。错在"合理时间"。而应该是网站接到通知后"立即"删除，并转达网民。根据《信息网络传播权保护条例》第 15 条的规定，网络服务提供者接到权利人的通知书后，应当立即删除涉嫌侵权的作品、表演、录音录像制品，或者断开与涉嫌侵权的作品、表演、录音录像制品的链接，并同时将通知书转送提供作品、表演、录音录像制品的服务对象；服务对象网络地址不明、无法转送的，应当将通知书的内容同时在信息网络上公告。

C 正确。网民了解后可要求恢复，提交说明。根据《信息网络传播权保护条例》第 16 条的规定，服务对象接到网络服务提供者转送的通知书后，认为其提供的作品、表演、录音录像制品未侵犯他人权利的，可以向网络服务提供者提交书面说明，要求恢复被删除的作品、表演、录音录像制品，或者恢复与被断开的作品、表演、录音录像制品的链接。书面说明应当包含下列内容：（一）服务对象的姓名（名称）、联系方式和地址；（二）要求恢复的作品、表演、录音录像制品的名称和网络地址；（三）不构成侵权的初步证明材料。服务对象应当对书面说明的真实性负责。

D 正确。网站恢复，并转达原告。根据《信息网络传播权保护条例》第 17 条的规定：网络服务提供者接到服务对象的书面说明后，应当立即恢复被删除的作品、表演、录音录像制品，或者可以恢复与被断开的作品、表演、录音录像制品的链接，同时将服务对象的书面说明转送权利人。权利人不得再通知网络服务提供者删除该作品、表演、录音录像制品，或者断开与该作品、表演、录音录像制品的链接。

（二）义务

使用他人的作品演出，应征得著作权人许可，并支付报酬。使用改编、翻译、注释、整理已有作品而产生的作品进行演出，应当取得改编、翻译、注释、整理作品的著作权人和原作品的著作权人许可，并支付报酬。

三、录音录像制作者权利和义务 ★★★

（一）权利

录音录像制作者对其制作的录音录像制品，享有许可他人复制、发行、出租、通过信息网络向公众传播并获得报酬的权利；权利的保护期为五十年，截止于该制品首次制作完成后第五十年的 12 月 31 日。

被许可人复制、发行、通过信息网络向公众传播录音录像制品，还应当取得著作权人、表演者许可，并支付报酬。

（二）义务

1. 录音录像制作者使用他人作品制作录音录像制品，应当取得著作权人许可，并支付报酬。录音录像制作者使用改编、翻译、注释、整理已有作品而产生的作品，应当取得改编、翻译、注释、整理作品的著作权人和原作品著作权人许可，并支付报酬。

2. 录音录像制作者制作录音录像制品，应当同表演者订立合同，并支付报酬。

3. 录音制作者使用他人已经合法录制为录音制品的音乐作品制作录音制品，可以不经著作权人许可，但应当按照规定支付报酬；著作权人声明不许使用的不得使用。

【经典真题】

甲创作了一首歌曲《红苹果》，乙唱片公司与甲签订了专有许可合同，在聘请歌星丙演唱了这首歌曲后，制作成录音制品（CD）出版发行。下列哪些行为属于侵权行为？[1]（2014－3－62）

A. 某公司未经许可翻录该 CD 后销售，向甲、乙、丙寄送了报酬

B. 某公司未经许可自聘歌手在录音棚中演唱了《红苹果》并制作成 DVD 销售，向甲寄送了报酬

C. 某商场购买 CD 后在营业时间作为背景音乐播放，经过甲许可并向其支付了报酬

D. 某电影公司将 CD 中的声音作为电影的插曲使用，只经过了甲许可

【考点】著作权的保护

【解析】（1）《著作权法》第 44 条第 1 款规定："录音录像制作者对其制作的录音录像制品，享有许可他人复制、发行、出租、通过信息网络向公众传播并获得报酬的权利；权利的保护期为五十年，截止于该制品首次制作完成后第五十年的 12 月 31 日。"第 53 条第（三）、（四）项规定："有下列侵权行为的，应当根据情况，承担本法第五十二条规定的民事责任；侵权行为同时损害公共利益的，由主管著作权的部门责令停止侵权行为，予以警告，没收违法所得，没收、无害化销毁处理侵权复制品以及主要用于制作侵权复制品的材料、工具、设备等，违法经营额五万元以上的，可以并处违法经营额一倍以上五倍以下的罚款；没有违法经营额、违法经营额难以计算或者不足五万元的，可以并处二十五万元以下的罚款；构成犯罪的，依法追究刑事责任……；（三）未经表演者许可，复制、发行录有其表演的录音录像制品，或者通过信息网络向公众传播其表演的，本法另有规定的除外；（四）未经录音录像制作者许可，复制、发行、通过信息网络向公众传播其制作的录音录像制品的，本法另有规定的除外……。"故选项 A 中，某公司未经许可复制该 CD 且发行，侵犯了歌星丙和乙公司的邻接权，当选。选项 D 中电影公司将 CD 中的声音予以使用，将会导致伴随电影作品的发行该录音录像制品的一部分被发行，故电影公司虽然经过作者许可，但是未经乙公司许可，侵犯了乙公司的邻接权，当选。

（2）《著作权法》第 42 条第 1 款规定："录音制作者使用他人已经合法录制为录音制品的音乐作品制作录音制品，可以不经著作权人许可，但应当按照规定支付报酬；著作权人声明不许使用的不得使用。"故选项 B 中某公司的行为不构成侵权，不当选。

（3）选项 C 中，某商场购买 CD 后获得了对 CD 的使用权，且不存在未经乙公司许可而复制、发行通过信息网络向公众传播等侵犯录音录像制作者邻接权的情形。但是该商场将

其作为背景音乐播放，超出了对音乐作品的合理使用范围，应取得著作权人的许可并支付报酬。因此该选项中，某商场依法取得甲的许可并支付报酬，不构成侵权，不当选。

四、播放者权利和义务 ★★★

（一）权利

广播电台、电视台有权禁止未经其许可的下列行为：

1. 将其播放的广播、电视以有线或者无线方式转播；

2. 将其播放的广播、电视录制以及复制；

3. 将其播放的广播、电视通过信息网络向公众传播。

广播电台、电视台行使前款规定的权利，不得影响、限制或者侵害他人行使著作权或者与著作权有关的权利。

本条第一款规定的权利的保护期为五十年，截止于该广播、电视首次播放后第五十年的 12 月 31 日。

（二）义务

1. 广播电台、电视台播放他人未发表的作品，应当取得著作权人许可，并支付报酬。广播电台、电视台播放他人已发表的作品，可以不经著作权人许可，但应当支付报酬。

2. 电视台播放他人的视听作品、录像制品，应当取得视听作品著作权人或者录像制作者许可，并支付报酬；播放他人的录像制品，还应当取得著作权人许可，并支付报酬。

考点 7　著作权侵权行为

一、承担民事责任的侵权行为（《著作权法》第 52 条）★★★

（一）类型

1. 未经著作权人许可，发表其作品的。

2. 未经合作作者许可，将与他人合作创作的作品当作自己单独创作的作品发表的。

3. 没有参加创作，为谋取个人名利，在他人作品上署名的。

4. 歪曲、篡改他人作品的。

5. 剽窃他人作品的。

6. 未经著作权人许可，以展览、摄制电影和以类似摄制电影的方法使用作品，或者以改编、翻译、注释等方式使用作品的，本法另有规定的除外。

7. 使用他人作品，应当支付报酬而未支付的。

8. 未经视听作品、计算机软件、录音录像制品的著作权人、表演者或者录音录像制作者许可，出租其作品或者录音录像制品的原件或者复制件的，本法另有规定的除外。

9. 未经出版者许可，使用其出版的图书、期刊的版式设计的。

10. 未经表演者许可，从现场直播或者公开传送其现场表演，或者录制其表演的。

11. 其他侵犯著作权以及与著作权有关的权益的行为。

（二）责任形式

停止侵害、消除影响、赔礼道歉、赔偿损失等。

【经典真题】

甲在某网站上传播其自拍的生活照，乙公司擅自下载这些生活照并配上文字说明后出

版成书。丙书店购进该书销售。下列哪些说法是正确的？[1]（2006－3－58）

    A. 乙公司侵犯了甲的发表权   B. 乙公司侵犯了甲的复制权

    C. 乙公司侵犯了甲的肖像权   D. 丙书店应当承担侵权责任

【考点】著作权侵权

【解析】发表权是指权利人决定把作品公之于众的权利，由于甲自拍的照片已经在网络上传播，因此乙公司没有侵犯甲的发表权，所以A项是错误的。根据《著作权法》第10条第1款第（五）项的规定："（著作人享有）复制权，即以印刷、复印、拓印、录音、录像、翻录、翻拍等方式将作品制作一份或者多份的权利。"乙公司擅自下载这些生活照并配上文字说明后出版成书，已经侵犯了甲的复制权，所以B项的说法是正确的。以营利为目的，未经公民同意利用其肖像做广告、商标、装饰橱窗等，应当认定为侵犯公民肖像权的行为。因此乙公司的行为侵犯了甲的肖像权，C项是正确的。根据《著作权法》第59条第1款的规定："复制品的出版者、制作者不能证明其出版、制作有合法授权的，复制品的发行者或者视听作品、计算机软件、录音录像制品的复制品的出租者不能证明其发行、出租的复制品有合法来源的，应当承担法律责任。"本题中，丙书店的销售行为属于发行的一种，题中未能表明其来源合法，因此丙书店应当承担侵权责任。所以D项也是正确的。

二、承担综合法律责任的侵权行为（《著作权法》第53条）★★★

（一）类型

1. 未经著作权人许可，复制、发行、表演、放映、广播、汇编、通过信息网络向公众传播其作品的，本法另有规定的除外。

2. 出版他人享有专有出版权的图书的。

3. 未经表演者许可，复制、发行录有其表演的录音录像制品，或者通过信息网络向公众传播其表演的，本法另有规定的除外。

4. 未经录音录像制作者许可，复制、发行、通过信息网络向公众传播其制作的录音录像制品的，本法另有规定的除外。

5. 未经许可，播放、复制或者通过信息网络向公众传播广播、电视的，本法另有规定的除外。

6. 未经著作权人或者与著作权有关的权利人许可，故意避开或者破坏技术措施的，故意制造、进口或者向他人提供主要用于避开、破坏技术措施的装置或者部件的，或者故意为他人避开或者破坏技术措施提供技术服务的，法律、行政法规另有规定的除外。

7. 未经著作权人或者与著作权有关的权利人许可，故意删除或者改变作品、版式设计、表演、录音录像制品或者广播、电视上的权利管理信息的，知道或者应当知道作品、版式设计、表演、录音录像制品或者广播、电视上的权利管理信息未经许可被删除或者改变，仍然向公众提供的，法律、行政法规另有规定的除外。

8. 制作、出售假冒他人署名的作品的。

【经典真题】

牛博朗研习书法绘画30年，研究出汉字的独特写法牛氏"润金体"。"润金体"借鉴

---

[1]【答案】BCD

了"瘦金体"，但在布局、线条、勾画、落笔以及比例上自成体系，多出三分圆润，审美价值很高。牛博朗将其成果在网络上发布，并注明"版权所有，未经许可，不得使用"。羊阳洋公司从该网站下载了九个"润金体"字，组成广告词"小绵羊、照太阳、过海洋"，为其从国外进口的羔羊肉做广告。关于"润金体"及羊阳洋公司的行为，下列哪些选项是正确的？[1]（2017－3－63）

　　A. 字体不属于著作权保护的范围，故羊阳洋公司不构成侵权
　　B. "润金体"具有一定的独创性，可认定为美术作品而受著作权法保护
　　C. 羊阳洋公司只是选取了有限的数个汉字，不构成对"润金体"整体著作权的侵犯
　　D. 羊阳洋公司未经牛博朗同意，擅自使用"润金体"汉字，构成对牛博朗著作权的侵犯

【考点】著作权客体，著作权侵权

【解析】A选项错误，B选项正确。根据《著作权法实施条例》第2条的规定："著作权法所称作品，是指文学、艺术和科学领域内具有独创性并能以某种有形形式复制的智力成果。"第4条第1款规定："著作权法和本条例中下列作品的含义：（八）美术作品，是指绘画、书法、雕塑等以线条、色彩或者其他方式构成的有审美意义的平面或者立体的造型艺术作品；"润金体虽然借鉴了"瘦金体"，但是有独创性，并且可复制，因此可以认定其为作品。

　　C选项错误，D选项正确。牛博朗将其成果在网络上发布，并注明"版权所有，未经许可，不得使用"。羊阳洋公司未经许可擅自使用"润金体"汉字的行为，构成牛博朗著作权的侵犯。

　　本题选BD。

（二）责任形式

1. 应当根据情况，承担停止侵害、消除影响、赔礼道歉、赔偿损失等民事责任。

2. 同时损害公共利益的，可以由著作权行政管理部门责令停止侵权行为，没收违法所得，没收、销毁侵权复制品，并可处以罚款；情节严重的，著作权行政管理部门还可以没收主要用于制作侵权复制品的材料、工具、设备等。

3. 构成犯罪的，依法追究刑事责任。

（三）行政处罚

根据《著作权法》第53条的规定，版权管理机关可以受理涉及数十种侵权行为的案件，并做出行政处罚。受理案件可根据权利人的申请、投诉，也可根据举报人的举报，或主动对市场的侵权事实进行查处，对侵权案件的行政处罚种类有以下几种：

1. 警告。

2. 没收违法所得。

3. 没收、无害化销毁处理侵权复制品以及主要用于制作侵权复制品的材料、工具、设备等。

4. 违法经营额五万元以上的，可以并处违法经营额一倍以上五倍以下的罚款；没有违法经营额、违法经营额难以计算或者不足五万元的，可以并处二十五万元以下的罚款。

5. 法律法规规定的其他行政处罚。

版权管理机关可根据侵权事实所造成的后果，即侵权行为对被侵权人和对公共利益的

―――――――――――――

〔1〕【答案】BD

损害程度大小，决定选择其中一种或几种处罚。

考点8　计算机软件著作权

一、软件著作权的客体和主体★★★

1. 软件著作权的客体是指计算机软件，即计算机程序及其有关文档。不包括开发软件所用的思想、处理过程、操作方法或者数学概念等。

2. 软件著作权属于软件的开发者，包括实际组织开发、直接进行开发，并对开发完成的软件承担责任的法人或者其他组织；或者依靠自己具有的条件独立完成软件开发，并对软件承担责任的自然人。

委托开发、合作开发软件著作权的归属及其原则，与一般作品著作权的规定一样。但职务计算机软件的著作权归属有所不同，自然人在法人或者其他组织中任职期间所开发的软件有下列情形之一的，该软件著作权由该法人或者其他组织享有，开发软件的自然人可以获得奖励：（1）针对本职工作中明确指定的开发目标所开发的软件；（2）开发的软件是从事本职工作活动所预见的结果或者自然结果；（3）主要使用了法人或者其他组织的资金、专用设备、未公开的专门信息等物质技术条件所开发，并由法人或者其他组织承担责任的软件。

二、软件著作权的内容★★★

1. 软件著作人身权：

发表权，即决定软件是否公之于众的权利；

署名权，即表明开发者身份，在软件上署名的权利；

修改权，即对软件进行增补、删节，或者改变指令、语句顺序的权利。

2. 软件著作财产权：

（1）专有使用权，具体包括复制权；发行权；出租权；信息网络传播权；翻译权；应当由软件著作权人享有的其他专有使用权。

（2）使用许可权，即软件著作权人享有的许可他人行使其软件著作权并获得报酬的权利。许可他人行使软件著作权的，应当订立许可使用合同。使用许可分为专有许可或非专有许可。没有订立合同或者合同中没有明确约定为专有许可的，被许可行使的权利应当视为非专有权利。

（3）转让权，即软件著作权人享有的全部或者部分转让其软件著作权并获得报酬的权利。转让软件著作权的，当事人应当订立书面合同。

三、软件著作权的期限★★★

1. 自然人的软件著作权保护期：终生及其死后50年，截止于自然人死亡后第50年的12月31日。

2. 合作开发的软件著作权的保护期：截止于最后死亡的自然人死亡后的第50年的12月31日。

3. 法人或者其他组织的软件著作权保护期：截止软件首次发表后第50年的12月31日，但软件自开发完成之日起50年内未发表的，不再保护。

四、软件著作权的限制

（一）合理使用

为了学习和研究软件内容的设计思想和原理，通过安装、显示、传输或者存储软件等方式使用软件的，可以不经著作权人许可，不向其支付报酬。

（二）用户的权利

1. 根据使用需要，把该软件转入计算机等具有信息处理能力的装置内。

2. 为防止复制品损坏而制作备份复制品。

3. 为了把该软件用于实际的计算机应用环境或者改进其功能、性能而进行必要的修改。但未经该软件著作权人许可，不得向第三方提供修改后的软件。

（三）相似的开发

不构成对已经存在的软件的著作权的侵犯。

【经典真题】

下列哪一行为构成对知识产权的侵犯？[1]（2009－3－16）

A. 刘某明知是盗版书籍而购买并阅读

B. 李某明知是盗版软件而购买并安装使用

C. 五湖公司明知是假冒注册商标的商品而购买并经营性使用

D. 四海公司明知是侵犯外观设计专利权的商品而购买并经营性使用

【考点】著作权侵权

【解析】根据《著作权法》第24条第1项的规定，单纯为个人学习、研究或者欣赏，使用他人已经发表的作品属于合理使用，可以不经著作权人许可，不向其支付报酬，不属于侵权行为。本题中，刘某的阅读行为属于"个人学习、研究或者欣赏"情形。至于盗版还是正版，读者本身不构成侵权，但是制作销售盗版书籍的人构成侵权。因此选项A中的行为不构成侵权。不应入选。《计算机软件保护条例》第30条规定："软件的复制品持有人不知道也没有合理理由应当知道该软件是侵权复制品的，不承担赔偿责任；但是，应当停止使用、销毁该侵权复制品。如果停止使用并销毁该侵权复制品将给复制品使用人造成重大损失的，复制品使用人可以在向软件著作权人支付合理费用后继续使用。"根据上述规定可知，盗版软件的持有人知道或应当知道该软件是侵权复制品的，构成对知识产权的侵犯。B项中，李某明知是盗版软件而购买并安装使用的行为，构成对知识产权的侵犯。因此，B项正确。《商标法》第57条规定："有下列行为之一的，均属侵犯注册商标法专用权：（一）未经商标注册人的许可，在同一种商品上使用与其注册商标相同的商标的；（二）未经商标注册人的许可，在同一种商品上使用与其注册商标近似的商标，或者在类似商品上使用与其注册商标相同或者近似的商标，容易导致混淆的；（三）销售侵犯注册商标专用权商品的；（四）伪造、擅自制造他人注册商标标识或者销售伪造、擅自制造的注册商标标识的；（五）未经商标注册人同意，更换其注册商标并将该更换商标的商品又投入市场的；（六）故意为侵犯他人商标专用权行为提供便利，帮助他人实施侵犯商标专用权行为的；（七）给他人的注册商标专用权造成其他损害的。"《商标法实施条例》第75条规定："为

---

[1]【答案】B

侵犯他人商标专用权提供仓储、运输、邮寄、印制、隐匿、经营场所、网络商品交易平台等，属于商标法第五十七条第六项规定的提供便利条件。"《商标法实施条例》第76条规定："在同一种商品或者类似商品上将与他人注册商标相同或者近似的标志作为商品名称或者商品装潢使用，误导公众的，属于商标示第五十七条第二项规定的侵犯注册商标专用权的行为。"因此，商标侵权行为限于假冒行为，制造行为，销售行为。不包括购买行为和使用行为。因此C错误。《专利法》第11条规定："发明和实用新型专利权被授予后，除本法另有规定的以外，任何单位或者个人未经专利权人许可，都不得实施其专利，即不得为生产经营目的制造、使用、许诺销售、销售、进口其专利产品，或者使用其专利方法以及使用、许诺销售、销售、进口依照该专利方法直接获得的产品。外观设计专利权被授予后，任何单位或者个人未经专利权人许可，都不得实施其专利，即不得为生产经营目的制造、许诺销售、销售、进口其外观设计专利产品。"前述对于外观设计专利产品的侵权行为并不包括"使用"，因此D错误。

▷ 关联法条

《著作权法》第2条 中国公民、法人或者非法人组织的作品，不论是否发表，依照本法享有著作权。

外国人、无国籍人的作品根据其作者所属国或者经常居住地国同中国签订的协议或者共同参加的国际条约享有的著作权，受本法保护。

外国人、无国籍人的作品首先在中国境内出版的，依照本法享有著作权。

未与中国签订协议或者共同参加国际条约的国家的作者以及无国籍人的作品首次在中国参加的国际条约的成员国出版的，或者在成员国和非成员国同时出版的，受本法保护。

《著作权法》第3条 本法所称的作品，是指文学、艺术和科学领域内具有独创性并能以一定形式表现的智力成果，包括：

（一）文字作品；

（二）口述作品；

（三）音乐、戏剧、曲艺、舞蹈、杂技艺术作品；

（四）美术、建筑作品；

（五）摄影作品；

（六）视听作品；

（七）工程设计图、产品设计图、地图、示意图等图形作品和模型作品；

（八）计算机软件；

（九）符合作品特征的其他智力成果。

《著作权法》第5条 本法不适用于：

（一）法律、法规，国家机关的决议、决定、命令和其他具有立法、行政、司法性质的文件，及其官方正式译文；

（二）单纯事实消息；

（三）历法、通用数表、通用表格和公式。

《著作权法实施条例》第2条 著作权法所称作品，是指文学、艺术和科学领域内具有独创性并能以某种有形形式复制的智力成果。

《著作权法》第11条 著作权属于作者，本法另有规定的除外。

创作作品的自然人是作者。

由法人或者非法人组织主持，代表法人或者非法人组织意志创作，并由法人或者非法人组织承担责任的作品，法人或者非法人组织视为作者。

如无相反证明，在作品上署名的自然人、法人或者非法人组织为作者。

《著作权法》第13条 改编、翻译、注释、整理已有作品而产生的作品，其著作权由改编、翻译、注释、整理人享有，但行使著作权时不得侵犯原作品的著作权。

《著作权法》第14条 两人以上合作创作的作品，著作权由合作作者共同享有。没有参加创作的人，不能成为合作作者。

合作作品的著作权由合作作者通过协商一致行使；不能协商一致，又无正当理由的，任何一方不得阻止他方行使除转让、许可他人专有使用、出质以外的其他权利，但是所得收益应当合理分配给所有合作作者。

合作作品可以分割使用的，作者对各自创作的部分可以单独享有著作权，但行使著作权时不得侵犯合作作品整体的著作权。

《著作权法》第15条 汇编若干作品、作品的片段或者不构成作品的数据或者其他材料，对其内容的选择或者编排体现独创性的作品，为汇编作品，其著作权由汇编人享有，但行使著作权时，不得侵犯原作品的著作权。

《著作权法》第17条 视听作品中的电影作品、电视剧作品的著作权由制作者享有，但编剧、导演、摄影、作词、作曲等作者享有署名权，并有权按照与制作者签订的合同获得报酬。

前款规定以外的视听作品的著作权归属由当事人约定；没有约定或者约定不明确的，由制作者享有，但作者享有署名权和获得报酬的权利。

视听作品中的剧本、音乐等可以单独使用的作品的作者有权单独行使其著作权。

《著作权法》第18条 自然人为完成法人或者非法人组织工作任务所创作的作品是职务作品，除本条第二款的规定以外，著作权由作者享有，但法人或者非法人组织有权在其业务范围内优先使用。作品完成两年内，未经单位同意，作者不得许可第三人以与单位使用的相同方式使用该作品。

有下列情形之一的职务作品，作者享有署名权，著作权的其他权利由法人或者非法人组织享有，法人或者非法人组织可以给予作者奖励：

（一）主要是利用法人或者其他组织的物质技术条件创作，并由法人或者其他组织承担责任的工程设计图、产品设计图、地图、示意图、计算机软件等职务作品；

（二）报社、期刊社、通讯社、广播电台、电视台的工作人员创作的职务作品；

（三）法律、行政法规规定或者合同约定著作权由法人或者非法人组织享有的职务作品。

《著作权法》第19条 受委托创作的作品，著作权的归属由委托人和受托人通过合同约定。合同未作明确约定或者没有订立合同的，著作权属于受托人。

《著作权法实施条例》第6条 著作权自作品创作完成之日起产生。

《著作权法实施条例》第9条 合作作品不可以分割使用的，其著作权由各合作作者共同享有，通过协商一致行使；不能协商一致，又无正当理由的，任何一方不得阻止他方行使除转让以外的其他权利，但是所得收益应当合理分配给所有合作作者。

《关于审理著作权民事纠纷案件适用法律若干问题的解释》第27条 侵犯著作权的诉讼时效为三年，自著作权人知道或者应当知道侵权行为之日起计算。权利人超过三年起诉的，如果侵权行为在起诉时仍在持续，在该著作权保护期内，人民法院应当判决被告停止侵权行为；侵权损害赔偿数额应当自权利人向人民法院起诉之日起向前推算三年计算。

《著作权法》第 22 条　作者的署名权、修改权、保护作品完整权的保护期不受限制。

《著作权法》第 23 条　自然人的作品，其发表权、本法第十条第一款第（五）项至第（十七）项规定的权利的保护期为作者终生及其死亡后五十年，截止于作者死亡后第五十年的 12 月 31 日；如果是合作作品，截止于最后死亡的作者死亡后第五十年的 12 月 31 日。

法人或者非法人组织的作品、著作权（署名权除外）由法人或者非法人组织享有的职务作品，其发表权、本法第十条第一款第（五）项至第（十七）项规定的权利的保护期为五十年，截止于作品首次发表后第五十年的 12 月 31 日，但作品自创作完成后五十年内未发表的，本法不再保护。

视听作品，其发表权的保护期为五十年，截止于作品创作完成后第五十年的 12 月 31 日；本法第十条第一款第五项至第十七项规定的权利的保护期为五十年，截止于作品首次发表后第五十年的 12 月 31 日，但作品自创作完成后五十年内未发表的，本法不再保护。

《著作权法》第 24 条　在下列情况下使用作品，可以不经著作权人许可，不向其支付报酬，但应当指明作者姓名、作品名称，并且不得影响该作品的正常使用，也不得不合理地损害著作权人的合法权益：

（一）为个人学习、研究或者欣赏，使用他人已经发表的作品；

（二）为介绍、评论某一作品或者说明某一问题，在作品中适当引用他人已经发表的作品；

（三）为报道新闻，在报纸、期刊、广播电台、电视台等媒体中不可避免地再现或者引用已经发表的作品；

（四）报纸、期刊、广播电台、电视台等媒体刊登或者播放其他报纸、期刊、广播电台、电视台等媒体已经发表的关于政治、经济、宗教问题的时事性文章，但作者声明不许刊登、播放的除外；

（五）报纸、期刊、广播电台、电视台等媒体刊登或者播放在公众集会上发表的讲话，但作者声明不许刊登、播放的除外；

（六）为学校课堂教学或者科学研究，翻译或者少量复制已经发表的作品，供教学或者科研人员使用，但不得出版发行；

（七）国家机关为执行公务在合理范围内使用已经发表的作品；

（八）图书馆、档案馆、纪念馆、博物馆、美术馆、文化馆等为陈列或者保存版本的需要，复制本馆收藏的作品；

（九）免费表演已经发表的作品，该表演未向公众收取费用，也未向表演者支付报酬，且不以营利为目的；

（十）对设置或者陈列在公共场所的艺术作品进行临摹、绘画、摄影、录像；

（十一）将中国公民、法人或者非法人组织已经发表的以国家通用语言文字创作的作品翻译成少数民族语言文字作品在国内出版发行；

（十二）以阅读障碍者能够感知的无障碍方式向其提供已经发表的作品；

（十三）法律、行政法规规定的其他情形。

前款规定适用于对与著作权有关的权利的限制。

《著作权法》第 25 条　为实施义务教育和国家教育规划而编写出版教科书，可以不经著作权人许可，在教科书中汇编已经发表的作品片段或者短小的文字作品、音乐作品或者单幅的美术作品、摄影作品、图形作品，但应当按照规定向著作权人支付报酬，指明作者姓名或者名称、作品名称，并且不得侵犯著作权人依照本法享有的其他权利。

前款规定适用于对与著作权有关的权利的限制。

《著作权法》第39条　表演者对其表演享有下列权利：

（一）表明表演者身份；

（二）保护表演形象不受歪曲；

（三）许可他人从现场直播和公开传送其现场表演，并获得报酬；

（四）许可他人录音录像，并获得报酬；

（五）许可他人复制、发行录有其表演的录音录像制品，并获得报酬；

（六）许可他人通过信息网络向公众传播其表演，并获得报酬。

被许可人以前款第（三）项至第（六）项规定的方式使用作品，还应当取得著作权人许可，并支付报酬。

《著作权法》第42条　录音录像制作者使用他人作品制作录音录像制品，应当取得著作权人许可，并支付报酬。

录音制作者使用他人已经合法录制为录音制品的音乐作品制作录音制品，可以不经著作权人许可，但应当按照规定支付报酬；著作权人声明不许使用的不得使用。

《著作权法》第43条　录音录像制作者制作录音录像制品，应当同表演者订立合同，并支付报酬。

《著作权法》第47条　广播电台、电视台有权禁止未经其许可的下列行为：

（一）将其播放的广播、电视以有线或者无线方式转播；

（二）将其播放的广播、电视录制以及复制；

（三）将其播放的广播、电视通过信息网络向公众传播。

广播电台、电视台行使前款规定的权利，不得影响、限制或者侵害他人行使著作权或者与著作权有关的权利。

本条第一款规定的权利的保护期为五十年，截止于该广播、电视首次播放后第五十年的12月31日。

《著作权法》第52条　有下列侵权行为的，应当根据情况，承担停止侵害、消除影响、赔礼道歉、赔偿损失等民事责任：

（一）未经著作权人许可，发表其作品的；

（二）未经合作作者许可，将与他人合作创作的作品当作自己单独创作的作品发表的；

（三）没有参加创作，为谋取个人名利，在他人作品上署名的；

（四）歪曲、篡改他人作品的；

（五）剽窃他人作品的；

（六）未经著作权人许可，以展览、摄制视听作品的方法使用作品，或者以改编、翻译、注释等方式使用作品的，本法另有规定的除外；

（七）使用他人作品，应当支付报酬而未支付的；

（八）未经视听作品、计算机软件、录音录像制品的著作权人、表演者或者录音录像制作者许可，出租其作品或者录音录像制品的原件或者复制件的，本法另有规定的除外；

（九）未经出版者许可，使用其出版的图书、期刊的版式设计的；

（十）未经表演者许可，从现场直播或者公开传送其现场表演，或者录制其表演的；

（十一）其他侵犯著作权以及与著作权有关的权利的行为。

《计算机软件保护条例》第9条 软件著作权属于软件开发者，本条例另有规定的除外。

如无相反证明，在软件上署名的自然人、法人或者其他组织为开发者。

《计算机软件保护条例》第10条 由两个以上的自然人、法人或者其他组织合作开发的软件，其著作权的归属由合作开发者签订书面合同约定。无书面合同或者合同未作明确约定，合作开发的软件可以分割使用的，开发者对各自开发的部分可以单独享有著作权；但是，行使著作权时，不得扩展到合作开发的软件整体的著作权。合作开发的软件不能分割使用的，其著作权由各合作开发者共同享有，通过协商一致行使；不能协商一致，又无正当理由的，任何一方不得阻止他方行使除转让权以外的其他权利，但是所得收益应当合理分配给所有合作开发者。

《计算机软件保护条例》第11条 接受他人委托开发的软件，其著作权的归属由委托人与受托人签订书面合同约定；无书面合同或者合同未作明确约定的，其著作权由受托人享有。

《计算机软件保护条例》第30条 软件的复制品持有人不知道也没有合理理由应当知道该软件是侵权复制品的，不承担赔偿责任；但是，应当停止使用、销毁该侵权复制品。如果停止使用并销毁该侵权复制品将给复制品使用人造成重大损失的，复制品使用人可以在向软件著作权人支付合理费用后继续使用。

【小结/重点整理】

《著作权法》法律制度的主要知识点是作品的构成要件、不受《著作权法》保护的对象、著作权的归属、著作权的权利内容、合理使用和法定许可制度以及表演者、录制者、广播电视组织者的权利内容。考生应注意软件著作权与普通作品著作权在权利主体、权利归属和权利内容方面的差异。

本章的难点是如何判断侵犯著作权的行为，需要综合运用作品构成要件、著作权归属、著作权的权利内容、合理使用或法定许可制度等知识。

【经典真题】

甲创作的一篇杂文，发表后引起较大轰动。该杂文被多家报刊、网站无偿转载。乙将该杂文译成法文，丙将之译成维文，均在国内出版，未征得甲的同意，也未支付报酬。下列哪一观点是正确的？[1]（2009-3-15）

    A. 报刊和网站转载该杂文的行为不构成侵权

    B. 乙和丙的行为均不构成侵权

    C. 乙的行为不构成侵权，丙的行为构成侵权

    D. 乙的行为构成侵权，丙的行为不构成侵权

【考点】著作权法定转载，著作权合理使用

【解析】关于法定转载，《著作权法》第35条第2款规定，作品刊登后，除著作权人

---

[1]【答案】D

声明不得转载、摘编的外，其他报刊可以转载或者作为文摘、资料刊登，但应当按照规定向著作权人支付报酬。此处转载主体为报刊，转载方式为无需经著作权人同意，但是应同时支付报酬。而题中明确未支付报酬，因此选项 A 错误。关于著作权合理使用，《著作权法》第 24 条第（十一）项规定，将中国公民、法人或者其他组织已经发表的以汉语言文字创作的作品翻译成少数民族语言文字作品在国内出版发行的，属于著作权合理使用的范围。可以不经著作权人许可，不向其支付报酬，但应当指明作者姓名、作品名称，并且不得侵犯著作权人依照本法享有的其他权利。据此可知，本题中丙将甲已经发表的杂文译成维文在国内出版的行为不构成侵权。乙将该杂文译成外文不在合理使用之列。因此，BC 项错误，D 项正确。

导学　　学习本章知识应重点掌握：授予专利的条件，专利权的归属，专利申请，专利实施的强制许可以及侵犯专利的责任，认真学习和分析重点法条，注重归纳总结。

■ 重点知识详解

考点1　专利权的客体：发明创造

一、发明

发明是指对产品、方法或者其改进所提出的新的技术方案。（《专利法》第2条第2款）发明必须是一种技术方案，是发明人将自然规律在特定技术领域进行运用和结合的结果，而不是自然规律本身，因而科学发现不属于发明范畴。同时，发明通常是自然科学领域的智力成果，文学、艺术和社会科学领域的成果也不能构成专利法意义上的发明。

1. 产品发明：是指人工制造的具有特定性质的可移动的有形体，如机器、设备、仪表、物质等发明。未经人的加工、属于自然状态的东西不能作为产品发明，如天然宝石、矿物质。

2. 方法发明：是指把一种物质变为另一种物质所使用的或制造一种产品的具有特性的方法和手段。

（1）制造方法，如产品制造工艺、加工方法等。

（2）操作使用方法，如测试方法、产品使用方法等。

3. 改进发明：是指在现有技术的基础之上，在保持其独特性质的条件下，又改善了其性能、使之具有新的功效的改进技术方案。

二、实用新型

实用新型是指对产品的形状、构造或者其结合所提出的适于实用的新的技术方案。（《专利法》第2条第3款）它应具备以下两个特征：

1. 它必须是一种产品，该产品应当是经过工业方法制造的占据一定空间的实体。方法发明创造、用途发明创造以及非经人制造的自然存在的物品，都不属于实用新型专利保护范围。

2. 它必须是具有一定形状和构造的产品。产品的形状是指产品具有的、可以从外部观察的空间形状。没有固定形态的物质，像气体、液体、面粉、砂糖等，都不视为具有形状。

三、外观设计

外观设计是指对产品的整体或者局部形状、图案或者其结合以及色彩与形状、图案的结合所作出的富有美感并适于工业应用的新设计。(《专利法》第2条第4款)根据其定义，外观设计专利应具备下列条件：

1. 与产品相结合。产品是指任何用工业方法生产出来的物品，不能重复生产的手工艺品、农产品、畜产品、自然物，不能作为外观设计的载体。外观设计应是对产品外表所作的设计，它不是单纯的美术作品。

2. 是关于产品形状、图案和色彩或者其结合的设计。产品的色彩不能独立构成外观设计，它必须与产品结构和图案组合。

3. 富有美感。即具有视觉的可见性，由于不同的人审美观也不同，只要不违反社会公德，能为大家所接受，即认为其具有美感。

4. 适于工业上应用的新设计。外观设计是对工业产品的设计，不是艺术品，因此要求能够进行工业化批量生产。

【经典真题】

关于下列成果可否获得专利权的判断，哪一选项是正确的？[1] (2017-3-15)

A. 甲设计的新交通规则，能缓解道路拥堵，可获得方法发明专利权

B. 乙设计的新型医用心脏起搏器，能迅速使心脏重新跳动，该起搏器不能被授予专利权

C. 丙通过转基因方法合成一种新细菌，可过滤汽油的杂质，该细菌属动物新品种，不能被授予专利权

D. 丁设计的儿童水杯，其新颖而独特的造型既富美感，又能防止杯子滑落，该水杯既可申请实用新型专利权，也可申请外观设计专利权

【考点】专利权授予

【解析】知识产权法与民法总则结合考查。

A选项错误。《专利法》第25条规定："对下列各项，不授予专利权：(一)科学发现；(二)智力活动的规则和方法；(三)疾病的诊断和治疗方法；(四)动物和植物品种；(五)原子核变换方法以及用原子核变换方法获得的物质；(六)对平面印刷品的图案、色彩或者二者的结合作出的主要起标识作用的设计。对前款第(四)项所列产品的生产方法，可以依照本法规定授予专利权。"甲设计的新交通规则，虽然能够缓解道路拥堵，但是属于智力活动的规则，不能申请专利。

B选项错误。《专利法》第22条第1款规定："授予专利权的发明和实用新型，应当具备新颖性、创造性和实用性。"乙设计的新型医用心脏起搏器，能迅速使心脏重新跳动，具有新颖性、创造性、实用性的特点，可以申请专利，故该说法错误。

《专利法》第25条规定"对下列各项，不授予专利权：(一)科学发现；(二)智力活动的规则和方法；(三)疾病的诊断和治疗方法；(四)动物和植物品种；(五)用原子核变换方法获得的物质；(六)对平面印刷品的图案、色彩或者二者的结合作出的主要起标识

---

[1]【答案】D

作用的设计。""对前款第（四）项所列产品的生产方法，可以依照本法规定授予专利权。"新细菌是转基因方法合成的，不属于第（四）项中的动物新品种，可以适用于"产品的生产方法"，依照规定，可以授予专利权。C选项错误。

D选项正确。《专利法》第22条第1款规定："授予专利权的发明和实用新型，应当具备新颖性、创造性和实用性。"《专利法》第2条规定："外观设计，是指对产品的形状、图案或者其结合以及色彩与形状、图案的结合所作出的富有美感并适于工业应用的新设计。"丁设计的儿童水杯，其新颖而独特的造型既富美感，又能防止杯子滑落，既可申请实用新型专利权，也可申请外观设计专利权。

四、不被专利法保护的对象

（一）公共秩序问题（《专利法》第5条）

1. 对违反法律、社会公德或者妨害公共利益的发明创造，不授予专利权。

2. 对违反法律、行政法规的规定获取或者利用遗传资源，并依赖该遗传资源完成的发明创造，不授予专利权。

何谓"遗传资源"："专利法所称遗传资源，是指取自人体、动物、植物或者微生物等含有遗传功能单位并具有实际或者潜在价值的材料。"（《专利法实施细则》第26条）

何谓"依赖遗传资源完成的发明创造"："是指利用了遗传资源的遗传功能完成的发明创造。"（《专利法实施细则》第26条）

（二）不属于发明创造的事项

1. 科学发现。

2. 智力活动的规则和方法。

3. 疾病的诊断和治疗方法。

4. 对平面印刷品的图案、色彩或者二者的结合作出的主要起标识作用的设计。

（三）某些特定技术领域的应用

1. 动物和植物品种；但是对于产品的生产方法，可以依照规定授予专利权。

2. 原子核变换方法以及用原子核变换方法获得的物质。

【经典真题】

范某的下列有关骨科病预防与治疗方面研究成果中，哪些可在我国申请专利？[1]（2013－3－64）

A. 发现了导致骨癌的特殊遗传基因

B. 发明了一套帮助骨折病人尽快康复的理疗器械

C. 发明了如何精确诊断股骨头坏死的方法

D. 发明了一种高效治疗软骨病的中药制品

【考点】专利权客体

【解析】根据我国《专利法》第25条的规定："对下列各项，不授予专利权：（一）科学发现；（二）智力活动的规则和方法；（三）疾病的诊断和治疗方法；（四）动物和植物品种；（五）原子核变换方法以及用原子核变换方法获得的物质；（六）对平面印刷品的图

---

[1]【答案】BD

案、色彩或者二者的结合作出的主要起标识作用的设计。对前款第（四）项所列产品的生产方法，可以依照本法规定授予专利权。"疾病的诊断和治疗方法，由于不能用工业方法制造和使用，因此不适用于专利保护。而药品及用于诊断或者治疗疾病的仪器、设备或者器械等，只要具备专利条件，就可以被授予专利。BD 项分别是治疗疾病的仪器和药品，可以申请专利。故 BD 项正确，当选。A 项属于上述"（一）科学发现"，不能授予专利权，故 A 项错误。C 项属于上述"（三）疾病的诊断和治疗方法"，不能授予专利权。故 C 项错误。

考点 2　专利权的主体及其权利归属

一、发明人与设计人

专利法所称发明人或者设计人，是指对发明创造的实质性特点作出创造性贡献的人。在完成发明创造过程中，只负责组织工作的人、为物质技术条件的利用提供方便的人或者从事其他辅助工作的人，不是发明人或者设计人。（《专利法实施细则》第 13 条）

1. 只能是自然人，而且没有行为能力的限制。
2. 享有署名权、获得奖励权和获得报酬权。
3. 非职务发明创造情形下的专利申请人。

二、专利申请人

（一）非职务发明创造的专利申请权人和专利权人

专利申请权人和专利权人为发明人和设计人。

（二）职务发明创造

申请专利的权利属于该单位；申请被批准后，该单位为专利权人。

职务发明创造的界定：是指执行本单位的任务或者主要利用本单位物质技术条件所完成的发明创造。

1. 关于执行本单位的任务是指：

（1）在本职工作中作出的发明创造；

（2）履行本单位交付的本职工作之外的任务所作出的发明创造；

（3）退休、调离原单位后或者劳动、人事关系终止后 1 年内作出的，与其在原单位承担的本职工作或者原单位分配的任务有关的发明创造。（《专利法实施细则》第 12 条第 1 款）

【经典真题】

甲公司聘请乙专职从事汽车发动机节油技术开发。因开发进度没有达到甲公司的要求，甲公司减少了给乙的开发经费。乙于 2007 年 3 月辞职到丙公司，获得了更高的薪酬和更多的开发经费。2008 年 1 月，乙成功开发了一种新型汽车节油装置技术。关于该技术专利申请权的归属，下列哪些选项是错误的？[1]（2010 - 3 - 65）

A. 甲公司　　　　　　　　　　　　B. 乙

C. 丙公司　　　　　　　　　　　　D. 甲公司和丙公司共有

【考点】职务发明

――――――――――

[1]【答案】BCD

【解析】《专利法》第6条第1款规定："执行本单位的任务或者主要是利用本单位的物质技术条件所完成的发明创造为职务发明创造。职务发明创造申请专利的权利属于该单位；申请被批准后，该单位为专利权人。"而关于何谓执行本单位的任务，《专利法实施细则》第12条第1款规定："专利法第六条所称执行本单位的任务所完成的职务发明创造，是指：（一）在本职工作中作出的发明创造；（二）履行本单位交付的本职工作之外的任务所作出的发明创造；（三）退休、调离原单位后或者劳动、人事关系终止后1年内作出的，与其在原单位承担的本职工作或者原单位分配的任务有关的发明创造。"题中乙于2007年3月从甲公司辞职，2008年1月成功开发技术，即属于前述第三种情形，即劳动关系终止后1年内作出的，与其在原单位承担本职工作或者原单位分配的任务有关的发明创造。因此，该技术专利申请权属于甲公司，A正确，其余错误。由于本题选非，故BCD当选。

2. 关于本单位物质技术条件：是指本单位的资金、设备、零部件、原材料或者不对外公开的技术资料等。

3. 利用本单位的物质技术条件所完成的发明创造，单位与发明人或者设计人订有合同，对申请专利的权利和专利权的归属作出约定的，从其约定。（达不到主要利用的程度）

4. 职务发明创造的发明人、设计人享有的权利。

（1）获得奖励、报酬权。

被授予专利权的单位，应当对职务发明创造的发明人或者设计人给予奖励；发明创造专利实施后，根据其推广应用的范围和取得的经济效益，对发明人或者设计人给予合理的报酬。（《专利法》第15条）

（2）署名权。

发明人或者设计人有权在专利文件中写明自己是发明人或者设计人。（《专利法》第16条）

（3）优先受让权。

【经典真题】

工程师王某在甲公司的职责是研发电脑鼠标。下列哪些说法是错误的？[1]（2012－3－64）

A. 王某利用业余时间研发的新鼠标的专利申请权属于甲公司
B. 如王某没有利用甲公司物质技术条件研发出新鼠标，其专利申请权属于王某
C. 王某主要利用了单位物质技术条件研发出新型手机，其专利申请权属于王某
D. 如王某辞职后到乙公司研发出新鼠标，其专利申请权均属于乙公司

【考点】职务发明创造

【解析】《专利法》第6条规定："执行本单位的任务或者主要是利用本单位的物质技术条件所完成的发明创造为职务发明创造。职务发明创造申请专利的权利属于该单位；申请被批准后，该单位为专利权人。"据此，职务发明创造存在两种情形，一为执行本单位任务所完成的发明创造；一为主要利用本单位的物质技术条件所完成的发明创造。二者具备其一即为职务发明创造。关于职务发明创造的界定，《专利法实施细则》第12条第1款规

〔1〕【答案】BCD

定："专利法第六条所称执行本单位的任务所完成的职务发明创造，是指：（一）在本职工作中作出的发明创造；（二）履行本单位交付的本职工作之外的任务所作出的发明创造；（三）退休、调离原单位后或者劳动、人事关系终止后1年内作出的，与其在原单位承担的本职工作或者原单位分配的任务有关的发明创造。"根据这些规定，王某利用业余时间研发的新鼠标，仍属在本职工作中做出的发明创造，其专利申请权属于甲公司。故选项A表述正确，不当选。选项D中，没有提及王某辞职后到乙公司何时完成发明创造。如果是辞职1年内完成的发明创造，专利申请权属于甲公司。因此该项表述不准确，当选。关于利用本单位的物质技术条件，前述《专利法实施细则》第12条第2款规定："专利法第六条所称本单位的物质技术条件，是指本单位的资金、设备、零部件、原材料或者不对外公开的技术资料等。"王某研发新鼠标，虽然没有利用本单位物质技术条件，但是仍属于执行本单位任务所完成的发明创造，专利申请权属于单位，因此选项B错误。而选项C中，王某研发新手机的确不属于本职工作，但是恰恰主要利用了本单位物质技术条件，因此专利申请权属于甲公司，故该选项表述错误，当选。

（三）委托或者合作的发明创造

1. 有约定从约定。

2. 无约定，专利申请权归完成人或者共同完成人；申请被批准后，申请人为专利权人。

（四）外国企业或外国组织作为专利权主体的特殊规定

1. 根据2010年1月9日《国务院关于修改〈中华人民共和国专利法实施细则〉的决定》第10条第二次修订后，申请人是外国人、外国企业或者外国其他组织的，其姓名或者名称、国籍或者注册的国家或者地区。

2. 在中国没有经常居所或者营业所的外国人、外国企业或者外国其他组织在中国申请专利和办理其他专利事务的，应当委托依法设立的专利代理机构办理。

3. 在中国没有经常居所或者营业所的申请人，申请专利或者要求外国优先权的，国务院专利行政部门认为必要时，可以要求其提供下列文件：

（1）申请人是个人的，其国籍证明；

（2）申请人是企业或者其他组织的，其注册的国家或者地区的证明文件；

（3）申请人的所属国，承认中国单位和个人可以按照该国国民的同等条件，在该国享有专利权、优先权和其他与专利有关的权利的证明文件。

考点3 专利权人的权利

一、独占权（《专利法》第11条）

《专利法》第11条规定："发明和实用新型专利权被授予后，除本法另有规定的以外，任何单位或者个人未经专利权人许可，都不得实施其专利，即不得为生产经营目的制造、使用、许诺销售、销售、进口其专利产品，或者使用其专利方法以及使用、许诺销售、销售、进口依照该专利方法直接获得的产品。

外观设计专利权被授予后，任何单位或者个人未经专利权人许可，都不得实施其专利，即不得为生产经营目的制造、许诺销售、销售、进口其外观设计专利产品。"

独占权的内容主要包括以下五个方面：

1. 制造权：是指专利权人拥有自己生产制造专利文件中记载的专利产品的权利。在未经许可的情况下，只要他人生产制造的产品与专利产品相同，不管使用什么设备装置或方法，也不管制造数量多少，只要结果相同，即构成侵权。

2. 使用权：使用权包括对专利产品的使用权和专利方法的使用权。非经专利权人的许可，任何人不得使用其专利产品或者专利方法。专利使用的方式视具体情况的不同而不同，如果一项产品专利是一种机器设备，它可以用于生产；如果是一个部件，可以用于机器的组装等。但是，专利权人的使用权有两种例外限制：一种是专利权人自己制造或许可他人制造的产品首次销售后使用权丧失，他人再销售或使用不视为侵权；第二种是使用或者销售不知道是未经专利权人许可制造的专利产品，且能证明产品合法来源的，不承担侵犯使用权的赔偿责任。

3. 允诺销售权：是指销售前的推销或促销行为，包括通过广告、订单、发布消息等手段表示销售专利产品的行为。

4. 销售权：是指销售专利产品的权利。但是有一定的限制，不管是专利权人自己销售，还是许可他人销售，其第一次销售行为受法律保护，对于首次售出后的产品，则销售权用尽。

5. 进口权：是指为生产经营目的将专利产品或由专利方法直接生产的产品由一国境外输入该国境内的权利。这就意味着，专利权人没有义务在专利授权国制造实施该专利，他可以在国外制造产品，通过进口获得期望的专利利益。

二、许可实施权

许可实施权是指专利权人（许可方），通过签订合同的方式允许他人（被许可方）在一定条件下使用其取得专利权的发明创造的全部或者部分技术的权利。但专利权人的许可实施权受到一定的限制，比如强制许可和计划许可的例外规定。

《专利法》第12条规定："任何单位或者个人实施他人专利的，应当与专利权人订立实施许可合同，向专利权人支付专利使用费。被许可人无权允许合同规定以外的任何单位或者个人实施该专利。"

【经典真题】

甲公司与乙公司签订一份专利实施许可合同，约定乙公司在专利有效期限内独占实施甲公司的专利技术，并特别约定乙公司不得擅自改进该专利技术。后乙公司根据消费者的反馈意见，在未经甲公司许可的情形下对专利技术做了改进，并对改进技术采取了保密措施。下列哪一说法是正确的？[1]（2012 - 3 - 16）

A. 甲公司有权自己实施该专利技术

B. 甲公司无权要求分享改进技术

C. 乙公司改进技术侵犯了甲公司的专利权

D. 乙公司改进技术属于违约行为

【考点】专利实施许可

【解析】专利实施许可的种类包括独占许可、排他许可、普通许可、分许可等，《最高人民法院关于审理技术合同纠纷案件适用法律问题的解释》（以下简称《技术合同纠纷解

---

[1]【答案】B

释》）第 25 条第 1 款第（一）项规定："专利实施许可包括以下方式：（一）独占实施许可，是指让与人在约定许可实施专利的范围内，将该专利仅许可一个受让人实施，让与人依约定不得实施该专利……"独占许可是指在一定地域内，被许可方在合同有效期内，对被许可使用的专利有独占的权利，许可方自己在合同约定的许可期内不能在该地域内使用其专利技术，也不得把该技术再许可第三方使用。因此，甲公司与乙公司签订独占许可合同后，甲公司在合同期限内无权自己实施该专利技术，选项 A 的说法错误，不当选。《技术合同纠纷解释》第 1 条第 2 款规定："技术秘密，是指不为公众所知悉、具有商业价值并经权利人采取保密措施的技术信息。"乙公司改进专利技术并对改进技术采取了保密措施，这种情况下，改进技术属于技术秘密。甲公司只有在受让该技术秘密之后，才有权使用该技术。故选项 B 的说法正确。非法垄断技术、妨碍技术进步或者侵害他人技术成果的技术合同无效。技术转让合同可以约定让与人和受让人实施专利或者使用技术秘密的范围，但不得限制技术竞争和技术发展。《技术合同纠纷解释》第 10 条规定："下列情形，属于'非法垄断技术、妨碍技术进步'：（一）限制当事人一方在合同标的技术基础上进行新的研究开发或者限制其使用所改进的技术，或者双方交换改进技术的条件不对等，包括要求一方将其自行改进的技术无偿提供给对方、非互惠性转让给对方、无偿独占或者共享该改进技术的知识产权……"根据这些规定，本题甲乙之间的许可合同中，关于乙公司不得擅自改进技术的约定条款属于无效条款，因此乙的改进行为并非违约行为。故选项 D 错误，不当选。《专利法》第 11 条规定："发明和实用新型专利权被授予后，除本法另有规定的以外，任何单位或者个人未经专利权人许可，都不得实施其专利，即不得为生产经营目的制造、使用、许诺销售、销售、进口其专利产品，或者使用其专利方法以及使用、许诺销售、销售、进口依照该专利方法直接获得的产品。外观设计专利权被授予后，任何单位或者个人未经专利权人许可，都不得实施其专利，即不得为生产经营目的制造、许诺销售、销售、进口其外观设计专利产品。"前述侵犯专利权的行为中，并不包含被许可人对专利技术进行改进，因此乙的行为并未侵犯甲的专利权，故选项 C 的说法错误。

三、转让权

转让权包括专利申请权的转让和专利权的转让，转让行为是权利主体发生了变更，从而使权利人从原所有人转移到新所有人。转让有两种形式：一是合同转让；另一种是继承转让。

《专利法》第 10 条第 1 款规定："专利申请权和专利权可以转让。"

【经典真题】

甲研究院研制出一种新药技术，向我国有关部门申请专利后，与乙制药公司签订了专利申请权转让合同，并依法向国务院专利行政主管部门办理了登记手续。下列哪一表述是正确的？[1]（2014-3-16）

A. 乙公司依法获得药品生产许可证之前，专利申请权转让合同未生效

B. 专利申请权的转让合同自向国务院专利行政主管部门登记之日起生效

C. 专利申请权的转让自向国务院专利行政主管部门登记之日起生效

---

[1]【答案】C

D. 如该专利申请因缺乏新颖性被驳回，乙公司可以不能实现合同目的为由请求解除专利申请权转让合同

【考点】专利权人的权利

【解析】《专利法》第10条第3款规定："转让专利申请权或者专利权的，当事人应当订立书面合同，并向国务院专利行政部门登记，由国务院专利行政部门予以公告。专利申请权或者专利权的转让自登记之日起生效。"因此，转让合同如无特别约定，在合同成立时生效，而专利申请权的转让则是自登记之日起生效，故选项C正确，B错误。《技术合同纠纷解释》第23条第1款规定："专利申请权转让合同当事人以专利申请被驳回或者被视为撤回为由请求解除合同，该事实发生在依照专利法第十条第三款的规定办理专利申请权转让登记之前的，人民法院应当予以支持；发生在转让登记之后的，不予支持，但当事人另有约定的除外。"据此，应区分专利申请被驳回的时间，进而区别是否赋予当事人解除权，故选项D的说法过于绝对，错误。选项A的说法没有法律依据，依法成立的合同自成立时生效。故该选项错误。

考点4　授予专利权的条件

一、发明、实用新型的条件

（一）新颖性

1. 是指该发明或者实用新型不属于现有技术。

何谓现有技术？是指申请日以前在国内为公众所知的技术。技术公开的方式包括以下三种情况：（1）出版物公开。这是指那些在正式出版物上已经记载了同样发明创造的情况，出版物公开的地域标准是全世界范围内，属于绝对新颖性，不论在世界的哪个地方，只要申请日以前找到相同发明创造在出版物上有过记载，该发明创造即不具有新颖性。（2）使用公开。由于使用导致一项或者多项技术方案的公开，或者处于任何人都可以使用该技术方案的状态，这种公开的方式称为使用公开。即使所使用的产品或者装置需要经过破坏才能得知其结构和功能，也仍然属于使用公开。使用公开的地域标准是国内外。（3）其他方式公开。其他主要是口头公开，如口头交谈、报告、讨论会发言、广播、电视播放以及科研鉴定、科研总结、设计文件、图纸、橱窗展示、展览、展销广告等方式。地域标准是国内外。

【经典真题】

甲公司开发了一种汽车节能环保技术，并依法获得了实用新型专利证书。乙公司拟与甲公司签订独占实施许可合同引进该技术，但在与甲公司协商谈判过程中，发现该技术在专利申请日前已经属于现有技术。乙公司的下列哪一做法不合法？[1]（2013-3-18）

A. 在该专利技术基础上继续开发新技术

B. 诉请法院判决该专利无效

C. 请求专利复审委员会宣告该专利无效

D. 无偿使用该技术

---

[1]【答案】B

【考点】专利权授予条件专利无效

【解析】《专利法》第22条第5款规定："本法所称现有技术，是指申请日以前在国内外为公众所知的技术。"甲公司专利内容既然为现有技术，即是指申请日前其技术在国内外为公众所知悉。因此他人也就可以无偿使用。故选项 D 做法合法，同时在该技术基础上继续开发新技术也并不违法，所以选项 A 的做法也合法。《专利法》第45条规定："自国务院专利行政部门公告授予专利权之日起，任何单位或者个人认为该专利权的授予不符合本法有关规定的，可以请求国务院专利行政部门宣告该专利权无效。"《专利法》第46条第2款规定："对国务院专利行政部门宣告专利权无效或者维持专利权的决定不服的，可以自收到通知之日起 3 个月内向人民法院起诉。人民法院应当通知无效宣告请求程序的对方当事人作为第三人参加诉讼。"因此，专利无效程序中，当事人必须先进行行政程序，不服才可采取司法救济。因此选项 C 做法合法，选项 B 做法不合法。

2. 也不存在抵触申请。即没有任何单位或者个人就同样的发明或者实用新型，在申请日以前向国务院专利行政部门提出过申请，并记载在申请日以后公布的专利申请文件或者公告的专利文件中。抵触仅指他人在申请日以前提出的，不包括他人在申请日提出，也不包括申请人本人在申请日以前提出的同样的申请。

3. 申请专利的发明创造在申请日以前 6 个月内，有下列情形之一的，不丧失新颖性：（《专利法》第 24 条）

①在国家出现紧急状态或者非常情况时，为公共利益目的首次公开的；

②在中国政府主办或者承认的国际展览会上首次展出的；

③在规定的学术会议或者技术会议上首次发表的；

④他人未经申请人同意而泄露其内容的。

（二）创造性

发明：是指与现有技术相比，具有突出的实质性特点和显著的进步；

实用新型：该实用新型具有实质性特点和进步。（《专利法》第 22 条第 3 款）

"突出的实质性特点"是指发明与现有技术相比，具有明显的本质区别，对于发明所属技术领域的普遍技术人员来说，并非是显而易见的，不能直接从现有技术中得出构成该发明全部的必要技术特征，也不能通过逻辑分析、推理或者实验而得到。"显著的进步"是指从发明的技术效果来看，与现有技术相比具有长足的进步，它表现在发明解决了人们一直渴望解决，但始终未能获得成功的技术难题，或者该发明克服了技术偏见，提出了一种新的研究路线，或者该发明取得了意想不到的技术效果，以及代表某种新技术趋势。

对于实用新型专利，只要与现有技术相比有所区别，即具备了实质性特点，并具有进步，即可认为具备创造性。一项发明专利是否具有创造性，前提是该项发明是否具有新颖性。

（三）实用性

该发明或者实用新型能够制造或者使用，并且能够产生积极效果。（《专利法》第 22 条第 4 款）

一般具备以下条件即认为具有实用性：

1. 工业实用性。一项发明或实用新型，只要在任何一个工业部门能够制造或使用，即具有工业实用性。

2. 重复再现性。是指所属技术领域的技术人员，根据申请文件公开的内容，能够重复实施专利申请案中的技术内容，这种重复实施，不依赖任何随机因素，并且实施结果是相同的。

3. 有益性。专利技术实施后应能够产生积极效果，具有良好的技术、经济和社会效益，而对于严重污染环境和浪费能源，对社会无益，损害人身健康的发明创造，不具备实用性。

二、外观设计

（一）新颖性

1. 不属于现有设计，即不属于申请日以前在国内外为公众所知的设计。

2. 不存在抵触申请，即没有任何单位或者个人就同样的外观设计，在申请日以前向国务院专利行政部门提出过申请，并记载在申请日以后公告的专利文件中。

（二）创造性

授予专利权的外观设计，与现有设计或者现有设计特征的组合相比，应当具有明显区别。（《专利法》第 23 条第 2 款）

（三）不发生权利冲突

不得与他人在申请日以前已经取得的合法权利相冲突。（《专利法》第 23 条第 3 款）

考点 5　申请专利权的程序

一、关于申请

（一）申请日的确定（《专利法实施细则》第 4 条第 1 款、第 4 款）

1. 向国务院专利行政部门邮寄的各种文件，以寄出的邮戳日为递交日。

2. 邮戳日不清晰的，除当事人能够提出证明外，以国务院专利行政部门收到日为递交日。

3. 根据国务院专利行政部门规定应当直接送交的文件，以交付日为送达日。

（二）申请的原则

1. 形式法定：申请手续，应当以书面形式或者国务院专利行政部门规定的其他形式办理。（《专利法实施细则》第 2 条）

2. 单一性原则：（《专利法》第 31 条）

（1）一件申请应当限于一项专利。

（2）例外：

属于一个总的发明构思的两项以上的发明或者实用新型，可以作为一件申请提出。

同一产品两项以上的相似外观设计，或者用于同一类别并且成套出售或者使用的产品的两项以上外观设计，可以作为一件申请提出。

3. 先申请原则：两个或者两个以上申请人分别就同样的发明创造的专利申请，授予最先申请的人。

同样的发明创造只能授予一项专利权。但是，同一申请人同日对同样的发明创造，既申请实用新型专利又申请发明专利，先获得的实用新型专利权尚未终止，且申请人声明放弃该实用新型专利权的，可以授予发明专利权。

【经典真题】

甲公司开发出一项发动机关键部件的技术，大大减少了汽车尾气排放。乙公司与甲公司签订书面合同受让该技术的专利申请权后不久，将该技术方案向国家知识产权局同时申请了发明专利和实用新型专利。下列哪一说法是正确的？[1]（2011－3－17）

A. 因该技术转让合同未生效，乙公司无权申请专利

B. 因尚未依据该技术方案制造出产品，乙公司无权申请专利

C. 乙公司获得专利申请权后，无权就同一技术方案同时申请发明专利和实用新型专利

D. 乙公司无权就该技术方案获得发明专利和实用新型专利

【考点】专利申请权转让授予专利权的条件专利申请原则

【解析】《专利法》第 10 条第 1 款规定："专利申请权和专利权可以转让。"该条第 3 款规定："转让专利申请权或者专利权的，当事人应当订立书面合同，并向国务院专利行政部门登记，由国务院专利行政部门予以公告。专利申请权或者专利权的转让自登记之日起生效。"按此规定，本题中乙公司受让专利申请权需要两个条件：第一，与甲公司订立书面合同；第二，向国务院专利行政部门申请登记。选项 A 错在将转让合同效力和乙公司专利申请权获得混淆，该转让合同生效，但是因为未登记，因此乙没有专利申请权。故 A 项错误。专利申请条件对于发明和实用新型来讲，需具备新颖性、创造性和实用性（《专利法》第 22 条），并不包含是否根据该专利制造出商品，故 B 项错误。《专利法》第 9 条规定："同样的发明创造只能授予一项专利权。但是，同一申请人同日对同样的发明创造，既申请实用新型专利又申请发明专利，先获得的实用新型专利权尚未终止，且申请人声明放弃该实用新型专利权的，可以授予发明专利权。"据此规定，乙公司无权就该技术方案同时获得发明专利和实用新型专利，但是可以一并提出申请。故 C 项错误。D 项正确。

4. 优先权原则。

（1）国际优先权。

申请人自发明或者实用新型在外国第一次提出专利申请之日起 12 个月内，或者自外观设计在外国第一次提出专利申请之日起 6 个月内，又在中国就相同主题提出专利申请的，依照该外国同中国签订的协议或者共同参加的国际条约，或者依照相互承认优先权的原则，可以享有优先权。（《专利法》第 29 条第 1 款）

（2）国内优先权。

申请人自发明或者实用新型在中国第一次提出专利申请之日起 12 个月内，或者自外观设计在中国第一次提出专利申请之日起 6 个月内，又向国务院专利行政部门就相同主题提出专利申请的，可以享有优先权。（《专利法》第 29 条第 2 款）

（3）程序要求：申请人要求发明、实用新型专利优先权的，应当在申请的时候提出书面声明，并且在第一次提出申请之日起十六个月内，提交第一次提出的专利申请文件的副本。

申请人要求外观设计专利优先权的，应当在申请的时候提出书面声明，并且在三个月内提交第一次提出的专利申请文件的副本。

申请人未提出书面声明或者逾期未提交专利申请文件副本的，视为未要求优先权。（《专利法》第 30 条）

---

[1]【答案】D

二、关于审批

（一）对发明专利的审批

1. 初步审查。

2. 早期公开：自申请日起满 18 个月，即行公布。国务院专利行政部门可以根据申请人的请求早日公布其申请。（《专利法》第 34 条）

3. 实质审查：发明专利申请自申请日起 3 年内，国务院专利行政部门可以根据申请人随时提出的请求，对其申请进行实质审查；申请人无正当理由逾期不请求实质审查的，该申请即被视为撤回。国务院专利行政部门认为必要的时候，可以自行对发明专利申请进行实质审查。（《专利法》第 35 条）

4. 授权登记和公告：

发明专利申请经实质审查没有发现驳回理由的，由国务院专利行政部门作出授予发明专利权的决定，发给发明专利证书，同时予以登记和公告。发明专利权自公告之日起生效。（《专利法》第 39 条）

（二）对实用新型和外观设计的审批

实用新型和外观设计专利申请经初步审查没有发现驳回理由的，由国务院专利行政部门作出授予实用新型专利权或者外观设计专利权的决定，发给相应的专利证书，同时予以登记和公告。实用新型专利权和外观设计专利权自公告之日起生效。（《专利法》第 40 条）

（三）对不授予专利权的法律救济（《专利法》第 41 条）

1. 复审：国务院专利行政部门设立专利复审委员会。专利申请人对国务院专利行政部门驳回申请的决定不服的，可以自收到通知之日起 3 个月内，向国务院专利行政部门请求复审。专利复审委员会复审后，作出决定，并通知专利申请人。

2. 诉讼：专利申请人对国务院专利行政部门的复审决定不服的，可以自收到通知之日起 3 个月内向人民法院起诉。

考点 6　专利权的终止、无效、限制

一、专利权的终止

（一）法定终止：期限届满而终止

1. 发明专利的期限为 20 年；实用新型专利权期限为 10 年、外观设计专利权期限为 15 年。

2. 起算点：均自申请日起计算。

（二）提前终止

1. 未按规定缴纳年费的。

2. 专利权人以书面声明弃权的。

专利权终止后，受该项专利权保护的发明创造便成为全社会的共同财富，任何人都可以自由而无偿地使用。根据我国《专利法》的规定，任何单位和个人，只要认为该专利权的授予不符合专利法的规定，就可以申请宣告该专利权无效。

二、专利权的无效

（一）无效宣告的程序

1. 提起。

自国务院专利行政部门公告授予专利权之日起，任何单位或者个人认为该专利权的授予不符合本法有关规定的，可以请求国务院专利行政部门宣告该专利权无效。(《专利法》第45条)

2. 审查和决定。

国务院专利行政部门对宣告专利权无效的请求应当及时审查和作出决定，并通知请求人和专利权人。宣告专利权无效的决定，由国务院专利行政部门登记和公告。(《专利法》第46条第1款)

3. 救济。

对国务院专利行政部门宣告专利权无效或者维持专利权的决定不服的，可以自收到通知之日起3个月内向人民法院起诉。人民法院应当通知无效宣告请求程序的对方当事人作为第三人参加诉讼。(《专利法》第46条第2款)

(二) 效力

1. 宣告无效的专利权视为自始即不存在。

2. 宣告专利权无效的决定，对在宣告专利权无效前人民法院作出并已执行的专利侵权的判决、调解书，已经履行或者强制执行的专利侵权纠纷处理决定，以及已经履行的专利实施许可合同和专利权转让合同，不具有追溯力。但是因专利权人的恶意给他人造成的损失，应当给予赔偿。如果不返还专利侵权赔偿金、专利使用费、专利权转让费，明显违反公平原则的，应当全部或者部分返还。(《专利法》第47条)

三、专利权的限制

(一) 强制许可

1. 权利人不实施专利时的强制许可。

(1) 专利权人自专利权被授予之日起满3年，且自提出专利申请之日起满4年，无正当理由未实施或者未充分实施其专利的；

(2) 专利权人行使专利权的行为被依法认定为垄断行为，为消除或者减少该行为对竞争产生的不利影响的。(《专利法》第53条)

2. 根据公共利益需要的强制许可。

在国家出现紧急状态或者非常情况时，或者为了公共利益的目的，国务院专利行政部门可以给予实施发明专利或者实用新型专利的强制许可。(《专利法》第54条)

3. 对某些药品的强制许可。

为了公共健康目的，对取得专利权的药品，国务院专利行政部门可以给予制造并将其出口到符合中华人民共和国参加的有关国际条约规定的国家或者地区的强制许可。(《专利法》第55条)

4. 从属专利的强制许可。

一项取得专利权的发明或者实用新型比前已经取得专利权的发明或者实用新型具有显著经济意义的重大技术进步，其实施又有赖于前一发明或者实用新型的实施的，国务院专利行政部门根据后一专利权人的申请，可以给予实施前一发明或者实用新型的强制许可。在依照前述规定给予实施强制许可的情形下，国务院专利行政部门根据前一专利权人的申请，也可以给予实施后一发明或者实用新型的强制许可。(《专利法》第56条第1款)

（二）不视作侵权的情形（《专利法》第 75 条）

1. 专利产品或者依照专利方法直接获得的产品，由专利权人或者经其许可的单位、个人售出后，使用、许诺销售、销售、进口该产品的；

2. 在专利申请日前已经制造相同产品、使用相同方法或者已经做好制造、使用的必要准备，并且仅在原有范围内继续制造、使用的。

3. 临时通过中国领陆、领水、领空的外国运输工具，依照其所属国同中国签订的协议或者共同参加的国际条约，或者依照互惠原则，为运输工具自身需要而在其装置和设备中使用有关专利的。

4. 专为科学研究和实验而使用有关专利的。

5. 为提供行政审批所需要的信息，制造、使用、进口专利药品或者专利医疗器械的，以及专门为其制造、进口专利药品或者专利医疗器械的。

【经典真题】

2010 年 3 月，甲公司将其研发的一种汽车零部件向国家有关部门申请发明专利。该专利申请于 2011 年 9 月公布，2013 年 7 月 3 日获得专利权并公告。2011 年 2 月，乙公司独立研发出相同零部件后，立即组织生产并于次月起持续销售给丙公司用于组装汽车。2012 年 10 月，甲公司发现乙公司的销售行为。2015 年 6 月，甲公司向法院起诉。下列哪一选项是正确的？[1]（2015-3-18）

A. 甲公司可要求乙公司对其在 2013 年 7 月 3 日以前实施的行为支付赔偿费用

B. 甲公司要求乙公司支付适当费用的诉讼时效已过

C. 乙公司侵犯了甲公司的专利权

D. 丙公司没有侵犯甲公司的专利权

【考点】侵犯专利权的行为

【解析】《专利法》第 11 条规定："发明和使用新型专利权被授予后，除本法另有规定的以外，任何单位或者个人未经专利权人许可，都不得实施其专利，即不得为生产经营目的制造、使用、许诺销售、销售、进口其专利产品，或者使用其专利方法以及使用、许诺销售、销售、进口依照该专利方法直接获得的产品。"本案中，该专利申请于 2011 年 9 月公布，2013 年 7 月 3 日获得专利权并公告，即可证明该项专利权已被授予，任何单位或个人未经专利权人许可，都不得实施其专利，故乙的销售行为侵权了甲公司的专利权，C 项正确，当选。

《专利法》第 74 条第 1 款规定："侵犯专利权的诉讼时效为 3 年，自专利权人或者利害关系人知道或者应当知道侵权行为以及侵权人之日起计算。"第 2 款规定："发明专利申请公布后至专利权授予前使用该发明未支付适当使用费的，专利权人要求支付使用费的诉讼时效为 3 年，自专利权人知道或者应当知道他人使用其发明之日起计算，但是，专利权人于专利权授予之日前即已知道或者应当知道的，自专利权授予之日起计算。"题目中，甲公司虽于 2012 年 10 月发现乙公司的销售行为，但因其是于 2013 年 7 月 3 日获得专利权并公告，因此其起算时间应自专利权授予之日起计算，应为 2013 年 7 月 3 日，题干中"2015 年 6 月，甲公司向法院起诉"，没有超出诉讼期限，因此甲公司仍可要求乙公司支付适当费

---

〔1〕【答案】C

用，故 AB 项错误。

考点 7　专利侵权行为

一、专利权的保护范围

发明和实用新型专利权的保护范围：以其权利要求的内容为准，说明书及附图可以用于解释权利要求的内容。

外观设计专利权的保护范围：以表示在图片或者照片中的外观设计和专利授权时指定的外观设计使用的产品的范围为准。

【经典真题】

甲、乙两公司各自独立发明了相同的节水型洗衣机。甲公司于 2013 年 6 月申请发明专利权，专利局于 2014 年 12 月公布其申请文件，并于 2015 年 12 月授予发明专利权。乙公司于 2013 年 5 月开始销售该种洗衣机。另查，本领域技术人员通过拆解分析该洗衣机，即可了解其节水的全部技术特征。丙公司于 2014 年 12 月看到甲公司的申请文件后，立即开始制造并销售相同的洗衣机。2016 年 1 月，甲公司起诉乙、丙两公司侵犯其发明专利权。关于甲公司的诉请，下列哪些说法是正确的？[1]（2017 - 3 - 64）

A. 如甲公司的专利有效，则丙公司于 2014 年 12 月至 2015 年 11 月使用甲公司的发明构成侵权

B. 如乙公司在答辩期内请求国务院专利行政部门宣告甲公司的专利权无效，则法院应中止诉讼

C. 乙公司如能证明自己在甲公司的专利申请日之前就已制造相同的洗衣机、且仅在原有制造能力范围内继续制造，则不构成侵权

D. 丙公司如能证明自己制造销售的洗衣机在技术上与乙公司于 2013 年 5 月开始销售的洗衣机完全相同，法院应认定丙公司的行为不侵权

【考点】专利权侵权、发明专利诉讼、不构成侵犯专利权的行为

【解析】A 选项错误。在专利局授予申请人专利权之前，申请人并没有专利权，因此在初期审查时的使用行为并未构成侵犯专利权。但根据《专利法》第 74 条第 2 款："发明专利申请公布后至专利权授予前使用该发明未支付适当使用费的，专利权人要求支付使用费的诉讼时效为三年，自专利权人知道或者应当知道他人使用其发明之日起计算，但是，专利权人于专利权授予之日前即已知道或者应当知道的，自专利权授予之日起计算。"因此甲公司可以要求丙公司支付使用费。

B 选项错误。《最高人民法院关于审理专利纠纷案件适用法律问题的若干规定》第 7 条："人民法院受理的侵犯发明专利权纠纷案件或者经国务院专利行政部门审查维持专利权的侵犯实用新型、外观设计专利权纠纷案件，被告在答辩期间内请求宣告该项专利权无效的，人民法院可以不中止诉讼。"

C 选项正确。根据《专利法》第 75 条第 2 项："有下列情形之一的，不视为侵犯专利权：（二）在专利申请日前已经制造相同产品、使用相同方法或者已经作好制造、使用的必

---

〔1〕【答案】CD

要准备，并且仅在原有范围内继续制造、使用的。"所以乙公司有先用权，不构成侵权。

D 选项正确。《专利法》第 67 条："在专利侵权纠纷中，被控侵权人有证据证明其实施的技术或者设计属于现有技术或者现有设计的，不构成侵犯专利权。"丙公司证明甲公司的专利权属于现有技术，因此丙公司的行为不构成侵权。

二、专利侵权行为的表现形式

（一）直接侵权行为

1. 制造发明、实用新型、外观设计专利产品的行为。
2. 使用发明、实用新型专利产品的行为。不包括外观设计。
3. 许诺销售发明、实用新型专利产品的行为。
4. 销售发明、实用新型或者外观设计专利产品的行为。
5. 进口发明、实用新型、外观设计专利产品的行为。
6. 使用专利方法以及使用、许诺销售、销售、进口依照该专利方法直接获得产品的行为。
7. 假冒他人专利的行为。

为生产经营目的使用或者销售不知道是未经专利权人许可而制造并售出的专利产品或者依照专利方法直接获得的产品，能证明其产品合法来源的，仍然属于侵犯专利权的行为，需要停止侵害，但不承担赔偿责任。

（二）间接侵权行为

行为人本身的行为并不直接构成对专利权的侵害，但实施了诱导、怂恿、教唆、帮助他人侵害专利权的行为。

【经典真题】

W 研究所设计了一种高性能发动机，在我国和《巴黎公约》成员国 L 国均获得了发明专利权，并分别给予甲公司在我国、乙公司在 L 国的独占实施许可。下列哪一行为在我国构成对该专利的侵权？（2016 - 3 - 16）[1]

A. 在 L 国购买由乙公司制造销售的该发动机，进口至我国销售

B. 在我国购买由甲公司制造销售的该发动机，将发动机改进性能后销售

C. 在我国未经甲公司许可制造该发动机，用于各种新型汽车的碰撞实验，以测试车身的防撞性能

D. 在 L 国未经乙公司许可制造该发动机，安装在 L 国客运公司汽车上，该客车曾临时通过我国境内

【考点】专利侵权的认定

【解析】A 错误。经乙许可进口到中国，乙公司在 L 国的专利权（在中国）用尽（平行进口）。根据《专利法》第 75 条，有下列情形之一的，不视为侵犯专利权：（一）专利产品或者依照专利方法直接获得的产品，由专利权人或者经其许可的单位、个人售出后，使用、许诺销售、销售、进口该产品的；

B 错误。经甲公司许可，故甲公司在中国专利权用尽。根据《专利法》第 75 条，有下列情形之一的，不视为侵犯专利权：（一）专利产品或者依照专利方法直接获得的产品，由

---

[1]【答案】C

专利权人或者经其许可的单位、个人售出后，使用、许诺销售、销售、进口该产品的；

C 正确。未经许可，侵犯了甲公司在中国的专利权。"用于各种新型汽车的碰撞实验"，即以生产经营为目的，擅自使用专利产品（发动机）。这不能启动科学实验不侵权的抗辩。因为科学实验仅是在对专利产品本身进行实验，才不构成侵权。本题是将专利产品作为实验工具，构成侵权。根据《专利法》第 11 条第 1 款，发明和实用新型专利权被授予后，除本法另有规定的以外，任何单位或者个人未经专利权人许可，都不得实施其专利，即不得为生产经营目的制造、使用、许诺销售、销售、进口其专利产品，或者使用其专利方法以及使用、许诺销售、销售、进口依照该专利方法直接获得的产品。《专利法》第 75 条，有下列情形之一的，不视为侵犯专利权：（四）专为科学研究和实验而使用有关专利的；

D 错误。临时过境，侵犯了乙在 L 国的专利权，但没侵犯甲在中国的专利权。"下列哪一行为在我国构成对该专利的侵权"，根据《专利法》第 75 条，有下列情形之一的，不视为侵犯专利权：（三）临时通过中国领陆、领水、领空的外国运输工具，依照其所属国同中国签订的协议或者共同参加的国际条约，或者依照互惠原则，为运输工具自身需要而在其装置和设备中使用有关专利的。

▽⃝ **关联法条**

《专利法》第 2 条　本法所称的发明创造是指发明、实用新型和外观设计。

发明，是指对产品、方法或者其改进所提出的新的技术方案。

实用新型，是指对产品的形状、构造或者其结合所提出的适于实用的新的技术方案。

外观设计，是指对产品的整体或者局部的形状、图案或者其结合以及色彩与形状、图案的结合所作出的富有美感并适于工业应用的新设计。

《专利法》第 6 条　执行本单位的任务或者主要是利用本单位的物质技术条件所完成的发明创造为职务发明创造。职务发明创造申请专利的权利属于该单位，申请被批准后，该单位为专利权人。该单位可以依法处置其职务发明创造申请专利的权利和专利权，促进相关发明创造的实施和运用。

非职务发明创造，申请专利的权利属于发明人或者设计人；申请被批准后，该发明人或者设计人为专利权人。

利用本单位的物质技术条件所完成的发明创造，单位与发明人或者设计人订有合同，对申请专利的权利和专利权的归属作出约定的，从其约定。

《专利法》第 7 条　对发明人或者设计人的非职务发明创造专利申请，任何单位或者个人不得压制。

《专利法》第 8 条　两个以上单位或者个人合作完成的发明创造、一个单位或者个人接受其他单位或者个人委托所完成的发明创造，除另有协议的以外，申请专利的权利属于完成或者共同完成的单位或者个人；申请被批准后，申请的单位或者个人为专利权人。

《专利法》第 9 条　同样的发明创造只能授予一项专利权。但是，同一申请人同日对同样的发明创造既申请实用新型专利又申请发明专利，先获得的实用新型专利权尚未终止，且申请人声明放弃该实用新型专利权的，可以授予发明专利权。

两个以上的申请人分别就同样的发明创造申请专利的，专利权授予最先申请的人。

《专利法》第 10 条　专利申请权和专利权可以转让。

中国单位或者个人向外国人、外国企业或者外国其他组织转让专利申请权或者专利权的，应当依照有关法律、行政法规的规定办理手续。

转让专利申请权或者专利权的，当事人应当订立书面合同，并向国务院专利行政部门登记，由国务院专利行政部门予以公告。专利申请权或者专利权的转让自登记之日起生效。

《专利法》第11条　发明和实用新型专利权被授予后，除本法另有规定的以外，任何单位或者个人未经专利权人许可，都不得实施其专利，即不得为生产经营目的制造、使用、许诺销售、销售、进口其专利产品，或者使用其专利方法以及使用、许诺销售、销售、进口依照该专利方法直接获得的产品。

外观设计专利权被授予后，任何单位或者个人未经专利权人许可，都不得实施其专利，即不得为生产经营目的制造、许诺销售、销售、进口其外观设计专利产品。

《专利法》第22条　授予专利权的发明和实用新型，应当具备新颖性、创造性和实用性。

新颖性，是指该发明或者实用新型不属于现有技术；也没有任何单位或者个人就同样的发明或者实用新型在申请日以前向国务院专利行政部门提出过申请，并记载在申请日以后公布的专利申请文件或者公告的专利文件中。

创造性，是指与现有技术相比，该发明具有突出的实质性特点和显著的进步，该实用新型具有实质性特点和进步。

实用性，是指该发明或者实用新型能够制造或者使用，并且能够产生积极效果。

本法所称现有技术，是指申请日以前在国内外为公众所知的技术。

《专利法》第24条　申请专利的发明创造在申请日以前六个月内，有下列情形之一的，不丧失新颖性：

（一）在国家出现紧急状态或者非常情况时，为公共利益目的首次公开的；

（二）在中国政府主办或者承认的国际展览会上首次展出的；

（三）在规定的学术会议或者技术会议上首次发表的；

（四）他人未经申请人同意而泄露其内容的。

《专利法》第42条　发明专利权的期限为二十年，实用新型专利权的期限为十年，外观设计专利权的期限为十五年，均自申请日起计算。

自发明专利申请日起满四年，且自实质审查请求之日起满三年后授予发明专利权的，国务院专利行政部门应专利权人的请求，就发明专利在授权过程中的不合理延迟给予专利权期限补偿，但由申请人引起的不合理延迟除外。

为补偿新药上市审评审批占用的时间，对在中国获得上市许可的新药相关发明专利，国务院专利行政部门应专利权人的请求给予专利权期限补偿。补偿期限不超过五年，新药批准上市后总有效专利权期限不超过十四年。

《专利法》第71条　侵犯专利权的赔偿数额按照权利人因被侵权所受到的实际损失或者侵权人因侵权所获得的利益确定；权利人的损失或者侵权人获得的利益难以确定的，参照该专利许可使用费的倍数合理确定。对故意侵犯专利权，情节严重的，可以在按照上述方法确定数额的一倍以上五倍以下确定赔偿数额。

权利人的损失、侵权人获得的利益和专利许可使用费均难以确定的，人民法院可以根据专利权的类型、侵权行为的性质和情节等因素，确定给予三万元以上五百万元以下的赔偿。

赔偿数额还应当包括权利人为制止侵权行为所支付的合理开支。

人民法院为确定赔偿数额，在权利人已经尽力举证，而与侵权行为相关的账簿、资料主要由侵权人掌握的情况下，可以责令侵权人提供与侵权行为相关的账簿、资料；侵权人不提供或者提供虚假的账簿、资料的，人民法院可以参考权利人的主张和提供的证据判定赔偿数额。

《专利法》第75条 有下列情形之一的，不视为侵犯专利权：

（一）专利产品或者依照专利方法直接获得的产品，由专利权人或者经其许可的单位、个人售出后，使用、许诺销售、销售、进口该产品的；

（二）在专利申请日前已经制造相同产品、使用相同方法或者已经作好制造、使用的必要准备，并且仅在原有范围内继续制造、使用的；

（三）临时通过中国领陆、领水、领空的外国运输工具，依照其所属国同中国签订的协议或者共同参加的国际条约，或者依照互惠原则，为运输工具自身需要而在其装置和设备中使用有关专利的；

（四）专为科学研究和实验而使用有关专利的；

（五）为提供行政审批所需要的信息，制造、使用、进口专利药品或者专利医疗器械的，以及专门为其制造、进口专利药品或者专利医疗器械的。

《专利法》第77条 为生产经营目的使用、许诺销售或者销售不知道是未经专利权人许可而制造并售出的专利侵权产品，能证明该产品合法来源的，不承担赔偿责任。

《专利法》第78条 违反本法第十九条规定向外国申请专利，泄露国家秘密的，由所在单位或者上级主管机关给予行政处分；构成犯罪的，依法追究刑事责任。

《专利法实施细则》第12条 专利法第六条所称执行本单位的任务所完成的职务发明创造，是指：

（一）在本职工作中作出的发明创造；

（二）履行本单位交付的本职工作之外的任务所作出的发明创造；

（三）退休、调离原单位后或者劳动、人事关系终止后1年内作出的，与其在原单位承担的本职工作或者原单位分配的任务有关的发明创造。

专利法第六条所称本单位，包括临时工作单位；专利法第六条所称本单位的物质技术条件，是指本单位的资金、设备、零部件、原材料或者不对外公开的技术资料等。

《专利法实施细则》第13条 专利法所称发明人或者设计人，是指对发明创造的实质性特点作出创造性贡献的人。在完成发明创造过程中，只负责组织工作的人、为物质技术条件的利用提供方便的人或者从事其他辅助工作的人，不是发明人或者设计人。

《专利法实施细则》第41条 两个以上的申请人同日（指申请日；有优先权的，指优先权日）分别就同样的发明创造申请专利的，应当在收到国务院专利行政部门的通知后自行协商确定申请人。

同一申请人在同日（指申请日）对同样的发明创造既申请实用新型专利又申请发明专利的，应当在申请时分别说明对同样的发明创造已申请了另一专利；未作说明的，依照专利法第九条第一款关于同样的发明创造只能授予一项专利权的规定处理。

国务院专利行政部门公告授予实用新型专利权，应当公告申请人已依照本条第二款的规定同时申请了发明专利的说明。

发明专利申请经审查没有发现驳回理由，国务院专利行政部门应当通知申请人在规定期限内声明放弃实用新型专利权。申请人声明放弃的，国务院专利行政部门应当作出授予发明专利权的决定，并在公告授予发明专利权时一并公告申请人放弃实用新型专利权声明。申请人不同意放弃的，国务院专利行政部门应当驳回该发明专利申请；申请人期满未答复的，视为撤回该发明专利申请。

实用新型专利权自公告授予发明专利权之日起终止。

【小结/重点整理】

本章内容为专利权法律制度，主要介绍了专利权的主体、客体、内容、限制及侵犯专利权的判定。本章应当重点掌握的知识点是职务发明创造的认定条件、不同类型的发明创造的专利授权条件、专利法不予保护的对象、专利权的内容及限制、侵犯专利权的判定等内容，并应当注意与合同法中技术转让合同部分知识点的综合运用。

本章的难点是侵犯专利权的判定，考生应当在熟练掌握专利权保护范围的基础上，综合应用侵犯专利权的构成要件、侵犯专利权的表现形式、侵犯专利权的抗辩事由等知识进行判断。

【经典真题】

甲公司获得一项用于自行车雨伞装置的实用新型专利，发现乙公司生产的自行车使用了该技术，遂向法院起诉，要求乙公司停止侵害并赔偿损失10万元。甲公司的下列哪些做法是正确的？[1]（2011 - 3 - 63）

A. 向乙公司所在地的基层法院起诉

B. 起诉时未向受理法院提交国家知识产权局出具的该专利书面评价报告

C. 将仅在说明书中表述而未在权利要求中记载的技术方案纳入专利权的保护范围

D. 举证期届满后法庭辩论终结前变更其主张的权利要求

【考点】专利侵权

【解析】《最高人民法院关于审理专利纠纷案件适用法律问题的若干规定》第2条规定，专利纠纷第一审案件，由各省、自治区、直辖市人民政府所在地的中级人民法院和最高人民法院指定的中级人民法院管辖。最高人民法院根据实际情况，可以指定基层人民法院管辖第一审专利纠纷案件。故A错误。《专利法》第66条第2款规定："专利侵权纠纷涉及实用新型专利或者外观设计专利的，人民法院或者管理专利工作的部门可以要求专利权人或者利害关系人出具由国务院专利行政部门对相关实用新型或者外观设计进行检索、分析和评价后作出的专利权评价报告，作为审理、处理专利侵权纠纷的证据。"根据《最高人民法院关于审理专利纠纷案件适用法律问题的若干规定》第8条规定，对申请日在2009年10月1日以后的实用新型或外观设计专利提起侵犯专利权诉讼，原告可以出具由国务院专利行政部门作出的专利评价报告。可知，专利书面评价报告并非当然提供，因此选项B中甲的做法没有错，当选。《最高人民法院关于审理侵犯专利权纠纷案件应用法律若干问题的解释》第5条规定，对于仅在说明书或者附图中描述而在权利要求中未记载的技术方案，权利人在侵犯专利权纠纷案件中将其纳入专利权保护范围的，人民法院不予支持。据此，如果甲将仅在说明书中表述而未在权利要求中记载的技术方案在诉讼中纳入专利权保护范围，法院将不支持，因此C错误。《专利法》第64条第1款规定，发明或者实用新型专利权的保护范围以其权利要求的内容为准，说明书及附图可以用于解释权利要求的内容。《侵犯专利权纠纷解释》第1条规定，人民法院应当根据权利人主张的权利要求，依据专利法第五十九条第一款的规定，确定专利权的保护范围。权利人在一审法庭辩论终结前变更其主张的权利要求的，人民法院应当准许。根据上述规定，甲公司可以在法庭辩论终结前变更其权利要求，故D正确。

---

[1]【答案】BD

导学

本章内容为商标权法律制度，主要介绍了商标权的取得、丧失、内容和商标侵权行为。考生应当重点掌握商标的构成要件，特别是申请注册商标的要件、商标权的权利内容、侵犯商标权的表现形式和驰名商标的保护。

本章的难点是商标构成要件、商标侵权行为的表现形式和驰名商标的保护，这部分法条内容多，运用性强。从学习方法上讲，本章的学习应当注意与著作权、专利权相关制度进行比较，分别从权利主体、权利客体、权利内容、权利限制、侵权判定等方面比较分析著作权、专利权、商标权的异同。

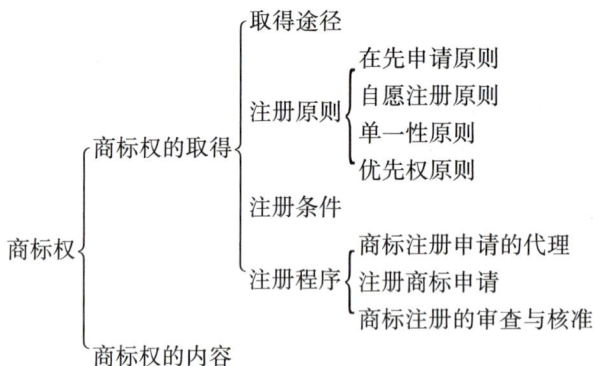

```
                                        取得途径
                                              ┌ 在先申请原则
                                              │ 自愿注册原则
                              ┌ 注册原则 ┤
                              │                │ 单一性原则
                              │                └ 优先权原则
          商标权的取得 ┤ 注册条件
                              │                ┌ 商标注册申请的代理
商标权 ┤                 └ 注册程序 ┤ 注册商标申请
          │                                   └ 商标注册的审查与核准
          └ 商标权的内容
```

▲ 重点知识详解

考点1 商标权的取得

一、取得商标的途径

商标权的取得可分为原始取得和继受取得。根据我国《商标法》第3条的规定，商标权的原始取得，应按照商标注册程序办理。商标注册人对注册商标享有的专用权，受法律保护，继受取得应按合同转让和继承注册商标的程序办理。未注册商标的使用人，虽然根据我国《商标法》的规定，可以根据具体情况获得一定程度的法律保护，但不享有商标权。

二、商标注册原则

（一）在先申请原则

申请在先原则又称注册在先原则，是指两个或者两个以上的商标注册申请人，在同一种商品或者类似商品上，以相同或者近似的商标申请注册的，申请在先的商标，其申请人可获得商标专用权，在后的商标注册申请予以驳回。如果是同一天申请，初步审定并公告使用在先的商标，驳回其他人的申请，不予公告。两个或者两个以上的申请人，在同一种商品或者类似商品上，分别以相同或者近似的商标在同一天申请注册的，各申请人应当自收到商标局通知之日起 30 日内，提交其申请注册前在先使用该商标的证据。同日使用或者均未使用的，各申请人可以自收到商标局通知之日起 30 日内自行协商，并将书面协议报送商标局；不愿协商或者协商不成的，商标局通知各申请人以抽签的方式确定一个申请人，驳回其他人的注册申请。商标局已经通知但申请人未参加抽签的，视为放弃申请，商标局应当书面通知未参加抽签的申请人。

我国《商标法》在坚持申请在先原则的同时，还强调在先申请的正当性，要求申请注册和使用商标均应当遵循诚实信用原则，防止不正当的抢注行为。

（二）自愿注册原则

自愿注册原则是指商标使用人是否申请商标注册取决于自己的意愿。在自愿注册原则下，商标注册人对其注册商标享有专用权，受法律保护；未经注册的商标，可以在生产服务中使用，但其使用人不享有专用权，无权禁止他人在同种或类似商品上使用与其商标相同或近似的商标，但驰名商标除外。

在实行自愿注册原则的同时，我国规定了在极少数商品上使用的商标实行强制注册原则，作为对自愿注册原则的补充。目前必须使用注册商标的商品只有烟草制品，包括卷烟、雪茄烟和有包装的烟丝。使用未注册商标的烟草制品，禁止生产和销售。

（三）单一性原则

商标注册申请人应当按规定的商品分类表，填报使用商标的商品类别和商品名称，提出注册申请。商标注册申请人可以通过一份申请就多个类别的商品申请注册同一商标。商标注册申请等有关文件，可以以书面方式或者数据电文方式提出。注册商标需要在核定使用范围之外的商品上取得商标专用权的，应当另行提出注册申请。注册商标需要改变其标志的，应当重新提出注册申请。

（四）优先权原则

商标注册申请人自其商标在外国第一次提出商标注册申请之日起 6 个月内，又在中国就相同商品以同一商标提出商标注册申请的，依照该外国同中国签订的协议或者共同参加的国际条约，或者按照相互承认优先权的原则，可以享有优先权。依照前款要求优先权的，应当在提出商标注册申请的时候提出书面声明，并且在 3 个月内提交第一次提出的商标注册申请文件的副本；未提出书面声明或者逾期未提交商标注册申请文件副本的，视为未要求优先权。

商标在中国政府主办的或者承认的国际展览会展出的商品上首次使用的，自该商品展出之日起 6 个月内，该商标的注册申请人可以享有优先权。依照前款要求优先权的，应当在提出商标注册申请的时候提出书面声明，并且在 3 个月内提交展出其商品的展览会名称、在展出商品上使用该商标的证据、展出日期等证明文件；未提出书面声明或者逾期未提交证明文件的，视为未要求优先权。

▶ ★特别提示　商标、专利均有优先权的规定；但著作权无，原因是著作权采取"自动保护原则"，无需申请。

【经典真题】

商标注册申请人自其在某外国第一次提出商标注册申请之日起6个月内，又在中国就相同商品以同一商标提出注册申请的，依据下列哪些情形可享有优先权？[1]（2010-3-64）

A. 该外国同中国签订的协议　　　　B. 该外国同中国共同参加的国际条约
C. 该外国同中国相互承认优先权　　D. 该外国同中国有外交关系

【考点】商标国际优先权

【解析】《商标法》第25条规定："商标注册申请人自其商标在外国第一次提出商标注册申请之日起6个月内，又在中国就相同商品以同一商标提出商标注册申请的，依照该外国同中国签订的协议或者共同参加的国际条约，或者按照相互承认优先权的原则，可以享有优先权。依照前款要求优先权的，应当在提出商标注册申请的时候提出书面声明，并且在3个月内提交第一次提出的商标注册申请文件的副本；未提出书面声明或者逾期未提交商标注册申请文件副本的，视为未要求优先权。"据此，享有优先权的情形有：①该外国同中国有签订协议；②该外国同中国共同参加国际条约；③该外国同中国相互承认优先权。题中ABC涵盖三种情形，当选。D选项只表明有外交关系，而只具有外交关系不是享有优先权的情形，故不当选。

三、商标注册的条件

（一）申请人的条件

自然人、法人或者其他组织在生产经营活动中，对其商品或者服务需要取得商标专用权的，应当向商标局申请商标注册。

两个以上的自然人、法人或者其他组织可以共同向商标局申请注册同一商标，共同享有和行使该商标的专用权。

（二）商标构成的要件

1. 一般构成条件。

（1）任何能够将自然人、法人或者其他组织的商品与他人的商品区别开的标志，包括文字、图形、字母、数字、三维标志、颜色组合和声音等，以及上述要素的组合，均可以作为商标申请注册。

上述"标志"，当然包括"三维标志"，也即三维标志可以注册为商标。但在下列三种情况下不得注册：①仅由商品自身的性质产生的形状；②为获得技术效果而需有的商品形状；③使商品具有实质性价值的形状。

（2）申请注册的商标应当有显著特征，便于识别。包括：①标志本身具有显著特征；②通过使用获得显著特征。

---

[1]【答案】ABC

（3）申请注册的商标不得与他人在先取得的合法权利相冲突。"合法权利"主要有：①不得在相同或类似商品上使用与已注册或申请在先的商标相同或近似的商标；②不得侵犯他人的其他在先权利，如外观设计专利权、著作权、姓名权、肖像权等。

（4）商标注册人有权标明"注册商标"或者注册标记。

2. 商标的禁止条件。

（1）不得侵犯他人的在先权利或合法利益。

主要内容有：不得在相同或类似商品上使用与已注册或申请在先的商标相同或近似的商标；就相同或者类似商品申请注册的商标是复制、摹仿或者翻译他人未在中国注册的驰名商标，容易导致混淆的，不予注册并禁止使用；就不相同或者不相类似商品申请注册的商标是复制、摹仿或者翻译他人已经在中国注册的驰名商标，误导公众，致使该驰名商标注册人的利益可能受到损害的，不予注册并禁止使用；未经授权，代理人或者代表人以自己的名义将被代理人或者被代表人的商标进行注册，被代理人或者被代表人提出异议的，不予注册并禁止使用；就同一种商品或者类似商品申请注册的商标与他人在先使用的未注册商标相同或者近似，申请人与该他人具有代理、代表以外的合同、业务往来关系或者其他关系而明知该他人商标存在，该他人提出异议的，不予注册；不得以不正当手段抢先注册他人已经使用并有一定影响的商标；不得侵犯他人的其他在先权利，如外观设计专利权、著作权、姓名权、肖像权、商号权、特殊标志专用权、奥林匹克标志专有权、知名商品特有名称、包装、装潢专用权等。

（2）不得违反《商标法》禁止注册或使用某些标志的条款。

第一，禁止作为商标注册或使用的标志：①同中华人民共和国的国家名称、国旗、国徽、国歌、军旗、军徽、军歌、勋章等相同或者近似的，以及同中央国家机关的名称、标志、所在地特定地点的名称或标志性建筑物的名称、图形相同的；②同外国的国家名称、国旗、国徽、军旗等相同或者近似的，但该国政府同意的除外；③同政府间国际组织的名称、旗帜、徽记等相同或者近似的，但经该组织同意或者不易误导公众的除外；④与表明实施控制、予以保证的官方标志、检验印记相同或者近似的，但经授权的除外；⑤同"红十字""红新月"的标志、名称相同或者近似的；⑥带有民族歧视性的；⑦带有欺骗性，容易使公众对商品的质量等特点或者产地产生误认的；⑧有害于社会主义道德风尚或者有其他不良影响的；⑨县级以上行政区划名称或者公众知晓的外国地名，不得作为商标，但该地名具有其他含义或者作为集体商标、证明商标组成部分的除外，已经注册的使用地名的商标继续有效；⑩商标中有商品的地理标志，而该商品并非来源于该标志所标示的地区，误导公众的，不予注册并禁止使用，但是，已经善意取得注册的继续有效。

第二，禁止作为商标注册但可以作为未注册商标或其他标志使用的标志：①仅有本商品的通用名称、图形、型号的；仅仅直接表示商品的质量、主要原料、功能、用途、重量、数量及其他特点的；其他缺乏显著特征的。前述所列标志经过使用取得显著特征，并便于识别的，可以作为商标注册。②以三维标志申请注册商标的，仅由商品自身的性质产生的形状、为获得技术效果而需有的商品形状或者使商品具有实质性价值的形状，不得注册。

【经典真题】

营盘市某商标代理机构，发现本市甲公司长期制造销售"实耐"牌汽车轮胎，但一直未注册商标，该机构建议甲公司进行商标注册，甲公司负责人鄂某未置可否。后鄂某辞职新创立了乙公司，鄂某委托该商标代理机构为乙公司进行轮胎类产品的商标注册。关于该商标代理机构的行为，下列哪一选项是正确的？[1]（2016－3－17）

A. 乙公司委托注册"实耐"商标，该商标代理机构不得接受委托

B. 乙公司委托注册"营盘轮胎"商标，该商标代理机构不得接受委托

C. 乙公司委托注册普通的汽车轮胎图形作为商标，该商标代理机构不得接受委托

D. 该商标代理机构自行注册"捷驰"商标，用于转让给经营汽车轮胎的企业

【考点】商标注册

【解析】A 正确。因为代理机构明知道他人已经在轮胎上使用"实耐"商标，所以不得接受此种委托。从代理渠道避免抢注发生。《商标法》19 条第 3 款，代理机构不得助长抢注行为。

根据《商标法》第 19 条，商标代理机构应当遵循诚实信用原则，遵守法律、行政法规，按照被代理人的委托办理商标注册申请或者其他商标事宜；对在代理过程中知悉的被代理人的商业秘密，负有保密义务。委托人申请注册的商标可能存在本法规定不得注册情形的，商标代理机构应当明确告知委托人。

商标代理机构知道或者应当知道委托人申请注册的商标属于《商标法》第 15 条和第 32 条规定情形的，不得接受其委托。根据《商标法》第 15 条，未经授权，代理人或者代表人以自己的名义将被代理人或者被代表人的商标进行注册，被代理人或者被代表人提出异议的，不予注册并禁止使用。就同一种商品或者类似商品申请注册的商标与他人在先使用的未注册商标相同或者近似，申请人与该他人具有前款规定以外的合同、业务往来关系或者其他关系而明知该他人商标存在，该他人提出异议的，不予注册。

《商标法》第 32 条，申请商标注册不得损害他人现有的在先权利，也不得以不正当手段抢先注册他人已经使用并有一定影响的商标。

BC 错误。BC 通用名称或者图形，不得作为商标注册，是绝对禁止注册为商标的事由。但是不等于商标代理机构不能接受委托。因为商标代理机构即使接受委托，也不会构成帮助抢注！只是，通用名称或图形最后可能会失败，这个事情代理机构应该和委托人说明情况，如果委托人非要委托，代理机构也没办法嘛，委托人非得给代理机构去送钱，明知道注册不下来。法律没有禁止的必要。而且，通用的也不一定不可以注册，如果使用具有显著性呢？当然，乙公司新设立，不可能存在使用标志使其具有显著性的情形，但是，现在不具备不代表以后仍然不具备啊。说到底，代理机构还是可以接受委托的；说到底，委托人乙公司还是有权自由向代理机构送钱的。因为，不构成抢注。

首先，B"注册'营盘轮胎'商标"，其中有轮胎两个字，属于通用名称，是无法获得注册的，营盘是地名也是不可以的。但商标代理机构可以代理，代理申请注册会失败，但不属于强制不许代理。其次，C"普通的汽车轮胎图形"，这是通用商品的图形，是无法获得注册的。但不是属于强制不许代理的问题。

D 错误。"该商标代理机构自行注册'捷驰'商标"，商标代理机构只可以申请服务商标，不能注册其他商标，作为商标掮客，专门注册商标转让，会扰乱注册市场，到处都是黄牛党，会助长商标抢注。

---

[1]【答案】A

根据《商标法》第19条第4款，商标代理机构除对其代理服务申请商标注册外，不得申请注册其他商标。商标代理机构，生存之道是代理，而不是成为卖商标的掮客！

四、商标注册程序

（一）商标注册申请的代理

《商标法》第19～21条，均为2013年修订时增加的条款，目的是规范商标代理活动。代理制度具体包括下列要求：

商标注册的国内申请人可以自己直接到商标局办理注册申请手续，也可以委托依法设立的商标代理机构办理。外国人或者外国企业在我国申请注册商标和办理其他商标事宜的，应当委托依法设立的商标代理机构代理。

当事人委托商标代理机构申请商标注册或者办理其他商标事宜，应当提交代理委托书。代理委托书应当载明代理内容及权限；外国人或者外国企业的代理委托书还应当载明委托人的国籍。商标代理机构应当遵循诚实信用原则，遵守法律、行政法规，按照被代理人的委托办理商标注册申请或者其他商标事宜；对在代理过程中知悉的被代理人的商业秘密，负有保密义务。委托人申请注册的商标可能存在《商标法》规定不得注册情形的，商标代理机构应当明确告知委托人。商标代理机构知道或者应当知道委托人申请注册的商标属于《商标法》第15条和第32条规定情形的，不得接受其委托。

商标代理机构除对其代理服务申请商标注册外，不得申请注册其他商标。

（二）注册商标申请

首次申请商标注册，申请人应当提交申请书、商标图样、证明文件并交纳申请费。申请人用药品申请商标注册，应当附送卫生行政部门发给的药品生产企业许可证或者药品经营企业许可证副本，申请烟草制品的商标注册的，应当附送国家烟草主管机关批准生产的证明文件。注册商标在使用过程中，需要扩大使用范围的，不论扩大使用的商品是否与原注册商标使用的商品属于同一类，只要是在核定使用范围之外的，都必须另行提出注册申请；注册商标需要改变其标志的，应当重新提出注册申请；注册商标需要变更注册人的名义、地址或者其他注册事项的，应当提出变更申请。在实行申请在先原则的情形下，申请日期的确定具有很重要的意义。申请日期一般以商标局收到申请文件的日期为准，申请人享有优先权的，优先权日为申请日。《商标法》规定了可以享有优先权的两种情况：其一，商标注册申请人自其商标在外国第一次提出商标注册申请之日起6个月内，又在中国就相同商品以同一商标提出商标注册申请的，依照该外国同中国签订的协议或者共同参加的国际条约，或者按照相互承认优先权的原则，可以享有优先权；其二，商标在中国政府主办的或者承认的国际展览会展出的商品上首次使用的，自该商品展出之日起6个月内，该商标的注册申请人可以享有优先权。

（三）商标注册的审查与核准

商标局对受理的商标注册申请，依法应当在收到申请文件之日起9个月内审查完毕，对符合《商标法》规定的，予以初步审定公告。在审查过程中，商标局认为商标注册申请内容需要说明或者修正的，可以要求申请人做出说明或者修正。申请人未做出说明或者修正的，不影响商标局做出审查决定。

对注册申请的商标不符合注册规定的，商标局应当依法驳回申请。对驳回申请、不予公告的商标，商标局应当书面通知商标注册申请人。商标注册申请人不服的，可以自收到通知之日起 15 日内向商标评审委员会申请复审。商标评审委员会应当自收到申请之日起 9 个月内做出决定，并书面通知申请人。有特殊情况需要延长的，经国务院工商行政管理部门批准，可以延长 3 个月。当事人对商标评审委员会的决定不服的，可以自收到通知之日起 30 日内向人民法院起诉。

对初步审定的商标，自公告之日起 3 个月内，在先权利人、利害关系人认为违反申请注册的商标不符合法律规定的，可以向商标局提出异议。商标局依法对提起的异议进行审查，应自公告期满之日起 12 个月内做出是否准予注册的决定，并书面通知异议人和被异议人。有特殊情况需要延长的，经国务院工商行政管理部门批准，可以延长 6 个月。当事人对该裁定决定不服的，可依法提起复审。商标评审委员会应当自收到申请之日起 9 个月内做出决定，并书面通知申请人。有特殊情况需要延长的，经国务院工商行政管理部门批准，可以延长 3 个月。

商标评审委员会在进行复审的过程中，所涉及的在先权利的确定必须以人民法院正在审理或者行政机关正在处理的另一案件的结果为依据的，可以中止审查。中止原因消除后，应当恢复审查程序。当事人对商标评审委员会的复审裁定不服的，还可依法提起诉讼。人民法院应当通知异议人作为第三人参加诉讼。

当事人对公告期满无异议的，予以核准注册，发给商标注册证，并予公告。经裁定异议不能成立而准予注册的，商标注册申请人取得商标专用权的时间自初审公告 3 个月期满之日起计算。自该商标公告期满之日起至准予注册决定做出前，对他人在同一种或者类似商品上使用与该商标相同或者近似的标志的行为不具有追溯力；但是，因该使用人的恶意给商标注册人造成的损失，应当给予赔偿。

【经典真题】

韦某开设了"韦老四"煎饼店，在当地颇有名气。经营汽车配件的个体户肖某从外地路过，吃过后赞不绝口。当发现韦某尚未注册商标时，肖某就餐饮服务注册了"韦老四"商标。关于上述行为，下列哪一说法是正确的？[1]（2017 - 3 - 16）

A. 韦某在外地开设新店时，可以使用"韦老四"标识

B. 如肖某注册"韦老四"商标后立即起诉韦某侵权，韦某并不需要承担赔偿责任

C. 肖某的商标注册恶意侵犯韦某的在先权利，韦某可随时请求宣告该注册商标无效

D. 肖某注册商标核定使用的服务类别超出了肖某的经营范围，韦某可以此为由请求宣告该注册商标无效

【考点】商标专用权，商标先用权，宣告商标无效

【解析】A 选项错误，B 选项正确。注册商标享有专用权，肖某注册了"韦老四"商标后对该商标享有专用权，根据《商标法》第 59 条第 3 款："商标注册人申请商标注册前，他人已经在同一种商品或者类似商品上先于商标注册人使用与注册商标相同或者近似并有一定影响的商标的，注册商标专用权人无权禁止该使用人在原使用范围内继续使用该商标，但可以要求其附加适当区别标识。"因此韦某可以在原来的范围内继续使用，在外地开设新店时，不能使用"韦老四"标识。

C 选项错误。根据《商标法》第 45 条第 1 款："已经注册的商标，违反本法第十三条

---

〔1〕【答案】B

第二款和第三款、第十五条、第十六条第一款、第三十条、第三十一条、第三十二条规定的，自商标注册之日起五年内，在先权利人或者利害关系人可以请求商标评审委员会宣告该注册商标无效。对恶意注册的，驰名商标所有人不受五年的时间限制。"因此韦某应当在5年内请求宣告该商标无效。

D选项错误。《商标法》第44条第1款："已经注册的商标，违反本法第四条第十条、第十一条、第十二条、第十九条规定的，或者是以欺骗手段或者其他不正当手段取得注册的，由商标局宣告该注册商标无效；其他单位或者个人可以请求商标评审委员会宣告该注册商标无效。"第45条第1款："已经注册的商标，违反本法第十三条第二款和第三款、第十五条、第十六条第一款、第三十条、第三十一条、第三十二条规定的，自商标注册之日起五年内，在先权利人或者利害关系人可以请求商标评审委员会宣告该注册商标无效。对恶意注册的，驰名商标所有人不受五年的时间限制。"因此，超越经验范围，不属于宣告商标无效的情形。根据《商标法》第23条："注册商标需要在核定使用范围之外的商品上取得商标专用权的，应当另行提出注册申请。"肖某仅需另行提出注册申请即可。

本题选B。

▷ 关联法条

《商标法》第3条　经商标局核准注册的商标为注册商标，包括商品商标、服务商标和集体商标、证明商标；商标注册人享有商标专用权，受法律保护。

本法所称集体商标，是指以团体、协会或者其他组织名义注册，供该组织成员在商事活动中使用，以表明使用者在该组织中的成员资格的标志。

本法所称证明商标，是指由对某种商品或者服务具有监督能力的组织所控制，而由该组织以外的单位或者个人使用于其商品或者服务，用以证明该商品或者服务的原产地、原料、制造方法、质量或者其他特定品质的标志。

集体商标、证明商标注册和管理的特殊事项，由国务院工商行政管理部门规定。

《商标法》第4条　自然人、法人或者其他组织在生产经营活动中，对其商品或者服务需要取得商标专用权的，应当向商标局申请商标注册。不以使用为目的的恶意商标注册申请，应当予以驳回。

本法有关商品商标的规定，适用于服务商标。

《商标法》第8条　任何能够将自然人、法人或者其他组织的商品与他人的商品区别开的标志，包括文字、图形、字母、数字、三维标志、颜色组合和声音等，以及上述要素的组合，均可以作为商标申请注册。

《商标法》第10条　下列标志不得作为商标使用：

（一）同中华人民共和国的国家名称、国旗、国徽、国歌、军旗、军徽、军歌、勋章等相同或者近似的，以及同中央国家机关的名称、标志、所在地特定地点的名称或者标志性建筑物的名称、图形相同的；

（二）同外国的国家名称、国旗、国徽、军旗等相同或者近似的，但经该国政府同意的除外；

（三）同政府间国际组织的名称、旗帜、徽记等相同或者近似的，但经该组织同意或者不易误导公众的除外；

（四）与表明实施控制、予以保证的官方标志、检验印记相同或者近似的，但经授权的除外；

（五）同"红十字""红新月"的名称、标志相同或者近似的；

（六）带有民族歧视性的；

（七）带有欺骗性，容易使公众对商品的质量等特点或者产地产生误认的；

（八）有害于社会主义道德风尚或者有其他不良影响的。

县级以上行政区划的地名或者公众知晓的外国地名，不得作为商标。但是，地名具有其他含义或者作为集体商标、证明商标组成部分的除外；已经注册的使用地名的商标继续有效。

《商标法》第 11 条　下列标志不得作为商标注册：

（一）仅有本商品的通用名称、图形、型号的；

（二）仅直接表示商品的质量、主要原料、功能、用途、重量、数量及其他特点的；

（三）其他缺乏显著特征的。

前款所列标志经过使用取得显著特征，并便于识别的，可以作为商标注册。

《商标法》第 12 条　以三维标志申请注册商标的，仅由商品自身的性质产生的形状、为获得技术效果而需有的商品形状或者使商品具有实质性价值的形状，不得注册。

《商标法》第 15 条　未经授权，代理人或者代表人以自己的名义将被代理人或者被代表人的商标进行注册，被代理人或者被代表人提出异议的，不予注册并禁止使用。

就同一种商品或者类似商品申请注册的商标与他人在先使用的未注册商标相同或者近似，申请人与该他人具有前款规定以外的合同、业务往来关系或者其他关系而明知该他人商标存在，该他人提出异议的，不予注册。

《商标法》第 19 条　商标代理机构应当遵循诚实信用原则，遵守法律、行政法规，按照被代理人的委托办理商标注册申请或者其他商标事宜；对在代理过程中知悉的被代理人的商业秘密，负有保密义务。

委托人申请注册的商标可能存在本法规定不得注册情形的，商标代理机构应当明确告知委托人。

商标代理机构知道或者应当知道委托人申请注册的商标属于本法第四条、第十五条和第三十二条规定情形的，不得接受其委托。

商标代理机构除对其代理服务申请商标注册外，不得申请注册其他商标。

《商标法》第 20 条　商标代理行业组织应当按照章程规定，严格执行吸纳会员的条件，对违反行业自律规范的会员实行惩戒。商标代理行业组织对其吸纳的会员和对会员的惩戒情况，应当及时向社会公布。

《商标法》第 21 条　商标国际注册遵循中华人民共和国缔结或者参加的有关国际条约确立的制度，具体办法由国务院规定。

《商标法》第 28 条　对申请注册的商标，商标局应当自收到商标注册申请文件之日起九个月内审查完毕，符合本法有关规定的，予以初步审定公告。

《商标法》第 29 条　在审查过程中，商标局认为商标注册申请内容需要说明或者修正的，可以要求申请人做出说明或者修正。申请人未做出说明或者修正的，不影响商标局做出审查决定。

《商标法》第 30 条　申请注册的商标，凡不符合本法有关规定或者同他人在同一种商品或者类似商品上已经注册的或者初步审定的商标相同或者近似的，由商标局驳回申请，不予公告。

《商标法》第 31 条　两个或者两个以上的商标注册申请人，在同一种商品或者类似商品上，以相同或者近似的商标申请注册的，初步审定并公告申请在先的商标；同一天申请的，初步审定并公告使用在先的商标，驳回其他人的申请，不予公告。

《商标法》第 32 条　申请商标注册不得损害他人现有的在先权利，也不得以不正当手段抢先注册他人已经使用并有一定影响的商标。

《商标法》第 33 条　对初步审定公告的商标，自公告之日起三个月内，在先权利人、利害关系人认为违反本法第十三条第二款和第三款、第十五条、第十六条第一款、第三十条、第三十一条、第三十二条规定的，或者任何人认为违反本法第四条、第十条、第十一条、第十二条、第十九条第四款规定的，可以向商标局提出异议。公告期满无异议的，予以核准注册，发给商标注册证，并予公告。

《商标法》第 34 条　对驳回申请、不予公告的商标，商标局应当书面通知商标注册申请人。商标注册申请人不服的，可以自收到通知之日起十五日内向商标评审委员会申请复审。商标评审委员会应当自收到申请之日起九个月内做出决定，并书面通知申请人。有特殊情况需要延长的，经国务院工商行政管理部门批准，可以延长三个月。当事人对商标评审委员会的决定不服的，可以自收到通知之日起三十日内向人民法院起诉。

《商标法》第 35 条　对初步审定公告的商标提出异议的，商标局应当听取异议人和被异议人陈述事实和理由，经调查核实后，自公告期满之日起十二个月内做出是否准予注册的决定，并书面通知异议人和被异议人。有特殊情况需要延长的，经国务院工商行政管理部门批准，可以延长六个月。

商标局做出准予注册决定的，发给商标注册证，并予公告。异议人不服的，可以依照本法第四十四条、第四十五条的规定向商标评审委员会请求宣告该注册商标无效。

商标局做出不予注册决定，被异议人不服的，可以自收到通知之日起十五日内向商标评审委员会申请复审。商标评审委员会应当自收到申请之日起十二个月内做出复审决定，并书面通知异议人和被异议人。有特殊情况需要延长的，经国务院工商行政管理部门批准，可以延长六个月。被异议人对商标评审委员会的决定不服的，可以自收到通知之日起三十日内向人民法院起诉。人民法院应当通知异议人作为第三人参加诉讼。

商标评审委员会在依照前款规定进行复审的过程中，所涉及的在先权利的确定必须以人民法院正在审理或者行政机关正在处理的另一案件的结果为依据的，可以中止审查。中止原因消除后，应当恢复审查程序。

《商标法》第 36 条　法定期限届满，当事人对商标局做出的驳回申请决定、不予注册决定不申请复审或者对商标评审委员会做出的复审决定不向人民法院起诉的，驳回申请决定、不予注册决定或者复审决定生效。

经审查异议不成立而准予注册的商标，商标注册申请人取得商标专用权的时间自初步审定公告三个月期满之日起计算。自该商标公告期满之日起至准予注册决定做出前，对他人在同一种或者类似商品上使用与该商标相同或者近似的标志的行为不具有追溯力；但是，因该使用人的恶意给商标注册人造成的损失，应当给予赔偿。

【经典真题】

河川县盛产荔枝，远近闻名。该县成立了河川县荔枝协会，申请注册了"河川"商标，核定使用在荔枝商品上，许可本协会成员使用。加入该荔枝协会的农户将有"河川"商标包装的荔枝批发给盛联超市销售。超市在销售该批荔枝时，在荔枝包装上还加贴了自己的注册商标"盛联"。下列哪些说法是正确的？[1]（2015－3－64）

　　A. "河川"商标是集体商标

　　B. "河川"商标是证明商标

　　C. "河川"商标使用了县级以上行政区划名称，应被宣告无效

　　D. 盛联超市的行为没有侵犯商标权

【考点】集体商标、证明商标以及商标侵权

【解析】（1）集体商标：《商标法》第3条第1款规定："经商标局核准注册的商标为注册商标，包括商品商标、服务商标和集体商标、证明商标；商标注册人享有商标专用权，受法律保护。"第2款规定："本法所称集体商标，是指以团体、协会或者其他组织名义注册，供该组织成员在商事活动中使用，以表明使用者在该组织中的成员资格的标志。"第3款规定："本法所称证明商标，是指由对某种商品或者服务具有监督能力的组织所控制，而由该组织以外的单位或者个人使用于其商品或者服务，用以证明该商品或者服务的原产地、原料、制造方法、质量或者其他特定品质的标志。"本题中的"河川"商标仅以协会名义注册供其商事活动中使用，以表明使用者在该组织中的成员资格，因此"河川"商标为集团商标而非证明商标，故A正确，B错误。

　　（2）地理标志：《商标法》第10条第2款规定："县级以上行政区划的地名或者公众知晓的外国地名，不得作为商标。但是，地名具有其他含义或者作为集体商标、证明商标组成部分的除外；已经注册的使用地名的商标继续有效。"因河川盛产荔枝远近闻名，河川亦具有其他含义，且已经注册地名使用了商标，因此"河川"可注册为商标，且继续有效，故C错误。

　　（3）根据《商标法》第52条及《商标法实施条例》的有关规定，下列行为属于侵犯商标专用权的行为：①未经商标注册人的许可，在同一种商品或者类似商品上使用与其注册商标相同或者近似的商标；②销售侵犯注册商标专用权的商品的；③伪造、擅自制造他人注册商标标识或者销售伪造、擅自制造他人注册商标标识的；④未经商标注册人同意，更换其注册商标并将更换商标的商品又投入市场的；⑤在同一种商品或者类似商品上，将与他人注册商标相同或者近似的标志作为商品名称或者商品装潢使用，误导公众的；⑥故意为侵犯他人注册商标专用权行为提供仓储、运输、邮寄、隐匿等便利条件的；⑦给他人的注册商标专用权造成其他损害的。该超市在销售该批荔枝时，仅是在荔枝包装上加贴了自己的注册商标"盛联"，并非上述情形中的任何一种，因此盛联超市并不构成侵犯商标权，故D项正确，当选。

考点2　商标权的内容

一、专用权

专用权，是指商标权主体对其注册商标依法享有的自己在指定商品或服务项目上独占使用的权利。注册商标的专用权，以核准注册的商标和核定使用的商品为限。

---

　　[1]【答案】AD

二、许可权

许可权，是指商标权人可以通过签订商标使用许可合同许可他人使用其注册商标的权利。许可人应当监督被许可人使用其注册商标的商品质量，被许可人必须在使用该注册商标的商品上标明被许可人的名称和商品产地。许可他人使用其注册商标的，许可人应当将其商标使用权许可报商标局备案，由商标局公告。商标使用许可未经备案不得对抗善意第三人。商标使用许可的类型主要有独占使用许可、排他使用许可、普通使用许可等。

【经典真题】

A 市甲厂是某种饮料的商标注册人，在与 B 市乙厂签订的该商标使用许可合同中，特别约定乙厂使用甲厂商标的饮料全部使用甲厂的包装瓶，该包装瓶仅标注甲厂的名称和产地。该合同未报商标局备案即付诸履行。下列哪些说法是正确的？[1]（2005 – 3 – 61）

A. 该商标使用许可合同无效

B. 该特别约定无效

C. 乙厂使用甲厂的包装瓶侵犯了甲厂的企业名称权

D. 乙厂使用甲厂的包装瓶侵犯了消费者的知情权

【考点】 商标许可使用

【解析】《商标法》第 43 条规定："商标注册人可以通过签订商标使用许可合同，许可他人使用其注册商标。许可人应当监督被许可人使用其注册商标的商品质量。被许可人应当保证使用该注册商标的商品质量。经许可使用他人注册商标的，必须在使用该注册商标的商品上标明被许可人的名称和商品产地。许可他人使用其注册商标的，许可人应当将其使用许可报商标局备案，由商标局公告。"B 项正确。A 项不正确的原因在于，此类合同并非登记或者批准才能生效。C 项错误是因为乙厂使用甲厂的包装瓶是经过甲厂许可的。《消费者权益保护法》第 8 条规定："消费者享有知悉其购买、使用的商品或者接受的服务的真实情况的权利。消费者有权根据商品或者服务的不同情况，要求经营者提供商品的价格、产地、生产者、用途、性能、规格、等级、主要成分、生产日期、有效期限、检验合格证明、使用方法说明书、售后服务，或者服务的内容、规格、费用等有关情况。"本题中乙的行为侵犯了消费者的知情权。因此 D 正确。

三、转让权

商标转让权，是指商标权人依法享有的将其注册商标依法定程序和条件，转让给他人的权利。转让注册商标的，转让人和受让人应当签订转让协议，并共同向商标局提出申请。商标注册人对其在同一种商品上注册的近似的商标，或者在类似商品上注册的相同或者近似的商标，应当一并转让；未一并转让的，由商标局通知其限期改正；期满不改正的，视为放弃转让该注册商标的申请，商标局应当书面通知申请人。对容易导致混淆或者有其他不良影响的转让，商标局不予核准，书面通知申请人并说明理由。

转让注册商标经核准后，予以公告，受让人自公告之日起享有商标专用权。受让人应当保证使用该注册商标的商品质量。注册商标的转让不影响转让前已经生效的商标使用许

---

〔1〕 **【答案】** BD

可合同的效力，但商标使用许可合同另有约定的除外。

四、续展权

续展权，是指商标权人在其注册商标有效期届满前，依法享有申请续展注册，从而延长其注册商标保护期的权利。注册商标的有效期为 10 年，自核准注册之日起计算。注册商标有效期满，需要继续使用的，应当在期满前 12 个月内按照规定办理续展手续；在此期间未能办理的，可以给予 6 个月的宽展期。每次续展注册的有效期为 10 年，自该商标上一届有效期满次日起计算。宽展期满仍未办理续展手续的，注销其注册商标。

五、标示权

商标注册人使用注册商标，有权标明"注册商标"字样或者注册标记。在商品上不便标明的，可以在商品包装或者说明书以及其他附着物上标明。

六、禁止权

商标禁止权，是商标权人依法享有的禁止他人不经过自己的许可而使用注册商标和与之相近似的商标的权利。根据《商标法》第 57 条的规定，有下列行为之一的，均属侵犯注册商标专用权：①未经商标注册人的许可，在同一种商品上使用与其注册商标相同的商标的；②未经商标注册人的许可，在同一种商品上使用与其注册商标近似的商标，或者在类似商品上使用与其注册商标相同或者近似的商标，容易混淆的……商标禁止权的范围比商标专用权的范围广。

【经典真题】

甲公司于 2000 年 3 月为其生产的酸奶注册了"乐乐"商标，该商标经过长期使用，在公众中享有较高声誉。2004 年 8 月，同一地域销售牛奶的乙公司将"乐乐"登记为商号并突出宣传使用，容易使公众产生误认。下列哪种说法是正确的？[1]（2006 - 3 - 20）

A. 乙公司的行为必须实际造成消费者误认，才侵犯甲公司的商标权

B. 即使"乐乐"不属于驰名商标，乙公司的行为也侵犯了甲公司的商标权

C. 甲公司可以直接向法院起诉要求撤销该商号登记

D. 乙公司的商号已经合法登记，应受法律保护

【考点】商标权侵权行为

【解析】根据《商标法》第 57 条规定，有下列行为之一的，均属侵犯注册商标专用权：（一）未经商标注册人的许可，在同一种商品上使用与其注册商标相同的商标的；（二）未经商标注册人的许可，在同一种商品上使用与其注册商标近似的商标，或者在类似商品上使用与其注册商标相同或者近似的商标，容易导致混淆的；（三）销售侵犯注册商标专用权的商品的；（四）伪造、擅自制造他人注册商标标识或者销售伪造、擅自制造的注册商标标识的；（五）未经商标注册人同意，更换其注册商标并将该更换商标的商品又投入市场的；（六）故意为侵犯他人商标专用权行为提供便利条件，帮助他人实施侵犯商标专用权行为的；（七）给他人的注册商标专用权造成其他损害的。《最高人民法院关于审理商标民

---

［1］【答案】B

事纠纷案件适用法律若干问题的解释》第 1 条规定，下列行为属于商标法第 57 条第（七）项规定的给他人注册商标专用权造成其他损害的行为：（一）将与他人注册商标相同或者相近似的文字作为企业的字号在相同或者类似商品上突出使用，容易使相关公众产生误认的；（二）复制、摹仿、翻译他人注册的驰名商标或其主要部分在不相同或者不相类似商品上作为商标使用，误导公众，致使该驰名商标注册人的利益可能受到损害的；（三）将与他人注册商标相同或者相近似的文字注册为域名，并且通过该域名进行相关商品交易的电子商务，容易使相关公众产生误认的。据上述规定：A 选项是错误的，对于商标权的侵犯，并不要求实际造成消费者的误认，只要侵权人可能造成了消费者的误认的，就可以认定侵犯了商标权。B 选项是正确的，由于乙公司是在同种产品上并且是同一区域内使用甲公司的注册商标作为商号，这种侵权行为不需要认定甲公司的商标是驰名商标。C 选项是错误的，因为撤销商号登记属于工商行政管理部门的职权，法院无权直接撤销。D 选项是错误的，乙公司的商号虽经合法登记，但由于其行为属于侵犯他人商标权的不正当竞争行为，是为法律所禁止的，所以其商号不应受到法律的保护。

▶ 关联法条

《商标法》第 39 条　注册商标的有效期为十年，自核准注册之日起计算。

《商标法》第 40 条　注册商标有效期满，需要继续使用的，商标注册人应当在期满前十二个月内按照规定办理续展手续；在此期间未能办理的，可以给予六个月的宽展期。每次续展注册的有效期为十年，自该商标上一届有效期满次日起计算。期满未办理续展手续的，注销其注册商标。

商标局应当对续展注册的商标予以公告。

《商标法》第 41 条　注册商标需要变更注册人的名义、地址或者其他注册事项的，应当提出变更申请。

《商标法》第 42 条　转让注册商标的，转让人和受让人应当签订转让协议，并共同向商标局提出申请。受让人应当保证使用该注册商标的商品质量。

转让注册商标的，商标注册人对其在同一种商品上注册的近似的商标，或者在类似商品上注册的相同或者近似的商标，应当一并转让。

对容易导致混淆或者有其他不良影响的转让，商标局不予核准，书面通知申请人并说明理由。

转让注册商标经核准后，予以公告。受让人自公告之日起享有商标专用权。

《商标法》第 43 条　商标注册人可以通过签订商标使用许可合同，许可他人使用其注册商标。许可人应当监督被许可人使用其注册商标的商品质量。被许可人应当保证使用该注册商标的商品质量。

经许可使用他人注册商标的，必须在使用该注册商标的商品上标明被许可人的名称和商品产地。

许可他人使用其注册商标的，许可人应当将其商标使用许可报商标局备案，由商标局公告。商标使用许可未经备案不得对抗善意第三人。

考点3　商标权的消灭

一、注册商标的注销

这是指商标主管机关基于某些原因取消注册商标的一种管理措施，是商标权的正常消灭情况。在下列情况下，商标局可以注销注册商标：

1. 注册商标法定期限届满，未续展和续展未获批准的。

2. 商标注册人申请注销其注册商标或者注销其商标在部分指定商品上的注册的，该注册商标专用权或者该注册商标专用权在该部分指定商品上的效力，自商标局收到其注销申请之日起终止。

3. 商标注册人死亡或者终止，自死亡或者终止之日起 1 年期满，该注册商标没有办理转移手续的，任何人可以向商标局申请注销该注册商标。提出注销申请的，应当提交有关该商标注册人死亡或者终止的证据。注册商标因商标注册人死亡或者终止而被注销的，该注册商标专用权自商标注册人死亡或者终止之日起终止。

二、注册商标的撤销

注册商标的撤销是商标局对违法使用商标的注册人，依法强制取消已经注册的商标的一种强制性法律措施，也是违法者应当承担的行政法律责任，可以依法申请复审，依法提起行政诉讼。商标注册人有下列行为之一的，由商标局责令限期改正或者撤销其注册商标：（1）自行改变注册商标的；（2）自行改变注册商标的注册人名义、地址或者其他注册事项的。

注册商标成为其核定使用的商品的通用名称，或者没有正当理由连续 3 年不使用的，任何单位或者个人可以向商标局申请撤销该注册商标。商标局应当自收到申请之日起 9 个月内做出决定。有特殊情况需要延长的，经国务院工商行政管理部门批准，可以延长 3 个月。

对商标局撤销注册商标的决定，当事人不服的，可以自收到通知之日起 15 日内向商标评审委员会申请复审，由商标评审委员会在 9 个月内做出决定，并书面通知申请人。有特殊情况需要延长的，经国务院工商行政管理部门批准，可以延长 3 个月。当事人对商标评审委员会的决定不服的，可以自收到通知之日起 30 日内向人民法院起诉。

【经典真题】

个体经营户王小小从事理发服务业，使用"一剪没"作为未注册商标长期使用，享有较高声誉。王小小通过签订书面合同许可其同一城区的表妹张薇薇使用"一剪没"商标从事理发业务。后张薇薇以自己的名义申请"一剪没"商标使用于理发业务并获得注册。下列哪一说法是正确的？[1]（2011 - 3 - 18）

A. 该商标使用许可合同自双方签字之日起生效

B. 该商标使用许可合同应当报商标局备案

C. 王小小有权自"一剪没"注册之日起 5 年内请求商标评审委员会撤销该注册商标

D. 王小小有权自"一剪没"注册之日起 5 年内请求商标局撤销该注册商标

【考点】商标许可使用；商标的撤销

【解析】商标许可使用合同效力，法律未作特别规定，《最高人民法院关于审理商标民事纠纷案件适用法律若干问题的解释》第 19 条规定，商标使用许可合同未经备案的，不影响该许可合同的效力，但当事人另有约定的除外。该规定强调备案并非生效要件，貌似 A

---

〔1〕【答案】《商标法》修改以前，本题正确答案为 C；《商标法》修改之后，本题无正确答案。

正确，实则商标使用许可合同效力按《民法典》规定处理即可。该合同生效时间取决于双方约定，未必一定是签字之日生效，故 A 错误。《商标法》第 43 条第 3 款规定，许可他人使用其注册商标的，许可人应当将其商标使用许可报商标局备案。但是该规定针对的是注册商标的许可使用，未规定未注册商标的许可使用，因王小小的商标未经注册，其许可也无需到商标局备案，故 B 错误。新《商标法》修改了商标撤销和商标无效宣告制度，选项CD 关于商标撤销的表述错误，不当选。

三、注册商标的无效宣告

由于申请人或商标注册机关等多方面的原因，可能导致部分不具备注册条件的商标被允许合法注册。注册商标的无效宣告是弥补商标注册工作失误的一种重要制度。无效宣告程序与注册商标的撤销程序，均可能导致注册商标不再有商标权的结果，但前者通常是导致被撤销的商标权自始无效，后者是导致被撤销的注册商标从撤销之日起丧失商标权。

（一）注册商标不涉及侵害他人民事权益情形下的无效宣告

已经注册的商标，违反《商标法》第 10 条、第 11 条、第 12 条规定的，或者是以欺骗手段或者其他不正当手段取得注册的，由商标局宣告该注册商标无效；其他单位或者个人可以请求商标评审委员会宣告该注册商标无效。

（二）注册商标侵害他人民事权益情形下的无效宣告

已经注册的商标，违反《商标法》第 13 条第 2 款和第 3 款、第 15 条、第 16 条第 1 款、第 30 条、第 31 条、第 32 条规定的，自商标注册之日起 5 年内，在先权利人或者利害关系人可以请求商标评审委员会宣告该注册商标无效。对恶意注册的，驰名商标所有人不受 5 年的时间限制。

（三）司法审查

商标评审委员会在对涉及侵害他人民事权益情形下的无效宣告请求进行审查的过程中，所涉及的在先权利的确定，必须以人民法院正在审理或者行政机关正在处理的另一案件的结果为依据的，可以中止审查。中止原因消除后，应当恢复审查程序。商标评审委员会作出维持或者宣告注册商标无效的裁定后，应当书面通知有关当事人。当事人对商标评审委员会的裁定不服的，可以自收到通知之日起 30 日内向人民法院起诉。人民法院应当通知商标裁定程序的对方当事人作为第三人参加诉讼。

（四）注册商标宣告无效的法律后果

注册商标被宣告无效的，其商标权视为自始不存在。有关宣告注册商标无效的决定或者裁定，对在无效前人民法院作出并已执行的商标侵权案件的判决、裁定、调解书和工商行政管理部门作出并已执行的商标侵权案件的处理决定，以及已经履行的商标转让或者使用许可合同，不具有追溯力；但是，因商标注册人恶意给他人造成的损失，应当给予赔偿。依照前述规定，不返还商标侵权赔偿金、商标转让费、商标使用费，明显违反公平原则的，应当全部或者部分返还。

【经典真题】

2010 年，甲饮料厂开始制造并销售"香香"牌果汁并已产生一定影响。甲在外地的经销商乙发现甲尚未注册"香香"商标，就于 2014 年在果汁和碳酸饮料两类商品上同时注册了"香香"商标，但未实际使用。2015 年，乙与丙饮料厂签订商标转让协议，将果汁类

"香香"商标转让给了丙。对此，下列哪些选项是正确的？[1]（2016－3－64）

    A. 甲可随时请求宣告乙注册的果汁类"香香"商标无效

    B. 乙应将注册在果汁和碳酸饮料上的"香香"商标一并转让给丙

    C. 乙就果汁和碳酸饮料两类商品注册商标必须分别提出注册申请

    D. 甲可在果汁产品上附加区别标识，并在原有范围内继续使用"香香"商标

【考点】商标侵权

【解析】A错误。商标抢注，构成相对无效注册事由，利害关系人申请商评委无效，但在5年内，商标被抢注之日起算5年。驰名商标例外，而题干未交待驰名商标之信息。《商标法》第45条第1款规定："已经注册的商标，违反本法第十三条第二款和第三款、第十五条、第十六条第一款、第三十条、第三十一条、第三十二条规定的，自商标注册之日起五年内，在先权利人或者利害关系人可以请求商标评审委员会宣告该注册商标无效。对恶意注册的，驰名商标所有人不受五年的时间限制。"

《商标法》第32条规定，申请商标注册不得损害他人现有的在先权利，也不得以不正当手段抢先注册他人已经使用并有一定影响的商标。

B正确。商标转让一并原则，以避免混淆。"在类似商品上注册的相同商标"，即果汁和碳酸饮料这两个类似商品上，注册的"果果"这个相同的商标，应该一并转让。

《商标法》第42条第2款规定，转让注册商标的，转让人和受让人应当签订转让协议，并共同向商标局提出申请。受让人应当保证使用该注册商标的商品质量。转让注册商标的，商标注册人对其在同一种商品上注册的近似的商标，或者在类似商品上注册的相同或者近似的商标，应当一并转让。对容易导致混淆或者有其他不良影响的转让，商标局不予核准，书面通知申请人并说明理由。转让注册商标经核准后，予以公告。受让人自公告之日起享有商标专用权。

C错误。错在申请可以一表多类，省钱申请。《商标法》第22条第2款规定，一份申请，就多个类别的商品申请同一个商标。本题即果汁和碳酸饮料两类商品申请同一个"香香"商标。题干说乙已经申请下来了：乙发现甲尚未注册"香香"商标，就于2014年在果汁和碳酸饮料两类商品上同时注册了"香香"商标。选项C却说应分别申请。

《商标法》第22条规定，商标注册申请人应当按规定的商品分类表填报使用商标的商品类别和商品名称，提出注册申请。商标注册申请人可以通过一份申请就多个类别的商品申请注册同一商标。商标注册申请等有关文件，可以以书面方式或者数据电文方式提出。

D正确。根据《商标法》第59条，注册商标中含有的本商品的通用名称、图形、型号，或者直接表示商品的质量、主要原料、功能、用途、重量、数量及其他特点，或者含有的地名，注册商标专用权人无权禁止他人正当使用。

三维标志注册商标中含有的商品自身的性质产生的形状、为获得技术效果而需有的商品形状或者使商品具有实质性价值的形状，注册商标专用权人无权禁止他人正当使用。商标注册人申请商标注册前，他人已经在同一种商品或者类似商品上先于商标注册人使用与注册商标相同或者近似并有一定影响的商标的，注册商标专用权人无权禁止该使用人在原使用范围内继续使用该商标，但可以要求其附加适当区别标识。

---

[1]【答案】BD

关联法条

《商标法》第44条 已经注册的商标,违反本法第四条、第十条、第十一条、第十二条、第十九条第四款规定的,或者是以欺骗手段或者其他不正当手段取得注册的,由商标局宣告该注册商标无效;其他单位或者个人可以请求商标评审委员会宣告该注册商标无效。

商标局做出宣告注册商标无效的决定,应当书面通知当事人。当事人对商标局的决定不服的,可以自收到通知之日起十五日内向商标评审委员会申请复审。商标评审委员会应当自收到申请之日起九个月内做出决定,并书面通知当事人。有特殊情况需要延长的,经国务院工商行政管理部门批准,可以延长三个月。当事人对商标评审委员会的决定不服的,可以自收到通知之日起三十日内向人民法院起诉。

其他单位或者个人请求商标评审委员会宣告注册商标无效的,商标评审委员会收到申请后,应当书面通知有关当事人,并限期提出答辩。商标评审委员会应当自收到申请之日起九个月内做出维持注册商标或者宣告注册商标无效的裁定,并书面通知当事人。有特殊情况需要延长的,经国务院工商行政管理部门批准,可以延长三个月。当事人对商标评审委员会的裁定不服的,可以自收到通知之日起三十日内向人民法院起诉。人民法院应当通知商标裁定程序的对方当事人作为第三人参加诉讼。

《商标法》第45条 已经注册的商标,违反本法第十三条第二款和第三款、第十五条、第十六条第一款、第三十条、第三十一条、第三十二条规定的,自商标注册之日起五年内,在先权利人或者利害关系人可以请求商标评审委员会宣告该注册商标无效。对恶意注册的,驰名商标所有人不受五年的时间限制。

商标评审委员会收到宣告注册商标无效的申请后,应当书面通知有关当事人,并限期提出答辩。商标评审委员会应当自收到申请之日起十二个月内做出维持注册商标或者宣告注册商标无效的裁定,并书面通知当事人。有特殊情况需要延长的,经国务院工商行政管理部门批准,可以延长六个月。当事人对商标评审委员会的裁定不服的,可以自收到通知之日起三十日内向人民法院起诉。人民法院应当通知商标裁定程序的对方当事人作为第三人参加诉讼。

商标评审委员会在依照前款规定对无效宣告请求进行审查的过程中,所涉及的在先权利的确定必须以人民法院正在审理或者行政机关正在处理的另一案件的结果为依据的,可以中止审查。中止原因消除后,应当恢复审查程序。

《商标法》第46条 法定期限届满,当事人对商标局宣告注册商标无效的决定不申请复审或者对商标评审委员会的复审决定、维持注册商标或者宣告注册商标无效的裁定不向人民法院起诉的,商标局的决定或者商标评审委员会的复审决定、裁定生效。

《商标法》第47条 依照本法第四十四条、第四十五条的规定宣告无效的注册商标,由商标局予以公告,该注册商标专用权视为自始即不存在。

宣告注册商标无效的决定或者裁定,对宣告无效前人民法院做出并已执行的商标侵权案件的判决、裁定、调解书和工商行政管理部门做出并已执行的商标侵权案件的处理决定以及已经履行的商标转让或者使用许可合同不具有追溯力。但是,因商标注册人的恶意给他人造成的损失,应当给予赔偿。

依照前款规定不返还商标侵权赔偿金、商标转让费、商标使用费,明显违反公平原则的,应当全部或者部分返还。

考点4　商标侵权行为

一、商标侵权行为的表现形式

（一）假冒行为

本次《商标法》修改，将假冒行为与仿冒行为严格区分开来。假冒行为是指未经商标注册人许可，在同一种商品上使用与其注册商标相同的商标。"相同商标"，是指被控侵权的商标与原告的注册商标相比较，二者在视觉上基本无差别。假冒注册商标是最严重的侵害商标专用权的行为，情节严重的，还要依法追究刑事责任。

（二）仿冒行为

依修改后的《商标法》规定，仿冒行为是指未经商标注册人的许可，在同一种商品上使用与其注册商标近似的商标，或者在类似商品上使用与其注册商标相同或者近似的商标，容易导致混淆的行为。具体可以分为以下三种情况：（1）在同一种商品上使用与他人注册商标相近似的商标，容易导致混淆的；（2）在类似商品上使用与注册商标相同的商标，容易导致混淆的；（3）在类似商品上使用与他人注册商标相近似的商标，容易导致混淆的。是否"容易导致混淆"，是仿冒行为的构成要件。"近似商标"，是指被控侵权的商标与原告的注册商标相比较，其文字的字形、读音、含义或者图形的构图及颜色，或者其各要素组合后的整体结构相似，或者其立体形状、颜色组合近似，易使相关公众对商品的来源产生误认或者认为其来源与原告注册商标的商品有特定的联系。"类似商品"，是指在功能、用途、生产部门、销售渠道、消费对象等方面相同，或者相关公众一般认为其存在特定联系、容易造成混淆的商品。在认定商品或者服务是否类似时，应以相关公众对商品或者服务的一般认识综合判断，商标注册用商品和服务国际分类表、类似商品和服务区分表，可以作为判断类似商品或者服务的参考。

对商标的使用，是指将商标用于商品、商品包装或者容器以及商品交易文书上，或者将商标用于广告宣传、展览以及其他商业活动中，用于识别商品来源的行为。

【经典真题】

甲公司通过签订商标普通许可使用合同许可乙公司使用其注册商标"童声"，核定使用的商品为儿童服装。合同约定发现侵权行为后乙公司可以其名义起诉。后乙公司发现个体户萧某销售假冒"童声"商标的儿童服装，萧某不能举证证明该批服装的合法来源。下列哪些说法是正确的？[1]（2011－3－64）

A. 乙公司必须在"童声"儿童服装上标明乙公司的名称和产地

B. 该商标使用许可合同自备案后生效

C. 乙公司不能以其名义起诉，因为诉权不得约定转移

D. 萧某应当承担停止销售和赔偿损失的法律责任

【考点】商标许可使用；商标侵权

【解析】《商标法》第43条第2款规定："经许可使用他人注册商标的，必须在使用该注册商标的商品上标明被许可人的名称和商品产地。"因此本题中乙作为被许可人，应该在

---

[1]　【答案】AD

使用该商标的商品上标明自己的名称和产地，故 A 正确，当选。《商标法》第 43 条第 3 款规定，许可他人使用其注册商标的，许可人应当将其商标使用许可报商标局备案，由商标局公告。但是此规定并未说明非经备案合同不能生效，且《最高人民法院关于审理商标民事纠纷案件适用法律若干问题的解释》第 19 条规定："商标使用许可合同未经备案的，不影响该许可合同的效力，但当事人另有约定的除外。"因此商标使用许可合同不以备案与否作为效力依据。故 B 错误。《最高人民法院关于审理商标民事纠纷案件适用法律若干问题的解释》第 4 条第 2 款规定："在发生注册商标专用权被侵害时，独占使用许可合同的被许可人可以向人民法院提起诉讼；排他使用许可合同的被许可人可以和商标注册人共同起诉，也可以在商标注册人不起诉的情况下，自行提起诉讼；普通使用许可合同的被许可人经商标注册人明确授权，可以提起诉讼。"据此，本题中因为约定了乙作为普通许可中的被许可人可以以自己的名义起诉，因此具备诉权，故 C 错误。萧某作为销售假冒商标商品的当事人，其应停止侵害即停止销售，但是否应当赔偿？《商标法》第 64 条第 2 款规定："销售不知道是侵犯注册商标专用权的商品，能证明该商品是自己合法取得的并说明提供者的，不承担赔偿责任。"据此，因其不能举证证明该批服装的合法来源，故应当承担赔偿责任。故 D 正确。

（三）销售侵犯商标权的商品

这类侵权行为的主体是商品经销商，不管行为人主观上是否有过错，只要实施了销售侵犯注册商标专用权的商品的行为，都构成侵权。只是在行为人主观上是善意时，可以免除其赔偿责任。《商标法》第 64 条第 2 款规定："销售不知道是侵犯注册商标专用权的商品，能证明该商品是自己合法取得的并说明提供者的，不承担赔偿责任。"

除善意销售商不承担侵权赔偿责任外，被控侵权人以注册商标专用权人未使用注册商标提出赔偿抗辩的，人民法院可以要求注册商标专用权人提供此前 3 年内实际使用该注册商标的证据。注册商标专用权人不能证明此前 3 年内实际使用过该注册商标，也不能证明因侵权行为受到其他损失的，被控侵权人不承担赔偿责任。

（四）伪造、擅自制造他人注册商标标识或者销售伪造、擅自制造的注册商标标识

这种侵权行为是商标标识侵权的问题，包括"制造"和"销售"两种行为。

（五）未经商标注册人同意，更换其注册商标并将该更换商标的商品又投入市场

这种行为又称为反向假冒行为、撤换商标行为。构成这种侵权行为必须具备两个要件：一是行为人未经商标所有人同意而擅自更换商标；二是撤换商标的商品又投入市场进行销售。

（六）故意为侵犯他人注册商标专用权行为提供便利条件，帮助他人实施侵犯商标专用权行为

（七）给他人的注册商标专用权造成其他损害的行为

根据《商标法实施条例》和《最高人民法院关于审理商标民事纠纷案件适用法律若干问题的解释》规定，下列行为属于"给他人的注册商标专用权造成其他损害的"商标侵权行为：

1. 在同一种或者类似商品上，将与他人注册商标相同或者近似的标志作为商品名称或者商品装潢使用，误导公众的。

2. 复制、摹仿或者翻译他人注册的驰名商标或其主要部分，在不相同或者不相类似商品上作为商标使用，误导公众，致使该驰名商标注册人的利益可能受到损害的。

3. 将与他人注册商标相同或者相近似的文字注册为域名，并且通过该域名进行相关商品交易的电子商务，容易使相关公众产生误认的。

> ★**特别提示**《商标法》第58条规定："将他人注册商标、未注册的驰名商标作为企业名称中的字号使用，误导公众，构成不正当竞争行为的，依照《中华人民共和国反不正当竞争法》处理。"该规定与《最高人民法院关于审理商标民事纠纷案件适用法律若干问题的解释》的有关规定精神不同，应当执行《商标法》的规定。

【经典真题】

甲公司在汽车产品上注册了"山叶"商标，乙公司未经许可在自己生产的小轿车上也使用"山叶"商标。丙公司不知乙公司使用的商标不合法，与乙公司签订书面合同，以合理价格大量购买"山叶"小轿车后售出，获利100万元以上。下列哪一说法是正确的？[1]（2014-3-19）

A. 乙公司的行为属于仿冒注册商标
B. 丙公司可继续销售"山叶"小轿车
C. 丙公司应赔偿甲公司损失100万元
D. 工商行政管理部门不能对丙公司进行罚款处罚

【考点】侵犯商标权行为

【解析】（1）《商标法》区分了假冒和仿冒行为。该法第57条第（一）、（二）项规定："有下列行为之一的，均属侵犯注册商标专用权：（一）未经商标注册人的许可，在同一种商品上使用与其注册商标相同的商标的；（二）未经商标注册人的许可，在同一种商品上使用与其注册商标近似的商标，或者在类似商品上使用与其注册商标相同或者近似的商标，容易导致混淆的。"故本题中乙公司的行为属于假冒而非仿冒行为，选项A表述错误。

（2）《商标法》第57条第（三）项规定："（三）销售侵犯注册商标专用权的商品的"，故丙公司的行为构成侵权行为。但是该法第64条第2款规定："销售不知道是侵犯注册商标专用权的商品，能证明该商品是自己合法取得并说明提供者的，不承担赔偿责任。"该法第60条第2款规定，工商行政管理部门处理时，认定侵权行为成立的，责令立即停止侵权行为，没收、销毁侵权商品和主要用于制造侵权商品、伪造注册商标标识的工具，违法经营额5万元以上的，可以处违法经营额5倍以下的罚款，没有违法经营额或者违法经营额不足5万元的，可以处25万元以下的罚款。对5年内实施两次以上商标侵权行为或者有其他严重情节的，应当从重处罚。销售不知道是侵犯注册商标专用权的商品，能证明该商品是自己合法取得并说明提供者的，由工商行政管理部门责令停止销售。据上述规定，选项BC说法错误，D说法正确。

二、商标权的限制

（一）商标的合理形式

注册商标中含有本商品的通用名称、图形型号，或者直接标示商品的质量、主要原料、功能、用途、重量、数量及其他特点或者含有地名，注册商标专用权人无权禁止他人正当

---

〔1〕【答案】D

使用。对他人的正当使用行为不能作为商标侵权行为查处。

三维标志注册商标中含有的商品自身的性质产生的形状、为获得技术效果而需有的商品形状或者使商品具有实质性价值的形状，注册商标专用权人无权禁止他人正当使用。

（二）商标先用权

商标注册人申请商标注册前，他人已经在同一种商品或者类似商品上，先于商标注册人使用与注册商标相同或者近似并有一定影响的商标的，注册商标专用权人无权禁止该使用人在原使用范围内继续使用该商标，但可以要求其附加适当区别标识。

【经典真题】

甲公司在纸手帕等纸制产品上注册了"茉莉花"文字及图形商标。下列哪些未经许可的行为构成侵权？[1]（2007－3－61）

A. 乙公司在其制造的纸手帕包装上突出使用"茉莉花"图形

B. 丙商场将假冒"茉莉花"牌纸手帕作为赠品进行促销活动

C. 丁公司长期制造茉莉花香型的纸手帕，并在包装上标注"茉莉花香型"

D. 戊公司购买甲公司的"茉莉花"纸手帕后，将"茉莉花"改为"山茶花"重新包装后销售

【考点】商标权侵权行为商标合理使用

【解析】《商标法》第57条规定："有下列行为之一的，均属侵犯注册商标专用权：……（二）未经商标注册人许可，在同一种商品上使用与其注册商标近似的商标，或者在类似商品上使用与其注册商标相同或者近似的商标，容易导致混淆的；（三）销售侵犯注册商标专用权的商品的……"乙公司将"茉莉花"图形使用在其纸手帕的包装上，容易误导公众，因此构成侵权，A项正确。丙商场将假冒"茉莉花"牌纸手帕作为赠品进行促销，也是一种变相的销售活动，已经构成了侵权，B项正确。《商标法》第59条第1款规定，注册商标中含有的本商品的通用名称、图形、型号，或者直接表示商品的质量、主要原料、功能、用途、重量、数量及其他特点，或者含有地名，注册商标专用权人无权禁止他人正当使用。丁公司在产品包装上标注"茉莉花香型"，只是说明产品的特性，不构成商标侵权，所以C是不能选的。《商标法》第57条规定，有下列行为之一的，均属侵犯注册商标专用权：……（五）未经商标注册人同意，更换其注册商标并将该更换商标的商品又投入市场的……戊公司的行为构成了反向假冒，构成侵权，因此D是应该选的。

▽ 关联法条

《商标法》第57条 有下列行为之一的，均属侵犯注册商标专用权：

（一）未经商标注册人的许可，在同一种商品上使用与其注册商标相同的商标的；

（二）未经商标注册人的许可，在同一种商品上使用与其注册商标近似的商标，或者在类似商品上使用与其注册商标相同或者近似的商标，容易导致混淆的；

（三）销售侵犯注册商标专用权的商品的；

（四）伪造、擅自制造他人注册商标标识或者销售伪造、擅自制造的注册商标标识的；

（五）未经商标注册人同意，更换其注册商标并将该更换商标的商品又投入市场的；

---

[1]【答案】ABD

（六）故意为侵犯他人商标专用权行为提供便利条件，帮助他人实施侵犯商标专用权行为的；

（七）给他人的注册商标专用权造成其他损害的。

《商标法》第 63 条　侵犯商标专用权的赔偿数额，按照权利人因被侵权所受到的实际损失确定；实际损失难以确定的，可以按照侵权人因侵权所获得的利益确定；权利人的损失或者侵权人获得的利益难以确定的，参照该商标许可使用费的倍数合理确定。对恶意侵犯商标专用权，情节严重的，可以在按照上述方法确定数额的一倍以上五倍以下确定赔偿数额。赔偿数额应当包括权利人为制止侵权行为所支付的合理开支。

人民法院为确定赔偿数额，在权利人已经尽力举证，而与侵权行为相关的账簿、资料主要由侵权人掌握的情况下，可以责令侵权人提供与侵权行为相关的账簿、资料；侵权人不提供或者提供虚假的账簿、资料的，人民法院可以参考权利人的主张和提供的证据判定赔偿数额。

权利人因被侵权所受到的实际损失、侵权人因侵权所获得的利益、注册商标许可使用费难以确定的，由人民法院根据侵权行为的情节判决给予五百万元以下的赔偿。

人民法院审理商标纠纷案件，应权利人请求，对属于假冒注册商标的商品，除特殊情况外，责令销毁；对主要用于制造假冒注册商标的商品的材料、工具，责令销毁，且不予补偿；或者在特殊情况下，责令禁止前述材料、工具进入商业渠道，且不予补偿。

假冒注册商标的商品不得在仅去除假冒注册商标后进入商业渠道。

《商标法》第 64 条　注册商标专用权人请求赔偿，被控侵权人以注册商标专用权人未使用注册商标提出抗辩的，人民法院可以要求注册商标专用权人提供此前三年内实际使用该注册商标的证据。注册商标专用权人不能证明此前三年内实际使用过该注册商标，也不能证明因侵权行为受到其他损失的，被控侵权人不承担赔偿责任。

销售不知道是侵犯注册商标专用权的商品，能证明该商品是自己合法取得并说明提供者的，不承担赔偿责任。

《商标法》第 65 条　商标注册人或者利害关系人有证据证明他人正在实施或者即将实施侵犯其注册商标专用权的行为，如不及时制止将会使其合法权益受到难以弥补的损害的，可以依法在起诉前向人民法院申请采取责令停止有关行为和财产保全的措施。

《商标法》第 66 条　为制止侵权行为，在证据可能灭失或者以后难以取得的情况下，商标注册人或者利害关系人可以依法在起诉前向人民法院申请保全证据。

考点5　驰名商标的保护

一、驰名商标的认定

驰名商标的认定可以由特定的行政机关认定，也可以由最高人民法院指定的人民法院在审理案件时进行认定。国家工商行政管理总局商标局或商标评审委员会，可以依法在处理相关纠纷时认定驰名商标。驰名商标的认定以被动认定和个案认定为原则。被动认定是指只能基于纠纷当事人的申请，才能认定驰名商标，法院、商标局或商标评审委员会均不得主动依职权认定。个案认定是指只能在发生纠纷的个案中，商标是否驰名对争议的解决具有直接意义时，才能依照法律标准进行审查认定。人民法院在审理商标纠纷案件中，根据当事人的请求和案件的具体情况，可以对涉及的注册商标是否驰名依法做出认定。当事人对曾经被行政机关或者人民法院认定的驰名商标请求保护的,对方当事人对涉及的商标驰名不持异议,人民法院不再审查;提出异议的,人民法院依照《商标法》第14条的规定审查。

认定驰名商标应当考虑下列因素:(1)相关公众对该商标的知晓程度;(2)该商标使用的持续时间;(3)该商标的任何宣传工作的持续时间、程度和地理范围;(4)该商标作为驰名商标受保护的记录;(5)该商标驰名的其他因素。这里的"相关公众",是指与商标所标识的某类商品或者服务有关的消费者和与前述商品或者服务的营销有密切关系的其他经营者。

二、驰名商标的特殊保护措施

复制、摹仿或者翻译他人未在中国注册的驰名商标或者主要部分在相同或者类似商品上使用,容易导致混淆的,应当承担停止侵害的民事法律责任,申请注册的,不予注册并禁止使用。未注册驰名商标的持有人毕竟没有获得商标权,因而不享有损害赔偿请求权。

就不相同或者不相类似商品申请注册的商标是复制、摹仿或者翻译他人已经在中国注册的驰名商标,误导公众,致使该驰名商标注册人的利益可能受到损害的,不予注册并禁止使用。

【经典真题】

甲公司生产"美多"牌薰衣草保健枕,"美多"为注册商标,薰衣草为该枕头的主要原料之一。其产品广告和包装上均突出宣传"薰衣草",致使"薰衣草"保健枕被消费者熟知,其他厂商也推出"薰衣草"保健枕。后"薰衣草"被法院认定为驰名商标。下列哪些表述是正确的?[1](2013-3-65)

A. 甲公司可在一种商品上同时使用两件商标

B. 甲公司对"美多"享有商标专用权,对"薰衣草"不享有商标专用权

C. 法院对驰名商标的认定可写入判决主文

D. "薰衣草"叙述了该商品的主要原料,不能申请注册

【考点】驰名商标保护商标注册

【解析】"美多"为注册商标,"薰衣草"为未注册驰名商标,两件商标均针对保健枕,可同时使用。故选项A表述正确。因为"美多"为注册商标,所以甲公司有专用权;"薰衣草"为未注册驰名商标,按《商标法》第13条规定,其他申请人可以在不同种类其他商品申请或者使用该标志。因此甲公司并不拥有专用权,故选项B表述正确。《最高人民法院关于审理涉及驰名商标保护的民事纠纷案件应用法律若干问题的解释》第13条规定:"在涉及驰名商标保护的民事纠纷案件中,人民法院对于商标驰名的认定,仅作为案件事实和判决理由,不写入判决主文;以调解方式审结的,在调解书中对商标驰名的事实不予认定。"故选项C表述错误。《商标法》第11条规定:"下列标志不得作为商标注册:(一)仅有本商品的通用名称、图形、型号的;(二)仅直接表示商品的质量、主要原料、功能、用途、重量、数量及其他特点的;(三)其他缺乏显著特征的。前款所列标志经过使用取得显著特征,并便于识别的,可以作为商标注册。"据此,不能仅因为薰衣草叙述了该商品的主要原

---

[1]【答案】AB

料，就否定其可以被申请注册。故选项 D 表述错误。

三、驰名商标的宣传

驰名商标认定的法律意义仅限于处理特定的纠纷，使得在特定纠纷中的相关当事人依法获得特殊保护措施或待遇。驰名商标不是授予商标权人或持有人或其产品或其服务的荣誉称号，因而《商标法》第 14 条第 5 款明确规定，生产、经营者不得将"驰名商标"字样用于商品、商品包装或者容器上，或者用于广告宣传、展览以及其他商业活动中。违反规定的，由地方工商行政管理部门责令改正，处 10 万元的罚款。

▽ 关联法条

《商标法》第 13 条　为相关公众所熟知的商标，持有人认为其权利受到侵害时，可以依照本法规定请求驰名商标保护。

就相同或者类似商品申请注册的商标是复制、摹仿或者翻译他人未在中国注册的驰名商标，容易导致混淆的，不予注册并禁止使用。

就不相同或者不相类似商品申请注册的商标是复制、摹仿或者翻译他人已经在中国注册的驰名商标，误导公众，致使该驰名商标注册人的利益可能受到损害的，不予注册并禁止使用。

《商标法》第 14 条　驰名商标应当根据当事人的请求，作为处理涉及商标案件需要认定的事实进行认定。认定驰名商标应当考虑下列因素：

（一）相关公众对该商标的知晓程度；

（二）该商标使用的持续时间；

（三）该商标的任何宣传工作的持续时间、程度和地理范围；

（四）该商标作为驰名商标受保护的记录；

（五）该商标驰名的其他因素。

在商标注册审查、工商行政管理部门查处商标违法案件过程中，当事人依照本法第十三条规定主张权利的，商标局根据审查、处理案件的需要，可以对商标驰名情况作出认定。

在商标争议处理过程中，当事人依照本法第十三条规定主张权利的，商标评审委员会根据处理案件的需要，可以对商标驰名情况作出认定。

在商标民事、行政案件审理过程中，当事人依照本法第十三条规定主张权利的，最高人民法院指定的人民法院根据审理案件的需要，可以对商标驰名情况作出认定。

生产、经营者不得将"驰名商标"字样用于商品、商品包装或者容器上，或者用于广告宣传、展览以及其他商业活动中。

附　录

民法核心考点一览表

部　门	
总则编	①民事法律关系（特别是民事权利的分类）。②无权代理、表见代理、复代理、间接代理。③诉讼时效的性质、客体、期间、中断。④精神损害赔偿。⑤法人（分类、法人的能力、法人机关）。
物权编	①物权请求权。②基于法律行为的不动产或动产物权变动。③非基于法律行为的物权变动。④善意取得。⑤抵押权。⑥共有。⑦占有的分类、占有保护。⑧地役权。⑨留置权。
债法	①无因管理。②不当得利。③保证。④债的消灭。
侵权责任编	①被监护人致人损害和被监护人遭受损害。②饲养的动物致人损害。③用人单位责任。④物件致人损害。⑤地面施工致人损害。⑥公平责任。⑦医疗损害侵权。⑧共同侵权与分别侵权。⑨机动车道路交通事故责任。
合同编	①合同的成立（要约、承诺、格式条款、缔约过失、悬赏广告）。②可撤销的合同。③效力待定的合同。④债权人撤销权与代位权。⑤合同解除。⑥违约责任（实际履行、违约金与惩罚性赔偿）。⑦买卖合同（保留所有权买卖、特种买卖、一物数卖、多重买卖、风险负担）。⑧合同权利转让与债务承担。⑨租赁合同（特别是转租、承租人的优先购买权、买卖不破租赁）。⑩技术合同。
婚姻家庭编	①夫妻共同财产与个人财产。②离婚损害赔偿请求权。③夫妻共同债务的清偿。
继承编	①法定继承人的顺序。②遗嘱继承与遗嘱的撤销。③代位继承与转继承。
人格权编	肖像权、名誉权、隐私权、姓名权、荣誉权
知产	①委托作品、合作作品、演绎作品等著作权的归属。②著作权的内容（特别是发表权、复制权、发行权、出租权、表演权、信息网络传播权）。③表演者、录音制品制作者权。④合理使用与法定许可。⑤专利权的内容。⑥专利侵权的判断与抗辩事由。⑦不能作为商标使用的标记和不能注册的标记。⑧注册商标的撤销。⑨商标侵权的形态。